Bausteine der Wirtschaft

Hermann Adam

Bausteine der Wirtschaft

Eine Einführung

16., überarbeitete, erweiterte
und aktualisierte Auflage

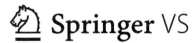

Hermann Adam
Berlin, Deutschland

Die 1. – 14. Auflage erschien bis zum Jahr 2000 unter dem Titel „Bausteine der Volkswirtschaftslehre" im Bund Verlag, Frankfurt. Die 15. Auflage erschien 2009 bei Springer VS.

ISBN 978-3-531-19505-6   ISBN 978-3-531-19506-3 (eBook)
DOI 10.1007/978-3-531-19506-3

Die Deutsche Nationalbibliothek verzeichnet diese Publikation in der Deutschen Nationalbibliografie; detaillierte bibliografische Daten sind im Internet über http://dnb.d-nb.de abrufbar.

Springer VS
© Springer Fachmedien Wiesbaden 2000, 2009, 2015
Das Werk einschließlich aller seiner Teile ist urheberrechtlich geschützt. Jede Verwertung, die nicht ausdrücklich vom Urheberrechtsgesetz zugelassen ist, bedarf der vorherigen Zustimmung des Verlags. Das gilt insbesondere für Vervielfältigungen, Bearbeitungen, Übersetzungen, Mikroverfilmungen und die Einspeicherung und Verarbeitung in elektronischen Systemen.
Die Wiedergabe von Gebrauchsnamen, Handelsnamen, Warenbezeichnungen usw. in diesem Werk berechtigt auch ohne besondere Kennzeichnung nicht zu der Annahme, dass solche Namen im Sinne der Warenzeichen- und Markenschutz-Gesetzgebung als frei zu betrachten wären und daher von jedermann benutzt werden dürften.
Der Verlag, die Autoren und die Herausgeber gehen davon aus, dass die Angaben und Informationen in diesem Werk zum Zeitpunkt der Veröffentlichung vollständig und korrekt sind. Weder der Verlag noch die Autoren oder die Herausgeber übernehmen, ausdrücklich oder implizit, Gewähr für den Inhalt des Werkes, etwaige Fehler oder Äußerungen.

Gedruckt auf säurefreiem und chlorfrei gebleichtem Papier

Springer Fachmedien Wiesbaden ist Teil der Fachverlagsgruppe Springer Science+Business Media (www.springer.com)

Inhalt

Verzeichnis der Tabellen	11
Verzeichnis der Schaubilder	15
Vorwort	21

1 Grundlagen und Rahmenbedingungen von Wirtschaft und Gesellschaft 23

1.1 Was braucht man zum Produzieren? 24

1.2 Wie unterscheidet man Wirtschafts- und Gesellschaftssysteme? 25

1.3 Formen des Sozialstaats 33

    1.3.1 Was versteht man unter »Sozialstaat«? 33

    1.3.2 Sozialstaatsmodelle 34

1.4 Das Wirtschafts- und Gesellschaftssystem Deutschlands: die »soziale Marktwirtschaft« 38

    1.4.1 Das Machtverhältnis zwischen Kapital und Arbeit 38

    1.4.2 Markt und Lenkung 39

        1.4.2.1 Angebot und Nachfrage: Wie der Markt funktioniert . . . 40

        1.4.2.2 Warum der Staat lenkt 45

    1.4.3 Soziale Marktwirtschaft zwischen »sozialem Kapitalismus« und »demokratischem Sozialismus« 50

1.5 Das Ergebnis des Wirtschaftens: Das Bruttoinlandsprodukt und seine Aussagekraft 56

2 Der Wirtschaftsablauf 63

2.1 Konjunktur und ihre Ursachen 63

2.2 Wirtschaftsstruktur und Strukturwandel 76

2.3 Der Geldkreislauf 80

2.4 Exkurs: Wirtschaft ohne Wachstum? 85

3	**Die internationalen Wirtschaftsbeziehungen**	**89**
3.1	Zahlungsbilanz und Außenhandel	89
	3.1.1 Die Zahlungsbilanz	89
	3.1.1.1 Warenexport und Warenimport	90
	3.1.1.2 Exporte und Importe von Dienstleistungen	91
	3.1.1.3 Übertragungen an das Ausland/des Auslands an uns	91
	3.1.1.4 Kapitalanlagen im Ausland/des Auslands bei uns	92
	3.1.2 Leistungsbilanzüberschüsse und -defizite	94
3.2	Die internationalen Finanzmärkte	96
3.3	Die außenwirtschaftlichen Beziehungen im Geldkreislauf	99
3.4	Die Weltwährungsordnung	100
	3.4.1 Die Entwicklung nach dem Zweiten Weltkrieg	100
	3.4.1.1 Das Bretton-Woods-System	101
	3.4.1.2 Das Europäische Währungssystem (EWS)	109
	3.4.2 Die Europäische Wirtschafts- und Währungsunion (EWU)	110
	3.4.2.1 Grundsätzliches	110
	3.4.2.2 Aufbau, Ziel und Instrumente der Europäischen Zentralbank	113
	3.4.2.3 Folgen der gemeinsamen Währung für Deutschland	125
3.5	Die Globalisierung der Weltwirtschaft	128
4	**Hauptprobleme der Wirtschafts- und Gesellschaftspolitik und ihre Ursachen**	**131**
4.1	Die Arbeitslosigkeit	131
	4.1.1 Die gesamtwirtschaftliche Perspektive	132
	4.1.1.1 Das Angebot an Arbeitskräften und seine Bestimmungsgründe	132
	4.1.1.2 Die Nachfrage nach Arbeitskräften und ihre Bestimmungsgründe	135
	4.1.2 Die mikroökonomische Perspektive	139
	4.1.2.1 Das Angebot an Arbeitskraft und seine Bestimmungsgründe	139
	4.1.2.2 Die Nachfrage nach Arbeitskraft und ihre Bestimmungsgründe	140
	4.1.2.3 Das Zusammentreffen von Angebot und Nachfrage auf dem Arbeitsmarkt	141
4.2	Die Staatsverschuldung	143
	4.2.1 Die Rolle des Staates im Geldkreislauf	144
	4.2.2 Die Lehre von Keynes	146

4.2.3	Ursachen der Staatsverschuldung	150
4.2.3.1	Ökonomische Gründe	151
4.2.3.2	Poltische Gründe der Staatsverschuldung	158
4.2.3.3	Die Staatsverschuldung im Eurogebiet – Ursachen und Zusammenhänge	160
4.2.4	Grenzen der Staatsverschuldung	166
4.2.4.1	Ökonomische Grenzen	166
4.2.4.2	Politische Grenzen	178
4.3	Finanzierung und Verteilung der staatlichen Leistungen	188
4.3.1	Die Entwicklung der Staatsquote	188
4.3.2	Das Steuersystem – gerecht oder ungerecht?	194
4.3.3	Wer finanziert die künftigen Renten?	200
4.3.4	Wer soll künftig die Gesundheitsleistungen bezahlen?	202
4.4	Die ungleichmäßige Einkommens- und Vermögensverteilung	206
4.4.1	Die Einkommensverteilung	207
4.4.1.1	Die Lohnquote	207
4.4.1.2	Die Verteilung nach sozialen Gruppen und Einkommensklassen	210
4.4.2	Die Vermögensverteilung	215
4.4.2.1	Was ist Vermögen?	215
4.4.2.2	Wie entstehen Vermögen?	219
4.4.2.3	Wie die Vermögen verteilt sind	220
4.4.2.4	Die Schere zwischen Arm und Reich	225
4.5	Umweltzerstörung und nachhaltige Energieversorgung	230
4.5.1	Grundlagen der Umweltökonomie	230
4.5.2	Die größten Umweltprobleme	232
4.5.2.1	Globale Gefährdungen	233
4.5.2.2	Regionale Gefährdungen	234
4.5.3	Ökonomische Ursachen der Umweltzerstörungen	234
4.5.4	Nachhaltige Energieversorgung	237
4.6	Die schleichende Inflation	239
4.6.1	Die Preisentwicklung in der Nachkriegszeit	239
4.6.2	Wem nützt und wem schadet die Inflation?	241
4.6.3	Ursachen von schleichender Inflation und Stagflation	248
4.6.3.1	Die keynesianische Erklärung: zu hohe Nachfrage und Verteilungskampf	248
4.6.3.2	Die monetaristische Erklärung: zu viel Geld im Umlauf und zu starke Gewerkschaften	253

**5   Strategien und Instrumente der Wirtschafts-
und Gesellschaftspolitik** 257
5.1 Grundsätzliches 257
5.2 Angebots- oder nachfrageorientierte Wirtschaftspolitik? 262
    5.2.1 Der wirtschaftspolitische Grundsatzstreit 262
    5.2.2 Angebotsorientierte Wirtschaftspolitik
        (Neoklassische Position) 263
    5.2.3 Nachfrageorientierte Wirtschaftspolitik
        (Keynesianische Position) 270
    5.2.4 Vergleich der wirtschaftspolitischen Paradigmen 275
5.3 Arbeitsmarkt- und Beschäftigung 278
    5.3.1 Künftige Rahmenbedingungen am Arbeitsmarkt 278
    5.3.2 Trendwende am Arbeitsmarkt – eine Folge
        der Arbeitsmarktreformen? 286
        5.3.2.1 Entstehungsgeschichte und Maßnahmen
            der Hartz-Reformen 286
        5.3.2.2 Theoretische Grundlagen und Annahmen
            der Arbeitsmarktreformen 292
    5.3.3 Fazit 304
    5.3.4 Rückblick: Haben Politik und Gesellschaft versagt?
        Kontroverse Ansätze zur Lösung des Arbeitslosenproblems
        in drei Jahrzehnten 306
        5.3.4.1 Deregulierung am Arbeitsmarkt 307
        5.3.4.2 Erfolgsmodelle in anderen Ländern? 311
        5.3.4.3 Bündnis für Arbeit? 316
        5.3.4.4 Verkürzung der Wochenarbeitszeit 319
        5.3.4.5 Fazit 322
5.4 Krisenpolitik in der EU 323
    5.4.1 Grundlagen 323
    5.4.2 Ausgangsbedingungen der Krise 324
        5.4.2.1 Ungleichgewichte der Leistungsbilanzen 325
        5.4.2.2 Wachsende Ungleichheit
            der Einkommensverteilung 329
        5.4.2.3 Liberalisierung und Deregulierung der Finanzmärkte . . . 331
        5.4.2.4 Schere zwischen Finanz- und Realkapitalinvestitionen . . 335
    5.4.3 Das Entstehen der Krise 336
    5.4.4 Ansätze zur Überwindung der Krise 339
        5.4.4.1 Der neoliberale Ansatz: Haushaltskonsolidierung 340
        5.4.4.2 Der keynesianische Ansatz: Wachstumsförderung 342
        5.4.4.3 Die Rolle der EZB 348

5.4.5	Politische und ökonomische Hintergründe der Krisenpolitik . . .	349
	5.4.5.1 Die EU – kein optimaler Wirtschaftsraum für eine Währungsunion	349
	5.4.5.2 Das neoliberale Paradigma	350
	5.4.5.3 Währungsunion ohne Wirtschafts- und Sozialunion . . .	351
	5.4.5.4 Das Junktim zwischen deutscher Einheit und europäischer Währungsunion	354
	5.4.5.5 Das Dilemma der Kommunikation	356
5.5	Umbau des Sozialstaats	363
	5.5.1 Die Rentenreformen	364
	5.5.2 Die Reform des Gesundheitswesens	372
	5.5.3 Fazit: Generationengerechtigkeit oder Generationenschicksal?	384
5.6	Umverteilung von Einkommen und Vermögen – Möglichkeiten und Grenzen	390
	5.6.1 Lohnpolitik	390
	5.6.1.1 Grundlagen	390
	5.6.1.2 Die produktivitätsorientierte Lohnpolitik	391
	5.6.1.3 Andere Lohnerhöhungsvarianten und ihre Verteilungswirkungen	393
	5.6.1.4 Macht und Einkommensverteilung	396
	5.6.2 Gesetzlicher Mindestlohn	401
	5.6.2.1 Das Problem	402
	5.6.2.2 Wer sind die Niedriglohnempfänger und wie viele gibt es?	403
	5.6.2.3 Sind Niedriglöhne eine existenzielle Bedrohung?	405
	5.6.2.4 Wie wirkt ein gesetzlicher Mindestlohn auf dem Arbeitsmarkt?	408
	5.6.2.5 Schlussfolgerungen: der machtpolitische Aspekt des Mindestlohns	413
	5.6.3 Steuerpolitik	416
	5.6.3.1 Grundsätzliches	416
	5.6.3.2 Quantitative Grenzen der Umverteilung	421
	5.6.3.3 Qualitative Grenzen der Umverteilung und der Besteuerung	424
	5.6.4 Vermögenspolitik	429
	5.6.4.1 Vermögenspolitische Ansätze in der Nachkriegszeit . . .	430
	5.6.4.2 Vermögenspolitik nach der Jahrtausendwende: Instrument zur ergänzenden privaten Altersvorsorge? . .	438
	5.6.4.3 Vermögensteuer/Vermögensabgabe	446

6 Ausblick 457
6.1 Weltwirtschaftliche Rahmenbedingungen im 21. Jahrhundert 457
    6.1.1 Die Herrschaft der Finanzmärkte 458
    6.1.2 Macht und Ohnmacht der Notenbanken 474
    6.1.3 Die Schwächung der Regierung 481
    6.1.4 Der Machtverlust der Gewerkschaften 484
    6.1.5 Rating-Agenturen – ein neuer Machtfaktor? 491
6.2 Binnenwirtschaftliche Rahmenbedingungen
    für Deutschlands Wirtschaft im 21. Jahrhundert 496
    6.2.1 Der demografische Wandel und seine Folgen 496
    6.2.2 Die Energiewende 500
    Exkurs: Erneuerbare Energien und Strompreis 505
    6.2.3 Erhalt und Ausbau der Infrastruktur 509
6.3 Kampf der Systeme – freie oder koordinierte
    Marktwirtschaft? 512
6.4 Optionen für die Zukunft 517
    6.4.1 Worum es eigentlich geht 517
    6.4.2 Resignation und Abkehr von Demokratie
    und Marktwirtschaft? 519
    6.4.3 Ende der Wettbewerbsgesellschaft? 524
    6.4.4 Mehr Bildung für alle 529
    6.4.5 »Sozialismus in einer Klasse« 533

Weiterführende Literatur 539
Wirtschafts- und sozialwissenschaftliche Forschungsinstitute 541
Institutionen mit Wirtschaftsstatistiken 543
Register 545

Verzeichnis der Tabellen

Tabelle 1.1	Wohlfahrtsstaaten und ihre Merkmale	37
Tabelle 1.2	Elemente der alternativen Wirtschafts- und Sozialordnungen in den Anfangsjahren der alten Bundesrepublik	55
Tabelle 1.3	Verwendungsstruktur des Sozialprodukts in der Bundesrepublik Deutschland	57
Tabelle 2.1	Entwicklung des realen Bruttoinlandsprodukts	64
Tabelle 2.2	Der Strukturwandel	78
Tabelle 3.1	Hauptposten der Zahlungsbilanz Deutschlands	93
Tabelle 3.2	Verbraucherpreisindex für Deutschland	117
Tabelle 3.3	Geldmengen M 1, M 2 und M 3 im Eurosystem 2012	124
Tabelle 4.1	Produktion, Arbeitsproduktivität und Erwerbstätige in Deutschland	137
Tabelle 4.2	Staatsquote im internationalen Vergleich 2013	190
Tabelle 4.3	Abgabenquote im internationalen Vergleich. Steuern und Sozialabgaben in Prozent des BIP (2011)	192
Tabelle 4.4	Belastung durch direkte Steuern und Sozialabgaben und empfangene Sozialleistungen nach Einkommenszehnteln 2009 in Euro pro Monat	196
Tabelle 4.5	Lohnquote und Arbeitnehmerquote in Deutschland	208
Tabelle 4.6	Durchschnittliche verfügbare Haushaltseinkommen nach sozialen Gruppen je Verbrauchereinheit in DM bzw. Euro	211

Tabelle 4.7	Äquivalenzgewichtetes monatliches Nettoeinkommen nach Einkommensklassen in Deutschland (in Euro)	214
Tabelle 4.8	Vermögensbilanz eines privaten Haushalts zum 31.12.2013	217
Tabelle 4.9	Vermögensbilanz privater Haushalte (2007)	218
Tabelle 4.10	Durchschnittliche Nettovermögen nach beruflicher Stellung 2012	222
Tabelle 4.11	Armutsschwellen 2005 und 2012 in Euro monatlich	227
Tabelle 4.12	Reichtumsschwellen 2005 und 2012 in Euro monatlich	227
Tabelle 4.13	Verbesserung des materiellen Lebensstandards der Arbeitnehmer bei hoher und bei niedriger Inflationsrate	243
Tabelle 4.14	Verbesserung des materiellen Lebensstandards der Rentner bei hoher und bei niedriger Inflationsrate	247
Tabelle 5.1	Wirkungen nachfrage- und angebotsorientierter Wirtschaftspolitik auf den Arbeitsmarkt	274
Tabelle 5.2	Wirtschaftspolitische Paradigmen	277
Tabelle 5.3	Eckpunkte der Arbeitsmarktreformen 2002–2004 (Agenda 2010)	289
Tabelle 5.4	Die soziale Absicherung bei Arbeitslosigkeit	290
Tabelle 5.5	Struktur der Sozialhilfeempfänger (2000)	294
Tabelle 5.6	Langzeitarbeitslose und Strafgefangene 1993	313
Tabelle 5.7	Geld- und Finanzpolitik	323
Tabelle 5.8	Maastricht-Kriterien	326
Tabelle 5.9	Wirtschaftswachstum, Arbeitslosigkeit und Staatsschulden in Griechenland und im Euro-Raum insgesamt	344
Tabelle 5.10	Die Folgen von Austeritätspolitik – Arbeitslosigkeit, Inflationsrate und Realeinkommen während der Weltwirtschaftskrise in Deutschland	345
Tabelle 5.11	Verteilung des Weltsozialprodukts 2011 bis 2060	362
Tabelle 5.12	Generationengerechtigkeit – Modellhafte Berechnung von Abgabenbelastung, Nettoeinkommen und Rentenniveau	367
Tabelle 5.13	Gesundheitsausgaben in Deutschland (2011)	377
Tabelle 5.14	Grundlagen der Lohnpolitik	392
Tabelle 5.15	Lohnpolitik und Einkommensverteilung	395
Tabelle 5.16	Arbeitnehmer mit Bezug von Arbeitslosengeld II	405
Tabelle 5.17	Einkommensteueraufkommen 2007 – Anteil der Einkunftsarten in Prozent	421

Verzeichnis der Tabellen

Tabelle 5.18 Einkommensbesteuerung bei linearem
und progressivem Tarif 427
Tabelle 5.19 Wert der kleinen und mittleren Unternehmen 1995 451
Tabelle 5.20 Einnahmepotenzial aus einer Vermögensabgabe
von 10 Prozent 455

Tabelle 6.1 Unverteilte Gewinne und Finanzierung der
Unternehmensinvestitionen in fünf Industrieländern 459
Tabelle 6.2 Shareholder- oder Stakeholder-Society?
Wer hält die Anteile/Aktien an den Unternehmen? 462
Tabelle 6.3 DAX-Unternehmen 465
Tabelle 6.4 Formen der Finanzspekulation 470
Tabelle 6.5 Währungssysteme und Machtverteilung
zwischen Kapital und Arbeit nach dem Zweiten Weltkrieg
bis zur Finanzmarktkrise 478
Tabelle 6.6 Bruttostromerzeugung in Deutschland
nach Energieträgern 2013 501
Tabelle 6.7 Struktur des Primärenergieverbrauchs in Deutschland 502
Tabelle 6.8 Quantitative Ziele der Energiewende 509
Tabelle 6.9 Kommunaler Investitionsbedarf 2006 bis 2020 510
Tabelle 6.10 Varianten der Marktwirtschaft 513
Tabelle 6.11 Liberale und koordinierte Marktwirtschaften 515

Verzeichnis der Schaubilder

Schaubild 1.1	Der Preisbildungsmechanismus	43
Schaubild 1.2	Die Wirklichkeit der sozialen Marktwirtschaft	52
Schaubild 1.3	Arbeitslosigkeit in Deutschland	53
Schaubild 1.4	Volkswirtschaftliches Gesamtangebot und volkswirtschaftliche Gesamtnachfrage	58
Schaubild 1.5	Entwicklung von Einkommen und Glück in den USA	60
Schaubild 2.1	Konjunktur-/Wachstumszyklen in Deutschland	68
Schaubild 2.2	Die Phasen des Konjunktur-/Wachstumszyklus	69
Schaubild 2.3	Determinanten des Wirtschaftswachstums	71
Schaubild 2.4	Langfristige Wachstumszyklen (Kondratieff-Zyklen)	75
Schaubild 2.5	Der Wandel der Beschäftigtenstruktur	79
Schaubild 2.6	Der Geldkreislauf (ohne Staat und ohne Wirtschaftsbeziehungen mit dem Ausland)	81
Schaubild 2.7	Der Geldkreislauf in einer Wirtschaft mit aufgeteiltem Unternehmenssektor	83
Schaubild 3.1	Die Zahlungsbilanz – Schematische Darstellung	93
Schaubild 3.2	Geldströme zwischen In- und Ausland	99
Schaubild 3.3	Wechselkursentwicklung US-Dollar zu DM	105
Schaubild 3.4	Inflationsraten in wichtigen Industrieländern vor den Währungsturbulenzen 1971/73	107
Schaubild 3.5	Inflationsraten in Deutschland	112
Schaubild 3.6	Euro-Außenwert	113
Schaubild 3.7	Aufbau und Organe des Europäischen Systems der Zentralbanken	115
Schaubild 3.8	Inflationsraten in Deutschland	118

Schaubild 3.9	Das Jahrzehnt der hohen Inflationsraten	118
Schaubild 3.10	Zins- und Liquiditätspolitik des Systems der Europäischen Zentralbanken	123
Schaubild 3.11	Außenhandelsüberschüsse Deutschlands	127

Schaubild 4.1	65 Jahre Arbeitslosigkeit in Deutschland	134
Schaubild 4.2	Der Arbeitsmarkt in makroökonomischer Perspektive	139
Schaubild 4.3	Der Arbeitsmarkt in neoklassischer Perspektive	142
Schaubild 4.4	Der Arbeitsmarkt in neoklassischer Perspektive – Mehr Beschäftigung durch Lohnsenkung	143
Schaubild 4.5	Die Rolle des Staates im Geldkreislauf	145
Schaubild 4.6	Staatsverschuldung in Deutschland	152
Schaubild 4.7	Staatliche Schuldenstandsquote in Deutschland	153
Schaubild 4.8	Finanzierungssalden der privaten Haushalte und Unternehmen in Deutschland	156
Schaubild 4.9	Staatliche Verschuldung	159
Schaubild 4.10	Anstieg und Verfall der Häuserpreise in den USA	161
Schaubild 4.11	Vom US-Hypothekendarlehen zum Wertpapier bei europäischen Banken	162
Schaubild 4.12	Arbeitslosigkeit und Staatsverschuldung in Westeuropa als »Zwillingsprobleme«	164
Schaubild 4.13	Schuldenstandsquote ausgewählter EU-Länder	165
Schaubild 4.14	Private und staatliche Verschuldung in Deutschland 2012	167
Schaubild 4.15	Zins-Steuer-Quote in Deutschland	170
Schaubild 4.16	Interne und externe Verschuldung	173
Schaubild 4.17	Die Staatsquote in Deutschland	189
Schaubild 4.18	Steuern und Sozialabgaben in Deutschland	191
Schaubild 4.19	Steuerquoten im internationalen Vergleich	193
Schaubild 4.20	Verteilung der Einkommensteuerlast	198
Schaubild 4.21	Verteilung der Umsatzsteuerlast	199
Schaubild 4.22	Altersstruktur der Bevölkerung	201
Schaubild 4.23	Beitragssatz in der Gesetzlichen Rentenversicherung	202
Schaubild 4.24	Beitragssatz in der Gesetzlichen Krankenversicherung	203
Schaubild 4.25	Öffentliche Gesundheitsausgaben – Bestimmungsfaktoren	205
Schaubild 4.26	Nettovermögensverteilung in Deutschland 2012	223
Schaubild 4.27	Vermögensverteilung in Deutschland	224
Schaubild 4.28	Arm und Reich in Deutschland	229

Verzeichnis der Schaubilder

Schaubild 4.29	Wirtschaft und Umwelt – Wechselwirkungen	231
Schaubild 4.30	Inflationsrate in Deutschland	240
Schaubild 4.31	Inflationsraten in ausgewählten OECD-Ländern – Deutschland, Frankreich, Großbritannien, USA	241
Schaubild 4.32	Löhne und Preise in Deutschland	242
Schaubild 4.33	Nettorendite von Staatsanleihen und Inflation	245
Schaubild 4.34	Rentenanpassungen und Inflation	246
Schaubild 4.35	Die Philipps-Kurve	255
Schaubild 5.1	Das magische Fünfeck in der Wirtschaftspolitik	259
Schaubild 5.2	Inflationsraten in den USA und Großbritannien	267
Schaubild 5.3	Arbeitslosigkeit in den USA und in Großbritannien	268
Schaubild 5.4	Entwicklung der Einkommensungleichheit in den USA unter Ronald Reagan	269
Schaubild 5.5	Entwicklung der Einkommensungleichheit in Großbritannien unter Margret Thatcher	270
Schaubild 5.6	Verteilungswirkungen nachfrage- und angebotsorientierter Wirtschaftspolitik	274
Schaubild 5.7	Erwerbstätigenstruktur der Zukunft	279
Schaubild 5.8	Arbeitsmarktbilanz 1960 bis 1983	281
Schaubild 5.9	Arbeitsmarktbilanz in Deutschland 1991 bis 2025	282
Schaubild 5.10	Erwerbspersonenpotenzial bis 2050	283
Schaubild 5.11	Beschäftigung in Deutschland	284
Schaubild 5.12	Arbeitsvolumen in Deutschland	285
Schaubild 5.13	Arbeitslosenquoten nach Qualifikation	297
Schaubild 5.14	Entwicklung prekärer Beschäftigung	300
Schaubild 5.15	Arbeitsproduktivität – USA und Deutschland im Vergleich (1980–2002)	312
Schaubild 5.16	Die Asymmetrie der Aktionsparameter – Gewerkschaften, Arbeitgeberverbände, Unternehmen	317
Schaubild 5.17	Inflationsraten ausgewähler EU-Länder vor der Euro-Einführung	327
Schaubild 5.18	Inflationsraten ausgewählter EU-Länder nach der Euro-Einführung	327
Schaubild 5.19	Leistungsbilanzüberschüsse und -defizite ausgewählter Euro-Länder	328
Schaubild 5.20	Einkommensentwicklung von Arm und Reich	330
Schaubild 5.21	Finanzmarktregulierung, Einkommensverteilung und Verluste an Bankeinlagen in den USA	333
Schaubild 5.22	Gehälter in Banken und Finanzmarktliberalisierung	334

Schaubild 5.23	USA und Deutschland im Sog des Finanzmarktes	335
Schaubild 5.24	Ausgangsbedingungen der Finanzmarktkrise	336
Schaubild 5.25	Arbeitnehmereinkommen und Renten	365
Schaubild 5.26	Entwicklung der Gesundheitsausgaben	374
Schaubild 5.27	Zielkonflikte in der Gesundheitspolitik	375
Schaubild 5.28	Die wichtigsten Akteure in der Gesundheitspolitik	379
Schaubild 5.29	Ausgaben der Krankenkassen je Versicherten im Vergleich	383
Schaubild 5.30	Einkommensverteilung und Arbeitsmarktlage (beschäftigtenstrukturbereinigte Lohnquote)	397
Schaubild 5.31	Lohnpolitik bei politischer und ökonomischer Übermacht der Unternehmer	398
Schaubild 5.32	Einkommensungleichheit in ausgewählten OECD-Ländern	401
Schaubild 5.33	Arbeitnehmer mit Bruttostundenlöhnen unter 8,50 Euro	404
Schaubild 5.34	Arbeitnehmer im Niedriglohnsektor, in deren Haushalt weitere Erwerbstätige leben	406
Schaubild 5.35	Durchschnittliche Jahreseinkünfte nach Einkommensarten 2007	419
Schaubild 5.36	Der Investivlohn – Modellhafte Darstellung	431
Schaubild 5.37	Die überbetriebliche Gewinnbeteiligung im Geldkreislauf – Individuelle Lösung	433
Schaubild 5.38	Die überbetriebliche Gewinnbeteiligung im Geldkreislauf – Kollektive Lösung	434
Schaubild 5.39	Das Kapitaldeckungsverfahren im privaten Alterssicherungssystem	441
Schaubild 5.40	Vermögensbezogene Steuern in ausgewählten OECD-Ländern	453
Schaubild 6.1	Weltweiter Aktienbestand und jährlicher Aktienhandel	459
Schaubild 6.2	Tägliche Umsätze an den Weltdevisenmärkten	467
Schaubild 6.3	Weltweite Umsätze börsengehandelter Derivate	469
Schaubild 6.4	Entwicklung von Real- und Finanzvermögen	472
Schaubild 6.5	Mitglieder in DGB-Gewerkschaften	485
Schaubild 6.6	Arbeiter auf dem Arbeitsmarkt und gewerkschaftlicher Organisationsgrad	486
Schaubild 6.7	Organisationsgrad der Gewerkschaften im internationalen Vergleich	488

Verzeichnis der Schaubilder

Schaubild 6.8   Dimensionen des Strukturwandels 497
Schaubild 6.9   Die demografische Entwicklung und ihre Ausstrahlung
                auf zentrale Ökonomie- und Politikbereiche 499
Schaubild 6.10 Das Ziel-Dreieck der Energiepolitik 503
Schaubild 6.11 Entwicklung des Strompreises für private Haushalte 506
Schaubild 6.12 Steuereinnahmen 511
Schaubild 6.13 Öffentliche Nettoanlageinvestitionen 511
Schaubild 6.14 Akteure im politischen System
                der Bundesrepublik Deutschland 521
Schaubild 6.15 Umsatzsteuer-Normalsätze in der EU 2007 534
Schaubild 6.16 Finanzierungsstruktur der Sozialausgaben 535

Vorwort

»Da schau ich nicht durch. Das ist zu kompliziert für mich.« Solche und ähnliche Redensarten hört man oft, wenn das Gespräch auf wirtschaftspolitische Fragen kommt. Viele kapitulieren vor der Vielzahl der ökonomischen Fachausdrücke und überlassen die Wirtschaftspolitik lieber »den Experten«.

»Die Wirtschaft ist das Schicksal«, erklärte schon 1921 der Wiederaufbauminister und spätere deutsche Außenminister in der Weimarer Republik, Walther Rathenau (DDP). Was damals galt, trifft heute erst recht zu. Mehr als je zuvor bestimmt die Wirtschaft unser tägliches Leben. Nur wer versteht, wie die Wirtschaft funktioniert, kann in politischen Fragen mitreden. Dieses Buch will helfen, dem wirtschaftlich nicht vor gebildeten Leser einen kleinen Einblick in die brennenden Probleme der Wirtschaftspolitik in Deutschland, aber auch in der Welt zu verschaffen.

Als ich 1973 die erste Auflage unter dem Titel »Bausteine der Volkswirtschaftslehre« veröffentlichte, war das Angebot an Lehrbüchern bereits groß. Trotzdem hatte ich mich damals entschlossen, dieses Angebot noch um ein weiteres Exemplar zu erhöhen. Grund: Die übrigen Lehrbücher sind in der Regel auf den Bedarf der Wirtschaftsstudenten an Universitäten und Fachhochschulen zugeschnitten, häufig sehr theoretisch gehalten, meist auch stark mathematisiert und wenig an der aktuellen Wirtschaftspolitik orientiert. Noch so gut geschriebene Einführungen in die theoretische Volkswirtschaftslehre legt der an aktuellen politischen Fragen interessierte Leser deshalb häufig enttäuscht wieder beiseite, weil die dargebotenen Theorien in einer abstrakten und für ihn unverständlichen Sprache geschrieben sind und ihm keine Antwort auf die ihn interessierenden Probleme des Tagesgeschehens liefern.

Mein Buch sollte diese Lücke schließen. Die hohen Verkaufszahlen und vielen Auflagen, die es inzwischen erlebt hat, zeigen: An einer leichtverständlichen Darstellung volkswirtschaftlicher und wirtschaftspolitischer Zusammenhänge besteht unverändert hoher Bedarf. Viele Leser der früheren Auflagen haben mir bestätigt, dass sie erstmals wirtschaftliche Zusammenhänge, die ihnen bisher ein Buch mit sieben Siegeln waren, verstanden haben und jetzt die täglichen Wirtschaftsnachrichten besser einordnen können. Selbst Wirtschaftsstudenten in mittleren und höheren Semestern lesen das Buch oft mit Gewinn, wird darin doch manches ganz einfach erklärt, wozu dicke wissenschaftliche Lehrbücher oft viele Seiten mit komplizierten mathematischen Formeln benötigen.

Das Buch setzt keinerlei volkswirtschaftliche Vorkenntnisse voraus und beginnt daher mit sehr schlichten Beispielen. Leser, die schon etwas weiter fortgeschritten sind, sollten sich von ihnen nicht abschrecken lassen. Die vielschichtigen wirtschaftlichen Zusammenhänge werden Schritt für Schritt entwickelt. In späteren Kapiteln wird der Text anspruchsvoller, ohne dass die Verständlichkeit darunter leidet. Ökonomische Fachbegriffe werden, wenn sie zum ersten Mal vorkommen, erklärt und im späteren Text dann als bekannt vorausgesetzt.

Das Buch wendet sich an alle, die sich für Wirtschaft interessieren und einen ersten, leicht verständlichen Einstieg in dieses komplexe Gebiet suchen. Studierende der Volks- und Betriebswirtschaftslehre an Universitäten und Fachhochschulen finden darin einen kompakten Überblick über die wichtigsten wirtschaftspolitischen Probleme, der ihnen das Verständnis anderer, weiterführender Lehrbücher erleichtern wird. Für Studierende der Politikwissenschaft, der Soziologie, der Sozialkunde und der Sozialpädagogik sind die vermittelten, volkswirtschaftlichen Kenntnisse unverzichtbar, um politische und gesellschaftliche Probleme analysieren zu können. In der politischen Bildungsarbeit von Parteien, Gewerkschaften, politischen Stiftungen und Volkshochschulen soll das Buch helfen, solide Grundlagen für das eigene politische Urteil zu legen.

In der nun vorgelegten 16. Auflage wurden alle Tabellen und Schaubilder – soweit möglich – aktualisiert. Ereignisse, die seit dem Erscheinen der vorherigen Auflage eingetreten sind, wie die Finanzmarktkrise und die Krise im Euroraum, werden ausführlich behandelt. Auch die Problematik der Energiewende und der drohende Verfall der öffentlichen Infrastruktur werden angesprochen. Mit den Grundlagen, die das Buch vermittelt, sollte jede Leserin und jeder Leser nicht nur aktuelle politische Kontroversen besser verstehen können, sondern auch in der Lage sein, sich anschließend selbständig vertieft mit einzelnen Fragen auseinanderzusetzen.

Berlin, im Juli 2014
Hermann Adam

Grundlagen und Rahmenbedingungen von Wirtschaft und Gesellschaft

1

Mit den Gesetzmäßigkeiten der Wirtschaft befasst sich die *Wirtschaftswissenschaft* oder – mit dem aus dem Griechischen stammenden Ausdruck – die *Ökonomie*. Die englische Bezeichnung lautet *economics*. Sie wird an fast allen Universitäten der Welt gelehrt. Das Studium dauert mindestens drei Jahre (Abschluss: *Bachelor* = englisch: Geselle), und weitere zwei Jahre bis zum Abschluss als *Master* (= englisch: Meister) oder – früher Deutschland – als Diplom-Volkswirt/in, Diplom-Kaufmann/-frau, Diplom-Ökonom/in oder auch als Diplom-Wirtschaftswissenschaftler.

In diesem Einführungslehrbuch wollen und können wir natürlich nicht den gesamten Stoff vermitteln, den sich die Studierenden des Faches in vier bis fünf Jahren aneignen müssen. Vielmehr geht es darum, alle, die sich für Wirtschaft interessieren, mit den Grundbegriffen dieses Gebietes vertraut zu machen und wirtschaftliche Zusammenhänge so weit zu erklären, dass viele alltägliche wirtschaftliche Vorgänge besser verstanden werden können. Insbesondere sollen die Grundlagen der *Volkswirtschaftslehre* erklärt werden, eines Teilgebiets der Wirtschaftswissenschaften, das sich u.a. mit den Ursachen von Arbeitslosigkeit, Inflation, Armut und Reichtum, Währungs- und Wirtschaftskrisen usw. befasst. Auf einige Dinge aus der *Betriebswirtschaftslehre* (= weiteres Teilgebiet der Wirtschaftswissenschaft, das sich mit dem Wirtschaften von Betrieben und Unternehmen beschäftigt), wird nur insoweit eingegangen, wie es für das Verständnis volkswirtschaftlicher Zusammenhänge erforderlich ist.

1.1 Was braucht man zum Produzieren?

Beginnen wir mit einer Grundfrage des Wirtschaftens: Was braucht man zum Produzieren? Zur Herstellung von Gütern und Dienstleistungen benötigt jede Gesellschaft

1) menschliche Arbeitskräfte,
2) Maschinen und Anlagen, d. h. Produktionsmittel,
3) Boden zur landwirtschaftlichen Nutzung oder als Grundstück, auf dem Maschinen und Anlagen, also Fabriken, errichtet werden,
4) Personen, die das Zusammenarbeiten der Menschen und den Einsatz der Maschinen organisieren und koordinieren.

Die Volkswirtschaftslehre spricht von den Produktionsfaktoren Arbeit, Kapital und Boden. Die Personen, denen die Aufgabe zufällt, den Einsatz von Mensch und Maschine zu organisieren, wollen wir im Folgenden *Unternehmer* nennen.

Produzieren ist ein gesellschaftlicher Prozess. Damit soll ausgedrückt werden: Die Herstellung von Gütern und Dienstleistungen ist in der Regel ohne einen der Produktionsfaktoren nicht möglich (es sei denn, es handelt sich um eine primitive Gesellschaft, in der es gar keine Produktionsmittel, also noch nicht einmal einfache Werkzeuge gibt). Maschinen sind ohne die Bedienung menschlicher Arbeitskraft nutzlos, und die Arbeitskraft wiederum ist auf die Unterstützung durch die Maschinen angewiesen.

Der gesellschaftliche Charakter der Produktion bringt in jeder Wirtschafts- und Gesellschaftsordnung, unabhängig davon, ob sich die Produktionsmittel in Privathand oder in Staatseigentum befinden, Konflikte mit sich. Am Ende des Produktionsprozesses, wenn das Produkt fertig gestellt ist, kann nämlich nicht ermittelt werden, welchen Beitrag die einzelnen Produktionsfaktoren zur Herstellung des Gutes geleistet haben. So wäre z. B. auch der beste Mathematiker überfordert, wenn er errechnen sollte, inwieweit etwa der Pförtner, der Arbeiter an der Transfer-Straße, die Sekretärin in der Verwaltung, der Buchhalter oder der Generaldirektor des VW-Werkes zum fertigen Golf beigetragen haben. Dieser Sachverhalt wird in der Volkswirtschaftslehre als *Unlösbarkeit des Zurechnungsproblems* bezeichnet.

Es fragt sich, wie der Verkaufserlös des Golf den einzelnen Mitarbeitern des Unternehmens zugerechnet werden soll. Der Hinweis, dass die Verteilung des Ertrages gerecht zu erfolgen hat, hilft hier nicht weiter. Denn über das, was »gerecht« ist, herrschen in einer Gesellschaft und auch innerhalb der Belegschaft eines Unternehmens unterschiedliche und widersprüchliche Vorstellungen. Soll die Entlohnung nach der Leistung (Leistungslohn) oder nach den Bedürfnissen des Einzelnen (Soziallohn) erfolgen? Kann überhaupt die Leistung des Einzelnen ermittelt werden? Soll berücksichtigt werden, dass die gleiche Arbeitsverrichtung die Menschen je nach ihrer körperlichen und geistigen Verfassung unterschiedlich belastet, und wie könnte diese unterschiedliche subjektive Belastung objektiv festgestellt werden?

Da diese Probleme weder mit mathematischen Methoden zu lösen sind, noch eine einheitliche Vorstellung über eine gerechte Verteilung besteht, entzündet sich an diesen Fragen der *Verteilungskonflikt*. Wie dieser Verteilungskonflikt ausgetragen und gelöst wird, hat – wie wir später noch sehen werden – einen wichtigen Einfluss auf das Wirtschaftsgeschehen in einem Land.

In Gesellschaften, in denen Grund und Boden sowie Produktionsmittel in Privateigentum sind, ist der Verteilungskonflikt vielschichtiger als in einer Gesellschaft mit verstaatlichtem Boden und Produktionsmitteln. Bei Privateigentum beanspruchen nämlich diejenigen, die das Kapital (Produktionsmittel) und/oder Boden zur Verfügung stellen, für ihren Beitrag zum Produktionsergebnis ebenfalls einen Anteil am Verkaufserlös eines Produktes in Form von Zinsen, Dividenden, Grundrente usw. In diesem Fall gibt es also nicht nur einen Verteilungskonflikt innerhalb der Arbeitnehmerschaft und zwischen den Arbeitnehmern und der Unternehmensleitung, sondern auch zwischen den Eigentümern der Produktionsmittel und des Bodens sowie denjenigen, die nur ihre Arbeitskraft zur Verfügung stellen.

1.2 Wie unterscheidet man Wirtschafts- und Gesellschaftssysteme?

Häufig werden die Gegensatzpaare Kapitalismus/Sozialismus bzw. Marktwirtschaft/Planwirtschaft zur Kennzeichnung von Wirtschaftssystemen herangezogen. Im Folgenden wollen wir uns damit befassen, was mit diesen Begriffen gemeint ist.

Wichtige Anhaltspunkte zur Einordnung eines Wirtschafts- und Gesellschaftssystems geben die folgenden vier Merkmale:

a) Eigentum an den Produktionsmitteln,
b) Verfügungsgewalt über den erwirtschafteten Überschuss,
c) Einsetzung und Kontrolle »des Unternehmers«,
d) Steuerung der Produktion.

Die ersten drei Merkmale spiegeln das Machtverhältnis zwischen Kapital und Arbeit in einer Gesellschaft wider. Das vierte Merkmal sagt etwas über die Kombination von Markt und Lenkung in der Wirtschaftsordnung aus. Jedes dieser vier Merkmale wollen wir jetzt näher erläutern.

a) In wessen Eigentum sind die Produktionsmittel?
Hier sind zu unterscheiden

- Wirtschaftsordnungen mit ausschließlichem oder überwiegendem Privateigentum an den Produktionsmitteln, wobei dieses Eigentum in der Regel bei einigen wenigen Personen konzentriert ist,
- Wirtschaftsordnungen mit fast ausschließlichem Staatseigentum an den Produktionsmitteln,
- Wirtschaftsordnungen, in denen sowohl der Staat als auch Private wesentliche Teile des Produktionsmittelbestandes in ihrer Hand haben.

Dieses Einteilungsmerkmal, das Eigentum an den Produktionsmitteln, liegt meist zu Grunde, wenn von Kapitalismus (= Privateigentum) oder Sozialismus (= Staatseigentum) die Rede ist. Für das kapitalistische Wirtschaftssystem wird außer dem Privateigentum an den Produktionsmitteln auch noch die damit verbundene Orientierung der Unternehmenspolitik am höchstmöglichen Gewinn (Profitstreben) als charakteristisch betrachtet.

b) Wer verfügt über den erwirtschafteten Überschuss?
Unter »erwirtschaftetem Überschuss« soll hier derjenige Teil der Erlöse verstanden werden, der nach Abzug aller Kosten (einschließlich Steuern und Sozialabgaben) und nach Ausschüttung der Dividenden im Unternehmen verbleibt. Man nennt diesen Betrag auch unverteilte Gewinne.

Die unverteilten Gewinne dienen den Unternehmen dazu, Maschinen und Anlagen zu kaufen. Käufe von Maschinen und Anlagen werden als *Investition* bezeichnet. Bei späteren Gelegenheiten werden wir uns noch häufig mit diesen Investitionen beschäftigen müssen.

Man kann Wirtschaftssysteme danach unterscheiden, in wessen Eigentum die erwirtschafteten Überschüsse, also die unverteilten Gewinne und die damit finanzierten neuen Maschinen und Anlagen, übergehen. Die unverteilten Gewinne sind Resultat des Zusammenwirkens beider Produktionsfaktoren, Kapital *und* (!) Arbeit. Trotzdem gehen sie in kapitalistischen Wirtschaftsordnungen, weil deren Rechtsordnungen es so festlegen, automatisch in das Eigentum derjenigen über, die im Produktionsprozess die Maschinen und Anlagen zur Verfügung stellen, also in die Hände der privaten Kapitaleigner. Dafür gibt es keine ökonomisch zwingende Notwendigkeit! Grundsätzlich denkbar wäre es auch, dass die unverteilten Gewinne denjenigen zuerkannt werden, die im Produktionsprozess ihre

Arbeitskraft zur Verfügung stellen. Denn das Kapital wurde ja bereits durch Zins- und Dividendenzahlungen »entlohnt«. Lediglich die Machtverhältnisse zwischen Kapital und Arbeit haben dazu geführt, dass die unverteilten Gewinne allein der Kapitalseite zugeschlagen werden. Viele Kritiker des kapitalistischen Wirtschaftssystems bezeichnen diesen durch die Rechtsordnung abgesicherten Verteilungsmechanismus als Widerspruch zwischen dem gesellschaftlichen Charakter der Produktion und der privatkapitalistischen Aneignung.

In Wirtschaftsordnungen mit verstaatlichten Produktionsmitteln gehen die unverteilten Gewinne zwar auch in die Hände der Kapitaleigner, in diesem Falle des Staates, über. Aber hier entscheiden nicht private Einzelpersonen, sondern die Vertreter des Staates darüber, wie der von allen erwirtschaftete Ertrag verwendet wird. Zu einer »Aneignung« durch wenige Einzelpersonen käme es dann, wenn diese Einzelpersonen jeglicher Kontrolle durch das Volk entzogen wären, es sich also um einen diktatorischen Staat handelte.

c) Wer setzt »den Unternehmer« ein und kontrolliert ihn?
Bei der Aufzählung der Produktionsfaktoren hatten wir unter 4. den Unternehmer als denjenigen genannt, der das Zusammenarbeiten von menschlichen Arbeitskräften und Maschinen zu organisieren hat. Dieser Organisator und Koordinator ist für den Produktionsprozess unentbehrlich. Eine gesellschaftspolitische Frage ersten Ranges ist jedoch, wer diesen Unternehmer, oder im modernen Sprachgebrauch das *Management,* einsetzt und kontrolliert.
Theoretisch sind drei Möglichkeiten denkbar:

- Diejenigen, die die Produktionsmittel zur Verfügung stellen, bzw. deren Vertreter im Aufsichtsrat wählen und kontrollieren das Management (kapitalistische Wirtschaftsordnung).
- Diejenigen, die ihre Arbeitskraft zur Verfügung stellen, wählen über ihre Vertreter die Unternehmensleitung und kontrollieren sie (laboristische Wirtschaftsordnung, labor: lateinisch = Arbeit).
- Beide, also Arbeit und Kapital, wählen und kontrollieren gleichberechtigt die Unternehmensleitung (partnerschaftliche Wirtschaftsordnung).

Diese drei Möglichkeiten, die jeweils ein bestimmtes Machtverhältnis zwischen Kapital und Arbeit ausdrücken, wollen wir noch näher betrachten. Zur Veranschaulichung mag ein einfaches Beispiel dienen. Manchen Lesern mag dieses Beispiel arg primitiv erscheinen. Dennoch soll in diesem Lehrbuch am Anfang nicht auf ein ganz schlichtes Beispiel verzichtet werden, um nach und nach vom Einfachen zum Schwierigen zu kommen.

28　　　　Grundlagen und Rahmenbedingungen von Wirtschaft und Gesellschaft

Beispiel

100 Holzfäller stehen an einem Wald, in dem innerhalb einer Stunde 200 Bäume gefällt werden sollen. Die Holzfäller (= Arbeiter) haben keine Produktionsmittel wie Sägen oder Äxte, sondern ausschließlich ihre Arbeitskraft. Die folgenden sechs Varianten verdeutlichen sechs verschiedene Gesellschaftssysteme:

1) Ein großer Wagen hält bei den Arbeitern. Ein Mann steigt aus und entnimmt dem Kofferraum 50 Sägen, mit denen die Bäume gefällt werden können. Die Sägen, also die Produktionsmittel, gehören dem Mann. Er überlässt den Arbeitern die Sägen zum Gebrauch, stellt aber folgende Bedingungen auf:
   Das Entgelt für das Fällen der Bäume soll nicht den Arbeitern, sondern ihm ausgezahlt werden. Von diesem Entgelt wird er eine bestimmte Summe als Lohn an die Arbeiter abzweigen. Den Rest wird er selbst behalten.
   Er wird beim Fällen die Leitung übernehmen, d. h., er wird die Arbeit der Holzfäller einteilen, das Kommando geben, Zeit und Dauer der Pausen bestimmen usw.
   Die Holzfäller, die auf die Sägen und den Verkauf ihrer Arbeitskraft angewiesen sind, müssen auf das Angebot eingehen. Dieses Verhältnis von Kapital und Arbeit war kennzeichnend für die Epoche des *Frühkapitalismus*.
2) Wieder hält ein Wagen vor den Arbeitern, doch diesmal entsteigen ihm zwei Männer. Der Eigentümer ist wieder bereit, seine Sägen unter der Bedingung, dass das Entgelt für das Baumfällen unter Abzug einer bestimmten Lohnsumme ihm zufließt, den Arbeitern zum Gebrauch zu überlassen. Allerdings wird diesmal nicht er selbst, sondern sein Begleiter den Fällvorgang organisieren. Dieses Beispiel beschreibt die Verhältnisse im *Spätkapitalismus*. Eigentum an Produktionsmitteln und Unternehmerfunktion (Manager) sind personell getrennt.
3) Kein »privater Kapitalist«, sondern ein von einer staatlichen Behörde autorisierter Mann steigt aus dem Wagen. Er überlässt den Arbeitern die Sägen zum Gebrauch und übernimmt wie der private Manager die Aufgabe der Leitung des Holzfällens. Wie bei den ersten Varianten fließt das Entgelt über den Eigentümer der Produktionsmittel, in diesem Falle also über den Staat. Diese Lösung kann man als *staatskapitalistische Wirtschaftsordnung* bezeichnen.
4) Die Arbeiter sind sich darüber klar, dass sie ohne Sägen ihre Aufgabe, 200 Bäume zu fällen, nicht bewältigen können. Sie leihen sich daher von einer Bank einen Betrag, der ausreicht, 50 Sägen zu kaufen. Außerdem »engagieren« sie für sich einen Manager, der das Holzfällen leitet. Das bedeutet: Auch bei dieser Variante fließen nicht die gesamten Erlöse den Arbeitern zu. Vielmehr müssen sie einen Betrag abzweigen, um die Zinsen für den Kredit zu bezahlen, mit dem sie die Sägen gekauft haben (= Kapitalkosten). Außerdem will der Manager für seine Leistung »entlohnt« werden (»Unternehmerlohn«). Auch die Bank möchte nicht nur Zinsen für das geliehene Geld haben, sondern auch Teile des

Wie unterscheidet man Wirtschafts- und Gesellschaftssysteme? 29

Kredits zurückbezahlt bekommen. Dies nicht zuletzt auch deshalb, weil der Gegenwert für den Kredit, die Sägen, sich durch ihren Gebrauch abnutzen und so an Wert verlieren. Den Wertverlust nennt man in der volkswirtschaftlichen Fachsprache *Abschreibung*.

Dieses System unterscheidet sich von den vorherigen dadurch, dass die Arbeiter über die auf dem Kreditwege finanzierten Produktionsmittel, die Sägen, verfügen und den Unternehmer selbst bestimmen können. Man nennt es *laboristische Wirtschaftsordnung*.

5) Die Sägen werden den Arbeitern unentgeltlich vom Staat zur Nutzung überlassen. Die Arbeiter wählen aus ihrem Kreis einen Kollegen, der die Aufgabe der Leitung übernimmt. Nach einiger Zeit wird von ihnen immer ein anderer Kollege gewählt, um zu gewährleisten, dass jeder einmal die »Unternehmerfunktion« ausübt, und um zu verhindern, dass der »Leiter« sich im Denken und Handeln von seiner Ursprungsklasse (den Holzfällern) entfernt (= Prinzip der Rotation). Diese Regelung kann man als *sozialistische Wirtschaftsordnung mit Arbeiterselbstverwaltung* bezeichnen.

6) Die Arbeiter und die Eigentümer der Produktionsmittel (Sägen) wählen gemeinsam (d.h., beide Seiten haben je 50 Prozent Stimmengewicht) denjenigen, der das Holzfällen leitet. Dabei spielt es keine Rolle, ob Private oder der Staat die Produktionsmittel besitzen. Bei diesem Verhältnis von Kapital und Arbeit spricht man von *partnerschaftlicher Wirtschaftsordnung*.

Allen Systemen mit Ausnahme der sozialistischen Wirtschaftsordnung mit Arbeiterselbstverwaltung ist gemeinsam, dass eine Arbeitsteilung zwischen denjenigen mit ausführender Tätigkeit (Holzfällen) und denjenigen mit leitender Funktion (Manager) besteht und auch gar nicht aufgehoben werden soll. Unterschiede sind insofern vorhanden, als in den ersten drei Fällen die Holzfäller keinerlei Möglichkeit haben, auf die Auswahl desjenigen, dessen Weisungen sie unterworfen sind, Einfluss zu nehmen, während sie bei der partnerschaftlichen Lösung ein Mitbestimmungs- und in der laboristischen Ordnung sogar ein ausschließliches Bestimmungsrecht haben.

Bei der Arbeiterselbstverwaltung existiert zumindest ein Anspruch, die Teilung der Menschen in ausführende und leitende, in befehlende und gehorchende durch ständiges Auswechseln (Rotation) zu beseitigen. Die Praxis der Arbeiterselbstverwaltung im früheren Jugoslawien zeigt allerdings, dass dieser Anspruch nicht hat realisiert werden können. Da die Menschen in ihren Arbeitsfunktionen nicht beliebig austauschbar sind und eine Rotation zwischen ausführenden, d. h. untergeordneten, Tätigkeiten und leitenden, verantwortlichen Positionen deshalb nur in geringem Umfange möglich ist, bildet sich auch in einer »Arbeiterselbstverwaltung« eine Hierarchie heraus, die in vielem der Über- und Unterordnung in nicht selbst verwalteten Unternehmungen ähnelt.

Als Fazit ergibt sich daraus, dass in einer hoch entwickelten Industriegesellschaft, unabhängig davon, ob sie nun kapitalistisch oder sozialistisch organisiert ist, die Mehrzahl der Menschen in ihrem Arbeitsleben keine leitende, sondern eine ausführende Position wird einnehmen müssen. Die »Demokratisierung der Wirtschaft«, die von den Gewerkschaften und der SPD gefordert wird, kann deshalb nicht bedeuten, dass jeder zu jeder Zeit und in jeder Sache mitentscheiden und mitreden muss. Vielmehr geht es bei diesem politischen Ziel darum, die Rechte der von den Arbeitnehmern gewählten Interessenvertretung im Betrieb (Betriebsrat) auszuweiten und die Entscheidungen der Unternehmensleitung durch eine paritätische Besetzung der Aufsichtsräte mit Arbeitgebern und Arbeitnehmervertretern von beiden Produktionsfaktoren, Kapital und Arbeit, legitimieren zu lassen. Außerdem ist mit diesem politischen Ziel beabsichtigt, dem Einzelnen einen größeren Entfaltungsspielraum an seinem Arbeitsplatz einzuräumen und ihn von monotonen (= eintönigen) Arbeitsabläufen zu befreien (Humanisierung = »Vermenschlichung« der Arbeitswelt).

Diese Unterscheidung nach kapitalistischen bzw. sozialistischen Wirtschafts- und Gesellschaftssystemen und ihrer Mischform »partnerschaftliche Wirtschaftsordnung« war recht hilfreich, solange sich die beiden Gesellschaftsmodelle »Kapitalismus« und »Sozialismus« bzw. »Marktwirtschaft« und »Planwirtschaft« gegenüber standen. Seit dem Zerfall der früheren sozialistischen Staaten ab der zweiten Hälfte der achtziger Jahre des vorigen Jahrhunderts und der Einführung marktwirtschaftlicher Ordnungen in diesen Ländern ist diese Unterscheidung weniger sinnvoll geworden. Denn damit lassen sich die heute in der Welt anzutreffenden, vielfältigen Ausprägungen marktwirtschaftlicher Wirtschafts- und Gesellschaftssysteme nicht voneinander abzugrenzen. Wir kommen auf die gegenwärtig existierenden *Varianten des Kapitalismus* und der *Typen von Wohlfahrtsstaaten* an späterer Stelle dieses Buches zurück.

Zunächst müssen wir noch das vierte Merkmal, das wir eingangs dieses Unterabschnitts zur Unterscheidung von Wirtschaftssystemen aufgeführt hatten (Wer bestimmt, was produziert wird?) näher erläutern.

d) Die Steuerung der Produktion oder: Wer bestimmt, was produziert wird?

Tag für Tag werden in einer Volkswirtschaft Güter und Dienstleistungen produziert, in die Läden transportiert und den Menschen zum Kauf angeboten. Doch wer entscheidet eigentlich darüber, welche und wie viele Güter und Dienstleistungen mit welcher Qualität produziert werden?

Diese Frage führt uns zu dem Begriffspaar Marktwirtschaft und Planwirtschaft, man sagt auch oft Verkehrswirtschaft und Zentralverwaltungswirtschaft. Beide Wirtschaftssysteme haben in reiner Form nie existiert. Wir müssen deshalb sowohl bei der Markt- als auch bei der Planwirtschaft zwischen dem theoretischen Modell – dem sog. Idealtyp – und der tatsächlichen Erscheinungsform unterscheiden.

Wie unterscheidet man Wirtschafts- und Gesellschaftssysteme? 31

Was und wie viel produziert wird, entscheidet in der »Marktwirtschaft reinen Typs« der Endverbraucher, der Konsument. Die Unternehmen stehen in starkem Wettbewerb zueinander und sind dann am erfolgreichsten, wenn sie genau das produzieren, was die Käufer wünschen. Sobald sich die Wünsche der Käufer verändern, sind die Unternehmer gezwungen, sich auf die Herstellung dieser anderen, gewünschten Waren zu »stürzen«. Tun sie das nicht, bleiben sie auf ihren Waren sitzen, machen Verluste und müssen aus dem Markt ausscheiden. Kurz: Die Produktion wird von den Konsumenten-Entscheidungen gelenkt – man nennt dies *Konsumentensouveränität.* Da diese Entscheidungen »unten« getroffen werden, die Lenkung der Wirtschaft also gewissermaßen »von der Basis aus« erfolgt, wird die Marktwirtschaft von ihren Anhängern als die der Demokratie angemessene Wirtschaftsordnung angesehen.

In der »Zentralverwaltungswirtschaft reinen Typs« wird dagegen die Produktion von einer staatlichen Kommission geplant. Folglich sind weder die Unternehmen noch die Konsumenten in ihrem Verhalten frei. Die Unternehmen müssen das produzieren und die Konsumenten das kaufen, was von der Behörde geplant wurde. Da die Entscheidungen über die Produktion »oben« fallen, also von einer kleinen Gruppe von Menschen getroffen werden, halten die Verfechter der Marktwirtschaft die Planwirtschaft als mit der freiheitlichen Demokratie unvereinbar.

Beide Idealtypen (= theoretische Denkmodelle) haben allerdings mit der Wirklichkeit wenig gemeinsam. Der Konsumentensouveränität kommt in allen Marktwirtschaften immer weniger Bedeutung zu. Zwar ist es richtig, dass kein Unternehmen auf Dauer existieren kann, das total am Markt vorbeiproduziert, d. h. Waren herstellt, die niemand kaufen will. Insofern bemühen sich die Unternehmen, auf die Wünsche der Käufer ihrer Produkte einzugehen, um den Absatz zu verbessern und Gewinne zu erzielen. Aber das hat seine Grenzen. Ein typisches Beispiel ist die Mode. Wenn sie den Herren gerade »vorschreibt«, schmale Krawatten zu tragen, wird es kaum jemandem gelingen, breite Krawatten im Handel aufzutreiben. Auch wechseln die Farben der angebotenen Textilien so, dass alte zu neuen selten passen. So harmoniert die Farbgebung eines neuen Sakkos nicht mit einem alten Hemd, also muss auch ein neues Hemd her, und dazu wiederum gehört auch eine Krawatte im neuen Farbton. Auch in der Marktwirtschaft ist der Kunde also gezwungen, das zu kaufen, was gerade im Angebot ist und was die Marketing-Strategen (= Experten in den Unternehmen, die sich mit den Techniken und Methoden des bestmöglichen Verkaufs von Waren und Dienstleistungen beschäftigen) den Konsumenten als »im Trend liegend« einreden.

Wo also ist die angebliche Lenkung der Produktion in der Marktwirtschaft »von unten«? Mit ihrem ausgeklügelten Marketing-Instrumentarium können die großen Unternehmen die Nachfrage der Konsumenten so beeinflussen und lenken, dass die Souveränität der Verbraucher schwindet. Dies gilt zumindest in dem

Maße, wie die Werbung bewirkt, dass die Kaufentscheidung nicht mehr unter rationalen (= vernunftgeleiteten), sondern unter emotionalen (= gefühlsmäßigen) Gesichtspunkten getroffen wird.

Beispiele

Der freudige Ausruf eines Kindes »Mami, Mami, der Pulli kratzt gar nicht mehr« möchte weismachen, dass die Mutter durch Benutzung eines bestimmten Waschmittels die Liebe ihres Kindes gewinnt. (Mehr als nur ein Waschmittel!) Oder: Ein Rasierwasser oder ein Parfüm verspricht den Herren nicht nur guten Duft, sondern auch Erfolg beim anderen Geschlecht. Mit anderen Worten: Den Konsumenten wird ein Nutzen vorgegaukelt, den das Produkt eigentlich gar nicht erfüllen kann.

Hinzu kommt, dass der Käufer umso weniger die Möglichkeit hat, dem einen Unternehmen seine Wünsche durch Käufe des Produktes eines anderen Unternehmens kundzutun, je höher der Marktanteil der Unternehmen und je gleichartiger die angebotenen Güter sind. Mit abnehmendem Wettbewerb in einer Marktwirtschaft verlagert sich die Entscheidung, was und wie viel in einer Volkswirtschaft produziert wird, von den Konsumenten auf die Unternehmensleitungen und ihre Stäbe. Je mehr Macht sich bei den Unternehmensleitungen konzentriert, desto undemokratischer wird das marktwirtschaftliche System. Das Argument, dass die Marktwirtschaft deshalb demokratisch sei, weil sie von den Konsumenten gelenkt wird, erscheint damit fragwürdig.

Gleichwohl bleibt ein wesentliches Unterscheidungsmerkmal zur Planwirtschaft: Von staatlichen Auflagen abgesehen (z. B. Ausstattungs- und Sicherheitsvorschriften beim Automobilbau), entscheiden in der Marktwirtschaft Privatpersonen in Gestalt der beiden Marktparteien – also Anbieter und Nachfrager – über Art, Qualität und Richtung der Produktion.

Anders verhält es sich demgegenüber in einer Planwirtschaft. Hier entscheidet ein Organ, die zentrale Planbehörde, darüber, was und in welchen Mengen und mit welcher Qualität produziert wird. Die Planbehörde stellt vor Beginn eines Jahres einen Plan auf, der Angaben über Art und Umfang der herzustellenden Produkte enthält. Schon aus technischen Gründen ist es unmöglich, die gesamte Produktion bis ins letzte Detail zu planen. Selbst bei Zuhilfenahme moderner Computer hätte das in der früheren UdSSR etwa 30 Jahre in Anspruch genommen. Für die Unternehmen bleibt deshalb immer ein gewisser Spielraum bei der Plandurchführung. Außerdem müssen die Konsumenten in einer Planwirtschaft nicht das kaufen, was ihnen von der Planbehörde vorgeschrieben wird, sondern können ihr Geld – im Rahmen des verfügbaren Angebots – nach Belieben verwenden.

Die Planwirtschaft kann auch nicht von vornherein als undemokratisch bezeichnet werden. Dieses Prädikat verdient sie nur dann, wenn die Mitglieder der Planbehörde nicht demokratisch gewählt sind oder ihre Entscheidungen nicht nach demokratischen Verfahren gefällt werden. Die Gleichsetzung von Demokratie mit Marktwirtschaft und Diktatur mit Planwirtschaft ist eine unzulässige Vereinfachung.

1.3 Formen des Sozialstaats

1.3.1 Was versteht man unter »Sozialstaat«?

Im letzten Unterabschnitt wurde erläutert, nach welchen Merkmalen man früher, d. h. bis zum Ende des Kalten Krieges (= Zeitraum von 1945 bis 1985, in dem sich die Systeme Kapitalismus [insbesondere USA, Westeuropa, Japan] und Sozialismus [insbesondere UdSSR, Osteuropa, Volksrepublik China] feindselig gegenüber standen) Wirtschafts- und Gesellschaftssysteme unterschied. Dabei wurde betont, dass es Marktwirtschaften in reiner Form, d. h. ganz ohne sozialpolitisch begründete Eingriffe des Staates in den Wirtschaftsablauf, in Wirklichkeit nicht gibt. Was würde beispielsweise in unserer »Holzfällergesellschaft« passieren, wenn Holzfäller krank oder alt werden und nicht arbeiten können? Oder wenn der Unternehmer die Hälfte der Arbeiter entlässt, weil er Motorsägen anschafft, mit denen die gleiche Menge an Bäumen mit nur 50 Prozent der Arbeiter gefällt werden kann? Kurz: Was geschähe, wenn diejenigen, die wenig oder gar kein Vermögen haben und im Wesentlichen von der Verwertung ihrer Arbeitskraft im Produktionsprozess leben, diese aus persönlichen Gründen (Krankheit, Alter) oder weil z. B. Maschinen ihre Arbeit schneller verrichten, nicht mehr verwerten können?

Aus dem 19. Jahrhundert kennen wir die verheerenden sozialen Folgen, die sich ergeben, wenn der Staat hier nicht Vorsorge trifft und schützend eingreift. Heute versuchen alle entwickelten Industriestaaten, die Unterschiede zwischen Arm und Reich durch geeignete Maßnahmen abzumildern und die Ärmsten der Armen zumindest vor dem Verhungern und Erfrieren zu bewahren. So gesehen ist jede Marktwirtschaft gleichzeitig auch ein Sozialstaat oder, was das Gleiche bedeutet, ein Wohlfahrtsstaat.

Mit *Sozialstaat* bzw. *Wohlfahrtsstaat* werden wirtschaftlich hoch entwickelte Länder bezeichnet, in denen der Staat mit zahlreichen Maßnahmen in die Einkommensverteilung, das Gesundheitssystem, die Wohnraumversorgung, die Bildung und den Arbeitsmarkt eingreift, um für alle Bürger gleiche Chancen und sichere materielle Lebensgrundlagen zu gewährleisten. Alle staatlichen Maßnahmen, die diese Ziele erreichen sollen, werden unter den Oberbegriffen Sozialpolitik oder Gesellschaftspolitik zusammengefasst.

1.3.2 Sozialstaatsmodelle

Die einzelnen Sozial- bzw. Wohlfahrtsstaaten unterscheiden sich allerdings nach den Prinzipien und Instrumenten, die sie in der Sozialpolitik anwenden, um einen sozialen Ausgleich in der Gesellschaft herbeizuführen. Wichtige Anhaltspunkte zur Unterscheidung von Sozialstaats-/Wohlfahrtsstaatstypen sind:

- Welcher Kreis der Bevölkerung erhält Sozialleistungen?
- Wonach richtet sich die Höhe der Sozialleistungen?
- Wie werden die Sozialleistungen finanziert?
- Wie groß ist der Umverteilungsgrad der Sozialpolitik?

Nach diesen Merkmalen lassen sich folgende sozialpolitische Grundprinzipien bzw. Sozialstaatsmodelle voneinander unterscheiden:

a) Staatsbürgerversorgung
Hier erhält jeder Bürger unabhängig von seinem sozialen Status, also Arm und Reich, Arbeiter und Unternehmer, eine soziale Mindestabsicherung durch das staatliche soziale Sicherungssystem. Jeder Bürger gehört einer Einheitsversicherung an und hat unabhängig von seinem Einkommen und seiner Bedürftigkeit Anspruch auf gleich hohe soziale Leistungen. Diese werden über Steuern finanziert und z. T. auch in Form staatlich organisierter Dienstleistungen erbracht, z. B. ärztliche Behandlung in staatlichen Gesundheitszentren mit vom Staat angestellten Ärzten. Die Staatsbürgerversorgung weist ein starkes Maß an Umverteilung auf. Da diese Form des Wohlfahrtsstaates in Ländern wie Dänemark, Schweden und Norwegen verwirklicht ist, in denen die jeweiligen sozialdemokratischen Parteien dominieren (= vorherrschen, d. h. in der Regel stärkste Partei sind und die Regierung stellen), spricht man auch vom *sozialdemokratischen* oder auch vom *skandinavischen Wohlfahrtsstaat.*

b) Staatliches soziales Versicherungssystem
Im Unterschied zur Staatsbürgerversorgung mit für alle Bürger gleichen sozialen Leistungen werden beim Sozialversicherungssystem soziale Leistungen in Abhängigkeit von den vorher entrichteten Beiträgen gezahlt. Mit anderen Worten: Wer z. B. viel verdient und hohe Beiträge in die Rentenversicherung einzahlt, erhält später eine höhere Rente als derjenige, der wenig verdient und dementsprechend

geringere Beiträge an die Rentenversicherung entrichtet hat. In der Arbeitslosenversicherung gilt das gleiche Prinzip, allerdings ist die Bezugsdauer von Arbeitslosengeld zeitlich begrenzt.

In diesem Typ des Wohlfahrtsstaates besteht keine Einheitsversicherung. Vielmehr existieren mehrere Versicherungssparten für die jeweiligen Berufsgruppen nebeneinander. So gab es in Deutschland lange Zeit eine gesetzliche Rentenversicherung für die Arbeiter, eine für die Angestellten und eine eigene Rentenversicherung für die Bergarbeiter (die Knappschaft). Erst zu Beginn des neuen Jahrtausends wurden die Rentenversicherungen der Arbeiter und der Angestellten zusammengelegt. Für Selbständige und Freiberufler (z. B. Ärzte, Rechtsanwälte, Journalisten) gibt es eigene Alterssicherungssysteme.

Arbeitnehmer sind verpflichtet, jeden Monat einen bestimmten Prozentsatz ihres Einkommens in die Rentenversicherung einzuzahlen. Die Arbeitgeber müssen für jeden ihrer Arbeitnehmer ebenfalls einen Beitrag an die Rentenversicherung abführen. Man spricht hier vom *Solidarprinzip*: Die Arbeitgeber sollen in gleichem Umfang für die soziale Absicherung ihrer Beschäftigten aufkommen. Die Beiträge steigen allerdings nur bis zu einer bestimmten Grenze proportional (= im gleichen Verhältnis) zum Einkommen. Jenseits dieser Grenze – man nennt sie *Beitragsbemessungsgrenze* – also für gut verdienende Arbeitnehmer erhöhen sich die Beiträge (und dementsprechend auch die späteren Rentenansprüche) nicht mehr.

Der Staat organisiert im staatlichen sozialen Versicherungssystem kein Angebot an sozialen Dienstleistungen wie beim Typ »Staatsbürgerversorgung«, sondern verteilt geldliche Sozialleistungen. So werden beispielsweise im Gesundheitswesen die ärztlichen Leistungen in privaten Praxen und auf freiberuflicher Basis erbracht und von den Krankenkassen honoriert. Die gesetzlichen Krankenkassen gewähren ihre Leistungen beitrags- und damit einkommensunabhängig: Wer wenig verdient und niedrige Beiträge bezahlt, erhält also die gleichen Leistungen wie ein Spitzenverdiener, der den Höchstbeitrag entrichtet. Insgesamt ist der Umverteilungsgrad im staatlich-sozialen Versicherungssystem niedriger als beim Typ »Staatsbürgerversorgung«.

Beispiele für den Typ »staatlich-soziales Versicherungssystem« sind die europäischen Länder Deutschland, Österreich, Italien und Frankreich. Da es sich hierbei um Länder handelt, die politisch stark von sozial-konservativen Parteien (in Deutschland der CDU/CSU) geprägt sind, spricht man auch vom *konservativen Wohlfahrtsstaat*.

c) Selektives soziales Sicherungssystem
Bei diesem Typ des Wohlfahrtsstaates gibt es staatliche Sozialleistungen lediglich in Form einer sozialen Mindestversorgung auf allerniedrigstem Niveau. Diese

Fürsorgeleistungen sind auf einen kleinen Kreis von Personen, d. h. auf besonders Bedürftige, beschränkt. Die Bedürftigkeit muss nachgewiesen werden und wird überprüft. Ansonsten werden Leistungen bei Krankheit, Berufs- und Erwerbsunfähigkeit oder im Alter nur auf der Basis freiwillig abgeschlossener Privatversicherungen erbracht.

»Sozialpolitik« versteht sich hier als bloße Armenpflege, also als Schutz der Ärmsten der Armen vor dem Verhungern und Erfrieren. Eine Umverteilung mittels Sozialpolitik ist ausdrücklich nicht beabsichtigt, oberstes Ziel ist vielmehr, den Wirtschaftsablauf nicht durch staatliche Eingriffe zu stören. Beispiele sind Australien, Großbritannien, Irland, Kanada, Neuseeland und die USA. Da in diesen Ländern liberale politische Strömungen vorherrschen, wird dieser Typ auch *liberaler Wohlfahrtsstaat* genannt.

In *Tabelle 1.1* sind die Merkmale der Wohlfahrtsstaatstypen dargestellt. Die Unterscheidung stammt von dem dänischen Sozialwissenschaftler *Gösta Esping-Andersen* (Drei Welten des Wohlfahrtskapitalismus).

d) Mischformen

Ebenso wie es die Marktwirtschaft »reinen Typs« in der Realität nicht gibt, so ist auch keiner dieser Wohlfahrtsstaatstypen in lupenreiner Form verwirklicht. Deutschland beispielsweise ist nur zu etwa zwei Dritteln ein konservativer Wohlfahrtsstaat. Er wird einerseits ergänzt durch Elemente des liberalen Wohlfahrtsstaates wie Sozialhilfe bzw. Hartz IV-Leistungen, die nur bei nachgewiesener Bedürftigkeit und auf allerniedrigstem Niveau gezahlt werden. Andererseits bestehen Elemente aus dem Prinzip der Staatsbürgerversorgung wie z. B. die gesetzliche Krankenversicherung, deren Leistungen unabhängig von der individuell gestaffelten Beitragshöhe sind, und die Familienangehörige mitversichert.

Auch Schweden, dessen Sozialpolitik die Staatsbürgerversorgung anstrebt, kennt neben den Einrichtungen der Volksversicherung eine Zusatzrente, deren Höhe sich nach den individuell geleisteten Einzahlungen richtet. Ebenso berücksichtigt die in Schweden von den Gewerkschaften verwaltete Arbeitslosenversicherung die geleisteten Beiträge und früheren Einkommen.

Das Gesundheitssystem Großbritanniens wiederum ist ein kollektives System, das aus Steuermitteln finanziert wird und seine Leistungen – ärztliche Behandlung und Medikamente – den Bürgern »kostenlos« zur Verfügung stellt. Das Rentensystem Großbritanniens erfasst wiederum alle Erwerbstätigen ab einem bestimmten Mindesteinkommen, geht insoweit also über die Prinzipien eines liberalen Wohlfahrtsstaates hinaus. Die gezahlten Renten liegen im Regelfall aber nur wenig über dem Existenzminimum, so dass sie eher den Charakter einer sozialen Mindestabsicherung haben. Deshalb und auch wegen der für die breite Masse der Bevölkerung schlechten Qualität der Gesundheitsversorgung rechnen

Tabelle 1.1 Wohlfahrtsstaaten und ihre Merkmale

Merkmale zur Messung des Wohlfahrtsstaatstyps	Liberaler	Konservativer Wohlfahrtsstaat	Sozialdemokratischer
		Prinzip	
	Fürsorge	Gesetzliche Sozialversicherung	Staatsbürger-versorgung
Schutz gegen Einkommensausfall	schwach	mittel	hoch
Rechtsanspruch oder Bedürftigkeitsprüfung	Armenfürsorge	Rechtsanspruch	Rechtsanspruch
Verhältnis von privater zu staatlicher Vorsorge	hoch	mittel	niedrig
Finanzierung der Sozialleistungen	Steuern	Beiträge + Steuern	Steuern
Nach Berufsgruppen diffe-renzierte Sicherungssysteme	nein	ja	nein
Umverteilungsgrad der Sozialpolitik	schwach	mittelmäßig	groß
Vollbeschäftigungsgarantie	nein	nur bei guter Wirtschaftslage	ja

manche Großbritannien zum Typ des liberalen Wohlfahrtsstaates. Andere dagegen wollen keine eindeutige Zuordnung zu einem der drei genannten Wohlfahrtsstaatstypen vornehmen und bezeichnen Großbritannien als einen Mischtyp.

In allen Wohlfahrtsstaaten gibt es außerdem Leistungen nach dem Fürsorgeprinzip – sie machen allerdings einen unterschiedlich hohen Prozentsatz an den gesamten Sozialleistungen aus. Kennzeichen von Fürsorgeleistungen ist, dass eine Bedürftigkeitsprüfung stattfindet. Auf andere Sozialleistungen besteht dagegen ein Rechtsanspruch: Wer z. B. in Deutschland mindestens 15 Jahre in die gesetzliche Rentenversicherung eingezahlt hat, besitzt einen Rechtsanspruch auf eine Rente, auch dann, wenn er bei Eintritt in den Ruhestand Millionär geworden ist. Das Gleiche gilt für Leistungen aus der gesetzlichen Krankenversicherung.

Auch wenn die klassische Einteilung in drei Welten des Wohlfahrtskapitalismus nach *Esping-Anderson* nicht hundertprozentig zufrieden stellt, so liefert sie doch ein brauchbares Instrument, um die Wirklichkeit zu begreifen und klarer zu sehen. Andere Autoren haben später die »drei Welten« ergänzt. Sie trennen die Wohlfahrtsstaaten der südeuropäischen Mittelmeerländer vom Typ b (staatliches soziales Sicherungssystem) ab, die als »Nachzügler« weder wirtschaftlich, noch sozialstaatlich den Standard der mitteleuropäischen Staaten erreicht haben. Aus dem gleichen Grund wären auch die ostmitteleuropäischen Wohlfahrtsstaaten eine weitere Kategorie.

Folgt man dieser weiteren Differenzierung, ergäben sich fünf Ländergruppen:

- *Marginale angelsächsische Sozialstaaten:*
  Australien, Großbritannien, Irland, Kanada, Neuseeland und die USA
- *Sozialversicherungsstaaten Kontinentaleuropas:*
  Belgien, Deutschland, Frankreich, Niederlande, Österreich
- *Universalistische Sozialstaaten Skandinaviens:*
  Dänemark, Finnland, Norwegen, Schweden
- *Südeuropäische »Nachzügler«:*
  Griechenland, Italien, Portugal, Spanien
- *Ostmitteleuropäische »Nachzügler«:*
  Polen, Slowakei, Tschechien, Ungarn

Bei den »Nachzüglern« wird auch vom Typ des rudimentären Wohlfahrtsstaates (rudimentär = nicht voll ausgebildet) gesprochen.

1.4 Das Wirtschafts- und Gesellschaftssystem Deutschlands: die »soziale Marktwirtschaft«

Nach dem in den beiden vorangegangenen Unterabschnitten Gesagten ist es uns möglich, das Wirtschafts- und Gesellschaftssystem Deutschlands einzuordnen. Richten wir die im Abschnitt 1.2 diskutierten Fragen a) bis c), die mögliche Machtverhältnisse zwischen Kapital und Arbeit darstellten, an die Wirtschaftsordnung Deutschlands. Anschließend prüfen wir, wie die Produktion der Güter und Dienstleistungen gesteuert wird, und gehen dabei ausführlich auf die Kombination zwischen Markt und Lenkung ein.

1.4.1 Das Machtverhältnis zwischen Kapital und Arbeit

a) In wessen Eigentum sind die Produktionsmittel?
Mit wenigen Ausnahmen (z. B. VW, an dem der Staat noch maßgebliche Anteile hält) sind die Produktionsmittel in Deutschland – man nennt sie in der Fachsprache auch *Produktivvermögen* – in Privateigentum und in wenigen Händen konzentriert. Nach einer Schätzung des Wirtschafts- und Sozialwissenschaftlichen In-

stituts in der Hans-Böckler-Stiftung (WSI) besaßen 1995 zwei Prozent der privaten Haushalte 70 Prozent des Produktivvermögens. An dieser Konzentration des Produktivvermögens hat sich über Jahrzehnte hinweg nur wenig geändert. Wir werden in einem späteren Kapitel noch darauf zurückkommen und die verschiedenen Vermögensarten im Einzelnen erklären.

b) Wer verfügt über den erwirtschafteten Überschuss?
Die unverteilten Gewinne, die der Anschaffung neuer Maschinen und Anlagen dienen, gehen in Deutschland wie in allen kapitalistischen Ländern automatisch in das Eigentum derjenigen über, die im Produktionsprozess das Kapital zur Verfügung stellen. Da das Produktivvermögen aber bereits stark konzentriert ist, wird die einseitige Anhäufung von Produktionsmitteln in der Hand einiger Weniger immer wieder aufs Neue erzeugt. An diesem Punkt entzündet sich – nicht ganz zu Unrecht – die marxistische Kritik am kapitalistischen Wirtschaftssystem: Der Grundwiderspruch aller kapitalistischen Gesellschaften zwischen dem gesellschaftlichen Charakter der Produktion und privatkapitalistischer Aneignung besteht trotz des in den meisten Ländern mittlerweile ausgebauten Wohlfahrtsstaats fort.

c) Wer setzt den Unternehmer ein und kontrolliert ihn?
In den Unternehmensleitungen und deren Kontrollorganen (den Aufsichtsräten) Deutschlands haben die Vertreter der Kapitaleigner die Mehrheit. Das gilt auch für die dem »Mitbestimmungsgesetz 1976« unterliegenden Unternehmen. Denn in deren Aufsichtsräten sitzt auf der »Arbeitnehmerbank« ein Vertreter der leitenden Angestellten, der von seiner Funktion im Unternehmen den Kapitaleignern verpflichtet ist und dementsprechend deren Interessen vertritt. Zudem gibt bei Stimmengleichheit im Aufsichtsrat die Stimme des Vorsitzenden den Ausschlag. Dieser muss wiederum aus den Reihen der Kapitaleignervertreter gestellt werden. Von einer paritätischen (= gleichberechtigten) Mitbestimmung der Arbeitnehmer in der Wirtschaft kann also keine Rede sein. Lediglich in der (immer bedeutungsloser werdenden) Montanindustrie (Kohle- und Stahlindustrie) sind die Aufsichtsräte paritätisch mit Arbeitnehmern und Kapitalvertretern besetzt, so dass nur hier der Gedanke einer Partnerschaft zwischen Kapital und Arbeit echt verwirklicht ist.

1.4.2 Markt und Lenkung

Wer bestimmt in Deutschland, was produziert wird? Die Antwort auf diese Frage müsste lauten: In der Bundesrepublik existiert keine zentrale Planungsbehörde,

40   Grundlagen und Rahmenbedingungen von Wirtschaft und Gesellschaft

die den Unternehmen vorgibt, was und wie viel sie zu produzieren haben. Vielmehr bestimmen die jeweiligen privaten Marktparteien über Menge und Qualität der erzeugten Güter- und Dienstleistungen. Das Wirtschaftssystem der Bundesrepublik ist deshalb als Marktwirtschaft zu bezeichnen.

Bereits in Abschnitt 1.2 hatten wir einige kritische Anmerkungen zur Funktionsweise des Marktes gemacht. Wir wollen diese hier etwas vertiefen, weil »Angebot und Nachfrage« grundlegend für das Verständnis des Wirtschaftsgeschehens sind. Anschließend wollen wir erläutern, warum der Marktmechanismus nicht sich selbst überlassen wird und der Staat mit lenkenden und korrigierenden Maßnahmen in das Wirtschaftsgeschehen eingreift. Schließlich wird erklärt, warum das Wirtschaftssystem der Bundesrepublik als »soziale Marktwirtschaft« bezeichnet wird.

1.4.2.1 Angebot und Nachfrage: Wie der Markt funktioniert

Um die Marktprozesse besser verstehen zu können, stellen wir uns einen Wochenmarkt in einer Kleinstadt vor. Es ist halb acht Uhr morgens, und die Obst- und Gemüsehändler breiten gerade ihre Waren aus, und zwar so, dass die Kunden angelockt und zum Kaufen angeregt werden. Woher wissen sie, was sie auf die Preisschilder schreiben sollen? Was sollen der Salat, die Mohrrüben, die Kartoffeln, die Äpfel usw. kosten?

Zunächst gehen die Händler bei ihrer Kalkulation natürlich von dem aus, was sie für den Einkauf der Waren bezahlt haben. Weniger als den Einkaufspreis werden sie beispielsweise kaum für den Salat verlangen, sonst würden sie mit jedem Salatkopf, den sie verkaufen, Verluste machen. Aber nicht nur die Einkaufskosten müssen sie berücksichtigen, sondern auch noch die gesamten anderen Kosten, die ihnen entstehen, wenn sie als Wochenmarkthändler tätig sind.

So benötigen sie beispielsweise einen kleinen Lieferwagen, mit dem sie die Waren am Großmarkt abholen, zum Verkaufsmarkt transportieren und die übrig gebliebenen Reste am Abend wieder zur Entsorgung abtransportieren. Dieser Wagen braucht Öl und Benzin, er kostet Steuern, Versicherung und Reparaturen. Außerdem ist zu berücksichtigen, dass der Wagen eines Tages »seinen Geist aufgibt« und ein neuer angeschafft werden muss. Dann müssen die Händler jeweils so viel verdient und beiseite gelegt haben, dass sie mit dem Ersparten einen neuen Wagen anschaffen können. Reicht das Ersparte nicht aus, muss ein Kredit aufgenommen werden, für den Zinsen zu zahlen sind und der getilgt werden muss. Auch das sind Kosten, die es einzukalkulieren gilt. Schließlich muss für den Standplatz auf dem Wochenmarkt Platzmiete entrichtet, für den Umsatz der Waren Mehrwertsteuer und für den erzielten Überschuss der Einnahmen über die

Das Wirtschafts- und Gesellschaftssystem Deutschlands

Ausgaben Einkommensteuer bezahlt werden. Für sich selbst und ihre Familien brauchen die Händler die notwendigen Versicherungen, und auch für den Fall der Erwerbsunfähigkeit und des Alters sollten sie Vorsorge treffen. Das alles muss in die Preiskalkulation einfließen und natürlich auch das, was die Händler »verdienen« wollen. Kosten (einschließlich zu zahlende Steuern) plus »Gewinnspanne« pro Salatkopf, Pfund Kartoffeln oder Äpfel ergeben den Mindestangebotspreis, den ein Händler erzielen möchte.

Wenn jeder Anbieter genau die gleichen Kosten hat und auch mit der gleichen »Gewinnspanne« kalkuliert, kann jeder auch zum gleichen Preis anbieten. Das wird aber in Wirklichkeit selten der Fall sein. Der eine wird zu höheren, der andere zu niedrigeren Kosten »produzieren« (in unserem Beispiel: zu unterschiedlichen Preisen einkaufen, andere Kosten für den Wagen bzw. Zinsen für den Kredit aufbringen müssen usw.) mit der Folge, dass jeder Anbieter auch unterschiedliche Preise hat, die er nicht unterschreiten darf, wenn er Verluste vermeiden will. Der eine wird daher zu einem Preis X seine Ware gerade noch ohne Verlust anbieten können, ein anderer wird zu genau diesem Preis auf Grund seiner günstigeren Kosten bereits einen guten Gewinn erzielen. Wieder ein anderer wird so hohe Kosten haben, dass er zum Preis X gar nicht verkaufen kann und deshalb von vornherein gar nicht anbietet.

Daraus können wir schon ein Marktgesetz ableiten, nämlich:

▶ **Je höher der Preis am Markt für ein Produkt, desto mehr Anbieter sind in der Lage, das Produkt anzubieten, und desto höher sind auch die Gewinne derjenigen Anbieter mit den niedrigsten Kosten. Je geringer der Marktpreis, desto weniger Anbieter werden das Produkt kostendeckend auf dem Markt anbieten können und desto geringer fällt auch der Gewinn der Anbieter mit den niedrigsten Kosten aus. Kurz: Je höher der Preis, desto größer, je niedriger der Preis, desto geringer die angebotene Warenmenge.**

Unsere Händler auf dem Wochenmarkt werden, bevor sie ihre Preise endgültig auf die Schilder schreiben, einen Blick auf die Waren und die Preise der anderen Anbieter riskieren. Verlangt der Nachbar für seine Kartoffeln den gleichen Preis? Sind seine Waren besser und deshalb vielleicht teurer? Oder unterbietet er sogar andere im Preis und übertrifft sie in der Qualität? Und wie ist dann darauf zu reagieren?

Betrachten wir jetzt die andere Seite des Marktes, die Kunden. Wie verhalten sie sich? Welche Waren kaufen sie und nach welchen Gesichtspunkten?

Der erste Kunde ist Computerspezialist, der wenig Zeit hat, weil er ins Büro muss. Er möchte sich für zwischendurch zwei Äpfel kaufen, und weil er in Eile ist, kauft er gleich welche beim erstbesten Stand, an dem Äpfel angeboten werden, ohne näher auf den Preis zu achten. Der Händler freut sich, und auch der Kunde ist zufrieden. Nur der zehn Meter weiter stehende Händler ärgert sich, weil sein besonders preisgünstiges Angebot an Äpfeln gar nicht registriert wurde. Als noch ein zweiter Kunde, eine ebenfalls ins Büro hastende Sekretärin, die teureren Äpfel beim Konkurrenten kauft, ändert er sein Preisschild und erhöht die Preise für seine Äpfel. Dadurch verkauft er zwar auch keine Äpfel an Kunden, die aus Zeitgründen gleich zum »nächst Besten« gehen, aber er »verschenkt« auch nicht mögliche Erlöse. Denn offensichtlich sind die Kunden bereit, mehr für Äpfel zu zahlen, als er angenommen hat, und warum soll er das nicht zu seinem eigenen Vorteil »nutzen«?

Was lernen wir daraus? Nachfrager haben häufig nicht das, was man in der Ökonomie *vollkommene Markttransparenz* (= Marktübersicht) nennt. Im vorliegenden Fall hieße das, die Kunden müssten den gesamten Wochenmarkt »abklappern« und Angebot für Angebot miteinander vergleichen. Tun sie das nicht, kaufen sie, wie unser Computerfachmann und die Sekretärin, unter Umständen Waren, die sie bei einem anderen Anbieter preisgünstiger hätten haben können. Andererseits kostet es sehr viel Zeit, sich einen Marktüberblick zu verschaffen, und Zeit haben die Verbraucher in der Regel nur begrenzt. So muss jeder für sich abwägen, wie viel Zeit er vor einem Kauf »investieren« will, um den günstigsten Anbieter herauszufinden. Lohnt es sich, eine Stunde lang zu suchen, um schließlich 1 Euro zu sparen? Die Antwort auf diese Frage ist sicher nicht allgemein zu beantworten – hängt sie doch davon ab, was 1 Euro für den Einzelnen bedeutet und wie er die 1 Stunde sonst noch hätte nutzbringend verwenden können. Hier bekommt der Ausspruch »Zeit ist Geld« seinen tieferen Sinn.

Generell ist es für die Verbraucher schwer, sich überhaupt einen Marktüberblick zu verschaffen. Für unseren Wochenmarkt und für ein Produkt mag das gerade noch gehen. Aber wissen wir, was ein bestimmtes Produkt in jedem Laden unserer Stadt, das dieses Produkt führt, kostet, und was in der Nachbarstadt oder sonst in der Bundesrepublik oder in Europa dafür verlangt würde?

Die nur begrenzte Marktübersicht ist nur *ein* Nachteil, den die Verbraucher haben. Ein weiterer ist die Verschiedenartigkeit – der Fachausdruck dafür lautet Heterogenität – der angebotenen Güter. So gibt es von Äpfeln und Kartoffeln verschiedene Sorten auf dem Wochenmarkt. Sie sind somit nicht alle gleichwertig und von daher nicht unmittelbar miteinander zu vergleichen wie etwa ein Pfund Mehl oder Zucker. Noch schwieriger ist es beispielsweise bei Kleidung, Möbeln oder Autos: Sakko ist nicht gleich Sakko, jeder Schrank ist anders, und auch Autos der gleichen Klasse – Kleinwagen, Mittel- oder Luxusklasse – lassen sich nicht »über einen Kamm scheren«.

Produkte, die an und für sich gleichartig (Fachausdruck: homogen) sind, wie etwa Waschmittel oder Benzin, werden von den Anbietern künstlich, d.h. über geschicktes Marketing, heterogen »gemacht«, so dass die Verbraucher dem einen Produkt einen höheren Nutzwert beimessen als einem anderen. Indem den Kunden suggeriert (= glauben gemacht) wird, ein bestimmtes Produkt wäre besser als andere mit dem gleichen Nutzen, werden sie »an eine Marke gebunden« und veranlasst, diese Marke immer wieder – und zwar ungeprüft – zu kaufen (z. B. Persil oder Shell!). Dabei zeigen objektive Vergleiche, dass preisgünstigere Produkte ohne einen berühmten Markennamen meist den gleichen Nutzen stiften und von Testpersonen bei sog. »Blindtests« gar nicht von Markenartikeln unterschieden werden können.

Der Preismechanismus von Angebot und Nachfrage

Den Preismechanismus stellen Volkswirte meist nicht verbal (= in Worten), sondern in einem Kurvendiagramm dar. Da sie auch bei vielen anderen Zusammenhängen so vorgehen, wollen wir im Folgenden auch mit dieser Form der Darstellung – dem sog. *Koordinatensystem* – vertraut machen.

Auf der senkrechten Koordinate (Achse) – die Mathematiker nennen sie *Ordinate* – ist der Preis abgetragen, auf der waagerechten Koordinate – mathematisch der *Abszisse* – die nachgefragte bzw. die angebotene Menge. Zu jedem Preis wird jetzt im Feld zwischen den Koordinaten die von den Anbietern angebotene Menge und die von den Nachfragern nachgefragte Menge in Form eines Punktes eingetragen. Es entsteht eine Schar von Punk-

Schaubild 1.1

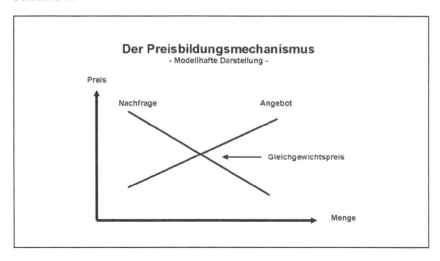

ten, und die Verbindung der Punkte der zu den jeweiligen Preisen angebotenen Menge ergibt die *Angebotskurve,* die Verbindung der Punkte der zum jeweiligen Preis nachgefragten Menge die *Nachfragekurve.* (In unserer modellhaften Darstellung haben wir der Einfachheit halber keine Kurve, sondern eine gerade Linie eingezeichnet.) Die Angebotskurve verläuft von links unten nach rechts oben. Denn: Je niedriger der Preis, desto weniger Waren werden angeboten. Die Nachfragekurve verläuft von links oben nach rechts unten. Denn: Je höher der Preis, desto weniger wird nachgefragt.

Der Punkt, in dem sich die beiden Kurven (Linien) schneiden, ist der *Gleichgewichtspreis,* der sich aufgrund des Marktmechanismus einpendelt. Warum? Nehmen wir an, die Anbieter würden ihre Produkte zu einem Preis unterhalb des Gleichgewichtspreises verkaufen. Zu diesem niedrigeren Preis wären mehr Nachfrager bereit, die Produkte zu kaufen, als auf dem Markt angeboten würden. Die Anbieter könnten die Preise erhöhen. Das wiederum würde Anbieter, die bisher wegen der niedrigen Preise noch nicht auf dem Markt vertreten waren, in die Lage versetzen, Waren anzubieten. Die angebotene Menge würde steigen und Angebot und Nachfrage zum Gleichgewichtspreis zum Ausgleich bringen.

Auch im umgekehrten Fall würde der Marktmechanismus dazu führen, dass sich der Gleichgewichtspreis einstellt. Nehmen wir an, die Anbieter würden Preise verlangen, die über dem Gleichgewichtspreis liegen. Dann könnten einige Anbieter ihre Produkte nicht verkaufen, weil ein Teil der Nachfrager nicht bereit wäre, diesen Preis zu bezahlen. Um dennoch weitere Waren zu verkaufen, würden einige Anbieter die Preise senken und dadurch zusätzliche Käufer gewinnen. Andere Anbieter wären nicht mehr in der Lage, zu diesem niedrigeren Preis kostendeckend zu verkaufen, würden also nicht mehr anbieten. Folge: die angebotene Menge würde sinken. Ergebnis: Der Gleichgewichtspreis stellt sich auch in diesem Fall ein.

Der Leser sollte sich die Logik dieses Preismechanismus klar machen. Sie ist grundlegend für das Verständnis vieler wirtschaftlicher Zusammenhänge, aber auch vieler wirtschaftspolitischer Maßnahmen.

Besonders bei heterogenen (oder künstlich heterogen gemachten) Produkten entscheiden sich die Käufer am Markt nicht nach streng rationalen (= nur den eigenen wirtschaftlichen Vorteil betrachtend), sondern nach emotionalen (= gefühlsmäßigen) Gesichtspunkten. Das macht die Nachfrage oft wenig preisbewusst und verschafft den Anbietern eine günstige Position bei der Preisfestsetzung am Markt. Kundenbindung kann auch auf ganz persönlichen Sympathien beruhen: Jemand kauft vielleicht sein Obst und seine Kartoffeln auf dem Wochenmarkt immer beim selben Händler, weil er sich mit ihm besonders gut versteht und auch ein paar private Worte wechseln kann – auf die aktuellen Tagespreise der Waren wird dann gar nicht mehr geachtet.

Überhaupt ist der Preis nur bedingt ein Faktor, der bestimmt, welche Menge an Gütern und Dienstleistungen die Verbraucher nachfragen. Gewiss: Bei einem

Das Wirtschafts- und Gesellschaftssystem Deutschlands

teureren Produkt, das man in größeren Zeitabständen kauft und das man mehrere Jahre nutzt, stellt man in aller Regel schon Preis- und Qualitätsvergleiche an und lässt sich bei seiner Kaufentscheidung etwas Zeit (z. B. beim Autokauf). Und würde ein 7er BMW nur so viel kosten wie ein normaler Golf, dieser aber wiederum so viel wie ein großer BMW, würden mit hoher Wahrscheinlichkeit sehr viel mehr BMW und erheblich weniger Golf nachgefragt. Daraus können wir wieder ein Marktgesetz ableiten, nämlich:

▶ **Je höher der Preis am Markt für ein Produkt, desto weniger Käufer sind in der Lage, das Produkt zu kaufen. Je niedriger der Marktpreis, desto mehr Käufer werden sich das Produkt leisten können und es auch kaufen. Kurz: Je höher der Preis, desto geringer, je niedriger der Preis, desto höher ist die nachgefragte Warenmenge.**

Beide Marktgesetze zusammen, also der dargestellte Zusammenhang zwischen Preis und angebotener Menge sowie der eben erläuterte Zusammenhang zwischen Preis und nachgefragter Menge, bilden quasi das Grundgesetz der Marktwirtschaft. Es lautet:

▶ **Angebot und Nachfrage bestimmen den Preis**

Doch ist das wirklich immer so, wie im Modell dargestellt? Und wenn es so ist, führen die Ergebnisse, die der Marktmechanismus erzielt, stets zu sozial und gesellschaftspolitisch erwünschten und hinnehmbaren Ergebnissen?

Im nächsten Unterabschnitt wollen wir zeigen, wozu ein sich selbst überlassener Marktmechanismus führen würde. Das liefert uns gleichzeitig die Begründung dafür, warum der Staat in allen Ländern lenkend in den Wirtschaftsprozess eingreift – in den einen mehr, in den anderen weniger.

1.4.2.2 Warum der Staat lenkt

Nehmen wir, um einen wichtigen Zusammenhang zu verdeutlichen, den Markt für Milch und den Markt für Schnaps. Einmal unterstellt, die Milch würde am Markt teurer und der Schnaps billiger angeboten. Würde eine kinderreiche Familie dann die Ernährung ihrer Kinder auf Schnaps umstellen, weil dieses Getränk billiger geworden ist? Oder weniger drastische Beispiele: Wenn Fleisch teurer und Fisch billiger wird, würden alle Leute dann nur noch Fisch essen, auch diejenigen, die gar keinen Fisch mögen? Und würden leidenschaftliche Kaffeetrinker auf Tee »umsteigen«, wenn dieser im Preis sinkt?

46   Grundlagen und Rahmenbedingungen von Wirtschaft und Gesellschaft

Die Beispiele zeigen: Feste Ess- und Trinkgewohnheiten werden durch Preis-
änderungen nicht einfach »über Bord geworfen«, ganz abgesehen davon, dass bei
der kinderreichen Familie der Verzicht auf Milch gar nicht möglich ist. Das führt
aber dazu: Trotz steigender Preise geht die nachgefragte Menge nach manchen
Produkten gar nicht zurück, sei es, weil liebgewordene Gewohnheiten dem ent-
gegenstehen, sei es, weil auf bestimmte Waren gar nicht verzichtet werden kann.
Man spricht in diesem Fall von einer *unelastischen Nachfrage*, d. h.: Die Käufer reagieren auf eine 10 %ige Preiserhöhung nicht mit einer 10 %igen Nachfrageeinschränkung, sondern nur mit einem Nachfragerückgang von vielleicht 5 oder 2 %.
Bleibt die nachgefragte Menge trotz Preiserhöhung völlig unverändert, handelt es
sich um eine *vollkommen unelastische Nachfrage*.

Welche Folgen hat das für die Preisbildung am Markt? Bei Waren und Dienstleistungen, die die Menschen dringend brauchen und auf die sie nicht verzichten
können (z. B. Nahrungsmittel, Kleidung, Wohnung), ist die Nachfrage unelastisch.
Deshalb lassen sich auf diesen Märkten von den Anbietern eher Preiserhöhungen durchsetzen als auf Märkten für Waren, bei deren Kauf man warten und Preis-
und Qualitätsvergleiche anstellen kann. Aber ist dies erwünscht? Soll die Milch
deshalb teurer verkauft werden dürfen, weil kinderreiche Familien darauf angewiesen sind und keine andere Wahl haben? Sollen Mieter jede Miete für ihre
Wohnung bezahlen müssen, weil sie ein Dach über dem Kopf brauchen und eben
wohnen müssen?

Verteidiger der Marktwirtschaft würden dem entgegenhalten: Hohe Mieten
und Milchpreise würden sich nicht lange am Markt aufrechterhalten lassen.
Denn sie würden neue Anbieter anlocken, die zusätzliche Milch und zusätzlichen
Wohnraum anbieten, weil sie erwarten, damit gutes Geld verdienen zu können.
Das zusätzliche Angebot am Markt würde die Nachfrager wieder in eine bessere
Position bringen, und Preise und Mieten würden wieder sinken.

Hier scheiden sich die Geister der Anhänger und der Skeptiker der Marktwirtschaft. Zwar räumen auch die Skeptiker ein, dass der Markt irgendwann wieder für mehr Angebot zu niedrigeren Preisen sorgen würde. Das aber kann in aller Regel nicht kurzfristig geschehen. Denn zusätzliche Milch erfordert, dass erst
weitere Kühe herangezüchtet werden müssen, die die entsprechende Milch liefern.
Und zusätzlicher Wohnraum lässt sich auch nicht von heute auf morgen schaffen. Auch das dauert seine Zeit, bis neue Häuser mit entsprechenden Wohnungen errichtet sind. Und was geschieht in der Zwischenzeit? Politiker, die steigenden Milchpreisen und Mieten tatenlos zusähen, würden unter erheblichen Druck
geraten. Hinweise, dass der Marktmechanismus das in ein paar Jahren von selbst
richtet, würden bei denen, die unter den steigenden Milch- und Mietpreisen zunächst zu leiden hätten, kaum auf ein positives Echo stoßen. Wegen der langen
Zeit, die der Markt braucht, um wieder einen sozial verträglichen Zustand herzu-

Das Wirtschafts- und Gesellschaftssystem Deutschlands

stellen, entsteht ein »politischer Zwang« zu staatlichen Eingriffen, dem die Regierungen in Demokratien kaum widerstehen können.

Noch weitere Unvollkommenheiten des Marktes erklären, warum der Staat lenkt. Bekanntlich verdient nicht jeder gleich viel. Gerade in Marktwirtschaften gibt es erhebliche Unterschiede zwischen den Einkommen der Haushalte. Die Einkommenshöhe entscheidet über die Kaufkraft eines Haushalts am Markt und damit über das Gewicht, mit dem er seinen Wünschen nach Waren und Dienstleistungen Nachdruck verleihen kann. So haben arme Haushalte sicher auch die einen oder anderen Bedürfnisse, ohne dass sie sie durch Nachfrage gegenüber den Anbietern kundtun können. Diese Bedürfnisse bleiben dann unbefriedigt, obwohl die Marktwirtschaft beansprucht, für eine optimale Befriedigung der Bedürfnisse aller zu sorgen. Auf Märkten für Waren und Dienstleistungen, die elementare Bedürfnisse befriedigen, greift der Staat deshalb bewusst und korrigierend ein, um die Nachteile armer Haushalte auszugleichen.

Beispiel

An wen würde ein Vermieter eine Drei-Zimmer-Wohnung vermieten: an ein verheiratetes Beamtenehepaar ohne Kinder, aber mit gesichertem Einkommen, das die geforderte Miete ohne weiteres bezahlen kann, aber schon eine Wohnung hat und sich nur vergrößern möchte? Oder an ein Arbeiter-Ehepaar mit zwei Kindern, bei dem beide Partner nur einen zeitlich befristeten Arbeitsvertrag haben, dem die Miete um 200 Euro zu hoch ist, das aber dringend eine Wohnung sucht?

Das Beispiel macht deutlich: Vermieter befriedigen mit ihrem Angebot vorzugsweise »solide Mieter«. Es ist für sie attraktiver, teure Wohnungen zu bauen und sie an Haushalte mit guten und sicheren Einkommen zu vermieten, als preisgünstige Wohnungen für sozial schwache Haushalte zu erstellen, bei denen Mietausfälle drohen und obendrein mit einem hohen Renovierungsbedarf gerechnet werden muss. Der Markt – sich selbst überlassen – ließe grundlegende Bedürfnisse eines Teils der Haushalte unbefriedigt – ein Grund zur staatlichen Intervention (= Eingriff).

Des Weiteren belohnt der Markt ein für die gesamte Gesellschaft schädliches Verhalten, weil es – ohne staatliche Korrekturen – dem Einzelnen wirtschaftliche Vorteile bringt. Diese Fehlsteuerung durch den Marktmechanismus lässt sich besonders gut am Beispiel des Umweltschutzes zeigen. Umweltgerechte Produktionsweisen und Waren verlangen von den Herstellern Investitionen, also vermehrte Ausgaben. Die höheren Kosten verteuern die Produkte. Waren, die teurer, weil umweltverträglich sind, würden von der Mehrzahl der Konsumenten nicht gekauft, wenn gleichzeitig billigere, aber umweltschädliche Produkte angeboten würden. Die Ökonomen sprechen in diesem Zusammenhang von sog. externen Effekten (= nach außen gerichteten Wirkungen), die der Markt von sich aus nicht in Gemeinwohl verträgliche Bahnen lenken kann.

Beispiel

Der Katalysator als eine die Abgase von Autos entgiftende Vorrichtung war schon lange erfunden, bevor er in Neuwagen eingebaut wurde. Aber Autos mit Katalysator waren Mitte der achtziger Jahre rund 1 500 DM teurer, und es fanden sich nicht genügend Käufer, die bereit waren, diesen Betrag »draufzulegen«. Denn ein persönlicher Vorteil war nicht damit verbunden, wenn nur Einzelne sich für einen Katalysator entschieden. Im Gegenteil: Wer sich umweltbewusst verhielt, zahlte dafür mehr als die anderen, die die Umwelt schädigten. Erst als der Staat umweltpolitisch eingriff, löste sich das Problem. Für eine Übergangszeit wurden Neuwagen, die mit Katalysator ausgestattet waren, von der Kfz-Steuer befreit. Die Steuerersparnis deckte in etwa die Mehrausgaben für den Katalysator ab, und die Hersteller gingen verstärkt dazu über, Autos mit Katalysator anzubieten. Als schließlich alle Produzenten in der Lage waren, Katalysatoren einzubauen, wurden die Vorschrift und die Steuervergünstigung wieder gestrichen. Mit anderen Worten: Der Staat muss dafür sorgen, dass umweltschonendes Verhalten nicht bestraft, sondern wirtschaftlich »belohnt« wird, ggf. sogar Ge- und Verbote erlassen.

Noch eine weitere Schwäche hat der Marktmechanismus: Hohe Preise für ein Gut sind bekanntlich ein Zeichen dafür, dass dieses Gut sehr knapp ist. Ein knappes Gut wird deshalb entsprechend sparsam eingesetzt, und es wird versucht, es durch ein anderes Gut zu ersetzen, das reichlicher vorhanden und dementsprechend preisgünstiger ist. Insoweit hat der Markt eine wichtige Steuerungsfunktion. Problem ist nur, dass er entstehende Knappheiten nicht frühzeitig genug anzeigt. Man sagt, er ist zwar ein Knappheitsindikator, aber *kein Frühindikator* (Indikator = Anzeiger). So sind im Moment noch genügend Rohstoffvorräte auf der Erde vorhanden. Zukunftsforscher warnen jedoch davor, dass einige dieser für die Menschheit lebenswichtigen Vorräte in den nächsten 50 bis 100 Jahren zu Ende gehen könnten, wenn sich das Wirtschaftswachstum in demselben Tempo fortsetzt wie bisher. Der Markt spiegelt diese drohende Erschöpfung der Ressourcen in den heutigen Preisen nicht wider, so dass der sparsame Umgang mit den Rohstoffen nicht automatisch eingeleitet wird. Wenn die Preise aber explosionsartig steigen, ist es bereits zu spät, weil dann die Knappheit schon eingetreten ist. Auch hier muss deshalb der Staat vorausschauend eingreifen und dafür sorgen, dass rechtzeitig auf ein Ressourcen schonendes Wirtschaften umgestellt wird.

Schließlich bleibt noch eines zu erwähnen: Markt und Wettbewerb auf den Absatzmärkten, auf denen die Unternehmen ihre Waren verkaufen wollen, sind

Das Wirtschafts- und Gesellschaftssystem Deutschlands 49

für die Manager unbequem. Das Leben ist für sie einfacher, sprich: sie können müheloser Gewinne erwirtschaften, wenn sie keine starken Konkurrenten und die Käufer nur unzureichende Marktübersicht haben. Deshalb sind die Manager der Großunternehmen daran interessiert, unliebsame Konkurrenten zu »schlucken«, d.h. Unternehmen, die auf dem gleichen Markt tätig sind, aufzukaufen. Infolgedessen gibt es in Marktwirtschaften starke Tendenzen zur Konzentration: Immer mehr Unternehmen fusionieren (= schließen sich zusammen), so dass immer weniger Unternehmen auf einem Markt als Anbieter tätig sind. Dadurch wird der Wettbewerb, der eigentlich dafür sorgen soll, dass sich eine Vielzahl von Anbietern um die Abnehmer ihrer Waren bemüht – der Kunde also »König« ist –, immer mehr ausgehöhlt.

Mit wachsender Marktmacht der Anbieter schwindet außerdem der enge Zusammenhang zwischen dem wirtschaftlichen Erfolg bzw. Misserfolg eines Unternehmens und dem wirtschaftlichen Wohlergehen seiner Manager. Während der Obst- und Gemüsehändler in unserem Beispiel von vorhin unternehmerische Fehler sofort mit einem Rückgang seines persönlichen Einkommens »bezahlen« muss, weil er ein persönliches Risiko trägt, bleiben die Gehälter der Manager, die leitende Angestellte sind, von wirtschaftlichen Misserfolgen zum größten Teil unberührt. So hatte laut Spiegel Nr. 24/1992 die Kienbaum-Personalberatung in einer Untersuchung festgestellt, dass drei Viertel eines deutschen Managereinkommens erfolgsunabhängige, feste Bezüge sind und nur ein Viertel an das Geschäftsergebnis gekoppelt ist. In den sechziger und siebziger Jahren des vorigen Jahrhunderts war das noch umgekehrt. Die »Peitsche des Wettbewerbs«, die nach der Theorie der Marktwirtschaft die Führungskräfte zur Leistung antreiben, ihre Leistungen mit Prämien belohnen und ihre Fehlleistungen durch Entzug finanzieller Vorteile bestrafen soll, ist in der Praxis vielfach nicht mehr vorhanden. Dementsprechend unzulänglich ist der Markt als Anreiz- und Kontrollmechanismus.

Es gibt somit eine ganze Reihe von sozialen und ökologischen Gründen für staatliche Eingriffe in das Wirtschaftsgeschehen. Der Streit in den Industrienationen geht deshalb weniger um die Frage, *ob* der Staat in die Wirtschaft lenkend eingreifen soll, sondern, *wie weit* seine Eingriffe gehen sollen. Auch in Deutschland ist dieser Streit keineswegs zu Ende. Hier geht es um zwei unterschiedliche Vorstellungen von der Wirtschaftsordnung soziale Marktwirtschaft: Soll sie mehr ein sozialer Kapitalismus oder eher ein demokratischer Sozialismus sein?

1.4.3 Soziale Marktwirtschaft zwischen »sozialem Kapitalismus« und »demokratischem Sozialismus«

Der Begriff »soziale Marktwirtschaft« wurde 1947 von dem Kölner Wirtschaftsprofessor *Alfred Müller-Armack* geprägt und auf seinen Vorschlag hin zum Etikett des von *Ludwig Erhard* (erster Wirtschaftsminister der Bundesrepublik Deutschland nach 1945) vertretenen wirtschaftspolitischen Programms gewählt. Ihr Leitgedanke besteht nach *Müller-Armack* darin, das Prinzip der Freiheit auf dem Markt mit dem des sozialen Ausgleichs zu verbinden. Mit anderen Worten: Es geht um eine Wirtschaftsordnung, in der auf zentrale Planung verzichtet wird, gleichzeitig aber Wert auf staatliche Eingriffe gelegt wird, die sozial wirken, d.h. also die Gegensätze zwischen Arm und Reich mildern sollen. Der soziale Gehalt dieser Marktwirtschaft soll nach *Müller-Armack* vorwiegend

- in einer ständigen *Wohlstandssteigerung,*
- in der Sicherung der *Vollbeschäftigung* und
- in einer Sozialpolitik zum Ausdruck kommen, die durch staatliche *Einkommensumleitung* in Form von Fürsorgeleistungen, Renten- und Lastenausgleichszahlungen, Wohnungsbauzuschüssen, Subventionen usw. die Einkommensverteilung korrigiert.

Legt man zur Feststellung des »sozialen Gehalts« unseres Wirtschaftssystems diese Maßstäbe *Müller-Armacks* an, so ist das Prädikat »Soziale Marktwirtschaft« nur für bestimmte Abschnitte der Nachkriegszeit gerechtfertigt.

Nehmen wir zunächst die *Wohlstandssteigerung.* Von einer allgemeinen Wohlstandsteigerung kann nur dann gesprochen werden, wenn die Realeinkommen breiter Bevölkerungsschichten steigen. Hier müssen wir zunächst den Begriff *Realeinkommen* klären. Er hat nichts mit Brutto- und Nettoeinkommen zu tun, zwei Einkommensgrößen, die den meisten eher geläufig sein werden. *Bruttoeinkommen* ist das Einkommen, das ein Arbeitnehmer mit seinem Arbeitgeber arbeitsvertraglich vereinbart hat. Dieses Bruttoeinkommen wird dem Arbeitnehmer jedoch nicht ausgezahlt. Der Arbeitgeber behält vielmehr Lohnsteuer, Solidaritätszuschlag und Sozialabgaben wie Beiträge zur Rentenversicherung, Krankenkasse, Arbeitslosenversicherung und Pflegeversicherung ein und führt sie an das Finanzamt bzw. an die Sozialversicherungsträger ab. Nach Abzug von Steuern und Sozialabgaben vom Bruttoeinkommen ergibt sich das *Nettoeinkommen.* Nur das steht dem Arbeitnehmer monatlich zur Verfügung, um seine aktuellen Ausgaben zu bestreiten.

Allerdings behält das Nettoeinkommen nicht dauerhaft den gleichen Wert. Denn die Preise für Güter und Dienstleistungen, die täglich gekauft werden müssen, steigen. Milch und Brötchen werden teurer, Strom und Benzin kosten mehr, und auch für den Friseur und den Urlaub muss mehr bezahlt werden. Man sagt, das Geld verliert an Wert, seine Kaufkraft sinkt. Auf die Ursachen dieses allgemeinen Preisanstiegs – die Volkswirte nennen es *schleichende Inflation* (= lat. Aufblähung) – werden wir an späterer Stelle dieses Buches noch eingehen.

Hier wollen wir zunächst einmal festhalten: Jemand, der 2.000 Euro netto verdient und 5 % Gehaltserhöhung (netto) bekommt, erhält 100 Euro mehr ausgezahlt. Er könnte sich also um 100 Euro mehr leisten, wenn …, ja wenn die Preise nicht steigen würden. Erhöhen sich die Preise beispielsweise im Durchschnitt um 3 Prozent, braucht der Betreffende 2.060 Euro, um sich das an Waren und Dienstleistungen kaufen zu können, wofür er vorher nur 2.000 Euro benötigt hat. Die Kaufkraft seines Einkommens ist gesunken, und er kann sich nicht um 100 Euro, sondern nur um 40 Euro, das sind, gemessen an 2.060 Euro, 1,91 Prozent mehr leisten. Die Volkswirte sagen: Das *nominale Nettoeinkommen* (= ohne Berücksichtigung der Preissteigerung) ist um fünf Prozent, das *reale Nettoeinkommen* (nach Abzug der Inflationsrate) um 1,9 Prozent gestiegen. Mit anderen Worten: Nur die Entwicklung des realen Nettoeinkommens sagt etwas über die tatsächliche Wohlstandssteigerung aus.

Betrachten wir unter diesem Gesichtspunkt *Schaubild 1.2* Es zeigt, um wie viel Prozent sich die realen Nettoeinkommen der Arbeitnehmer von 1951 bis 2014 (ab 2013 Prognosewerte, Stand: Dezember 2013) im Durchschnitt jeweils gegenüber dem Vorjahr verändert haben. Wir sehen: Insbesondere in den fünfziger und sechziger Jahren haben sich die Realeinkommen der Arbeitnehmer spürbar verbessert. Die jährlichen Zuwächse bewegten sich zwischen 3,5 und 8,5 %. Der höchste Anstieg fand 1970 mit 11,5 % statt. In vielen Jahren danach fand jedoch ein Realeinkommensrückgang, sprich eine Wohlstandminderung statt – beispielsweise 1967, 1980 bis 1985, 1989, 1991, von 1994 bis 1997, 2002 und 2003 sowie von 2005 bis 2008. Ohne die enorme Wohlstandssteigerung der breiten Bevölkerung bis Mitte der sechziger Jahre des vorigen Jahrhunderts zu verkennen – von einer *ständigen* Wohlstandsteigerung, wie *Müller-Armack* sie vorschwebte, kann keine Rede sein.

Das gilt erst recht dann, wenn man das zweite Merkmal betrachtet, das *Müller-Armack* als Kennzeichen der sozialen Marktwirtschaft aufführte: die Sicherung der *Vollbeschäftigung.*

Vollbeschäftigung herrscht in einer Volkswirtschaft dann, wenn jeder Arbeitswillige einen ihm angemessenen Arbeitsplatz findet. In Zahlen ausgedrückt: *Vollbeschäftigung* wurde als gegeben angesehen, wenn die Arbeitslosenquote zwischen 0,8 und 1,3 % liegt – so die Definition der Bundesregierungen Ende der sechziger/ Anfang der siebziger Jahre. Die *Arbeitslosenquote* ist der Prozentsatz aller Personen, gemessen an der Gesamtzahl aller inländischen Erwerbspersonen, die bei

Schaubild 1.2

1 1951 bis 1990 altes Bundesgebiet, ab 1991 alte und neue Bundesländer. 2013 und 2014 Prognose. –
2 Zuwachs/Rückgang der Nettoarbeitseinkommen je Arbeitnehmer gegenüber dem Vorjahr abzüglich Inflationsrate in Prozent.

Quelle: Statistisches Bundesamt und eigene Berechnungen

der Bundesagentur für Arbeit als arbeitslos gemeldet sind und ihr für die Aufnahme einer Arbeit zur Verfügung stehen. (Zu den *Erwerbspersonen* werden alle Erwerbstätigen, also Arbeiter, Angestellte und Beamte, die in einem Beschäftigungsverhältnis stehen, sowie Selbständige und arbeitslos Gemeldete gezählt).

Die Entwicklung der Arbeitslosenquote in der Nachkriegszeit geht aus *Schaubild 1.3* hervor. Sie zeigt ein ähnliches Bild wie die realen Nettoeinkommen der Arbeitnehmer: Bis Ende der sechziger Jahre geht die Arbeitslosigkeit kontinuierlich zurück, 1960 ist Vollbeschäftigung erreicht, von 1961 bis 1966 liegt die Arbeitslosenquote unter 1 %. Das Ziel *Müller-Armacks* scheint erreicht. Doch bereits 1967 ist dieses Idyll jäh zu Ende. Die Kohleindustrie im Ruhrgebiet kommt unter den Druck des billigeren Mineralöls und hat erste Absatzprobleme. Die Arbeitslosigkeit steigt wieder auf 1,7 % an.

Der Bevölkerung wird bewusst, dass das sog. »Wirtschaftswunder«, als das man den wirtschaftlichen Wiederaufstieg der Bundesrepublik Deutschland in

Das Wirtschafts- und Gesellschaftssystem Deutschlands 53

Schaubild 1.3

1 Bis 1990 altes Bundegebiet, ab 1991 alte und neue Bundesländer.
Quelle: Statistisches Bundesamt

den Jahren von 1948 bis 1965 bezeichnete und den man der Wirtschaftspolitik *Ludwig Erhards* zuschrieb, auf tönernen Füßen stand. Die CDU/FDP-Landesregierung in Nordrhein-Westfalen wird 1966 bei den Landtagswahlen abgewählt und durch eine von der SPD geführte Landesregierung ersetzt. Auch die Bundesregierung aus CDU/CSU und FDP unter Kanzler *Ludwig Erhard* (CDU) wird ein Jahr nach der Bundestagswahl 1965 gestürzt, weil die FDP wegen Meinungsverschiedenheiten über die Steuerpolitik die Koalition aufkündigt. Eine große Koalition aus CDU/CSU und SPD unter dem CDU-Kanzler *Kurt Georg Kiesinger* regiert von 1966 bis 1969. Die SPD stellt in dieser Regierung mit *Karl Schiller* den Wirtschaftsminister, die CSU mit *Franz Josef Strauß* den Finanzminister. Der Regierungswechsel bedeutet gleichzeitig das Ende der Wirtschaftspolitik, wie *Ludwig Erhard* und *Alfred Müller-Armack* sie verstanden. Wir werden später in diesem Buch noch auf diesen und spätere Kurswechsel in der Wirtschaftspolitik eingehen.

54   Grundlagen und Rahmenbedingungen von Wirtschaft und Gesellschaft

Der großen Koalition gelang es, die Vollbeschäftigung kurzfristig wieder herzustellen. Ab 1969 lag die Arbeitslosenquote wieder unter 1%, und dieser Zustand hielt bis 1973 an. 1974 war die Vollbeschäftigungsphase endgültig zu Ende. *Schaubild 1.3* zeigt, wie die Arbeitslosigkeit treppenförmig zunächst auf über eine Million, später dann auf über zwei Millionen Arbeitslose anstieg. Mitte der neunziger Jahre schnellte die Zahl der Arbeitslosen in dem inzwischen wiedervereinigten Deutschland auf über vier Millionen hoch. Vollbeschäftigung, die *Müller-Armack* als ein wesentliches Merkmal ansah, das den sozialen Gehalt der sozialen Marktwirtschaft ausmacht, ist daher ein frommer Wunsch geblieben.

Staatliche Einkommensumleitung, das dritte Merkmal, an dem *Müller-Armack* den sozialen Gehalt der sozialen Marktwirtschaft festmachte, ist das einzige, das seit 1949 stattgefunden hat. Hier ist allerdings genau die Bedeutung von Einkommens*umleitung* zu beachten. Sie ist nicht zu verwechseln mit Einkommens*umverteilung*.

Mit *Einkommensumleitung* ist – wie vorhin bereits beschrieben – eine Sozialpolitik gemeint, die in Form von Fürsorgeleistungen, Renten- und Lastenausgleichszahlungen, Wohnungsbauzuschüssen, Subventionen usw. die Einkommensverteilung korrigiert. Diese Art der Sozialpolitik leitet Einkommen im Wesentlichen innerhalb der gleichen sozialen Klasse um, also beispielsweise von gesunden Arbeitnehmern, die Beiträge an die Krankenkasse entrichten, sie aber nicht in Anspruch zu nehmen brauchen, zu kranken Arbeitnehmern, die mehr Leistungen von der Krankenkasse erhalten, als sie an Beiträgen einzahlen. Oder die Umleitung von Einkommen der erwerbstätigen Arbeitnehmer zu den Rentnern, indem die Beiträge, die die Aktiven an die Rentenversicherung zahlen, in Form von Renten an die Ruheständler ausgeschüttet werden. Dies ist das Kernprinzip der Einkommensumleitung, wie es für den konservativen Wohlfahrtsstaat typisch ist.

Eine *Einkommensumverteilung* läge hingegen vor, wenn die Bezieher überdurchschnittlicher Einkommen proportional mehr Steuern und Sozialabgaben entrichten müssten als die Empfänger unterdurchschnittlicher Einkommen, ohne jedoch dafür mehr Sozialleistungen zu bekommen. Das ist aber beispielsweise bei der Rente oder dem Arbeitslosengeld nicht der Fall: Wer viel verdient, zahlt viel in die Rentenversicherung ein und bekommt dementsprechend eine höhere Rente, wer viel in die Arbeitslosenversicherung einzahlt, bekommt im Fall der Arbeitslosigkeit auch ein höheres Arbeitslosengeld.

Da Vollbeschäftigung in der alten Bundesrepublik Deutschland lediglich von 1960 bis 1966 und von 1969 bis 1973 gegeben war, insofern also eine Ausnahmesituation darstellt, könnte man allenfalls für diese beiden Zeitabschnitte von einem sozialen Kapitalismus sprechen, zumal in diesen Jahren auch die realen Nettoeinkommen der Arbeitnehmer von Jahr zu Jahr gestiegen sind. Gemessen an den

Das Wirtschafts- und Gesellschaftssystem Deutschlands

eigenen Ansprüchen ihrer »Väter« *Alfred Müller-Armack* und *Ludwig Erhard* hat die soziale Marktwirtschaft in der Ausprägung eines sozialen Kapitalismus somit die Erwartungen nicht erfüllt.

Eine andere Vorstellung von sozialer Marktwirtschaft war die des demokratischen Sozialismus. Dieses Konzept einer anderen Wirtschafts- und Sozialordnung, die man als eine *andere Form der sozialen Marktwirtschaft* ansehen könnte, vertraten SPD und Gewerkschaften in den fünfziger und sechziger Jahren als Gegenposition zu den Vorstellungen von *Alfred Müller-Armack* und *Ludwig Erhard.* Unter *demokratischem Sozialismus* verstanden SPD und Gewerkschaften eine Wirtschafts- und Sozialordnung, in der

- die Produktionsmittel nicht einseitig in wenigen Händen konzentriert sind,
- die erwirtschafteten Gewinne nicht automatisch in das Eigentum der Kapitaleigner übergehen,
- die Entscheidungen des Managements in den Unternehmen von beiden Produktionsfaktoren – Kapital und Arbeit – gleichberechtigt getroffen werden.

Darüber hinaus sollten die wirtschaftlichen und gesellschaftlichen Prozesse stärker staatlich gesteuert (aber *nicht geplant oder gelenkt* werden wie in einer Planwirtschaft!), und die sozialstaatlichen Einrichtungen sollten sich mehr am Modell der Staatsbürgerversorgung (= sozialdemokratischer Wohlfahrtsstaat) orientieren. *Tabelle 1.2* stellt die wesentlichen Elemente der unterschiedlichen Ordnungsvorstellungen gegenüber.

Tabelle 1.2 Elemente der alternativen Wirtschafts- und Sozialordnungen in den Anfangsjahren der alten Bundesrepublik

Sozialer Kapitalismus	Demokratischer Sozialismus
• Marktsteuerung der Wirtschaft bei staatlichen Wirtschaftsordnungsmaßnahmen • Förderung des Privateigentums • Besondere Förderung des selbständigen Mittelstands • Sozialpolitische Korrekturen bei Notlagen, Fürsorge bei Bedürftigkeit • Keine einheitliche Sozialversicherung • Unternehmerverantwortung und betriebliche Partnerschaft	• Staatliche Steuerung von wirtschaftlichen und gesellschaftlichen Prozessen • Sozialisierung von Grundstoffindustrien • Umverteilung von Einkommen und Vermögen • Gleichrangigkeit von Sozialpolitik und Wirtschaftspolitik • Einheitliche Sozialversicherung • Effektive Mitbestimmung der Arbeitnehmer und ihrer Vertretungen auf allen Ebenen, auch bei der Wirtschaftslenkung

Nach: Hartwich, H.-H., Sozialstaatspostulat und gesellschaftlicher Status-quo, Köln und Opladen 1970, S. 54–60.

Zur Realisierung des Modells »Demokratischer Sozialismus« kam es jedoch nicht. In manchen Vorschlägen von SPD, Gewerkschaften und neuerdings auch von der Linkspartei kehren einzelne Elemente dieses alternativen Ordnungsmodells bis heute wieder.

Mehr zur Erklärung der Verschiedenartigkeit von Marktwirtschaften als die Gegenüberstellung von sozialem Kapitalismus und demokratischem Sozialismus liefert ein neuer, aus den USA stammender Ansatz über die Varianten des Kapitalismus. Er unterscheidet zwischen *freier Marktwirtschaft* und *koordinierter Marktwirtschaft,* wobei die koordinierte Marktwirtschaft weitgehend dem sozialen Kapitalismus entspricht, während die freie Marktwirtschaft eher das Wirtschaftssystem der USA beschreibt. Wir wollen die Erläuterung dieses von den amerikanischen Politikwissenschaftlern *Peter A. Hall* und *David Soskice* verwendeten Systemvergleichs vorerst zurückstellen, weil zu dessen Verständnis noch weitere volkswirtschaftliche Grundkenntnisse erforderlich sind. Im Kapitel 6 kommen wir darauf zurück.

1.5 Das Ergebnis des Wirtschaftens: Das Bruttoinlandsprodukt und seine Aussagekraft

Innerhalb eines. Jahres wird in einer Volkswirtschaft eine Vielzahl von Gütern und Dienstleistungen produziert. Unter einer *Dienstleistung* versteht man das, was z. B. ein Friseur, ein Arzt, ein Reparaturbetrieb oder ein Lehrer »produziert«. Es geht hierbei um eine Tätigkeit, die aus sich selbst heraus und nicht durch das Herstellen eines Produkts ein Bedürfnis befriedigt. Diese Güter und Dienstleistungen dienen entweder

- dem Verbrauch von privaten Haushalten (z. B. Nahrungsmittel, Hausrat, Auto, Reisen) = privater Verbrauch bzw. Konsum,
- dem Verbrauch durch den Staat (z. B. Rüstungsgüter, Dienstleistungen, die von den im öffentlichen Dienst Beschäftigten wie Lehrern, Polizisten »produziert« werden) = Staatsverbrauch,
- der Investition durch private Unternehmer oder durch den Staat (industrielle Maschinen und Anlagen, öffentliche Schulen und Straßen usw.) = Investitionen,
- dem Verkauf an das Ausland = Exporte.

Privater Verbrauch, Staatsverbrauch, (öffentliche und private) Investitionen und Exporte bilden zusammen die volkswirtschaftliche Gesamtnachfrage (siehe *Schaubild 1.4*). Zieht man vom Wert aller Güter und Dienstleistungen, die von ei-

Das Ergebnis des Wirtschaftens: Das Bruttoinlandsprodukt   57

Tabelle 1.3   Verwendungsstruktur des Sozialprodukts[1] in der Bundesrepublik Deutschland

Nachfrage	1950	1970	1990	2010
	in Prozent des Bruttosozialprodukts/-inlandsprodukts			
Privater Verbrauch	64	54	54	57
Staatsverbrauch	10	15	18	20
Anlageinvestitionen	19	26	22	18
• Unternehmen	17	21	19	16
• Staat	2	5	2	2
Vorratsveränderung	4	2	1	0
Außenbeitrag	2	2	6	5
• Exporte	15	23	35	47
• Importe	13	21	29	41
Summe[2]	100	100	100	100

1 1950, 1970 und 1990 früheres Bundesgebiet und Bruttosozialprodukt, 2010 alte und neue Bundesländer sowie Bruttoinlandsprodukt. – **2** Differenzen in den Summen durch Rundungen.

Quelle: Statistisches Bundesamt

ner Volkswirtschaft entweder konsumiert, investiert oder exportiert worden sind, den Wert der importierten Güter und Dienstleistungen ab, so gelangt man zum Bruttosozialprodukt (BSP). Addiert man zum Bruttosozialprodukt die Erwerbs- und Vermögenseinkommen dazu, die Inländer an das Ausland gezahlt haben, und zieht man die entsprechenden Einkommen ab, die Inländer aus der übrigen Welt erhalten haben, so gelangt man zum Bruttoinlandsprodukt (BIP).

2010 betrug das BIP 2.476 Mrd. Euro. Mit anderen Worten: Würde man alles, was 2010 an Gütern und Dienstleistungen konsumiert, investiert oder an das Ausland verkauft worden ist, zusammenstellen, seinen Kaufpreis ermitteln und davon den Wert der importierten Güter und Dienstleistungen abziehen, käme man zu der Summe von 2.476 Mrd. Euro.

2009 betrug das Bruttoinlandsprodukt »nur« 2.375 Mrd. Euro, d. h., 2010 war es um 4,3 % höher als 2009. Daraus darf jedoch nicht geschlossen werden, dass 2010 auch rein mengenmäßig 4,3 % mehr Güter und Dienstleistungen vorhanden waren. Vielmehr muss man berücksichtigen, dass der höhere Wert des BIP zum Teil dadurch zustande kommt, dass viele Güter und Dienstleistungen teurer geworden sind. Doch kann man mit Hilfe statistischer Methoden diesen Betrag, um den das BIP 2010 gegenüber 2009 »aufgebläht« worden ist, errechnen. Er betrug

Schaubild 1.4

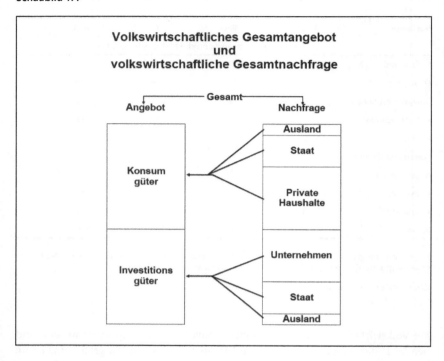

rund 13 Mrd. Euro. Nach Abzug dieser Summe ergibt sich 2010 für das BIP ein realer Wert von 2.463 Mrd. Euro, d. h. gegenüber 2009 ein Zuwachs von rund 3,7 %. Werden aus einem BIP-Wert die Preissteigerungen nicht herausgerechnet, so spricht man vom *nominalen Bruttoinlandsprodukt*. Der preisbereinigte Wert heißt *reales Bruttoinlandsprodukt*. Es handelt sich dabei im Prinzip um den gleichen Unterschied wie zwischen nominalem und realem Nettoeinkommen.

Der absolute Wert des Bruttoinlandsprodukts sagt allerdings nichts darüber aus, ob es einem Volk gut geht. Um hierzu eine Aussage treffen zu können, ist nämlich noch eine Reihe weiterer Dinge zu berücksichtigen, u. a.:

- Auf wie viele Köpfe der Bevölkerung verteilen sich die Güter und Dienstleistungen? Ein niedriger absoluter Wert des Bruttoinlandsprodukts (z. B. das der Schweiz) kann z. B. je Kopf der Bevölkerung einen höheren Betrag ergeben als ein größeres Bruttoinlandsprodukt (z. B. das der USA), wenn es auf sehr viele Menschen verteilt werden muss.

Das Ergebnis des Wirtschaftens: Das Bruttoinlandsprodukt   59

- Wie sind die Güter und Dienstleistungen innerhalb eines Volkes verteilt? Wenn z. B. der größte Teil des Bruttoinlandsprodukts einer zahlenmäßig kleinen Gruppe von Personen zufließt, während die breite Masse des Volkes nur sehr wenig von den erzeugten Gütern und Dienstleistungen »abbekommt«, kann trotz eines großen Bruttoinlandsprodukts nicht von einem zufrieden stellenden Wohlstand des Volkes gesprochen werden.
- Mit welchen Mühen und Anstrengungen ist das Bruttoinlandsprodukt erzeugt worden? Wenn das Angebot an Gütern und Dienstleistungen zwar reichlich ist, so dass die Bevölkerung zufrieden stellend versorgt wird und niemand zu hungern braucht, die Belastungen und die Anforderungen an den Arbeitsplätzen aber sehr groß sind (z. B. durch lange Arbeitszeit, schnelles Arbeitstempo, große Lärmbelästigung, Stress usw.), dann wird der materielle Wohlstand mit inhumanen (= unmenschlichen) Arbeitsbedingungen »erkauft«, und es fragt sich, ob man dann noch von Lebensqualität sprechen kann. Anders ausgedrückt: Materieller Wohlstand allein ist kein Zeichen von hoher Lebensqualität. Hinzukommen müssen u. a. Dinge wie Gesundheit, Muße und Entspannungsmöglichkeiten sowie hinreichende Zufriedenheit mit den Arbeitsbedingungen.
- Wie ist das Bruttoinlandsprodukt zusammengesetzt? Aus seinem absoluten Wert lässt sich nicht ablesen, aus welchen Gütern und Dienstleistungen es besteht. Es kann sich dabei um Lebensmittel, langlebige Konsumgüter, Roboter, Computer, Erholungs- und Sportstätten oder Bildungseinrichtungen, aber auch um Panzer, Atombomben oder chemische Kampfstoffe handeln.
- Manche Güter und Dienstleistungen, die in der Volkswirtschaft produziert werden, werden in der Sozialproduktrechnung gar nicht erfasst. So geht der Wert der Hausfrauenarbeit seit jeher gar nicht in die Größe »Sozialprodukt« ein. (Berühmt ist daher folgendes Lehrbuchbeispiel: Was geschieht, wenn ein Professor seine Haushälterin heiratet? Antwort: Das Sozialprodukt sinkt, weil er ihr für die Arbeit in seinem Haushalt dann kein Gehalt mehr zahlt!) Auch die gesamte Wertschöpfung, die durch Heimarbeit oder Nachbarschaftshilfe erfolgt, wird im Sozialprodukt nicht berücksichtigt. Diesen Bereich des Erzeugens von Gütern und Dienstleistungen, der in Nachbarschaftshilfe (= legal) oder in Schwarzarbeit (= Erledigen von meist handwerklichen Aufträgen außerhalb der regulären Arbeitszeit und ohne Abführen von Steuern und Sozialabgaben, somit also illegal) vor sich geht, bezeichnet man in der Volkswirtschaftslehre als *Schattenwirtschaft*.

Da das Sozialprodukt somit kein hinreichender Maßstab für Wohlstand und Lebensqualität eines Volkes ist, kann eine bloß zahlenmäßige Erhöhung des Sozialprodukts nicht alleiniges Ziel allen Wirtschaftens sein. Dies ist gemeint, wenn in

Schaubild 1.5

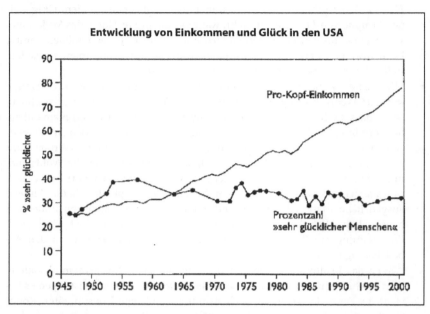

Quelle: Layard, R., Die glückliche Gesellschaft. Kurswechsel für Politik und Wirtschaft, Frankfurt/New York 2005, S. 44.

der politischen Diskussion ein qualitatives statt eines quantitativen Wachstums des Bruttosozialprodukts gefordert wird.

In letzter Zeit befassen sich Ökonomen und Sozialwissenschaftler zunehmend mit der Frage, wie ein *Indikator* (= Messgröße) aussehen müsste, der den tatsächlichen Wohlstand, genauer gesagt sogar das Wohlempfinden bzw. das Glück der Bevölkerung eines Landes misst. Auslöser ist die von dem amerikanischen Ökonomen *William Easterly* bereits in den siebziger Jahren des vorigen Jahrhunderts gewonnene Erkenntnis, dass kein Zusammenhang zwischen der Steigerung des realen Bruttoinlandsprodukts und der Lebenszufriedenheit besteht (siehe *Schaubild 1.5*). Zunächst steigt zwar mit wachsendem Einkommen pro Kopf die Zufriedenheit der Menschen. Sobald jedoch die materiellen Grundbedürfnisse befriedigt sind – in den USA war das bereits Mitte der sechziger Jahre des vorigen Jahrhunderts der Fall – steigt der Prozentsatz glücklicher Menschen nicht mehr.

Wir wollen diese Zusammenhänge hier noch nicht vertiefen. Festzuhalten bleibt aber auf jeden Fall: Ein hohes Bruttoinlandsprodukt pro Kopf allein macht

Das Ergebnis des Wirtschaftens: Das Bruttoinlandsprodukt 61

die Menschen nicht glücklicher. Von daher ist die von vielen Politikern und Ökonomen häufig zu hörende Aussage: »Wir brauchen Wachstum« oder sogar »Wir
brauchen mehr Wirtschaftswachswachstum« wert, diskutiert und hinterfragt zu
werden.

Damit können wir zum nächsten Hauptkapitel übergehen. Es befasst sich mit
dem Wirtschaftsablauf.

Der Wirtschaftsablauf

2

Im zweiten Kapitel wollen wir damit beginnen, uns mit aktuellen wirtschaftspolitischen Fragen der Bundesrepublik Deutschland auseinanderzusetzen. Wir werden sehen, dass der Wirtschaftsablauf ein sehr vielschichtiger Prozess ist. Deshalb werden wir uns nur schrittweise an die Probleme herantasten können und manchmal bewusst des leichteren Verständnisses wegen Dinge vorerst ausklammern müssen, um sie dann später zu diskutieren.

2.1 Konjunktur und ihre Ursachen

Konjunktur, Konjunkturlage, Konjunkturentwicklung gehören zu den meistverwendeten Begriffen in Presse, Rundfunk und Fernsehen. *Tabelle 2.1* über die Entwicklung des realen Bruttoinlandsprodukts soll uns dabei helfen, den Begriff Konjunktur zu erklären.

Wichtig ist für uns die Spalte mit den jährlichen Zuwachsraten. Die Zahlenwerte geben an, um wie viel Prozent das reale Bruttoinlandsprodukt jeweils gegenüber dem Vorjahr gestiegen ist. Diese Zunahme des realen Bruttoinlandsprodukts ist gleichbedeutend mit *wirtschaftlichem Wachstum*. Wenn in der politischen Diskussion von *Wirtschaftswachstum* oder auch einfach nur von *Wachstum* gesprochen wird, ist der Anstieg des realen Bruttoinlandsprodukts, also der produzierten Güter und Dienstleistungen, gemeint.

Bei oberflächlicher Betrachtung zeigen sich scheinbar keinerlei Regelmäßigkeiten, denn in jedem Jahr hat die Wachstumsrate einen anderen Wert. Doch wenn wir das Jahr 1955 mit 1954 vergleichen, stellen wir fest, dass der Anstieg des realen Bruttoinlandsprodukts 1955 höher war als 1954. Das war in keinem der vorausgegangenen Jahre der Fall. Von 1951 bis 1954 ist die Wachstumsrate von Jahr zu Jahr geringer geworden.

64 Der Wirtschaftsablauf

Tabelle 2.1 Entwicklung des realen Bruttoinlandsprodukts

Jahr	Reales Bruttoinlandsprodukt[1]		
	Mrd. Euro[1]	Kettenindex xxxx = 100	Veränderung gegenüber dem Vorjahr in %
	Früheres Bundesgebiet[2]		
	1950 = 100		
1950	218,2	100,0	–
1951	239,3	109,7	+9,7
1952	261,7	119,9	+9,4
1953	285,0	130,6	+8,9
1954	307,1	140,7	+7,5
1955	344,3	157,8	+12,1
1956	370,9	170,0	+7,7
1957	393,4	180,3	+6,1
1958	410,9	188,3	+4,4
1959	443,2	203,1	+7,9
1960	481,4	220,6	+8,6
	1960 = 100		
1960	511,3	100,0	–
1961	535,0	104,6	+4,6
1962	559,9	109,5	+4,7
1963	575,7	112,6	+2,8
1964	614,0	120,1	+6,7
1965	646,9	126,5	+5,4
1966	664,9	130,0	+2,8
1967	662,9	129,6	−0,3
1968	699,0	136,7	+5,4
1969	751,2	146,9	+7,5
1970	(788,8)	154,2	+5,0
	1991 = 100		
1970		56,8	–
1971		58,6	+3,1
1972		61,1	+4,3
1973		64,0	+4,8
1974		64,6	+0,9
1975		64,1	−0,9
1976		67,2	+4,9
1977		69,5	+3,3
1978		71,6	+3,0
1979		74,5	+4,2
1980		75,6	+1,4
1981		76,0	+0,5
1982		75,7	−0,4
1983		76,9	+1,6

Konjunktur und ihre Ursachen

Tabelle 2.1   Fortsetzung

Jahr	Reales Bruttoinlandsprodukt[1]		
	Mrd. Euro[1]	Kettenindex xxxx = 100	Veränderung gegenüber dem Vorjahr in %
1984		79,0	+2,8
1985		80,9	+2,3
1986		82,7	+2,3
1987		83,9	+1,4
1988		87,0	+3,7
1989		90,4	+3,9
1990		95,1	+5,3
1991		100,0	+5,1
	Deutschland		
	2005 = 100		
1991		84,21	
1992		85,82	+1,9
1993		84,96	−1,0
1994		87,06	+2,5
1995		88,52	+1,7
1996		89,22	+0,8
1997		90,77	+1,7
1998		92,46	+1,9
1999		94,19	+1,9
2000		97,07	+3,1
2001		98,54	+1,5
2002		98,55	+0,0
2003		98,18	−0,4
2004		99,32	+1,2
2005		100.00	+0,7
2006		103,70	+3,7
2007		107,09	+3,3
2008		108,25	+1,1
2009		102,70	−5,1
2010		106,49	+4,0
2011		110,00	+3,3
2012		110,77	+0,7
2013[3]		111,21	+0,4
2014[3]		113,21	+1,8

1 1950 bis 1969 (erste Angabe) in Preisen von 1991, ab 1970 in Preisen des jeweiligen Vorjahres und nur als Kettenindex (siehe dazu Kasten). – **2** 1950 bis 1960 (erste Angabe) ohne Saarland und West-Berlin, ab 1960 (zweite Angabe) einschl. Saarland und West Berlin. – **3** Prognose der wirtschaftswissenschaftlichen Forschungsinstitute.

Quelle: Statistisches Bundesamt

Auch von 1955 bis 1958 nimmt die Wachstumsrate von Jahr zu Jahr ab. Erst 1959 übertrifft die Wachstumsrate des Bruttosozialprodukts *erstmalig* wieder diejenige des Vorjahres. Solche »Wendepunkte« nach einem sehr geringen Wachstum oder sogar einem Rückgang des Bruttoinlandsprodukts finden wir außerdem noch zwischen 1963 und 1964, zwischen 1967 und 1968, zwischen 1975 und 1976, zwischen 1982 und 1983, zwischen 1993 und 1994, zwischen 2003 und 2004 und 2009 und 2010. Danach beginnt eine Periode zunächst zunehmender, dann wieder abnehmender Wachstumsraten. 2009 ist das Jahr mit dem bisher tiefsten »Einbruch« der Nachkriegszeit von −5,1 %. Ursache war die Immobilienkrise in den USA, deren Folgen auf die gesamte Weltwirtschaft ausstrahlten. Wie das funktionierte, können wir erst an späterer Stelle erklären.

Hinweis: Das Statistische Bundesamt, das die Werte der Volkswirtschaftlichen Gesamtrechnung (= Zahlen zur Entstehung, Verwendung und Verteilung des Sozialprodukts) ermittelt, führt in regelmäßigen Zeitabständen immer wieder Neuberechnungen (sog. Revisionen) dieser Werte durch. Das liegt zum einen daran, dass im Laufe der Zeit verfeinerte statistische Verfahren angewendet werden, um die Zahlen zu ermitteln, zum anderen daran, dass im Rahmen der EU (= Europäische Union) und/oder der OECD (= Organisation für internationale Zusammenarbeit und Entwicklung) neue Vereinbarungen zur Vereinheitlichung der Länderstatistiken getroffen werden, um die Zahlen international vergleichbar zu machen. Es kann daher vorkommen, dass der Leser in einer anderen Veröffentlichung auf Werte trifft, die von den hier dargestellten abweichen. Dabei handelt es sich dann um Ergebnisse, die zu einem anderen (früheren oder späteren) Zeitpunkt vom Statistischen Bundesamt vorgelegt worden sind. Da es zur Erklärung von Konjunktur und Wachstum jedoch nicht auf die absoluten Zahlenwerte des realen Bruttoinlandsprodukts, sondern auf die Veränderungsraten und ihre Entwicklung im Zeitablauf ankommt, brauchen wir für unsere Zwecke diese Abweichungen nicht näher zu beachten.

Kettenindex

Ein *Index* ist eine Ziffer, die eine Größe im Verhältnis zum Wert einer anderen Größe ausdrückt, wenn diese andere Größe gleich 100 gesetzt wird. Beispiel: Eine Familie mit zwei Kindern gibt im Monat Januar für Essen und Trinken 450 Euro aus. Im Februar gibt sie 460 Euro und im März 470 Euro aus. Zwar kauft sie immer genau die gleichen Waren ein, diese werden aber von Monat zu Monat teurer. Setzt man den Wert 450 Euro für Januar gleich 100, dann sind 460 Euro im Februar 102,2 und 470 Euro im März 104,4. Die Werte 102,2, und 104,4 nennt man *Index*. In diesem Fall handelt es sich um einen *Preisindex*.

Ab April soll die Familie ihre Verbrauchsgewohnheiten total umstellen, z. T. andere Waren kaufen und mehr für Essen und Trinken ausgeben: 500 Euro im April und 505 Euro im

Mai. Dann beginnt man – aufgrund der veränderten Verbrauchsgewohnheiten – mit einem neuen Index und setzt den Wert für April 500 Euro gleich 100. Für Mai ergibt sich dann, bezogen den Aprilwert von 505 Euro, ein Indexstand von 101.

Möchte man nun wissen, wie der Indexstand bezogen auf Januar wäre, stehen die Statistiker vor dem Problem, dass die Familie im Mai ganz andere Verbrauchsgewohnheiten hatte, man also nicht einfach 505 (Mai) zu 450 (Januar) in Beziehung setzen kann. Man ermittelt, was die Familie im März hätte bezahlen müssen, wenn sie bereits in diesem Monat die Verbrauchsgewohnheiten vom April gehabt hätte. Sagen wir, sie hätte im März dafür 485 Euro ausgeben müssen. Dann kommt man für März (485 Euro), bezogen auf April (500 Euro) zum Indexwert 97,0.

Nun hat man zwei Indexwerte für März: 104,4 (Basis Januar) und 97,0 (Basis April). Verbindet man nun die zweiten Indexwerte mit den ersten über die zwei Märzwerte, dann kommt man für April zu folgendem Wert: (100 : 97,0) × 1,044 = 103,09 × 1,044 = 107,6. Dieses Verfahren, bei dem man zwei Indexreihen mit unterschiedlichen Basisjahren zu einer längeren Indexreihe miteinander verbindet, nennt man *Verkettung,* den Index dementsprechend *Kettenindex.*

Zurück zu den Wachstumsraten. Es gibt also bei genauerem Hinsehen durchaus gewisse Regelmäßigkeiten im Wirtschaftsablauf. Man bezeichnet sie als *Zyklen* (von griechisch Zyklus = regelmäßig wiederkehrende Erscheinung) Noch deutlicher kommen diese Zyklen bei einer grafischen Darstellung der Tabelle zum Vorschein (vgl. *Schaubild 2.1*). Hierzu bedienen wir uns wieder eines Koordinatensystems wie bei der Darstellung der realen Nettoeinkommensentwicklung der Arbeitnehmer. Auf der waagerechten Achse sind die Jahre, auf der senkrechten Achse die Wachstumsraten abgetragen. Sucht man nun zu jedem Jahr den entsprechenden Anstieg des Bruttosozialprodukts, trägt diesen Punkt im Koordinatensystem ein und verbindet man die so gefundenen Punkte auf einer Linie, so erhält man eine auf- und abwärts verlaufende Kurve. Den gesamten Zeitraum von drei bis fünf Jahren zwischen Tiefpunkten, also z. B. zwischen 1958/59 und 1963/64, nennt man *Konjunktur-* oder genauer gesagt *Wachstumszyklus,* weil das reale Bruttoinlandsprodukt mit Ausnahme der Jahre 1967, 1975, 1982, 1993, 2003 und 2009 jeweils gegenüber dem Vorjahr gestiegen ist. Jede einzelne Phase dieses Wachstumszyklus hat in der Konjunkturtheorie, dem Teilgebiet der Volkswirtschaftslehre, das sich mit den Schwankungen der Wirtschaftsaktivität befasst, einen besonderen Namen, und zwar

- *Aufschwung* oder *Expansion* für den Abschnitt der Aufwärtsbewegung bis kurz vor dem Höhepunkt,
- *Hochkonjunktur* oder Boom für den Höhepunkt,
- *Abschwung* für die Phase nach dem Höhepunkt,
- *Rezession* (Talsohle) für den Tiefpunkt.

Schaubild 2.1

1 Von 1951 bis 1990 altes Bundesgebiet, ab 1991 alte und neue Bundesländer. 2013 und 2014 Prognose.

Quelle: Statistisches Bundesamt

Eine besonders schwere Rezession, wie die weltweite Wirtschaftskrise Anfang der dreißiger Jahre des vorigen Jahrhunderts, wird auch als *Depression* bezeichnet.

Manche Konjunkturforscher betonen auch das M-Muster des Konjunkturzyklus: Danach wird ein Aufschwung von einer kurzen Zwischenabschwächung (dem M-Einschnitt) unterbrochen, dann folgt eine weitere, kleine Aufschwungperiode, die schließlich von einem längeren Abschwung abgelöst wird. In *Schaubild 2.1* ist dieses M-Muster gut zu erkennen. Wir lernen daraus: Manchmal kann ein Konjunkturzyklus nicht nur drei bis fünf Jahre, sondern auch fünf bis sieben Jahre dauern, weil es innerhalb des längeren Zeitraums von fünf bis sieben Jahren eine kurze Zwischenabschwächung, den »M-Einknick«, gibt.

Dem Leser werden sich jetzt zwei Fragen aufdrängen:

1) Warum werden die Wachstumsraten des Bruttoinlandsprodukts seit 1950 im Durchschnitt immer niedriger?
2) Wie sind die zyklischen Schwankungen zu erklären?

Schaubild 2.2

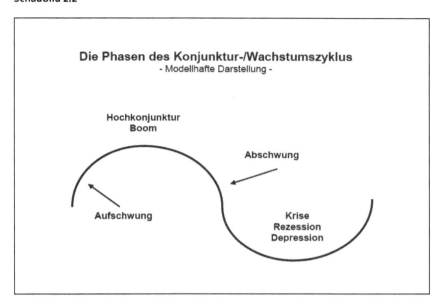

Zunächst zur ersten Frage. Um sie beantworten zu können, müssen wir auf das zurückgreifen, was wir am Anfang des Buches gesagt haben: Zur Herstellung von Gütern und Dienstleistungen benötigt jede höher entwickelte Volkswirtschaft

- menschliche Arbeitskräfte,
- Maschinen und Anlagen, d. h. Produktionsmittel,
- Boden zur landwirtschaftlichen Nutzung oder zur Installation von Produktionsmitteln,
- Personen, die das Zusammenarbeiten der Menschen und den Einsatz der Maschinen organisieren und koordinieren.

Daraus lässt sich ableiten: Wenn eine Volkswirtschaft mehr Güter und Dienstleistungen erzeugen will, das Bruttoinlandsprodukt also wachsen soll, muss sie entweder mehr menschliche Arbeitskräfte oder mehr Maschinen und Anlagen einsetzen. Oder – was auch häufig in der Wirtschaftspolitik diskutiert wird – die Menschen müssen länger arbeiten und die Maschinen müssen länger laufen. In den fünfziger Jahren wurden in der früheren Bundesrepublik Deutschland viele bisher Arbeitslose, auch solche, die aus der DDR geflohen waren, nach und nach in den Produktionsprozess einbezogen. Auch wurden immer mehr neue Fabriken errichtet, so dass immer mehr produziert werden, das Bruttoinlandsprodukt also stark ansteigen konnte. Die Produktionsfaktoren Arbeit und Kapital wurden also erweitert. Man nennt diese Phase der wirtschaftlichen Entwicklung *extensives Wachstum* (extensiv = ausdehnend).

Zu Beginn der sechziger Jahre des vorigen Jahrhunderts versiegte wegen des Mauerbaus der Zustrom von Flüchtlingen aus der DDR. Die Zahl der Arbeitskräfte in der alten Bundesrepublik konnte deshalb nur durch das Anwerben ausländischer Arbeitnehmer erhöht werden. Auch die Fabriken, die im Zweiten Weltkrieg zerstört worden waren, waren inzwischen wieder aufgebaut, und ihre Maschinen liefen auf Hochtouren. Da die Produktionsfaktoren Arbeit und Kapital bereits voll ausgelastet waren, konnte die Produktion nur noch durch den so genannten technischen Fortschritt gesteigert werden. *Technischer Fortschritt* bedeutet: Aufgrund neuer, besserer Verfahren kann mit dem gleichen Einsatz von Arbeitskräften mehr produziert werden als früher. Diese Phase der wirtschaftlichen Entwicklung, bei der die Produktionssteigerung überwiegend auf den Einsatz neuer Technologien (= Produktionsverfahren) zurückzuführen ist, nennt man *intensives Wachstum* (intensiv = durchdringend).

Bei den niedrigeren Wachstumsraten ab den siebziger Jahren im Vergleich zu den fünfziger Jahren ist natürlich auch zu beachten, dass sich die Zuwächse ab den siebziger Jahren auf einen absolut höheren Wert des Bruttoinlandsprodukts beziehen. Der Leser schaue sich noch einmal *Tabelle 2.1* an. Wenn 1951 das Bruttosozialprodukt real um 9,7 % stieg, so bedeutete das einen realen Güter- und Dienstleistungszuwachs von 21,1 Mrd. Euro. Wenn 1971 hingegen das Bruttoinlandsprodukt real um nur 3,1 % gewachsen ist, so hatte das eine reale Vermehrung an erzeugten Gütern und Dienstleistungen von 24,5 Mrd. Euro zur Folge (jeweils in Preisen von 1991).

Bei dieser Gelegenheit haben wir gleichzeitig auch die Faktoren kennen gelernt, die das wirtschaftliche Wachstum eines Landes bestimmen. Es sind dies die gleichen, die wir genannt haben, um zu erklären, was man zum Erzeugen von Güter und Dienstleistungen braucht. Bis jetzt haben wir dabei nur eine *quantitative* (= mengenmäßige) Betrachtung angestellt wie: Zehn Arbeiter können in einer Stunde mehr Kubikmeter Sand umschaufeln als fünf oder, mit zwei Baggern lassen sich in einer Stunde mehr Kubikmeter Sand von einer Stelle zur anderen bewegen als mit nur einem Bagger.

Beide Aussagen sind zwar richtig. Jedoch darf man, wenn man das Wachstumspotenzial (= Fähigkeit/Möglichkeit, das Sozialprodukt zu steigern) eines Landes ermitteln will, nicht die Qualifikation der Arbeitskräfte und den technischen Stand der Maschinen, also *qualitative* Gesichtspunkte, außer Acht lassen. Können die Arbeitskräfte lesen, schreiben und rechnen, komplizierte technische Geräte bedienen, beherrschen sie andere Sprachen, sind sie flexibel und können sich kurzfristig neue Kenntnisse und Fähigkeiten aneignen? Befinden sich die Maschinen auf dem neuesten Stand der Technik, sind sie entsprechend leistungsfähig und können mit wenig Energie- und Arbeitskräfteeinsatz und in kurzer Zeit große Mengen an qualitativ hochwertigen Produkten ausstoßen? Und nicht zu vergessen: Sind die Menschen imstande, an einem Strang zu ziehen und im Team zusammenzuarbeiten, und gibt es genügend Menschen mit Führungsqualitäten, die andere zu einem leistungsfähigen Team »zusammenschweißen« können? Werden die Bedürfnisse und Interessen der Menschen hinreichend beachtet, oder fühlen sie sich eher ausgebeutet und unterdrückt?

Die Fähigkeit von Menschen, mit anderen fair umzugehen, sie gemäß ihren persönlichen Neigungen und Interessen einzusetzen und sie zur Leistung zu motivieren (= anzuspornen), nennt man *Sozialkompetenz,* die Summe aller in einem Land vorhandenen Sozialkompetenz bildet das *Sozialkapital.* Der Wissens- und Ausbildungsstand der Arbeitskräfte eines Landes wird als sein *Humankapital* (human = menschlich) bezeichnet.

In *Schaubild 2.3* sind die Determinanten (= Bestimmungsfaktoren) des (Wirtschafts-)Wachstums dargestellt. Es zeigt, dass es sowohl bei Arbeit als auch bei Ka-

Schaubild 2.3

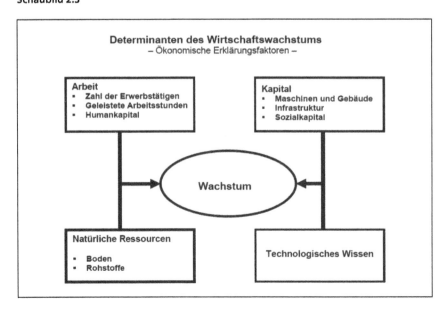

pital nicht nur auf die Quantitäten (Mengen) – die Zahl der Arbeitskräfte und die geleisteten Arbeitsstunden, die Menge der vorhandenen Maschinen sind nur *ein* Faktor – sondern auch auf die Qualitäten der beiden Faktoren ankommt. Nicht zu unterschätzen ist auch die Bedeutung der *Infrastruktur* eines Landes, also all dessen, was die Voraussetzungen für das Erzeugen von Gütern und Dienstleistungen schafft: die Versorgung mit Energie (Strom, Gas, Wasser), die Ausstattung mit Verkehrswegen (Straßen, Eisenbahntrassen, schiffbare Flüsse, Zugang zum Meer, Flughäfen), Anschlüsse an das weltweite Kommunikationsnetz (Telefon, Internet), ärztliche Versorgung, Wohnungen und Ausbildungsstätten. Viele Infrastruktureinrichtungen werden in den meisten Ländern vom Staat bereitgestellt. Insofern spielt die Regierung und ihre Politik eine wichtige Rolle für das wirtschaftliche Wachstum eines Landes.

Nun zur zweiten Frage nach den Ursachen der zyklischen Schwankungen im Wirtschaftsablauf. Um es vorweg zu sagen: Eine eindeutige und unumstrittene Erklärung für dieses Phänomen gibt es in der Wirtschaftswissenschaft nicht. Es kann daher auch nicht Aufgabe dieses Lehrbuchs sein, die Fülle der sich teils widersprechenden, teils sich ergänzenden Konjunkturtheorien auszubreiten, weil der Nutzen für das Verständnis aktueller wirtschaftspolitischer Probleme gering wäre. Es genügt, wenn wir uns auf wenige, grundlegende Bemerkungen beschränken.

Das Auf und Ab der Wirtschaftsaktivität schlägt sich in einer entsprechenden Bewegung der volkswirtschaftlichen Gesamtnachfrage nieder. Für die Aufschwungphase und die Hochkonjunktur ist kennzeichnend, dass die Gesamtnachfrage wächst und das Gesamtangebot (reales Bruttoinlandsprodukt einschließlich Importe) übersteigt, so dass die Produktion erhöht werden muss. Im Abschwung und in der Rezession schrumpft dagegen die Gesamtnachfrage, so dass sie kleiner ist als das Gesamtangebot; die Produktion muss deshalb eingeschränkt werden.

Unterscheidet man nach den einzelnen Bestandteilen der volkswirtschaftlichen Gesamtnachfrage – Privatverbrauch, Staatsverbrauch, Investitionen und Exporte –, so lässt sich insbesondere bei den privaten Investitionen eine große Schwankungsbreite feststellen. Konjunkturelle Ausschläge sind also vornehmlich auf die Unregelmäßigkeiten in der Investitionstätigkeit zurückzuführen, und es bleibt somit hauptsächlich zu erklären, was die privaten Unternehmer in einer Marktwirtschaft veranlasst, mal viel und mal wenig oder gar nicht zu investieren.

Die Motive unternehmerischen Investitionsverhaltens sind vielfältig. Neben ökonomischen spielen dabei vor allem auch politische, soziale und psychologische Faktoren eine wichtige Rolle. Ein bedeutender Bestimmungsgrund für das Investieren ist die Höhe des erwarteten Absatzes und der Gewinne. Wenn ein Unternehmer mit gutem Absatz für seine Produkte und entsprechendem Gewinn rechnet, wird er eher geneigt sein, sein Unternehmen auszubauen, also zu investieren, als im Falle rückläufiger Absatz- und Gewinnerwartungen.

Allerdings kann kein Unternehmer mit hundertprozentiger Sicherheit vorhersehen, wie sich die Nachfrage nach seinen Produkten entwickelt. Deshalb wird es immer wieder vorkommen, dass Unternehmer ihren künftigen Absatz überschätzen und zu viel investieren. Das hat aber dann zur Folge, dass die Arbeitskräfte mit den vorhandenen Maschinen und Anlagen mehr produzieren, als augenblicklich am Markt verkauft werden kann. Gelingt es dann den Unternehmen nicht, durch Werbung oder sonstige absatzpolitische Maßnahmen die Nachfrage nach ihren Produkten zu steigern, bleibt ihnen nichts anderes übrig, als die fertigen Güter zunächst einmal ins Lager zu stellen. Ein weiterer Ausbau des Unternehmens wird in einer derartigen Situation natürlich nicht sinnvoll sein. Im Gegenteil: Wenn der geringe Absatz längere Zeit anhält, wird das Unternehmen wahrscheinlich dazu übergehen, Überstunden abzubauen, Kurzarbeit einzuführen oder sogar Arbeitskräfte zu entlassen. Auf jeden Fall aber wird es nicht mehr investieren.

Erinnern wir uns jetzt daran, dass private Investitionen ein Bestandteil der volkswirtschaftlichen Gesamtnachfrage sind. Diejenigen Maschinen und Anlagen, die ein Unternehmen A investiert, also nachfragt, muss ein Unternehmen B der Investitionsgüterindustrie herstellen. Setzt nun ein Unternehmen A aus den oben dargestellten Gründen mit seinen Investitionen aus, kann auch Unternehmen B nicht mehr so viele Maschinen und Anlagen verkaufen, wie es ursprünglich geplant hatte. Infolgedessen wird auch Unternehmen B zu Kurzarbeit bzw. Entlassungen übergehen und seinerseits nicht mehr investieren.

Auf diese Weise pflanzen sich Absatzkrise und Nachfragemangel nach und nach über die gesamte Wirtschaft fort. Man kann auch sagen, es sind Überkapazitäten entstanden, d.h., es sind mehr Arbeitskräfte und Maschinen in den Produktionsprozess eingeschaltet, als zur Deckung der vorhandenen Nachfrage notwendig wären. Baut man jetzt diese Überkapazitäten ab, indem man keine Überstunden mehr anordnet, Kurzarbeit einführt und Arbeitskräfte entlässt, kann natürlich auch das Sozialprodukt nicht mehr so stark wachsen. Damit ist klar, wie die rückläufigen Wachstumsraten des Bruttoinlandsprodukts innerhalb der Wachstumszyklen zu erklären sind.

Nachdem die Ursachen einer Abwärtsbewegung (fallende Wachstumsraten) verdeutlicht worden sind, bleibt noch die Frage offen, wie es zu einer Aufwärtsentwicklung der Wirtschaft, also zu einem Anstieg der Wachstumsrate gegenüber dem Vorjahr, kommt. Der Abschwung der Wirtschaft hatte eingesetzt, weil Unternehmen falsch geplant und dadurch Überkapazitäten geschaffen hatten. Das Angebot war größer als die Nachfrage, und durch Kurzarbeit und Entlassungen versuchten die Unternehmen, das Angebot zu verringern und der zu kleinen Nachfrage anzupassen. Durch Zurückhaltung bei den Investitionen, Abbau von Überstunden und zunehmender Kurzarbeit wird aber die ohnehin schon geringe volkswirtschaftliche Gesamtnachfrage erst recht sinken. Denn Arbeitnehmer, die um ihren Arbeitsplatz fürchten oder gar schon kurzarbeiten, werden mit ziemlicher Sicherheit geplante Käufe (Möbel, Autos, Reisen usw.) verschieben und stattdessen von ihrem Lohn etwas mehr für befürchtete »schlechtere Zeiten« auf die hohe Kante legen.

Die verminderte Ausgabetätigkeit vieler privater Haushalte aber wird weitere Unternehmen in Absatzschwierigkeiten bringen und ihre Gewinne drücken. In einer solchen Situation wird kein Unternehmen eine Erweiterungsinvestition tätigen, d. h. neue Maschinen und Anlagen anschaffen sowie gleichzeitig neue Arbeitskräfte einstellen, um seine Produktion auszuweiten und das Angebot zu erhöhen. Im Gegenteil: Viele Unternehmen werden zu Rationalisierungsinvestitionen greifen, also solche Maschinen und Anlagen kaufen, die es ermöglichen, die gleiche Menge mit weniger Arbeitskräften zu produzieren; denn wenn es Arbeitskräfte einspart, kann es seine (Lohn)kosten senken und eventuell Verluste vermeiden, die ihm wegen des Absatzrückgangs drohen. Die Entlassung von Arbeitskräften aufgrund von Rationalisierungen wird indessen die Arbeitslosigkeit weiter vergrößern und den privaten Verbrauch (das Kaufverhalten der privaten Haushalte) erst recht negativ beeinflussen.

So ist eine Abwärtsspirale in Gang gesetzt, die die Frage berechtigt erscheinen lässt: Ist eine Marktwirtschaft überhaupt in der Lage, aus dieser Situation von selbst wieder herauszufinden und ohne Eingriffe des Staates einen neuen Aufschwung herbeizuführen? Hier scheiden sich die Geister der Wirtschaftsexperten. Es wäre verfrüht, an dieser Stelle schon die Positionen zu dieser Frage darzustellen und ihr Für und Wider zu diskutieren. Dies kann erst in einem späteren Kapitel geschehen, wenn sich der Leser mit einigen weiteren volkswirtschaftlichen Zusammenhängen vertraut gemacht hat.

Bislang haben wir uns nur mit den kurzfristigen Zyklen – den Konjunkturzyklen – befasst, die jeweils etwa drei bis fünf Jahre dauern. Diese Zyklen hatten wir anhand der Schwankungen der Wachstumsraten erklärt. Die Bestimmungsgründe wirtschaftlichen Wachstums hatten wir auch schon erläutert und in *Schaubild 2.3* veranschaulicht. Nun wollen wir den kurzen Zeitraum verlassen und die letzten beiden Jahrhunderte betrachten. In diesem Zeitraum lassen sich langfristige Zyklen beobachten, die nicht nur drei bis fünf Jahre, sondern 40 bis 50 Jahre dauern. Sie sind in *Schaubild 2.4* dargestellt.

Die langfristigen Wachstumszyklen wurden stets von grundlegenden *Innovationen* ausgelöst, d. h. von Neuerungen, die sich dauerhaft am Markt durchsetzten. Man unterscheidet zwischen

- Produktinnovationen: Hierbei werden neue oder qualitativ bessere Produkte oder Dienstleistungen hergestellt.

Konjunktur und ihre Ursachen

Schaubild 2.4

Langfristige Wachstumszyklen (Kondratieff-Zyklen)
Basisinnovationen und ihre Anwendungsfelder

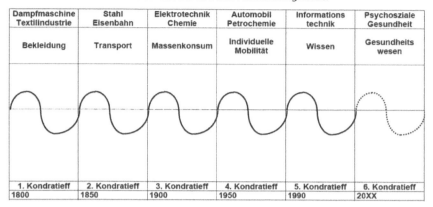

Quelle: Nefiodow, L. A., Der sechste Kondratieff. Wege zur Produktivität und Vollbeschäftigung im Zeitalter der Information, 3. Aufl., St. Augustin 1999, S. 130.

- Prozessinnovationen: Hier geht es um die Anwendung neuer Technologien, die die Produktionsabläufe verändern.
- Organisatorische Innovationen: Hier werden der arbeitsteilige Leistungserstellungsprozess beim Unternehmensstandort und beim Management verändert.

Derart grundlegende Innovationen waren in den letzten zwei Jahrhunderten die Dampfmaschine, die Eisenbahn, die Elektrotechnik und die Chemie, das Massenautomobil und die Informationstechnik. Jede Erfindung bzw. jedes Produkt hat einen ca. 40 bis 50 Jahre andauernden, langfristigen Wachstumszyklus ausgelöst, die nach ihrem Entdecker, dem russischen Ökonomen *Kondratieff,* benannt sind und auch *lange Wellen* genannt werden.

Wenn die These von den langfristigen Wachstumszyklen zutrifft – und die bisherige Entwicklung liefert keine gegenteiligen Hinweise – dann wird der nächste langfristige Aufschwung vom Gesundheitswesen getragen werden und das Produkt »psychosoziale Gesundheit« der Auslöser sein. Wenn sich die bisherige Zyklenlänge von 40 bis 50 Jahren fortsetzt, wird dieser Aufschwung im Jahrzehnt von 2010 bis 2020 einsetzen. Das wird – so viel können wir jetzt schon verraten – erhebliche Konsequenzen für den Arbeitsmarkt und unsere Gesellschaft haben.

Wir erkennen hier auch die ungeheure Bedeutung, die Innovationen – auch technischer Fortschritt genannt – für die Wirtschaft haben. Was der technische Fortschritt und neue Erfindungen in Zukunft möglich machen, können sich die Menschen in der Gegenwart kaum vorstellen. Noch in den fünfziger Jahren des vorigen Jahrhunderts waren Kühlschrank, Waschmaschine und Schwarz-Weiß-Fernseher Errungenschaften, die das tägliche Leben total veränderten. In den Fabriken haben inzwischen Roboter die Arbeit von Menschen am Fließband übernommen, in den Büros sind mechanische Schreibmaschinen durch PCs ersetzt worden. Rechnungen werden nicht mehr bar, sondern bargeldlos bezahlt, Informationen nicht mehr mit der Postkutsche an den Empfänger übermittelt, sondern über E-Mail.

Das alles hat menschliche Arbeitskräfte in vielen Bereichen überflüssig gemacht. Doch so sehr uns der technische Fortschritt Sorgen bereitet, weil er in großer Zahl Arbeitsplätze vernichtet, so unvorstellbar ist es, das Rad der technischen Entwicklung zurückdrehen zu wollen. Sollen wirklich die E-Loks bei der Eisenbahn wieder durch Dampfmaschinen ersetzt werden, damit Heizer ihren Arbeitsplatz wiederbekommen? Sollen die Roboter vernichtet werden, damit alles wieder von Menschen mit Hand montiert werden muss? Sollen anstelle von Lieferwagen und U-Bahnen wieder Pferdefuhrwerke den Transport von Menschen und Waren übernehmen?

Das alles will letztlich niemand! Immerhin hat der technische Fortschritt das Leben der Menschen wesentlich erleichtert und sie von vielen körperlich sehr anstrengenden und gefährlichen Arbeiten befreit. Das hat sich in unserer Wirtschaft deutlich niedergeschlagen, wie wir im nächsten Abschnitt erfahren werden.

2.2 Wirtschaftsstruktur und Strukturwandel

Bisher hatten wir nur die volkswirtschaftliche Gesamtnachfrage und das volkswirtschaftliche Gesamtangebot betrachtet. Von dieser globalen (= nicht das Einzelne berücksichtigenden) Betrachtungsweise wollen wir in diesem Abschnitt Abstand nehmen und unser Augenmerk auf die großen Wirtschaftsbereiche richten.

Sehen wir uns am besten den privaten Verbrauch einmal an, weil er als Summe aller Käufe der privaten Haushalte unserer persönlichen Erfahrung am nächsten liegt. Denken wir zurück an das Jahr 1950, als im Durchschnitt jeder Arbeitnehmer netto nur etwa 200 DM im Monat verdiente. Damals ging der größte Teil des Verdienstes für Miete, Essen und Trinken drauf.

Greifen wir aus den Verbrauchsgewohnheiten eines Familienvaters einmal Einzelheiten heraus und nehmen an, er habe 1950 morgens zum Frühstück zwei Brötchen gegessen, außerdem ein Fahrrad besessen und hätte einmal im Jahr mit seiner Familie einen kleinen Wochenendausflug in die nähere Umgebung ge-

Wirtschaftsstruktur und Strukturwandel

macht. Wie sahen dann wohl seine Verbrauchsgewohnheiten zehn Jahre später aus, als er etwa doppelt so viel verdiente wie 1950? Auf keinen Fall wird er die doppelte Menge Brötchen zum Frühstück verzehrt haben, weil sich sein Einkommen verdoppelt hat. Aber wahrscheinlich hat er statt des Fahrrads einen Kleinwagen besessen und an mehreren Wochenenden im Jahr einen Ausflug gemacht, vielleicht sogar schon eine kleine Urlaubsreise unternommen.

Worauf will dieses Beispiel hinaus? Man unterscheidet in der Volkswirtschaftslehre zwischen drei Wirtschaftssektoren, dem *Primärsektor* (primär = erster; Sektor = Abschnitt, Zweig), wozu Land- und Forstwirtschaft gehören, einen *sekundären Sektor* (sekundär = zweiter), zu dem man den Bergbau und die Energiewirtschaft, das gesamte verarbeitende Gewerbe und das Baugewerbe zählt, und einen *tertiären Sektor* (tertiär = dritter), dem man Handel, Verkehr und Nachrichtenübermittlung, Banken und Versicherungsgewerbe, Wohnungsvermietung, den Staat (Öffentlicher Dienst) und sonstige Dienstleistungen zurechnet. Man könnte auch grob zwischen Landwirtschaft, Industrie und Dienstleistungssektor trennen. Die Brötchen in unserem Beispiel stehen nun für landwirtschaftliche Produkte, das Fahrrad und der Kleinwagen für industrielle Erzeugnisse und der Wochenendausflug und die kleine Ferienreise für Dienstleistungen (Touristik).

Aus der Veränderung der Verbrauchsgewohnheiten unseres Familienvaters lässt sich folgendes, allgemeines volkswirtschaftliches »Gesetz« ableiten: Mit steigendem Einkommen wächst die Nachfrage nach den Produkten der drei Sektoren Landwirtschaft, Industrie und Dienstleistungen nicht im gleichen Umfang. Vielmehr steigt die Nachfrage nach landwirtschaftlichen Produkten (Essen) nur unterproportional (= prozentual weniger als das Einkommen), die Nachfrage nach Industrieerzeugnissen und Dienstleistungen proportional (= im selben Ausmaß wie das Einkommen) bzw. überproportional (= prozentual stärker als das Einkommen). Dieses unterschiedliche Wachstum der Nachfrage schlägt sich in einer entsprechenden Zusammensetzung des Güterangebots nieder. Sehen wir uns dazu *Tabelle 2.2* einmal genauer an. Sie zeigt, wie viel Prozent der Güter und Dienstleistungen in der Landwirtschaft (primärer Sektor), wie viel in der Industrie (sekundärer Sektor) und wie viel im Dienstleistungsbereich (tertiärer Sektor) erzeugt worden sind. Diese Aufteilung nennt man die *Produktionsstruktur* einer Volkswirtschaft.

Im Laufe der Zeit hat sich die Produktionsstruktur erheblich gewandelt. 1970 betrug der Anteil der Landwirtschaft an der Produktion (Nettowertschöpfung) nur 5,3 %, 1991 waren es noch 1,4 %, und 2010 war der Anteil schon auf 0,8 % gesunken. Der Leser bedenke dabei aber: Dies bedeutet nicht, dass in der Landwirtschaft 1950 mehr erzeugt worden ist als 2010. Im Gegenteil, die Produktion war 2010 erheblich höher als 1950. Nur gemessen an der gesamtwirtschaftlichen Bruttowertschöpfung (= Wert der produzierten Güter und Dienstleistungen abzüglich

78   Der Wirtschaftsablauf

Tabelle 2.2   Der Strukturwandel

Sektor	Bruttowertschöpfung[1]				Erwerbstätige			
	1950	1970	1991	2010	1950	1970	1991	2010
	Anteile in Prozent							
Primärer[2]	10,7	5,3	1,4	0,8	24,6	8,5	3,9	2,1
Sekundärer[3]	49,7	47,3	36,6	29,1	42,9	48,8	36,6	24,4
Tertiärer[4]	40,0	47,4	62,0	70,1	32,5	42,7	59,5	73,5

1 Wert der produzierten Güter und Dienstleistungen abzüglich der darin enthaltenen Vorleistungen
(= Wert der von anderen Wirtschaftseinheiten bezogenen Produkte). Ab 1991 alte und neue Bundesländer. – **2** Land- und Forstwirtschaft, Fischerei. – **3** Energie- und Wasserversorgung, Bergbau, Ver-
arbeitendes Gewerbe, Baugewerbe. – **4** Handel, Gastgewerbe, Verkehr und Nachrichtenübermittlung,
Kredit- und Versicherungsgewerbe, Grundstücks- und Wohnungswesen, Öffentliche Verwaltung, Erziehung und Unterricht, Gesundheitswesen, Öffentliche und persönliche Dienstleistungen, Private Haushalte.

Quelle: Statistisches Bundesamt

der Vorleistungen [Wert der darin der von anderen Wirtschaftseinheiten bezogenen Produkte]) nahmen die landwirtschaftlichen Erzeugnisse einen geringeren
Anteil ein.

Im industriellen Bereich stellen wir folgende Entwicklung fest: In den fünfziger Jahren ist der Anteil des sekundären Sektors zunächst gestiegen (aus *Tabelle 2.2* aber nicht erkennbar), später in den sechziger Jahren wieder gefallen. 1970
war er bereits geringfügig niedriger als 1950. In den siebziger und achtziger Jahren fiel er dann von 47,3 % (1970) auf 36,6 % (1991) zurück. 2010 betrug der Anteil
nur noch 29,1 %. Mit anderen Worten: Auch der sekundäre Sektor verliert wie der
landwirtschaftliche Sektor anteilsmäßig an Gewicht. Beim tertiären Sektor haben
wir demgegenüber eine ständige Aufwärtsentwicklung festzustellen. 1991 betrug
sein Anteil an der Bruttowertschöpfung schon 62 %, d. h., mehr als die Hälfte des
erzeugten Sozialprodukts waren bereits Dienstleistungen. bestanden schon über
zwei Drittel der Bruttowertschöpfung (70,1 %) aus Dienstleistungen.

Eine Volkswirtschaft, in der der landwirtschaftliche Sektor die größte Bedeutung hat, nennt man *Agrargesellschaft*. Ist der sekundäre Sektor der beherrschende,
spricht man von einer *Industriegesellschaft*. Nimmt die Produktion von Dienstleistungen den größten Raum ein, spricht man von einer *Dienstleistungsgesellschaft*.
Deutschland kann damit zweifellos als eine Dienstleistungsgesellschaft bezeichnet
werden. Die Änderung der Produktionsstruktur, also der Verteilung der Anteile
der drei Wirtschaftssektoren auf die Gesamtproduktion, heißt *Strukturwandel*.

Schaubild 2.5

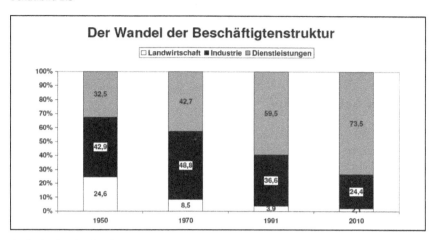

Quelle: Statistisches Bundesamt

Dieser Strukturwandel bleibt natürlich nicht ohne Folgen für die Verteilung der Erwerbstätigen auf die einzelnen Sektoren. Vielmehr ändert sich auch die prozentuale Verteilung der Erwerbstätigen auf die drei Wirtschaftssektoren. Die Veränderung ist ebenfalls in *Tabelle 2.2* wiedergegeben. Danach waren 1950 noch 24,6 % in der Landwirtschaft beschäftigt (also jeder vierte), 42,9 % waren in der Industrie und 32,5 % im Dienstleistungssektor tätig. In den folgenden sechs Jahrzehnten wurde der Anteil der in der Landwirtschaft Beschäftigten ständig geringer, im sekundären Sektor wuchs der Beschäftigtenanteil zunächst in den fünfziger und sechziger Jahren, begann dann aber in den siebziger Jahren ebenfalls zu sinken. Im Dienstleistungsbereich nahm dagegen der Beschäftigtenanteil dauernd zu (siehe *Schaubild 2.5*).

In diesem Wandel der Erwerbstätigenstruktur spiegelt sich natürlich der Wandel der Produktionsstruktur. Arbeitskräfte, die in der Landwirtschaft nicht mehr gebraucht wurden, fanden im industriellen Sektor neue Arbeit, und als auch dieser Bereich nicht mehr aufnahmefähig war, expandierte der Dienstleistungssektor. Wir kommen jetzt auf die bereits getroffene Feststellung zurück, dass die Wachstumsraten ab den achtziger Jahren bei weitem nicht mehr das Ausmaß früherer Jahrzehnte erreichen. Das bedeutet: Arbeitskräfte, die in den stagnierenden oder gar schrumpfenden Wirtschaftszweigen als Folge des Strukturwandels ihren Arbeitsplatz verlieren, können nicht mehr so viele neue Arbeitsmöglichkeiten in den Bereichen finden, die früher fortwährend Arbeitskräfte aufgesogen haben. Der

Strukturwandel, der in den fünfziger und sechziger Jahren keine spürbaren Beschäftigungsprobleme ausgelöst hat, weil damals noch das gesamtwirtschaftliche Wachstum groß genug war, um alle Arbeitskräfte wieder neu beschäftigen zu können, erzeugte seit Mitte der siebziger Jahre bei niedrigeren Wachstumsraten erhebliche negative Beschäftigungsfolgen.

2.3 Der Geldkreislauf

Nachdem wir erklärt haben, was man unter Konjunktur versteht und was mit Strukturwandel gemeint ist, können wir uns einer weiteren Erscheinung zuwenden, die für das Verständnis wirtschaftlicher Zusammenhänge grundlegend ist: dem Geldkreislauf. Dazu stellen wir uns einmal vor, wir würden auf dem Gipfel der Zugspitze stehen und aus der Vogelperspektive das Wirtschaftsgeschehen beobachten. Was würden wir erkennen?

Wir würden auf zwei Sektoren blicken: auf die privaten Haushalte und die Unternehmen. Zwischen diesen beiden Sektoren bewegen sich Geldströme hin und her (vgl. *Schaubild 2.6*), und zwar

- von den Unternehmen zu den privaten Haushalten; dieser Geldstrom stellt die Einkommen dar, die die Unternehmen an die privaten Haushalte als Entgelt für deren Leistungen im Produktionsprozess zahlen: Löhne, Gehälter, Gewinnentnahmen;
- von den privaten Haushalten zu den Unternehmen; dieser Geldstrom ist gleichbedeutend mit den Verbrauchsausgaben der privaten Haushalte für Konsumgüter und -dienstleistungen.

Beide Sektoren, sowohl die privaten Haushalte als auch die Unternehmen, geben indessen nicht ihre gesamten Einnahmen für Konsumkäufe und Einkommenszahlungen aus. Das, was die privaten Haushalte nicht für Konsumzwecke ausgeben, nennen wir Ersparnis. Die Ersparnis fließt – von Ausnahmen abgesehen, wo jemand sein Geld zu Hause (im Sparstrumpf) hortet – in den finanziellen Sektor. Er besteht aus all den Einrichtungen, die Geldeinlagen entgegennehmen: Geschäftsbanken und Sparkassen, Bausparkassen, Versicherungen, Wertpapier- und Immobilienfonds usw. Das, was die Unternehmen nicht als Einkommen an die privaten Haushalte ausschütten, nennt man unverteilte Gewinne. Da auch diese Mittel nicht bar in den Unternehmen aufbewahrt, sondern angelegt werden, fließt auch von den Unternehmen ein Geldstrom zum finanziellen Sektor.

Was geschieht mit den Mitteln, die sich im finanziellen Sektor sammeln? Sie fließen in Form von Krediten sowohl an die privaten Haushalte als auch an die

Der Geldkreislauf 81

Schaubild 2.6

Unternehmen. (Der finanzielle Sektor – insbesondere Privatbanken – betreiben heute weit mehr Geschäfte, als nur Einlagen entgegen zu nehmen und sie wieder in Form von Krediten für den Kauf von Konsum- oder Investitionsgüter auszureichen. Dazu später mehr.) Die privaten Haushalte finanzieren mit Krediten den Kauf langlebiger Gebrauchsgüter (Möbel, Auto), die Unternehmen den Kauf neuer Maschinen und Anlagen (= Investitionen). Für die Kredite müssen an den finanziellen Sektor Zinsen entrichtet werden (= Sollzinsen), umgekehrt hat der finanzielle Sektor die Einlagen der privaten Haushalte und Unternehmen zu verzinsen (= Habenzinsen).

Was wir bis jetzt dargestellt haben, nennt man den Geldkreislauf im Drei-Sektoren-Modell. Dieses Modell gibt jedoch nur einen Teil des tatsächlich stattfindenden Geldkreislaufs wieder. Warum?

Unternehmen müssen beispielsweise für jeden Umsatz, den sie tätigen, Mehrwertsteuer abführen. Private Haushalte z. B., die in Not geraten sind, erhalten Hilfe zum Lebensunterhalt. Bei diesen Vorgängen, die sich noch um viele Beispiele erweitern ließen, fließt Geld zwischen den privaten Haushalten bzw. Unternehmen und einem weiteren Sektor, dem Staat, der in diesem Drei-Sektoren-Modell nicht eingebaut ist. Und wohin strömt das Geld, wenn wir uns ein Hemd aus Hongkong oder ein Auto aus Japan kaufen?

Und was geschieht, wenn bayerisches Bier in die USA exportiert wird? Auch diese Geldbewegungen für Käufe und Verkäufe zwischen dem In- und Ausland bleiben im Drei-Sektoren-Modell noch unberücksichtigt. Wir stellen dies im Moment zurück, gehen jedoch in späteren Kapiteln darauf noch ein.

Nur in einem Punkt wollen wir das Schaubild etwas mehr der Wirklichkeit annähern: Den bis jetzt zusammengefassten Unternehmenssektor wollen wir in zwei Sektoren aufteilen, und zwar in die Unternehmen der Konsumgüterindustrie und die Unternehmen der Investitionsgüterindustrie. Beide Unternehmenssektoren zahlen natürlich Einkommen an die privaten Haushalte, lassen unverteilte Gewinne in den finanziellen Sektor fließen und erhalten umgekehrt von ihm Kredite für Investitionen sowie Guthabenzinsen. Die privaten Haushalte geben ihre Einkommen jedoch nur für Käufe bei den Unternehmen der Konsumgüterindustrie aus; denn einen Hochofen, eine Transferstraße oder einen Bagger wird sich ein privater Haushalt nicht für Konsumzwecke in sein Wohnzimmer stellen. Das bedeutet: Der Geldstrom, der von den Unternehmen der Investitionsgüterindustrie in Form von Einkommenszahlungen den privaten Haushalten zufließt, kann nicht in Form von Ausgaben der privaten Haushalte wieder zu ihnen zurückfließen. Die Käufe, die bei den Unternehmen der Investitionsgüterindustrie getätigt werden, also der Erwerb von Maschinen, Anlagen und Gebäuden (private Investitionen), gehen vielmehr von den Unternehmen der Konsumgüterindustrie aus. Deshalb ist in *Schaubild 2.7* ein Geldstrom »Private Investitionen« eingezeichnet, der sich von den Unternehmen der Konsumgüterindustrie zu denen der Investitionsgüterindustrie bewegt. Auch innerhalb des Sektors »Unternehmen der Investitionsgüterindustrie« wird natürlich investiert, z.B. wenn ein Bauunternehmen einen neuen Kran kauft. Die in diesem Fall auftretende Geldbewegung kann in *Schaubild 2.7* nicht anders veranschaulicht werden als durch einen Strom, der aus diesem Sektor ab- und ihm wieder zufließt.

Warum ist es nützlich, den Unternehmenssektor zumindest gedanklich in zwei Teilsektoren – Konsumgüterindustrie und Investitionsgüterindustrie – aufzuteilen? Weil – wie bereits erwähnt – die privaten Haushalte nicht alles, was sie an Einkommen erzielen, wieder für Konsumgüterkäufe ausgeben können. Vielmehr müssen sich die privaten Haushalte, die in der Konsumgüterindustrie arbeiten, das, was sie produzieren, mit den Haushalten »teilen«, die in der Investitionsgüterindustrie tätig sind. Um diesen Zusammenhang zu verstehen, wollen wir wieder ein einfaches Beispiel bilden. Dazu eignet sich wie bei vielen anderen wirtschaftlichen Abläufen der Robinson-Crusoe-Fall, weil es sich dabei um eine ganz primitive Volkswirtschaft auf einer einsamen Insel, d.h. ohne einen Staat und ohne wirtschaftliche Beziehungen zu anderen Ländern, handelt.

Der Geldkreislauf

Schaubild 2.7

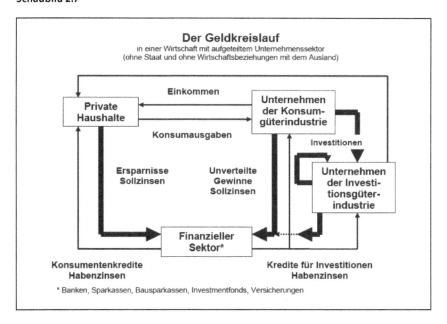

Beispiel

Robinson Crusoe und sein Freund *Freitag* haben sich auf ihrer einsamen Insel zunächst dadurch ernährt, dass jeder für sich selbst Früchte gepflückt und verzehrt hat, die auf den Bäumen wuchsen. Das war für die beiden oft mühsam, weil sie dazu auf die Bäume klettern mussten. Deshalb kam *Robinson* auf die Idee, einen Ast abzubrechen und ihn so herzurichten, dass mit ihm vom Boden aus die Früchte erreicht werden konnten. Auch schlug Robinson vor zu versuchen, aus den Zweigen der Sträucher und Bäume ein kleines Netz zu knüpfen, mit dem sich Fische besser aus dem Meer fangen ließen als mit der bloßen Hand.

So beschlossen sie, am nächsten Tag wie folgt zu verfahren: *Robinson* brach von einem großen Baum einen Ast ab und befreite ihn nach und nach von den Zweigen, so dass ein langer Stock entstand, der ihm als verlängerter Arm diente. Außerdem begab er sich an das Sammeln von Zweigen und begann, ein Fischnetz daraus zu knüpfen. Während dieser Zeit, als er den Stock und das Fischnetz – beides im volkswirtschaftlichen Sinn Investitionsgüter – produzierte, konnte er natürlich keine Früchte pflücken. Deshalb war er darauf angewiesen, dass *Freitag*, der tagsüber Früchte gepflückt (= Konsumgüter hergestellt) hatte, diese mit ihm teilte. Ökonomisch ausgedrückt: *Robinson* arbeitete in der Mini-Volkswirtschaft der einsamen Insel in der Investitionsgüterindustrie; denn der Stock und das Netz sollte ja später dazu dienen, Früchte zu pflücken und Fische zu fangen – also Konsumgüter zu produzieren. *Freitag* dagegen war weiter in der Konsumgüterindustrie »beschäftigt«.

So wie *Freitag* sich das von ihm erzeugte Konsumgüter-Sozialprodukt mit *Robinson* teilen muss, weil dieser das, was er verbraucht (= die Früchte), nicht selbst produziert, so muss auch eine große Volkswirtschaft dafür sorgen, dass ihre Konsumgüterproduktion auf *alle* privaten Haushalten »verteilt« wird. Wie geschieht das? Die Einkommen, die die privaten Haushalte (Arbeitnehmer und Arbeitgeber) im Produktionsprozess verdienen (Löhne, Gehälter, Zinsen, Dividenden, Gewinne) entsprechen dem Wert der produzierten Güter und Dienstleistungen. Mit anderen Worten: Die privaten Haushalte könnten mit ihrem gesamten Einkommen die Konsumgüter- und Investitionsgüterproduktion kaufen. Private Haushalte wollen aber nur Konsumgüter kaufen. Folglich müssen die privaten Haushalte genau so viel sparen, d.h. nicht für den Konsum ausgeben, wie es dem Wert der produzierten Investitionsgüter entspricht. In *Schaubild 2.7:* Der Geldstrom, der von den privaten Haushalten als Ersparnis in den finanziellen Sektor fließt, sowie der Geldstrom der unverteilten Gewinne der Unternehmen (= Ersparnisse der Unternehmen) müssen so groß sein wie die Investitionen. Diese entsprechenden Geldströme sind – um das zu veranschaulichen – in *Schaubild 2.7* mit fetter Linie gezeichnet.

In der ökonomischen Fachsprache drückt man diesen Sachverhalt, wonach die volkswirtschaftliche Ersparnis und das Investitionsvolumen gleich sein sollen, mit der Formel

$$S = I$$

aus. Man nennt sie auch *volkswirtschaftliche Identitätsgleichung* (Identität = Gleichheit).

Was würde aber nun passieren, wenn die privaten Haushalte mehr konsumieren möchten, als an Konsumgütern produziert worden ist? In diesem Fall wäre die Nachfrage größer als das Angebot, was zur Folge hätte, dass die Konsumgüterpreise steigen würden. Durch die höheren Konsumgüterpreise würden die Gewinne der Unternehmen in der Konsumgüterindustrie steigen, und es flösse ein größerer Geldstrom an unverteilten Gewinnen der Konsumgüterindustrie in den finanziellen Sektor (die höheren Einnahmen der Konsumgüterindustrie schlagen sich ja zunächst auf deren Konten nieder, die bei den Banken, also im finanziellen Sektor, geführt werden). So kämen – über diesen Umweg – Sparen und Investieren trotzdem wieder zum Ausgleich.

Was jedoch würde passieren, wenn die privaten Haushalte weniger verbrauchen möchten als Konsumgüter produziert worden sind? In diesem Fall blieben die Unternehmen der Konsumgüterindustrie auf einem Teil ihrer Waren »sitzen«, könnten sie also nicht verkaufen und müssten sie in ihr Lager stellen. In der volkswirtschaftlichen Gesamtrechnung käme dies in der Größe *Vorratsveränderung* zum Ausdruck (siehe *Tabelle 1.3*). Die Vorräte würden steigen, produzierte Waren also vorerst nicht verbraucht. Wenn aber etwas nicht verbraucht wird, dann spart man es. Das Aufstocken von Vorräten ist nur eine andere Form des Sparens, nicht in Geld, sondern in Naturalien. Und das Anlegen von Vorräten kann ebenfalls als *Investition in die Zukunft* angesehen werden, sind diese Produkte doch bereits erzeugt und brauchen in Zukunft nicht mehr produziert zu werden.

Den Wirtschaftsablauf zu analysieren heißt nun nichts anderes als zu untersuchen:

► **Wo im Kreislauf fließt Geld ab, wo im Kreislauf fließt es hin?**

Die Erkenntnis, dass es sich beim Wirtschaftsablauf um ein *Kreislaufgeschehen* handelt, ist grundlegend für das Verständnis vieler wirtschaftlicher Prozesse. Vor allem sollte sich der Leser bewusst machen:

► **Kreislauf bedeutet: Die Kosten des einen sind stets die Einnahmen des anderen.**

So sind die Konsumkäufe für die privaten Haushalte Ausgaben, also Kosten, für die Unternehmen der Konsumgüterindustrie dagegen Einnahmen. Die Einkommen, die die Unternehmen den privaten Haushalten zahlen, sind wiederum Kosten für die Unternehmen, aber Einnahmen für die privaten Haushalte. Dieser Sachverhalt, dass die Kosten des einen Einkommen für die anderen sind, ist Auslöser zahlreicher sozialer Konflikte, möchte doch jeder seine Kosten möglichst niedrig, aber seine Einnahmen so hoch wie möglich halten.

Die Wirtschaft zu steuern heißt nun nichts anderes als zu versuchen, die Geldströme zu beeinflussen, die zwischen den einzelnen Sektoren hin und her fließen. Wie dies geschehen kann und welche Ziele dabei verfolgt werden, damit wollen wir uns im Kapitel 5 befassen.

2.4 Exkurs: Wirtschaft ohne Wachstum?

Bevor wir uns im nächsten Kapitel mit den internationalen Wirtschaftsbeziehungen befassen, wollen wir noch in einem Exkurs (= gedanklicher Ausflug) eine immer wieder heiß und kontrovers diskutierte Frage aufwerfen: Brauchen wir überhaupt noch wirtschaftliches Wachstum? Müssen wir wirklich jedes Jahr immer mehr Güter und Dienstleistungen produzieren, wo wir doch eigentlich von allem genug haben? (Ob das Produzierte in unserer Gesellschaft gerecht verteilt ist, soll an dieser Stelle nicht diskutiert werden)

An dem im vorigen Unterabschnitt gebrachten Beispiel von *Robinson und Freitag* lassen sich die Zusammenhänge gut veranschaulichen. Robinson hatte an einem Tag aus einem Ast einen Stock und aus Zweigen ein Netz zum Fischen gefertigt, also Investitionsgüter produziert. Mit ihnen lassen sich am Folgetag mit weniger Mühe mehr Früchte pflücken und mehr Fische fangen – sogar mehr, als die beiden an einem Tag essen können. Die beiden diskutieren daher am Abend des zweiten Tages, ob es Sinn macht, mehr zu »produzieren«, als man verzehren kann.

Die beiden sind unterschiedlicher Meinung. Robinson, der auch die Idee mit dem Stock und dem Fischernetz hatte, argumentiert: »Wenn wir schon für den nächsten Tag zu essen haben, können wir die Zeit nutzen, um aus Ästen und Blättern eine Art Unterstand zu bauen. Dann sind wir sowohl vor Regen als auch vor starker Sonne geschützt.« Freitag dagegen schüttelt den Kopf: »So viel Luxus brauche ich nicht. Mir genügt es, wenn ich genug zu essen und zu trinken habe. Alles Weitere ist überflüssig.« An diesen zwei Aussagen erkennt man unterschiedliche Auffassungen vom Leben bzw. von dem, was im Leben erstrebenswert ist. Robinson möchte mehr Komfort, das erfordert die Herstellung weiterer Produkte, also wirtschaftliches Wachstum. Freitag dagegen ist zufrieden mit dem, was er hat. Er verzichtet auf wirtschaftliches Wachstum.

Spielen wir die beiden Varianten gedanklich weiter durch. Angenommen, Robinson setzt sich mit seiner Auffassung durch. Er baut eine Art Zelt, später bastelt er sogar eine Leiter, mit deren Hilfe noch mehr Früchte gepflückt werden können, und ein kleines Boot, mit dem er und Freitag weiter aufs Meer hinausfahren und dort noch mehr Fische fangen können. Eine wachsende, kleine Wirtschaft ist entstanden. Eines Tages stellt er Freitag folgende Fragen: »Wer hat die Idee mit dem Stock, dem Netz, dem Unterstand, der Leiter und dem Boot gehabt? Und wer hat die Ideen umgesetzt?« »Du«, muss Freitag eingestehen. »Siehst du«, erwidert Robinson, »und deshalb stehen mir mehr Früchte und mehr Fische zu als Dir. Du hast ja weiter nichts gemacht, als das, was *ich* mir ausgedacht und gefertigt habe, zu benutzen und Früchte zu pflücken und Fische zu fangen.« Freitag sieht das nicht ein. »Aber wenn ich nicht so viele Früchte gepflückt und Fische gefangen und dir was davon abgegeben hätte, hättest Du den Stock und das Netz und später das Zelt, die Leiter und das Boot gar nicht herstellen können.« Schon ist ein Verteilungskonflikt entstanden, wie wir ihn auch aus unserer hoch entwickelten Gesellschaft kennen.

Nehmen wir nun mal an, die andere Lebensauffassung von Freitag setzt sich durch. Dann geben sich die beiden ab dem Tag, an dem Robinson seinen Stock und sein Netz gefertigt hat, mit dem zufrieden, was sie haben. Da mit den »Produktionsmitteln« Stock und Netz mehr Früchte gepflückt und Fische gefangen werden können, als sie für einen Tag benötigen, arbeiten beide weniger und genießen mehr Freizeit. Allerdings müssen sie daran denken, dass Stock und Netz eines Tages unbrauchbar werden können und Robinson wieder neue »Produktionsmittel« herstellen muss. Deshalb müssen sie einen Teil der Früchte und Fische »spa-

Exkurs: Wirtschaft ohne Wachstum?

ren«, d. h. aufbewahren, damit sie darauf zurückgreifen können, wenn Robinson
mit der Ersatzproduktion beschäftigt ist.

Übertragen auf eine große, moderne Volkswirtschaft würde das bedeuten:
Wenn man in künftigen Jahren nur so viel verbrauchen will wie in der Gegenwart,
sich also zufrieden geben will mit dem, was z. B. 2013 produziert wurde, müsste
die Investitionsgüterindustrie schrumpfen. Denn man brauchte dann ab 2014 nur
noch so viele Maschinen herzustellen, wie für den Ersatz alter, unbrauchbar gewordener Maschinen und Anlagen erforderlich sind. Mit anderen Worten: Viele
Arbeitskräfte in der Investitionsgüterindustrie würden entlassen. Man müsste sie
in der Konsumgüterindustrie beschäftigen, dort die *Arbeitszeit für alle* verkürzen
und auch Löhne und Gehälter dementsprechend senken. Bei niedrigeren Einkommen brauchten die Menschen weniger zu sparen, weil Geld nur noch zur Produktion alter, unbrauchbar gewordener Produktionsmittel, aber nicht mehr zur Erweiterung des Produktionsmittelbestandes benötigt wird. So wie Robinson und
Freitag weniger zu arbeiten brauchen als am Anfang, brauchten auch die Menschen in den entwickelten Volkswirtschaften weniger zu arbeiten, weil zusätzliche
Maschinen nicht mehr produziert werden.

Im Idealmodell ist der Übergang von einer wachsenden zu einer stationären
Wirtschaft vorstellbar. In Wirklichkeit wäre er jedoch mit erheblichen sozialen
Problemen verbunden. Denn nicht nur die Arbeitnehmer der Konsumgüterindustrie müssten sich Arbeit und Einkommen mit einem Teil der früher in der Investitionsgüterindustrie Beschäftigten teilen. Auch viele, die ihr Geld in der Investitionsgüterindustrie angelegt haben (Aktionäre, Banken usw.), könnten dort kaum
noch Erträge erwirtschaften und würden einen Teil ihres Vermögens verlieren.

Allein diese Überlegungen zeigen: Der Verzicht auf Wirtschaftswachstum
wäre mit erheblichen Friktionen (= Reibungen) und sozialen Konflikten verbunden und würde zu gravierenden Umbrüchen führen. Schon aus den Krisenjahren
der Vergangenheit, in denen unsere Wirtschaft nicht mal stagniert hat, sondern
nur schwächer gewachsen ist als in Jahren des Aufschwungs, wissen wir, welche
Kette von Folgewirkungen damit verbunden war. Unsere Wirtschaft funktioniert
nur bei ständigem Wachstum, und der Verzicht auf Wachstum würde eine Gesellschaft mit völlig neuen Denk- und Verhaltensweisen erfordern. Damit ist nicht
gesagt, dass Verzicht auf Wachstum nicht möglich und nicht erstrebenswert ist.
Nur: Es funktioniert nicht so einfach, wie sich der wirtschaftliche Laie sich das
vielleicht vorstellt. Um ein Bild zu gebrauchen: Die kapitalistische Wirtschaft ist
wie ein Fahrrad. Sie muss ständig in Bewegung sein. So wie ein Fahrrad umfällt,
wenn es steht, so »kippt« die Wirtschaft, wenn sie stagniert.

Die internationalen Wirtschaftsbeziehungen

3

Die Bundesrepublik Deutschland steht nicht isoliert auf unserem Globus. Sie unterhält eine Fülle wirtschaftlicher Beziehungen mit der übrigen Welt. Beispielsweise verkauft sie Waren an andere Länder und kauft umgekehrt auch Waren in der übrigen Welt ein. Großunternehmen und Banken erwerben Anteile an ausländischen Unternehmen. Ausländer wiederum engagieren sich finanziell in der Bundesrepublik. All diese Vorgänge werden unter dem Begriff »Internationale Wirtschaftsbeziehungen« oder auch »Außenwirtschaft« (bzw. »außenwirtschaftliche Beziehungen«) zusammengefasst.

Um die wirtschaftlichen Probleme, die sich in diesem Bereich stellen, durchschauen zu können, müssen wir uns als erstes mit der sog. Zahlungsbilanz eines Landes vertraut machen, in der die außenwirtschaftlichen Vorgänge statistisch erfasst und verbucht werden. Anschließend befassen wir uns mit der Weltwährungsordnung und ihrer Entwicklung nach dem Zweiten Weltkrieg. Das wird es uns erleichtern zu verstehen, warum es zur Europäischen Wirtschafts- und Währungsunion gekommen ist, welche Chancen und Probleme damit verbunden sind, aber auch, welche Ursachen die Krise im Euro-Raum hat. Im letzten Abschnitt dieses Kapitels wird dann erklärt, was man unter Globalisierung versteht.

3.1 Zahlungsbilanz und Außenhandel

3.1.1 Die Zahlungsbilanz

Die wirtschaftlichen Beziehungen eines Landes mit der übrigen Welt schlagen sich in seiner Zahlungsbilanz nieder. Die Zahlungsbilanz ist die wertmäßige Gegenüberstellung aller wirtschaftlichen Transaktionen (= Vorgänge) eines Landes mit der übrigen Welt für einen bestimmten Zeitraum. Sie wird von der Zentralbank errechnet.

Die *Zentralbank* eines Landes – auch *Notenbank* genannt – hat die Aufgabe, Banknoten auszugeben, ausländische Zahlungsmittel *(= Währungsreserven)* zu verwahren, die Konten des Staates zu führen und den Zahlungsverkehr, speziell zwischen Geschäftsbanken und Staaten, abzuwickeln. Demgegenüber obliegen den Geschäftsbanken (Kreditinstitute wie z. B. Deutsche Bank, Commerzbank, Stadtsparkasse München) die sog. Bankgeschäfte, also z. B. Annahme fremder Gelder als Einlage, Gewährung von Krediten, Erwerb, Veräußerung, Verwahrung und Verwaltung von Wertpapieren, Ankäufe von Wechseln und Schecks usw.

Welche Arten von Transaktionen (= Vorgängen, Handlungen) kann man im Außenhandel unterscheiden? Wichtig für das Verständnis der wirtschaftlichen Wirkungen des Außenhandels auf ein Land ist zu wissen, ob bei einer bestimmten Transaktion ausländische Zahlungsmittel (= Devisen) in das Land herein fließen oder aus dem Land abfließen. Wir wollen deshalb im Folgenden darauf unser besonderes Augenmerk richten.

3.1.1.1 Warenexport und Warenimport

Den Verkauf eines im Inland produzierten Gutes an das Ausland nennt man *Warenexport* (z. B. den Verkauf eines Fasses Münchner Bieres oder eines Golf an die USA), den Kauf eines im Ausland produzierten Gutes *Warenimport* (z. B. eines japanischen Toyota durch einen deutschen Autofahrer). Beim Warenexport fließen der Bundesrepublik ausländische Zahlungsmittel zu: Der deutsche Exporteur erhält für das gelieferte bayerische Bier oder den verkauften Golf amerikanische Dollars und tauscht diese bei seiner deutschen Bank in Euro um. Diese wiederum überweist die US-Dollars an die Zentralbank, die ihr dafür den entsprechenden Euro-Betrag gutschreibt. Man sagt, die Zahlungsbilanz hat sich aktiviert, weil der Bestand an Devisen bei der Zentralbank gestiegen ist.

Umgekehrt sagt man, die Zahlungsbilanz hat sich passiviert, wenn der Devisenbestand bei der Zentralbank schrumpft. Dies tritt ein, wenn ein deutscher Autofahrer sich einen japanischen Toyota kauft. Er bezahlt ihn zwar in Euro, der deutsche Importeur besorgt sich dafür bei seiner Geschäftsbank Japanische Yen, die diese wiederum bei der Zentralbank kauft. Oder: Der deutsche Importeur bezahlt seinen japanischen Geschäftspartner, bei dem er den Toyota einkauft, in Euro, dieser tauscht den Euro-Betrag bei einer japanischen Geschäftsbank in Japanische Yen, die ihrerseits der japanischen Zentralbank Euro zum Umtausch in Japanische Yen gibt. Die japanische Zentralbank wird diese Euro in eine Währung umtauschen wollen, die japanische Importeure benötigen, um Waren nach Japan

Zahlungsbilanz und Außenhandel

einführen zu können, also z. B. amerikanische Dollar. Früher oder später landen die aus einem deutschen Import stammenden Euro wieder bei der deutschen Zentralbank, und sie muss dann dafür ausländische Zahlungsmittel abgeben.

Die Gegenüberstellung aller Warenexporte und -importe nennt man *Handelsbilanz*.

3.1.1.2 Exporte und Importe von Dienstleistungen

Nicht nur Güter, sondern auch Dienstleistungen werden im internationalen Handel zwischen den Ländern ausgetauscht. Zwei Beispiele:

Eine Verkaufsdelegation japanischer Fotoartikel-Hersteller reist zur Photokina nach Köln. Die Damen und Herren mieten mehrere Zimmer in einem Kölner Hotel, nehmen Speisen und Getränke zu sich, führen zahlreiche Telefongespräche usw. Wirtschaftlich betrachtet importieren sie damit deutsche Dienstleistungen nach Japan oder anders ausgedrückt: Die Bundesrepublik exportiert Dienstleistungen. Dabei fließen ebenso wie beim Verkauf einer Ware, wie z. B. eines Autos nach Japan, ausländische Zahlungsmittel in die Bundesrepublik. Die Zahlungsbilanz aktiviert sich.

Anderer Fall: Eine deutsche Familie fliegt für drei Wochen nach Miami in Florida in Urlaub. Hier werden von den Deutschen Dienstleistungen des Auslands gekauft (Übernachtung, Verpflegung usw.), es handelt sich also um einen Import von Dienstleistungen durch die Bundesrepublik. Folglich fließen ausländische Zahlungsmittel aus der Bundesrepublik ab, die Zahlungsbilanz passiviert sich.

Die Gegenüberstellung von Dienstleistungsexporten und -importen nennt man *Dienstleistungsbilanz*.

3.1.1.3 Übertragungen an das Ausland/des Auslands an uns

Nicht immer, wenn Gelder aus der Bundesrepublik abfließen oder ihr zufließen, müssen dem Verkäufe oder Käufe von Waren bzw. Dienstleistungen vorangegangen sein. Es kann sich vielmehr auch um unentgeltliche Übertragungen handeln.

Beispielsweise erfährt die Bundesrepublik einen Devisenabfluss, wenn ein türkischer Arbeitnehmer einen Teil seines Einkommens an seine Familie in die Türkei überweist oder wenn die Bundesrepublik Beiträge an internationale Organisationen (EU, NATO usw.) leistet. Diese Zahlungen werden in der *Übertragungsbilanz* erfasst.

92 Die internationalen Wirtschaftsbeziehungen

3.1.1.4 Kapitalanlagen im Ausland/des Auslands bei uns

Weitere, für die Zahlungsbilanz sehr wichtige Transaktionen sind der Kapitalexport und -import. Wenn ein Inländer eine amerikanische Aktie kauft, importiert er aus dem Ausland ein Wertpapier, dafür fließt Geld aus der Bundesrepublik ab (= *Kapitalexport*). Die Zahlungsbilanz passiviert sich also.

Wenn umgekehrt ein Amerikaner Kapital in der Bundesrepublik anlegt und beispielsweise Daimler-Aktien kauft, fließt ausländisches Geld in die Bundesrepublik (= *Kapitalimport*). Es handelt sich dann um den Export eines Wertpapiers, die Zahlungsbilanz aktiviert sich.

Die Gegenüberstellung der Kapitalanlagen von Inländern im Ausland und der von Ausländern im Inland bezeichnet man als *Kapitalbilanz* oder *Kapitalverkehrsbilanz*. Der Leser sollte sich bei dieser Bilanz nicht durch die Ausdrücke Export und Import in Verbindung mit Kapital irritieren lassen. Kapitalexport, also die Anlage von Kapital im Ausland, wirkt passivierend auf die Zahlungsbilanz, weil Gelder aus dem Inland abfließen, Kapitalimport, also die Anlage ausländischen Kapitals in der Bundesrepublik, wirkt hingegen aktivierend auf die Zahlungsbilanz, denn hierbei fließt ausländisches Geld in die Bundesrepublik.

Wir sind nun in der Lage, die einzelnen Positionen der Zahlungsbilanz zu verstehen, die in *Schaubild 3.1* dargestellt sind. Handelsbilanz, Dienstleistungsbilanz und Übertragungsbilanz zusammengenommen werden als *Leistungsbilanz* bezeichnet. Die *Kapitalbilanz* zeigt – wie bereits erwähnt – die erfolgten Kapitalanlagen von Inländern im Ausland und von Ausländern im Inland. Die *Devisenbilanz* spiegelt die Zu- und Abflüsse ausländischer Zahlungsmittel wider, die durch die Exporte von Waren, Dienstleistungen und Kapital sowie durch unentgeltliche Übertragungen ausgelöst wurden. So gesehen muss die Zahlungsbilanz formal immer ausgeglichen sein, weil Überschüsse/Defizite in der Leistungs-/Kapitalbilanz immer einen entsprechenden Devisenzu- bzw. -abfluss auslösen. Man spricht jedoch von einer aktiven Zahlungsbilanz, wenn die Devisenbilanz positiv, d. h. wenn eine Devisenzunahme zu verzeichnen ist, und von einer passiven Zahlungsbilanz, wenn die Devisenbilanz negativ, d. h. wenn ein Devisenabfluss zu registrieren ist.

Tabelle 3.1 zeigt die Entwicklung der Zahlungsbilanz der Bundesrepublik Deutschland, wie sie in den Monatsberichten der Deutschen Bundesbank ausgewiesen wird.

Zahlungsbilanz und Außenhandel   93

Schaubild 3.1

Die Zahlungsbilanz
– Schematische Darstellung –

Importe	Exporte	Bilanz
= Devisenausgaben für	= Deviseneinnahmern aus	

Waren	Handelsbilanz
Dienstleistungen	Dienstleistungsbilanz
Übertragungen	
an das Ausland des Auslands an uns	Übertragungsbilanz

Leistungsbilanz

Kapitalanlagen von

Inländern im Ausland	Ausländern im Inland	*Kapitalbilanz*
(= Kapital*export*)	(= Kapital*import*)	

Ausländische Zahlungsmittel

Zunahme	Abnahme	*Devisenbilanz*

Zahlungsbilanz

Tabelle 3.1   Hauptposten der Zahlungsbilanz Deutschlands

Bilanz	1995	2000	2010
	in Mio. DM	in Mio. Euro	
Handelsbilanz	+81.009	+50.057	+143.250
Dienstleistungen	−63.985	−49.006	−4.258
Erwerbs- und Vermögenseinkommen	−3.975	−8.335	+49.864
Laufende Übertragungen	−55.413	−27.950	−38.187
Leistungsbilanz	*−42.363*	*−35.235*	*+150.668*
Vermögensübertragungen	−3.283	+6.823	−586
Kapitalbilanz	*+50.117*	*+34.187*	*−147.439*
Nicht aufzugliedernde Transaktionen	−3.909	−5.775	−2.643

Quelle: Deutsche Bundesbank, Monatsbericht Juli 2008, S. 69* und Monatsbericht Juli 2012, S. 69*

3.1.2 Leistungsbilanzüberschüsse und -defizite

Wie kommt nun ein Leistungsbilanzüberschuss bzw. ein Leistungsbilanzdefizit zustande? Ein Überschuss ergibt sich, wenn mehr Waren und Dienstleistungen exportiert als importiert werden und/oder wenn mehr unentgeltliche Übertragungen an das Ausland geleistet als aus dem Ausland empfangen werden. Der Wert des Waren- und Dienstleistungsexports und -imports hängt wiederum von zwei Größen ab: von der Menge und von den Preisen der ein- und ausgeführten Waren und Dienstleistungen. Eine Erhöhung des Werts des Güterexports kann daher entweder auf ein höheres Preisniveau oder auf eine größere Menge an ausgeführten Waren zurückzuführen sein. Das gleiche gilt für den Import. Erhöht sich der Wert der importierten Güter und Dienstleistungen so sehr, dass insgesamt mehr importiert als exportiert wird, so kann das damit zusammenhängen, dass mengenmäßig mehr Waren und Dienstleistungen importiert worden sind oder dass die Preise für Importgüter stark gestiegen sind.

Diese Unterscheidung nach Mengen und Preisen zu treffen, ist sehr wichtig für die Beurteilung der außenwirtschaftlichen Situation eines Landes. So ist z. B. in der zweiten Ölkrise 1980 die Menge des von der Bundesrepublik Deutschland eingeführten Öls um rund 10 % zurückgegangen, gleichzeitig haben sich aber die Preise für Öl um rund 46 % erhöht, so dass der Wert der Ölimporte (die sog. »Ölrechnung«) damals um 15 Mrd. DM anstieg. Wir können daraus auch Folgendes lernen: Die Menge der Waren, die ein Land einführt, hängt u. a. davon ab, wie dringend es diese Waren braucht und inwieweit es die Möglichkeit hat, sie durch andere (in diesem Fall z. B. durch Erdgas oder Kohle) zu ersetzen. Wird ein Gut, das ein Land unbedingt importieren muss, im Preis sehr teuer, verschlechtert sich die Leistungsbilanz dieses Landes, wenn es ihm nicht gelingt, seinerseits den Wert der Exporte zu steigern (sei es über die Menge, sei es über die Preise der Exporte oder beides).

Noch ein Weiteres können wir daraus ableiten: Bei Gütern, für die es auf dem Markt mehrere Anbieter gibt und auf die ein Land nicht dringend angewiesen ist, spielt der Preis für die Menge, die importiert wird, eine sehr viel größere Rolle. So kann die Bundesrepublik z. B. Kiwi-Früchte, wenn die israelischen sehr teuer sind, aus Südafrika importieren, oder ein deutscher Autofahrer, dem deutsche Wagen zu teuer geworden sind, kann sich ein japanisches Fabrikat zulegen. Mit anderen Worten: Das Preisniveau eines Landes im Vergleich zu dem der übrigen Welt sowie die Möglichkeit der Käufer, auf andere Produkte oder Anbieter ausweichen zu können, beeinflussen wesentlich seinen Außenhandel.

Sind seine Waren im internationalen Vergleich gut, preisgünstig und wegen ihrer Eigenart sehr begehrt, wird es sehr viel exportieren und einen Leistungsbilanzüberschuss haben, sind seine Waren dagegen schlecht, teuer und jederzeit durch andere ersetzbar, werden sehr viele ausländische Güter auf den heimischen Markt drängen, so dass die Importe sehr groß sein werden, die heimische Wirtschaft dadurch unter großen Konkurrenzdruck gerät und ein Leistungsbilanzdefizit entsteht.

Für die Außenhandelsbeziehungen und ihren statistischen Niederschlag, die Leistungsbilanz eines Landes, ist es daher sehr ungünstig, wenn die Preise für seine exportierten Waren am Weltmarkt sehr niedrig und für die importierten Waren sehr hoch sind; denn dann muss dieses Land große Mengen an Waren exportieren, um daraus so viel an Devisen zu erlösen, dass es die gewünschte und benötigte Menge importieren (und bezahlen) kann. In der Volkswirtschaftslehre gibt es ein Maß, das angibt, wie viel ein Land exportieren muss, um den Import einer Einheit finanzieren zu können: die sog. *Terms of Trade* (= reales Austauschverhältnis). Rechnerisch sehen die Terms of Trade, oft abgekürzt als ToT, wie folgt aus:

$$\text{Terms of Trade} = \frac{\text{Durchschnittliche Exportgüterpreise}}{\text{Durchschnittliche Importgüterpreise}}$$

Sinken die Terms of Trade, weil etwa die Importgüterpreise stärker gestiegen sind als die Exportgüterpreise, muss ein Land mehr exportieren, um die gleiche Menge wie vorher aus dem Exporterlös importieren zu können. Umgekehrt: Verbessert sich das reale Austauschverhältnis, kann ein Land mit seinen Exporterlösen mehr Waren im Ausland einkaufen.

▶ **Die Terms of Trade spiegeln die internationale Wettbewerbsposition eines Landes wider und lassen Rückschlüsse auf den Lebensstandard der Bevölkerung zu.**

Je günstiger die Terms of Trade sind, desto mehr kann dieses Land exportieren. Je mehr ein Land exportiert, desto mehr muss es produzieren, d. h., desto mehr Arbeitskräfte benötigt es. Umso geringer ist seine Arbeitslosigkeit. Gleichzeitig verdient es durch den Export so viele ausländische Zahlungsmittel, dass es sehr viel im Ausland einkaufen (importieren) kann. Das wiederum wirkt sich günstig auf das Güterangebot im Inland aus. Also: Je günstiger die Terms of Trade eines Landes sind, desto besser ist seine internationale Wettbewerbsposition und desto höher ist meist auch der Lebensstandard der Bevölkerung und umgekehrt.

3.2 Die internationalen Finanzmärkte

Bisher hatten wir uns nur damit befasst, wie der Ex- und Import von Waren, Dienstleistungen und Kapital statistisch erfasst werden. Mit der Feststellung, dass das Preisniveau eines Landes ein wesentlicher Faktor für einen Überschuss bzw. ein Defizit in der Leistungsbilanz ist, und mit der Messzahl Terms of Trade waren wir bereits auch zu den Ursachen außenwirtschaftlicher Ungleichgewichte vorgedrungen. Nun wollen wir fragen: Was geschieht, wenn ein Land in ein Leistungsbilanzdefizit gerät, also mehr Waren und Dienstleistungen importiert als exportiert, und dies zum Dauerzustand zu werden droht? Die Antwort auf diese Frage führt uns zur Erklärung, was man unter internationalen Finanzmärkten – man sagt auch: internationale Kapitalmärkte – versteht.

Das Land, das durch seine Exporte nicht so viel an Devisen (= ausländischen Zahlungsmitteln) einnimmt, wie es für den Kauf der importierten Waren und Dienstleistungen aufwenden muss, steht vor einem Finanzierungsproblem. Wie kann es dieses Finanzierungsproblem lösen? Dazu gibt es mehrere Möglichkeiten.

Der einfachste und daher von allen Volkswirtschaften zunächst beschrittene Weg ist der, auf Währungsreserven zurückzugreifen. Mit anderen Worten: Die Importeure rufen über das Bankensystem die ausländischen Zahlungsmittel (= Währungsreserven), also US-Dollar, Japanische Yen usw., bei ihrer Notenbank ab, die noch aus früheren Exportüberschüssen quasi »vorrätig« und bislang für die Finanzierung von Importen nicht benötigt worden sind. Eine Volkswirtschaft handelt in diesem Fall nicht anders als ein privater Haushalt, der in einem Monat mehr ausgibt, als er verdient; auch der private Haushalt greift in so einem Fall auf Ersparnisse aus früheren Zeiten zurück.

Zu den Währungsreserven, auf die eine Notenbank zurückgreifen kann, gehören nicht allein die Bestände an ausländischen Zahlungsmitteln, sondern auch die sog. *Sonderziehungsrechte.* Hierbei handelt es sich um ein vom Internationalen Währungsfonds (Einrichtung, getragen von mehr als 130 Mitgliedsländern mit der Aufgabe, die internationale Zusammenarbeit in Währungsfragen zu fördern) geschaffenes Zahlungsmittel, mit dem eine Notenbank bei einer anderen Notenbank ausländische Zahlungsmittel, die sie benötigt, kaufen kann. Man kann diese Sonderziehungsrechte in etwa mit dem Betrag vergleichen, um den ein privater Haushalt sein Konto bei der Bank überziehen kann.

Was aber, wenn auch diese Währungsreserven aufgebraucht sind? Ein privater Haushalt kann sich dann weiteres Geld bei einer Geschäftsbank leihen, wenn diese dazu bereit ist. Diese Möglichkeit, sich zu verschulden, steht auch einer Notenbank offen. Sie kann sich bis zu einer gewissen Grenze, die durch internationale Abkommen festgelegt ist, beim Internationalen Währungsfonds (IWF) die benötigten ausländischen Zahlungsmittel leihen.

Die internationalen Finanzmärkte 97

Allerdings verknüpft der Internationale Währungsfonds die Gewährung eines Kredites mit wirtschaftspolitischen Auflagen an das Land, d. h., er wird den Kredit nur dann bewilligen, wenn sich die Regierung verpflichtet, wirtschaftspolitische Maßnahmen zu ergreifen, um das Leistungsbilanzdefizit zu beseitigen. Dies ist für das Land und seine Regierung jedoch unangenehm, läuft es doch darauf hinaus, weniger zu importieren, also die Güterversorgung im Inland zu beschneiden. Deshalb möchten die Regierungen der meisten Länder diesen Weg vermeiden.

Bequemer, da nicht mit wirtschaftspolitischen Auflagen verbunden, ist es, den Zahlungsbilanzausgleich über Kapitalimporte zu erreichen. Auf Deutschland angewandt bedeutet das: Internationale Anleger müssten in so einem Fall veranlasst werden, ihr Kapital in Deutschland anzulegen, sei es in Form von Einlagen bei deutschen Geschäftsbanken, sei es durch Kauf von deutschen Wertpapieren oder Eigentumstiteln (Aktien). Gelingt dies in ausreichendem Umfang, fließen der deutschen Notenbank wieder genügend ausländische Zahlungsmittel zu, um damit die Importe zu bezahlen. Das Rückschleusen von Geldern, die ursprünglich ins Ausland zur Finanzierung von Importen (z. B. von teurem Öl) abgeflossen sind, durch Kapitalimporte bezeichnet man in der volkswirtschaftlichen Fachsprache als *Recycling*.

Damit kommen wir zu den internationalen Finanzmärkten. Die Drehscheibe, auf der sich Kapitalimporte und -exporte abspielen, nennt man internationale Finanz- oder auch internationale Kapitalmärkte. Grundlage dieser internationalen Finanzmärkte sind Einlagen von Währungen, die im internationalen Handel als Zahlungsmittel anerkannt und benutzt werden (insbesondere US-Dollar, Euro, Britisches Pfund), bei Geschäftsbanken außerhalb des eigenen Währungsgebiets, also z. B. US-Dollar- und Euro-Einlagen auf Banken in London, Singapur und Hongkong. Diese Einlagen, die aus dem internationalen Handel entstanden sind, dienen diesen Banken wiederum zur Kreditvergabe auf Dollar- bzw. Euro-Basis an andere Banken, an multinationale (in mehreren Ländern produzierende und verkaufende) Unternehmen, aber auch an Notenbanken. Dadurch entstand ein internationaler Kapitalmarkt (= Markt, auf dem Geld langfristig, d. h. länger als zwei Jahre, angelegt und geliehen werden kann) mit eigenem Zinsniveau.

Ein Beispiel

Nehmen wir an, ein deutsches Stahlunternehmen verkauft Röhren in die USA. Das Geld dafür ließ es sich nicht auf ein Konto bei der Deutschen oder Commerzbank in Deutschland, sondern auf ein Konto überweisen, das – auf US-Dollar lautend – bei der Zweigstelle der amerikanischen Chase Manhattan Bank in London geführt wurde. Dies zum einen deshalb, weil es einen Teil der US-Dollars ohnehin wieder für den Import von Waren aus den USA benötigte und sich die Kosten für den Umtausch in Euro sparen wollte, zum anderen, weil es einen anderen Teil der US-Dollars in Wertpapieren anlegen wollte, deren Erwerb ebenfalls in US-Dollars bezahlt werden musste. Da viele andere Unternehmen nicht nur Deutschlands, sondern aller Länder, die in die USA exportierten, so handelten, entstanden mit der Zeit enorme Dollareinlagen bei den Zweigstellen der amerikanischen Banken außerhalb der USA. Diese Guthaben bildeten wiederum die Grundlage für die Kreditvergabe dieser Banken an multinationale Unternehmen, an andere Banken oder auch an Notenbanken.

So bildete sich seit Ende der fünfziger Jahre allmählich ein immer größer werdender Finanzmarkt heraus, der sog. *Euro-Dollar-Markt.* Er hat den größten Anteil an den internationalen Finanzmärkten und konnte deshalb entstehen, weil die USA in fast allen Jahren nach dem Zweiten Weltkrieg ein Leistungsbilanzdefizit hatten. Die Dollarüberschüsse, die dadurch nicht in die USA zurückflossen, wurden wie in der im obigen Beispiel beschriebenen Weise bei amerikanischen Bankniederlassungen außerhalb der USA angelegt. Die Bezeichnung »Euro« steht für das *Gebiet Europa,* hat also nichts mit der Währung der EU, dem »Euro«, zu tun. Deshalb ist die Bezeichnung nicht ganz korrekt, weil Dollareinlagen in der beschriebenen Form auch außerhalb des europäischen Raumes, insbesondere in Südostasien, existieren. Das Volumen des Euro-Dollar-Marktes, d. h. die Summe aller auf Dollar lautenden Einlagen bei Banken außerhalb der USA, wurde von der Bank für Internationalen Zahlungsausgleich (BIZ) für Mitte 2013 mit 7.899 Mrd. Dollar angegeben. Auch in anderen Währungen, die im internationalen Handel gern als Zahlungsmittel akzeptiert werden wie Euro, Britisches Pfund, Schweizer Franken und Yen, werden Guthaben bei Banken außerhalb des betreffenden Währungsgebiets gehalten. Die auf Euro lautenden Einlagen bei Banken außerhalb des Euroraums wurden für Mitte 2013 auf umgerechnet 2.385 Mrd. Dollar beziffert. Insgesamt beliefen sich die Guthaben bei Banken in Fremdwährung auf umgerechnet 12.303,7 Mrd. Dollar. Das Entstehen dieser Märkte war ein wichtiger Schritt zur Herausbildung weltweiter Finanzmärkte.

Welche Folgen und Probleme sich aus dem Entstehen des Euro-Dollar-Marktes für die Möglichkeiten der Regierungen der einzelnen Länder ergeben, die wirtschaftlichen Abläufe zu steuern, wollen wir an späterer Stelle des Buches erläutern. Hier ging es vorerst nur darum zu darzustellen, wie internationale Finanzmärkte entstanden sind. Auch was an den internationalen Finanzmärkten passiert und wie ihre Funktionsweise kleine und große Volkswirtschaften in der ganzen Welt beeinflusst, können wir im Moment noch nicht erklären. Dazu müssen wir uns erst mit dem Weltwährungssystem (Kapitel 3.4) und der Globalisierung (Kapitel 3.5) vertraut gemacht haben. Wir kommen daher auf die Krisen an den Finanzmärkten, die in den letzten 40 Jahren des Öfteren die Schlagzeilen in der Presse beherrschten, zu gegebener Zeit zurück.

3.3 Die außenwirtschaftlichen Beziehungen im Geldkreislauf

Wir können nun die außenwirtschaftlichen Beziehungen der Bundesrepublik Deutschland in unser Geldkreislaufschema einbeziehen. Um *Schaubild 3.2* nicht zu unübersichtlich werden zu lassen, verzichten wir darauf, die Geldströme, die zwischen den übrigen Sektoren hin- und her fließen, darzustellen. Auch soll der Unternehmenssektor nicht, wie in *Schaubild 3.2*, in Konsumgüter- und Investitionsgüterindustrie aufgeteilt werden. Wir beschränken uns vielmehr darauf, die Geldströme zwischen den inländischen Sektoren einerseits und dem Ausland (= der übrigen Welt) andererseits zu betrachten.

Die Unternehmen exportieren und importieren Waren und Dienstleistungen. Die dabei auftretenden Zahlungen sind als Geldströme zwischen den Unternehmenssektoren und dem Ausland eingezeichnet. Die privaten Haushalte importieren aus der übrigen Welt, indem sie beispielsweise Textilien aus Taiwan kaufen

Schaubild 3.2

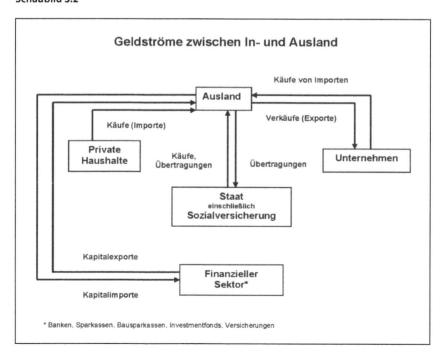

oder ihren Urlaub in Kanada verbringen (= Import von Dienstleistungen). Im Unterschied zu den Unternehmen können die privaten Haushalte keine Waren und Dienstleistungen exportieren, denn sie produzieren ja nichts.

Alle Sektoren, private Haushalte, Unternehmen, Staat und finanzieller Sektor, betreiben Kapitalexport und -import, die privaten Haushalte in der Regel allerdings nur, wenn sie sehr wohlhabend sind. Sie kaufen und verkaufen ausländische Wertpapiere, beteiligen sich an ausländischen Unternehmen, und umgekehrt erwerben Ausländer deutsche Wertpapiere und beteiligen sich an deutschen Unternehmen. Kauft ein Ausländer z. B. eine Anleihe des Bundes, so handelt es sich um Kapitalimport des Staates. Kauft der Staat Papiere des Auslands, handelt es sich um Kapitalexport.

Schließlich sind die Übertragungen des Staates an das Ausland (z. B. Beiträge an internationale Organisationen wie die NATO) sowie die Übertragungen aus dem Ausland an den Staat (z. B. Leistungen aus der EU-Kasse) zu berücksichtigen. Übertragungen gibt es ferner von Seiten der privaten Haushalte an das Ausland (Überweisungen von ausländischen Arbeitnehmern, die nicht aus EU-Ländern stammen, in ihre Heimatländer) oder vom Ausland an die privaten Haushalte (z. B. Rentenzahlungen).

Wir können uns jetzt leicht vorstellen, dass diese Vielzahl von Geldströmen zwischen den inländischen Sektoren und der übrigen Welt die Geldströme innerhalb Deutschlands erheblich beeinflusst. Geldzuflüsse aus der übrigen Welt können ebenso wie Geldabflüsse in die übrige Welt den heimischen Geldkreislauf stark in Mitleidenschaft ziehen. Dies ist gemeint, wenn man in der wirtschaftspolitischen Diskussion häufig auf die wirtschaftliche Verflechtung der Bundesrepublik Deutschland mit der übrigen Welt hinweist. Man will damit ausdrücken, dass das wirtschaftliche Geschehen bei uns stark von den wirtschaftlichen Abläufen in der übrigen Welt abhängt.

Doch wie sind die internationalen Wirtschaftsbeziehungen in so zentralen Fragen wie der Währung überhaupt geregelt? Der nächste Abschnitt gibt darüber Auskunft.

3.4 Die Weltwährungsordnung

3.4.1 Die Entwicklung nach dem Zweiten Weltkrieg

Warum beginnen wir denn bei Adam und Eva, wird mancher Leser jetzt vielleicht fragen. Immerhin liegt das Ende des Zweiten Weltkriegs mittlerweile rund 70 Jahre zurück. Das ist zweifellos richtig. Gleichwohl vermitteln uns die Entwicklung und vor allem die Veränderungen des Weltwährungssystems, die in diesem

Die Weltwährungsordnung 101

Zeitraum stattgefunden haben, wichtige Einsichten in das Funktionieren der internationalen Wirtschaftsbeziehungen und die Probleme, vor denen die heutige Wirtschaftspolitik steht. Deshalb ist dieser Unterabschnitt kein unnötiger Ausflug in die Wirtschaftsgeschichte, sondern wichtige Grundlage für das Verständnis aktueller wirtschaftlicher Fragen.

3.4.1.1 Das Bretton-Woods-System

Wenn wir uns an der Würstchenbude eine Currywurst kaufen, so wird der Besitzer keine Schwierigkeiten machen, wenn wir ihm dafür drei Euro hinlegen; denn der Euro ist in der Bundesrepublik Deutschland allgemein gültiges und anerkanntes Zahlungsmittel. Jeder nimmt Euro an (er muss es sogar!), weil er weiß, dass er seinerseits mit den Euros etwas erwerben kann.

Aber wie ist es, wenn arabische Importeure deutsche Automobile kaufen wollen? Die deutschen Exporteure werden nur dann bereit sein, die Automobile zu liefern, wenn die Araber in einer Währung zahlen, mit der die deutschen Exporteure ihrerseits – wo auch immer in der Welt – wieder etwas kaufen können. Und die Araber werden eine solche Währung nur besitzen, wenn sie ihrerseits bereits am Weltmarkt etwas verkauft haben, wofür sie ihr Geschäftspartner in dieser Währung bezahlt hat.

Wir sehen, dass Geschäfte zwischen Personen oder Unternehmen aus zwei Ländern mit verschiedenen Währungen auf Schwierigkeiten stoßen. Eine reibungslose Abwicklung eines solchen Handels wird daher nur unter zwei Voraussetzungen stattfinden:

Die Währungen müssen untereinander frei austauschbar sein. Die deutschen Exporteure werden nur solche Währungen annehmen, die sie bei jeder beliebigen Geschäftsbank in Euro umtauschen können. Die Möglichkeit, jederzeit eine Währung gegen eine andere umtauschen zu können, nennt man *Konvertibilität* oder *Konvertierbarkeit*.

So wie es in Deutschland den Euro, in den USA den US-Dollar und in Japan den Japanischen Yen gibt, muss es im internationalen Handel eine Währung geben, die allgemein als Zahlungsmittel anerkannt ist. Dasjenige Zahlungsmittel, das diese Funktion wahrnimmt, nennt man *Leitwährung* oder auch *Reservewährung*. Nach dem Zweiten Weltkrieg galten der US-Dollar und das Britische Pfund als Leitwährung.

Beide erhielten deshalb den Rang einer Leitwährung, weil sie unmittelbar nach dem Zweiten Weltkrieg zu den stabilsten Währungen der Welt gehörten. Stabil bedeutet dabei zweierlei:

1) In den Ländern, in denen Dollar und Pfund allgemein gültiges Zahlungsmittel waren, stieg das Preisniveau anfangs nur relativ schwach. So konnte
   man für die Dollars bzw. Pfund auch ein paar Jahre später in etwa die gleiche
   Menge an Waren und Dienstleistungen erwerben (= stabile inländische Kaufkraft).
2) Im Verhältnis zu den übrigen Währungen hatten Dollar und Pfund einen
   hohen Wert. Wenn man sie in die anderen Währungen umtauschte, konnte
   man deshalb relativ viel Waren und Dienstleistungen des jeweiligen Landes
   kaufen (= hoher Außenwert/hohe Kaufkraft im Ausland).

Währungen mit diesen beiden Merkmalen »stabile Kaufkraft im Inland« und
»hohe Kaufkraft im Ausland« werden gern gehalten, d. h., in diesen Währungen
wird bevorzugt Geld angelegt, weil man sicher sein kann, dass die Anlage ihren
realen Wert behält. Man nennt diese begehrten Währungen auch *harte Währungen* – im Unterschied zu weichen Währungen, in denen nicht gerne angelegt wird,
weil sie schnell an Kaufkraft verlieren.

Die Rolle des US-Dollars als Leitwährung nach dem Zweiten Weltkrieg kam
auch darin zum Ausdruck, dass andere Währungen in eine feste Relation zu ihm
gesetzt wurden. So betrug z. B. die Relation von US-Dollar zu Deutscher Mark von
1949 bis 1961

$$1\ \$ = 4{,}20\ DM$$

Dieses Austauschverhältnis zweier Währungen untereinander bzw. den Preis einer
Währung, ausgedrückt in Einheiten einer anderen Währung, nennt man *Wechselkurs* oder *Parität*.

Außerdem bestand eine feste Relation von US-Dollar zum Gold, und zwar von
35 US-$ je Unze Feingold (1 Unze = 31,104 Gramm). Indem die anderen Währun-
gen in ein festes Verhältnis zum Dollar gesetzt wurden, waren auch sie indirekt
an das Gold gebunden, d. h., man konnte z. B. die Relation DM/Gold, Französische Francs/Gold usw. errechnen. Mit der Festlegung der Wechselkurse der anderen Währungen zum US-Dollar standen auch die Wechselkurse dieser Währungen untereinander fest.

Die Übereinkunft, ein *System fester Wechselkurse* mit dem US-Dollar als Leitwährung zu schaffen, trafen 45 Nationen in Bretton-Woods, einem amerikanischen Badeort. Das Abkommen trat am 27. Dezember 1945 in Kraft. Man bezeichnete das damit geschaffene internationale Währungssystem seitdem als
Bretton-Woods-System. Sein geistiger Vater, der es in wesentlichen Teilen konzi-
piert hatte, war der britische Ökonom *John Maynard Keynes*. Auf ihn werden wir
auch noch in anderem Zusammenhang zurückkommen.

Die Weltwährungsordnung

Um die Funktionsweise des Bretton-Woods-Systems und die Ursachen seines Zusammenbruchs Anfang der siebziger Jahre zu verstehen, müssen wir uns die Bedeutung der Wechselkurse für die internationalen Wirtschaftsbeziehungen klar machen. Der Wechselkurs der Währung eines Landes ist das Scharnier zwischen der Binnen- und der Weltwirtschaft. Seine Höhe entscheidet darüber,

- wie teuer die heimischen Waren und Dienstleistungen eines Landes für die Käufer in der übrigen Welt sind,
- wie preiswert die Waren und Dienstleistungen aus der übrigen Welt in ein Land importiert werden können.

Ein Beispiel

Der Wechselkurs von US-Dollar zu Deutscher Mark soll

$$1 \$ = 2 \text{ Euro}$$

betragen. Ein deutscher Mercedes zum Preis von 60.000 Euro kostet somit in den USA 30.000 \$. Umgekehrt ist ein IBM-Computer mit einem USA-Preis von 500 \$ in Deutschland für 1.000 Euro zu haben.

Wenn sich der Wechselkurs von US-Dollar zum Euro verändert, ändern sich auch die Preise der jeweils heimischen Produkte im Ausland. Angenommen, der Kurs beträgt

$$1 \$ = 1,50 \text{ Euro}.$$

Der Mercedes-Preis, in Deutschland weiterhin 60.000 Euro, beträgt dann in den USA 40.000 \$, ist also gegenüber vorher um 33 % höher. Anders beim Computer: Dieser kostet in den USA weiterhin 500 \$, in Deutschland dagegen nur noch 750 Euro, ist also um 25 % billiger als vorher.

Wenn der US-Dollar vorher 2 Euro, nachher aber nur noch 1,50 Euro wert war, hat eine Abwertung des Dollars stattgefunden. Oder umgekehrt ausgedrückt: Der Euro ist aufgewertet worden, denn man erhielt nachher für 1 Euro mehr US-Dollars als vorher. Daraus lässt sich folgender Zusammenhang ableiten:

▶ **Eine Aufwertung verteuert die Exporte und verbilligt die Importe von Waren und Dienstleistungen des aufwertenden Landes. Eine Abwertung macht die Exporte von Waren und Dienstleistungen des abwertenden Landes billiger und die Importe teurer.**

Wer diesen Zusammenhang verstanden hat, kann leicht erklären, was passiert, wenn in zwei Ländern, die regen Handel miteinander treiben, die Preise für Waren und Dienstleistungen unterschiedlich stark steigen. Für die Bürger des Landes, dessen Preise stärker steigen als im Ausland, wird es vorteilhafter, einen größeren Teil der Waren und Dienstleistungen im preisgünstigeren Ausland einzukaufen. Gleichzeitig wird es für die Unternehmen dieses Landes immer schwieriger, ihre Produkte im Ausland zu verkaufen, weil sie im Verhältnis zu den übrigen Angeboten immer teurer werden. Mit anderen Worten: Die Exporte des Landes mit hoher Inflationsrate sinken, die Importe steigen.

Überlegen wir jetzt weiter, was mit den Geld- und Devisenzu- bzw. -abflüssen bei unterschiedlicher Inflationsrate in den beiden Ländern geschieht. In dem Land mit der höheren Inflationsrate werden viele ausländische Zahlungsmittel nachgefragt, weil viele beispielsweise einen preiswerten Urlaub im Ausland verbringen. Die Exporteure machen dagegen schlechtere Geschäfte und bringen aus ihren Verkäufen nicht so viele Devisen ins Land, wie zur Finanzierung aller Importe notwendig wären. Die Folgen dieser Situation für die Leistungsbilanz sind uns bereits bekannt (siehe oben Kapitel 3.1.2). Aber was bedeutet sie für den Wechselkurs?

Der Wechselkurs bildet sich ebenso wie andere Preise nach den Regeln von Angebot und Nachfrage. Wenn die Importeure mehr ausländische Währung nachfragen, als die Exporteure an ausländischen Zahlungsmitteln einnehmen, werden ausländische Zahlungsmittel knapper und damit teurer. Wenn die Exporteure weniger verkaufen können, werden Ausländer auch weniger von den heimischen Zahlungsmitteln nachfragen. Sinkende Nachfrage aber führt – wie wir wissen – zu sinkenden Preisen. Mit anderen Worten: Der Kurs der ausländischen Währung steigt, der der heimischen Währung fällt. Oder anders ausgedrückt: Die eigene Währung wertet ab, die ausländische Währung wertet auf.

Nach den Vereinbarungen von *Bretton-Woods* sollten die Wechselkurse aber nicht flexibel, d.h. sich nach Angebot und Nachfrage auf den Devisenmärkten (= Markt, auf dem die Währungen getauscht werden) richten, sondern fest sein. Um das sicherzustellen, waren die Notenbanken verpflichtet, Wechselkursschwankungen entgegenzuwirken. Das geschah durch sog. Stützungskäufe: Diejenige Währung, deren Wechselkurs zu fallen drohte, musste von den Notenbanken verstärkt gekauft werden, damit sich der Wechselkurs wieder stabilisierte. Die Währung, die unter Aufwertungsdruck stand, musste von den Notenbanken abgestoßen werden, damit über das vermehrte Angebot dieser Währung an den Devisenmärkten der Kurs wieder sank. Die Wechselkurse, bei denen die Notenbanken intervenieren (= eingreifen) mussten, waren festgelegt und wurden *unterer bzw. oberer Interventionspunkt* genannt.

In den ersten drei Jahrzehnten der alten Bundesrepublik wurde die Deutsche Mark gegenüber dem US-Dollar viermal aufgewertet. Dazu war jeweils eine Übereinkunft der wichtigsten Finanzminister und Notenbankchefs erforderlich. Die Parität entwickelte sich folgendermaßen *(Schaubild 3.3)*:

ab September 1949:   1 $ = 4,20 DM
ab März 1961:   1 $ = 4,00 DM
ab Oktober 1969:   1 $ = 3,66 DM
ab Dezember 1971:   1 $ = 3,23 DM
ab Februar 1973:   1 $ = 2,90 DM

Diese Entwicklung lässt sich folgendermaßen erklären: Die USA importierten in all den Jahren mehr als sie exportierten, d. h. sie hatten ein ständiges Leistungsbilanzungleichgewicht. Das hängt zum einen mit ihrer Rolle in der Weltpolitik zusammen, zum anderen aber auch mit der Tatsache, dass die USA Leitwährungsland sind.

Als Weltmacht engagierten sich die USA militärisch in einer Vielzahl von Krisengebieten (z. B. Korea-Krieg 1951) und mussten deshalb einen Großteil ihrer Wirtschaft auf Rüstungsproduktion ausrichten. Güter, die wegen der starken Konzentration auf Rüstung nicht im eigenen Land hergestellt werden konnten, muss-

Schaubild 3.3

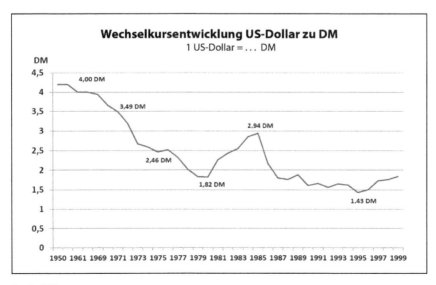

Quelle: IWF

ten aus der übrigen Welt importiert werden. So flossen jahrzehntelang US-Dollars in die ganze Welt, die von diesen Ländern nicht zur Finanzierung von Käufen in/ Importen aus den USA benötigt wurden. Die weltweite Liquidität (= Ausstattung mit international akzeptierten Zahlungsmitteln) wurde dadurch sichergestellt.

Als Leitwährungsland mussten sich die USA nicht wie andere Länder die international als Zahlungsmittel anerkannte Währung »verdienen«, indem sie Waren exportierten, sondern sie konnten ihre Importe einfach mit der eigenen Währung bezahlen. Infolgedessen kam es zu einer weltweiten Dollarschwemme, die von vielen Ökonomen mit Sorge beobachtet wurde und das Entstehen des Euro-Dollar-Marktes mit erklärt (siehe auch den vorigen Unterabschnitt 3.2 Die internationalen Finanzmärkte).

Die Folge dieser Dollarschwemme war ein ständiger Verfall seines Außenwertes. Wir können dies an *Schaubild 3.3* deutlich ablesen. Als Währung, die quasi im Überfluss vorhanden war, büßte sie wie jedes Gut, das reichlich vorhanden ist, ständig an Wert ein. Zu Beginn der achtziger Jahre hatte ein US-Dollar nur noch den Wert 1,82 DM im Vergleich zu 4,00 DM im Jahre 1950.

Der Konstruktionsfehler, eine Landeswährung wie den US-Dollar zum internationalen Zahlungsmittel schlechthin zu erklären, war nicht die einzige Schwäche des Bretton-Woods-Systems. Auch aus einem anderen Grund hatte es auf Dauer keinen Bestand. Feste Wechselkurse setzen voraus, dass sich die Wirtschaft in den einzelnen Ländern gleich entwickelt. Insbesondere darf die Preisentwicklung nicht zu weit auseinander laufen, was aber voraussetzt, dass alle Länder der Preisstabilität einen hohen Stellenwert einräumen und eine an diesem Ziel ausgerichtete Wirtschaftspolitik betreiben. Das Ziel »Preisstabilität« hatte (und hat!) aber nur in Deutschland (= alte Bundesrepublik) einen sehr hohen Stellenwert. Deshalb standen Länder mit relativ stabilen Preisen wie insbesondere die Bundesrepublik Deutschland Ländern mit deutlich höheren Inflationsraten gegenüber. *Schaubild 3.4* zeigt die Inflationsraten von Italien, Frankreich, Großbritannien, USA und Japan in den fünf Jahren vor Beginn der Währungsturbulenzen Anfang der siebziger Jahre. Aufgrund der unterschiedlichen Inflationsraten kam es ständig zu Leistungsbilanzungleichgewichten, und es wurde in Abständen immer wieder notwendig, die Wechselkurse neu festzusetzen.

Die mehrmaligen Aufwertungen der Deutschen Mark Ende der sechziger, Anfang der siebziger Jahre belegen einen Tatbestand, den viele mittlerweile wieder vergessen haben: Die Deutsche Mark war in den beiden ersten Jahrzehnten der Bundesrepublik innerhalb des Bretton-Woods-Systems stark unterbewertet. Das hat maßgeblich zum Entstehen der sog. »Exportlastigkeit« unserer Wirtschaft beigetragen. Deutsche Produkte waren als Folge der niedrig bewerteten D-Mark auf den Weltmärkten relativ preisgünstig, so dass sich die deutschen Unternehmen stark auf den Export konzentrierten. Diese vorteilhaften Wettbewerbsbedingun-

Schaubild 3.4

Quelle: Eigene Berechnungen auf Basis von Angaben des Sachverständigenrats zur Begutachtung der gesamtwirtschaftlichen Entwicklung.

gen lösten in den alten Bundesländern das sog. »Wirtschaftswunder« aus. Als dagegen 1990 in den neuen Bundesländern die D-Mark eingeführt wurde, war ihr Wechselkurs weitaus marktgerechter und die deutschen Waren auf dem Weltmarkt entsprechend teurer. Die Unternehmen in den neuen Bundesländern hatten deshalb nach der Vereinigung bei weitem nicht die günstigen Startbedingungen wie ihre »Kollegen« nach Kriegsende im Westen. So erklären sich die Schwierigkeiten, mit denen die ostdeutsche Wirtschaft zu kämpfen hatte und die ein »Wirtschaftswunder Ost« nicht wiederholbar machten.

Zurück zum Bretton-Woods-System. Anfang der siebziger Jahre kam es zu mehrmaligen Währungsspekulationen auf die D-Mark. Was hatte es mit den Währungsspekulationen auf sich?

Die Währung eines Landes mit relativ stabilen Preisen und hohen Exportüberschüssen (Deutschland) gerät unter Aufwertungsdruck, weil das Ausland für Käufe der preisgünstigen Waren und Dienstleistungen dieses Landes die entsprechende Währung stark nachfragt. Im Bretton-Woods-System war es deshalb nur eine Frage der Zeit, bis die Regierungen und Notenbanken diesem Druck nachgeben und die Wechselkurse neu festsetzen mussten. Die Erwartung einer Aufwertung löst aber regelmäßig noch einen zusätzlichen »Run« (= Sturm, Andrang) auf die aufwertungsverdächtige Währung aus. Denn es ist vorteilhaft, diese in größerem Umfang zu kaufen und die Aufwertung abzuwarten, um anschließend sog. »Aufwertungsgewinne« zu realisieren.

Ein Beispiel

Im November 1971 hat der Wechselkurs noch 1 $ = 3,66 DM betragen. Wer eine Aufwertung der DM erwartete und 100.000 $ in D-Mark umtauschte, bekam dafür im November 366.000 DM. Mit der Aufwertung wurde der Kurs auf 1 $ = 3,23 DM festgesetzt. Bei Rücktausch der 366.000 DM im Dezember 1971 bekam der Betreffende 113.312 DM, also über 13 % mehr, zurück.

Kein Wunder, dass eine erwartete Aufwertung Milliardenbeträge von Geldern in das aufwertungsverdächtige Land spült. Dabei ist Spekulation auf Aufwertungsgewinne noch nicht einmal das Hauptmotiv dieser Devisenzuströme. Es geht vielfach nur darum, sich vor Aufwertungsverlusten zu schützen. Nehmen wir einmal an, ein deutscher Exporteur hätte im Oktober 1971 einen Vertrag geschlossen, eine Ware Anfang Dezember zum Preis von 100.000 $ zu liefern. Wenn er die Aufwertung tatenlos abwartet, macht er Verluste, weil die vereinbarten 100.000 $ dann nicht mehr so viele D-Mark wert sind. Er hat aber zwei Möglichkeiten, sich vor diesen Verlusten zu schützen:

1) Er bittet seinen Geschäftspartner, die 100.000 $ – unabhängig vom Liefertermin der Ware, aber mit einem Zinsabschlag für vorzeitige Bezahlung – noch vor Dezember 1971 zu überweisen. Dann kann er die 100.000 $ noch vor der Abwertung in D-Mark umtauschen.

2) Er nimmt vor der Aufwertung einen kurzfristigen Kredit in Höhe von 100.000 $ auf, überweist die Dollars auf ein Konto in der Bundesrepublik Deutschland und tauscht sie in D-Mark um. Nach der Aufwertung wird der Dollarkredit wieder getilgt, wozu dann ein geringerer D-Mark-Betrag notwendig ist als vorher.

In beiden Fällen fließen vor der Aufwertung US-Dollar in die Bundesrepublik Deutschland und verstärken den Aufwertungsdruck auf die D-Mark. Derartige, sich öfter wiederholende Währungsspekulationen sind jedoch keine verlässliche Kalkulationsbasis für Importeure und Exporteure. Die amerikanische Regierung gab schließlich 1973 unter Präsident *Richard Nixon* den Dollar-Kurs gegenüber den übrigen Währungen der westlichen Welt frei. Auch die bis dahin geltende Goldeinlösepflicht (Goldkonvertibilität) der US-Notenbank gegenüber anderen Notenbanken wurde aufgehoben. Das Bretton-Woods-System war damit beendet. In Europa suchte man deshalb nach einer Lösung, sich vom US-Dollar abzukoppeln, gleichzeitig aber die Vorteile eines Systems fester Wechselkurse beizubehalten. Die Antwort war das Europäische Währungssystem (EWS).

3.4.1.2 Das Europäische Währungssystem (EWS)

In einer Übergangszeit von 1973 bis 1978 hatte eine Reihe von Ländern untereinander feste Wechselkurse mit relativ engen Bandbreiten, andere wiederum völlig freie Wechselkurse. Die Interventionspflicht gegenüber dem US-Dollar war aber völlig aufgehoben, so dass sich dessen Kurs jeden Tag neu nach dem jeweiligen Verhältnis von Angebot und Nachfrage auf den Devisenmärkten bildete.

Im Dezember 1978 beschloss der Rat der Europäischen Gemeinschaften, ab 1979 ein Europäisches Währungssystem (EWS) einzuführen. Zentrales Element dieses Systems war die Europäische Währungseinheit, genannt ECU (sprich: Ekü). ECU heißt European Currency Unit, das ist die englische Bezeichnung für Europäische Währungseinheit. Im Unterschied zur Deutschen Mark oder zum Französischen Franc war die ECU keine Währung, die es – von einigen Sammlerstücken abgesehen – in Form von Banknoten oder Münzen gab, sondern eine bloße fiktive (künstliche) Rechengröße. Sie entsprach zu Beginn des EWS wertmäßig der sog. Europäischen Rechnungseinheit (ERE), einem gemeinsamen Maßstab zur Verrechnung von Forderungen und Verbindlichkeiten innerhalb der Europäischen Union.

Im Rahmen des damaligen Europäischen Währungsverbundes wurde festgelegt, wie viele DM, Französische Francs, Italienische Lira usw. jeweils einer ECU entsprechen. Jede Währung konnte damit umgekehrt auch in ECU ausgedrückt werden, und man konnte über den gemeinsamen Nenner ECU auch die Parität zweier Landeswährungen untereinander ermitteln. Wenn auch nur für die EU-Länder, wurde also ein »neues Bretton-Woods-System« geschaffen. Damals waren die Währungen in ein festes Verhältnis zum US-Dollar gesetzt worden, im Europäischen Währungssystem wurde ein festes Verhältnis zur ECU festgelegt.

Ziel des Europäischen Währungssystems war es, die Wechselkurse der europäischen Länder zu stabilisieren und die Inflationsraten in den Teilnehmerländern zu verringern. Nach anfänglichen Schwierigkeiten ist es in den achtziger Jahren tatsächlich gelungen, die Schwankungen der Wechselkurse der Teilnehmerländer im Vergleich zu anderen Industriestaaten zu begrenzen. Auch die Unterschiede in den Inflationsraten konnten verringert, der Preisanstieg insgesamt gebremst werden. Letzteres dürfte allerdings nicht allein ein Verdienst des Europäischen Währungssystems, sondern ebenso ein Ergebnis der Antiinflationspolitik vor allem in den USA und Großbritannien sein.

110   Die internationalen Wirtschaftsbeziehungen

3.4.2 Die Europäische Wirtschafts- und Währungsunion (EWU)

3.4.2.1 Grundsätzliches

Das eben beschriebene Europäische Währungssystem ist als Vorstufe zur Europäischen Wirtschafts- und Währungsunion anzusehen, d.h. zur Vereinigung europäischer Staaten mit einem gemeinsamen Binnenmarkt und einer einheitlichen Währung. Mit Unterzeichnung des Vertrages über die Europäische Union am 7. Februar 1992 *(Maastrichter Vertrag)* haben die EU-Mitgliedsstaaten einen wichtigen Schritt zur wirtschaftlichen und politischen Integration (= Vereinigung) der Länder Europas und zur weiteren Entwicklung des Europäischen Währungssystems in Richtung einer Währungsunion vollzogen. Im Vertrag wurde vereinbart,

- eine Europäische Währungsunion mit einer Europäischen Notenbank und einer gemeinschaftlichen Geldordnung zu bilden,
- die Zuständigkeit für die Geld- und Währungspolitik mit Verwirklichung der Währungsunion auf die Gemeinschaft, d.h. auf eine Europäische Zentralbank, zu übertragen,
- die politische Integration durch eine verstärkte Zusammenarbeit im Bereich der Außen- und Sicherheitspolitik sowie in der Justiz- und Innenpolitik voranzutreiben.

Der *Maastricht-Vertrag,* der die Einführung einer neuen Währung, des Euro, und die Ablösung der Deutschen Mark vorsah, hat bei ökonomischen Laien eher Unsicherheit und viele Ängste ausgelöst. Viele befürchteten, mit Einführung des Euro würden angesammelte Ersparnisse wertlos und die Bürger hinterher schlechter dastehen als vorher. Diese Befürchtungen waren indessen vollkommen unbegründet:

1) Die Einführung des Euro hatte überhaupt nichts mit einer Währungsreform zu tun, wie Deutschland sie 1948 erlebt hat, als die alte, in den zwanziger Jahren und im Dritten Reich gültige Reichsmark durch die DM (im Westen) bzw. die Mark (im Osten) ersetzt wurde. 1948 ging es darum, eine Währung, die wertlos geworden war, weil sich im Verhältnis zum Güterangebot zu viel von ihr im Umlauf befand, durch eine neue, knapp gehaltene Währung zu ersetzen. Der Euro soll demgegenüber die Vielfalt von jeweils intakten nationalen Währungen durch eine Einheitswährung ablösen.
2) Bei der Umstellung von der D-Mark auf den Euro wurden Löhne, Gehälter, Warenpreise, Sparguthaben und Schulden grundsätzlich nach dem gleichen Faktor umgerechnet. Die Relationen z.B. von Löhnen zu Mieten oder zu Auto-

preisen änderten sich also nicht. Es ist so, als würde die Messung von Entfernungen von Meilen auf Kilometer umgestellt. Dabei ändert sich auch nur die Ziffer, die tatsächliche Entfernung bleibt jedoch gleich.

3) Die Europäische Zentralbank wurde nach dem Vorbild der Deutschen Bundesbank konstruiert (siehe nächsten Unterabschnitt), d. h., sie sollte von Weisungen der Regierungen unabhängig und primär auf das Ziel der Geldwertstabilität verpflichtet werden. Damit sollte sichergestellt werden, dass die Europäische Währungsunion keine Inflationsgemeinschaft wird. (Auf die wirtschaftspolitische Problematik, die Geldwertstabilität als alleiniges und vorrangiges Ziel einer unabhängigen Notenbank zu übertragen, werden wir an späterer Stelle eingehen.)

4) Viele, vor allem ältere Bürger glauben bis heute, dass unter der alten D-Mark »alles besser war«. Sie haben das Gefühl, dass die Preise vieler Waren und Dienstleistungen nicht nach dem Faktor 1,95583, sondern zugunsten der Unternehmen umgerechnet wurden und das Leben allgemein teurer geworden ist. In zahlreichen Fällen mag dies auch tatsächlich so passiert sein. Erinnern wir uns an das, was wir im Kapitel 1.4.2 über den Mechanismus der Preisbildung gesagt haben. Je unelastischer die Nachfrage nach einem Produkt oder einer Dienstleistung ist und je weniger die Verbraucher auf eine bestimmte Ware oder Dienstleistung verzichten können (oder wollen), desto eher können die Anbieter am Markt zu höheren Preisen verkaufen, ohne insgesamt eine Umsatzeinbuße hinnehmen zu müssen. Manche Anbieter haben daher die Einführung des Euro als Vorwand genutzt, um ihre Preise anzuheben, d. h., sie haben nicht genau nach dem Faktor umgerechnet, sondern zu ihren Gunsten nach oben aufgerundet. So ergab sich in der Wirtschaft insgesamt eine neue Preisstruktur (nicht überall am Markt waren Preiserhöhungen so durchsetzbar, wie sich das die Anbieter gewünscht hatten), die zwar zu einer »gefühlten Teuerung«, aber nicht zu einem allgemeinen, statistisch nachweisbaren (d. h. *alle* Waren und Dienstleistungen erfassenden) Anstieg des Preisniveaus geführt hat.

Schaut man sich die tatsächliche Inflationsrate in Deutschland zur Zeit der alten D-Mark und nach dem 1.1.2002, der Einführung des Euro, an, dann entbehrt die Behauptung, »unter der alten D-Mark war alles besser«, jeder Grundlage. *Schaubild 3.5* zeigt die Inflationsrate in Deutschland (bis 1990 alte Bundesrepublik) von 1951 bis 2014. In keinem Jahr nach Einführung des Euro lag die Teuerungsrate – gemessen am Anstieg der Verbraucherpreise jeweils gegenüber dem Vorjahr – über drei Prozent.

Auch bei Betrachtung der Entwicklung des Außenwertes des Euro kommt man zu einem positiven Ergebnis. 2002 – dem Jahr der Einführung des Euro als

Schaubild 3.5

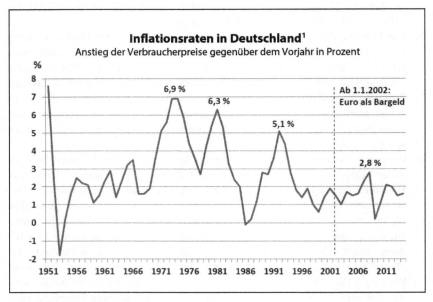

1 Bis 1990 altes Bundesgebiet.
Quelle: Statistisches Bundesamt.

Bargeld – erhielt man für einen Euro 0,95 US-Dollar. Der Kurs stieg in den folgenden Jahren kontinuierlich an bis zu seinem bisherigen Höchstwert von 1,47 US-$ für einen Euro im Jahr 2008. Das entsprach einem Wertzuwachs von knapp 55 Prozent. Im Zeitraum nach 2008 ist der Euro etwas gefallen, weil Anleger im Zuge der Krise im Eurogebiet (siehe dazu später) aus dem Euro »ausgestiegen« sind. Er lag 2013 aber bereits wieder bei etwa 1,35 $, also immer noch deutlich über seinem Ausgangsniveau 2002 *(Schaubild 3.6)*. Auch im Ausland erhält man heute für einen Euro mehr ausländische Währung als bei seiner Einführung, man kann also die ausländischen Waren billiger einkaufen als 2002.

Alles Gerede vom angeblichen »T-Euro« ist also blanker Unsinn. Das Ausmaß an Preisstabilität ist unter dem Euro größer als je zuvor in Deutschland, und auch im Ausland hat der Euro an Kaufkraft dazugewonnen. Das gegenteilige Gefühl, das in der Bevölkerung gelegentlich anzutreffen ist, hängt mit persönlichen, subjektiven Wahrnehmungen zusammen. Wer beim Einkauf feststellt, dass einige Waren um 10 oder noch mehr Prozent teurer geworden sind, schließt aus

Die Weltwährungsordnung

Schaubild 3.6

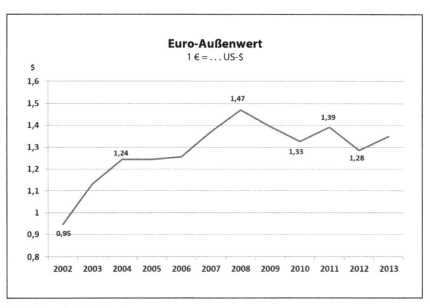

Quelle: Deutsche Bundesbank

dieser Erfahrung auf das gesamte Preisniveau. Das ist aber falsch, wie wir im Abschnitt, in dem wir uns mit der Messung der Inflationsrate befassen, noch sehen werden.

Wo liegen jedoch die eigentlichen Vorteile einer gemeinsamen europäischen Währung? Welche Instrumente hat die neue Europäische Zentralbank, und wie ist sie aufgebaut? Mit der letzten Frage wollen wir uns im nächsten Unterabschnitt befassen. Danach diskutieren wir die möglichen Folgen der gemeinsamen Währung auf die Wirtschaft der Bundesrepublik Deutschland.

3.4.2.2 Aufbau, Ziel und Instrumente der Europäischen Zentralbank

Seit 1.1.1999 ist nicht mehr, wie früher, die Deutsche Bundesbank, sondern das neu geschaffene System der Europäischen Zentralbanken (ESZB) – im Folgenden nur noch EZB genannt – für die Geldpolitik in den Ländern der EU zuständig.

> **Unter Geldpolitik versteht man alle Maßnahmen der Europäischen Zentral-
> bank (EZB), die versuchen, über eine Änderung der Geldversorgung und/
> oder der Bedingungen, zu denen in der EU Kredite aufgenommen werden
> können, die Investitionstätigkeit der Unternehmen zu beeinflussen.**

Laien fällt es am Anfang schwer, Geldpolitik und Finanzpolitik voneinander zu
unterscheiden. Denn in der Umgangssprache bedeuten Geld und Finanzen das
Gleiche. In der Volkswirtschaftslehre werden mit *Geld* jedoch allein Zahlungsmittel bezeichnet, und der Ausdruck *Finanzpolitik* ist reserviert für alle Maßnahmen
des Staates, mit denen dieser seine Einnahmen (z. B. Steuern) oder seine Ausgaben (z. B. Bezahlung seiner Beamten) verändert. Wir kommen auf die Finanzpolitik in diesem Buch noch ausführlich zu sprechen. Hier zunächst jedoch weiter
zur Geldpolitik.

Höchstes Beschlussorgan ist der EZB-Rat, der aus dem sechsköpfigen Direktorium der Europäischen Zentralbank (EZB) und den Präsidenten der nationalen
Zentralbanken der Euro-Teilnehmerländer besteht. Der EZB-Rat legt die Geldpolitik fest, während das Direktorium die EZB leitet und verwaltet, die laufenden Geschäfte führt und für die Durchführung der geldpolitischen Beschlüsse des
EZB-Rates verantwortlich ist.

Artikel 127 Abs. 1 des EU-Vertrages in der Fassung des am 1. 12. 2009 in Kraft
getretenen Vertrages von Lissabon besagt: Vorrangiges Ziel der EZB ist es, die
Preisstabilität zu gewährleisten. Gleichzeitig verpflichtet der Vertrag die EZB, die
allgemeine Wirtschaftspolitik in der Union zu unterstützen, um zur Verwirklichung der in Artikel 3 des EU-Vertrages festgelegten Ziele der Union beizutra-
gen. Dabei gilt noch eine Einschränkung: Die EZB muss die allgemeine Wirtschaftspolitik der Union nur unterstützen, »soweit dies ohne Beeinträchtigung
des Zieles der Preisstabilität möglich ist«.

Damit wurde ein Kompromiss geschlossen, der versucht, unterschiedliche
wirtschaftspolitische Positionen unter einen Hut zu bringen. Einerseits wurde im
EU-Vertrag die Preisniveaustabilität als das wichtigste wirtschaftspolitische Ziel
der EZB verankert, das Vorrang vor allen anderen wirtschaftspolitischen Zielen
haben soll. Dahinter steht die wirtschaftspolitische Grundauffassung: Preisniveaustabilität ist Voraussetzung für einen hohen Beschäftigungsstand und angemessenes Wirtschaftswachstum.

Dies ist aber eine speziell neoliberale Sicht der ökonomischen Zusammenhänge, die in der Wirtschaftswissenschaft höchst umstritten ist. Deutschland und
seine damalige konservativ-liberale Regierung mit Bundeskanzler *Helmut Kohl
(CDU)* und seinem Finanzminister *Theo Waigel (CSU)* haben sich diese neoliberale Sicht zu Eigen gemacht und seinerzeit bei den Verhandlungen über den
Maastricht-Vertrag (Vertrag über die Europäische Union vom 7. 2. 1992) durchge-

Schaubild 3.7

setzt, die Preisstabilität als vorrangiges Ziel im Aufgabenkatalog der EZB zu verankern. Viele andere Regierungen der EU-Länder denken in dieser Frage nicht so dogmatisch und räumen den anderen wirtschaftspolitischen Zielen, insbesondere einem hohen Beschäftigungsstand, eine nicht minder große Bedeutung bei. Dies fand seinen Niederschlag im Artikel 3 (3) des EU-Vertrages:

> »**Die Union** errichtet einen Binnenmarkt. Sie **wirkt auf** die nachhaltige Entwicklung Europas auf der Grundlage eines ausgewogenen Wirtschaftswachstums und von Preisstabilität, **eine** in hohem Maße wettbewerbsfähige **soziale Marktwirtschaft, die auf Vollbeschäftigung und sozialen Fortschritt abzielt,** sowie ein hohes Maß an Umweltschutz und Verbesserung der Umweltqualität hin. Sie fördert den wissenschaftlichen und technischen Fortschritt.« (Hervorhebungen von mir, H. A.)

Damit kam man anderen Ländern insofern entgegen, als neben der Preisstabilität auch andere wirtschafts-, sozial- und gesellschaftspolitische Ziele – insbesondere Vollbeschäftigung – als wichtiges Ziel der EU verankert wurde und Preissta-

116   Die internationalen Wirtschaftsbeziehungen

bilität – anders als das neoliberale Konzept – nicht als Voraussetzung/Bedingung
für die Verwirklichung aller anderen Ziele angesehen wird. Damit ist der Grundsatzstreit über den richtigen wirtschaftspolitischen Kurs in der EU allerdings nicht
ausgeräumt. Im Gegenteil: In den langwierigen Verhandlungen der letzten Jahre
über die Rettung des Euro tritt er immer hervor, ohne dass er von den Politikern
deutlich angesprochen wird. Wir kommen im Kapitel 5 über die Strategien und
Instrumente der Wirtschafts- und Gesellschaftspolitik wieder darauf zurück.

Das Ziel »Preisniveaustabilität«
Die angestrebte Preisstabilität wird von der EZB als Anstieg des harmonisierten
Verbraucherpreisindex für das Euro-Währungsgebiet von unter 2 Prozent gegenüber dem Vorjahr definiert (= festgelegt). Was ist ein harmonisierter Verbraucherpreisindex (HVPI)? Dazu müssen wir erläutern, wie Wissenschaftler die Preissteigerungsrate überhaupt ermitteln.

Auf die Frage: »Wie stellt man eigentlich fest, dass die Preise steigen«? werden
viele vielleicht antworten: »Am Geldbeutel. Wenn man in einem Geschäft einkauft, dann merkt man, ob etwas teurer geworden ist«. Das mag sicherlich zutref-
fen. Doch wenn beispielsweise die Tabaksteuer erhöht wird und die Zigaretten-
preise steigen, wird ein Nichtraucher diese Preissteigerung gar nicht registrieren.
Ebenso wird ein Autofahrer von der Erhöhung öffentlicher Verkehrtarife unberührt bleiben. Persönliche Erfahrungen geben also nur ein unzureichendes Bild
von der tatsächlichen Preisentwicklung. Es bedarf deshalb eines möglichst objek-
tiven Maßstabes.

Statistiker bedienen sich deshalb der sog. Warenkorbmethode. Man lässt beispielsweise ein Jahr lang eine Durchschnittsfamilie mit mittleren Bruttoeinkommen (in Deutschland differenziert nach alten und neuen Bundesländern) über
ihre Ausgaben Buch führen. Diese Aufzeichnungen dienen als Grundlage für die
Zusammenstellung eines Bündels an Waren und Dienstleistungen, des sog. Warenkorbes. Dieser Warenkorb umfasst in Deutschland zwölf Bedarfsgruppen und
hatte 2010 die in *Tabelle 3.2* wiedergegebene Gewichtung.

In dem Jahr (= dem Basisjahr), in dem Ehepaare ihre Ausgaben aufzeichneten,
hatte der Warenkorb einen bestimmten Preis. In den Folgejahren wird nun beobachtet, wie sich der Preis genau dieses Warenkorbes mit der gleichen Menge und
Qualität an Waren und Dienstleistungen entwickelt. Die prozentuale Veränderung
des Warenkorbpreises ist dann die Preissteigerungs- bzw. Inflationsrate.

In Deutschland galt der Preisindex für die Lebenshaltung eines Vier-Perso-
nen-Haushalts von Arbeitern und Angestellten mit mittleren Einkommen als das
Messinstrument, mit dem die Inflationsrate gemessen wurde. Seine Entwicklung
stand im Zentrum der wirtschaftspolitischen Kontroversen. Mit Übergang der
Verantwortung für die Preisstabilität auf das System der Europäischen Zentral-

Die Weltwährungsordnung   117

Tabelle 3.2   Verbraucherpreisindex für Deutschland (Wägungsschema 2010)

Bedarfsgruppe	Gewicht (in %)
Nahrungsmittel und alkoholfreie Getränke	10,3
Alkoholische Getränke und Tabak	3,8
Bekleidung und Schuhe	4,5
Wohnung, Wasser, Strom, Gas und andere Brennstoffe	31,7
Möbel, Leuchten, Geräte u. a. Haushaltszubehör	5,0
Gesundheitspflege	4,4
Verkehr	13,5
Nachrichtenübermittlung	3,0
Freizeit, Unterhaltung und Kultur	11,5
Bildungswesen	0,9
Beherbungs- und Gaststättendienstleistungen	4,5
Andere Waren und Dienstleistungen	7,0

banken konnte nicht mehr allein der deutsche Verbraucherpreisindex als Maßstab dienen. Zugrunde gelegt wird jetzt für den Euroraum insgesamt ein vom Statistischen Amt der Europäischen Gemeinschaften (Eurostat) ermittelter harmonisierter Verbraucherpreisindex. Harmonisiert wird er deshalb bezeichnet, weil die nationalen Statistischen Ämter der EU-Länder annähernd gleiche Methoden bei der Errechnung ihres nationalen Preisindex anwenden. Diese Preisindices der Länder, die die Währungsunion bilden, werden – natürlich gewichtet nach der Größe des jeweiligen Landes – seit 1996 vom Eurostat zu einem Harmonisierten Verbraucherpreisindex zusammengeführt. Er dient der EZB als Orientierung für ihre Geldpolitik.

Schauen wir uns jetzt noch an, wie sich die Inflationsrate langfristig in der Bundesrepublik Deutschland entwickelt hat. Aus *Schaubild 3.8* lässt sich ablesen: Die höchsten Inflationsraten gab es nach dem Zweiten Weltkrieg in den siebziger Jahren des vorigen Jahrhunderts. Damals erreichten die jährlichen Preissteigerungsraten rund 7 Prozent. Allerdings war das keine Entwicklung, die auf die Bundesrepublik Deutschland beschränkt war. In anderen großen Industrieländern lag die Inflationsrate um diese Zeit noch höher: In den USA betrug sie 10,8 % (1980), in Großbritannien 23,2 % (1975) und in Frankreich 14,8 % (1974). Wie *Schaubild 3.9* zeigt, lag Deutschland im Vergleich zu anderen Ländern noch ausgesprochen günstig.

Schaubild 3.8

Schaubild 3.9

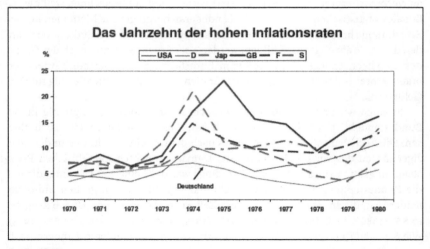

Quelle: OECD

Die Weltwährungsordnung

Instrumente der Europäischen Zentralbank

Wir kommen nun zu den Instrumenten, die der Europäischen Zentralbank an die Hand gegeben wurden, um das Ziel Preisstabilität zu erreichen. Das wichtigste geldpolitische Instrument der Europäischen Zentralbank sind die sog. Offenmarktgeschäfte.

▶ **Unter Offenmarktgeschäften versteht man die Gewährung von Krediten der Notenbank an Geschäftsbanken. Dazu müssen diese der Notenbank Sicherheiten in Form von Pfandrechten an Wertpapieren einräumen.**

Offenmarktgeschäfte werden eingesetzt, um die Zinssätze und die Liquidität (= Ausstattung der Geschäftsbanken mit Geld, das sie zur Vergabe von Krediten nutzen können) zu steuern und Signale bezüglich des geldpolitischen Kurses der Notenbank zu geben. Bilden wir zum besseren Verständnis zunächst ein Beispiel:

Beispiel

Ein Unternehmen mit guter Bonität braucht für drei Monate einen Kredit über 100.000 Euro. Es wendet sich dazu an »seine« Geschäftsbank. Diese möchte sich den Betrag bei der Zentralbank leihen und das geliehene Geld ihrerseits in Form eines Darlehens an ihren Kunden weiterreichen. Grob vereinfacht läuft dieser Prozess folgendermaßen ab:

Die Zentralbank bietet den Banken einmal pro Monat Darlehen mit einer Laufzeit von drei Monaten gegen Verpfändung von Wertpapieren an. Sie informiert die Geschäftsbanken vorab, dass sie an einem bestimmten Tag bereit ist, ihnen Darlehen mit dreimonatiger Laufzeit auf der Basis der Verpfändung von Wertpapieren zu gewähren. Die Geschäftsbanken werden aufgefordert, Gebote darüber abzugeben, welchen Zinssatz sie zu bezahlen bereit sind und welches Kreditvolumen sie zu dem von ihnen gebotenen Zinssatz zu beanspruchen wünschen. Vorher legt die Zentralbank einen Mindestbietungssatz, der nicht unterschritten werden darf, sowie intern die Höchstsumme, die sie insgesamt an Krediten gewähren will, fest. Die Geschäftsbanken geben dann der Zentralbank per E-Mail ihre Gebote bekannt. Wenn die Gebote vorliegen – bei Dreimonatsdarlehen gibt es i. d. R. eine Frist von 24 Stunden –, ermittelt die Zentralbank, zu welchem Zinssatz genau so viele Kreditwünsche befriedigt werden können, wie sie vorher intern als Maximum festgelegt hat. Dieser Zinssatz wird dann einheitlich allen Kreditinstituten, denen ein Kredit zugeteilt wird, eingeräumt. Gebote mit einem niedrigeren Zinssatz erhalten keinen Kredit.

Angenommen, »unsere« Geschäftsbank ist bei der Zuteilung der Darlehenssumme von 100.000 Euro berücksichtigt worden. Sie wird der Zentralbank einen geringeren Zins für die zu leihenden 100.000 Euro geboten haben, als sie ihrerseits ihrem Kunden für das Darlehen abverlangt. Denn die sog. Zinsspanne (Differenz/Unterschied zwischen dem Zinssatz für geliehenes und verliehenes Geld) bildet eine wesentliche Grundlage für den Ertrag eines Kreditinstituts. Wenn der von der Zentralbank eingeräumte Zinssatz sogar noch niedriger ist als das Gebot der Geschäftsbank, vergrößert sich ihre Zinsspanne im Vergleich zu ihren Planungen sogar noch, denn sie braucht den niedrigeren Zins, zu dem sie das Darlehen »einkauft«, nicht unbedingt an ihren Kunden weiterzugeben, wenn dieser bereit ist, den geforderten Zins für das Darlehen zu zahlen.

Unter dem von der Zentralbank verlangten Zins wird sie das Darlehen aber kaum an ihren Kunden weiterreichen. Dann würde sie nämlich das Darlehen teurer »einkaufen« als »verkaufen«, und das würde ihr Verluste bringen. Der von der Zentralbank festgelegte Zins für dreimonatige Darlehen stellt somit eine Untergrenze dar, zu der die Geschäftsbanken bereit sein werden, ihrerseits Kredite mit einer Laufzeit von drei Monaten zu vergeben.

Das Beispiel erlaubt uns zum einen, eine ganze Reihe von Fachbegriffen aus der Geldpolitik einzuführen und zu erklären. Zum anderen hilft es uns, das Prinzip zu verstehen, nach dem die Instrumente der Zentralbank funktionieren.

Für den Vorgang, dass eine Geschäftsbank sich an Kunden ausgeliehene (oder auszuleihende) Gelder wieder auf dem Kreditwege bei der Zentralbank besorgt, verwendet man den Oberbegriff *Refinanzierung*. Das im Beispiel geschilderte Verfahren einer öffentlichen Ausschreibung unter den Geschäftsbanken nennt man in der Fachsprache *Tenderverfahren*. Müssen die Geschäftsbanken dabei einen Zins bieten, spricht man von einem *Zinstender*. Davon zu unterscheiden ist der *Mengentender*. Hierbei nennt die Zentralbank einen Festzinssatz, zu dem sie die Offenmarktgeschäfte abwickeln will, und die Geschäftsbanken teilen mit, welches Kreditvolumen sie zu dem genannten Zinssatz abrufen wollen. Auch hier legt die Zentralbank vorher intern eine Höchstsumme für das Kreditvolumen fest, das sie insgesamt einräumen will. Ergibt sich zu dem festgesetzten Zinssatz eine höhere Kreditnachfrage, als die Zentralbank an Kreditvolumen einräumen will, wird *repartiert*. Das bedeutet: Sind die Kreditwünsche beispielsweise doppelt so hoch wie die bereitgestellten Mittel, erhält jede Geschäftsbank auch nur die Hälfte des von ihr Gewünschten, sind die Kreditwünsche dreimal so hoch, wird jedem nur ein Drittel zugeteilt.

Ein anderes Begriffspaar sind *Haupttender* und *Basistender*. Das o. g. Beispiel zählt zu den Basistendern. Darunter versteht man *längerfristige Refinanzierungsgeschäfte* der Geschäftsbanken mit der Zentralbank. Als »längerfristig« gelten Kreditlaufzeiten ab sechs Wochen, maximal jedoch (bisher) 15 Wochen. Von den längerfristigen Finanzierungsgeschäften sind die *Haupttender* oder *Hauptrefinanzierungsinstrumente* zu unterscheiden, bei denen die Zentralbank den Geschäftsbanken kurzfristige Darlehen (Laufzeit: eine Woche) bereitstellt. Der Zinssatz für diese Eine-Woche-Kredite wird *Reposatz* genannt. Er gilt als Leitzins für den Geldmarkt (= Markt für kurzfristige Kredite mit einer Laufzeit bis zu maximal zwei Jahren).

Die Weltwährungsordnung   121

Wieder eine andere Unterscheidung sind *Standardtender* und *Schnelltender.*
Beim *Standardtender,* der regelmäßig einmal pro Woche (meist montags) von der
Zentralbank durchgeführt wird, läuft die Bietungsfrist für die Geschäftsbanken
24 Stunden. Dabei sind grundsätzlich alle Geschäftsbanken berechtigt, Gebote
abzugeben. Beim Schnelltender, der unregelmäßig stattfindet, läuft dagegen die
Bietungsfrist nur eine Stunde, und auch der Kreis der Bietungsberechtigten ist
begrenzt.

Das *Schnelltenderverfahren* dient dazu, kurzfristig entweder Liquidität bei den
Geschäftsbanken abzuschöpfen oder ihnen zuzuführen. Das geschieht im Wesentlichen durch direkten An- und Verkauf von Wertpapieren durch die Zentralbank,
wobei der Ankauf die Liquidität des Bankensystems erweitern (die Geschäftsbanken verkaufen Wertpapiere und erhalten dafür Bargeld, mit dem sie »arbeiten«,
sprich Kredite vergeben können) und der Verkauf von Wertpapieren die Liquidität der Banken beschneiden (die Geschäftsbanken geben Geld und erhalten dafür
Wertpapiere, werden also weniger liquide) soll. Wertpapierkäufe und -verkäufe
werden auch *Feinsteuerungsoperationen* genannt. Sie dienen dazu, die Auswirkungen unerwartete Liquiditätsschwankungen am Markt auf die Zinsen abzumildern.

Werden von der Zentralbank Schuldverschreibungen (= festverzinsliche Wert-
papiere mit einer Laufzeit von zwei Jahren und länger) herausgegeben und an die
Geschäftsbanken zwecks Liquiditätsabschöpfung verkauft oder von ihnen zwecks
Liquiditätserweiterung gekauft, handelt es sich um *strukturelle Operationen.*

Während bei all diesen geschilderten geldpolitischen Transaktionen die Initia-
tive von der Zentralbank ausgeht, liegt bei den sog. *ständigen Fazilitäten* die Ini-
tiative bei den Geschäftsbanken. Man unterscheidet die *Spitzenrefinanzierungs-
fazilität,* bei der Geschäftsbanken für die Laufzeit eines Tages (»über Nacht«) ein
Darlehen zu einem vorgegebenen Zinssatz beantragen können. Dafür sind ebenfalls wie bei den Offenmarktgeschäften Sicherheiten in Form der Verpfändung
von Wertpapieren zu stellen. Umgekehrt können bei der *Einlagenfazilität* Geschäftsbanken »über Nacht« Gelder bei der Zentralbank anlegen. Der Zinssatz für
die Einlagenfazilität bildet die Untergrenze, der für die Spitzenrefinanzierungs-
fazilität die Obergrenze für den Tagesgeldsatz, den die Banken untereinander für
Tagesgeld (Einlagen/Kredite, die bereits am nächsten Tag wieder verfügbar sind
bzw. fällig werden) nehmen.

Zu erwähnen bleibt schließlich noch, dass die Kreditinstitute im Euro-Wäh-
rungsraum in der Regel zwei Prozent ihrer Einlagen (genau: reservepflichtige Verbindlichkeiten) bei ihrer nationalen Zentralbank hinterlegen müssen. Diese Min-
destreserven werden – anders als früher in der Bundesrepublik Deutschland – mit
dem *Geldmarktleitzinssatz (Reposatz)* verzinst.

Die vielen Fachbegriffe mögen den Anfänger zunächst verwirren. Letztlich
geht es jedoch um zwei grundlegende Vorgänge. Der Leser sollte sich fragen:

1) »Pumpt« die Zentralbank über die Geschäftsbanken Geld in den Wirtschafts-kreislauf, um das Zinsniveau zu senken und mehr Kreditvergaben zu ermöglichen?

2) Oder schöpft die Zentralbank Geld aus dem Wirtschaftskreislauf ab, um Kreditvergaben zu erschweren und das Zinsniveau zu erhöhen?

Beide Male will die Zentralbank Einfluss auf das Wirtschaftsgeschehen nehmen: Mit der Senkung des Zinsniveaus und der Krediterleichterung will die Zentralbank die Nachfrage von privaten Haushalten und Unternehmen anregen, also die Wirtschaft beleben. Man spricht in diesem Fall von einer *expansiven Geldpolitik* (expansiv = lat. ausdehnend, erweiternd). Mit der Erhöhung der Zinsen und der Verknappung von Krediten will die Zentralbank die Nachfrage der privaten Haushalte und Unternehmen dämpfen, also die Wirtschaft bremsen. Man spricht dann von einer *restriktiven Geldpolitik* (restriktiv = lat. zusammen schnürend). Ob das in Zeiten der Globalisierung und der freien Kapitalmärkte immer so funktioniert, wie gewünscht, wollen wir später diskutieren.

▶ **Man kann die Rolle der Zentralbank auch mit der des Herzens für einen Menschen vergleichen. So wie das Herz für den Menschen eine lebenswichtige Funktion ausübt, indem es Blut in den Blutkreislauf pumpt und alle Organe versorgt, so pumpt die Zentralbank das erforderliche Geld in den Wirtschaftskreislauf und erhält so die Wirtschaft am Leben. Sie ist also für das einwandfreie Funktionieren der Wirtschaft von elementarer Bedeutung. Umso wichtiger ist es, sich klar zu machen, wer die geldpolitischen Entscheidungen der Zentralbank trifft, wem dieser Entscheider verantwortlich sind, und nach welcher ökonomischen Lehrmeinung sie handeln. Darauf werden wir im Kapitel 5 noch ausführlich eingehen.**

In *Schaubild 3.10* ist die Zins- und Liquiditätspolitik des Systems der Europäischen Zentralbank im Überblick dargestellt.

Zum Verständnis vieler kleiner Nachrichten auf der Wirtschaftsseite der Tageszeitungen benötigt der Leser noch die Kenntnis der Geldmengenbegriffe, die in der Ökonomie gebraucht werden. Sie werden mit M 1, M 2 und M 3 umschrieben. Was ist damit gemeint?

Das, was wir alle im Portemonnaie haben oder zu Hause an einem sicheren Ort aufbewahren, ist der sog. *Bargeldumlauf.* Er besteht aus Münzen und Banknoten und ist das, woran wir alle als erstes denken, wenn von Geld die Rede ist. Darüber hinaus verfügen heutzutage alle Erwachsenen über ein Girokonto. Das ist ein Konto, von dem der Inhaber jederzeit Bargeld abheben kann, sofern das Konto ein entsprechendes Guthaben ausweist. Beides zusammen, den gesamten

Schaubild 3.10

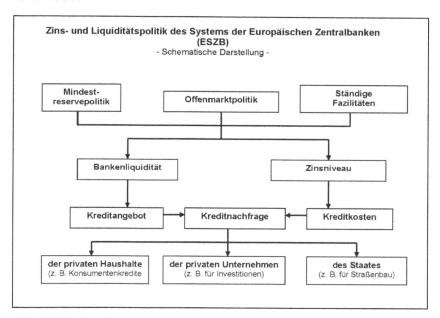

Quelle: WISU Nr. 2/1999, S. 181.

Bargeldumlauf und die täglich fälligen Guthaben auf den Girokonten, nennen die Ökonomen $M\,1$.

Die meisten haben darüber hinaus noch weitere Guthaben bei ihrer Bank oder Sparkasse, z. B. ein Sparbuch, von dem man größere Beträge nur mit einer Kündigungsfrist von drei Monaten abheben kann. Andere haben Geld, das sie in einem überschaubaren Zeitraum nicht brauchen, für einen längeren Zeitraum als drei Monate bei ihrer Bank oder Sparkasse festgelegt. Zählt man die Einlagen mit einer Laufzeit bis zu zwei Jahren und die Spareinlagen mit gesetzlicher Kündigungsfrist (drei Monate) zu $M\,1$ dazu, kommt man zur Geldmenge $M\,2$.

Schließlich verfügen Banken und Sparkassen noch über Einlagen, die sie jederzeit »zu Geld machen« können, indem sie sie an andere Banken oder die Notenbank verkaufen. Dazu zählen Schuldverschreibungen mit einer Laufzeit von bis zu zwei Jahren.

Eine *Schuldverschreibung* ist ein Wertpapier, das eine Bank oder Sparkasse oder auch ein großes Unternehmen ausstellt, wenn ihnen jemand, meist eine Privatperson, Geld für einen bestimmten Zeitraum verleiht (also anlegt). Für das

124 Die internationalen Wirtschaftsbeziehungen

Verleihen des Geldes werden dem Gläubiger(= Kreditgeber) im Allgemeinen vom Schuldner ein vorher vereinbarter, fester Zins pro Jahr gezahlt.)

Ferner gehören dazu *Geldmarktpapiere,* das sind Wertpapiere, die für größere, meist sechsstellige Summen ausgestellt und die kurzfristig bis zu zwei Jahren angelegt werden. Hier sind die Gläubiger (Anleger) nur noch im Ausnahmefall Privatpersonen, i. d. R. handelt es sich hier um Banken oder Unternehmen. Fonds, die sich darauf spezialisiert haben, kleinere Beträge (ab 50.000 Euro) von Privatpersonen als festverzinsliche Einlage entgegenzunehmen, ihrerseits jedoch viele kleinere Beträge von unterschiedlichen Anlegern bündeln, um sie in Geldmarktpapieren anzulegen, stellen Ihren Gläubigern (Anlegern) Bestätigungen über ihre Anlage aus, die man *Zertifikate* nennt. Zweijährige Schuldverschreibungen, Geldmarktpapiere, Zertifikate von Geldmarktfonds sowie die liquiden Mittel, über die Banken und Sparkassen aufgrund ihrer Repogeschäfte (Zwei-Wochen-Darlehen) verfügen, bilden zusammen mit M 2 die Geldmenge *M 3*. In *Tabelle 3.3* sind diese Geldmengenbegriffe noch einmal zusammen gefasst. Damit der Leser auch eine ungefähre Vorstellung gewinnt, welche Beträge sich hinter diesen verschiedenen Geldmengen-Aggregaten verbergen, sind die Werte für 2012 ebenfalls angegeben.

Tabelle 3.3 Geldmengen M 1, M 2 und M 3 im Eurosystem 2012

Geldmengenaggregate	Mrd. €	M
Bargeldumlauf	876,8	
+ täglich fällige Einlagen	4.294,0	
	5.170,8	M 1
+ Einlagen mit Laufzeit bis zwei Jahren	1.803,7	
+ Einlagen mit Kündigungsfrist von bis zu drei Monaten	2.054,2	
+ monetäre Verbindlichkeiten der Zentralstaaten mit solcher Befristung	24,4	
	9.053,1	M 2
+ Repogeschäfte	372,1	
+ Schuldverschreibungen mit einer Laufzeit bis zu zwei Jahren (netto[1])	179,2	
+ Geldmarktfondsanteile und Geldmarktpapiere (netto[1])	456,5	
	9.803,0	M 3

1 Ohne Bestände der MFIs (= Monetary Financial Institutions: Banken und sonstige Kreditinstitute)

Quelle: Deutsche Bundesbank, abgedruckt in: Sachverständigenrat zur Begutachtung der Gesamtwirtschaftlichen Entwicklung, Statistiken, Geldmengenaggregate (Stand: 26.02.2013).

Die Weltwährungsordnung   125

Der Leser möge sich durch diese vielen Fachbegriffe nicht entmutigen lassen. Er braucht sie nicht auswendig zu lernen, um die wirtschaftlichen Zusammenhänge und Abläufe zu verstehen. Allerdings sollte man die Bedeutung dieser Begriffe einmal gehört haben. Dann verliert man die Scheu vor dem Fachchinesisch, das einem beim Lesen der Wirtschaftsseite einer Tageszeitung begegnet, und weiß die Begriffe zumindest einzuordnen. Auch wenn man noch lange nicht in der Lage ist, eine Fachdiskussion mit einem Vertreter der Europäischen Zentralbank oder einem Professor für Geldtheorie und Geldpolitik zu führen, so bleiben die Geschehnisse doch kein Buch mit sieben Siegeln mehr, sondern verlieren ihren Geheimnis umwobenen Charakter.

3.4.2.3 Folgen der gemeinsamen Währung für Deutschland

Bereits vorhin wurde angedeutet, dass die Verankerung der Preisstabilität als höchstes und alleiniges Ziel der Europäischen Zentralbank nicht unproblematisch ist. Hinzu kommt ihre autonome Stellung, die ebenfalls nach dem Vorbild der Deutschen Bundesbank festgeschrieben wurde. Auf das wirtschaftspolitische Paradigma (Paradigma = Lehrmeinung, Grundverständnis, Sichtweise), das hinter dieser Konstruktion der EZB steckt, werden wir im Kapitel 5 im Zusammenhang mit der Inflation noch näher eingehen. Die Konsequenzen der gemeinsamen Währung, die sich für die wirtschaftliche Entwicklung in der Bundesrepublik ergeben, sind davon jedoch getrennt zu sehen.

Im Abschnitt über die Weltwährungsordnung hatten wir festgestellt, dass die unterschiedliche Wirtschaftspolitik in den einzelnen Ländern immer wieder zu – wie die Ökonomen es ausdrücken – fundamentalen Leistungsbilanzungleichgewichten geführt hat: Länder mit höherer Inflationsrate verloren auf den Weltmärkten an Wettbewerbsfähigkeit und gerieten unter Abwertungsdruck. Die schließlich vollzogene Abwertung erleichterte diesen Ländern ihre Exporte wieder und stabilisierte damit auch die Beschäftigung in diesen Staaten. Denn durch die Abwertung der heimischen Währung wurden die eigenen Waren und Dienstleistungen am Weltmarkt wieder konkurrenzfähiger, und Unternehmen, die sonst stark rationalisieren (= Arbeitskräfte einsparen) oder ihre Produktion hätten einschränken müssen, konnten ihren Absatz aufrechterhalten und weiter bestehen. Mit anderen Worten: Wechselkurskorrekturen erlaubten es, die nachteiligen Folgen des inländischen Kostendrucks abzumildern und Rationalisierungen aufzuschieben.

Mit der Einführung einer gemeinsamen Währung entfällt dieses Korrekturinstrument. Das betrifft nicht alle Länder, Wirtschaftszweige und Unternehmen gleichermaßen. Es betrifft vor allem Unternehmen, deren Waren und Dienstleistungen beliebig gegen Konkurrenzangebote aus anderen Euro-Ländern bzw. aus Ländern der übrigen Welt austauschbar sind. Fachökonomisch ausgedrückt würde man sagen: Es betrifft Unternehmen, die Waren mit einer hohen Preiselastizität der Nachfrage anbieten.

Die Bundesrepublik Deutschland, deren Währung in der Vergangenheit eher unter Aufwertungsdruck stand, weil die inländische Preis- und Kostenentwicklung meist hinter der der übrigen Länder zurückblieb, konnte dieser neuen Situation gelassen entgegensehen. Die Wettbewerbsfähigkeit der deutschen Waren hat sich nicht verschlechtert. Im Gegenteil: Der Außenhandelsüberschuss Deutschlands hat sich von 2001 bis 2012 von rund 88 Mio. Euro auf 163 Mio. Euro um mehr als 84 % erhöht *(Schaubild 3.11)* und 2007 sogar einen Spitzenwert von über 185 Mrd. Euro erreicht. Ein Grund dafür ist – neben einer zurückhaltenden Lohnpolitik, die den deutschen Unternehmen Kostenvorteile gegenüber ausländischen Unternehmen gebracht hat – die Einführung des Euro. Denn da der Wechselkurs der Gemeinschaftswährung Euro im Unterschied zur früheren Einzellandwährung D-Mark die Kosten- und Preisverhältnisse nicht nur Deutschlands, sondern aller Euroländer abbildet, hat er nicht so aufgewertet, wie es bei Weiterbestehen der D-Mark eingetreten wäre. Das Exportieren fiel der deutschen Wirtschaft daher ausgesprochen leicht.

Ein von allen unbestrittener Vorteil einer gemeinsamen Währung ist der Wegfall der sog. *Transaktionskosten.* Darunter versteht man die Kosten, die beim Außenhandel mit Ländern entstehen, die unterschiedliche Währungen haben. Der ständige Aufwand, Währungen umrechnen und gegeneinander tauschen zu müssen, Wechselkurse zu beobachten und sich gegen Wechselkursschwankungen abzusichern, verursacht für die Unternehmen Sach- und Personalkosten. Beim gesamten Handel mit den Ländern, die wie Deutschland den Euro eingeführt haben, ist daher mit der Währungsunion eine Kostenentlastung eingetreten.

Vor diesem Hintergrund überwiegen die positiven Folgen, die sich aus der gemeinsamen Währung Euro für die Bundesrepublik Deutschland ergeben haben. Der Wegfall der Transaktionskosten hat expansive Effekte auf den Handel mit anderen EU-Ländern gehabt. Die Tatsache, dass Wechselkurskorrekturen gegenüber den Währungen der anderen EU-Teilnehmerländern nicht mehr möglich sind, wirkt sich für Deutschland eher positiv aus, weil Aufwertungen der D-Mark nicht mehr stattfinden und deutsche Waren in den EU-Ländern somit noch konkurrenzfähiger geworden sind. Am wachsenden Außenhandelsüberschuss ist dies abzulesen *(Schaubild 3.11).*

Für die meisten anderen Teilnehmerländer der EU fällt die Bilanz der gemeinsamen Währung nicht so positiv aus. Insbesondere haben sich die Probleme auf den Arbeitsmärkten in diesen Ländern verschärft, weil Abwertungen zur Ankurbelung der Exporte und als Mittel, heimische Arbeitsplätze zu sichern, weggefal-

Schaubild 3.11

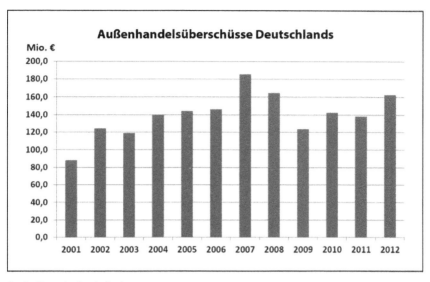

Quelle: Deutsche Bundesbank

len sind. Auch wurden die Teilnehmerländer der EU von der Finanzmarktkrise unterschiedlich getroffen. Auf die Ursachen der Krise in der EU gehen wir ausführlich in Kapitel 5 ein.

Die Erweiterung des gemeinsamen Wirtschafts- und Währungsraumes hat die Standort- und Produktionsbedingungen vieler Unternehmen verändert. So wird die Produktion von Gütern, die keine qualifizierten Arbeitskräfte erfordert, in Deutschland zunehmend unrentabel und führt immer öfter zu einer Verlagerung der Produktionsstätten in osteuropäische EU-Länder. Denn dort sind gering qualifizierte Arbeitskräfte reichlich vorhanden. Diese können an Fließbändern in ihren Heimatländern nicht nur zu im Vergleich zu Deutschland weitaus geringeren Löhnen beschäftigt werden, sondern damit auch aufgrund des dort niedrigeren Preisniveaus besser als zuvor leben. Ökonomen sagen, dass die in ärmeren Ländern entstehenden Arbeitsplätze dort zu Wohlstandsgewinnen führen, und begrüßen diesen Prozess. Denn die Wohlstandsgewinne in den ärmeren Ländern lösen eine erhöhte Nachfrage auch nach deutschen Produkten aus, so dass andere Wirtschaftszweige in Deutschland davon profitieren. Das mag volkswirtschaftlich zwar vollkommen richtig sein – für diejenigen, die ihren Arbeitsplatz und damit ihre Existenzgrundlage verloren haben, ist es aber ein schwacher Trost, weil sie als gering Qualifizierte auch bei günstiger Wirtschaftsentwicklung Deutschlands nur schwer am Arbeitsmarkt in andere Stellen zu vermitteln sind.

Wir kommen damit zu einem Kernproblem der internationalen Wirtschaftsbeziehungen:

▶ **Der internationale Handel, die Vereinigung von Wirtschaftsräumen und die Schaffung einer gemeinsamen Währung erzeugen in jedem Land Gewinner und Verlierer.**

Damit sind wir schon bei einem weiteren Thema: dem der Globalisierung.

3.5 Die Globalisierung der Weltwirtschaft

Das Phänomen der sog. Globalisierung ist inzwischen in aller Munde. Ein Zitat aus einem Aufsatz von Lester Thurow, Professor am Massachusetts Institute of Technology (MIT) in den USA, soll uns wieder verstehen helfen, worum es dabei geht:

» Wer sich in jüngster Zeit ein Auto gekauft hat, wird wahrscheinlich feststellen, dass die Airbags seines Wagens durch einen Computerchip namens Accelerometer gesteuert werden, also durch einen Sensor auf dem Chip. Dieses 50 Dollar teure Stück ersetzt die mechanischen Sensoren, die rund 650 Dollar kosten. Das Accelerometer wurde in Boston erfunden. In Boston wird immer noch ein großer Teil der Accelerometer produziert, die jedoch anschließend zum Testen auf die Philippinen geschickt werden. Zur Verpackung werden sie von dort nach Taiwan reexportiert, von Taiwan wiederum nach Deutschland zur Installation in einen BMW, um dann von neuem exportiert zu werden: nach Brasilien, wo jemand den BMW seiner Tochter oder seinem Sohn zum Studienabschluss schenkt. Ein Facharbeiter in Boston arbeitet mit einem unausgebildeten Arbeiter auf den Philippinen zusammen, der seinerseits mit einem halbausgebildeten Arbeiter auf Taiwan kooperiert; und sie alle arbeiten zusammen mit der weltweit höchstbezahlten Arbeitskraft in den bayerischen BMW-Werken. Alle arbeiten für ein Teilchen, das 50 Dollar kostet. Und sie alle sind abhängig von einem Absatzmarkt in Brasilien. Das ist globale Ökonomie.« (Süddeutsche Zeitung vom 13./14. 02. 1999)

Die Ausführungen des bekannten US-Ökonomen beschreiben sehr plastisch, was Globalisierung ausmacht. Ein winziges Teilstück eines High-Tech-Produkts, eines Autos, macht eine Reise um die Erde, bevor es seiner endgültigen Bestimmung zugeführt wird. Trotzdem bleibt es dabei billig, denn weltweit niedrige Transport-

Die Globalisierung der Weltwirtschaft 129

kosten machen es möglich, überall auf der Welt zu produzieren und gleichzeitig überall auf der Welt zu verkaufen. Früher, als Waren nur auf dem Land- oder Seeweg transportiert werden konnten, dauerte es Wochen und Monate, bis Produkte eines Kontinents den anderen erreichten. Heute lässt sich alles innerhalb von 24 Stunden von einem Ende der Erde zum anderen schaffen.

Schnellere und kostengünstigere Transportwege werden durch noch schnellere Kommunikationswege (= Wege zur Nachrichtenübermittlung) ergänzt. Vorbei ist die Zeit, als eine Nachricht mit Tinte zu Papier gebracht und der Postkutsche oder einem Kurier auf den Weg mitgegeben werden musste. Elektronische Kommunikation erlaubt heute die Nachrichtenübermittlung in Sekundenschnelle – und erleichtert damit auch die Abwicklung weltweiter Geschäfte. Das betrifft nicht nur den Warenhandel, sondern auch den Handel mit Kapital. Milliardenbeträge können in kurzer Zeit von einem Ort abgezogen und an einem anderen Platz der Welt angelegt werden. Kapital ist hochmobil (= sehr beweglich), beschreiben die Ökonomen dieses Phänomen. Arbeit ist im Vergleich dazu ausgesprochen immobil. Was nützt schon eine gerade frei gewordene Stelle in Arizona einem arbeitslosen Facharbeiter in Oberfranken?

Neben den schnellen Kommunikations- und Transportwegen sind weitere Elemente eines grundlegenden Strukturwandels für die heutige Situation in der Welt charakteristisch:

1) Die Entscheidung von 1,9 Milliarden Menschen, die in der alten kommunistischen Welt lebten, sich der kapitalistischen Welt anzuschließen, wird die internationale Arbeitsteilung in der Weltwirtschaft tief greifend verändern. Waren, die früher in den alten kapitalistischen Ländern produziert wurden, werden künftig in ehemals sozialistischen Ländern hergestellt werden können. Dafür finden andere Erzeugnisse aus den altkapitalistischen Staaten weltweit größere Absatzmärkte.

2) Rohstoffindustrien, die das Herz der alten Industrienationen bildeten, verlieren immer mehr an Bedeutung. An ihre Stelle treten Industrien, die auf künstlicher, wissenschaftlicher Intelligenz aufbauen. Noch bis vor kurzem waren die reichsten Männer der Welt solche, die Land und Naturschätze (Gold, Kohle, Erdöl) besaßen. Heute ist einer der reichsten Männer der Welt, Bill Gates, ein Entwickler von Computerprogrammen, also von Wissen bzw. künstlicher Intelligenz.

3) Der Altersaufbau der Bevölkerung in den alten Industrienationen verändert sich dramatisch. Der Zeitpunkt ist absehbar, an dem die über 65-Jährigen die Mehrheit der Wählerschaft stellen werden – in den USA voraussichtlich ab 2025, in Deutschland etwa ab 2030. Die Kosten für die Gesellschaften, in denen die älteren Menschen dominieren, werden enorm sein.

4) Die nationalen Ökonomien werden immer mehr zusammenwachsen und einen großen Wirtschaftsraum bilden. Das bedeutet einerseits: Die nationalstaatlichen Regierungen werden Macht und Gestaltungsmöglichkeiten einbüßen, ohne dass an ihre Stelle so etwas wie eine Weltregierung tritt. Andererseits wird es voraussichtlich keine dominierende Wirtschaftsmacht mehr geben, wie es im 19. Jahrhundert das britische Weltreich und im 20. Jahrhundert die USA waren.

Das Zusammenwachsen der Märkte zu einem einzigen großen, weltweiten Markt, in dem niemand mehr isoliert lebt, sondern jeder von den Entwicklungen auf der ganzen Welt beeinflusst wird, ist der Kern der Globalisierung. Ereignisse in einem geographisch weit entfernten Land können weltweite politische, wirtschaftliche und soziale Wirkungen haben. Vor diesem Hintergrund müssen wir die wirtschafts- und gesellschaftspolitischen Probleme in der Bundesrepublik Deutschland betrachten. Mit ihnen wollen wir uns im nächsten Kapitel näher befassen.

Hauptprobleme der Wirtschafts- und Gesellschaftspolitik und ihre Ursachen

4

Das Hauptproblem, vor dem alle marktwirtschaftlich-kapitalistischen Wirtschaftssysteme, also auch die Länder mit ehemals sozialistischen Wirtschafts- und Gesellschaftssystemen, stehen, ist die anhaltend hohe Arbeitslosigkeit. Mit ihren Ursachen wollen wir uns im ersten Unterabschnitt dieses Kapitels befassen. Anschließend beschäftigen wir uns mit der Staatsverschuldung und – was eng damit zusammenhängt – dem Problem der Finanzierung und Verteilung der staatlichen Leistungen. Der ungleichmäßigen Einkommens- und Vermögensverteilung sowie der Umweltzerstörung widmen wir je einen weiteren Abschnitt. Abschließend gehen wir auf die schleichende Inflation ein und fragen, ob sie überhaupt als Problem anzusehen ist.

4.1 Die Arbeitslosigkeit

Ein Laie, der *Schaubild 4.1* betrachtet, wird zunächst vor einem Rätsel stehen. Wie kommt es – so wird er mit Recht fragen –, dass die zunächst hohe Arbeitslosigkeit in den fünfziger Jahren abgebaut werden konnte, in den sechziger Jahren mit Ausnahme von 1967 Vollbeschäftigung herrschte und mit Beginn der siebziger Jahre die Zahl der Arbeitslosen wieder kräftig anstieg? Doch wie für alles im Wirtschaftsleben gibt es auch hierfür eine einleuchtende Erklärung.

Der Arbeitsmarkt hat, wie jeder andere Markt auch, eine Angebots- und eine Nachfrageseite. Herrscht Arbeitslosigkeit, so ist das ein Zeichen dafür, dass mehr Arbeitnehmer ihre Arbeitskraft anbieten, als Unternehmen und Staat Arbeitskräfte nachfragen. Folglich müssen wir untersuchen, welche Faktoren das Angebot und welche die Nachfrage nach Arbeitskräften bestimmen. Daraus können wir dann ableiten, warum Angebot und Nachfrage auf dem Arbeitsmarkt auseinanderklaffen und Arbeitslosigkeit entsteht.

Schon vorab sei der Leser darauf hingewiesen: Arbeitslosigkeit und ihre Ursachen erklären die Ökonomen unterschiedlich, je nachdem, welcher wirtschaftswissenschaftlichen Denkrichtung (= Paradigma) sie angehören. Dementsprechend verschieden sind auch die Maßnahmen, die sie der Politik zur Überwindung der Arbeitslosigkeit empfehlen.

Grundsätzlich kann man sich dem Problem der Arbeitslosigkeit aus zwei Perspektiven nähern: aus der gesamtwirtschaftlichen oder der einzelwirtschaftlichen Perspektive. Gesamtwirtschaftlich heißt: Wir betrachten das *gesamte* Angebot an und die *gesamte* Nachfrage nach Arbeitskräften in einem Wirtschaftsgebiet, z. B. in Deutschland, und fragen, welche Faktoren dieses Angebot bzw. diese Nachfrage bestimmen. Für gesamtwirtschaftlich gebrauchen die Ökonomen auch das Fremdwort *makroökonomisch* (makro = gesamt). Die makroökonomische Sicht entspricht der Vogelperspektive, aus der wir im Abschnitt 2.3 bereits einmal den Geldkreislauf in der Wirtschaft aufgezeigt haben.

Einzelwirtschaftlich heißt: Wir betrachten das Angebot an und die Nachfrage nach Arbeitskräften aus der Sicht *eines einzelnen Unternehmens* an einem bestimmten Ort und fragen, wann dieses Unternehmen Arbeitskräfte einstellt und wann es welche entlässt. Für einzelwirtschaftlich benutzen die Ökonomen das Fremdwort *mikroökonomisch* (mikro = einzel).

Im Folgenden wollen wir diese beiden Sichtweisen des Arbeitsmarktes erläutern und daraus interessante Erkenntnisse gewinnen, die es uns ermöglichen werden, die kontroverse politische Diskussion in diesem Bereich besser zu verstehen.

4.1.1 Die gesamtwirtschaftliche Perspektive

4.1.1.1 Das Angebot an Arbeitskräften und seine Bestimmungsgründe

Wenden wir uns zunächst – aus der makroökonomischen Perspektive – der Angebotsseite des Arbeitsmarktes zu. Hierbei blicken wir gewissermaßen aus der Vogelperspektive auf die Gesamtwirtschaft herab und betrachten einen größeren Wirtschaftsraum als Ganzes, also beispielsweise die Wirtschaft der Bundesrepublik Deutschland.

Das Angebot an Arbeitskräften wird von der Entwicklung des Arbeitskräftepotenzials bestimmt. Unter Arbeitskräfte- oder auch Erwerbspersonenpotenzial versteht man die Zahl der Männer und Frauen im erwerbsfähigen Alter (also etwa zwischen 15 und 65 Jahren, je nachdem, wie man das Ende der allgemeinen Schulausbildung und den Eintritt ins Rentenalter ansetzt), die sich am Erwerbsleben beteiligen wollen und deshalb einen ihrer Qualifikation entsprechenden Arbeits-

Die Arbeitslosigkeit

platz benötigen. Das Erwerbspersonenpotential und damit das Angebot an Arbeitskräften hängen folglich ab

- von der Entwicklung der inländischen und ausländischen Wohnbevölkerung, die wiederum bestimmt wird von der Altersstruktur der Bevölkerung, der Differenz zwischen Sterbefällen und Geburten sowie den internationalen Wanderungen von Arbeitskräften;
- von der Erwerbsbeteiligung (Erwerbsquote), d. h. vom Prozentsatz der Bevölkerung, der sich am Erwerbsleben beteiligen will. Hierbei spielt insbesondere das Erwerbsverhalten von Ehepaaren eine Rolle: Wollen beide Partner voll berufstätig sein, beide teilzeitbeschäftigt oder einer voll, der andere gar nicht?

In den fünfziger Jahren hat das inländische Erwerbspersonenpotenzial, bedingt durch den Flüchtlingszustrom aus der DDR und den ehemals deutschen Ostgebieten, ständig zugenommen. In den sechziger Jahren war es umgekehrt: Nach dem Mauerbau von 1961 versiegte der Flüchtlingszustrom, und das inländische Erwerbspersonenpotenzial sank. Auch wollten zum damaligen Zeitpunkt weniger verheiratete Frauen einer Erwerbstätigkeit nachgehen als heute. Es entstand Arbeitskräfteknappheit, die nur durch Anwerbung ausländischer Arbeitskräfte beseitigt werden konnte. In den siebziger Jahren kehrte sich die Entwicklung erneut um: Das inländische Erwerbspersonenpotenzial nahm von Jahr zu Jahr zu, allein von 1973 bis 1988 beispielsweise um 3 Millionen Personen.

Ursache dafür war der Altersaufbau der Bevölkerung. Die Jahrgänge, die aktiv am Zweiten Weltkrieg teilgenommen haben und wegen der dabei erlittenen Verluste stark unterbesetzt waren, erreichten das Rentenalter und schieden aus dem Erwerbsleben aus. Gleichzeitig wuchsen die geburtenstarken Jahrgänge der sechziger Jahre in das erwerbsfähige Alter hinein, so dass in jedem Jahr mehr junge Arbeitskräfte in das Erwerbsleben eintraten als alte ausschieden. Den Altersaufbau der Bevölkerung und seinen Verlauf nennt man auch kurz *demografische Entwicklung* (demografisch = die Bevölkerung betreffend).

Ein weiterer Bestimmungsfaktor des Arbeitsangebots ist die durchschnittliche Arbeitszeit. Sie hängt zum einen ab von der durchschnittlichen Lebensarbeitszeit, d. h. von der Zeitspanne zwischen dem Eintritt ins Berufsleben und dem Eintritt in den Ruhestand, zum anderen von der Wochenarbeitszeit, die sich nach den gesetzlichen Bestimmungen (Arbeitszeitordnung) und tarifvertraglichen und betrieblichen Vereinbarungen richtet. Auch die Urlaubsdauer wirkt sich auf das gesamtwirtschaftliche Arbeitsangebot aus. Erwerbstätigenzahl multipliziert mit der durchschnittlichen Arbeitszeit ergeben zusammen das *Arbeitsvolumen,* das ist die Zahl der geleisteten Arbeitsstunden innerhalb eines festgelegten Zeitraums (z. B. ein Jahr).

Schaubild 4.1

[1] Arbeitslose in Prozent der inländischen Erwerbspersonen. – [2] Bis 1990 alte, ab 1991 alte und neue Bundesländer.

Quelle: Statistisches Bundesamt/Bundesagentur für Arbeit.

Neben dieser mehr quantitativen (= mengenmäßigen) Betrachtung dürfen wir die qualitative Seite des Angebots an Arbeitskräften nicht außer Acht lassen. Wer die Wochenendausgabe einer Tageszeitung aufschlägt, wird jedes Mal eine Fülle von Stellenangeboten finden. Es ist jedoch oft schwierig, Arbeitslose in freie Stellen zu vermitteln, wenn sie nicht die berufliche Qualifikation aufweisen, um eine der angebotenen Stellen antreten zu können. Die Tatsache, dass Arbeitslose wegen anderer oder mangelnder Qualifikation nicht auf die freien Stellen passen, nennt man *Missmatch*.

Oft liegen freie Stellen und der Wohnort von Arbeitslosen auch weit auseinander. So werden beispielsweise freie Stellen in der Gastronomie Österreichs angeboten, arbeitslose Kellner oder Köche wohnen jedoch zusammen mit ihrer Familie – sagen wir – in Mecklenburg-Vorpommern. Junge Arbeitslose, die noch keine Familie haben, verlassen daher mitunter ihren Heimatort und ziehen in einen der Fremdenverkehrsorte Österreichs, weil sie dort eine berufliche Perspektive sehen. Älteren fällt eine derartige Mobilität meist schwer, zumal dann, wenn sie Familie und Kinder haben und Eltern, Großeltern und Geschwister bei einem Wechsel in einen über 1000 Kilometer entfernten Ort zurücklassen müssten.

Einen weiteren, allerdings sehr umstrittenen Faktor, der das Angebot an Arbeitskräften bestimmt, wollen wir nicht unerwähnt lassen: die Höhe der sozialen Absicherung von Arbeitslosen. Kritiker unseres sozialen Sicherungssystems behaupten, ein großer Teil der Arbeitslosen suche in Wirklichkeit gar keine Arbeit, sondern melde sich nur arbeitslos, um die staatliche Unterstützung zu kassieren. Diese sei wiederum so hoch, dass sich die Aufnahme einer regulären Arbeit für diesen Kreis gar nicht lohne. Je »großzügiger« der Staat Arbeitslose unterstütze, desto größer werde auch die Zahl derjenigen, für die sich aus ihrer Sicht Leistung (sprich Arbeit) nicht mehr lohnt. Doch hier streifen wir bereits den eingangs erwähnten anderen wirtschaftswissenschaftlichen Ansatz, die mikroökonomische Perspektive. Wir werden darauf später noch ausführlicher eingehen.

4.1.1.2 Die Nachfrage nach Arbeitskräften und ihre Bestimmungsgründe

Wenden wir uns nun – ebenfalls aus gesamtwirtschaftlicher Sicht – der Nachfrage nach Arbeitskräften zu. Sie hängt entscheidend von drei Größen ab: der Produktionshöhe, der Arbeitsproduktivität und den Lohnkosten.

Die Höhe der Produktion richtet sich zum einen nach dem Niveau der volkswirtschaftlichen Gesamtnachfrage nach Waren und Dienstleistungen. Je mehr nachgefragt wird, desto mehr werden Unternehmen und Staat produzieren und desto mehr Arbeitskräfte benötigen sie. Dieser Zusammenhang ist leicht nachvollziehbar und bedarf daher keiner weiteren Erläuterung. (Auf Einschränkungen gehen wir gleich noch ein). In der Wirtschaftstheorie nennt man dies übrigens die *keynesianische Sichtweise* des Arbeitsmarktes (nach dem britischen Wirtschaftswissenschaftler *John Maynard Keynes*. Seine Theorie werden wir in Kapitel 4.2 erläutern).

Die Höhe der Produktion braucht aber nicht unbedingt immer von der Nachfrage verursacht (man sagt auch nachfrageinduziert) sein. Sie kann auch von den Produzenten herbeigeführt werden, etwa dann, wenn sie neue Produkte auf den Markt bringen, selbstverständlich in der Hoffnung, dass diese auch Käufer finden. So gab es vor der Erfindung des Fernsehens natürlich auch keine Nachfrage nach Fernsehgeräten. Diese entstand erst, nachdem die ersten Empfänger auf dem Markt waren. Und in den achtziger Jahren wollte auch niemand Handys kaufen, weil das Produkt noch völlig unbekannt war. Mit anderen Worten: Angebot ruft vielfach erst die Nachfrage hervor, vorausgesetzt, es ist ausreichend Kaufkraft vorhanden. Somit gilt: Je mehr neue Produkte auf den Markt kommen, die auch Absatz finden, desto mehr wird von diesen neuen Produkten produziert und desto mehr Arbeitskräfte benötigt man. Auch dieser Zusammenhang ist ohne weiteres einleuchtend.

136 Hauptprobleme der Wirtschafts- und Gesellschaftspolitik und ihre Ursachen

Der Zusammenhang zwischen Arbeitsproduktivität und der Nachfrage nach Arbeitskräften ist etwas komplizierter.

▶ **Unter der Arbeitsproduktivität versteht man das Produktionsergebnis je Erwerbstätigem oder das Produktionsergebnis je geleisteter Arbeitsstunde. Anders ausgedrückt: Das, was ein Erwerbstätiger (bzw. in einer Arbeitsstunde) produziert (wird), nennt man Arbeitsproduktivität.**

Aufgrund des technischen Fortschritts, der von naturwissenschaftlichen und technischen Erfindungen bestimmt wird, steigt die Arbeitsproduktivität in unserer Wirtschaft ständig. Das bedeutet: Es ist möglich, mit derselben Zahl von Arbeitskräften mehr zu produzieren oder, was dasselbe ist, die gleiche Menge mit weniger Arbeitskräften zu erzeugen. Man spricht in diesem Zusammenhang von Arbeitskräfte sparender *Rationalisierung*.

Nehmen wir nun folgenden Fall an: Die Unternehmen erhöhen ihre Produktion nicht, weil die Nachfrage nach ihren Produkten nicht gestiegen ist. Gleichzeitig schreitet der technische Fortschritt um 10 Prozent fort, d. h., die Unternehmen können die gleiche Produktionsmenge jetzt mit 10 Prozent weniger Arbeitskräften herstellen. Die Nachfrage nach Arbeitskräften würde dann sinken.

Anders sähe es dagegen aus, wenn der technische Fortschritt um 10 Prozent zunimmt, gleichzeitig aber die volkswirtschaftliche Gesamtnachfrage nach Gütern und Dienstleistungen um 10 Prozent steigt. Die Unternehmen würden dann ihre Produktion um 10 Prozent erweitern, brauchten dazu aber die gleiche Zahl von Arbeitskräften wie vorher für ihre um 10 Prozent geringere Produktion. Die Nachfrage nach Arbeitskräften würde dann gleich bleiben.

Schließlich lässt sich als dritter denkbarer Fall vorstellen, dass die Produktion um 20 Prozent und die Arbeitsproduktivität nur um 10 Prozent steigt. Jede einzelne Arbeitskraft erzeugt dann zwar dank des technischen Fortschritts schon 10 Prozent mehr, da die Produktion aber insgesamt um 20 Prozent erhöht werden soll, werden auch mehr Arbeitskräfte benötigt. Die Nachfrage nach Arbeitskräften würde also steigen.

Wir können aus diesen Überlegungen folgende allgemeine Schlussfolgerung ziehen:

▶ **Wächst die Produktion schneller als die Arbeitsproduktivität, steigt (bei gleich bleibender durchschnittlicher Arbeitszeit) der Bedarf an Arbeitskräften, bleibt das Produktionswachstum hinter dem der Arbeitsproduktivität zurück, sinkt der Bedarf an Arbeitskräften. Entwickeln sich Produktion und Arbeitsproduktivität gleich schnell, bleibt der Bedarf an Arbeitskräften – stets unveränderte durchschnittliche Arbeitszeit vorausgesetzt – konstant.**

Die Arbeitslosigkeit

Tabelle 4.1 Produktion, Arbeitsproduktivität und Erwerbstätige in Deutschland

	Zuwachs								
	1973	1976	1981	1983	1992	1998	2001	2005	2011
	gegenüber								
	1950	1973	1976	1981	1983	1992	1998	2001	2005
	in Prozent								
Produktion[1]	+305	+4	+12	+1	+29	+9	+7	+2	+10
Arbeitsproduktivität[2]	+193	+9	+7	+3	+16	+15	+3	+3	+4
Erwerbstätige	+38	−4	+5	−2	+11	−5	+4	−1	+6

1 Reales Bruttoinlandsprodukt. – **2** Reales Bruttoinlandsprodukt je Erwerbstätigen.

Quelle: Eigene Berechnungen nach Angaben des Statistischen Bundesamts

Sehen wir uns jetzt einmal die Entwicklung von Produktion und Arbeitsproduktivität und daraus folgend die der Erwerbstätigen seit 1950 an *(Tabelle 4.1)*. Im Zeitraum von 1950 bis 1973 ist die Produktion um rund 305 %, die Arbeitsproduktivität um ca. 193 % gestiegen. Mit anderen Worten: Dank des technischen Fortschritts wurden 1973 von jedem Erwerbstätigen durchschnittlich 193 % mehr erzeugt als 1950. Da man jedoch die Produktion in diesem Zeitraum insgesamt um 305 % gesteigert hatte, brauchte man 38 % mehr Erwerbstätige, um dieses Wachstum realisieren zu können. Die Nachfrage nach Arbeitskräften ist also gestiegen, weil das Produktionswachstum erheblich über dem Anstieg der Arbeitsproduktivität lag.

Der Leser denke daran, dass man die Zuwachsrate der Erwerbstätigen in Tabelle 4.1 nicht einfach durch die Rechnung 305 (= Produktionszuwachs) minus 193 (= Produktivitätsanstieg) ermitteln kann. Vielmehr ist von folgender Überlegung auszugehen: Wenn 1950 ein Erwerbstätiger durchschnittlich 100 Produktionseinheiten herstellte, dann produzierte er 1973 aufgrund des technischen Fortschritts 193 Prozent mehr, also 293 Produktionseinheiten. Wie viele Erwerbstätige benötigt man jetzt, um 1973 405 Produktionseinheiten (nämlich 305 Prozent mehr als 1950) herzustellen? Antwort: Für 1 Produktionseinheit benötigt man 1:293 (= 0,00341) Erwerbstätige, für 405 Produktionseinheiten somit 405 : 293 = 1,38 Erwerbstätige, also 38 Prozent mehr.

Während von 1950 bis 1973 die Produktion jeweils stärker gestiegen ist als die Arbeitsproduktivität (Ausnahme: in den Krisenjahren 1966/67), wechselten sich danach Perioden, in denen der Zuwachs der Arbeitsproduktivität den Produktionsanstieg übertraf, mit Zeitabschnitten ab, in denen es umgekehrt war. So erhöhte sich von 1973 bis 1976 die Arbeitsproduktivität um 9 Prozent, die Produktion jedoch nur um rund 4 Prozent, weshalb 4 Prozent weniger Erwerbstätige gebraucht wurden. Von 1976 bis 1981 lief es für den Arbeitsmarkt wieder positiver: Die Produktion stieg um 12 Prozent, die Arbeitsproduktivität nur um 7 Prozent, und so brauchte man wieder 5 Prozent mehr Erwerbstätige.

Von 1981 bis 1983 kippte die Entwicklung um, von 1983 bis 1992 folgte wieder eine Periode, in der trotz eines Anstiegs der Arbeitsproduktivität von 16 Prozent mehr Erwerbstätige benötigt wurden, um das Produktionswachstum von 29 Prozent zu erreichen, von 1992 bis 1998 war der Arbeitsproduktivitätsanstieg wieder höher als das Produktionswachstum mit entsprechend negativen Folgen für die Zahl der Erwerbstätigen. Von 1998 bis 2001 gab es wieder ein kleines »Zwischenhoch«, die Produktion stieg um 7 Prozent, die Arbeitsproduktivität nur um 3 Prozent, so dass sich die Zahl der Erwerbstätigen wieder erhöhte. Von 2001 bis 2005 kehrte sich die Entwicklung wieder um mit der Folge, dass die Erwerbstätigenzahl erneut sank. Von 2005 bis 2011 war das Wachstum wieder höher als der Produktivitätsfortschritt mit der Folge: Die Beschäftigung (= Zahl der Erwerbstätigen) nahm wieder kräftig zu. So ist das Verhältnis von Produktionsentwicklung zur Entwicklung der Arbeitsproduktivität ein wichtiger Bestimmungsfaktor für die Nachfrage nach Arbeitskräften und die Situation auf dem Arbeitsmarkt.

Noch ein weiterer wichtiger Faktor wirkt neben Produktionsmenge und Arbeitsproduktivität auf die Nachfrage nach Arbeitskräften ein: die Höhe der Lohnkosten, also sozusagen der Preis der Arbeitskräfte (vgl. *Schaubild 4.2*). Je größer der Kostendruck von den Löhnen bei den Unternehmen ist, desto mehr werden sie versuchen, die Lohnkostenbelastung zu senken, indem sie Maschinen einsetzen, die Arbeitskräfte einsparen. Dies setzt natürlich voraus, dass der Ersatz von Menschen durch Maschinen technisch möglich ist und die Anschaffung und der Betrieb von Maschinen unter dem Strich kostengünstiger sind als die Beschäftigung von Arbeitskräften. Umgekehrt kann es bei sehr niedrigen Lohnkosten für die Unternehmen vorteilhaft sein, Arbeitskräfte einzusetzen, statt teure Maschinen anzuschaffen.

Es wäre allerdings falsch, die Lohnkosten als den alleinigen Bestimmungsgrund für die Nachfrage nach Arbeitskräften anzusehen und etwa zu schließen: je höher die Löhne, desto niedriger die Beschäftigung und je niedriger die Löhne, desto höher die Beschäftigung. Vielmehr ist, wie *Schaubild 4.2* auch deutlich veranschaulicht, zu bedenken, dass die Löhne nur ein Faktor neben vielen anderen sind, die die Kosten der Unternehmen bestimmen. Doch an diesem Punkt kommen wir bereits zur Schnittstelle zwischen der makro- und der mikroökonomischen Betrachtung der Arbeitsmarktproblematik.

Wenden wir uns deshalb als nächstes der mikroökonomischen Theorie des Arbeitsmarktes zu.

Schaubild 4.2

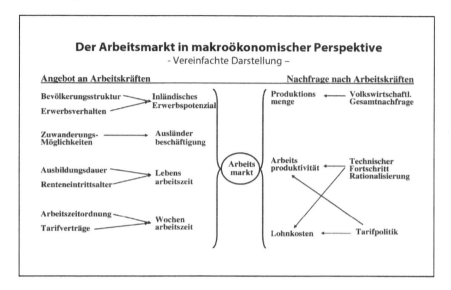

4.1.2 Die mikroökonomische Perspektive

Auch bei der mikroökonomischen Perspektive werden das Angebot *an* und die Nachfrage *nach* Arbeitskräften betrachtet. Allerdings wählt man hierbei nicht die Vogelperspektive, sondern die Froschperspektive, d.h.: Man betrachtet den Arbeitsmarkt aus der Sicht der einzelnen Wirtschaftseinheit und fragt:

- Zu welchen Bedingungen bietet ein Arbeiter wie viel seiner Arbeitskraft an?
- Zu welchen Bedingungen fragt ein Unternehmer wie viel an Arbeitskraft nach?

In der Wirtschaftstheorie nennt man dies die *neoklassische Sicht des Arbeitsmarktes*.

4.1.2.1 Das Angebot an Arbeitskraft und seine Bestimmungsgründe

Versetzen wir uns in einen Arbeiter, der überlegt, wie viel Arbeitskraft er zum Verkauf anbieten soll. Soll er sechs Stunden, acht Stunden oder zehn Stunden am Tag arbeiten? Und für welchen Lohn?

140   Hauptprobleme der Wirtschafts- und Gesellschaftspolitik und ihre Ursachen

Die neoklassische Theorie sieht hier den Arbeitsmarkt wie einen Markt für Waren oder für Wertpapiere. Wann wird jemand z. B. Aktien verkaufen? Dann, wenn ihm für die Aktien ein hoher Preis geboten wird. Das wird nun auf den Arbeitsmarkt übertragen: Ein Arbeiter richtet sein Angebot an Arbeitsmenge am Preis aus, also an der Lohnhöhe, konkret am Reallohn, der ausdrückt, was er sich für den Lohn kaufen kann. Je mehr (Real)Lohn ihm geboten wird, desto länger wird er arbeiten, je weniger Real(Lohn) er bekommt, desto weniger Arbeitsmenge wird er anbieten.

Allerdings ist der »Verkauf der Ware Arbeitskraft« nicht gleich zu setzen mit dem Verkauf von Aktien. Denn mehr arbeiten bedeutet für den Arbeiter größere Anstrengung und weniger Freizeit. Deshalb – so die neoklassische Theorie – muss der Arbeiter Mehrarbeit und damit verbundenes höheres Einkommen gegen die Einbuße an Freizeit abwägen.

Wir sehen: In dieser Theorie spielt die Tatsache, dass jemand arbeitet, weil er seinen Lebensunterhalt verdienen muss, keine Rolle. Auch ein Aktienbesitzer, der Aktien verkaufen muss, weil er mit dem Erlös Waren des täglichen Bedarfs kaufen muss, kann nicht warten, bis die Aktien hoch im Kurs stehen. Das gilt übrigens für jeden Markt: Wenn ein Anbieter unter allen Umständen seine Waren kurzfristig verkaufen muss, weil er auf den Erlös dringend angewiesen ist (etwa weil er sonst über kein Vermögen verfügt), wird zu jedem Preis anbieten und verkaufen, auch wenn er noch so niedrig ist. Insofern ist die Alternative Arbeit oder Freizeit für den Arbeiter eine Schein-Wahlmöglichkeit, die in Wirklichkeit nicht existiert.

4.1.2.2 Die Nachfrage nach Arbeitskraft und ihre Bestimmungsgründe

Wenden wir uns nun der zweiten Frage zu: Wann fragt ein Unternehmer Arbeitskräfte nach? Darauf hat der amerikanische Nationalökonom *John Bates Clark (1847–1938)* eine Antwort gegeben, die zunächst logisch klingt:

► **Ein Unternehmer stellt neue Arbeitskräfte ein, wenn der Erlös aus der Ware, die der zuletzt eingestellte Arbeiter zusätzlich produziert, höher ist als der Lohn dieses Arbeiters.**

Hinter dieser Theorie steckt die Erkenntnis, die man aus der Landwirtschaft gewonnen hat. Beschäftigt man auf einem Feld bestimmter Größe eine gewisse Zahl von Arbeitern, die ernten sollen, so wächst die Erntemenge grundsätzlich mit der Zahl der eingesetzten Arbeiter. Allerdings nimmt der Erntezuwachs, den ein weiterer beschäftigter Arbeiter erzielt, mit zunehmender Zahl der Arbeiter ab, z. B. deshalb, weil sie sich bei den Erntearbeiten immer mehr gegenseitig im Weg stehen. Man nennt dies in der Wirtschaftswissenschaft das *Gesetz vom abnehmenden Ertragszuwachs.*

Wenn die Ernte, die ein zusätzlich eingestellter Arbeiter erzielt, dem Unternehmer weniger Erlös einbringt, als er dem Arbeiter an Lohn zahlen muss, lohnt sich für den Unternehmer die Beschäftigung dieses Arbeiters nicht mehr. Infolgedessen verzichtet er auf die Einstellung dieses Arbeiters und fragt nur so viele Arbeitskräfte nach, bis der Grenzerlös (= Erlös aus der letzten Ernte-Einheit) dem Lohn des zuletzt eingestellten Arbeiters entspricht.

Auch diese Theorie hat – obwohl sie sehr logisch klingt – wenig mit der Wirklichkeit zu tun. Mag man das sog. *Grenzprodukt* eines Arbeiters auf dem Feld noch ermitteln können, so fällt es schwer, sich ein Grenzprodukt vorzustellen, wenn mehrere Produktionsfaktoren in einer bestimmten Kombination notwendig sind, um zu einem Produktionsergebnis zu kommen. Was nützt ein zusätzlicher Arbeiter ohne Werkzeug und Maschinen? Was hilft ein Pilot ohne Flugzeug? Und umgekehrt: Was bewirkt eine Schubkarre ohne Bauarbeiter, was eine Haarschneidemaschine ohne Friseur?

In einem riesigen Unternehmen mit mehreren tausend Beschäftigten sind erst recht keine »Grenzprodukte« ermittelbar. Oder wer könnte sagen, was ein zusätzlicher Buchhalter oder eine zusätzliche Sekretärin oder ein weiterer Mitarbeiter in einem Call-Center erwirtschaftet. Die *Grenzproduktivitätstheorie,* wie dieser neoklassische Ansatz auch genannt wird, ist ein abstraktes (= von der Wirklichkeit losgelöstes) Hilfsmittel zur Beschreibung von Zusammenhängen, die nicht konkret beobachtbar sind. Gleichwohl ist die Kernaussage dieses Ansatzes sehr eingängig: Ein Unternehmer stellt nur dann Arbeitskräfte ein, wenn sie ihm mehr »bringen« als sie kosten.

4.1.2.3 Das Zusammentreffen von Angebot und Nachfrage auf dem Arbeitsmarkt

Gleichwohl spielt die neoklassische Arbeitsmarkttheorie in der politischen Diskussion eine wichtige Rolle. Denn aus ihr werden politische Schlussfolgerungen und Handlungsempfehlungen abgeleitet. Diese lassen sich am besten am *Schaubild 4.3* veranschaulichen.

Auf der senkrechten Achse ist die Lohnhöhe, auf der waagerechten Achse die angebotene bzw. nachgefragte Arbeitsmenge abgetragen. Die von links unten nach rechts oben verlaufende Linie stellt das Angebot an Arbeitskräften (kurz: Arbeitsangebot) dar: Je höher der Lohn, desto mehr Arbeit(sleistung) wird angeboten. Die von links oben nach rechts unten verlaufende Linie zeigt die Nachfrage nach Arbeitskräften: Je höher der Lohn, desto weniger, je niedriger der Lohn,

Schaubild 4.3

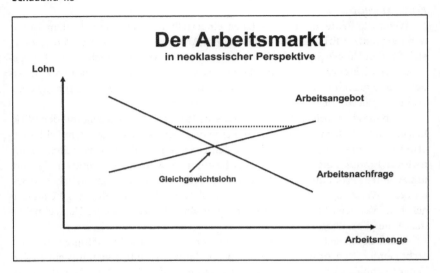

desto mehr Arbeitskräfte werden von dem Unternehmen nachgefragt. Beide Linien schneiden sich in einem Punkt, dem sog. *Gleichgewichtslohn*.

Anhand dieser einfachen Grafik, die der des Preisbildungsmechanismus auf einem Gütermarkt entspricht, wird von der neoklassischen Theorie dargestellt, wie der Arbeitsmarkt funktioniert. Arbeitslosigkeit herrscht demzufolge dann, wenn der Lohn über dem Gleichgewichtslohn liegt. Denn dann fragt der Unternehmer eine geringere Arbeitsmenge nach, als die Arbeiter bereit sind anzubieten. Es entsteht eine *Arbeitsplatzlücke* – im *Schaubild 4.3* als gestrichelte Linie dargestellt. Dann muss – so die Neoklassik – der Lohn auf den Gleichgewichtslohn gesenkt werden. Dann werden von den Unternehmen so viele Arbeitskräfte nachgefragt, dass alle Anbieter von Arbeitskraft Beschäftigung finden.

Wie kann es überhaupt passieren, dass der Lohn über den Gleichgewichtslohn steigt? Die neoklassische Theorie erklärt dies mit der Macht der Gewerkschaften, die in der Lage sind, den Unterbietungswettbewerb zwischen den Arbeitern auszuschalten und einen Lohn zu erzwingen, der über dem Gleichgewichtslohn liegt. Daraus folgt das politische Rezept der Neoklassiker für eine höhere Beschäftigung: Wenn ein Unternehmen mehr Arbeitskräfte einstellen soll, muss der Lohn gesenkt werden. Mit anderen Worten: Die Arbeiter insgesamt müssen bereit sein, zu einem niedrigeren Lohn zu arbeiten. In *Schaubild 4.4* wird dies durch eine Verschiebung der Angebotskurve nach rechts veranschaulicht. Es ergibt sich ein

Schaubild 4.4

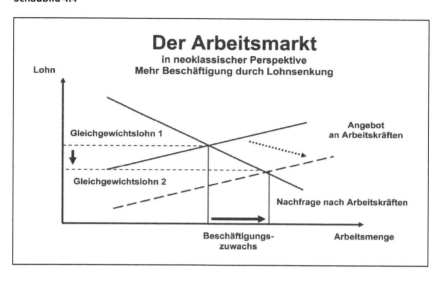

neuer, niedrigerer Gleichgewichtslohn, zu dem mehr Arbeitskräfte nachgefragt werden als vorher.

Um die Lohnsenkung durchzusetzen (und damit eine höhere Beschäftigung herzustellen), treten die Neoklassiker – bei ihrem Theorieansatz folgerichtig – für eine Schwächung der Gewerkschaften ein. Im Kapitel 5.3 wollen wir diesen und andere Ansätze für mehr Beschäftigung näher diskutieren.

4.2 Die Staatsverschuldung

Ein weiteres wirtschaftspolitisches Problem, das viele Bürger mit Sorge erfüllt, ist die Staatsverschuldung. Wer wirtschaftliche Zusammenhänge nicht durchschaut, verbindet mit der Staatsverschuldung unbestimmte Ängste. Er fürchtet sich vor einem Staatsbankrott, vor einem Zusammenbruch, vor totaler Geldentwertung, ohne allerdings erklären zu können, wieso Staatsverschuldung dazu führen soll.

Wenn ein Bürger hört, dass der Staat in seinen Haushalten (Bund, Länder, Gemeinden, Sozialversicherung) Ende 2010 nach Angaben des Bundesfinanzministeriums (BMF) über zwei Billionen Euro Schulden hatte, so läuft ihm verständlicherweise ein kalter Schauer über den Rücken. Als Normalverdiener mit einem Bruttoeinkommen von vielleicht 2800 € monatlich sind dies Größenordnungen,

144 Hauptprobleme der Wirtschafts- und Gesellschaftspolitik und ihre Ursachen

die sein Vorstellungsvermögen übersteigen. Wir wollen hier die Staatsverschuldung ganz nüchtern betrachten und dabei unsere volkswirtschaftlichen Kenntnisse erweitern.

Wie konnte es zu dieser Staatsverschuldung kommen, und wie ist sie zu beurteilen? Dazu müssen wir zunächst die Rolle des Staates im Geldkreislauf einer Volkswirtschaft erläutern.

4.2.1 Die Rolle des Staates im Geldkreislauf

Kommen wir noch einmal auf die *Schaubilder 2.6 und 2.7* in Kapitel 2 zurück, in denen wir den Geldkreislauf erklärt haben. In diesen Schaubildern hatten wir bislang nur die privaten Haushalte, die Unternehmen und den sog. finanziellen Sektor berücksichtigt. Ausgeklammert blieb noch der Staat, um uns zunächst die ganz einfachen Zusammenhänge klar zu machen. Um die Rolle des Staates besser verdeutlichen zu können, lassen wir zunächst die Geldströme zwischen den privaten Haushalten, den Unternehmen und dem finanziellen Sektor weg — sie sind uns ja noch aus den Schaubildern 2.6 und 2.7 bekannt. Später können wir dann alle Geldströme zusammenführen und darstellen.

Der Sektor Staat ist hier gleichbedeutend mit den Gebietskörperschaften Bund, Länder und Gemeinden. Auch die Sozialversicherung gehört eigentlich zu diesem Sektor, wird aber im Schaubild – was die Geldströme zwischen den Sektoren angeht – auch der Übersichtlichkeit wegen weglassen. Der Sozialversicherung fließen ebenso wie dem Staat erhebliche Beiträge von den privaten Haushalten und den Unternehmen zu, und sie zahlt ihrerseits Gelder an die privaten Haushalte aus (z. B. Altersrenten, Arbeitslosenunterstützung).

Beginnen wir mit den Einnahmen des Staates. Da sind zunächst einmal die Steuern, die die privaten Haushalte entrichten (überwiegend Lohn- und Einkommensteuer), und die Steuern, die von den Unternehmen abgeführt werden müssen (überwiegend Mehrwertsteuer sowie Einkommen- und Körperschaftssteuer). Die sonstigen Einnahmen des Staates wie Gebühren und Beiträge wollen wir der Einfachheit halber hier außer Acht lassen.

Was macht der Staat mit diesen Einnahmen? Er gibt sie wieder aus, und zwar für

- Käufe von öffentlichen Konsum- und Investitionsgütern,
- Transferzahlungen an private Haushalte und Unternehmen.

Bei den Käufen von öffentlichen Konsumgütern (oder -dienstleistungen) handelt es sich um die Größe Staatsverbrauch, die wir schon als Bestandteil der volkswirt-

Schaubild 4.5

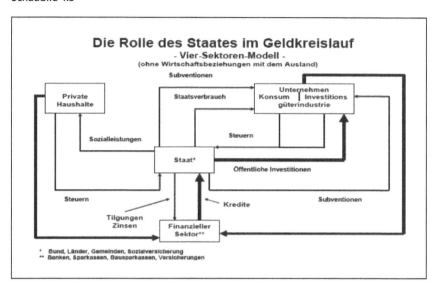

schaftlichen Gesamtnachfrage kennen gelernt haben (Rüstungsausgaben, Personalausgaben für den öffentlichen Dienst). Es fließt somit ein Geldstrom vom Staat zum Sektor »Unternehmen der Konsumgüterindustrie« (die Produktionsstätte »Öffentlicher Dienst« gehört also im *Schaubild 4.5* zum Sektor »Unternehmen der Konsumgüterindustrie«).

Die Käufe öffentlicher Investitionsgüter werden in *Schaubild 4.5* durch den Geldstrom veranschaulicht, der vom Staat zu den Unternehmen der Investitionsgüterindustrie fließt. Konkret handelt es sich dabei beispielsweise um die Zahlungen, die ein Tiefbauunternehmen für den Bau einer Autobahn erhält. In *Schaubild 4.5* wird dieser Geldstrom kurz als Öffentliche Investitionen bezeichnet.

Transferzahlungen (Transfer = Übertragung) sind finanzielle Leistungen des Staates an private Haushalte oder Unternehmen, ohne dass eine wirtschaftliche Gegenleistung zu Grunde liegt. So empfangen private Haushalte z.B. Wohngeld, Sozialhilfe, Ausbildungsförderung, also Gelder, die man unter dem Ausdruck »Sozialleistungen« zusammenfasst und aus dem Steueraufkommen finanziert werden.

Zu den »Sozialleistungen« gehören außerdem Zahlungen wie etwa die Alters-, Hinterbliebenen-, Erwerbs- und Berufsunfähigkeitsrenten, Arbeitslosengeld und die sog. Hartz IV-Leistungen, Krankengeld und Mutterschaftsgeld. Die meisten Sozialleistungen werden von der Sozialversicherung (Rentenversicherung, Krankenversicherung, Arbeitslosenversicherung, Pflegeversicherung) erbracht und überwiegend durch Sozialabgaben der privaten Haushalte und Unternehmen finanziert. Da die Sozialversicherungsträger eine ähnliche Funktion im Geldkreislauf wahrnehmen wie der Staat – sie finanzieren sich ebenso wie der Staat aus Zwangsabgaben –, spricht man von ihnen auch als Parafisci (Fiskus = Staatskasse, para = neben, Parafisci also = Nebenstaatskassen). Die Parafisci fehlen im *Schaubild 4.5*, damit es durch die vielen Geldströme nicht zu unübersichtlich wird.

Die Transferzahlungen des Staates an Unternehmen nennt man *Subventionen*. Sie werden als Unterstützung an Unternehmen gezahlt, die sonst nicht existenzfähig wären und in Konkurs gingen, die man aber aus übergeordneten Gesichtspunkten – Sicherung der Arbeitsplätze und/oder der heimischen Versorgung mit lebenswichtigen Gütern – aufrechterhalten will.

Natürlich unterhält der Staat auch mit dem finanziellen Sektor Beziehungen. Übersteigen die Ausgaben, die der Staat tätigen muss (oder will), seine Einnahmen, so nimmt er ebenso wie private Haushalte oder Unternehmen Kredite beim finanziellen Sektor auf. Und genau wie die privaten Haushalte und Unternehmen muss auch der Staat für aufgenommene Kredite Sollzinsen (= Schuldzinsen) zahlen, die in *Schaubild 4.5* als Zahlung vom Staat an den finanziellen Sektor zurückfließen.

Wir sind nun in der Lage, eine volkswirtschaftliche Theorie zu erklären, die für das Verständnis der aktuellen wirtschafts- und gesellschaftspolitischen Auseinandersetzung außerordentlich wichtig ist: die Lehre von *Keynes*.

4.2.2 Die Lehre von Keynes

John Maynard Keynes war ein englischer Volkswirt, dessen Hauptwerk (Allgemeine Theorie der Beschäftigung, des Zinses und des Geldes) 1936 erschienen ist. Im Mittelpunkt seiner volkswirtschaftlichen Analyse standen zwei Fragen:

1) Welche Faktoren bestimmen Verbrauch und Ersparnis bei den privaten Haushalten bzw. die Investitionen der Unternehmen?

2) Ist die private Nachfrage, also privater Verbrauch und private Investitionen, immer groß genug, um zu gewährleisten, dass man zur Produktion der nachgefragten Güter und Dienstleistungen alle verfügbaren Produktionsfaktoren der Volkswirtschaft, speziell alle Arbeitskräfte, benötigt?

Es würde in diesem Einführungslehrbuch zu weit führen, wollte man hier die Lehre von Keynes – kurz auch *Keynesianismus* genannt – in allen Einzelheiten ausbreiten. Für uns genügt es, in wenigen Worten die wichtigsten Aussagen wiederzugeben, soweit sie für das Verständnis des aktuellen Wirtschaftsgeschehens bedeutsam sind.

John Maynard Keynes (1883 – 1946)

- Englischer Ökonom (gelernter Mathematiker)
- Dozent am King's College, Cambridge
- Berater der englischen Regierung (Schatzministerium)
- Leiter der britischen Delegation bei der Konferenz von Bretton-Woods zur Errichtung eines neuen Weltwährungssystems 1944

Hauptwerk: The General Theory of Employment, Interest and Money (1936) [deutsch: Allgemeine Theorie der Beschäftigung, des Zinses und des Geldes]

Zu Frage 1: Verbrauch (= Konsumausgaben) und Ersparnis der privaten Haushalte richten sich nach der Höhe des Einkommens. Dabei gilt für die Ersparnis: Je höher das Einkommen, desto größer ist der Prozentsatz des Einkommens, der gespart wird.

Ein Beispiel

Jemand, der im Monat 2.000 € netto verdient, kann vielleicht 200 €, also 10 Prozent, sparen und gibt 1.800 €, also 90 Prozent, aus. Verdient jemand hingegen 20.000 € netto, wird er – sagen wir – 14.000 € im Monat sparen, das sind 70 Prozent seines Einkommens, und 6.000 € ausgeben, das sind 30 Prozent.

Die Motive für das Sparen der privaten Haushalte sind vielfältig. Manche sparen, um sich einige Zeit später ein höherwertiges, langlebiges Konsumgut anzuschaffen (Zwecksparen), andere sparen, um für schlechte Zeiten vorzusorgen oder im Alter auf etwas zurückgreifen zu können (Vorsorgesparen), andere wiederum sparen, um ihren Kindern etwas vererben zu können.

Die Motive für Investitionen der Unternehmen sind gänzlich andere als die Sparmotive der privaten Haushalte. So investieren Unternehmen, wenn neue Erfindungen gemacht worden sind, neue Produkte angeboten werden können oder wenn sich ein neuer Absatzmarkt mit zusätzlicher Nachfrage eröffnet. Entscheidend für eine Investition ist jedoch, dass die Kosten, die die Anschaffung neuer Maschinen und Anlagen verursacht, durch den Verkauf der Güter und Dienstleistungen, die man damit produziert, wieder hereingewirtschaftet werden können, und zwar so, dass ein Gewinn übrig bleibt. Dieser Gewinn muss – bezogen auf das investierte Kapital – prozentual höher sein als der Zins, der sich bei Anlage des

148 Hauptprobleme der Wirtschafts- und Gesellschaftspolitik und ihre Ursachen

gleichen Betrages auf dem Geld- und Kapitalmarkt hätte erzielen lassen, wenn die Investition rentabel sein soll. Andernfalls hätte sich das Unternehmen besser gestanden, statt Maschinen und Anlagen beispielsweise Wertpapiere zu kaufen, und die Investition wäre unterblieben.

Zu Frage 2: Da diejenigen, die sparen, und diejenigen, die investieren, verschiedene Personen sind und bei ihren Entscheidungen von unterschiedlichen Motiven geleitet werden, wäre es reiner Zufall, wenn in einer Volkswirtschaft von den privaten Haushalten genau so viel gespart würde, wie von den Unternehmen als Kredit nachgefragt und investiert wird.

Überlegen wir einmal, was geschieht, wenn alle Produktionsfaktoren voll ausgelastet sind, die Maschinen auf Hochtouren laufen und Vollbeschäftigung der Erwerbspersonen herrscht, die Ersparnis aber geringer ist als die Investition. In diesem Fall werden der private Verbrauch und die private Investition, also die private Nachfrage, größer sein als das Gesamtangebot; es setzt dann ein Wirtschaftsaufschwung ein, wie wir ihn im Abschnitt 2.1 bereits beschrieben haben.

Im umgekehrten Fall, wenn also die Ersparnis das Investitionsvolumen übertrifft, gerät die Volkswirtschaft in eine Krise; denn ein Teil des Geldes liegt brach im finanziellen Sektor, wird nicht ausgegeben und damit auch nicht nachfragewirksam. Die private Nachfrage reicht also nicht aus, das Angebot abzusetzen, die Unternehmen bleiben auf einem Teil ihrer Waren sitzen und schränken daher die Produktion ein. Es kommt zu einem Rückgang der Beschäftigung, zu Kurzarbeit und Arbeitslosigkeit.

Hier kommen wir zu der zentralen Aussage von *Keynes:*

▸ **Es gibt in der Volkswirtschaft keinen Mechanismus, der dafür sorgt, dass automatisch Vollbeschäftigung herrscht. Für Vollbeschäftigung muss vielmehr der Staat durch entsprechenden Einsatz seiner finanzpolitischen Instrumente sorgen.**

Wie das funktionieren soll, können wir jetzt an *Schaubild 4.5* verdeutlichen.

Ursache der »Kreislaufstörungen«, der Wirtschaftskrise, war die im Vergleich zur Investition zu große Ersparnis in der Volkswirtschaft. Dies führt quasi zu einem Überlaufen des finanziellen Sektors vor Liquidität – es sind überreichlich Ersparnisse vorhanden, die aber von den privaten Haushalten und Unternehmen nicht ausgeliehen und in Nachfrage umgesetzt werden.

Die Volkswirte sprechen deshalb auch von einer Nachfragelücke. Um sie zu schließen, muss der Staat seinerseits Nachfrage entfalten. Er muss verstärkt investieren und somit die Nachfrage schaffen, die wegen der Kaufzurückhaltung der privaten Haushalte und der schwachen Investitionstätigkeit der Unternehmen fehlt. Aber wie soll der Staat diese vermehrten Ausgaben finanzieren?

Die Staatsverschuldung

Verfehlt wäre es, die zusätzlichen Ausgaben durch allgemeine Steuererhöhungen finanzieren zu wollen. Denn Steuererhöhungen würden den privaten Haushalten Kaufkraft entziehen, die Gewinne der Unternehmen schmälern und beide veranlassen, ihre Nachfrage einzuschränken. Deshalb muss der Staat sich diese Gelder beim finanziellen Sektor leihen, der ohnehin – wie eingangs festgestellt – vor Liquidität überquillt. Mit anderen Worten: Der Staat nimmt die im finanziellen Sektor brachliegenden Mittel als Kredit auf und schleust sie als staatliche Nachfrage wieder in den Geldkreislauf ein (deficit spending = geliehenes Geld ausgeben). Dadurch wird der Absatz gestützt, die Produktion kann aufrechterhalten bleiben, und Beschäftigung sowie Einkommen der Arbeitnehmer sind gesichert. Dies ist das Grundprinzip keynesianischer Krisenbekämpfung.

In *Schaubild 4.5* sind diejenigen Geldströme, um die es bei der keynesianischen Wirtschaftspolitik vor allem geht, fett gezeichnet. Sowohl von den privaten Haushalten als auch vom Unternehmenssektor fließt der Geldstrom der Ersparnisse bzw. der nicht ausgeschütteten Gewinne zum Finanziellen Sektor. Dieser vergibt Kredite an den Staat. Der wiederum verwendet die geliehenen Gelder, um damit öffentliche Investitionen zu finanzieren, also Kindergärten, Schulen, Krankenhäuser, Straßen und Flughäfen (= Infrastruktureinrichtungen) zu bauen.

Der Leser sollte sich genau vor Augen führen, was bei der staatlichen Kreditaufnahme volkswirtschaftlich eigentlich passiert. Ausgangspunkt war eine Situation, in der die volkswirtschaftliche Ersparnis (von privaten Haushalten und Unternehmen) das Investitionsvolumen übertrifft, ein Teil des sich im Kreislauf befindenden Geldes also nicht nachfragewirksam wird, sondern brach beim Finanziellen Sektor liegt. Diese bei den Banken brach liegenden Mittel mobilisiert der Staat, indem er sich diese Gelder leiht und damit öffentliche Investitionsgüternachfrage entfaltet. Mit anderen Worten: Er greift im Wege der Kreditaufnahme auf Gelder zu, die die privaten Haushalte und Unternehmen im Moment nicht in Anspruch nehmen. Das ist etwas anderes als Geld drucken, wie es oft von Unkundigen unterstellt wird. Es wird nicht neues Geld geschaffen, sondern nur Geld, das in der Wirtschaft bereits vorhanden ist, das aber gerade niemand sonst ausgeben will, für staatliche Investitionen verwendet.

Der wirtschaftspolitische Ansatz, eine gesamtwirtschaftliche Nachfrageschwäche zu bekämpfen, indem der Staat mit öffentlichen Investitionen in die Bresche springt, wird als *Linkskeynesianismus* bezeichnet. Links deshalb, weil mit öffentlichen Investitionen das Vermögen des Staates wächst und seine Bedeutung in der Wirtschaft damit größer wird. Links aber auch deshalb, weil ein öffentliches Investitionsprogramm, wenn es linksorientierte Parteien durchführen, meist mit Steuersenkungen für untere Einkommen und Erhöhung der staatlichen Sozialleistungen kombiniert wird.

150   Hauptprobleme der Wirtschafts- und Gesellschaftspolitik und ihre Ursachen

Ein anderer Ansatzpunkt wäre zu versuchen, die private Nachfrage zu beleben, indem der Staat beispielsweise die Steuern senkt und so die privaten Haushalte in die Lage versetzt, mehr zu konsumieren, die privaten Unternehmen, mehr zu investieren. Die Steuersenkungen dürften aber nicht von gleichzeitigen Ausgabekürzungen des Staates begleitet werden. Denn dann würde der expansive Effekt einer höheren privaten Konsum- und Investitionstätigkeit durch Senkung der Staatsnachfrage wieder zunichte gemacht. Da die Steuersenkungen zunächst zu Steuermindereinnahmen führen werden, muss der Staat zur Finanzierung seiner Ausgaben in bisheriger Höhe also auch bei diesem Weg neue Schulden aufnehmen.

Bei dieser Strategie setzt der Staat weniger auf eigene Nachfrage, sondern auf die Nachfrage der privaten Sektoren. Wegen der Steuersenkung nimmt seine Bedeutung in der Wirtschaft eher ab. Dafür erhalten private Haushalte und Unternehmen größere Dispositionsmöglichkeiten. Da Unternehmen und gut verdienende private Haushalte von den Steuersenkungen meist mehr profitieren als Bezieher geringer Einkommen und Sozialleistungsempfänger, wird dieser Kurs vorwiegend von bürgerlichen Parteien bevorzugt und *Rechtskeynesianismus* genannt. An dieser Stelle gelangen wir zu einer wichtigen Erkenntnis:

► **Das Wirtschaftsgeschehen ist ein ständiger Kreislauf des Geldes. Dabei gilt: Was der *Eine* ausgibt, bildet für einen *Anderen* eine Einnahme. Kosten und Erlöse sind somit – volkswirtschaftlich betrachtet – zwei Seiten derselben Medaille.**

Man könnte auch sagen: Jede volkswirtschaftliche Analyse beginnt mit der Überlegung:

► **»Wo fließt Geld ab, wo fließt Geld hin«?**

Wer dies festzustellen vermag, kann viele volkswirtschaftliche Zusammenhänge verstehen. Wirtschaftspolitik, speziell Konjunkturpolitik, bedeutet nichts anderes, als die Geldströme so zu lenken versuchen, wie es zur Erreichung der gesetzten Ziele erforderlich erscheint. Und vor allem geht es darum: Wenn der Geldkreislauf an irgendeiner Stelle der Wirtschaft ins Stocken gerät, muss er wieder »angeschoben«, d. h. in Gang gesetzt werden.

4.2.3 Ursachen der Staatsverschuldung

Die Rolle des Staates im Geldkreislauf in Verbindung mit den zentralen Aussagen von *Keynes* lässt uns jetzt besser verstehen, warum der Staat überhaupt Schulden aufnimmt. Die einzelnen Gründe für die Staatsverschuldung wollen wir in den folgenden beiden Unterabschnitten näher erläutern. Wir unterscheiden dabei zwischen ökonomischen und politischen Gründen.

4.2.3.1 Ökonomische Gründe

Bei der Erklärung der Theorie von *Keynes* hatten wir bereits auf die immer wiederkehrenden »Kreislaufstörungen« der Wirtschaft hingewiesen: Wenn die privaten Haushalte nicht ausreichend konsumieren und die privaten Unternehmen zu wenig investieren, sammelt sich im finanziellen Sektor Überliquidität an. Es wird in der Wirtschaft zu wenig nachgefragt, und die Banken können gar nicht so viele Kredite vergeben, wie ihnen an Einlagen (Spargelder der privaten Haushalte und unverteilte Gewinne der Unternehmen) zufließen. Der Staat leiht sich diese Mittel bei den privaten Haushalten und Unternehmen, aber auch bei Banken und Versicherungen, indem diese einen Teil des Geldes in Staatsanleihen anlegen, d. h. solche kaufen.

So weit, so gut! Aber warum ist die Staatsverschuldung im Laufe der Zeit immer größer geworden, wie aus *Schaubild 4.6* unschwer ablesbar ist. Schließlich erlitt die deutsche Wirtschaft in den letzten Jahrzehnten nicht ständig einen »Kreislaufkollaps«, der mit staatlicher Hilfe, sprich Aufnahme neuer Staatsschulden, überwunden werden musste.

Hier darf man nicht den Fehler begehen, nur die absolute Höhe der Staatsschulden zu betrachten. Schließlich sind beispielsweise 1.000 Euro Schulden im Jahr 2012 anders zu bewerten als 1.000 Euro Schulden im Jahr 1952 (das wären umgerechnet 511,29 DM gewesen). Auch im Privatleben ist es ein Unterschied, ob jemand, der 1.000 Euro Schulden hat, ein gut verdienender Angestellter mit einem Nettogehalt von 6.000 Euro im Monat ist oder ein Hartz-IV-Empfänger.

Um die unterschiedliche Wirtschaftsleistung Deutschlands – das gewachsene Bruttoinlandsprodukt – zu berücksichtigen, ist es sinnvoll, die Staatsverschuldung nicht in absoluten Werten, sondern relativ auszudrücken, d. h. in Prozent des Bruttoinlandsprodukts. Man nennt diese Größe *Schuldenstandsquote*. Die Entwicklung in Deutschland wird in *Schaubild 4.7* gezeigt. Dabei fällt folgendes auf:

1) Die Staatsschulden sind nicht nur absolut, sondern auch relativ – bezogen auf das Bruttoinlandsprodukt – gestiegen: von unter 20 % (1970) bis zu ihrem bisherigem Höchstwert von 83 % (2010).

2) Einen erkennbaren »Sprung« nach oben machte die Schuldenstandsquote stets nach schwerwiegenden externen Ereignissen, die mit der Politik in

152 Hauptprobleme der Wirtschafts- und Gesellschaftspolitik und ihre Ursachen

Schaubild 4.6

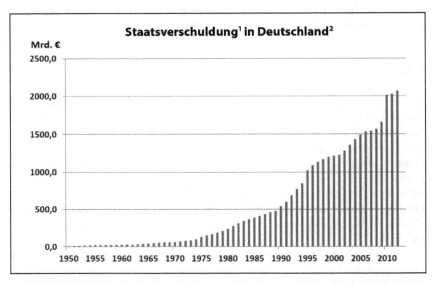

1 Bund, Länder, Gemeinden und Sozialversicherungen. – 2 Bis einschl. 1989 früheres Bundesgebiet, ab 1990 Deutschland

Quelle: Deutsche Bundesbank (unter Verwendung von Angaben des Statistischen Bundesamtes). Abgedruckt beim Sachverständigenrat zur Begutachtung der gesamtwirtschaftlichen Entwicklung, Statistik: Zeitreihen für Deutschland (Stand: 27.7.2012) – Werte ab 2010 einschl. aller öffentlichen Fonds, Einrichtungen und Unternehmen des Staatssektors (neue Systematik), daher nur eingeschränkt mit den Vorjahren vergleichbar. (Quelle: BMF)

Deutschland gar nichts zu tun hatten. Das gilt insbesondere für die durch die Ölpreisverteuerung verursachten Ölkrisen 1973/74 und 1981/82 und für die Finanzmarktkrise 2009/10, die durch die Immobilienmarkt- und Immobilienfinanzierungskrise in den USA ausgelöst wurde und in der Folge die Staatsschulden auch Deutschlands in die Höhe getrieben hat. (Diese Zusammenhänge erklären wir später) Die Wiedervereinigung Deutschlands 1989/90 ist zwar ein innenpolitisches Ereignis, wurde aber letztlich auch durch externes Geschehen – dem Zusammenbruch der real-sozialistischen Systeme Osteuropas – ausgelöst. Die Ökonomen sprechen in all diesen Fällen von *exogenen Schocks* (exogen = von außen kommend).

3) In den Jahren des Ausbaus des Wohlfahrtsstaates in den fünfziger Jahren bis zu Beginn der siebziger Jahre hingegen blieb die Staatsschuldenquote konstant unter 20%. Das gilt sowohl für die CDU geführten Bundesregierungen unter

Die Staatsverschuldung

Schaubild 4.7

1 Schuldenstand der öffentlichen Haushalte in Prozent des jeweiligen Bruttoinlandsprodukts. – 2 Bis einschl. 1989 früheres Bundesgebiet, ab 1991 Deutschland.

Quelle: Deutsche Bundesbank (unter Verwendung von Angaben des Statistischen Bundesamtes). Abgedruckt beim Sachverständigenrat zur Begutachtung der gesamtwirtschaftlichen Entwicklung, Statistik: Zeitreihen für Deutschland (Stand: 27. 7. 2012)

Konrad Adenauer, Ludwig Erhard und *Kurt Georg Kiesinger* als auch für die SPD geführte sozial-liberale Koalition unter *Willy Brandt* bis zum exogenen Öl-Schock 1973/74.

Aus allen drei Punkten lassen sich Schlüsse zur Entwicklung und Ursachen der Staatsverschuldung ziehen:

Zu 1:
Eine deutliche Erhöhung der Staatsschulden ist auch bei relativer Betrachtung (gemessen am Bruttoinlandsprodukt) feststellbar. Sie ist aber bei weitem nicht so dramatisch, wie wenn man nur die absoluten Werte betrachtet. Jeder private Haushalt, der ein Einfamilienhaus kauft, verschuldet sich relativ in sehr viel höherem Umfang. Nehmen wir an, eine Familie hat ein gemeinsames Jahreseinkommen von 80.000 Euro und baut ein Eigenheim für 350.000 Euro. Banken und Bausparkassen verlangen dafür in der Regel rund 25 % Eigenkapital – das wären 87.500 Euro. Den Rest finanziert sie über ein Baudarlehen in Höhe von 262.500 Euro. Dieser Darlehensbetrag gemessen an der jährlichen Wirtschaftsleistung (dem »BIP«) der

Familie, den 80.000 Euro Jahreseinkommen, ergibt eine Schuldenstandsquote des privaten Haushalts von rund 328 %. Da nimmt sich die Schuldenstandsquote Deutschlands von rund 80 % sehr bescheiden aus.

Zu 2:
Viele Kritiker machen für die Staatsverschuldung die Politiker verantwortlich, die angeblich unsolide wirtschaften und mit dem Geld der Steuerzahler nicht vernünftig umgehen. In Wirklichkeit sind die großen Anstiege der Staatsverschuldung Folgen von Wirtschaftskrisen, die von exogenen Faktoren (s. o.) ausgelöst wurden.

Zu 3:
Andere Kritiker sehen im Ausbau des Sozial- und Wohlfahrtsstaates die Ursache der hohen Staatsverschuldung. Der Ausbau des deutschen Wohlfahrtsstaates fiel jedoch in die Zeit von Gründung der Bundesrepublik 1949 bis zur ersten Ölkrise 1973/74. In dieser Zeit blieb die Staatsschuldenquote aber konstant, auch in den ersten Jahren der von der SPD geführten sozial-liberalen Koalition. Erst nachdem die Erdöl exportierenden Staaten sich ihrer Macht bewusst wurden, an der Preisschraube drehten – auch weil sie den sinkenden Dollarkurs ausgleichen wollten – und damit in allen Industriestaaten eine mehr oder weniger große Wirtschaftskrise auslösten, stieg die Staatsverschuldung – übrigens nicht nur in Deutschland – deutlich an.

Schon diese einfachen Ableitungen aus *Schaubild 4.7* zeigen: Die Staatsverschuldung ist ein mit viel Unkenntnis und Vorurteilen beladenes Problem. Viele Ängste in der Bevölkerung resultieren schlicht daraus, dass die ökonomischen Zusammenhänge nicht verstanden werden. Dabei ist es ungeheuer wichtig, auf diesem Gebiet keine unberechtigten Ängste aufkommen zu lassen. Denn jede Gesellschaft braucht Vertrauen in die Währung und in den Staat bzw. dessen Regierung.

Im Kapitel 4.2.2, das grundlegende Aussagen der Lehre von Keynes darstellte, hatten wir schon auf die problematische Situation hingewiesen, in die eine Wirtschaft kommen kann, wenn dem finanziellen Sektor mehr finanzielle Mittel zufließen als Kredite von den Unternehmen für Investitionen abgerufen werden, kurz: wenn zu viel gespart und zu wenig investiert wird. Schauen wir uns deshalb einmal an, wie das Verhältnis zwischen den Ersparnissen und Investitionen in den letzten zwanzig Jahren war.

Dazu können wir auf die Finanzierungsrechnung der Deutschen Bundesbank zurückgreifen. Sie stellt dar, wie viel Geld alle privaten Haushalte zusammen in jedem Jahr gespart haben, also von ihrem Einkommen nicht für Konsumkäufe ausgegeben, sondern entweder in Geldvermögen (z.B. auf Sparkonten, Bausparverträgen, festverzinslichen Wertpapieren oder Aktien) oder in Sachvermögen (z.B.

Die Staatsverschuldung   155

Immobilien) angelegt haben. Zieht man vom neu gebildeten Geldvermögen eines
Jahres das neu gebildete Sachvermögen ab, kommt man – bei allen privaten Haushalten zusammen – zu einem positiven Betrag. Man nennt ihn *Finanzierungsüberschuss* oder auch *Finanzierungssaldo* des Sektors private Haushalte. Er wird dem
finanziellen Sektor zur Verfügung gestellt. Dieser, d. h. insbesondere die Banken
und Versicherungen, sollen damit »arbeiten«. Das bedeutet, sie sollen die Mittel
ihrerseits in der Wirtschaft Zins bringend anlegen, damit sie aus den Zinserlösen
ihren Anlegern Zinsen zahlen können.

Auch für alle privaten Unternehmen zusammen, die nicht zum finanziellen
Sektor gehören (also keine Banken, Versicherungen o. ä. sind), wird ein derartiger Finanzierungssaldo ermittelt. Auch Unternehmen bilden Geldvermögen und
Sachvermögen. So legen beispielsweise Unternehmen, die ihren Mitarbeitern eine
betriebliche Altersvorsorge bieten, Geld bei Versicherungen oder Fonds an (Geldvermögensbildung). Auch unverteilte Gewinne, das sind die Erlöse nach Abzug
aller Kosten wie Löhne und Gehälter, Zinsen, Dividenden, Wareneinkauf usw.)
verbleiben im finanziellen Sektor. Insbesondere bilden Unternehmen natürlich
Sachvermögen in Form von Maschinen und Anlagen. Zieht man vom neu gebildeten Geldvermögen, das die Unternehmen in einem Jahr angesammelt haben,
das erworbene Sachvermögen (= Nettoinvestitionen) ab, kommt man wie bei den
privaten Haushalten zu einem *Finanzierungssaldo*. Dieser ist positiv, wenn die Unternehmen insgesamt mehr Vermögen in Form von Geldanlagen bilden als sie in
Sachvermögen investiert haben. Er ist negativ, wenn das umgekehrte der Fall ist:
Dann haben die Unternehmen mehr Sachvermögen als Geldvermögen gebildet,
was nur möglich ist, wenn sie Kredite aufgenommen haben.

Schauen wir uns jetzt *Schaubild 4.8* an. Es zeigt in der ersten (hellgrauen) Säule
den jeweiligen Finanzierungsüberschuss der privaten Haushalte, in der (dunkel-
grauen) Säule den entsprechenden Finanzierungssaldo der Unternehmen und in
der dritten (schwarzen) Säule den Finanzierungssaldo von privaten Haushalten
und Unternehmen (die Ökonomen sprechen vom *privaten nicht-finanziellen* Sektor) zusammen. Wir sehen: Mit Ausnahme von zwei Jahren (1994 und 2000) war
der Finanzierungssaldo von privaten Haushalten und Unternehmen zusammen
positiv. Das bedeutet: Beide zusammen haben mehr finanzielle Mittel im finanziellen Sektor angelegt als sie für Kredite zum Erwerb von Sachvermögen wieder
»abgerufen« haben.

Die Deutsche Bundesbank kommentierte in ihrer statistischen Sonderveröffentlichung vom Juni 2012 diesen Sachverhalt folgendermaßen:

> »Während der finanzielle Sektor typischerweise per saldo Mittel zur Verfügung stellt,
> sind die Überschüsse bei den nichtfinanziellen Kapitalgesellschaften (= Unternehmen
> ohne Banken, H. A.) eher untypisch. Hintergrund ist auch hier unter anderem die dy-

Schaubild 4.8

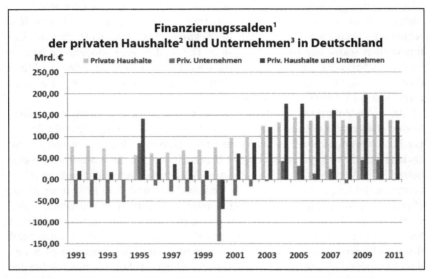

1 Überschüsse (+) bzw. Defizite (−) der Geldvermögensbildung über die Sachvermögensbildung. –
2 Einschl. private Organisationen ohne Erwerbszweck. – 3 Nichtfinanzielle Kapitalgesellschaften = Unternehmen in der Rechtsform einer AG oder GmbH, sofern sie keine Banken, Bausparkassen oder Versicherungen o. ä. sind.
Quelle: Finanzierungsrechnung der Deutschen Bundesbank.

namische Einkommensentwicklung; so lagen die Unternehmensgewinne ... – mit Ausnahme des Krisenjahres 2009 – im betrachteten Zeitraum – durchweg höher als in allen vorangegangenen Jahren. Die Nettoinvestitionen konnten damit zu einem Gutteil aus eigenen Mitteln finanziert werden, blieben in ihrer Entwicklung bis auf die Jahre 2008 und 2011 jedoch hinter der ökonomischen Ersparnis zurück und begünstigten so die Finanzierungsüberschüsse. «
(Deutsche Bundesbank, Ergebnisse der gesamtwirtschaftlichen Finanzierungsrechnung für Deutschland – 2006–2011, Statistische Sonderveröffentlichung 4, Frankfurt/Main, Juni 2012, S. 13.)

Mit anderen Worten: Dem finanziellen Sektor – Banken, Bausparkassen, Versicherungen, Fonds) flossen von privaten Haushalten und Unternehmen mehr Gelder zu, als sie diesen in Form von Krediten wieder ausreichen konnten. Wer anders als der Staat könnte diese Gelder absorbieren (= aufsaugen), d. h. sie ausleihen, damit

Die Staatsverschuldung

öffentliche Investitionen finanzieren und sie so wieder in den Geldkreislauf zurückschleusen? Man kann es noch drastischer formulieren:

▶ **Ohne Staatsverschuldung würde unsere Wirtschaft gar nicht funktionieren! Sie verfiele in eine schwere Depression, weil die Nachfrage der privaten Haushalte und der Unternehmen nicht ausreichen würde, das Produzierte abzunehmen.**

Banken, Versicherungen, Fonds – alle werben um Kunden (private Haushalte) und ermahnen sie, bei ihrem Institut zu sparen und zusätzlich zur gesetzlichen Rente fürs Alter vorzusorgen. Insbesondere Versicherungen sind aber gesetzlich dazu angehalten, die Gelder ihrer Kunden nicht in risikoreichen Papieren anzulegen, sondern in sicheren Anlagen – und das sind Staatsanleihen und allenfalls noch festverzinsliche Wertpapiere einiger Großunternehmen. Wenn es keine Staatsverschuldung gäbe, könnten die Versicherungen die Prämien/Beiträge ihrer Kunden gar nicht nach den gesetzlichen Vorschriften anlegen.

Noch was lässt sich aus der Statistik der Deutschen Bundesbank und ihren zitierten Ausführungen lernen: Die Finanzierungsüberschüsse sind Ergebnis der – wie sie sich ausdrückt – dynamischen Einkommensentwicklung. Gemeint sind damit, wie im nächsten Satz auch steht, die Unternehmensgewinne. Damit ist die Einkommensverteilung in Deutschland angesprochen. Je mehr sich die Einkommen bei den oberen Einkommensgruppen konzentrieren und je höher die Gewinne der Unternehmen sind, desto mehr Gelder kursieren in der Wirtschaft, für die es keine richtige ökonomische Verwertungsmöglichkeit gibt. Die reichen privaten Haushalte geben zwar viel für Konsumgüter aus, und trotzdem bleibt ihnen am Monatsende Geld übrig, das sie gewissermaßen sparen müssen, weil sie keine weitere Verwendungsmöglichkeit mehr sehen. Die Unternehmen sammeln Gewinne an, weil Investitionen in Realkapital, der Kauf neuer Maschinen und Anlagen, keine ausreichende Rendite erwarten lässt. Dieses Phänomen tritt in allen reichen Industriegesellschaften auf, in denen

- sich die Einkommensverteilung polarisiert, d. h. die Unterschiede zwischen Arm und Reich immer größer werden,
- Investitionsmöglichkeiten der privaten Wirtschaft geringer werden, weil es keine bahnbrechenden Erfindungen und neue Massenprodukte gibt, für deren Herstellung riesige Investitionssummen aufgewendet werden müssten.

Der Staat wird dann dringend gebraucht, um mit seinen Aktivitäten den Motor der Wirtschaft in Schwung zu halten. Aber warum steht die Staatsverschuldung dann so im Kreuzfeuer der Kritik? Damit kommen wir zu den politischen Gründen der Staatsverschuldung.

4.2.3.2 Poltische Gründe der Staatsverschuldung

Häufig wird den Anhängern der keynesianischen Theorie vorgehalten, es handele sich zwar um einen guten theoretischen Ansatz, der in der Praxis aber nicht funktioniere. Denn *Keynes* habe auch vorgesehen, dass der Staat, sobald die Konjunktur wieder in Schwung gekommen ist und die Steuereinnahmen wieder steigen, die Schulden wieder tilgt. Das sei in der Praxis aber nie geschehen, weil die Politiker nicht die Disziplin aufbrächten, in guten Zeiten zu sparen und Haushaltsdisziplin zu üben. Was ist an diesem Vorwurf wahr?

Schauen wir uns dazu *Schaubild 4.9* an, das dem Monatsbericht der Deutschen Bundesbank, Oktober 2011, S. 16, entnommen ist. Es lässt deutlich erkennen: Die Staatsverschuldung wurde im Zeitraum von 1950 bis 2010 mehrmals zurückgeführt, und zwar von Mitte der fünfziger bis Mitte der sechziger Jahre, Ende der sechziger Jahre, Ende der achtziger Anfang der neunziger Jahre, (hier allerdings nur geringfügig – zumindest wurde der Schuldenstand im Durchschnitt mehrerer Jahre nicht erhöht – in den Jahren 2000/2001 sowie 2007. Von einer ungezügelten Schuldenpolitik kann also keine Rede sein. Finanzminister mehrerer Regierungen unternahmen mit Erfolg Anstrengungen, in wirtschaftlich guten Jahren die öffentlichen Haushalte zu konsolidieren. Doch waren das immer nur kurze Zeitspannen – wenn gerade keine exogenen Schocks auftraten bzw. die vorherigen »verdaut« waren. Leider verlief bisher weder die wirtschaftliche noch die politische Entwicklung über eine längere Zeitspanne so störungsfrei, dass eine dauerhafte Rückführung der Staatsverschuldung möglich war.

Noch zwei weitere Gesichtspunkte spielen hier eine Rolle, die nicht außer Acht gelassen werden dürfen:

1) Im vorigen Unterabschnitt wurde gezeigt: Im finanziellen Sektor herrschte in den vergangenen Jahren des Öfteren eine Überliquidität (= es war zu viel Spargeld vorhanden), weil die privaten Unternehmen für ihre Investitionen zunehmend weniger Kredite aufnehmen mussten. Gleichzeitig stellen sich aber den reichen Industrienationen wie Deutschland Jahrzehnte nach Kriegsende viele Aufgaben. Die Infrastruktur – Straßen , Wasserwege, Flughäfen, öffentliche Gebäude – muss modernisiert und erweitert werden, Energieversorgung und Abfallbeseitigung müssen auf dem neuesten Stand gehalten werden, für Bildung und Forschung müssen mehr Mittel bereit gestellt werden. Eigentlich würde es sich anbieten, diese zusätzlichen Mittel über Steuererhöhungen zu beschaffen, und zwar bei den reichen Privathaushalten und den Unternehmen, die die Banken mit Geld »überschwemmen«. Doch gerade diese Frage wird in der Politik ausgesprochen kontrovers gesehen: Liberale Politiker wollen eher Steuersenkungen, linksorientierte plädieren für Steuererhöhungen. In den

Schaubild 4.9

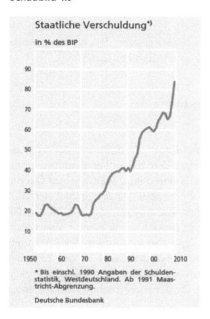

letzten dreißig Jahren herrschte eher die liberale Auffassung vor, und selbst Mitte-Links-Regierungen verfolgten eher eine Steuersenkungs- als eine Steuererhöhungspolitik.

Steuererhöhungen, selbst wenn sie nur einen Teil der Bevölkerung treffen, sind stets unpopulär. Man könnte deshalb auch sagen:

▶ **Ein Teil der hohen Staatsverschuldung besteht deshalb, weil die Politiker es nicht gewagt haben, ihren gut verdienenden Bürgern höhere Steuern zur Finanzierung der öffentlichen Aufgaben aufzuerlegen.**

2) Investitionen in die öffentliche Infrastruktur sind Langfristinvestitionen, die nicht nur der augenblicklich lebenden Generation, sondern auch künftigen Generationen noch nutzen. Deshalb ist es ökonomisch ausgesprochen sinnvoll, diese Investitionen über Kredite zu finanzieren – so wie auch jedes Unternehmen Kredite aufnimmt, um seine Maschinen und Anlagen, die viele Jahre ihren Dienst tun sollen, zu finanzieren. Es ist sogar ein Gebot der Gerechtigkeit, auch künftige Generationen mit aus Steuern finanzierten Zins- und Til-

160　Hauptprobleme der Wirtschafts- und Gesellschaftspolitik und ihre Ursachen

gungszahlungen zu belasten, werden sie doch auch noch die heute gebauten Autobahnen, Energienetze und Universitäten nutzen.

Damit haben wir so viel über die Staatsverschuldung gelernt, dass wir die gewachsene Verschuldung vieler Staaten im Eurogebiet erklären können.

4.2.3.3　Die Staatsverschuldung im Eurogebiet – Ursachen und Zusammenhänge

2007 kam es in den USA zur sog. *Subprime-Krise.* Als *Subprime-Markt* (subprime = zweitklassig) gilt der Markt für Baudarlehen, die an Personen mit geringer Kreditwürdigkeit vergeben werden. Damals waren viele Politiker und Ökonomen zunächst der Meinung, dass diese Krise eine reine Angelegenheit der USA sei und Europa gar nichts anginge. Doch dies war eine grandiose Fehleinschätzung. Die Subprime-Krise der USA hatte nicht nur schwer wiegende Auswirkungen auf Europa, sie ist auch als Auslöser der Krise, die 2009 und in den folgenden Jahren die Staaten des Euro-Raums erfasst hat. Deshalb müssen wir uns zunächst in der gebotenen Kürze mit der US-Subprime-Krise befassen. Anschließend erklären wir, welche Folgen sie für die Staatshaushalte der europäischen Länder hatte.

Die Subprime-Krise in den USA
Vor der Situation hoher Liquidität, in der zu wenig als Kredit abgerufen wird, standen auch die amerikanischen Banken. Deshalb vergaben sie auch an Personen, die eigentlich nicht kreditwürdig waren, Kredite, damit sie sich damit ein Eigenheim bauen konnten. Man sprach bei den Kreditnehmern von sog. *Ninjas.* Der Ausdruck ist eine Abkürzung für **no** income, **no** job, **no** assets, d. h. kein Einkommen, kein Arbeitsplatz, kein Vermögen. Die Banken gingen dieses Risiko ein, weil sie mit dauerhaft steigenden Immobilienpreisen rechneten und Schuldner, die ihre Raten für ihr Haus nicht mehr bezahlen können, anders als in Deutschland ihre Immobilie einfach an das Kreditinstitut zurückgeben dürfen und damit auch von all ihren Schulden befreit sind. Mit dem Wiederverkauf zurück gegebener Häuser glaubten die Banken, angesichts zwischenzeitlich gestiegener Immobilienpreise sogar noch einen Gewinn machen zu können.

Doch der seit Beginn der neunziger Jahre während Immobilienpreisanstieg fand Mitte 2007 ein jähes Ende *(Schaubild 4.10).* Nachdem die ersten ihre Kredite nicht mehr bedienen konnten, ihr Haus an ihre Banken zurück gaben und diese versuchten, es wieder zu verkaufen, entstand ein Überangebot auf dem Immobilienmarkt. Innerhalb von drei Jahren sanken die Häuserpreise um mehr als 30 Prozent. Die Ökonomen sprechen in diesem Fall von einer *Immobilienpreis-*

Schaubild 4.10

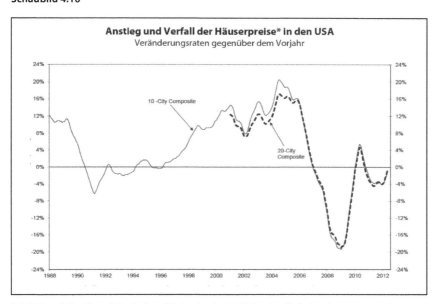

* S&P/Case-Shiller Home Price Indices. Die durchgehende Linie zeigt die Preissteigerungsraten der Häuserpreise in zehn, die gestrichelte Linie die in 20 Großstädten der USA.

Quelle: S&P Dow Jones Indices, Press Release, New York 31.7.2012

blase – Blase deshalb, weil diese aus Luft besteht, keinen realen Wert hat und jederzeit platzen kann.

Die Banken hatten sich zudem »neue Produkte« ausgedacht, mit denen sie sich die ausgeliehenen Gelder wieder beschafften: Sie »verbrieften« diese Baukredite (= Hypothekendarlehen), d. h. sie schufen Wertpapiere, die mit diesen Krediten »gesichert« waren – man nennt sie *Mortgage-Backed-Securities* (= durch Baukredite gesicherte Hypotheken) – und verkauften diese Papiere an andere Banken und Privatanleger weiter. Diese waren bereit, sie zu kaufen, weil sie ebenfalls erwarteten, dass ihr Wert stieg – schließlich standen die Immobilien als »Sicherheit« dahinter. Zu den Erwerbern gehörten nicht nur amerikanische, sondern auch Banken in Europa (zum Mechanismus siehe *Schaubild 4.11*).

Als in den USA die Häuserpreise fielen, hatte dies nicht nur Folgen für einige wenige Häuslebauer und Banken, sondern für die gesamte Weltwirtschaft. US-Banken »saßen« auf Häusern, die niemand kaufen wollte, konnten somit ihre alten Baudarlehen nicht wieder »reinholen«. Viele verkrafteten diese Ausfälle nicht,

Schaubild 4.11

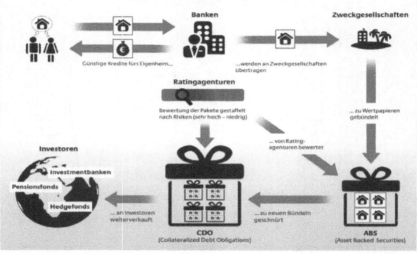

Quelle: BMF

gingen in Konkurs, wurden von anderen übernommen oder in letzter Minute verstaatlicht. Allein 2008 verschwanden über 100 Banken vom Markt. Sogar eine der größten Investmentbanken der Welt, Lehmann Brothers, die 2006 und 2007 noch Eigenkapitalrenditen von 33 % bzw. 27 % erwirtschaftet hatte, musste im September 2008 Konkurs anmelden. Da die meisten der in den USA vergebenen Immobilienkredite verbrieft waren – 2009 betrug der Anteil der Verbriefungen 60 %, das Volumen belief sich auf 7,2 Billionen Dollar – waren von dem Wertverlust alle in der Welt betroffen, die diese neuen, durch amerikanische Hypotheken »abgesicherten« Wertpapiere gekauft hatten. In Deutschland wurde als erste die Hypo Real Estate (HRE) erfasst, die sich auf diesen Märkten engagiert hatte. Auch ein Großteil der staatlichen Landesbanken hatten von staatlichen Investmentbanken Schuldverschreibungen gekauft und wurden von der US-Immobilienfinanzierungskrise stark in Mitleidenschaft gezogen.

Schnell griff die Krise von der Finanz- auf die Realwirtschaft über (Finanzwirtschaft = Banken, Versicherungen, Investmentfonds usw. – Realwirtschaft = Teil der Wirtschaft, die fassbare Produkte herstellt, also Landwirtschaft und Industrie). Wenn die Preise der am Markt angebotenen Häuser niedriger werden als

Die Staatsverschuldung 163

die Baukosten, lohnt es sich nicht mehr, neue Häuser zu bauen. Deshalb kam es zu einem dramatischen Rückgang der Bautätigkeit in den USA (das Neubauvolumen sank von Juli 2005 bis Januar 2009 um 79 %), die Arbeitslosenzahlen stiegen (Arbeitslosenquote USA 2006: 4,6 %; 2009: 9,3 %) und die Einkommen vieler Haushalte schrumpften. Die US-Wirtschaft geriet in eine Rezession: das reale Bruttoinlandsprodukt sank 2008 um 0,3 %, 2009 um 3,5 %.

Die Rezession griff schnell auf die europäischen Länder über. Geringeres Wachstum oder gar Schrumpfen des Bruttoinlandsprodukts anderer Länder bedeuten: Deutschland kann in andere Länder weniger exportieren. 2009 gingen die Exporte Deutschlands real um 13,6 % zurück, das reale Bruttoinlandsprodukt Deutschlands sank im gleichen Jahr um 5,1 %. Als Folge dieses in der Nachkriegszeit bisher beispiellosen Wirtschaftseinbruchs brachen auch die Steuereinnahmen des Staates ein: von 70,6 Mrd. Euro (2008) auf 62,2 Mrd. Euro (2009), was ein Minus von annähernd 12 % bedeutete. Spiegelbildlich stieg 2009 und 2010 die Staatsverschuldung, gemessen an der Schuldenstandsquote, an: von 66,7 % (2008) über 74,4 % (2009) auf den bisherigen Höchststand von 83,0 % (2010).

Der Ökonom *Stephan Schulmeister* vom Österreichischen Institut für Wirtschaftsforschung, Wien (WIFO) hat gezeigt, dass Wirtschaftskrisen (die sich in Arbeitslosigkeit ausdrückt) und Staatsverschuldung »Zwillingsprobleme« sind: Mit dem Rückgang der Arbeitslosenquote in den fünfziger und sechziger Jahren sank in den westeuropäischen Ländern auch die Staatsverschuldung, und als die Arbeitslosigkeit in den achtziger Jahren stieg, erhöhte sich parallel auch die Staatsverschuldung *(Schaubild 4.12)*. Ursache dafür ist: In einer Wirtschaftskrise sinken Produktion und Beschäftigung. Unternehmen machen geringere Umsätze und verdienen weniger, Arbeitnehmer werden arbeitslos. Dadurch brechen dem Staat die Steuereinnahmen weg, während er gleichzeitig gefordert ist, krisengeschüttelte Unternehmen und Arbeitslose zu unterstützen. Es wäre wirtschaftspolitisch nicht klug, auf sinkende Steuereinnahmen mit einer Kürzung der Staatsausgaben zu reagieren. Denn dies würde die volkswirtschaftliche Gesamtnachfrage noch mehr drücken und die Krise verschärfen. Die höheren Sozialausgaben, die in einer Krise entstehen, stabilisieren sogar die Wirtschaft, indem sie den Rückgang des privaten Konsums abschwächen. Hier lernen wir einen wichtigen Zusammenhang:

▶ **Nicht eine hohe Staatsverschuldung führt zu einer Wirtschaftskrise, wie viele behaupten, sondern es ist genau umgekehrt: eine Wirtschaftskrise führt zu einer höheren Staatsverschuldung.**

Schauen wir uns jetzt einmal die Entwicklung der Schuldenstandquote einiger Euroländer an. *Schaubild 4.13* zeigt: Mit Ausnahme Spaniens, das seine Schuldenstandquote von 2000 bis 2007 zurück führte, blieben die Schuldenstandquoten

Schaubild 4.12

* Europäische Staaten, die nicht zum Block der real-sozialistischen Länder gehörten.

Quelle: Schulmeister, St., Realkapitalismus und Finanzkapitalismus – zwei »Spielanordnungen« und zwei Phasen des »langen Zyklus«, in: Kromphardt, J. (Hrsg.), Weiterentwicklung der Keynes'schen Theorie und empirische Analysen, Marburg 2013, S. 146.

von Deutschland, Frankreich, Italien und auch Griechenland (!) im Zeitraum von 2000 bis 2007 auf etwa demselben Niveau. Von einer unsoliden Haushaltspolitik dieser Länder kann also, auch im Falle von Italien und Griechenland, nicht die Rede sein. Erst nach der US-Immobilien- und Finanzmarktkrise schnellte die Staatsverschuldung (= Schuldenstandquote) in allen Ländern in die Höhe. Sind die Regierungen, die alle vorher Haushaltsdisziplin geübt haben, plötzlich in einen Ausgabenrausch geraten, der rein zufällig auch noch mit der US-Immobilien- und Finanzmarktkrise zusammen fiel? Die Antwort kann nur ein eindeutiges Nein sein. *Schaubild 4.13* belegt vielmehr eindeutig:

► **Der durch die US-Immobilien- und Finanzmarktkrise weltweit ausgelöste Wirtschaftskrise hat auf die EU-Länder übergegriffen und die Staatsverschuldung in die Höhe getrieben. Warum?**

Schaubild 4.13

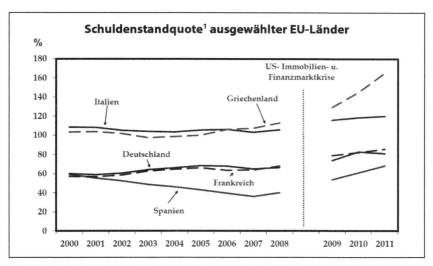

1 Schulden der öffentlichen Haushalte in Prozent des Bruttoinlandsprodukts.
Quelle: Eurostat

Erstens, weil die Krise in den USA zu sinkenden US-Importen aus den EU-Ländern geführt und in den EU-Ländern einen Konjunktur- und Wachstumseinbruch ausgelöst hat. Dieser wiederum hat die Steuereinnahmen in den EU-Ländern »wegbrechen« lassen.

Zweitens, weil nicht nur in Deutschland, sondern auch in anderen Ländern Banken verbriefte US-Papiere hatten, die nach dem Verfall der Häuserpreise nur noch wenig wert waren. Die Staaten mussten daher einigen Banken finanziell unter die Arme greifen und auch dem Konjunktur- und Wachstumseinbruch mit staatlichen Ausgabenprogrammen entgegen wirken.

Es wäre interessant, hier noch auf weitere Fragen einzugehen, die sich im Zusammenhang mit der Krise in den EU-Ländern stellen, insbesondere wie die Länder aus dieser Krise wieder heraus kommen. Doch die Beantwortung ist erst in einem späteren Kapitel sinnvoll, wenn wir weitere Zusammenhänge erklärt haben. Inzwischen verstehen wir, warum es zu der augenblicklich hohen Staatsverschuldung gekommen ist.

Doch wie weit kann und darf Staatsverschuldung überhaupt gehen? Ist sie gefährlich? Verlieren die Bürger eines Landes ihr Geld, wenn ihr Staat hoch verschuldet ist? Wer muss die hohen Schulden eines Tages zurückzahlen? Im nächsten Unterabschnitt befassen wir uns mit diesen Fragen.

4.2.4 Grenzen der Staatsverschuldung

Kann der Staat diesen enormen Schuldenberg jemals wieder abtragen, werden viele wahrscheinlich fragen. Und muss der Staat nicht kommenden Generationen enorme Steuerlasten aufbürden, um die Schulden zu tilgen? Um diese Fragen beantworten zu können, ist es notwendig, sich mit den ökonomischen und politischen Grenzen der Staatsverschuldung auseinanderzusetzen.

4.2.4.1 Ökonomische Grenzen

Viele Bürger glauben, Staatsverschuldung beruhe auf Fehlern der Politiker, und irgendwann müsse eine andere (bessere?) Regierung die Staatsverschuldung wieder auf null reduzieren. Doch diese Ansicht verkennt: Unser gesamtes Wirtschaftssystem ist auf Schulden aufgebaut. Auch und gerade private Unternehmen wirtschaften, indem sie Kredite aufnehmen, mit den Krediten Produktionsmittel erwerben und am Anfang damit ihren Wareneinkauf und ihre Arbeitskräfte bezahlen. Wenn die Produktion dann angelaufen ist, die ersten Erzeugnisse verkauft und die eingekauften Waren sowie die Arbeitskräfte bezahlt sind, werden auch die Zinsen für die Kredite beglichen und die ersten Raten getilgt. Das ist nicht unseriös, sondern alltägliche Praxis unserer Wirtschaft und Grundlage jeder erfolgreichen Unternehmertätigkeit. Unser Wirtschaftssystem funktioniert also wie folgt:

▶ **Mit geliehenem Geld produzieren → das Produzierte verkaufen → mit den Verkaufserlösen alle Kosten (Löhne, Gehälter, Wareneinkauf, Energie, Zins und Tilgung der Kredite, Dividenden, Steuern usw.) abdecken → mit dem Überschuss der Erlöse über die Kosten (= Gewinn) und weiterem Kredit erneut produzieren → usw.**

Man könnte diese Kette auch kurz so formulieren:

▶ **Geld → Ware → Geld**

In unserer Wirtschaft gibt es somit immer Gläubiger und Schuldner. Gläubiger, die ihr Geld nicht für sich ausgeben, sondern es anderen (über das Bankensystem) leihen, und Schuldner, die über das Bankensystem Kredite aufnehmen, um damit

Schaubild 4.14

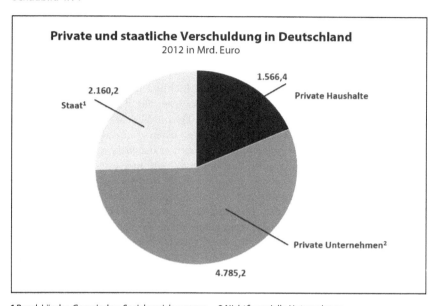

Private und staatliche Verschuldung in Deutschland
2012 in Mrd. Euro

- 1.566,4 Private Haushalte
- 2.160,2 Staat[1]
- 4.785,2 Private Unternehmen[2]

[1] Bund, Länder, Gemeinden, Sozialversicherungen. – [2] Nichtfinanzielle Unternehmen
Quelle: Finanzierungsrechnung der Deutschen Bundesbank, veröffentlicht im Monatsbericht der Deutschen Bundesbank 10/2013, S. 55* und 56*.

zu produzieren oder – im Falle von privaten Haushalten – Eigentumswohnungen, Eigenheime oder auch langlebige Konsumgüter wie Möbel oder Autos zu kaufen. Am höchsten sind die privaten Unternehmen verschuldet, wie *Schaubild 4.14* zeigt. Danach betrug der Schuldenstand aller Unternehmen in Deutschland Ende 2012 nach Angaben der Deutschen Bundesbank rund 4,785 Billionen (!) Euro. Das war mehr als doppelt so hoch wie die Schulden des Staates, die sich nur auf rund 2,2 Billionen Euro beliefen. Doch niemand käme auf die Idee, die deutschen Unternehmen als unseriös zu bezeichnen oder – analog zum Staat – gar den baldigen Bankrott der deutschen Wirtschaft zu prophezeien. Warum auch? Unsere Wirtschaft braucht die Verschuldung wie der Fisch das Wasser!

Zahlt der Staat seine Schulden eigentlich zurück und wenn ja, wie? Immerhin sind die Schulden des Staates, wie wir gesehen haben, von Jahr zu Jahr angewachsen.

Natürlich zahlt der Staat seine Schulden zurück. Jeder, der etwas von seinem Ersparten in Staatspapieren angelegt hat, wird das bestätigen. Wenn beispielsweise

168   Hauptprobleme der Wirtschafts- und Gesellschaftspolitik und ihre Ursachen

eine Staatsanleihe mit 10jähriger Laufzeit fällig wird, findet man in seiner Post pünktlich die Benachrichtigung, dass z. B. das Wertpapier Nr. XY fällig wird, und einen Tag später hat man die entsprechende Gutschrift auf seinem Konto. Und wie geschieht das technisch? Der Staat zahlt die Schulden zurück, indem er neue aufnimmt.

»Aha«, werden da viele sagen, »genau da liegt der Hase im Pfeffer! So verschuldet der Staat sich doch immer mehr«! Richtig, und genau das ist gewollt und ökonomisch auch notwendig. Erstens kann es für den Staat sogar vorteilhaft sein, die alten Schulden mit neuen abzulösen. Denn als die zehn Jahre laufende Staatsanleihe begeben wurde, herrschte vielleicht ein höheres Zinsniveau als bei Fälligkeit. Indem er einen Kredit, für den er beispielsweise 4,5 % pro Jahr Zinsen zahlen musste, zurückzahlt und das mit einem neu aufgenommenen Kredit macht, für den er beispielsweise nur noch 1,25 % Zinsen zahlen muss, spart er im Haushalt Geld ein. Nichts anderes machen private Unternehmen oder private Haushalte, die umschulden. Das können sie, wenn bei einem lange, z. B. bei einem 25 Jahre laufenden Kredit, nach zehn Jahren die sog. *Zinsbindung* (= der Zins ist zwischen Kreditnehmer und Bank für eine bestimmte Laufzeit fest vereinbart) ausläuft. Dann können Bank und Schuldner neu über die Zinsen für den nächsten Zeitraum verhandeln. Und wenn seit Abschluss des ersten Kreditvertrages das allgemeine Zinsniveau gesunken ist, hat der Kreditnehmer von der Umschuldung Vorteile.

Außerdem haben sich in aller Regel nach fünf, zehn oder zwanzig Jahren die Situation von Gläubiger und Schuldner verändert. Das Einkommen des Schuldners kann gestiegen sein, die wirtschaftliche Situation des Unternehmens sich gefestigt haben. Dann ist der Schuldner durchaus imstande, einen höheren Kredit aufzunehmen. Das gilt für einen privaten Haushalt, ein privates Unternehmen und für den Staat gleichermaßen. Im privaten Haushalt können die Partner zwischenzeitlich beruflich aufgestiegen sein und mehr verdienen als vor fünf oder zehn Jahren. Ein Unternehmen kann den Wert seiner Maschinen und Gebäude und auch seine jährlichen Gewinne gesteigert haben. Beides Grund für eine Bank, höhere Kredite zu vergeben. Und der Staat? Bei wachsender Wirtschaft haben sich auch seine Steuereinnahmen erhöht, die Qualität der Infrastruktur (sein Sachvermögen) hat sich verbessert, kurz: auch er ist als Schuldner »würdig«, einen höheren Kredit zu bekommen.

Und aus Sicht des Gläubigers? Nehmen wir an, ein privater Haushalt hatte vor zehn Jahren eine Staatsanleihe im Wert von 20.000 Euro gekauft. Zahlt der Staat dem privaten Haushalt die Anleihe zurück, stellt sich für ihn, die Frage, wie er das Geld neu anlegen soll (es sei denn, er will damit sein Haus renovieren oder eine große Reise machen). Wurde die Anleihe mit 4,5 % jährlich verzinst, hat der Haushalt jedes Jahr 900 Euro Zinsen erhalten, in zehn Jahren also insgesamt 9.000

Euro brutto. Abzüglich Abgeltungssteuer (25 %) und Solidaritätszuschlag (5,5 % der Abgeltungssteuer) sind ihm davon rund 6.626 Euro netto verblieben. Die hat er gespart und möchte sie nun auch wieder anlegen. Er kauft eine neue Staatsanleihe zum Wert von 26.626 Euro, und der Staat nimmt neue Schulden in gleicher Höhe auf.

An dieser Stelle können wir einen neuen Begriff einführen, der in der politischen Diskussion stets verwendet wird: den der *Nettoneuverschuldung.* Darunter versteht man die neue Schuldaufnahme = *Bruttoneuverschuldung* abzüglich der Schuldentilgung/-rückzahlung. In diesem konkreten Fall wäre die Bruttoneuverschuldung des Staates 26.626 Euro, die Schuldentilgung 20.000 Euro, macht eine *Nettoneuverschuldung* des Staates von 6.626 Euro.

Wenn der Finanzminister eines Landes also ankündigt, er wolle die Nettoneuverschuldung auf null reduzieren, heißt das *nicht,* dass er die Summe der Schulden, die der Staat hat, verringern will. Es heißt nur, dass keine Erhöhung des Schuldenstandes stattfinden soll. Wenn allerdings gleichzeitig das Bruttoinlandsprodukt des Landes steigt, sinkt seine Schuldenstandquote. Denn die drückt ja den Schuldenstand in Prozent des Bruttoinlandsprodukts aus, und wenn der Zähler dieses Bruches (= Schuldenstand) gleich bleibt, der Nenner (= BIP) jedoch steigt, sinkt die Quote.

Wie weit darf die Staatsverschuldung denn überhaupt gehen? Nach dem bisher Ausgeführten können wir dazu jetzt eine sachkundige Antwort geben. Ziehen wir am besten einen Vergleich mit den Einnahmen und Ausgaben einer Familie heran. Gehen wir einmal davon aus, eine vierköpfige Familie hat ein monatliches Nettoeinkommen von 2000 € zur Verfügung. Nimmt sie jetzt einen Kredit von 150.000 € auf, um – sagen wir – ein Haus damit zu finanzieren, so müsste sie im Jahr bei einem Zinssatz von 5 % und einer Tilgung von 1 % im Jahr 9.000 €, im Monat also 750 € aufbringen. Für die Finanzierung der übrigen monatlichen Ausgaben zum Leben blieben ihr also 1.250 € im Monat übrig. Da eine Familie bei einer derartigen Zinsbelastung nicht in finanzielle Engpässe gerät, wäre die Verschuldung vertretbar. Würde sie hingegen einen Kredit von 400.000 € aufnehmen, müsste sie bei gleichem Zinssatz im Jahr 24.000 €, im Monat also 2.000 €, für Zins und Tilgung aufbringen. Der Familie bliebe dann von ihrem monatlichen Nettoeinkommen überhaupt nichts mehr zum Leben übrig, die Verschuldung wäre eindeutig zu hoch.

Ähnliches kann man für den Staat sagen: Seine Verschuldung darf nicht so hoch sein, dass seine regulären Steuereinnahmen (hier vergleichbar mit dem Nettoeinkommen der Familie) nicht mehr ausreichen, die Zinslasten und die übrigen notwendigen öffentlichen Aufgaben (Personalkosten, Sozialausgaben, Verteidigung usw.) zu finanzieren. *Schaubild 4.15* zeigt, wie viel Prozent der Steuereinnahmen von Bund, Ländern und Gemeinden auf den Zinsendienst (= Zinszahlun-

Schaubild 4.15

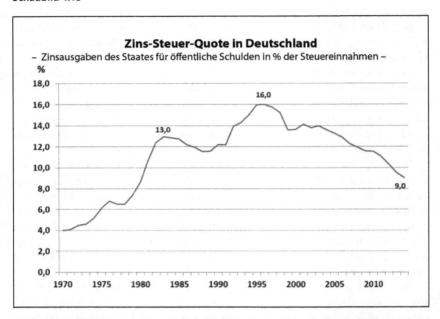

Quelle: Sachverständigenrat zur Begutachtung der gesamtwirtschaftlichen Entwicklung, Zeitreihen für Deutschland (Abgrenzung Volkswirtschaftliche Gesamtrechnung)

gen) entfielen. Danach waren in der Bundesrepublik während der achtziger Jahre im Durchschnitt rund 6,5 % der Steuereinnahmen für Zinsen aufzubringen. Das ist so viel, als ob unsere Beispielfamilie mit 2.000 € monatlichem Nettoeinkommen 130 € monatlich an Zinsen zahlen müsste. Diese Zinslast ist keineswegs bedrückend, weder für den Staat noch für »unsere« Familie.

Seit den achtziger Jahren ist die Zins-Steuer-Quote (Zinsausgaben in Prozent der Steuereinnahmen) gestiegen. Lag sie 1980 noch bei 8,6 %, betrug sie drei Jahre später (1983) 13,0 %. Nach der Wiedervereinigung erreichte sie in den Jahren 1995 und 1996 mit 16 % ihren Höchststand. Seitdem ist die Belastung durch Zinszahlungen jedoch wieder zurückgegangen. Bereits 2009/10 betrug sie nur noch 13 % und 2013 lag der Wert bei 9,5 %.

Eine Staatsverschuldung in dieser Größenordnung ist nicht problematisch. Der Staat büßt kaum an Handlungs- und Entscheidungsfreiheit ein, wenn jeder zehnte Euro, den er an Steuern einnimmt, für Zinszahlungen reserviert werden muss. Allerdings war das Zinsniveau in den letzten Jahren ausgesprochen nied-

Die Staatsverschuldung   171

rig, so dass sich der Staat das Geld zu besonders günstigen Zinsen bei seinen Bürgern leihen konnte.

Hier wird häufig ein anderer Einwand erhoben: Die rund 61 Mrd. Euro, die
Bund, Länder und Gemeinden 2013 für Zinszahlungen aufwenden mussten, wären z. B. in Bildung besser investiert gewesen. Wenn der Staat nicht so hoch verschuldet gewesen wäre und dafür Zinsen hätte zahlen müssen, hätte er das Geld
sinnvoller verwenden können. Doch hier wird eine Milchmädchenrechnung angestellt:

1) In den Zinsen sind auch welche für Kredite enthalten, mit denen z. B. Kindergärten, Schulen, Universitäten und Straßen gebaut worden sind.
2) Kredite für Bauten laufen in der Regel 30 Jahre, bis sie abbezahlt sind. Das ist
   auch annähernd der Zeitraum, den der Staat gebraucht hätte, um so viel zu
   sparen, dass er damit die vor 25–30 Jahren über Kreditaufnahme finanzierten Kindergärten, Schulen und Universitäten hätte bauen können (Zwar ist die
   Summe, die ein Schuldner in 30 Jahren für Zins und Tilgung aufbringen muss,
   deutlich höher als der ursprüngliche Kredit. Dem ist aber gegen zu rechnen,
   dass die Baukosten für die genannten Bildungseinrichtungen enorm höher gewesen wären, wenn der Staat erst in 30 Jahren gebaut hätte.
3) Die Mittel für eine Barzahlung hätte der Staat 30 Jahre lang über höhere Steuern ansparen müssen. Die Bürger hätten also 30 Jahre damit einverstanden
   sein müssen, dass der Staat Steuern erhebt und damit Rücklagen bildet, um
   sie in ferner Zukunft für Kindergärten, Schulen, Universitäten und Straßen zu
   verwenden. Ist das politisch realistisch?
4) Schließlich stellt sich die Frage: In welche Kindergärten, Schulen und Universitäten wären die 30 Jahrgänge in der Zwischenzeit gegangen und über welche
   Straßen wären die Bürger gefahren, wenn der Staat sie nicht rechtzeitig, als der
   Bedarf vorhanden war, mit Kredit gebaut hätte?

Wir sehen (wieder einmal): Schulden zu machen ist das ökonomisch und auch gesellschaftspolitisch Vernünftigste, was der Staat machen kann.

Der Vergleich der Staatsfinanzen mit einem Familienbudget, wie er vorhin
angestellt wurde, darf allerdings nicht dazu verleiten, einen wesentlichen Unterschied zwischen den beiden außer Acht zu lassen: Die Ausgaben des Staates beeinflussen wegen ihres großen Volumens (= Umfangs) den Wirtschaftsablauf eines
Landes wesentlich, während die Ausgaben eines einzelnen privaten Haushalts
– gemessen an der Gesamtsumme des privaten Verbrauchs aller privaten Haushalte – unbedeutend sind, so dass von ihnen keine gesamtwirtschaftlichen Wirkungen ausgehen. Deshalb kann ein Verhalten, das für eine Familie wirtschaftlich
vernünftig ist, durchaus unvernünftig sein, wenn es vom Staat praktiziert würde.

Ein privater Haushalt käme beispielsweise in eine fatale (= unglückliche) Situation, wenn er sich zu einem Zeitpunkt, wo sein Einkommen sinkt, zusätzlich verschulden würde; denn seine mit Schulden finanzierten Ausgaben allein können die volkswirtschaftliche Gesamtnachfrage nicht nennenswert steigern und keinen neuen Wirtschaftsaufschwung auslösen, in dessen Verlauf sich auch das Einkommen des privaten Haushalts wieder verbessern würde. Anders der Staat: Wenn seine Einnahmen sinken, weil die konjunkturelle Lage gerade schlecht ist, sollte er seine Ausgaben nicht kürzen, sondern in der vorgesehenen Höhe beibehalten, womöglich sogar noch steigern; denn seine Ausgaben sind volkswirtschaftlich von so großem Gewicht, dass eine Kürzung sich dämpfend und eine Steigerung belebend auf die Wirtschaftsaktivität auswirkt. Kurzum: Was für den einzelnen privaten Haushalt richtig ist, kann für den Staat falsch sein und umgekehrt, was für den einzelnen privaten Haushalt falsch ist, kann für den Staat richtig sein. Eine Gleichsetzung des Staates mit einer »schwäbischen Hausfrau«, die auch mit ihrem Haushaltsgeld sparsam umgehen muss, geht also völlig an den wirtschaftlichen Zusammenhängen vorbei und ist unsinnig!

Problematisch wird Staatsverschuldung, wenn die Schulden im Ausland aufgenommen werden, insbesondere dann, wenn das Land eine andere Währung hat als das Heimatland. Das ist häufig der Fall bei sog. *Schwellenländern,* das sind Länder, die wirtschaftlich noch nicht so weit entwickelt sind wie die großen Industrienationen wie etwa die USA, Deutschland und Japan, aber an der Schwelle stehen, mit den großen Ländern gleich zu ziehen. Warum ist in solchen Ländern die Staatsverschuldung problematisch?

In den *Schaubildern 4.5 und 4.8* hatten wir dargestellt, dass der Staat sich beim Finanziellen Sektor, also bei Banken und Versicherungen, verschuldet. Diese wiederum erhalten die Gelder, die sie an den Staat ausleihen, entweder von den privaten Haushalten, die bei den Banken und Versicherungen sparen, oder von den privaten Unternehmen, die ihre nicht ausgeschütteten Gewinne dort anlegen. In diesem Fall spricht man von *interner Verschuldung.* Was aber, wenn die Banken Gelder ausleihen, die gar nicht von inländischen Privaten Haushalten oder Unternehmen stammen, sondern von Ausländern? Dann läge eine sog. *externe Verschuldung* vor.

Sehen wir uns in *Schaubild 4.16* diesen Vorgang einmal genauer an. In der rechten Hälfte des Schaubilds ist die interne Verschuldung dargestellt: Private Haushalte oder private Unternehmen leihen dem Staat Geld, indem sie Staatspapiere (z. B. Bundesschatzbriefe oder Bundesobligationen) kaufen. Dieser Kauf wird über die Banken abgewickelt. Wenn nun ausländische private Haushalte, Unternehmen oder Banken deutsche Staatspapiere kaufen, wickeln sie das über ihre Bank in ihrem Heimatland ab (linke Hälfte in *Schaubild 4.16*). Diese wiederum überweist das Geld, das sich der deutsche Staat im Ausland leiht, auf ein Konto

Die Staatsverschuldung

Schaubild 4.16

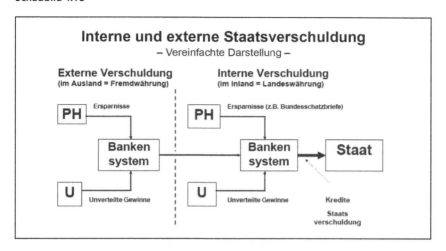

bei einer deutschen Bank – das Geld landet also im deutschen Bankensystem und wird – wenn es sich um eine Fremdwährung wie US-Dollar oder Schweizer Franken handelt – in Euro umgetauscht.

Welch andere Folgen hat nun die externe Verschuldung im Vergleich zur internen Verschuldung? Die jährlichen Zinsen, die der Staat für das Darlehen zahlen muss, fließen ins Ausland. Das bedeutet: Der entsprechende Zinsbetrag muss z. B. in US-Dollar, Euro oder Schweizer Franken bereitgestellt werden. Auch dann, wenn das Staatspapier fällig ist (eine Staatsanleihe z. B. nach zehn Jahren), muss genügend ausländische Währung bei der Notenbank vorhanden sein, um die Schuld tilgen zu können. Für ein Land wie Deutschland stellt das kein Problem dar, weil es durch die vielen Exporte immer genügend ausländische Zahlungsmittel einnimmt. Anders beispielsweise bei einem Land wie Brasilien. Wenn sich der brasilianische Staat im Ausland Geld geborgt hat, um seine Infrastruktur auszubauen, muss er eines Tages seine Schulden in US-Dollar oder Euro zurückzahlen, und diese Devisen müssen erst mal durch Exporte z. B. von Kaffee verdient werden. Mit anderen Worten: Externe Verschuldung kann ein Land in starke wirtschaftliche Abhängigkeit bringen, muss es doch immer darauf achten, dass es genügend auf den Weltmärkten verkauft. Sonst fehlen ihm die Devisen, um seine Schulden tilgen zu können.

Der Leser wird jetzt vielleicht fragen: Und wie hoch ist die Verschuldung Deutschlands, genau des deutschen Staates (Bund, Länder, Gemeinden, Sozialversicherung) im Ausland? Sie betrug nach Angaben der Deutschen Bundesbank

Ende 2011 rund 1,3 Billionen Euro, das sind über 50 Prozent der Staatsschulden. Doch hier ist Sorge unbegründet. Man muss nämlich unterscheiden zwischen Schulden, die vom Ausland in Euro gehalten werden, also z. B. deutsche Staatsanleihen, die z. B. von französischen, italienischen oder spanischen Banken oder Versicherungen gekauft wurden, und Geldern, die dem deutschen Staat von Anlegern außerhalb des Euroraumes in einer Fremdwährung wie etwa US-Dollar geliehen wurden. Die Euro-Staaten insgesamt haben aber nur einen sehr geringen Anteil ihrer Staatsschulden in einer Fremdwährung. Für Deutschland beliefen sich seine Staatsschulden in Fremdwährung Ende 2011 nach Angaben der Deutschen Bundesbank auf umgerechnet 49,8 Mrd. Euro, das waren 1,9 % des Bruttoinlandsprodukts.

Schließlich wollen wir uns noch einem weiteren »Argument« gegen die Staatsverschuldung befassen: Staatsverschuldung – so wird behauptet – sei eine Lastverschiebung auf spätere Generationen, weil diesen die Tilgung der Staatsschulden aufgebürdet werden. Auch das träfe nur dann zu, wenn der Staat mit den geliehenen Geldern keine dauerhaften Werte schaffen, also statt öffentliche Investitionen damit zu finanzieren Konsumausgaben tätigen und etwa Soldaten bezahlen oder Kampfflugzeuge kaufen würde. Das wäre so, als würden Eltern auf Pump eine Weltreise unternehmen und die Rechnung ihre Kinder bezahlen lassen. Werden mit den geliehenen Geldern jedoch langfristige Werte geschaffen, Kindergärten und Universitäten errichtet, Eisenbahnstrecken gebaut oder Wälder aufgeforstet, dann profitiert auch die nächste Generation davon. Die Lasten werden also auf mehrere Generationen verteilt, weil auch mehrere aus der öffentlichen Investition Nutzen ziehen, und nicht der nächsten Generation aufgebürdet. Und außerdem: Das geliehene Geld verschwindet nicht irgendwo in einem großen Loch, sondern wird den Käufern der Staatspapiere wieder zurückgezahlt, und wenn diese nicht mehr leben sollten, an deren Erben. Denn jedem Schuldner – auch dem Staat – steht ein Gläubiger gegenüber.

Bei dieser Frage steht die Erfahrung, die unsere Groß- und Urgroßeltern mit der Staatsverschuldung gemacht haben, einer nüchternen und unvoreingenommenen Betrachtung der Staatsverschuldung im Wege. Gewiss: Der deutsche Staat, genauer das »Dritte Reich«, hat sich ganz enorm verschuldet, um für den geplanten Krieg aufzurüsten, also militärische Güter gekauft, die entweder vernichtet wurden oder nichts mehr wert waren. Gleichzeitig waren durch den Krieg erhebliche private und öffentliche Sachvermögen wie Häuser, Maschinen, Verkehrswege, vernichtet. Das zur Bezahlung der Rüstungsgüter geliehene Geld war jedoch noch im Umlauf. Ihm standen weder ein entsprechendes Konsumgüterangebot, noch ausreichend Sachvermögenswerte gegenüber. Die alte Währung war deshalb nach 1945 nichts mehr wert und wurde 1948 durch eine neue ersetzt: in den westlichen Besatzungszonen durch die Deutsche Mark, in der sowjetischen Besatzungszone durch die Ost-

Die Staatsverschuldung

Mark. Doch dies war eine Ausnahmesituation! Mit der heutigen Staatsverschuldung haben die Ereignisse von damals nichts zu tun.

Obwohl nur wenige , die die Währungsreform 1948 bewusst mitgemacht haben, heute noch leben – sie müssten inzwischen über 80 Jahre alt sein – ist die Furcht vor einem totalen Geldverlust in der deutschen Bevölkerung unverändert groß – die Angst vor diesem Einschnitt wurde an Enkel und Urenkel über Erzählungen quasi »vererbt«. Dieser irrationalen Beurteilung der Staatsverschuldung kann nur durch sachliche Aufklärung entgegen gewirkt werden.

Doch kehren wir noch einmal zu der Frage zurück, ob die Staatsverschuldung die folgenden Generationen belastet oder nicht. Machen wir uns die Zusammenhänge ganz klar: ein privater Haushalt, ein Unternehmen, eine Bank oder eine Versicherung hat Geldvermögen und kauft damit Staatspapiere, leiht das Geld also dem Staat. Dafür bekommen der private Haushalt, das Unternehmen, die Bank oder die Versicherung Zinsen. Die Anleger profitieren also davon. Die Zinsen muss der Staat allerdings aufbringen, und das geschieht über Steuern. Nun fragt es sich: Wer zahlt diese Steuern?

Mit dem Problem, wer die Steuerlast trägt, befassen wir uns ausführlicher im Abschnitt 4.3. Wir können darauf jetzt noch keine abschließende Antwort geben. Doch schon mal folgende einfache Überlegung vorweg: Wer kauft Staatspapiere, hat also Geld, um es längerfristig anzulegen? Es sind sicher nicht die ärmeren privaten Haushalte, sondern die mit mittleren oder höheren Einkommen. Und wer zahlt Steuern, speziell die Einkommensteuern? Auch hier so viel vorweg: Die Haushalte mit mittleren und höheren Einkommen bringen den größten Teil der Einkommensteuer auf. Denn die niedrigen Einkommen zahlen nur wenig oder keine Einkommensteuer (was in einer Wirtschaftsordnung, in der umverteilt werden soll, auch gerechtfertigt ist!). So gesehen zahlen diejenigen wohlhabenden Haushalte, die keine Staatspapiere kaufen, über ihre Steuerzahlungen die Zinsen an diejenigen wohlhabenden Haushalte, die einen Teil ihres Geldes in Staatspapieren angelegt haben.

Und wie steht es um die Steuerbelastung künftiger Generationen? Hinter dieser Frage steckt die Vorstellung, der Staat müsse früher oder später, an einem Tag X, seine Schulden vollkommen zurückzahlen, also auf null reduzieren, gewissermaßen ein *Reset* (= einen Neustart) durchführen. Das findet, wie wir am Mechanismus der Ablösung von Schulden durch Neuverschuldung gesehen haben, gar nicht statt. Die privaten Haushalte, Unternehmen, Banken und Versicherungen müssen nur bereit sind, einen Teil ihrer finanziellen Mittel weiterhin beim Staat anzulegen, also für die Schulden, die er zurück zahlt, wieder Staatspapiere zu kaufen. Und wenn die Einkommen der privaten Haushalte bzw. die Gewinne von Unternehmen, Banken und Versicherungen gestiegen sind, also wenn reales Wirtschaftswachstum stattgefunden hat, können sie dem Staat auch zusätzliche Gelder leihen und damit eine Nettoneuverschuldung ermöglichen. Und Kinder und Enkel, die von den Großeltern deutsche Staatspapiere erben, werden darüber mehr als erfreut sein, statt sich von der vorherigen Generation belastet zu fühlen.

Eine totale Rückführung der Staatsschulden wird auch so lange nicht eintreten und ist auch gar nicht notwendig, wie das Sachvermögen eines Landes vorhanden ist und wirtschaftlich genutzt werden kann. Im Falle kriegerischer Ereignisse werden private und öffentliche Sachvermögen, wie wir aus der Geschichte wissen, größtenteils vernichtet. Gleiches kann bei großen Naturkatastrophen eintreten: Wenn durch Erdbeben oder große Überschwemmungen Flughäfen, Bahnhöfe, Straßen zerstört werden und auch Produktionsunternehmen mit ihren Maschinen und Anlagen in Trümmern liegen, muss das Land tatsächlich wieder bei null anfangen. Dann sind weder Staatspapiere noch die Aktien privater Unternehmen etwas wert, weil die Wirtschaft wieder neu aufgebaut werden muss.

Auch bei einem Wechsel des Wirtschaftssystems – von einer Plan- zu einer Marktwirtschaft wie in der ehemaligen DDR – verlieren viele Sachvermögen ihren Wert. Das Trabant-Werk beispielsweise war nach der Wiedervereinigung wertlos, weil niemand dieses Produkt kaufen wollte. Dasselbe galt für die Infrastruktur wie z. B. Verkehrswege, Energieversorgung, Telefonnetz. Hier musste man nicht Wege finden, wie die Schulden, die der Staat DDR gemacht hatte, getilgt werden konnten. Es würde hier zu weit führen, dies noch weiter zu erläutern. Für unseren Zusammenhang ist wichtig festzuhalten:

► **Ein vollständiges Zurückdrehen der Staatsverschuldung und ein Neustart bei null ist erst dann notwendig, wenn die Infrastruktur eines Landes und die Produktionsanlagen in einem derart desolaten Zustand sind, dass nicht mehr in ausreichendem Maße produziert werden kann, mit anderen Worten: wenn das erzeugbare Bruttoinlandsprodukt auf ein derart niedriges Niveau gesunken ist, dass weder Unternehmen investieren können noch der Staat genügend Steuern einnimmt, um die Infrastruktur des Landes aus eigener Kraft instand zu halten oder neu aufzubauen.**

Wer Staatsverschuldung verdammt, versteht entweder volkswirtschaftliche Zusammenhänge nicht, oder er will mit voller Absicht Vorurteile und Ängste in der Bevölkerung gegenüber dem Staat bzw. der Regierung schüren mit dem Ziel, die wirtschaftlichen und politischen Interessen der Unternehmen durchzusetzen. Denn wenn Verschuldung in der Wirtschaft etwas Ungewöhnliches wäre, müssten die Meldungen in den Medien eigentlich lauten: »Verschuldung der privaten Wirtschaft erreicht dramatische Höhe« oder » Wirtschaft hat fast dreimal so viele Schulden wie der Staat«. Doch das wird man in den Nachrichten kaum finden.

Die Staatsverschuldung

Nur der Staat steht wegen seiner Verschuldung stets am Pranger. Das sollte den Leser nachdenklich stimmen. Welchen Interessen wird mit der einseitigen Verteufelung der Staatsverschuldung wohl gedient?

Dahinter steckt eigentlich ein vordemokratisches Staats- bzw. Politikverständnis. Die moderne Demokratie begann bekanntlich damit, dass die Bürger sich gegen die einseitige Erhebung von Steuern wehrten, ohne darüber mitbestimmen zu können. Die Regierung lag in der Hand des Adels, der auch die Regierung stellte. Die Durchsetzung des Rechts der von den Bürgern gewählten Parlamente, das Staatsbudget zu kontrollieren und darüber mitzubestimmen (= Budgetrecht) bildete den Anfang der modernen Demokratie.

Schon seit langem ist die ursprüngliche *konstitutionelle Demokratie,* in der die Wahl berechtigten Bürger (das waren am Anfang nicht alle. Frauen und Arbeiter waren ausgeschlossen) nicht die Regierenden (sie wurden durch Erbfolge der Monarchen bestimmt), sondern lediglich ihre Vertreter in die Parlamente wählen konnten, durch eine *parlamentarische Demokratie* abgelöst. In dieser politischen Ordnung kann das gesamte, erwachsene Volk nicht nur das Parlament, sondern entweder indirekt über das Parlament oder (in Präsidialdemokratien) auch direkt die Regierung/den Präsidenten wählen. Der Staat wird also von einer demokratisch gewählten Regierung repräsentiert, ist insofern also nicht mehr der Gegner oder gar Feind des Volkes, sondern ein in dessen Auftrag und von ihm legitimiertes Organ. Insofern ist unverständlich, wenn Bürger den Staat und dessen Regierung als etwas betrachten, mit dem sie eigentlich nichts zu tun haben. Geradezu absurd ist es, wenn Bürger sich einen Spaß daraus machen, den Staat zu übervorteilen, indem sie immer neue Tricks und Wege entwickeln, für sich persönlich die Steuerlast zu mindern.

Möglicherweise spielt hier eine »unerwünschte Nebenwirkung« der für eine Demokratie unverzichtbaren freien Presse hinein. Aufgabe der freien Presse in der Demokratie ist es, die Politik kritisch zu beobachten, Missstände aufzudecken und Fehlverhalten von Politikern anzuprangern. So dringend notwendig diese Kontrollfunktion der Medien in der Demokratie ist, so fördert sie doch andererseits in gewissem Umfang bei vielen Bürgern auch die Politikverdrossenheit. Politiker werden in den Medien selten gelobt, sondern fast nur kritisiert. Das vermittelt vielen ein Bild von »denen da oben«, die angeblich nur an ihren eigenen Interessen interessiert sind und gar nicht mehr wissen, wie es den kleinen Bürgern wirklich geht. Auch hier wäre mehr politische und ökonomische Bildung wünschenswert, die über die Zusammenhänge besser informiert und auch über die Eigengesetzlichkeit der Medienberichterstattung aufklärt.

Damit können wir überleiten zum nächsten Unterabschnitt: den politischen Grenzen der Staatsverschuldung.

4.2.4.2 Politische Grenzen

Obwohl Staatsverschuldung ökonomisch notwendig und auch in ihrer gegenwärtigen Höhe keineswegs dramatisch ist, hat die Politik in letzter Zeit zahlreiche Anstrengungen unternommen, den *Anstieg* (!) der öffentlichen Schulden zu begrenzen. In Deutschland wurde während der von 2005 bis 2009 regierenden zweiten großen Koalition aus CDU/CSU und SPD das Grundgesetz geändert und die sog. *Schuldenbremse* eingeführt. Diese wollen wir näher erläutern. Zuvor ist jedoch noch eine Vorfrage zu klären: Warum hat die Politik die Ausweitung der öffentlichen Verschuldung überhaupt zugelassen?

Wir hatten bereits festgestellt: Die Staatsverschuldung ist insbesondere in *den* Jahren stark gewachsen, in denen exogene Schocks aufgetreten sind: in den beiden Ölkrisen 1974/75 und 1981/82, nach der Wiedervereinigung und nach dem Überschwappen der US-Immobilienfinanzierungskrise 2009. Gab es zur Erhöhung der Staatsverschuldung denn keine politische Alternative?

Im Prinzip schon. Die Alternative zur Ausweitung der Staatsverschuldung wären Steuererhöhungen gewesen, höhere Steuern vor allem für diejenigen, die Geld übrig haben und es u. a. in Staatsanleihen anlegen. Das wären wohlhabende private Haushalte, florierende Großunternehmen, Banken und Versicherungen mit hohen Gewinnen, die die Mittel für die Finanzierung neuer Sachkapitalinvestitionen (Maschinen und Anlagen) gar nicht brauchen. Steuererhöhungen sind indes unpopulär. Die Erhöhung der Staatsverschuldung ist der unmerkliche Weg, über den die Bürger zwar in den Medien erfahren, den sie aber nicht unmittelbar in ihrem Portemonnaie spüren.

Allerdings schlägt – so das Ergebnis politikwissenschaftlicher Forschung – die Politik nicht generell den politisch leichteren Weg der höheren Staatsverschuldung ein. Hier gibt es einen Unterschied zwischen sozialdemokratischen und christdemokratischen Parteien.

▶ **Entgegen landläufiger Meinung (»Sozis« können nicht mit Geld umgehen) verschulden sich bürgerliche Regierungen stärker als Linksregierungen.**

Dies hat der Politikwissenschaftler *Uwe Wagschal* in einem Vergleich der OECD-Länder für die Zeit von 1960 bis Mitte der 1990er Jahre herausgefunden (*Uwe Wagschal*, Entwicklung, Determinanten und Vergleich der Staatsfinanzen, in: *Manfred G. Schmidt/Reimut Zohlnhöfer (Hrsg.)*, Regieren in der Bundesrepublik Deutschland, Wiesbaden 2006, S. 77) Dafür gibt es eine logische Erklärung: Linksregierungen gehen eher den Weg der Steuererhöhungen, weil sie die Marktwirtschaft stärker lenken und den Einfluss des Staates auf die Wirtschaft vergrößern wollen. Zwar bleibt auch die Wählerbasis von Linksparteien nicht gänzlich von

Die Staatsverschuldung   179

Steuererhöhungen verschont. Jedoch sind sehr viel weniger betroffen als Wähler des konservativ-liberalen Lagers. Bürgerliche Regierungen scheuen dagegen mit Rücksicht auf ihre Wählerklientel Steuererhöhungen und weichen eher auf Verschuldung aus.

In den deutschen Bundesländern – so *Wagschal* weiter – gilt allerdings der umgekehrte Zusammenhang. Hier sind sozialdemokratisch dominierte Bundesländer höher verschuldet als christdemokratische. Erklärung: Auf Ebene der Bundesländer haben die Regierungen keine Steuerhoheit. Sie können die maßgeblichen Steuern, die Geld in die Finanzkasse spülen, nicht in eigener Regie erhöhen. Deshalb bleibt SPD regierten Bundesländern die Möglichkeit der Steuererhöhung versperrt und die höhere Verschuldung der einzige Ausweg, wenn man nicht Ausgaben kürzen will. (*Uwe Wagschal*, Entwicklung, Determinanten und Vergleich der Staatsfinanzen, in: *Manfred G. Schmidt/Reimut Zohlnhöfer (Hrsg.)*, Regieren in der Bundesrepublik Deutschland, Wiesbaden 2006, S. 77 f.)

Aber sind Steuererhöhungen in Krisenzeiten nicht falsch, werden viele fragen. Schließlich nehmen sie privaten Haushalten und Unternehmen Kaufkraft, schmälern den privaten Konsum und die private Investitionsnachfrage und verstärken dadurch die Krise. Das ist nicht grundsätzlich falsch gedacht. Die Wirkung der Steuererhöhungen hängt davon ab, bei wem die Steuern erhoben werden. Besteuert man Haushalte mit niedrigen Einkommen und Unternehmen, die keine hohen Gewinne erwirtschaften, wäre der Effekt auf die Gesamtwirtschaft tatsächlich negativ. Denn Haushalte mit niedrigen Einkommen geben den größten Teil wieder für Konsumkäufe aus und sparen nur wenig, häufig gar nichts. Unternehmen mit geringer Ertragskraft kämen sogar in wirtschaftliche Schwierigkeiten, wenn ihnen zusätzliche Steuern abverlangt würden. Privater Konsum und private Investitionen würden also sinken, was gerade in einer Krise nicht erwünscht ist. Deshalb müsste der Staat bei den gut verdienenden Haushalten ansetzen, die sehr viel sparen und mehr Steuern dadurch bezahlen können, dass sie weniger sparen, aber gleich viel konsumieren. Auch ertragsstarke Unternehmen könnten höhere Steuern aus ihren unverteilten Gewinnen begleichen, die sie ohnehin bis auf Weiteres nicht zur Finanzierung neuer Investitionen brauchen. Mit anderen Worten: Steuererhöhungen, an der richtigen Stelle im Wirtschaftskreislauf vorgenommen, wirken nicht restriktiv, sondern expansiv. Denn der Staat gibt die höheren Steuereinnahmen sofort wieder über höhere Ausgaben in den Wirtschaftskreislauf zurück.

Diesen Zusammenhang, wonach höhere Staatsausgaben auch dann expansiv wirken, wenn sie nicht über Schuldaufnahme, sondern über Steuererhöhungen bei Wirtschaftssubjekten mit hoher Sparquote finanziert werden, nennt man in der Ökonomie das *Haavelmo-Theorem* (Theorem = Lehrsatz, Lehrmeinung). Benannt wurde es nach dem norwegischen Ökonom *Trygve Magnus Haavelmo*, der 1989 den Nobelpreis für Wirtschaftswissenschaften erhielt. Auf dieses Theorem stützen sich Vorschläge von Mitte-Links-Parteien oder Gewerkschaften, in wirtschaftlichen Krisenzeiten die Steuern zu erhöhen, um die Schuldaufnahme zu begrenzen und gleichzeitig die Konjunktur über erhöhte Staatsausgaben anzukurbeln. Mitte-Rechts-Parteien und ihnen nahe stehende Ökonomen begegnen diesem Vorschlag mit dem Gegenargument, dass durch Steuererhöhungen ein negatives Signal gesetzt würde, Verbraucher und Unternehmer vorsichtiger disponieren würden und deshalb der erhoffte expansive Effekt ausbleiben würde, sich schlimmstenfalls sogar ins Gegenteil verkehren würde. In der Tat gilt das Haavelmo-Theorem nur unter Ceteris paribus-Bedingungen (ceteris paribus = lateinisch = wenn alles Übrige gleich bleibt), d. h. dann, wenn sich die Verhaltensweisen der besteuerten Wirtschaftssubjekte nicht ändern.

Die Ceteris-paribus-Annahme ist in allen ökonomischen Modellen üblich. In der komplizierten Wirklichkeit gibt es zu viele Einflussfaktoren, die man nicht alle in einfachen, nachvollziehbaren Modellen berücksichtigen kann. Das eröffnet allerdings der Politik die Möglichkeit, sich auf ökonomische Theorien mit *den* Annahmen zu berufen, die zum politisch gewünschten Ergebnis führen, und andere Theorien, deren Ergebnisse nicht ins eigene politische Konzept passen, mit dem Argument, die Annahmen seien unrealistisch, beiseite zu schieben. Wir erkennen an diesem Fall etwas Grundlegendes, das wir in der wirtschaftspolitischen Diskussion stets beachten sollten:

▶ **Was in der Wirtschaft passiert und wie ökonomische Prozesse ablaufen, ist stets Ergebnis wirtschaftlichen Verhaltens von Menschen. Dieses ist nicht hundertprozentig exakt vorhersehbar, sondern stets mit Unsicherheit behaftet. Und: Menschliches Verhalten steht nicht ein- für allemal fest. Es ist grundsätzlich veränderbar.**

Ökonomische »Gesetze« und Zusammenhänge sind somit keine unumstößlichen und für alle Zeit geltenden »Wahrheiten« wie etwa mathematische Formeln, sondern gelten nur unter bestimmten Annahmen. Geht man von anderen Annahmen aus, kommt man auch zu anderen Ergebnissen. Politische Parteien und Interessenverbände, Regierung und Opposition können sich daher stets auf ökonomische »Gesetze« berufen, ohne grundlegend Falsches zu sagen. Sie gehen eben nur von unterschiedlichen wirtschaftlichen Verhaltensweisen der Menschen aus. Wir werden noch öfter auf diese Erkenntnis zurückkommen. Wenden wir uns nun der neuen, im Grundgesetz verankerten Schuldenbremse zu.

Die 2009 verabschiedete Schuldenbremse ist der dritte Versuch seit Bestehen der Demokratie in Deutschland, die Staatsverschuldung zu begrenzen. Artikel 87 der Weimarer Reichsverfassung schrieb vor:

Die Staatsverschuldung

> »Im Wege des Kredits dürfen Geldmittel nur bei außerordentlichem Bedarf und in der Regel nur für Ausgaben zu werbenden Zwecken beschafft werden. Eine solche Beschaffung sowie die Übernahme einer Sicherheitsleistung zu Lasten des Reiches dürfen nur auf Grund eines Reichsgesetzes erfolgen«.

Dieser Artikel wurde 1949 fast unverändert in Artikel 115 des Bonner Grundgesetzes übernommen:

> »Im Wege des Kredits dürfen Geldmittel nur bei außerordentlichem Bedarf und in der Regel nur für Ausgaben zu werbenden Zwecken und nur auf Grund eines Bundesgesetzes beschafft werden«.

Beide Artikel waren nicht eindeutig formuliert und ließen einen breiten Interpretationsspielraum. Was ist außerordentlicher Bedarf und was sind werbende Zwecke? Als außerordentlicher Bedarf wurde alles, was nicht laufender Verwaltungsbedarf ist, definiert. Mit Ausgaben, die *in der Regel (!)* werbenden Zwecken dienen, war gemeint, dass der Aufwand aus dem Objekt herein gewirtschaftet werden kann. Mit der Einschränkung »in der Regel« musste der Aufwand jedoch nicht zwingend rentierlich sein. Auch ein Park, ein Schwimmbad oder ein Museum, Einrichtungen, mit denen der Staat keine Gewinne erwirtschaften will, waren danach werbende Zwecke.

Im Zuge der Verfassungsreform 1969 wurde der Artikel 115 Grundgesetz neu gefasst. Er lautete seitdem:

> »Die Aufnahme von Krediten sowie die Übernahme von Bürgschaften, Garantien, oder sonstigen Gewährleistungen, die zu Ausgaben in künftigen Rechnungsjahren führen können, bedürfen einer der Höhe nach bestimmten oder bestimmbaren Ermächtigung durch Bundesgesetz. Die Einnahmen aus Krediten dürfen die Summe der im Haushaltsplan veranschlagten Ausgaben für Investitionen nicht überschreiten; Ausnahmen sind nur zulässig zur Abwehr einer Störung des gesamtwirtschaftlichen Gleichgewichts. Das Nähere wird durch Bundesgesetz geregelt«.

Mit dieser Formulierung, verabschiedet von der ersten großen Koalition aus CDU/CSU und SPD, wurden zwei Dinge klar gestellt:

1) Der Staat darf Kredite aufnehmen, sofern damit öffentliche Investitionen finanziert werden, also Infrastrukturprojekte mit dauerhaftem Wert.
2) Der Staat hat die Aufgabe, bei einer Störung des gesamtwirtschaftlichen Gleichgewichts in den Wirtschaftsablauf einzugreifen, ggf. sogar Kredite aufzunehmen, die über das öffentliche Investitionsvolumen überschreiten.

Aber was zählt zu den öffentlichen Investitionen? Ein Park, in dem sich die Bürger erholen und ihre Arbeitskraft wieder herstellen? Oder ein Schwimmbad, das ebenfalls der Gesunderhaltung der Arbeitskräfte dient. Oder ein Museum, das das Wissen der Menschen bereichert und ihre Persönlichkeitsbildung fördert? Die investiven (= Wachstums-)Wirkungen sind zwar in gewissem Maße einsehbar, aber ökonomisch schwer in Zahlen zu fassen. Da die Wissenschaft keine eindeutigen, unumstrittenen Zahlen lieferte, war der politischen Interpretation Tür und Tor geöffnet. Liberal-konservative Kräfte fassten den Investitionsbegriff eher eng, linksorientierte Parteien und Gruppen eher weit, eben weil beide eine unterschiedliche Vorstellung davon haben, wie weit der Staat in die Wirtschaft eingreifen soll.

Die Störung des gesamtwirtschaftlichen Gleichgewichts war eigentlich seit Mitte der siebziger Jahre, als die Arbeitslosenquote zu steigen begann, immer gegeben. Insofern konnte die Ausweitung der Staatsverschuldung stets gerechtfertigt und als mit dem Grundgesetz vereinbar bezeichnet werden. Die »Goldene Regel«, wie sie häufig bezeichnet wurde, hat den Anstieg der Staatsverschuldung jedoch nicht gebremst – unabhängig von CDU oder SPD geführten Bundesregierungen. Wie auch, wenn – wie wir gezeigt haben – immer wieder exogene Ereignisse zu höherer Staatsverschuldung geführt und wachsende Arbeitslosigkeit und steigende Staatsverschuldung eine »Zwillingserscheinung« sind.

Im Rahmen der sog. *Föderalismusreform II,* die die Beziehungen zwischen Bund und Ländern neu regelte, wurde auch die *Schuldenbremse* neu ins Grundgesetz aufgenommen – siehe Wortlaut der Artikel 109 (3) und 115 GG. Nachdem im ersten Jahrzehnt des neuen Jahrtausends die Schuldenstandquote mehrere Jahre über der 60-Prozent-Marke gelegen hatte (60 % war die nach den Verträgen von Maastricht eigentlich höchstzulässige Staatsverschuldung eines Landes) und der Mainstream (= herrschende Meinung) der Ökonomie die alte, am keynesianischen Gedankengut orientierte Bestimmung des Artikel 115 GG für nicht mehr zeitgemäß erachtete, fand sich auch im Bundestag die notwendige Zwei-Drittel-Mehrheit für diese Grundgesetzänderung.

Die Neuregelung besteht aus folgenden Eckpfeilern:

- Im Grundgesetz wird nun der Grundsatz eines ausgeglichenen Haushalts festgeschrieben. Defizite dürfen nicht mehr durch die Aufnahme von Krediten, also die Aufnahme neuer Schulden, ausgeglichen werden.
- Als sog. *Strukturkomponente* wird für den Bund ein Verschuldungsspielraum von 0,35 % des Bruttoinlandsprodukts eingeräumt.
- Eine sog. *Konjunkturkomponente* erlaubt, aus konjunkturellen Gründen Kredite aufzunehmen, die über die 0,35-Prozent-Grenze hinaus gehen. Dabei sollen die konjunkturellen Schwankungen im Auf- und Abschwung symmetrisch berücksichtigt werden.

Die Staatsverschuldung

- Im Falle von Naturkatastrophen oder in außergewöhnlichen Notsituationen, die sich der Kontrolle des Staates entziehen und die staatliche Finanzlage erheblich beeinträchtigen, können ebenfalls Kredite über die 0,35-Prozent-Regel hinaus aufgenommen werden.

Vorausgegangen war dieser Verfassungsänderung eine Klage von 293 Abgeordneten der 2004 sich in der Opposition befindenden CDU/CSU- und FDP-Fraktion gegen den Bundeshaushalt 2004. Das Bundesverfassungsgericht stellte zwar in seinem Urteil vom 9. Juli 2007 (BVerfGE 2 BvF 1/04) fest, dass der Haushalt 2004 und der Nachtragshaushalt 2004 den verfassungsrechtlichen Anforderungen entsprachen. Das Gericht erklärte jedoch, vieles spreche dafür, »die gegenwärtige Fassung des Art. 115 GG in ihrer Funktion als Konkretisierung der allgemeinen Verfassungsprinzipien des demokratischen Rechtsstaats für den speziellen Bereich der Kreditfinanzierung staatlicher Ausgaben (vgl. BVerfGE 79, 311 [343]) nicht mehr als angemessen zu werten und verbesserte Grundlagen für wirksame Instrumente zum Schutz gegen eine Erosion gegenwärtiger und künftiger Leistungsfähigkeit des demokratischen Rechts- und Sozialstaats zu schaffen« (Randnummer 134). Damit hatte das Bundesverfassungsgericht dem Gesetzgeber mit sehr vorsichtiger Formulierung (→ vieles spreche dafür) nahe gelegt, eine wirkungsvollere Schuldenbegrenzung im Grundgesetz zu verankern. Die damaligen Oppositionsparteien CDU/CSU und FDP hatten damit ihr ursprüngliches Ziel, den Haushalt 2004 der rot-grünen Bundesregierung für verfassungswidrig erklären zu lassen, nicht erreicht. Gleichwohl gelang es ihnen, gestützt auf das Urteil, Druck auszuüben und in der zweiten großen Koalition (2005–2009) die Abschaffung des Artikels 115 GG durchzusetzen, der in seiner alten Form eine Verschuldung des Staates in Höhe der investiven Ausgaben zuließ.

Die Schuldenbremse

Artikel 109 (3) GG
(i. d. F. vom 29.7.2009, BGBl. I 2009, S. 2248)

Die Haushalte von Bund und Ländern sind grundsätzlich ohne Einnahmen aus Krediten auszugleichen. Bund und Länder können Regelungen zur im Auf- und Abschwung symmetrischen Berücksichtigung der Auswirkungen einer von der Normallage abweichenden konjunkturellen Entwicklung sowie eine Ausnahmeregelung für Naturkatastrophen oder außergewöhnliche Notsituationen, die sich der Kontrolle des Staates entziehen und die staatliche Finanzlage erheblich beeinträchtigen, vorsehen. Für die Ausnahmeregelung ist eine entsprechende Tilgungsregelung vorzusehen. Die nähere Ausgestaltung regelt für den Haushalt des Bundes Artikel 115 mit der Maßgabe, dass Satz 1 entsprochen ist, wenn die Ein-

184   Hauptprobleme der Wirtschafts- und Gesellschaftspolitik und ihre Ursachen

nahmen aus Krediten 0,35 vom Hundert im Verhältnis zum nominalen Sozialprodukt nicht überschreiten. Die nähere Ausgestaltung für die Haushalte der Länder regeln diese im Rahmen ihrer verfassungsrechtlichen Kompetenzen mit der Maßgabe, dass Satz 1 nur dann entsprochen ist, wenn keine Einnahmen aus Krediten zugelassen werden.

Artikel 115 GG

(i. d. F. vom 29. 7. 2009, BGBl. I 2009, S. 2248)

(1) Die Aufnahme von Krediten sowie die Übernahme von Bürgschaften, Garantien oder sonstigen Gewährleistungen, die zu Ausgaben in künftigen Rechnungsjahren führen, bedürfen einer der Höhe bestimmten oder bestimmbaren Ermächtigung durch Bundesgesetze.

(2) Einnahmen und Ausgaben sind grundsätzlich ohne Einnahmen aus Krediten auszugleichen. Diesem Grundsatz ist entsprochen, wenn die Einnahmen aus Krediten 0,35 vom Hundert im Verhältnis zum nominalen Bruttoinlandsprodukt nicht überschreiten. Zusätzlich sind bei einer von der Normallage abweichenden konjunkturellen Entwicklung die Auswirkungen auf den Haushalt im Auf- und Abschwung symmetrisch zu berücksichtigen. Abweichungen der tatsächlichen Kreditaufnahme von der nach den Sätzen 1 bis 3 zulässigen Kreditobergrenze werden auf einem Kontrollkonto erfasst; Belastungen, die den Schwellenwert von 1,5 vom Hundert im Verhältnis zum nominalen Bruttoinlandsprodukt überschreiten, sind konjunkturgerecht zurückzuführen. Näheres, insbesondere die Bereinigung der Einnahmen und Ausgaben um finanzielle Transaktionen und das Verfahren zur Berechnung der Obergrenze der jährlichen Nettokreditaufnahme unter Berücksichtigung der konjunkturellen Entwicklung auf der Grundlage eines Konjunkturbereinigungsverfahrens sowie die Kontrolle und den Ausgleich von Abweichungen der tatsächlichen Kreditaufnahme von der Regelgrenze, regelt ein Bundesgesetz. Im Falle von Naturkatastrophen oder außergewöhnlichen Notsituationen, die sich der Kontrolle des Staates entziehen und die staatliche Finanzlage erheblich beeinträchtigen, können diese Kreditobergrenzen auf Grund eines Beschlusses der Mehrheit der Mitglieder des Bundestages überschritten werden. Der Beschluss ist mit einem Tilgungsplan zu verbinden. Die Rückführung der nach Satz 6 aufgenommenen Kredite hat binnen eines angemessenen Zeitraumes zu erfolgen.

Wie ist nun die neue Schuldenbremse zu bewerten? Liest man sich den neuen, nicht gerade einfach formulierten Artikel 115 GG durch, erkennt man ihren Charakter als politischer Kompromiss. Die beiden großen Parteien mit ihren unterschiedlichen Vorstellungen von der Rolle des Staates in der Wirtschaft mussten sich auf eine Schuldenbegrenzung verständigen, die nicht ein- für allemal eine bestimmte Wirtschaftspolitik fest legt. Und das ist dabei herausgekommen:

1) Kreditaufnahme ist grundsätzlich nicht mehr erwünscht und zulässig [Art. 109 (3) Satz 1, Art. 115 (1) GG].
2) Gleichwohl ist aber ein *strukturelles Defizit* von 0,35 % des Bruttoinlandsprodukts erlaubt (gilt nicht für die Bundesländer).
3) Ebenfalls erlaubt ist ein *konjunkturelles Defizit* von mehr als 0,35 % des Bruttoinlandsprodukts. Neu ist aber, dass die zusätzlich aufgenommenen Kredite »binnen eines angemessenen Zeitraumes« wieder getilgt werden sollen. Gleichzeitig sollen die die zulässige Grenze überschreitenden Kredite aber *konjunkturgerecht* zurückgeführt werden.
4) Die Schuldenbremse ist ab dem Haushaltsjahr 2011 für Bund und Länder wirksam. Für den Bund gilt eine Übergangsregelung bis einschließlich 2015, für die Länder bis einschließlich 2019.
5) Bei Naturkatastrophen oder außergewöhnlichen Notsituationen kann der Bundestag mit Mehrheit beschließen, die Kreditobergrenzen heraufzusetzen.

Noch im gleichen Jahr, in dem die Schuldenbremse verabschiedet wurde, trat diese «außergewöhnliche Notsituation« ein. Zur Bekämpfung der negativen Wirkungen der US-Immobilien- und Finanzmarktkrise auf Wachstum und Beschäftigung in Deutschland war die Bundesregierung gezwungen, einige Banken finanziell zu stützen, andere sogar teilweise zu verstaatlichen. Entgegen dem weltweiten Mainstream in der Ökonomie verabschiedete die zweite große Koalition zwei Konjunkturpakete, mit denen in den Jahren 2009 und 2010 u. a. Mittel für öffentliche Infrastrukturinvestitionen in Höhe von rund 20 Mrd. Euro – das sind etwa 0,75 % des Bruttoinlandsprodukts – bereit gestellt wurden. Die Schuldenstandquote Deutschlands schnellte zwar von 66,7 % (2008) über 74,4 % (2009) auf 83,0 % (2010) hoch. Dadurch wurden aber die drohenden negativen Effekte auf dem Arbeitsmarkt weitgehend abgefedert. Die Arbeitslosenquote stieg von 8,7 % (2008) nur geringfügig auf 9,1 % (2009), ging aber in den Folgejahren sofort wieder auf 8,6 % (2010) und 7,9 % (2011) zurück. Nicht nur Deutschland, sondern alle großen Industrienationen erließen zur gleichen Zeit Konjunkturprogramme nach keynesianischem Muster (siehe BMF, Monatsbericht, 20. 8. 2009). Diese gleichgerichtete Politik ist in Zeiten der Globalisierung unbedingte Voraussetzung für die Wirksamkeit von Konjunkturprogrammen. Wir kommen darauf später noch einmal zurück.

Zurück zur Schuldenbremse: Sie wurde noch während des Beratungsprozesses von einer Gruppe keynesianisch orientierter Ökonomen in einem Aufruf öffentlich kritisiert (der Verfasser dieses Buches gehört zu den Mitunterzeichnern dieses Aufrufs). Bemängelt wurde insbesondere die Regel, wonach die Auswirkungen konjunktureller Schwankungen auf den Haushalt im Auf- und Abschwung *symmetrisch* zu berücksichtigen sind. Dies entspricht einer idealtypischen Vorstellung des Konjunkturverlaufs, bei dem Auf- und Abschwung genau gleich groß sind (wie die modellhafte Kurve im *Schaubild 2.2*) und dementsprechend auch die Steuerausfälle im Abschwung den Steuermehreinnahmen im Aufschwung entsprechen. Dann könnten in der Tat die aufgenommen neuen Schulden wieder vollständig getilgt werden. Doch diese Annahme entspricht nicht der Wirklichkeit: Zwar steigen in jedem Aufschwung die Steuereinnahmen, in der Regel aber nicht so stark, dass das rezessionsbedingte Loch im Haushalt wieder vollkommen gestopft werden könnte. Auch aus diesem Grund ist eine langfristig steigende Staatsverschuldung schwer zu vermeiden.

Ein weiterer Kreditpunkt an der Schuldenbremse ist die Entkoppelung der Staatsverschuldung von den öffentlichen Investitionen. Das ist so, als wollte man einem privaten Unternehmen, das investiert, um am Markt wettbewerbsfähig zu bleiben, verbieten, seine Investition über Kredite zu finanzieren. So wie jedes Unternehmen für die Zukunft vorsorgen muss, um den Anschluss nicht zu verpassen, so muss gerade Deutschland stets darauf bedacht sein, seine Infrastruktur auf dem neuesten Stand zu halten, um für weltweit tätige Unternehmen ein attraktiver Standort zu bleiben. Und Deutschland muss auch mehr für Bildung und Forschung tun, um im internationalen Wettbewerb bestehen zu können. Auch dafür sollte der Staat zumindest z. T. kreditfinanzierte Mittel bereit stellen.

Kritikwürdig ist ferner, die Grenzen der Staatsverschuldung in der Verfassung zu verankern. Dahinter steckt der Versuch (und bei liberal-konservativen sicher auch der Wunsch!), künftige Regierungen für alle Zeiten an diese Regeln zu binden, man könnte auch sagen: unabhängig vom Wahlausgang jede Regierung in ein wirtschaftspolitisches Korsett zu pressen, das mehr dem neoliberalen als dem keynesianischen Paradigma entspricht. Auf EU-Ebene kann man seit langem diese politische Strategie beobachten. Auch dazu später mehr.

Fachbegriffe zur Schuldenbremse

Budgetsensitivität: Veränderung der Einnahmen und Ausgaben des Staates bei einer Veränderung der Produktionslücke um 1%.

Finanzielle Transaktionen: Sonder*einnahmen* des Staates z. B. aus Verkauf staatlicher Unternehmen an Private (= Privatisierungen) oder aus der Versteigerung öffentlicher Lizenzen. Auch die Vergabe von Darlehen zählt zu den finanziellen Transaktionen, in diesem Fall entstehen dem Staat Sonder*ausgaben*, denen eine Forderung an die Schuldner gegenüber steht.

Konjunkturelles Defizit: Defizit der öffentlichen Haushalte, das entsteht, wenn konjunkturbedingt das Produktionspotenzial (s. u.) nicht ausgelastet wird und die tatsächlichen Steuer-

Die Staatsverschuldung

einnahmen hinter denen zurück bleiben, die bei Ausschöpfung des Produktionspotenzials erzielt würden.

Konjunkturbereinigungsverfahren: Verfahren zur Ermittlung des strukturellen Defizits. Dazu wird in einem ersten Schritt die Produktionslücke als zyklische Abweichung des BIP von seinem langfristigen Trend geschätzt. In einem zweiten Schritt wird mit Hilfe der Budgetsensitivität geschätzt, wie hoch das Defizit der öffentlichen Haushalte aufgrund der Produktionslücke ist.

Strukturelles Defizit: Defizit der öffentlichen Haushalte, das auch bei einer normalen Ausschöpfung des Produktionspotenzials noch bestehen würde.

Produktionspotenzial: Bruttoinlandsprodukt, das bei Vollbeschäftigung und voll ausgelasteten Maschinen (= Normalauslastung) erzeugt werden könnte.

Befürworter der Schuldenbremse sind indes keineswegs mit der Schuldenbremse vollkommen zufrieden. Mit den geschilderten Ausnahmen ist auch diese Regelung nicht »wasserdicht« in dem Sinne, dass eine Regierung nicht doch eine Begründung für eine Ausweitung der Staatsverschuldung finden könnte. Wann liegt eine »außergewöhnliche Notsituation« vor? Ist diese Regelung wirklich konkreter als die frühere Formulierung »Störung des gesamtwirtschaftlichen Gleichgewichts«? War es etwa keine außergewöhnliche Notsituation, als die Ölpreise explodierten, die damalige Bundesregierung eine Verknappung des Öls befürchtete und ein Sonntagsfahrverbot erließ? Exogene Schocks bringen jede Volkswirtschaft aus dem Gleichgewicht und verlangen von einer Regierung ein Handeln, das sich nicht an engen Haushaltsausgleichsregeln orientiert. Und exogene Schocks hatten wir seit den siebziger Jahren des vorigen Jahrhunderts immerhin vier!

Zudem sind das strukturelle und das konjunkturelle Defizit keine empirisch feststellbaren Größen, sondern Werte, die mit einem methodisch anspruchsvollen und in der Wissenschaft nicht unumstrittenen Verfahren geschätzt werden müssen. Man lasse sich nur noch mal den Satz aus Art. 115 (2) auf der Zunge zergehen:

> »Näheres, insbesondere die Bereinigung der Einnahmen und Ausgaben um finanzielle Transaktionen und das Verfahren zur Berechnung der Obergrenze der jährlichen Nettokreditaufnahme unter Berücksichtigung der konjunkturellen Entwicklung auf der Grundlage eines Konjunkturbereinigungsverfahrens sowie die Kontrolle und den Ausgleich von Abweichungen der tatsächlichen Kreditaufnahme von der Regelgrenze, regelt ein Bundesgesetz«.

Selbst gelernte Ökonomen verstehen diesen »Bandwurmsatz« auf den ersten Blick nicht. Da die Verfahren zur Ermittlung der Defizite in einem einfachen Bundesgesetz geregelt sind, kann jede Regierung mit ihrer einfachen Mehrheit im Bundestag die Verfahrensregeln wieder ändern.

Wir kommen auf das Problem der Staatsverschuldung in Zusammenhang mit der Krise im Euroraum noch einmal zurück. Als nächstes wollen wir uns einem weiteren kontroversen Aspekt der Staatstätigkeit befassen: der Finanzierung und Verteilung der staatlichen Leistungen.

4.3 Finanzierung und Verteilung der staatlichen Leistungen

4.3.1 Die Entwicklung der Staatsquote

Die hohe Staatsverschuldung ist nur die eine Seite der Medaille. Sie geht mit einem hohen Anteil der Staatsausgaben (einschließlich der Sozialausgaben) am Bruttoinlandsprodukt einher, einer statistischen Größe, die man als *Staatsquote* bezeichnet. *Schaubild 4.17* zeigt die Entwicklung der Staatsquote in Deutschland seit 1950.

Es fällt auf, dass die Staatsquote bereits bis Mitte der sechziger Jahre, also in der Ära der CDU-Regierungen unter *Konrad Adenauer* und *Ludwig Erhard,* besonders stark angestiegen ist. In der Tat haben Politikwissenschaftler in internationalen Vergleichen der Finanzpolitik festgestellt, dass immer höhere Staatsausgaben und eine wachsende Staatsquote keineswegs nur auf Länder mit Linksregierungen beschränkt sind. Auch in Staaten, die von bürgerlich-konservativen Mehrheiten beherrscht werden, stieg die Staatsquote langfristig an. Deutschland steht deshalb mit dieser Entwicklung nicht allein in der Welt. Die überwältigende Mehrheit der Länder hat – wie *Tabelle 4.2* zeigt – eine Staatsquote von über 40 Prozent. Deutschland liegt mit 44,7 Prozent im Mittelfeld, aber unter dem Durchschnitt der EU-Länder und auch des Eurogebiets. Abgesehen von den USA handelt es sich bei den Ländern mit einer Staatsquote von unter 40 Prozent um Staaten Osteuropas, also Volkswirtschaften, die erst seit kurzem den Weg der Marktwirtschaft eingeschlagen haben. Von einer (zu) hohen Staatsquote Deutschlands kann im internationalen Vergleich also keine Rede sein.

An dieser Stelle sei das »Gesetz der wachsenden Staatstätigkeit« von *Adolph Wagner* (1835–1915) erwähnt, einem führenden deutschen Ökonomen der zweiten Hälfte des 19. Jahrhunderts. Danach wachsen in allen ökonomisch und kulturell entwickelten Ländern die Staatsaufgaben und damit sowohl absolut als auch relativ der Finanzbedarf des Staates. Sieht man sich die tatsächliche Entwicklung der Staatsquoten in den reichen Industrieländern an, spricht vieles für Wagners »Ge-

Finanzierung und Verteilung der staatlichen Leistungen 189

Schaubild 4.17

1 Anteil der Staatsausgaben am Bruttoinlandsprodukt in Prozent. – 2 Bis einschl. 1990 altes Bundesgebiet, ab 1991 alte und neue Bundesländer

Quelle: Statistisches Bundesamt (Volkswirtschaftliche Gesamtrechnung)

setz«. Und es erklärt auch, warum die jungen osteuropäischen Marktwirtschaften derzeit noch eine niedrigere Staatsquote haben. Politisch bedeutet das:

Die staatlichen Aktivitäten haben für die Wirtschaft entwickelter Industrieländer eine große Bedeutung. Staatsausgaben müssen finanziert werden. Die Möglichkeiten des Staates, sich zu verschulden, stoßen, wie wir gesehen haben, an Grenzen. Wachsende Subventionen und Sozialleistungen sowie steigende Personal- und Sachausgaben des Staates bedingen deshalb immer höhere Steuern und Sozialabgaben für die Bürger. Die Entwicklung der sog. Abgabenquote (= Steuern und Sozialabgaben in Prozent des Bruttoinlandsprodukts) belegt die bereits seit den fünfziger Jahren gestiegene Belastung *(Schaubild 4.18)*.

Eine hohe Staats- und Abgabenquote zeigt, dass der Staat intensiv in das Wirtschaftsgeschehen eingreift, um es gemäß seinen Vorstellungen in eine bestimmte Richtung zu lenken, aber auch, um Einkommen und Vermögen zwischen Arm und Reich umzuverteilen. Wie weit diese staatlich lenkenden und korrigierenden Eingriffe gehen sollen und wie hoch Staats- und Abgabenquote sein dürfen, wird

Tabelle 4.2 Staatsquote[1] im internationalen Vergleich 2013

Land	Staatsquote[1]
Griechenland	58,2
Dänemark	58,0
Finnland	57,5
Frankreich	57,0
Belgien	54,0
Schweden	52,5
Österreich	52,1
Italien	51,2
Niederlande	50,2
Ungarn	50,2
Slowenien	50,1
Euroraum	**49,8**
EU – 28 (Durchschnitt)	**49,1**
Portugal	49,1
Zypern	48,1
Großbritannien	47,2
Deutschland	**44,7**
Spanien	44,6
Malta	44,5
Luxemburg	44,0
Tschechien	43,4
Japan	42,4
Irland	42,3
Polen	41,5
Estland	38,6
USA	38,0
Bulgarien	37,6
Rumänien	36,3
Lettland	36,2
Slowakei	36,0
Litauen	35,5

1 Staatsausgaben in Prozent des Bruttoinlandsprodukts

Quelle: BMF (Stand: November 2013). Die Daten sind nicht vergleichbar mit den Quoten in der Abgrenzung der Volkswirtschaftlichen Gesamtrechnung oder der deutschen Finanzstatistik.

Finanzierung und Verteilung der staatlichen Leistungen 191

Schaubild 4.18

1 1950 bis einschl. 1990 altes Bundesgebiet, ab 1991 alte und neue Bundesländer
Quelle: Statistisches Bundesamt (Volkswirtschaftliche Gesamtrechnung)

in Wissenschaft und Politik höchst unterschiedlich beurteilt. Hierbei geht es um die Grundsatzfrage:

Welche Rolle soll der Staat in der Wirtschaft spielen?
Diese Frage wird uns in Kapitel 5 noch ausführlich beschäftigen. Zuvor wollen wir aber noch einen Blick auf die Abgabenquote anderer Länder werfen, um Deutschland international besser einordnen zu können. *Tabelle 4.3* stellt die Abgabenquote – den Anteil von Steuern und Sozialabgaben am Bruttoinlandsprodukt – wichtiger OECD-Staaten gegenüber. Deutschland liegt, was Steuer- und Sozialabgabenbelastung angeht – mit 37,1 % im Mittelfeld der hier aufgeführten Länder. Eine deutlich höhere Abgabenquote von jeweils über 43 Prozent haben alle vier skandinavischen Länder (Dänemark und Schweden sogar von über 44 %), aber auch unsere Nachbarländer Belgien, Italien, Frankreich und Österreich liegen deutlich über Deutschland. Am unteren Ende befinden sich Japan und die USA.

192 Hauptprobleme der Wirtschafts- und Gesellschaftspolitik und ihre Ursachen

Tabelle 4.3 Abgabenquote im internationalen Vergleich. Steuern und Sozialabgaben in Prozent des BIP (2011)

Land	Abgabenquote
Dänemark	48,1
Schweden	44,5
Belgien	44,0
Finnland	43,4
Norwegen	43,2
Italien	42,9
Frankreich	42,2
Österreich	42,1
Niederlande*	38,7
Luxemburg	37,1
Deutschland	**37,1**
Slowenien	36,8
Ungarn	35,7
Großbritannien	35,5
Tschechien	35,3
Polen*	31,7
Spanien	31,6
Portugal*	31,3
Griechenland	31,2
Kanada	31,0
Schweiz	29,8
Slowakei	28,8
Schweiz	28,5
Irland	28,2
Japan*	27,6
USA	25,1

* Wert für 2010

Quelle: BMF (Stand : Dezember 2012). Die Daten sind nicht vergleichbar mit den Quoten in der Abgrenzung der Volkswirtschaftlichen Gesamtrechnung oder der deutschen Finanzstatistik.

Finanzierung und Verteilung der staatlichen Leistungen   193

Schaubild 4.19

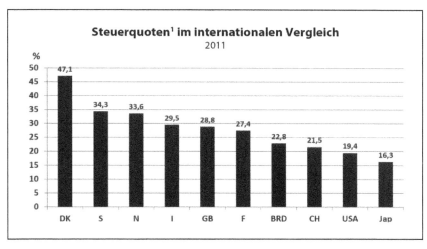

1 Steuereinnahmen in Prozent des Bruttoinlandsprodukts (Japan: Wert für 2010).
Quelle: BMF (Stand: 31.12.2012)

Betrachtet man nur die Belastung mit Steuern – also den Anteil der Steuern in Prozent des Bruttoinlandsprodukts – steht Deutschland fast am Ende: Nur die Schweiz, Japan und die USA haben eine noch niedrigere Steuerbelastung *(Schaubild 4.19)*. Dies sollte man bei Diskussionen über die angeblich so hohen Steuern in Deutschland stets im Auge behalten. Was die Belastung der Deutschen so hoch macht, sind nicht die Steuern, sondern die Sozialabgaben. Diese betrugen 1957, als die Koppelung der Renten an die Lohnentwicklung eingeführt *wurde (= dynamische Rente)* nur 11,9 %, 1975 bereits 15,2 % (Renten-, Kranken- und Arbeitslosenversicherung – Arbeitnehmeranteil). 1995 war er auf 19,65 % (einschl. Pflegeversicherung) gestiegen und erreichte 1998 seinen bisherigen Höchstwert von 21,06 %. 2010 war die Belastung wieder auf 19,325 % zurückgegangen. Da die Arbeitgeber noch mal den gleichen Prozentsatz als Arbeitgeberanteil an Renten-, Kranken-, Arbeitslosen- und Pflegeversicherung abführen (Ab 1. 7. 2005 ist allerdings ein Zusatzbeitrag zur gesetzlichen Krankenversicherung von 0,9 % allein vom Arbeitnehmer zu zahlen), gehen in Deutschland von jedem verdienten Euro rund 40 % an die Sozialversicherung. Die hohe Belastung mit Sozialabgaben hängt mit der Form der Finanzierung des Sozialstaats in Deutschland zusammen. Die Sozialleistungen werden überwiegend aus Sozialabgaben finanziert, die an die Höhe der Einkommen der Arbeitnehmer gekoppelt sind. Andere Länder finanzieren größere Teile ihrer Sozialausgaben über indirekte Steuern, z. B. über die Mehrwertsteuer. Damit kommen wir zum nächsten Abschnitt über das Steuersystem.

4.3.2 Das Steuersystem – gerecht oder ungerecht?

Über Steuern und Abgaben haben die Bürger in Deutschland schon immer geklagt. Und sie machen häufig sogar eine Art »Sport« daraus, Steuern zu umgehen, indem sie ihr Verhalten entsprechend ändern. Das ist so lange unproblematisch, wie eine Verhaltensänderung vom Staat sogar erwünscht ist oder für das Gemeinwesen insgesamt keinen weiteren Schaden anrichtet.

Wenn der Staat beispielsweise den Alkoholmissbrauch bekämpfen will, indem er alkoholische Getränke stark besteuert, dann ist ein Rückgang des Alkoholkonsums erwünscht. Oder wenn, wie im Mittelalter, eine sog. Fenstersteuer erhoben wird (besteuert wurde dabei jedes Fenster eines Hauses, das zur Straße gerichtet war), dann ist es für das Gemeinwesen nicht weiter tragisch, wenn die Bürger ihre Straßenfenster zumauern und alle Fenster auf der Rückseite ihrer Häuser anbringen, um die Fenstersteuer zu umgehen.

Anders ist es dagegen zu beurteilen, wenn in einer Industrienation Bürger ihre wirtschaftlichen Aktivitäten ins Ausland verlagern, Kapital aus dem Inland abziehen und es im Ausland investieren, weil sie dort größere Steuervorteile genießen. Denn das hat nachteilige Folgen für die wirtschaftliche Entwicklung im Inland, speziell für die Situation auf dem Arbeitsmarkt. Deshalb ist bei einem Steuersystem auf dreierlei zu achten:

1) Wie wirkt es auf die Investoren? Lohnt es sich für sie nach Abzug der zu zahlenden Steuern noch, ein Unternehmen zu betreiben? Oder ist es vorteilhafter, die Produktionsstätte oder sogar den Firmensitz in ein anderes Land zu verlegen, weil dort die Gewinne niedriger besteuert werden?
2) Wie wirkt es auf die Erwerbstätigen? Wie viel bleibt ihnen von einem zusätzlich verdienten Euro nach Abzug von Steuern und Sozialversicherungsbeiträgen noch übrig? Lohnt es sich, sich im Beruf anzustrengen, um weiterzukommen, aufzusteigen und mehr zu verdienen? Oder lässt man es besser »langsam angehen«, weil der Staat ohnehin von jedem zusätzlich verdienten Euro mehr als 50 Cent »abkassiert«?
3) Wie wirken Steuern und Sozialabgaben auf das Gerechtigkeitsempfinden der Bürger? In Deutschland ruht das Steuersystem im Wesentlichen auf zwei Säulen: der Lohn- und Einkommensteuer sowie der Mehrwertsteuer. Beide Steuern bringen allein rund 381 Mrd. € jährlich (2012) und damit etwa zwei Drittel des gesamten Steueraufkommens. Man spricht deshalb von einem sog. *Mas-*

sensteuerrecht: Der größte Teil der Steuern wird von der breiten Masse der Bevölkerung aufgebracht.

Allerdings gilt: Die untersten Einkommensgruppen zahlen insgesamt weniger Steuern und Sozialabgaben, als sie insgesamt an Transferzahlungen von Staat und Sozialversicherung erhalten. Bei den mittleren und oberen Einkommensgruppen ist es umgekehrt: Sie müssen mehr an Steuern und Sozialabgaben leisten, als sie an Transferleistungen empfangen. Bei den obersten Einkommensgruppen dagegen gilt vielfach: Sie können sich in der Regel durch Wohnsitzverlagerungen und/oder zwischengeschaltete, in sog. »Steueroasen« (= kleine Länder mit extrem niedrigen Steuersätzen) angesiedelte Firmen der Steuerpflicht entziehen. Beispiele von Spitzensportlern oder Showstars mit entsprechenden Einkünften gehen immer wieder durch die Presse und werden mit Empörung aufgenommen.

Dieser Zustand verletzt das Gerechtigkeitsempfinden vieler Bürger: Auf der einen Seite werden die Ärmsten der Armen unterstützt und empfangen sozialstaatliche Leistungen. Einige Wenige von ihnen – genaue Zahlen existieren nicht – erschleichen sich sogar Sozialleistungen und erhalten sie zu Unrecht. Auf der anderen Seite entziehen sich die »Superreichen« aufgrund ihrer Gestaltungsmöglichkeiten der Steuerpflicht. Die »Dummen« sind diejenigen, die das Bruttoinlandsprodukt erwirtschaften: von den pflichtbewussten und verlässlichen Arbeitern über Angestellte und Beamte bis hin zu den mittelständischen Unternehmern und kleinen Selbständigen, denen allesamt nur wenig oder gar keine steuerlichen Gestaltungsmöglichkeiten offen stehen und bei denen die »Steuerschraube« voll zuschlägt.

Tabelle 4.4 zeigt das Verhältnis von Steuern und Sozialabgaben zu empfangenen staatlichen Leistungen bei den einzelnen Einkommensgruppen im Jahr 2009. Die Zahlen wurden vom arbeitgebernahen Institut der deutschen Wirtschaft Köln (IW) auf der Basis des sozio-ökonomischen Panels des Deutschen Instituts für Wirtschaftsforschung Berlin (DIW) ermittelt. Die Netto-Einkommensgruppen sind dabei nach Zehnteln (man spricht auch oft von Dezilen) aufgeteilt, und bei den Nettoeinkommen pro Monat handelt es sich um *äquivalenzgewichtete Einkommen* (siehe nachfolgende Erläuterung).

196 Hauptprobleme der Wirtschafts- und Gesellschaftspolitik und ihre Ursachen

Tabelle 4.4 Belastung durch direkte Steuern und Sozialabgaben und empfangene Sozialleistungen nach Einkommenszehnteln[1] 2009 in Euro pro Monat

	Netto-einkommen[2]	Direkte Steuern und Sozial-abgaben	Empfangene staatliche Leistungen[3]	Transfersaldo[4]	Nachrichtlich: Mehrwert-steuer und EEG-Umlage
1.	600	66	378	312	78
2.	933	134	475	341	92
3.	1.147	228	504	276	105
4.	1.324	332	458	126	113
5.	1.499	425	444	19	131
6.	1.697	539	462	−77	146
7.	1.896	657	378	−279	159
8.	2.179	793	447	−346	174
9.	2.598	1.045	444	−601	195
10.	4.340	2.021	510	−1.511	283

1 Zehntel bzw. 10 Prozent. Das 1. Einkommenszehntel sind die 10 Prozent der Haushalte mit den niedrigsten Einkommen, das 2. Einkommenszehntel die darüber liegenden 10 Prozent der Haushalte usw. Das 10. Zehntel sind die 10 Prozent der Haushalte mit den höchsten Einkommen. – **2** Es wird jeweils der (arithmetische) Mittelwert des Einkommenszehntels ausgewiesen. – **3** Rente, Pension, Kindergeld, Arbeitslosengeld II und Grundsicherung im Alter, Arbeitslosengeld I. – **4** Empfangene staatliche Leistungen abzüglich direkte Steuern und Sozialabgaben. Ein negativer Wert drückt aus, dass die entsprechende Einkommensgruppe mehr Steuern und Sozialabgaben entrichtet, als sie an staatlichen Leistungen erhalten hat.

Quelle: Sozio-ökonomisches Panel des DIW, Institut der deutschen Wirtschaft Köln

Die Darstellung einer Verteilung nach Zehnteln (Dezilen)

Stellen Sie sich zum leichteren Verständnis 30 Personen vor, die sich von links nach rechts nach ihrer Körpergröße aufstellen. Die kleinste sei 1,61 m groß, die nächstgrößte 1,62 m, die nächstgrößte 1,63 m usw. Die 30. Person misst 1,90 m.

Die Gruppe der 30 Personen wird dann in zehn, zahlenmäßig gleich große Untergruppen aufgeteilt. Jede dieser Untergruppen bildet ein Zehntel bzw. (mit dem Fremdwort) ein Dezil. Im untersten Dezil (= 1. Zehntel) befinden sich die drei kleinesten Personen, im obersten Dezil (= 10. Zehntel) die drei größten Personen. Dazwischen liegen die acht weiteren Zehntel mit jeweils drei Personen (siehe nachstehendes *Schaubild*). Bei der Darstellung der Einkommensverteilung steht anstelle der Körpergröße die Einkommenshöhe.

Finanzierung und Verteilung der staatlichen Leistungen

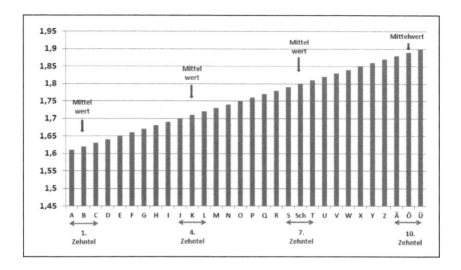

Äquivalenzgewichtetes Nettoeinkommen

Das *äquivalenzgewichtete Nettoeinkommen* (auch bedarfsgewichtetes Nettoeinkommen) berücksichtigt, dass Kinder weniger Geld brauchen als Erwachsene, und dass das Leben günstiger wird, wenn mehrere Menschen zusammenleben. Deshalb wird das gesamte Nettoeinkommen eines Haushalts durch die bedarfsgewichtete Zahl der Haushaltsmitglieder geteilt. Der erste Erwachsene hat den Faktor 1, jedes weitere Haushaltsmitglied ab 14 Jahre den Faktor 0,5, Kinder unter 14 Jahren bekommen den Faktor 0,3.

Beispiel: Eine Familie mit zwei Kindern unter 14 Jahren hat ein gesamtes Nettoeinkommen (= Nettoeinkommen aller Familienmitglieder zusammen) von 2.940 Euro im Monat. Die bedarfsgewichtete Zahl der Haushaltsmitglieder beträgt in diesen Fall 2,1 (erster Erwachsener: 1; zweiter Erwachsener 0,5; pro Kind: 0,3; ergibt 1 + 0,5 + 0,3 + 0,3 = 2,1), das äquivalenzgewichte Nettoeinkommen beträgt somit 1.400 Euro (2.940 : 2,1 = 1.400). Das drückt aus: Diese Familie kann sich mit ihren 2.940 Euro monatlich so viel leisten wie ein Single mit 1.400 Euro/Monat oder ein kinderloses Ehepaar mit 2.100 Euro/Monat.

Im Jahr 2009 haben Haushalte mit einem monatlich verfügbaren Äquivalenzeinkommen bis durchschnittlich 1.499 Euro mehr an staatlichen Leistungen erhalten, als sie an Steuern und Sozialabgaben entrichten mussten. Das ist die untere Hälfte der Einkommensbezieher. Jenseits dieser Einkommensgrenze war es umgekehrt: Haushalte mit mehr als 1.499 € monatlich verfügbarem durchschnittlichen Äquivalenzeinkommen zahlten mehr an direkten Steuern und Sozialabgaben, als ih-

Schaubild 4.20

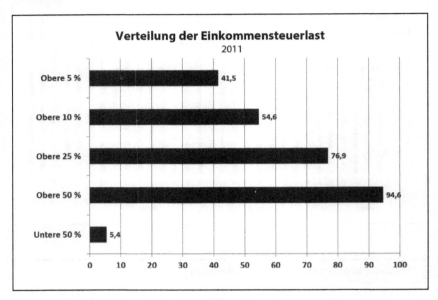

Quelle: BMF, Datensammlung zur Steuerpolitik, Berlin 2012, S. 22.

nen durch staatliche Transfers zuflossen. Daran erkennt man deutlich die Umverteilungswirkung der staatlichen Steuer-, Finanz- und Sozialpolitik: Es wird von der oberen Hälfte zur unteren Hälfte umverteilt. Genau das ist in einem Sozialstaat politisch gewollt.

Wichtig ist in diesem Zusammenhang auch, sich klar zu machen, wie viel die einzelnen Einkommensgruppen zum Aufkommen der Einkommensteuer (nicht zum gesamten Steueraufkommen!) beitragen *(Schaubild 4.20)*. Das Bundesfinanzministerium nannte dazu für 2011 folgende Zahlen: Die obersten zehn Prozent der Steuerpflichtigen erbringen 55 Prozent, die obersten 25 Prozent 77 Prozent und die obersten 50 Prozent fast 95 Prozent des Einkommensteueraufkommens, die untere Hälfte dementsprechend nur gut fünf Prozent.

Sowohl die Verteilung der Einkommensteuerlast als auch die Verteilung der staatlichen Leistungen belegt die generelle Umverteilungswirkung unseres Steuer- und Sozialleistungssystems von oben nach unten. Aber was ist mit der Mehrwertsteuer? Die müssen doch alle zahlen, egal ob Hartz IV-Empfänger oder Multimillionär. Auch dazu gibt es Zahlen *(Schaubild 4.21)*.

Finanzierung und Verteilung der staatlichen Leistungen

Schaubild 4.21

[1] Erfasst wurden die Mehrwertsteuer, die Energiesteuer und die Kraftfahrzeugsteuer

Quelle: RWI/FiFo, Wer trägt den Staat? Die aktuelle Verteilung von Steuer- und Beitragslasten auf die Bevölkerung in Deutschland. Endbericht. Essen 2009, S. 25.

Im Auftrag des Bundesministeriums für Wirtschaft und Technologie haben das Rheinisch-Westfälische Institut für Wirtschaftsforschung Essen (RWI) gemeinsam mit dem Finanzwissenschaftlichen Forschungsinstitut an der Universität Köln (FiFo) ein Forschungsprojekt zum Thema »Wer trägt den Staat? Die aktuelle Verteilung von Steuer- und Beitragslasten auf die Bevölkerung in Deutschland« durchgeführt. Der Endbericht wurde im Oktober 2009 veröffentlicht. Danach erbringen die oberen 50 Prozent der Einkommensbezieher (Haushalte) zwei Drittel des Umsatzsteueraufkommens, die untere Hälfte nur etwa ein Drittel. Allein die oberen 30 Prozent erbringen fast die Hälfte des Umsatzsteueraufkommens. Die unteren 10 Prozent sind dagegen mit 3,6 Prozent nur in geringem Umfang am Umsatzsteueraufkommen beteiligt *(Schaubild 4.21)*. Im Vergleich zur Verteilung der Einkommensteuerlast zeigt sich: Die Umsatzsteuer lastet nicht in dem Maße auf den breiten Schultern wie die Einkommensteuer. Gleichwohl sind auch hier die oberen Einkommensgruppen die Hauptzahler.

Das wirft die Frage auf, ob im Laufe der Jahre die Einkommensverteilung in Deutschland gleichmäßiger oder ungleichmäßiger geworden ist, d.h. ob – wie es

200   Hauptprobleme der Wirtschafts- und Gesellschaftspolitik und ihre Ursachen

in der politischen Auseinandersetzung oft behauptet wird – die Reichen immer reicher und die Armen immer ärmer werden. Wir wollen die Antwort darauf bis Kapitel 4.4 über die ungleichmäßige Einkommens- und Vermögensverteilung zurückstellen.

4.3.3 Wer finanziert die künftigen Renten?

Während auf der einen Seite das Steuersystem u. a. wegen der bereits bestehenden relativ hohen Belastung der oberen Einkommensschichten verteilungspolitisch zunehmend an seine Grenzen stößt, steht auf der anderen Seite die Finanzierung der gesetzlichen Rentenversicherung als tragende Säule der Alterssicherung für die überwiegende Mehrheit der Bevölkerung vor großen Herausforderungen. Diese sind auf folgende Faktoren zurückzuführen:

1) *Längere Lebenserwartung:* Innerhalb der letzten 100 Jahre hat sich die durchschnittliche Lebenserwartung in Deutschland verdoppelt. Sie stieg bei 60jährigen Männern von Anfang der siebziger Jahre bis Mitte der 90er Jahre von 75,3 auf 78,5 Jahre, bei 60jährigen Frauen von 79,1 Jahren auf 82,9 Jahre. Dadurch erhöhte sich die durchschnittliche Rentenbezugszeit von 1960 bis 1996 bei Männern von 9,6 auf 13,6 Jahre und bei Frauen von 10,6 auf 18,5 Jahre. Nach den letzten Zahlen des Statistischen Bundesamtes (12. koordinierte Bevölkerungsvorausberechnung 2009) wird die Lebenserwartung 65jähriger Männer 2060 mindestens weitere 22,3, die der 65jährigen Frauen 25,5 weitere Lebensjahre betragen. Das sind rund 7 bis 8 Prozent mehr als 2006/2008.

2) *Niedrige Geburtenrate:* Bis zum Jahr 2060 wird sich die Alterszusammensetzung der Bevölkerung spürbar verändert haben. 2008 standen 45,4 Mio. Personen im erwerbsfähigen Alter (20 bis 60 Jahre) 21,0 Mio. über 60jährigen gegenüber. Für das Jahr 2030 ist nach der 12. koordinierten Bevölkerungsvorausberechnung des Statistischen Bundesamtes davon auszugehen, dass nur noch knapp 36 Mio. Menschen im Alter zwischen 20 und 60 auf dann 28,5 Mio. über 60jährige kommen. 2060 wird das Verhältnis noch ungünstiger sein. Dann werden 28,4 Mio. Personen im erwerbsfähigen Alter (20–60 Jahre) 26,2 Mio. Personen über 60jährigen gegenüber stehen. Das Verhältnis von Erwerbspersonen (hier unterstellt: 20–60jährige) zu Rentnern (hier unterstellt: über 60jährige) wird sich danach von 2,16 (2008) auf 1,08 (2060) verschlechtern *(Schaubild 4.22)*.

3) *Veränderte Erwerbsbiografien:* Künftig wird durchgehende Vollzeitbeschäftigung vom 20. bis zum 60. Lebensjahr nicht mehr unbedingt die Regel sein. Häufig könnten sich Ausbildung, Studium, Beruf, Weiterbildung, neuer Beruf,

Finanzierung und Verteilung der staatlichen Leistungen

Schaubild 4.22

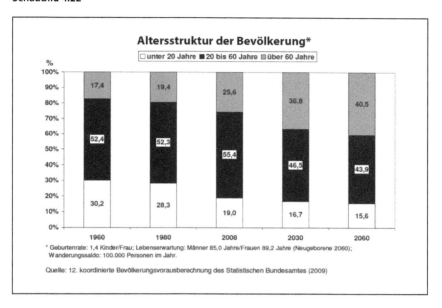

Familienpause und Arbeitslosigkeit abwechseln. Das erschwert den Betroffenen den Aufbau eines ausreichenden Rentenanspruchs und vermindert gleichzeitig das Beitragsaufkommen, aus dem die Renten finanziert werden können. Ein Problem stellen auch diejenigen dar, die wegen ihres niedrigen Einkommens in der Erwerbsphase einen Anspruch auf eine nur geringe gesetzliche Rente erwerben, die zur Bestreitung des Lebensunterhalts im Alter nicht ausreicht. Das Baseler Wirtschaftsforschungsinstitut *Prognos* hat bereits in den neunziger Jahren des vorigen Jahrhunderts vorgerechnet: Selbst bei günstiger Wirtschaftsentwicklung müsste der Beitragssatz zur gesetzlichen Rentenversicherung im Jahr 2030 bei 28 bis 29 Prozent liegen, wenn das Rentenniveau von Ende der neunziger Jahre gehalten werden soll. Derart hohe Beitragssätze werden sowohl für die Arbeitnehmer wegen der damit verbundenen Nettoeinkommenseinbuße als auch für die Wirtschaft wegen des Charakters der Rentenversicherungsbeiträge als sog. *Lohnnebenkosten* als nicht tragbar angesehen.

Schaubild 4.23 zeigt die bisherige Entwicklung der Beitragssätze zur gesetzlichen Rentenversicherung. Danach wurde der bisher höchste Beitragssatz in den Jahren 1997 und 1998 mit 20,3 % erreicht. Durch Einführung der sog. *Ökosteuer* (siehe

Schaubild 4.23

1 Arbeitnehmer- *und* Arbeitgeberbeitrag

Quelle: Lampert, H., Sozialpolitik, Berlin 1980, S. 226 f. – DRV, Rentenversicherung in Zeitreihen, Berlin 2013, S. 264.

dazu später) konnte der Beitragssatz in den Jahren 1999 bis 2001 wieder gesenkt werden, musste allerdings 2003 erneut angehoben werden und lag 2013 bei 18,9 %.

Hinter dem Problem der Finanzierung der künftigen Renten schwelt eine neue Form des Verteilungskonflikts: der Konflikt zwischen den aktiven, im Erwerbsleben Stehenden und den nicht mehr aktiven Rentnern und Pensionären. Im Abschnitt 5.5 über den Umbau des Sozialstaats werden wir uns mit Lösungsvorschlägen für diesen intergenerativen Verteilungskonflikt befassen, aber auch diskutieren, inwieweit man dabei überhaupt von einem Konflikt sprechen kann.

4.3.4 Wer soll künftig die Gesundheitsleistungen bezahlen?

Eng mit der Finanzierung der künftigen Renten verknüpft ist das Problem der steigenden Ausgaben im Gesundheitswesen. Es hat einen ähnlichen Ausgangspunkt wie die Diskussion um die Rentenreform:

So wie die Beiträge zur gesetzlichen Rentenversicherung sind auch die Bei-

Schaubild 4.24

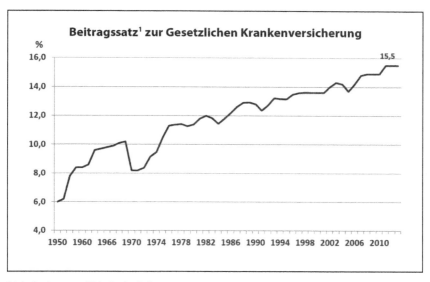

[1] Arbeitnehmer- *und* Arbeitgeberbeitrag

Quelle: Lampert, H., Sozialpolitik, Berlin 1980, S. 226 f. – DRV, Rentenversicherung in Zeitreihen, Berlin 2013, S. 265.

träge zur gesetzlichen Krankenversicherung in den letzten Jahrzehnten deutlich angestiegen. Betrug der Beitragssatz 1950 nur 6 % (Arbeitgeber- und Arbeitnehmeranteil zusammen), so ist er bis zum Jahr 2013 auf 15,5 % gestiegen *(Schaubild 4.24)*. Da diese Beiträge, speziell der Arbeitgeberanteil, sog. Lohnnebenkosten sind und diese als ein die internationale Wettbewerbsfähigkeit der deutschen Wirtschaft beeinflussender Faktor angesehen werden, soll der Beitragsanstieg begrenzt werden. Begrenzung der Beitragseinnahmen würde aber bedeuten: geringere Leistungen der gesetzlichen Krankenkassen.

Aufgrund der demographischen Entwicklung kommen aber auf die Krankenversicherung in Zukunft erhebliche Mehrausgaben zu: Je größer der Anteil der Älteren an der Bevölkerung ist, desto höher sind die Gesundheitsausgaben, d. h. die Kosten, die in einem Land für ärztliche Leistungen, Medikamente, Krankenhäuser, Pflege usw. anfallen.

Die demographische Entwicklung ist jedoch nicht der einzige Faktor, der die wachsenden Ausgaben für Gesundheit bestimmt. *Schaubild 4.25* stellt weitere Faktoren dar, die die öffentlichen Gesundheitsausgaben bestimmen:

204 Hauptprobleme der Wirtschafts- und Gesellschaftspolitik und ihre Ursachen

- Ein wesentlicher Faktor, der zu wachsenden Gesundheitsausgaben führt, ist der *gestiegene Wohlstand* in den entwickelten Industriegesellschaften. Auch dies ist ein Phänomen des wirtschaftlichen Strukturwandels, dessen Ursachen und Folgen wir in Kapitel 2.2. beschrieben haben. Mit wachsenden Realeinkommen steigt die Nachfrage nach den Produkten der einzelnen Wirtschaftssektoren nicht proportional (= in gleichem Verhältnis). Nach Agrarerzeugnissen steigt die Nachfrage vielmehr unterproportional, nach Industrieprodukten zunächst überdurchschnittlich, im reiferen Stadium dann eher auch unterdurchschnittlich, und nach Dienstleistungen überdurchschnittlich. Je besser es den Menschen in einer Gesellschaft geht, desto mehr verreisen sie, gehen ins Theater und Konzert, desto mehr Versicherungen schließen sie ab und – nicht zuletzt – desto mehr Gesundheit »leisten« sie sich. Sie gehen öfter zum Arzt, nehmen mehr und bessere Medikamente ein, kaufen Produkte, die gesundheitsfördernd sind, und beugen möglichen Erkrankungen durch Impfungen, Kuren usw. vor. In *Schaubild 4.25* ist deshalb das Bruttoinlandprodukt (BIP) je Kopf als bestimmender Faktor der Gesundheitsausgaben aufgeführt.
- Die *Seniorenquote,* also der Anteil der älteren Bevölkerung (über 65 Jahre) an der Gesamtbevölkerung, den sog. *demografischen Faktor,* hatten wir bereits einleitend genannt.
- Die sog. *Ärztedichte,* also die Zahl der Ärzte pro Tausend Einwohner eines Gebietes, ist ein »Kosten treibender« Faktor, der wirtschaftliche und politische Mechanismen zugleich auslöst. Je mehr Ärzte es gibt, desto härter konkurrieren sie um Patienten. Denn die Zahl der Patienten und die Länge und Intensität der Behandlungen bestimmen das Ärzteeinkommen. Da die Patienten keine medizinischen Experten sind, sondern den Ratschlägen und Empfehlungen ihres Arztes vertrauen, können mitunter Behandlungen stattfinden und Medikamente verschrieben werden, die für den Gesundungsprozess gar nicht zwingend notwendig sind. Gleichzeitig führt eine hohe Ärztedichte zur Bildung von Koalitionen wie Ärzteverbänden und Standesorganisationen, die die wirtschaftlichen Interessen der Ärzte wahren und bei gesundheitspolitischen Entscheidungen entsprechend Druck auf die Politik ausüben.
- Das *Alter der Demokratie,* das haben internationale Vergleiche gezeigt, wirkt sich ebenso auf die Höhe der Gesundheitsausgaben aus. Je länger eine Demokratie existiert, desto höher wird das Anspruchsniveau der Bevölkerung. Auch bilden sich im Laufe der Zeit sog. »Verteilungskoalitionen«, das sind Bündnisse von Gruppen innerhalb und außerhalb von Parteien, die in bestimmten Sachfragen ähnliche wirtschaftliche Interessen haben und diese gegenüber der Politik auch durchzusetzen verstehen. Z.B. haben Ärzte ein Interesse daran, bei der Verschreibung von Medikamenten in ihrer Entscheidung völlig frei zu sein. Dies unterstützen auch die Apotheker und die

Schaubild 4.25

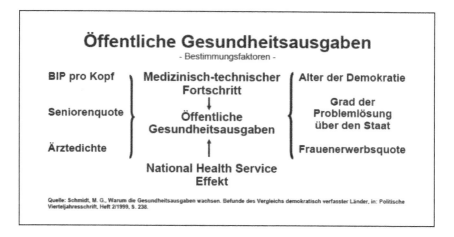

Pharmaindustrie, weil ein hoher Gestaltungsspielraum der Ärzte die Medikamentenumsätze fördert.

- Der *Grad der Problemlösung über den Staat (Schaubild 4.25)* drückt aus, inwieweit eine Gesellschaft die Behandlung und vor allem die Pflege von Kranken und Hilfsbedürftigen aus den Familien heraus in öffentliche, soziale, kirchliche oder karitative Einrichtungen verlagert, die allesamt für ihre Leistungen bezahlt werden müssen.
- Die *Frauenerwerbsquote* hängt eng mit diesem Grad der Problemlösung über den Staat zusammen. Denn in ärmeren Gesellschaften obliegt die Krankenpflege von Familienangehörigen jenseits der engeren medizinischen Leistungen in aller Regel den nicht-erwerbstätigen Ehefrauen. Deshalb führt eine steigende Erwerbsquote von Frauen zu wachsenden öffentlichen Gesundheitsausgaben: Pflegeleistungen, die früher »kostenlos« innerhalb des Familienverbundes erbracht wurden, müssen nun über den Markt gekauft werden. (Für den Bereich Kinderbetreuung gibt es übrigens einen ähnlichen Zusammenhang zwischen Frauenerwerbsquote und Kinderbetreuungskosten).
- Der *National Health Service-Effekt* (deutsch: nationaler = staatlicher Gesundheitsdienst) hat einen eher Kosten dämpfenden Effekt. National Health Service ist die Bezeichnung für das Organisationsprinzip des britischen Gesundheitswesens: Die Gesundheitsleistungen wie ärztliche Betreuung, Krankenhausbehandlung und Medikamente sind für die britische Bevölkerung »kostenlos«, sie werden aus Steuermitteln finanziert. Ärzte und Kranken-

häuser als Hauptanbieter von Gesundheitsleistungen sind Teil des staatlich kontrollierten Gesundheitsdienstes. Der »Vorteil« einer derartigen Organisation des Gesundheitswesens besteht darin, dass der Staat das Angebot an Gesundheitsleistungen kontrolliert und somit die Kosten »im Griff« hat. Der »Nachteil« besteht darin, dass der Staat aus Kostengründen das Angebot beschränken muss, für ärztliche Behandlungen oft lange Wartezeiten existieren und die Gesundheitsversorgung insgesamt auf im Vergleich zu anderen Industrieländern niedrigerem Standard ist. Staatlich verordnete Kostendämpfung hat eben ihren Preis!

- Schließlich kommt als weiterer »Kostentreiber« der *medizinisch-technische Fortschritt* hinzu. So wie unsere Industrieprodukte nicht auf dem Standard der fünfziger Jahre stehen geblieben sind, sondern weiterentwickelt wurden – der Golf, Baujahr 2012, ist ein qualitativ und technisch hochwertigeres Produkt als der VW-Käfer, Baujahr 1952, so hat auch die medizinische Behandlung heute ein anderes Qualitätsniveau. Und so wie der Golf heute teurer ist als der Käfer dereinst, so kosten eben auch heute medizinische Diagnose und Therapie mehr als vor fünfzig Jahren. Schließlich möchte sich auch niemand nach ärztlichen Methoden wie vor 50 Jahren behandeln lassen.

Das politische Kernproblem, das sich allerdings im Gesundheitswesen stellt, ist:

▶ **Wie viel Gesundheitsleistungen will eine Gesellschaft *für alle Bürger* bereit stellen und über ein Solidarsystem bezahlen, und welche Gesundheitsleistungen sollen, da sie sehr teuer sind, *nur einkommensstarken Bürgern* vorbehalten bleiben?**

Die Diskussion dieses Problems hat bereits heftige Kontroversen in Deutschland ausgelöst. Mit Lösungskonzepten werden wir uns später befassen.

4.4 Die ungleichmäßige Einkommens- und Vermögensverteilung

Ein altes, immer wiederkehrendes Problem aller Marktwirtschaften ist die ungleichmäßige Verteilung von Einkommen und Vermögen. Wir wollen im Folgenden einige Daten zur Verteilung in Deutschland aufführen und erklären, warum sich Einkommen und Vermögen so stark konzentrieren.

Die ungleichmäßige Einkommens- und Vermögensverteilung

4.4.1 Die Einkommensverteilung

4.4.1.1 Die Lohnquote

Eine in der wirtschaftspolitischen Diskussion immer wieder als Maßstab zur Messung der Einkommensverteilung verwendete Größe ist die sog. *Lohnquote*. Sie gibt an, wie viel Prozent des Volkseinkommens auf das Einkommen aus unselbständiger Arbeit – Arbeitnehmerentgelt – entfallen.

Das *Volkseinkommen* ist die Summe aller Einkommen, die innerhalb eines Jahres in einer Volkswirtschaft erzielt worden sind, also: Löhne, Gehälter, Beamtenbezüge, Zinsen, Dividenden, Honorare für Ärzte, Rechtsanwälte, Steuerberater, Architekten, Mieteinnahmen von Vermietern, Gewinne von Unternehmen und Unternehmern einschließlich Landwirten.

Dieses Volkseinkommen wird statistisch, in der sog. Volkswirtschaftlichen Gesamtrechnung des Statistischen Bundesamtes, in zwei Teile aufgespalten: in das *Einkommen aus unselbständiger Arbeit (= Bruttoarbeitnehmerentgelt)* und in die *Unternehmens- und Vermögenseinkommen*. Diese Aufteilung nach Einkommensquellen nennt man *funktionelle Einkommensverteilung*.

Die beiden Einkommensquellen fassen sehr verschiedenartige Einkommensgrößen und -empfänger zusammen. So gehören zum *Einkommen aus unselbstständiger Arbeit* z. B. die Vergütung der Auszubildenden, das Gehalt der Teilzeitsekretärin, das Einkommen des Facharbeiters, aber auch die Bezüge des Staatssekretärs und des Vorstandsvorsitzenden eines Großunternehmens. Zu den *Unternehmens- und Vermögenseinkommen* zählen die 10,23 Euro Zinsgutschrift auf das Sparbuch eines »Azubi« ebenso wie die Mieteinnahmen eines Wohnblock-Eigentümers mit 50 Wohnungen und die Dividenden eines Aktionärs, der zwei Mio. Euro in Aktien angelegt hat.

Zu beachten ist: Das Einkommen aus unselbständiger Arbeit ist nicht mit dem Einkommen der Arbeitnehmer gleichzusetzen. Denn erstens beziehen auch leitende Angestellte und Beamte, die eigentlich Arbeitgeber- und Unternehmeraufgaben wahrnehmen und – von ihrer gesellschaftspolitischen Orientierung her – eigentlich dem »Kapital« zuzurechnen sind, statistisch gesehen Einkommen aus unselbständiger Arbeit. Zweitens beziehen auch Arbeitnehmer Einkünfte aus Vermögen, und seien es auch nur die erwähnten 10,23 Euro auf ein bescheidenes Sparguthaben. Mit anderen Worten: Die beiden Bestandteile des Volkseinkommens Einkommen aus unselbständiger Arbeit und Unternehmens- und Vermögenseinkommen stellen nicht die Verteilung auf Arbeit und Kapital dar.

Obwohl die *Lohnquote* (= Bruttoeinkommen aus unselbständiger Arbeit bzw. Arbeitnehmerentgelt in Prozent des Volkseinkommens) somit nicht widerspiegelt, wie sich das Volkseinkommen auf Arbeitnehmer und Unternehmer aufteilt, wird

208   Hauptprobleme der Wirtschafts- und Gesellschaftspolitik und ihre Ursachen

Tabelle 4.5   Lohnquote und Arbeitnehmerquote in Deutschland[1]

Jahr*	Arbeitnehmerquote	Bruttolohnquote	
		global	Konstante Beschäftigen-struktur 1950
		in Prozent	
1950	68,6	58,2	58,2
1955	74,1	59,7	55,3
1960	77,2	60,1	53,4
1965	80,9	65,3	55,4
1970	83,7	65,6	53,8
1975	86,3	71,1	56,5
1980	87,4	73,2	57,5
1985	89,0	70,0	54,0
1990	89,8	67,8	51,8
1995	89,9	71,1	54,3
2000	89,8	72,1	55,1
2005	88,6	66,4	51,4
2010	88,9	66,2	51,1
2013[2]	89,2	66,9	51,5

1 Bis einschl. 1990 altes Bundesgebiet. – **2** Prognosewert.

Quelle: Statistisches Bundesamt

sie immer wieder als grober Verteilungsmaßstab verwendet. Deshalb wollen auch wir hier kurz auf ihre Entwicklung eingehen.

Tabelle 4.5 zeigt, wie sich die globale Bruttolohnquote (man könnte auch eine Nettolohnquote ermitteln) von 1950 bis 2013 entwickelt hat (3. Spalte). Sie ist von 58,2 % (1950) auf 66,9 % (2013) gestiegen. Daraus zu schließen, der Anteil des Einkommens aus unselbständiger Arbeit am Volkseinkommen hätte sich in diesem Zeitraum deutlich erhöht, wäre jedoch falsch. Vielmehr ist zu berücksichtigen, dass zu gleicher Zeit der zahlenmäßige Anteil der Arbeitnehmer an den Erwerbstätigen spürbar gestiegen ist. So waren 1950 von 100 Erwerbstätigen etwa 69 Arbeitnehmer und 31 waren Selbständige. 2013 waren dagegen von 100 Erwerbstätigen nur noch elf selbständig und 89 waren abhängig beschäftigt. Diesen Anstieg der Arbeitnehmerquote (= Arbeitnehmer in Prozent der Erwerbstätigen, siehe

Die ungleichmäßige Einkommens- und Vermögensverteilung

2. Spalte) gilt es zu berücksichtigen, wenn die Entwicklung der Bruttolohnquote richtig gedeutet werden soll. Da immer mehr Erwerbstätige Arbeitnehmer sind und somit Einkommen aus unselbständiger Arbeit beziehen, wächst automatisch auch die Summe der Einkommen aus unselbständiger Arbeit und somit ihr Anteil am Volkseinkommen. Diesen Effekt – man nennt ihn »Beschäftigtenstruktureffekt« – kann man statistisch heraus rechnen und ermitteln, wie hoch die Bruttolohnquote beispielsweise im Jahr 1970 gewesen wäre, wenn es nur so viele Arbeitnehmer bzw. Selbständige wie 1950 gegeben hätte.

Die Formel zur Errechnung dieser »beschäftigtenstrukturbereinigten Lohnquote« lautet:

$$\frac{\text{Bruttolohnquote} \times \text{konstante Arbeitnehmerquote von 1950}}{\text{Arbeitnehmerquote}}$$

Für 1970 müsste man also rechnen:

$$\frac{65,6 \times 68,6}{83,7}$$

Das ergibt für die »beschäftigtenstrukturbereinigte Lohnquote« den Wert 53,8, der in Spalte 4 von *Tabelle 4.5* ausgewiesen ist.

Für den Verlauf der Bruttolohnquote bei rechnerisch konstanter Beschäftigtenstruktur lassen sich drei unterschiedliche Perioden für die Nachkriegszeit unterscheiden:

- In den fünfziger Jahren ist die beschäftigtenstrukturbereinigte Lohnquote von 58,2 Prozent auf 53,4 Prozent gesunken, die Verteilung hat sich also zu Lasten des Einkommens aus unselbständiger Arbeit verschoben.
- Von 1960 bis 1980 ist die beschäftigtenstrukturbereinigte Lohnquote wieder angestiegen. Sie erreichte 1980 mit einem Wert von 57,5 Prozent ihren Höchststand – vom Ausgangswert im Jahr 1950 abgesehen.
- Von 1980 bis 1990 ist sie wieder gesunken und erreichte 1990 ihren Tiefststand vor der Wiedervereinigung von 51,8 Prozent.
- Der erneute Anstieg in den neunziger Jahren ist vornehmlich ein statistischer Effekt der Vereinigung. Da es in den neuen Bundesländern am Anfang nur wenig Unternehmens- und Vermögenseinkommen, sondern fast nur Einkommen aus unselbständiger Arbeit gab, erhöhte sich die Lohnquote für Gesamtdeutschland.

210 Hauptprobleme der Wirtschafts- und Gesellschaftspolitik und ihre Ursachen

- 2010 war sie gegenüber 2000 wieder stark gesunken und lag mit 51,1 Prozent nicht nur unter dem Stand von 1990, sogar auch deutlich unter dem Stand von 1950.
- Nach 2010 ist sie wieder geringfügig angestiegen.

Um es noch einmal besonders hervorzuheben: Eine Aussage über die Entwicklung der Verteilung der Einkommen zwischen Arbeitnehmern und Unternehmern lässt sich mittels des Verlaufs der Lohnquote nicht treffen, weil die Arbeitnehmer auch Einkommen aus Vermögen, die Unternehmer mitunter auch aus unselbständiger Arbeit beziehen. Fest steht jedoch:

▶ **Die Einkommen aus unselbständiger Arbeit verlieren, die Einkommen aus Vermögen gewinnen an Bedeutung. Wer kein Vermögen und damit auch keine Vermögenseinkünfte erzielt, hat deshalb auch entsprechend weniger an Einkommen.**

Die Gründe für diese Entwicklung werden wir Kapitel 5 erläutern.

Bessere Aussagen über die Entwicklung der Einkommen lassen sich anhand der Zahlen treffen, die das Deutsche Institut für Wirtschaftsforschung, Berlin (DIW), neuerdings auch das Statistische Bundesamt, veröffentlichen. Damit befassen wir uns im nächsten Unterabschnitt.

4.4.1.2 Die Verteilung nach sozialen Gruppen und Einkommensklassen

Das Deutsche Institut für Wirtschaftsforschung, Berlin, (DIW) hat die durchschnittlich verfügbaren Haushaltseinkommen nach sozialen Haushaltsgruppen und nach Einkommensklassen berechnet. In die verfügbaren Einkommen fließen die Einkommen aus allen Quellen ein, also sowohl der Lohn oder das Gehalt als auch die Zinsen aus dem Vermögen und – sofern vorhanden – Mieteinnahmen aus einer Wohnung usw. Steuern und Sozialversicherungsbeiträge sind beim verfügbaren Einkommen bereits abgezogen.

Bei der Verteilungsrechnung nach sozialen Gruppen erfolgt die Zuordnung eines Haushalts nach dem Beruf des Hauptverdieners: Beispielsweise wird ein Facharbeiter mit – sagen wir – 2.500 Euro Monatseinkommen mit einer Ehefrau, die als Kassiererin im Supermarkt 1.200 Euro monatlich verdient, den Haushalten von Arbeitern zugeordnet. Ferner wird berücksichtigt, dass in den einzelnen Haushalten eine unterschiedliche Zahl von Personen lebt. Denn ein verfügbares Einkommen von monatlich 2.000 DM bedeutet unterschiedlichen Wohlstand, je nachdem, ob es sich um einen Singlehaushalt oder um eine Familie mit zwei Kindern handelt. Das DIW hat deshalb das Durchschnittseinkommen der Haushalte je Verbrauchereinheit berechnet. Dabei wurde die erste Person im Haushalt mit 1, die zweite über 14 Jahren mit 0,7 und jedes Kind unter 14 Jahren mit 0,5 gewichtet, um dem unterschiedlichen Bedarf der Haushaltsmitglieder Rechnung zu tragen: (Andere Gewichtung als bei der heute üblichen Berechnung der Äquivalenzeinkommen nach der OECD-Skala)

Ein Beispiel

Eine Familie mit 1 Kind unter 14 soll monatlich 3.300 Euro zur Verfügung haben. Der Vater wird jetzt mit 1, die Mutter mit 0,7 und das Kind mit 0,5 gewichtet, insgesamt also 1 + 0,7 + 0.5 = 2,2. Das verfügbare Haushaltseinkommen je Verbrauchereinheit beträgt demzufolge 3.300 : 2,2 = 1 500 Euro. Die Eltern allein ohne das Kind hätten 3.300 : 1,7 = 1.941 Euro.

Tabelle 4.6 gibt die Entwicklung der durchschnittlich verfügbaren Einkommen der privaten Haushalte je Verbrauchereinheit seit 1980 wieder. Weiter zurückrei-

Tabelle 4.6 Durchschnittliche verfügbare Haushaltseinkommen nach sozialen Gruppen je Verbrauchereinheit[1] in DM bzw. Euro

Jahr[2]	Haushalte von								
	Selbstän-digen	Arbei-tern	Ange-stellten	Beam-ten	Arbeits-losen	Rent-nern	Pensio-nären	Soz.h. Empf.	Alle
				DM					
1980	–	1.299	1.740	1.861	971	1.484	2.156	770	1.615
1985	–	1.515	2.066	2.156	1.059	1.747	2.488	939	1.949
1991	5.460	1.880	2.540	2.890	1.430	2.010	3.130	1.110	2.380
1995	6.640	2.120	2.980	3.360	1.640	2.400	3.750	1.310	2.770
				Euro					
1991	3.492	1.142	1.492	1.600	867	1.075	1.450	575	1.392
1995	3.942	1.275	1.742	1.808	967	1.250	1.617	683	1.583
2000	4.533	1.408	1.917	1.983	983	1.300	1.717	700	1.733
2005	5.242	1.467	2.042	2.150	x	x	x	x	1.875

1 DIW-Zahlen (DM-Werte) mit der Gewichtung: 1. Person: 1,0; 2. Person: 0,7, jedes Kind unter 14: 0,5. – Zahlen des Statistischen Bundesamtes (Euro-Werte) mit der Gewichtung: 1. Person: 1,0; 2. Person: 0,5; jedes Kind unter 15: 0,3. – **2** Ab 1991 alte und neue Bundesländer.

Quelle: Deutsches Institut für Wirtschaftsforschung, Berlin (DIW) für Zahlen von 1980 bis 1995 in DM. Statistisches Bundesamt für Zahlen von 1991 bis 2005 in Euro.

212 Hauptprobleme der Wirtschafts- und Gesellschaftspolitik und ihre Ursachen

chende Zahlen hat das DIW zwar auch vorgelegt, sie sind mit denen seit 1980 jedoch nicht vergleichbar, weil sie nicht »je Verbrauchereinheit« ausgewiesen sind. Sie enden außerdem in den neunziger Jahren.

Das Statistische Bundesamt hat auf der Basis der Volkswirtschaftlichen Gesamtrechnungen ebenfalls Äquivalenzeinkommen nach sozialen Haushaltsgruppen berechnet, einsetzend ab 1991, also mit dem (statistischen) Beginn der deutschen Einheit. Wir führen beiden Zahlenreihen in *Tabelle 4.6* zusammen Wir sollten uns jedoch bewusst sein, dass sie aus unterschiedlichen Quellen stammen und mit unterschiedlichen Methoden ermittelt wurden. Sie stellen deshalb keine durchgehende Zeitreihe der Einkommensentwicklung dar.

An und für sich sind die DIW-Zahlen für 1995 wegen der Gebietsstandsänderung nicht mit denen für 1980 vergleichbar. Denn 1995 sind Durchschnittswerte für die alten und neuen Bundesländer, während 1980 nur das alte Bundesgebiet erfasst wurde. Trotzdem: Allein die Zahlen von 1991 bis 1995 belegen eine deutliche Scherenentwicklung der Einkommen der Selbständigen im Vergleich zu denen der Arbeitnehmer. So sind die verfügbaren Einkommen der Selbstständigen (DIW Werte in DM) von 1991 bis 1995 im Durchschnitt um 22 % gewachsen, die der Arbeiter dagegen nur um 13 %, die der Angestellten bloß um 17 % und die der Beamten lediglich um 16 %.

Auch wenn man die Zahlen des Statistischen Bundesamtes betrachtet, die von 1991 bis 2005 reichen, zeigt sich das gleiche Bild: Die Einkommen der Selbständigen haben sich von 1991 bis 2005 um 50 % erhöht, die der Arbeiter jedoch nur um 28 %. Bei den Angestellten beträgt der Zuwachs 37 %, bei den Beamten 34 %. (Eine fortgeschriebene Veröffentlichung des Statistischen Bundesamtes über 2005 hinaus lag bei Drucklegung des Buches nicht vor.)

Damit wird die Aussage bestätigt, die im vorigen Abschnitt aus der Entwicklung der beschäftigtenstrukturbereinigten Lohnquote abgeleitet wurde:

▶ **Die Einkommen aus unselbständiger Arbeit steigen seit vielen Jahren deutlich schwächer als die Unternehmens- und Vermögenseinkommen.**

Da Arbeiter, Angestellte und Beamte nach wie vor den weitaus überwiegenden Teil ihres verfügbaren Einkommens mit Einkünften aus unselbständiger Arbeit abdecken (siehe dazu auch den nächsten Unterabschnitt), schlägt diese »Schere« der Einkommensentwicklung bei ihnen besonders zu Buche.

Der Leser beachte noch einen wichtigen Unterschied zwischen den verfügbaren Einkommen der Arbeitnehmer einerseits und der Selbständigen andererseits: Bei den verfügbaren Einkommen der Arbeitnehmer sind die Beiträge zur gesetzlichen Rentenversicherung bereits abgezogen, während entsprechende Vorsorgeleistungen, die Selbständige an private Versicherungen oder – auf freiwilliger Ba-

Die ungleichmäßige Einkommens- und Vermögensverteilung 213

sis – an die Rentenversicherung erbringen, in den verfügbaren Einkommen der Selbständigen noch enthalten sind. Man kann deshalb anhand der verfügbaren Haushaltseinkommen von Arbeitnehmern und Selbständigen keinen Niveauvergleich, d. h. Lebensstandardvergleich, anstellen. Wohl aber ist es vertretbar, so wie hier einen Entwicklungsvergleich zu machen und unterschiedliche Zuwachsraten einander gegenüberzustellen.

Wo liegen die Ursachen für das Auseinanderdriften von Arbeitnehmer- und Selbständigeneinkommen? Die seit den achtziger Jahren zunehmend schwierige Arbeitsmarktlage hat zu einem verstärkten Konkurrenzkampf zwischen den Arbeitnehmern geführt. Um einen Arbeitsplatz zu bekommen, stellen sie keine hohen Lohn- oder Gehaltsansprüche, sondern sind froh, wenn sich ein Arbeitgeber bereit findet, sie einzustellen. Während in Zeiten der Vollbeschäftigung wie in den sechziger Jahren die Arbeitgeber gezwungen waren, sich gegenseitig zu überbieten, um durch attraktive Konditionen Arbeitskräfte zu gewinnen, können sie bei hoher Arbeitslosigkeit vielfach zwischen gleichermaßen qualifizierten Bewerbern auswählen, sie gegeneinander ausspielen und sich für den bzw. diejenige entscheiden, der bzw. die am wenigsten kostet. Das schließt nicht aus, dass es für manche Stellen einen Mangel an geeigneten Bewerbern gibt und die Arbeitgeber in diesen Fällen nach wie vor etwas »drauflegen« müssen, wenn sie die Positionen besetzen wollen. Vielfach jedoch flattern den Personalabteilungen auf eine Stellenausschreibung mehrere hundert Bewerbungen auf den Tisch, und selbst nach Ausfiltern offensichtlich ungeeigneter Bewerber bleibt immer noch eine Spitze von 10 bis 20 gleichwertigen Kandidaten übrig, zwischen denen der Arbeitgeber dann seine Wahl treffen kann.

Die Scherenentwicklung bei den Einkommen von Arbeitnehmern und Selbständigen setzt 1983 ein. In den Jahren davor stiegen die real verfügbaren Einkommen der beiden sozialen Gruppen annähernd parallel. Das war politisch so gewollt und hängt mit dem sog. Kurswechsel von einer nachfrageorientierten zu einer angebotsorientierten Wirtschaftspolitik zusammen (siehe dazu auch Kapitel 5.2): So sollten u. a. durch Steuervergünstigungen Anreize für Investitionen geschaffen werden, damit mehr Arbeitsplätze entstehen.

Das Deutsche Institut für Wirtschaftsforschung (DIW) hat aus den Daten des Sozio-ökonomischen Panels die Entwicklung der Einkommensverteilung von 1997 bis 2008 nach Einkommensklassen errechnet. Als Einkommensklassen wählte das Institut Haushalte, die

- zum untersten Zehntel (10 %)
- zum unteren Viertel (25 %)
- zur unteren Hälfte (50 %)
- zur oberen Hälfte (50 %)

214 Hauptprobleme der Wirtschafts- und Gesellschaftspolitik und ihre Ursachen

- zum oberen Viertel (25 %)
- zum obersten Zehntel (10 %)

der Einkommensskala zählen. Es zeigt sich: Die Einkommen der Haushalte mit höheren Einkommen sind in diesem Zeitraum überdurchschnittlich gestiegen *(Tabelle 4.7)*. So haben sich die Nettoeinkommen des obersten Zehntels von 1997 bis 2008 um 29,7 Prozent, die des untersten Zehntels dagegen nur um 14,7 Prozent erhöht. Die Einkommen der Bestverdiener sind in diesem Zeitraum also doppelt so stark gestiegen wie die Einkommen der Geringverdiener.

Der Vergleich der Einkommensentwicklung von Selbstständigen und Arbeitnehmern wirft ein Licht auf den traditionellen Verteilungskonflikt: den zwischen Kapital und Arbeit. Der Vergleich zwischen dem obersten und dem unters-

Tabelle 4.7 Äquivalenzgewichtetes[1] monatliches[2] Nettoeinkommen nach Einkommensklassen in Deutschland (in Euro)

Jahr	Haushalte, die ...				Alle Haushalte
	zum unteren Zehntel	zur unteren Hälfte	zur oberen Hälfte	zum obersten Zehntel	
	der Einkommensbezieher zählen				
1997	528	917	1.626	2.689	1.213
1998	552	944	1.697	2.742	1.242
1999	581	969	1.784	2.859	1.303
2000	565	977	1.785	2.893	1.323
2001	554	975	1.800	2.983	1.329
2002	565	994	1.897	3.117	1.375
2003	576	999	1.876	3.093	1.381
2004	600	1.017	1.912	3.177	1.404
2005	571	998	1.921	3.298	1.403
2006	588	1.017	1.947	3.325	1.413
2007	615	1.036	1.990	3.415	1.451
2008	606	1.052	2.012	3.449	1.464

1 Äquivalenzgewichtung nach OECD-Skala: 1. Person: 1,0; 2. Person: 0,5; jedes Kind: 0,3. – **2** Errechnet aus dem jährlichen äquivalenzgewichteten Nettoeinkommen durch Division durch 12.

Quelle: Brenke, K., Einkommensumverteilung schwächt privaten Verbrauch, in: DIW-Wochenbericht Nr. 8/2011, S. 9.

ten Zehntel der Einkommensbezieher belegt die sich öffnende Schere zwischen Arm und Reich, ohne dabei zu unterscheiden, ob es sich um Arbeitnehmer- oder Selbständige handelt. Letzteres ist insofern sinnvoll, als Arbeitnehmer durchaus Spitzenverdiener sein können – man denke etwa an Vorstände oder leitende Angestellte von Unternehmen – andererseits manche Selbständige auch Geringverdiener sein können – z. B. Künstler oder freie Journalisten.

Auf einen anders gearteten Verteilungskonflikt hat das Forschungsinstitut empirica in einer Studie »Vermögensbildung im Lebenszyklus« aufmerksam gemacht: Diejenigen, die nach 1960 geboren sind, hatten in den neunziger Jahren im Durchschnitt ein niedrigeres Realeinkommen als diejenigen, die vor 15 bis 20 Jahren in diesem Alter waren. Ursache: Aufgrund der Arbeitsmarktsituation konkurrieren sich speziell die Berufseinsteiger gegenseitig im Kampf um Jobs ihr Gehalt nach unten. Gleichzeitig bleiben diejenigen der älteren Generation, die in der Zeit des Wirtschaftswunders Ende der sechziger/Anfang der siebziger Jahre in den Beruf eingetreten sind, auf ihrem erreichten hohen Einkommensniveau, sofern sie nicht ihren Arbeitsplatz verlieren. Folge: Die Einkommensunterschiede zwischen Jung und Alt wachsen.

4.4.2 Die Vermögensverteilung

Die Vermögensverteilung ist gewissermaßen der »Zwilling« der Einkommensverteilung. Denn eine ungleichmäßige Einkommensverteilung erzeugt eine Konzentration der Vermögen, und umgekehrt führt eine ungleichmäßige Vermögensverteilung zu einer hohen Einkommensungleichheit.

Wir wollen uns vorab mit der Frage befassen, was Vermögen überhaupt ist. Anschließend wird erläutert, wie Vermögen entstehen und wie sie in Deutschland verteilt sind.

4.4.2.1 Was ist Vermögen?

Jemand, der im Lotto zehn Millionen Euro gewonnen hat, wird sicherlich sagen, er habe ein Vermögen gewonnen. Ein Kellner, der von einem Gast 10 Euro Trinkgeld erhalten hat, wird dagegen kaum behaupten wollen, ein Vermögen als Trinkgeld bekommen zu haben.

An diesem Beispiel sehen wir: Im alltäglichen Sprachgebrauch umschreibt der Ausdruck »Vermögen« meist einen subjektiv als groß empfundenen Geldbetrag. Viele meinen, Vermögen, das sei mindestens eine Million Euro oder ein Betrag, der so groß ist, dass man von den Zinserträgen leben kann. In der Volkswirtschaft ist Vermögen anders definiert. Schon 1 Euro ist Vermögen, und zwar eine bestimmte Art des Vermögens, nämlich Geldvermögen. Die verschiedenen Vermögensbegriffe können wir uns am besten anhand der Vermögensbilanz eines privaten Haushalts klar machen.

Nehmen wir als Beispiel an, eine Familie wollte alles, was sie zu einem bestimmten Zeitpunkt besitzt, aufschreiben und zusammenzählen. Diese Rechnung nennt man Vermögensbestandsrechnung. In *Tabelle 4.8* sind die einzelnen Positionen einer Vermögensbestandsrechnung zusammengefasst. Die Zahlen sind angenommene Werte, die nur zur Veranschaulichung dienen sollen. Sie beruhen nicht auf statistischen Erhebungen.

Auf der linken Seite dieser Gegenüberstellung, die man Vermögensbilanz nennt, sind alle Bestandteile des Familienvermögens dem Wert nach erfasst. Auf der rechten Seite der Bilanz stehen die Schulden. Der Unterschiedsbetrag zwischen der Summe der linken Seite und den Schulden ergibt das Rein- oder auch Nettovermögen.

Die Aufstellung einer solchen Bilanz ist in Wirklichkeit nicht so einfach, wie es auf den ersten Blick erscheint. Unproblematisch dürfte die Erfassung der Geldvermögen sein, denn die Höhe des vorhandenen Bargelds, der Sparguthaben und der Wertpapiere lässt sich leicht ermitteln. Schwieriger wird es schon beim Gebrauchsvermögen. Mit welchem Wert sollen Möbel, Kleidung, Auto usw. eingesetzt werden. Zu dem Preis, zu dem sie gekauft wurden (Anschaffungswert)? Oder zu dem Preis, der sich erzielen ließe, wenn man sie jetzt in gebrauchtem Zustand verkaufen würde (Verkaufswert)? Oder zu dem Preis, den man bezahlen müsste, wenn man sie heute neu erwerben würde (Wiederbeschaffungswert)?

Je nachdem, welches Bewertungsprinzip man anwendet, kommt man zu unterschiedlichen Vermögensbeständen. Zudem müsste der Wert vieler Gegenstände geschätzt werden, weil es für sie keinen Marktpreis gibt. Das gilt insbesondere für Produktivvermögen, das nicht an der Börse gehandelt wird, also Anteile an Personengesellschaften.

Zu welcher Vermögensart ein Gut zu rechnen ist, hängt von seinem Verwendungszweck ab. Dient es der persönlichen, privaten Nutzung, so zählt es zum Gebrauchsvermögen. Dient es Erwerbszwecken, d. h. der Erzielung von Einkommen, zählt es zum Erwerbsvermögen. Beim Geldvermögen handelt es sich um die verschiedenen Formen der Geldanlagen bei Banken, Bausparkassen und Versicherungen. Manche Güter können sowohl Erwerbsvermögen als auch Gebrauchsvermögen sein. Ein Auto, das beruflich genutzt wird, ist Erwerbsvermögen. Wird es privat genutzt, zählt es zum Gebrauchsvermögen.

Ähnliches gilt für ein Haus: Bewohnt man es selbst, gehört es zum Gebrauchsvermögen, hat man es vermietet, wird es zum Erwerbsvermögen gerechnet. Ge-

Die ungleichmäßige Einkommens- und Vermögensverteilung

Tabelle 4.8 Vermögensbilanz eines privaten Haushalts zum 31. 12. 2013

Modell-Beispiel

Aktiva	Euro	Passiva	Euro
Geldvermögen			
Bargeld und Sichtguthaben	500	Arbeitgeberdarlehen	3.000
Sparguthaben	4.000		
Bausparguthaben	3.000	Kleinkredit bei der Bank	5.000
Versicherungen (Rückkaufswert)	5.000		
Festverzinsliche Wertpapiere	–	Rein-/Nettovermögen	36.500
Gebrauchsvermögen			
Grundstück	–		
Haus/Wohnung	–		
Wohnungseinrichtung	20.000		
Kleidung/Schmuck	4.000		
Verkehrsmittel	7.000		
Kurzlebige Konsumgüter	500		
Produktivvermögen			
Landwirtsch. Vermögen	–		
Haus- und Grundvermögen (vermietet)	–		
Gewerbliches Vermögen	500		
	44.500		44.500

218   Hauptprobleme der Wirtschafts- und Gesellschaftspolitik und ihre Ursachen

Tabelle 4.9   Vermögensbilanz privater Haushalte (2007)[1]

Aktiva	Mrd. €	Passiva	Mrd. €
Geldvermögen	1.644		
Sparguthaben und Wertpapiere[2]	851		
Bausparguthaben	198		
Versicherungsguthaben[3]	595		
Immobilien	4.547	Wohnungsbaukredite	939
eigengenutzt	3.362		
vermietet/sonstige[4]	1.185		
Betriebsvermögen	1.891		
Einzelunternehmen	392		
Beteiligungen[5]	1.499		
		Sonstige Kredite[6]	173
Gold, Schmuck u. ä.	82		
		Nettovermögen[7]	7.225
Bruttovermögen	8.165		8.165

1 Einschl. geschätzter Fälle mit sehr hohen Vermögen. – **2** Spar- oder Pfandbriefe, Aktien, Investmentanteile, sonstige Wertpapiere. – **3** Rückkaufwert von Lebensversicherungen oder privaten Rentenversicherungen. – **4** Einschl. unbebauter Grundstücke, Ferien-/Wochenendwohnungen, Betriebsgrundstücke. – **5** Einschl. Beteiligungen an GmbHs. – **6** Konsumentenkredite, sonstige Privatkredite. – **7** Ohne sonstige Kredite.

Quelle: DIW Berlin: Politikberatung kompakt 59, Tabelle 3–7 (S. 52) – Berechnungen des DIW auf Grundlage des Sozio-ökonomischen Panel (SOEP) 2007

Die ungleichmäßige Einkommens- und Vermögensverteilung 219

brauchs- und Erwerbsvermögen werden auch unter dem Oberbegriff Sachvermögen zusammengefasst.

Tabelle 4.9 listet das gesamte private Vermögen auf, das die Deutschen 2007 besaßen. Dabei hat das DIW die Vermögen der Personen mit sehr hohen Vermögen geschätzt. Danach setzt sich das Privatvermögen zu 55 Prozent aus Immobilien, zu 23 Prozent aus Betrieben und zu 20 Prozent aus Geld- und Wertpapiervermögen zusammen (Rest: Gold/Schmuck: ein Prozent). Es belief sich brutto auf insgesamt rund acht Billionen Euro. Netto, d. h. nach Abzug der Schulden (Wohnungsbaukredite) ergab sich ein Wert von gut sieben Billionen Euro.

4.4.2.2 Wie entstehen Vermögen?

Nachdem wir den Begriff »Vermögen« geklärt haben, wollen wir nun die Frage beantworten, wie Geld- und Sachvermögen entstehen. Einige in unserer Gesellschaft besitzen ein Vermögen, weil sie es von ihren Vorfahren geerbt haben. Erbschaft als Faktor der Vermögensbildung reicht jedoch als Erklärung nicht aus. Denn auch ein Vermögen, das ein Einzelner erbt, muss vorher gebildet worden sein. Um zu verdeutlichen, wie sich Vermögen bilden, müssen wir auf die grundlegenden Zusammenhänge des Wirtschaftskreislaufs zurückkommen, die wir in Kapitel 2.1 dargestellt haben.

Blättern Sie noch einmal zurück und betrachten Sie *Schaubild 2.6*. Der Geldstrom, der von den privaten Haushalten ins Bankensystem fließt, stellt ihre Geldvermögensbildung dar. Auch die Unternehmen bilden Geldvermögen, indem sie unverteilte Gewinne in Form von Guthaben bzw. Anlagen im Bankensystem belassen. Sobald sie diese Mittel investieren, bilden sie Sachvermögen, präziser ausgedrückt Erwerbsvermögen (Produktivvermögen).

▶   **Geldvermögen entsteht somit durch Sparen der privaten Haushalte und Unternehmen, Sachvermögen durch Umwandlung der volkswirtschaftlichen Ersparnisse in Investitionsgüter.**

Damit können wir unmittelbar überleiten zu der Frage, welche Faktoren die Vermögensverteilung bestimmen. Die Höhe der Geldvermögensbildung eines privaten Haushalts hängt davon ab, wie viel er von seinem Einkommen spart. Damit ist aber nicht gesagt, dass das Ausmaß der Geldvermögensbildung allein im Ermessen des privaten Haushalts liegt. Neben der Sparwilligkeit ist vielmehr auch die Sparfähigkeit der privaten Haushalte zu beachten. Die wiederum hängt vor allem von der Höhe des Einkommens ab.

220 Hauptprobleme der Wirtschafts- und Gesellschaftspolitik und ihre Ursachen

Grundsätzlich gilt: Je niedriger das Einkommen eines privaten Haushalts, desto

- geringer ist absolut und relativ (d. h. in Prozent seines verfügbaren Einkommens) seine Ersparnis;
- mehr dient das Sparen der Anschaffung höherwertiger Gebrauchsgüter wie Spülmaschine, Farbfernsehgerät, Pkw, Eigenheim usw., ist also Zwecksparen.

Erst wenn die persönlichen Konsumwünsche befriedigt und ein Notgroschen für schwierige Lebenssituationen angelegt ist, wird Vermögen gebildet, das nicht mehr früher oder später in persönliches Gebrauchsvermögen umgewandelt wird, sondern das »investiert« wird in der Absicht, dass es entweder regelmäßige Erträge abwirft oder Wertsteigerungen erfährt. Mit anderen Worten: Es wird Erwerbsvermögen gebildet, sei es in Form einer Wohnung, die vermietet wird, sei es in Form von Aktien oder Investmentzertifikaten, die nicht dann verkauft werden müssen, wenn Bargeld benötigt wird, sondern dann, wenn die Kurse günstig stehen.

Die Umwandlung der Ersparnisse der Unternehmen, der sog. unverteilten Gewinne, in Sachvermögen in Form von neuen Maschinen und Anlagen geschieht, wenn sich die Unternehmen von der Investition in Realkapital langfristig eine höhere Rendite erwarten, als wenn sie ihre Erträge in Finanzkapital (= Wertpapieren) anlegen. Das durch die Investition, d. h. den Kauf neuer Maschinen und Anlagen, gebildete Produktivvermögen geht automatisch in das Eigentum derjenigen über, denen die betreffenden Unternehmen gehören.

Damit lässt sich der Prozess der Vermögensbildung in der Marktwirtschaft, der zur Vermögenskonzentration führt, hinreichend beschreiben. Die ungleichmäßige Einkommensverteilung führt zur ungleichmäßigen Geldvermögensbildung. Neu gebildetes Produktivvermögen geht automatisch (qua Rechtsordnung) in das Eigentum der alten Eigentümer der Produktionsmittel und damit in die Hand derjenigen über, die bereits Vermögen haben. So werden einseitige Einkommens- und Vermögenskonzentration immer wieder neu erzeugt.

Wie sich die Vermögenskonzentration in Zahlen ausdrückt, werden wir im nächsten Unterabschnitt darstellen.

4.4.2.3 Wie die Vermögen verteilt sind

Eine Statistik über die Verteilung der Vermögen hat das Deutsche Institut für Wirtschaftsforschung (DIW) für 2007 vorgelegt. Sie basiert auf dem sog. *sozioökonomischen Panel (SOEP),* einer repräsentativen Wiederholungsbefragung pri-

Die ungleichmäßige Einkommens- und Vermögensverteilung

vater Haushalte in Deutschland, die in jährlichem Rhythmus seit 1984 bei denselben Personen und Familien durchgeführt wird. Bereits im Juni 1990, also noch vor der Währungs-, Wirtschafts- und Sozialunion, wurde die Studie auf das Gebiet der ehemaligen DDR ausgeweitet.

Im *sozio-ökonomischen Panel* werden folgende Vermögensarten erfasst:

- Selbstgenutzte Immobilien
- Sonstige Immobilien
- Geldvermögen
- Private Versicherungen
- Bausparverträge
- Betriebsvermögen
- Sachvermögen
- Schulden

Nicht einbezogen werden also Pkw und Hausrat.

Laut DIW verfügten die privaten Haushalte in der Bundesrepublik Deutschland 2007 über ein Bruttovermögen von 8,2 Billionen Euro. Davon waren

- Geldvermögen in Höhe von 1,6 Billionen Euro
- Grund- und Immobilien von 4,6 Billionen Euro
- Betriebe im Wert von 1,9 Billionen Euro.

Die Schulden der privaten Haushalte (Hypothekardarlehen zur Finanzierung von Eigenheimen, Eigentums- und Mietwohnungen) betrugen 2007 939 Mrd. Euro. Nach Abzug dieser Verbindlichkeiten belief sich das Nettovermögen auf insgesamt 7,2 Billionen Euro.

Interessant ist, das durchschnittliche Nettovermögen nach beruflicher Stellung zu betrachten. Hierbei sind Personen mit sehr hohen Vermögen (über fünf Millionen) nicht berücksichtigt. Sie würden beruflich entweder in die Kategorie »Angestellte mit umfassenden Führungsaufgaben« oder »Selbständige mit 10 oder mehr Mitarbeitern« fallen und das in der Tabelle jeweils ausgewiesene Durchschnittsvermögen deutlich erhöhen. Aber auch ohne diese Superreichen sind die Vermögensunterschiede zwischen den einzelnen Berufsgruppen beachtlich. Die neuesten Zahlen beziehen sich auf das Jahr 2012.

Selbständige hatten ein Vermögen, das noch höher ist als das der Beamten im gehobenen und höheren Dienst, der Arbeitnehmergruppe mit den höchsten Vermögen. Im Vergleich zu qualifizierten Angestellten, Vorarbeitern und Meistern hatten sie zweimal so viel Vermögen. Allerdings ist hierbei zu berücksichtigen: Selbständige haben in der Regel keine oder nur sehr geringe Ansprüche an die ge-

222 Hauptprobleme der Wirtschafts- und Gesellschaftspolitik und ihre Ursachen

Tabelle 4.10 Durchschnittliche Nettovermögen nach beruflicher Stellung 2012

Berufliche Stellung	Nettovermögensbestand in Euro*
In Ausbildung, Praktikant, Wehr-, Zivildienst	7.881
Un-, angelernte Arbeiter, Angestellte ohne Ausbildungsabschluss	32.527
Gelernte Facharbeiter, Angestellte mit einfacher Tätigkeit	45.076
Vorarbeiter, Meister, Polier, Angestellte mit qualifizierter Tätigkeit	83.039
Angestellte mit umfassenden Führungsaufgaben	209.096
Beamte, einfacher oder mittlerer Dienst	79.776
Beamte, gehobener oder höherer Dienst	113.810
Selbständige ohne Mitarbeiter	172.334
Selbständige mit 1–9 Mitarbeiter	329.044
Selbständige mit 10 oder mehr Mitarbeitern	952.264
Nicht Erwerbstätige, arbeitslos	61.901
Arbeitslose	17.797
Rentner, Pensionäre	112.163
Insgesamt	*83.308*

* Arithmetisches Mittel

Quelle: DIW-Wochenbericht Nr. 9/2014, S. 161.

setzliche Rentenversicherung. Ihr Vermögen dient daher hauptsächlich ihrer Absicherung im Alter. Insofern ist der absolute Betrag des Vermögens nur bedingt mit dem entsprechenden Wert der Arbeitnehmer vergleichbar.

Rentner und Pensionäre hatten im Schnitt ein Vermögen von 112.163 Euro. Bei einer (angenommenen) Verzinsung von 1,5 Prozent bezogen sie daraus nach Anzug der Steuern eine »Zusatzrente« von etwa 140 Euro monatlich (jährlich: 1.682 Euro). Arbeitslose besaßen dagegen nur ein Vermögen von 17.797 Euro, was bei gleicher Verzinsung monatlich nur knapp 22,24 Euro (jährlich: 267 Euro) abwarf.

Neben diesen Durchschnittsangaben sind vor allem die Konzentrationswerte interessant. Gut ein Fünftel aller Erwachsenen hatte gar kein persönliches Vermögen – bei sieben Prozent waren die Schulden sogar höher als das Bruttovermögen. Das reichste Zehntel der Bevölkerung verfügte dagegen über ein Vermögen von durchschnittlich 217.000 Euro, das reichste Fünftel hatte durchschnittlich 323.700 Euro und das oberste ein Prozent sogar durchschnittlich 817.300 Euro. Die Grenze

Die ungleichmäßige Einkommens- und Vermögensverteilung

Schaubild 4.26

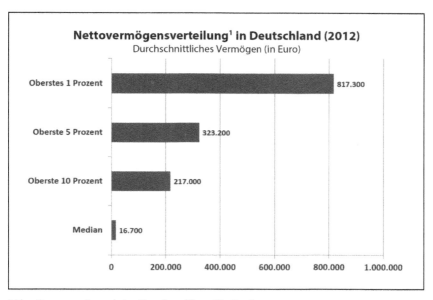

1 Ohne Personen mit ganz hohen Vermögen (über 5 Mio. Euro).
Quelle: DIW-Wochenbericht 9/2014, S. 153.

zwischen der reicheren und der ärmeren Hälfte der Bevölkerung, der sog. Median, verläuft bei 16.700 Euro. *Schaubild 4.26* stellt diese Verteilungsstruktur graphisch dar.

Nach einer früheren DIW-Untersuchung (DIW-Wochenbericht 4/2009) vereinigten 2007 die obersten zehn Prozent mehr als 60 Prozent (bezieht man die Superreichen ein, ergibt sich nach Angaben des DIW sogar ein Konzentrationswert 66 Prozent), die obersten fünf Prozent 46 Prozent und das oberste ein Prozent allein 23 Prozent des gesamten Vermögens auf sich. Die »ärmste« Person innerhalb der Top-Zehn-Prozent-Gruppe hatte mehr als das 14-fache Vermögen eines Durchschnittsbürgers. Fünf Jahre zuvor, also 2002, hatte das Verhältnis »nur« 13,9 betragen. Die Vermögen haben sich somit auseinanderentwickelt, die Vermögenskonzentration hat zugenommen.

Eine andere Quelle, mit deren Hilfe sich die Vermögensverteilung darstellen lässt, ist die Einkommens- und Verbrauchsstichprobe des Statistischen Bundes-

Schaubild 4.27

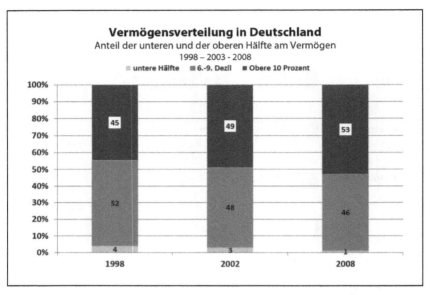

Quelle: Statistisches Bundesamt (veröffentlicht im 4. Armuts- und Reichtumsbericht der Bundesregierung, Bundestags-Drucksache 17/12650, S. 25).

amts. Auch hierbei werden besonders reiche Haushalte – diejenigen mit einem monatlichen Nettoeinkommen über 18.000 Euro – nicht erfasst. Gleichwohl kann man zeigen, wie die Konzentration der Vermögen bei den obersten zehn Prozent der Haushalte fortgeschritten ist und auf der anderen Seite die ärmere Hälfte prozentual immer weniger vom Vermögenskuchen abbekommen hat. 1998 hatte die ärmere Hälfte der Haushalte noch einen Anteil von vier Prozent am Privatvermögen, 2008 war es nur noch ein Prozent. Die obersten zehn Prozent der Haushalte hatten 1998 einen Anteil von 45 Prozent, 2008 von 53 Prozent *(Schaubild 4.27)*. Welche Statistik auch immer man heranzieht: Einkommen und Vermögen haben sich in immer weniger Händen konzentriert.

Eine Vermögenskategorie spielt in der gesellschaftspolitischen Diskussion seit jeher eine besonders wichtige Rolle: das Produktivvermögen, also das Eigentum an den Produktionsmitteln. Wer über die Produktionsmittel verfügt, kann darüber entscheiden, wo (an welchem Standort) und wie viel ein Unternehmen investiert. Damit bestimmt dieser Personenkreis wesentlich darüber, an welchem Ort wie viele Arbeitsplätze mit welchen Qualifikationsanforderungen entstehen und

Die ungleichmäßige Einkommens- und Vermögensverteilung 225

was künftig produziert wird. Der Konzentration des Produktivvermögens gilt deshalb seit jeher die besondere Aufmerksamkeit der Vermögenspolitiker.

Nach Berechnungen des Wirtschafts- und Sozialwissenschaftlichen Instituts in der Hans-Böckler-Stiftung (WSI) belief sich das Produktivvermögen einschließlich Aktien, also der Wert der Produktionsmittel in der Bundesrepublik Deutschland, 1998 auf 4,4 Bio. DM. Davon entfielen 4,2 Bio. DM auf West- und 200 Mrd. DM auf Ostdeutschland. Die Produktionsmittel in den alten Bundesländern im Wert von 4,2 Bio. DM konzentrierten sich auf nur sechs Prozent der privaten Haushalte. Die Hälfte, also 2,1 Bio. DM, entfiel auf rund 350.000 Haushalte. Etwas breiter gestreut waren die anderen Vermögensarten. Vom Geldvermögen in Höhe von 5,1 Bio. DM und von den Immobilien im Wert von 6,7 Bio. DM (jeweils Westdeutschland) entfiel die Hälfte immerhin auf zehn Prozent aller Haushalte.

Das Zentrum für Europäische Wirtschaftsforschung (ZEW), Mannheim, nannte in seinem Abschlussbericht zum Forschungsauftrag für das Bundesministerium für Gesundheit und soziale Sicherung über die »Entwicklung und Verteilung des Vermögens privater Haushalte unter besonderer Berücksichtigung des Produktivvermögens« (21.6.2005) ähnliche Werte. Innerhalb der wenigen Haushalte, die überhaupt über Produktivvermögen verfügen, besteht noch mal eine starke Konzentration.

Wir wollen an dieser Stelle die Zahlen nicht weiter werten. Im späteren Kapitel über die Vermögenspolitik werden wir noch einmal darauf zurückkommen.

4.4.2.4 Die Schere zwischen Arm und Reich

Große Aufmerksamkeit erregten in den letzten Jahren stets die Zahlen über die Entwicklung der Armuts- und Reichtumsschwellen in Deutschland. Insbesondere die Armuts- und Reichtumsberichte der Bundesregierung, die die rot-grüne Bundesregierung neu eingeführt hatte, löste in den Medien kontroverse Berichte und Diskussionen aus. Der erste Armuts- und Reichtumsbericht der Bundesregierung wurde am 08.05.2001, der zweite am 03.03.2005 vorgelegt. Den dritten Bericht hat die Bundesregierung (zweite große Koalition) am 30.06.2008, den vierten (CDU/CSU-FDP-Koalition) am 06.03.2013 veröffentlicht.

Besonders umstritten ist die Frage, ob diejenigen, die als arm bezeichnet werden, wirklich als arm anzusehen sind. Wir wollen uns deshalb zunächst einmal genauer mit der sog. Armutsdefinition befassen. Grundsätzlich gibt es drei Möglichkeiten, Armut zu »messen«:

1) Man ermittelt, was ein Mensch zum körperlichen Überleben braucht, um nicht zu verhungern oder zu erfrieren. In den USA beispielsweise wird ein Waren-

korb zusammengestellt, der Produkte mit entsprechenden Kalorien enthält, die zum nackten Überleben ausreichen. Der Preis dieses Warenkorbes – das *physische Existenzminimum* – wird mit dem Faktor 3 multipliziert. Wessen Einkommen diesen Wert unterschreitet, gilt als arm. Dies ist die sog. *absolute Armut*.

2) Dem steht die sog. *relative Armut* gegenüber. Hierbei wird Armut nicht allein an der Befriedigung der Mindestbedürfnisse wie Essen, Trinken und Schlafen gemessen, sondern die jeweilige Zeit und das allgemeine Wohlstandniveau der Gesellschaft, in der jemand lebt, werden berücksichtigt. Deshalb geht man bei diesem Armutsmaß vom mittleren Einkommen in einer Gesellschaft aus, das 50 Prozent über- und 50 Prozent unterschreiten (= *Median*). Dann wird definiert: Wer nur 40, 50 oder 60 Prozent dieses Medianeinkommens erreicht, ist arm. Nach der EU-Definition wurde die Armutsschwelle bei 60 Prozent des Median-Nettoäquivalenzeinkommens festgesetzt.

3) Schließlich lässt sich auch eine *subjektive Armut* ermitteln. Hierbei werden Menschen gefragt, was sie nach ihrer Meinung unbedingt zum Leben brauchen und ob sie sich – daran gemessen – arm fühlen.

Je nachdem, wie viele Personen in einem Haushalt leben, gelten unterschiedliche Armutsschwellen (siehe *Tabelle 4.11*).

Umgekehrt kann man die sog. Reichtumsschwellen ermitteln. Als relativ reich wird jemand bezeichnet, dessen Nettoeinkommen – unter Einbeziehung seiner Vermögenseinkommen – mindestens doppelt so hoch ist wie das Median-Äquivalenzeinkommen. Im Jahre 2004 lag dieser Wert für einen Alleinstehenden bei 2.854 Euro netto im Monat. Für Mehrpersonenhaushalte errechnen sich die in *Tabelle 4.12* ausgewiesenen Reichtumsschwellen.

Diese Werte lassen erkennen: Nur ganz wenige Familien mit mehreren Kindern sind nach ihren Einkommensverhältnissen als reich einzustufen. Im Gegenteil: Viele Ehepaare mit mehreren Kindern, in denen nur einer berufstätig ist und nur durchschnittlich verdient, liegen nur wenig über der o. g. Armutsschwelle.

Die Definitionen insbesondere von Armut und Reichtum stoßen auf z. T. heftige Kritik in der Öffentlichkeit. Insbesondere wird immer darauf hingewiesen, dass es bei dieser Berechnung auch dann Armut gäbe, wenn jeder das Doppelte oder Dreifache verdienen würde. Denn obwohl es dann allen zweifelsfrei besser ginge, würde sich an der Relation von Arm zu Reich nichts ändern. Selbst in einer Gesellschaft, die aus drei Millionären besteht, wäre jemand mit 1,5 Mio. Euro Jahresgehalt im Vergleich zu zwei anderen »arm«, wenn diese 3,0 bzw. 3,5 Mio. Euro Jahreseinkommen hätten.

Dies mag zwar im ersten Moment absurd klingen. Und doch macht es Sinn, Armut im Sinne von »relativer Armut« zu definieren. Menschen vergleichen sich nämlich nicht mit Personen, deren Position sie nicht erreichen können, sondern

Die ungleichmäßige Einkommens- und Vermögensverteilung

Tabelle 4.11 Armutsschwellen[1] 2005 und 2012 in Euro monatlich[2]

Familienstand	2004	2012
Alleinstehende	856	980
Alleinerziehende mit Kind[3]	1.113	1.274
Paare	1.284	1.470
Paare mit einem Kind[3]	1.541	1.764
Paare mit zwei Kindern[3]	1.798	2.057
Paare mit drei Kindern[3]	2.055	2.351

1 Nach EU-Definition: 60 Prozent des Median-Nettoäquivalenzeinkommens – 2 gerundete Beträge –
3 Kinder unter 14 Jahren

Quelle: Statistisches Bundesamt (Lebensbedingungen, Armutsgefährdung)

Tabelle 4.12 Reichtumsschwellen[1] 2005 und 2012 in Euro monatlich[2]

Familienstand	2004	2012
Alleinstehende	2.854	3.266
Alleinerziehende mit Kind[3]	3.710	4.246
Paare	4.281	4.899
Paare mit einem Kind[3]	5.137	5.878
Paare mit zwei Kindern[3]	5.993	6.858
Paare mit drei Kindern[3]	6.850	7.838

1 200 Prozent des Median-Nettoäquivalenzeinkommens. – 2 gerundete Beträge – 3 Kinder unter 14 Jahren

Quelle: Statistisches Bundesamt (Lebensbedingungen, Armutsgefährdung)

stets mit ihrer nächsten Umgebung, also mit ihren Nachbarn oder ihren Arbeitskollegen. Wenn sie dann Unterschiede feststellen, die sie für nicht gerechtfertigt
halten – etwa für gleiche Arbeit 200 Euro weniger Gehalt zu bekommen –, dann
entsteht hohe Unzufriedenheit.

In diesem Zusammenhang sollte sich der Leser eine grundlegende sozialwissenschaftliche Erkenntnis vor Augen führen: Menschen möchten sich abheben
sie möchten sich unterscheiden von denjenigen, die zu ihrer Bezugsgruppe gehören. An der Universität Harvard wurde Studenten dazu folgende Frage vorgelegt:

228 Hauptprobleme der Wirtschafts- und Gesellschaftspolitik und ihre Ursachen

»Stellen Sie sich vor, Sie könnten es sich aussuchen, in welcher der beiden folgenden Welten Sie leben möchten:

- In der ersten Welt verdienen Sie 50.000 Euro im Jahr, während das Durchschnittsgehalt Ihrer Mitmenschen bei 25.000 Euro liegt.
- In der zweiten Welt würden Sie 100.000 Euro im Jahr verdienen, während das Durchschnittsgehalt der übrigen Menschen bei 250.000 Euro liegt.

Angenommen, die Preise sind in beiden Welten gleich. Für welche Welt würden Sie sich entscheiden«?

(Entnommen aus: *Layard, R.*, Die glückliche Gesellschaft. Kurswechsel für Politik und Wirtschaft, Frankfurt/Main 2005, S. 53.)

Äquivalenzeinkommen

Das Äquivalenzeinkommen ist ein bedarfsgewichtetes Pro-Kopf-Einkommen je Haushaltsmitglied, das ermittelt wird, indem das Haushaltsnettoeinkommen durch die Summe der Bedarfsgewichte der im Haushalt lebenden Personen geteilt wird. Nach EU-Standard wird zur Bedarfsgewichtung die neue OECD-Skala verwendet. Danach wird der ersten erwachsenen Person im Haushalt das Bedarfsgewicht 1 zugeordnet, für die weiteren Haushaltsmitglieder werden Gewichte von < 1 eingesetzt (0,5 für weitere Personen im Alter von 14 und mehr Jahren und 0,3 für jedes Kind im Alter von unter 14 Jahren), weil angenommen wird, dass sich durch gemeinsames Wirtschaften Einsparungen erreichen lassen.

Die Mehrzahl der Befragten entschied sich *nicht* für die zweite Welt, in der sie absolut mehr Geld zur Verfügung hätten, sondern für die erste Variante, bei der es ihnen nur halb so gut ginge. Die Testpersonen nahmen also lieber eigene Wohlstandseinbußen in Kauf, wenn sie dadurch im Verhältnis zu ihren Mitmenschen besser dastehen. Wichtig ist ihnen die *relative* Position zu anderen.

Weil das so ist, gehen die meisten Einwände gegen die Berechnung einer relativen Armutsquote am Kern der Problematik ungleichmäßiger Einkommens- und Vermögensverteilung vorbei. Denn ein Hartz IV-Empfänger vergleicht sich weder mit einem regulär beschäftigten Arbeiter, der in den fünfziger Jahren des vorigen Jahrhunderts weniger Geld zur Verfügung hatte als ein Arbeitsloser heute, noch mit einem Einwohner von Bangladesch, der nicht einmal genug zu essen hat. Er vergleicht seine Lage vielmehr mit der von Menschen in seiner näheren Umgebung, die Arbeit haben und denen es besser geht. Entsprechend negativ sind seine Empfindungen! Und entsprechend theoretisch und akademisch sind Diskussionen, in denen hinterfragt wird, ob man beim gegenwärtigen Regelsatz für Hartz IV-Empfänger von Armut sprechen kann oder nicht! Auch bringt es wenig weiter, ob man nur von einer Armuts*gefährdungs*quote, wie in der Wissenschaft üblich, oder von einer *tatsächlichen Armutsquote,* wie es die Sozialverbände

Die ungleichmäßige Einkommens- und Vermögensverteilung

Schaubild 4.28

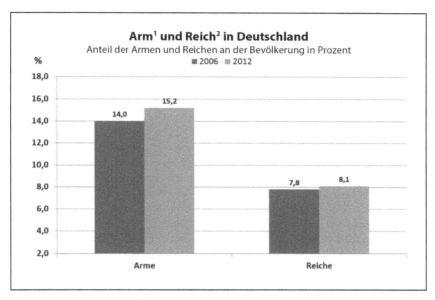

1 Weniger als 60 Prozent des Median-Nettoäquivalenzeinkommens – 2 Mehr als das Doppelte des Median-Nettoäquivalenzeinkommens.

Quelle: Statistisches Bundesamt (Amtliche Sozialberichterstattung)

tun, spricht. Tatsache ist, dass es sich hier um Menschen handelt, die sich unteren Ende der Wohlstandsskala befinden und auf die ein Sozialstaat sein besonderes Augenmerk richten muss.

Legt man diese hier dargestellten Merkmale für Arm und Reich zugrunde und vergleicht die Armuts- und Reichtumsquote, d. h. den Anteil der Armen bzw. der Reichen an der Bevölkerung in den Jahren 2006 und 2012, so ist zu erkennen: der Anteil der Armen ist von 14,0 Prozent (2006) auf 15,2 Prozent (2012) gewachsen. Aber auch der Anteil der Reichen hat im gleichen Zeitraum zugenommen: von 7,8 Prozent (2006) auf 8,1 Prozent (2012). Das ist gemeint, wenn es heißt, die Schere zwischen Arm und Reich geht auseinander. Eines lässt sich daraus aber *nicht* ablesen: »Die Armen werden immer ärmer und die Reichen immer reicher«. Denn es handelt sich jeweils nur um Anteile der Armen bzw. Reichen an der Bevölkerung, *nicht* um Einkommensbeträge! Wenn das allgemeine Einkommensniveau steigt, kann es den Armen am Ende des Beobachtungszeitraums durchaus besser gehen als am Anfang. Nur: Die Zahl der Haushalte, die im Vergleich zum

Medianeinkommen als arm gilt, kann in Relation zu allen Haushalten zugenommen haben.

Im Kapitel 5.6 werden wir uns mit den Maßnahmen zur Umverteilung von Einkommen und Vermögen näher auseinander setzen.

4.5 Umweltzerstörung und nachhaltige Energieversorgung

Während Fakten zur Arbeitslosigkeit, zu den Staats- und Rentenfinanzen sowie zur Einkommens- und Vermögensverteilung von den Ökonomen noch relativ einfach zusammengetragen werden können, stoßen sie bei Daten zum Stand der Umweltzerstörung an die Grenzen ihres Faches. Denn »Umweltzerstörung« lässt sich nicht in Prozentwerten oder Geldgrößen ausdrücken, wie z. B. die Arbeitslosenquote oder die Höhe der Staatsverschuldung. Luft- und Gewässerverschmutzung, um nur beispielhaft Umweltschäden zu nennen, werden vielmehr in naturwissenschaftlichen Maßen ausgedrückt. Gleichwohl gibt es in der Volkswirtschaftslehre Ansätze, die sich mit den Wechselwirkungen zwischen Wirtschaft und Umwelt befassen – die sog. *Umweltökonomie*. Im Folgenden wollen wir uns zunächst mit einigen Grundbegriffen der Umweltökonomie vertraut machen. Anschließend zeigen wir die z. Zt. größten Umweltprobleme auf und gehen auf die ökonomischen Ursachen der Umweltzerstörung ein. Anschließend behandeln wir die Probleme, die sich bei der Sicherung einer nachhaltigen Energieversorgung stellen.

4.5.1 Grundlagen der Umweltökonomie

Ausgangspunkt der *Umweltökonomie* ist die Tatsache, dass zum Produzieren von Gütern und Dienstleistungen nicht nur die klassischen Produktionsfaktoren Arbeit und Kapital benötigt, sondern auch in der Natur vorhandene Ressourcen, vor allem Rohstoffe und Bodenfläche eingesetzt werden. Des Weiteren entstehen sowohl beim Produzieren als auch beim Verbrauch des Produzierten Abfälle sowie Rest- und Schadstoffe, die wieder abgebaut werden müssen.

Schaubild 4.29 veranschaulicht diese Wechselwirkungen. Für die Produktion stellen die privaten Haushalte Arbeitsleistungen zur Verfügungen und nutzen dazu den bereits produzierten Kapitalstock. Aus der Produktion entstehen Konsumgüter, die für die privaten Haushalte bestimmt sind, und neuer Kapitalstock, der aus den Bruttoinvestitionen hervor geht. Zum Produzieren werden aus dem Naturvermögen (= den von Natur aus vorhandenen Ressourcen) Rohstoffe entnommen, Energie und Wasser verbraucht sowie Bodenfläche genutzt. Dies will

Schaubild 4.29

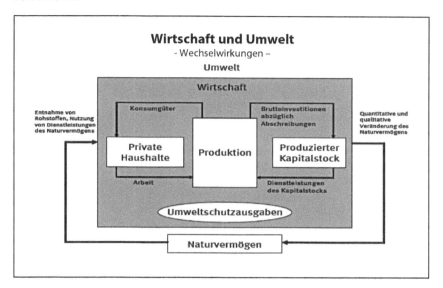

Quelle: Statistisches Bundesamt, Umweltökonomische Gesamtrechnung 2007, S. 7.

der Pfeil verdeutlichen, der vom Naturvermögen (unten Mitte) in die Fläche zeigt, die die Wirtschaft darstellt. Als Ergebnis des Wirtschaftens verändert sich das Naturvermögen in quantitativer und qualitativer Hinsicht. Beispielsweise verringern sich die Vorräte an nicht erneuerbaren Rohstoffen, aber auch die Luftqualität verschlechtert sind. Das will der Pfeil andeuten, der rechts aus der Fläche, die das Wirtschaften darstellt, heraus geht und wieder im Naturvermögen endet. Schließlich wenden Staat und Wirtschaft Mittel auf, um entweder Belastungen der Umwelt von vornherein zu vermeiden (z. B. Abgasentgiftung) oder um bereits entstandene Schäden nachträglich wieder zu beseitigen *(= Altlastensanierung)*.

Der Begriff Umwelt wird in der Fachliteratur unterschiedlich weit bzw. eng gefasst. Im weitesten Sinn versteht man unter

▶ **Umwelt alle Faktoren, die auf die körperlichen, seelischen, technischen, wirtschaftlichen und sozialen Lebensbedingungen der Menschen einwirken.**

Bei diesem weiten Verständnis gehören zur Umwelt auch die technisch-ökonomischen Entwicklungen und die Bevölkerungsentwicklung, die sich auf die Lebensbedingungen der Menschen auswirken. Enger gefasst versteht man unter

232　Hauptprobleme der Wirtschafts- und Gesellschaftspolitik und ihre Ursachen

▶ **Umwelt den Zustand der Atmosphäre, von Wasser, Boden, Pflanzen und Tierwelt.**

Das ist der sog. »Grundbereich der Umwelt«. Auf ihn zielt der Kern der umweltpolitischen Maßnahmen.

Man unterscheidet in der Umweltökonomie die sog. Umweltmedien Boden, Wasser und Atmosphäre. Zusammen mit den Organismen (= tierische und pflanzliche Lebewesen) bilden sie die Belastungsbereiche. Diese vier Belastungsbereiche werden durch folgende Belastungsarten beeinträchtigt:

- feste, flüssige und gasförmige Stoffe,
- Chemikalien, die in Nahrungs- und Genussmitteln sowie in Gebrauchsgütern enthalten und gesundheitsschädlich sind,
- Lärm, Erschütterungen, Abwärme und Strahlungen,
- Veränderungen der Landschaft durch Eingriffe in den Naturhaushalt (z. B. Abholzen von Wäldern),
- Überbeanspruchung von erneuerbaren (z. B. Fischbeständen) und nicht erneuerbaren (z. B. Rohstoffen) Ressourcen (= Vorräte).

Die Beeinträchtigung der Umwelt speziell durch feste, flüssige und gasförmige Stoffe nennt man *Emissionen* (wörtlich: Ausströmen). Die Belastung der Umwelt, die dadurch herbeigeführt wird, bezeichnet man als *Immissionen*. Emission ist also der verursachende Vorgang, Immission die durch die Emission ausgelöste Belastung.

4.5.2 Die größten Umweltprobleme

So, wie das Ergebnis des Wirtschaftens, das Bruttoinlandsprodukt, nicht gleichmäßig in der Welt verteilt ist, so sind auch die Kosten von Produktion und Konsum sehr ungleichmäßig verteilt. Da die Menschen allerdings auf ein und demselben Planeten Erde leben, gibt es Belastungen, die überall auftreten und alle treffen. Hier spricht man von *globalen Gefährdungen*. Andere Umweltbelastungen konzentrieren sich auf ärmere Weltregionen, während reiche Industrieländer weniger davon spüren.

4.5.2.1 Globale Gefährdungen

Am meisten auf der gesamten Erdkugel gefährdet sind derzeit

- die Atmosphäre,
- die Meere sowie
- die Pflanzen- und Tierwelt.

Alle drei gehören zu den natürlichen Lebensgrundlagen für alle Menschen, egal, in welchem Teil der Erde sie leben.

Ohne eine intakte *Atmosphäre* fehlen die Luft zum Atmen und ein ausreichender Filter für das Sonnenlicht. Bei der Verbrennung von Erdöl, Kohle und Erdgas entsteht *Kohlenstoffdioxid.* Es setzt sich in der Atmosphäre ab und behindert zusammen mit anderen Treibhausgasen die Wärmeabstrahlung von der Erde. Ein Teil der Wärme kommt daher auf die Erde zurück. Man nennt diese Erscheinung den *Treibhauseffekt.* Er hat, wie inzwischen weitgehend zweifelsfrei nachgewiesen wurde, im letzten Jahrhundert zu einer Erhöhung der globalen Durchschnittstemperatur am Boden von ca. 0,74 Grad Celsius geführt. Modellrechnungen für die Zukunft zeigen, dass gegen Ende des 21. Jahrhunderts im Vergleich zu 1990 die Temperatur um 1,1 bis 6,4 Grad Celsius angestiegen sein könnte. Dies hätte schwerwiegende Folgen für das Klima, die wir in diesem volkswirtschaftlichen Lehrbuch nicht weiter erläutern wollen.

Ein zweites, die gesamte Welt betreffendes Umweltproblem ist die Ausdünnung der *Ozonschicht.* Hierbei handelt es sich um den Teil der Atmosphäre, der in etwa 20 bis 50 Kilometern Höhe die Erde vor den gefährlichen ultravioletten Sonnenstrahlen schützt. Die Ausdünnung der Ozonschicht, die über der Antarktis besonders massiv aufgetreten ist und seit ihrer Entdeckung im Jahr 1985 als *Ozonloch* bezeichnet wird, ist auf chemische Reaktionen mit bestimmten Chemikalien zurückzuführen, die in Kühlstoffen und Düngemitteln enthalten sind und bei der Industrieproduktion oder auch beim Konsum entsprechender Industriewaren sowie durch die Landwirtschaft in die Atmosphäre gelangen.

Ferner sind die *Weltmeere,* aber auch *küstennahe Gewässer,* durch eine Vielzahl von Belastungen in hohem Maße gefährdet. Die Verklappung und Verbrennung von Abfällen und Schadstoffen auf offener See, das Einleiten von Abfällen durch Küstenstaaten, insbesondere aber das Auslaufen verunglückter Rohöltanker oder mit Chemikalien beladener Schiffe haben zu einer hohen Verschmutzung geführt, die ein Massensterben von Meerestieren ausgelöst hat. Die Ozeane haben auch die Funktion, das Kohlenstoffdioxid aus der Atmosphäre zu binden. Nach aktuellen wissenschaftlichen Studien sind die Meere inzwischen jedoch weitgehend mit Kohlenstoffdioxid gesättigt, was zum einen die Konzentration von

234 Hauptprobleme der Wirtschafts- und Gesellschaftspolitik und ihre Ursachen

Kohlenstoffdioxid in der Luft verstärken, zum anderen zu einer Versauerung der Meere mit weit reichenden Folgen für die Nahrungskette führen kann. Die Erderwärmung erhöht auch die Meerestemperatur, diese führt zu vermehrter Algenbildung. Dabei wird dem Wasser Sauerstoff entzogen mit der Folge, dass Fische und andere Meerestiere ersticken. Die schwerwiegenden wirtschaftlichen Folgen für die Küstenfischer und den Tourismus lassen sich absehen.

Schließlich sterben immer mehr Tiere und Pflanzen aus bzw. sind ernsthaft vom Aussterben bedroht. Nach Angaben der EU-Kommission sind alleine in Europa 52 Prozent der Fisch-, 42 Prozent der Säugetier- und 15 Prozent der Vogelarten akut vom Aussterben bedroht. Ein wichtiger Grund dafür sind Flächenversiegelung (z. B. durch den Bau von Straßen und anderen Verkehrswegen), Flussbegradigungen, aber auch die globale Erderwärmung.

4.5.2.2 Regionale Gefährdungen

Regional begrenzt treten eine Reihe weiterer Umweltprobleme auf. Vor allem in den Trockenzonen der Erde veröden Böden, die früher noch fruchtbar waren, weil sie in Folge hohen Bevölkerungswachstums überbeansprucht und unsachgemäß bewirtschaftet worden sind.

Süßwasser, ebenso wie die Luft elementare Voraussetzung für menschliches Leben, ist in manchen Gegenden der Erde ein äußerst knappes Gut. Das bedingt unzureichende hygienische Verhältnisse, lebensgefährliche Durchfallerkrankungen. Ebenso sind Hungersnöte die Folge, weil ausreichend Wasser für die Landwirtschaft fehlt.

Schließlich löst das Wachstum der Ballungszentren weitere Umweltprobleme aus. Inzwischen gibt es rund 650 Städte mit je über einer Million Einwohner. Jeder zweite Mensch lebt in einer Stadt, bis 2050 werden es nach Schätzungen der Vereinten Nationen zwei Drittel der Weltbevölkerung sein. In diesen riesigen Städten entstehen ein hoher Bedarf an Trinkwasser, Energie und Baumaterialien sowie große Abfallmengen mit entsprechenden Entsorgungsproblemen. Die Folge ist, dass sich die Überbeanspruchung der natürlichen Ressourcen in diesen Regionen weiter verschärft.

4.5.3 Ökonomische Ursachen der Umweltzerstörungen

Wie für jede Erscheinung in Wirtschaft und Gesellschaft gibt es auch für die Umweltzerstörung eine ganze Reihe von Ursachen. Wir wollen uns hier nicht mit den biologischen und chemischen Prozessen befassen, sondern mit den ökonomi-

Umweltzerstörung und nachhaltige Energieversorgung 235

schen Ursachen. Die Umweltökonomen unterscheiden in der Regel entwicklungs-
bedingte von sozio-ökonomischen Ursachen.

Zu den entwicklungsbedingten Ursachen zählen:

- das Wachstum der Bevölkerung und ihre Zusammenballung in großen Städten,
- das Wachstum der Wirtschaft sowie
- Umwelt belastende technische Neuerungen.

Um Christi Geburt lebten nur ca. 250 Mio. Menschen auf der Erde. Im Jahre 1650
nach Chr. waren es erst 500 Mio. 1950 betrug die Weltbevölkerung bereits 2 Milliarden, bis 1980 erfolgte noch mal eine Verdoppelung auf ca. 4 Milliarden Menschen. Sollte sich das Bevölkerungswachstum im gleichen Tempo fortsetzen, müssen wir bald mit 8 Mrd. Menschen auf der Erde rechnen.

Um diese steigende Zahl von Menschen zu versorgen, ist eine Erhöhung der
Nahrungsmittel-, aber auch der industriellen Produktion, kurz: Wirtschafts-
wachstum, erforderlich. Das führt zu intensiverer Bodenbearbeitung, steigendem
Energieeinsatz und einer Zunahme der Abfälle. Die Konglomeration (= Zusammenballung) von Menschen in riesigen Großstädten belastet Luft, Wasser und Boden noch zusätzlich.

Das Wirtschaftswachstum geht mit neuen Produktionsverfahren und Konsumgewohnheiten einher, die vielfach weitere Gefahren für die Umwelt auslösen.
Dazu gehören beispielsweise die Verwendung von chemischen Pflanzenschutz-
und Düngemitteln, der Einsatz von Phosphaten in Waschmitteln, die Verwendung
von Einwegflaschen und aufwendigen Verpackungsmaterialien sowie der sich ausbreitende Gebrauch chemischer Produkte wie etwa PVC statt natürlicher Materialien wie Holz oder Metall.

Als sozio-ökonomische Ursachen sind zu nennen

- das sog. »Kollektivgutproblem«,
- das Entstehen sog. »externer Kosten« und
- das Umwelt schädigende Verhalten der Menschen.

Die Fachausdrücke »Kollektivgutproblem« und »externe Kosten« müssen wir näher erklären.

Ein *Kollektivgut* oder auch *öffentliches Gut* kann weder aufgeteilt, noch am
Markt verkauft werden. Weil es nicht individuell handelbar ist, hat es auch keinen Preis. Gleichzeitig kann niemand von der Nutzung eines öffentlichen Gutes ausgeschlossen werden. Beispiel für ein solches Kollektivgut ist z. B. das Gut
»öffentliche Sicherheit«. Das, was Polizei und Militär »produzieren«, kann man

nicht – etwa als »halbes Pfund« – individuell im Laden um die Ecke kaufen. Es kann aber auch niemand vom Nutzen dessen, was Polizei und Militär erzeugen, ausgeschlossen werden. Selbst diejenigen, die der Meinung sind, Militär wäre überflüssig, müssen in Kauf nehmen, dass die von ihnen entrichteten Steuern teilweise für militärische Zwecke verwendet werden und die »Abschreckung« auch sie schützt.

Das Gut »Umwelt« bzw. »saubere Umwelt« ist ein solches Gut. Von sauberer Luft profitiert jeder, denn sie kann nicht portionsweise nur bestimmten Menschen zugeteilt werden. Das hat zur Folge, dass niemand bereit ist, etwas für saubere Luft zu tun. Denn erstens würden auch andere davon profitieren, und zweitens kann man sicher sein, selbst saubere Luft genießen zu können, wenn andere etwas dafür leisten. Man spricht in diesem Fall *vom »Trittbrettfahrer-Effekt«.*

Der Trittbrettfahrer-Effekt tritt nicht nur national, sondern auch international auf. Ein Land, das allein viel Geld investiert, um Luft und Gewässer sauber zu halten, hat selbst nur einen begrenzten Nutzen und kann andere, die automatisch einen Mitnutzen davon haben, nicht davon ausschließen. So kommt der Rhein – bereits in der Schweiz verschmutzt – in Deutschland an, fließt aber dann bekanntlich über Holland in die Nordsee. Von einem sauberen Rhein würden neben Deutschland also vor allem Holland und dann alle Staaten profitieren, die an die Nordsee grenzen.

Eng mit dem Charakter der Umwelt als »öffentliches Gut« hängen die *externen Kosten* zusammen. Darunter versteht man die Kosten, die der Gesellschaft durch die Umweltbelastung entstehen, ohne dass sie in der Gewinn- und Verlustrechnung von Unternehmen oder in der Rechnung von privaten oder öffentlichen Haushalten auftauchen. Die Experten für Umweltökonomie sehen darin die wesentliche Ursache für die Umweltzerstörung. Unternehmen und Verbraucher können ihre eigene Lage verbessern, indem sie für die Umweltbelastung nicht individuell zahlen, sondern die Kosten der Allgemeinheit aufbürden. Umweltschädigendes Verhalten wird nicht durch höhere Kosten »bestraft«, sondern im Gegenteil, es wird durch niedrigere Kosten sogar noch »belohnt«.

Beispiel

Wer als privater Haushalt seine leeren Flaschen nicht in den dafür bestimmten, 500 Meter entfernten Altglascontainer, sondern (unbeobachtet) in die unmittelbar vor der Haustür stehende Mülltonne wirft, spart Zeit und Weg, hat also selbst niedrigere Kosten. Oder: Wer als Unternehmen giftige Gase durch den Schornstein in die Luft entsorgt, hat niedrigere Kosten, als wenn es einen Filter einbauen würde. Die Zahl der Beispiele ließe sich noch beliebig vermehren.

Umweltzerstörung und nachhaltige Energieversorgung 237

Die Menschen ihrerseits neigen dazu, kurzfristige persönliche materielle Vorteile über den langfristigen Nutzen für alle zu stellen. Insbesondere in den entwickelten Industriegesellschaften verteidigen sie oft verbissen den jeweils erreichten Besitzstand, weil mehr Umwelt- und damit Lebensqualität zu Lasten ihres materiellen Versorgungsniveaus ginge.

Beispiel

Eine pharmazeutische Fabrik erzeugt Arzneimittel mit Verdacht auf schädliche Nebenwirkungen. Werden die Arbeitnehmer dieses Unternehmens bzw. ihre Vertreter an vorderster Front im übergeordneten Interesse für die Einstellung dieser Produktion plädieren, selbst dann, wenn dadurch Arbeitsplätze verloren gehen? Vermutlich kaum. Was Umweltökonomen anspruchsvoll mit den Fachausdrücken »öffentliches Gut« und »externe Kosten« ausdrücken, heißt im Volksmund schlicht: »Das Hemd ist näher als der Rock«.

Damit haben wir die Umweltzerstörung und die grundsätzlichen ökonomischen Ursachen hinreichend verdeutlicht. Ein wesentlicher Faktor der Umweltgefährdung ist indessen der wachsende Energieverbrauch auf der Erde. Darauf gehen wir im nächsten Unterabschnitt ein.

4.5.4 Nachhaltige Energieversorgung

Schon der russische Revolutionär *Lenin* wusste, wie wichtig die Energieversorgung, insbesondere Strom, für die wirtschaftliche Entwicklung eines Landes ist. Wie anders wäre sein berühmter Satz: »Kommunismus – das ist Sowjetmacht plus Elektrifizierung des ganzen Landes« zu verstehen? Aus nachfolgender Schilderung wird deutlich, welche Folgen es für uns alle hätte, wenn es keinen Strom gäbe:

»Und plötzlich ist es dunkel. Erstaunt blicken die Menschen aus ihren Fenstern, doch nirgends gibt es Licht. Stellen wir uns einen frühen Abend im Februar vor, sieben Uhr abends, Stromausfall. Berlin: ein großes schwarzes Nichts. München, Hamburg, Köln, überall fehlt der Strom. U-Bahnen bleiben stehen, Aufzüge stecken fest, ohne funktionierende Ampeln versinkt der Feierabendverkehr im Chaos. Der nächste Morgen: Hoffnungsvoll drücken die ersten Frühaufsteher die Lichtschalter – vergeblich.

Langsam leeren sich die Akkus der Handys, die vielen als letzte Lichtquelle dienen. Mobilfunknetze und Internet sind ausgefallen. Was tun? Zur Arbeit fahren? Für viele sinnlos, die Computer gehen nicht, dafür bilden sich lange Schlangen vor den Supermärkten – aber wie soll man die betreten, wenn sich die automatischen Türen nicht öffnen, wie bezahlen, wenn die Kassen außer Betrieb sind, die Geldautomaten noch dazu?

Allmählich ändert sich die Stimmung, was als Abenteuer begann, mit Vorlesen bei Kerzenlicht statt Fernsehen, wird, in der zweiten Nacht ohne Heizung, Herd, fließendes Wasser, unheimlich. Das gesamte europäische Stromnetz ist zusammengebrochen, so viel erfährt man über die wenigen batteriebetriebenen Radios und aus den Durchsagen der Polizei. Ursache? Weiter unbekannt. Tag drei: In Krankenhäusern fallen die Notstromaggregate aus, das Benzin geht zu Ende, die Vorräte der Deutschen allmählich auch, Tiefkühlfächer sind aufgetaut. Weil die Abwasserversorgung brachliegt, droht Seuchengefahr. Bewaffnete Bundeswehreinheiten patrouillieren gegen Plünderer, überforderte Behördensprecher schieben einander die Schuld zu, Dialysepatienten sterben … Sollen wir aufhören? Das Schreckensszenario beenden? Uns kurz freuen, über den Strom, der uns eben doch nicht so selbstverständlich Licht und Wärme schenkt und den normalen Alltag ermöglicht? Gerne. Sehr gerne.«
(Marc Baumann, Hast Du mal 'ne Taschenlampe?«, http://www.gdv.de/2013/05/hast-du-mal-ne-taschenlampe/14. 01. 2014)

Dieses Hororszenario macht so richtig bewusst, wie selbstverständlich es für uns ist, dass Strom aus der Steckdose kommt, und wie unverzichtbar eine verlässliche Energieversorgung für die Wirtschaft ist. Die Erzeugung von Energie führt allerdings zu folgenden Problemen:

- Im Altertum und im Mittelalter haben die Menschen zur Energiegewinnung fast ausschließlich Holz, die Kraft von Tieren und Menschen oder Wasser- und Windenergie eingesetzt. Seit etwa 300 Jahren nutzen die Menschen jedoch vermehrt und in den letzten Jahrzehnten überwiegend *fossile Energiequellen:* Stein- und Braunkohle, Erdöl und Erdgas (fossil = lat.: ausgegraben). Die Vorräte an fossilen Energiequellen sind auf der Erde jedoch begrenzt. Davor hatte bereits der *Club of Rome* (1968 gegründete internationale Vereinigung von Persönlichkeiten aus Wissenschaft, Kultur, Wirtschaft und Politik mit dem Ziel, gemeinsam Verantwortung für die Zukunft der Menschheit zu übernehmen.) in seiner weltweit vielbeachteten ersten Veröffentlichung »Die Grenzen des Wachstums« (1972) gewarnt.

- Aus Stein- und Braunkohle wird in Kraftwerken Energie durch Verbrennung gewonnen. Dabei entstehen Treibhausgase wie das Kohlendioxyd (CO_2), das für die Erderwärmung verantwortlich ist – man spricht vom anthropogenen Treibhauseffekt (anthropogen = von Menschen verursacht).

- Im Gegensatz zu Kohle und Öl sind bei Kernkraftwerken die Abgasemissionen nicht das eigentliche Problem. Auch die globalen Vorräte an Uran sind sehr umfangreich, so dass Knappheit auf absehbare Zeit nicht zu befürchten ist. Das Hauptproblem der Kernkraftwerke ist jedoch die sichere Lagerung der hoch radioaktiven Abfälle.

Einerseits ist also eine ausreichende Versorgung mit Energie für die Menschen und die Wirtschaft unverzichtbar. Andererseits soll ihre Erzeugung aber weder die Umwelt belasten, noch – wie im Falle der Atomkraft – die Sicherheit von Mensch und Tier gefährden. Welche Schwierigkeiten sich bei der Lösung dieser Fragen stellen, werden wir im Abschnitt 6.2.2 diskutieren.

4.6 Die schleichende Inflation

4.6.1 Die Preisentwicklung in der Nachkriegszeit

Der alljährliche Anstieg des Preisniveaus um mehrere Prozent pro Jahr — man nennt das *schleichende Inflation* – galt in den sechziger und in der ersten Hälfte der siebziger Jahre des vorigen Jahrhundert als *das* wirtschaftspolitische Problem in Deutschland schlechthin. Die höchsten Preissteigerungsraten wurden in den Jahren 1973 und 1974, der ersten Ölkrise, mit rund 7 Prozent erreicht. In der zweiten Hälfte der siebziger Jahre sank die Inflationsrate wieder auf das Normalmaß von 2,5 Prozent im Jahre 1978. Während des zweiten Ölpreisschocks 1981 stiegen die Preise noch mal um mehr als 6 Prozent. Seitdem bewegt sich die Inflationsrate in der Bundesrepublik Deutschland auf relativ niedrigem Niveau. In den Jahren 1986 und 1987 wurde sogar mit −0,2 % bzw. +0,1 % sogar Preisniveaustabilität erreicht. Erst in den Jahren 2007/08 erreichte die Inflationsrate erstmalig nach langer Zeit wieder Werte über zwei Prozent. Über die langfristige Preisentwicklung in Deutschland informiert *Schaubild 4.30*.

Die hohen Inflationsraten in den siebziger Jahren waren nicht auf Deutschland beschränkt. Im Gegenteil: In anderen Ländern stiegen die Preise zur damaligen Zeit noch viel stärker. In *Schaubild 4.31* sind die Inflationsraten Deutschlands denen in anderen großen Industrienationen gegenüber gestellt. Der Vergleich zeigt: Die hohen Inflationsraten waren eine allgemeine Erscheinung der siebziger Jahre. Deutschland schnitt dabei noch relativ günstig ab. Denn in anderen Ländern – siehe USA, Großbritannien und Frankreich – lag die Inflationsrate noch deutlich höher.

Viele Jahre herrschte in der Wirtschaftswissenschaft die Lehrmeinung vor, ein bestimmtes Maß an Inflation sei unvermeidlich, um die Vollbeschäftigung zu sichern. In den sechziger und in der ersten Hälfte der siebziger Jahre trafen tatsächlich Preissteigerungen mit Vollbeschäftigung zusammen, so dass der behauptete Zusammenhang richtig zu sein schien.

Schaubild 4.30

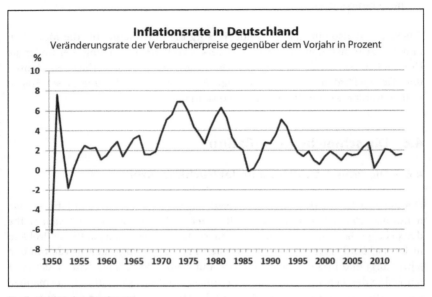

Quelle: Statistisches Bundesamt

In der zweiten Hälfte der siebziger Jahre wurde jedoch dieses »Gesetz« durchbrochen. Die Arbeitslosenquote lag im Schnitt bei über vier Prozent, ebenso die Inflationsrate. 1981/82 kam es noch schlimmer: Die Preise stiegen um mehr als sechs Prozent, die Arbeitslosenquote kletterte erstmalig seit Ende der fünfziger Jahre auf über sechs Prozent. Gleichzeitig stagnierte 1981 das reale Bruttoinlandsprodukt, 1982 sank es sogar.

Diese Erscheinung eines stagnierenden oder schrumpfenden Bruttoinlandsprodukts bei gleichzeitig hohen Preissteigerungen und hoher Arbeitslosigkeit nennt man *Stagflation,* zusammengesetzt aus den Worten Stagnation und Inflation. In der zweiten Hälfte der achtziger Jahre lag die Inflationsrate durchweg unter drei Prozent, die Arbeitslosenquote dafür in der Regel über acht Prozent. Der Zielkonflikt zwischen Preisstabilität und Arbeitslosigkeit schien sich wieder zu bestätigen.

Was hat es mit dem Zielkonflikt zwischen Inflation und Arbeitslosigkeit auf sich? Existiert er überhaupt? Und wo liegen die Ursachen für Inflation und Stagflation? Mit diesen Fragen befassen wir uns in den nächsten Unterabschnitten. Die unterschiedlichen Erklärungsansätze für Inflation können wir allerdings bes-

Schaubild 4.31

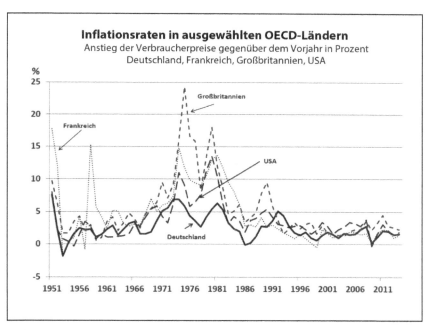

Quelle: OECD

ser verstehen und einordnen, wenn wir vorher klären: Wem nützt und wem schadet die Inflation?

Derartige Fragen nach dem Nutzen und dem Schaden einer wirtschaftlichen Erscheinung sind häufig angebracht. Denn sie helfen zu verstehen, ob es sich wirklich um »ökonomische Wahrheiten« handelt oder lediglich um den Versuch, dahinter stehende Interessen zu verbergen.

4.6.2 Wem nützt und wem schadet die Inflation?

Im ersten Moment wird der Leser das für eine dumme Frage halten. Inflation, die schadet doch allen, werden viele denken. Wenn das Geld an Wert verliert und die Menschen in einem Jahr für 100 Euro weniger kaufen können als heute, sind doch alle benachteiligt!

Das ist zwar nicht grundsätzlich falsch, aber doch nur die halbe Wahrheit.

Schaubild 4.32

1 Nettolohn- und Gehaltssumme je durchschnittlich beschäftigten Arbeitnehmer. – **2** Verbraucherpreise (Preisindex für die Lebenshaltung)

Quelle: Statistisches Bundesamt

Denn es sind ja nicht die Preise allein, die steigen. Auch die Löhne, Gehälter, Beamtenbezüge, die Honorare der freien Berufe, die Renten, in einer wachsenden Wirtschaft steigt doch alles. Die Frage ist doch nur: Was steigt schneller? Schauen wir uns dazu die Vergangenheit an. *Schaubild 4.32* zeigt für jedes Jahr ab 1951 die Zuwachsraten der Nettolöhne pro Arbeitnehmer (durchgehend schwarze Linie) und die Inflationsrate (gestrichelte Linie).

In den meisten Jahren lag die Nettoeinkommenssteigerungen über der Inflationsrate, d. h.: die Löhne sind stärker gestiegen als die Preise, die Arbeitnehmer hatten, obwohl Waren und Dienstleistungen ständig teurer wurden, einen realen Einkommenszuwachs. Selbst in den Jahren mit der höchsten Inflationsrate 1973 und 1974 stiegen die Nettoeinkommen der Arbeitnehmer noch so kräftig, dass ihnen real, d. h. nach Abzug der Inflationsrate, noch etwas übrig blieb: 1973 ein Plus von 0,7 Prozent, 1974 sogar von 2,5 Prozent. Und 1970 stiegen die Nettoeinkommen der Arbeitnehmer um 13 Prozent, die Preise um 3,2 Prozent, das macht ein reales Einkommensplus von 9,5 Prozent.

Die schleichende Inflation

Erläuterung

Die Berechnung des realen Einkommensplus muss für den Leser, der nicht gewohnt ist, mit statistischen Zahlen umzugehen, noch näher erläutert werden. Wenn sich das Nettoeinkommen des Arbeitnehmers um 13 Prozent erhöht, werden aus 100 Euro Einkommen 113 Euro. Wird eine Ware, die vorher 100 Euro gekostet hat, um 3,2 Prozent teurer, bedeutet das: Sie kostet dann 103,20 Euro. Nun fragt sich: Wie viel Prozent der Ware, die vorher 100 Euro und jetzt 103,20 Euro kostet, kann sich der Arbeitnehmer mit seinem Einkommen von nunmehr 113 Euro kaufen? Antwort: Mit 1 Euro könnte er sich [1: 103,20] × 100, also 0,969 % der betreffenden Ware kaufen. Mit 113 Euro dementsprechend 113mal so viel. Die Rechnung muss deshalb lauten: 113 : 103,20 = 1,09496. Dieser Betrag von 1,09496 ist (gerundet) um 9,5 Prozent höher als 1 (Rechnung: 1,095 x 100 minus 100). Mit seinen 113 Euro kann man daher um 9,5 Prozent mehr kaufen als vorher mit seinen 100 Euro.

Nicht die Höhe der Inflationsrate ist also ausschlaggebend, ob sie den Arbeitnehmern schadet, sondern ob der Lohnzuwachs (netto) die Inflationsrate übertrifft, und wenn ja, um wie viel. Von 1960 bis 1975 – den Jahren der Vollbeschäftigung bei gleichzeitig relativ hoher Inflationsrate – waren die Nettoeinkommen der Arbeitnehmer um 212 Prozent, die Preise um 72 Prozent gestiegen, macht eine reale Einkommensverbesserung für die Arbeitnehmer von 81 Prozent. Von 1980 bis 1995 – ebenfalls einem 15-Jahreszeitraum, aber mit relativ niedriger Inflationsrate bei hoher Arbeitslosigkeit – sind dagegen die Nettoeinkommen der Arbeitnehmer (altes Bundesgebiet) nur um 53 Prozent, die Preise um 48 Prozent gestiegen. Real blieb den Arbeitnehmern also nur ein Plus von drei Prozent, wobei in manchen Jahren sogar reale Einkommensminderungen auftraten.

▶ **Ein höheres Ausmaß an Preisniveaustabilität, »der Sieg über die schleichende Inflation«, nützt den Arbeitnehmer also nichts, wenn dafür ihre Einkommen sehr viel langsamer wachsen und sie deshalb in manchen Jahren sogar einen realen**

Tabelle 4.13 Verbesserung des materiellen Lebensstandards der Arbeitnehmer bei hoher und bei niedriger Inflationsrate

Zeitraum	Arbeitsmarktlage	Inflationsrate	Realer Nettoeinkommenszuwachs der Arbeitnehmer in %
1960 bis 1975	Vollbeschäftigung	hoch (+72 %)	+81
1980 bis 1995	Arbeitslosigkeit	niedrig (+48 %)	+3

Quelle: Eigene Berechnungen nach Angaben des Statistischen Bundesamts

Einkommensverlust, also ein Sinken ihres Lebensstandards, hinzunehmen haben. Noch schlimmer ist es, wenn gleichzeitig in der Wirtschaft hohe Arbeitslosigkeit herrscht und sie um ihren Arbeitsplatz bangen müssen?

An dieser Stelle zeigt sich: Ein hoher Beschäftigungsstand liegt auf jeden Fall im Interesse der Arbeitnehmer, selbst dann, wenn dafür ein paar Prozentpunkte mehr Inflation in Kauf genommen werden müssen. Auf diesen Sachverhalt wollte *Helmut Schmidt (SPD)*, damals Bundesfinanzminister, aufmerksam machen, als er 1972 in einem Interview mit der Wochenzeitung »Die Zeit« erklärte:

> »Mir scheint, dass das deutsche Volk – zugespitzt – fünf Prozent Inflation besser ertragen kann als fünf Prozent Arbeitslosigkeit«. (Süddeutsche Zeitung vom 28.7.1972, S. 8)

Der Leser achte genau darauf, wie der Satz formuliert ist. *Schmidt* hat *nicht* behauptet, die Wirtschaftspolitik könne Vollbeschäftigung herbeiführen, indem sie eine höhere Inflationsrate zulasse. Er wollte lediglich ausdrücken: Von den zwei Übeln »Inflation« und »Arbeitslosigkeit« ist die Inflation (als geringfügige Preissteigerungsrate von mehreren Prozent pro Jahr) das geringere Übel. Viele zitieren den Satz verkürzt (Fünf Prozent Inflation sind besser als fünf Prozent Arbeitslosigkeit) und verdrehen damit die eigentliche Aussage!

Eine andere, häufig zu hörende Antwort auf die Frage, wer von der Inflation profitiert und wem sie schadet, lautet: Die Sparer und die Bezieher fester Einkommen sind die Leidtragenden der Inflation. Stimmt das?

Schauen wir uns zunächst die Sparer an. *Schaubild 4.33* zeigt die Verzinsung der Staatsanleihen von 1960 bis 2012 nach Abzug der Steuern (= Nettorendite – durchgezogene Linie) und die Inflationsrate (gestrichelte Linie). Sofort ist erkennbar: Mit ganz wenigen Ausnahmen überstieg die Nettorendite die Inflationsrate. Selbst in den Jahren mit der höchsten Inflationsrate von 6,9 Prozent – 1974 und 1981 – glich die Rendite der Staatsanleihen, selbst nach Abzug der Steuern – den inflationsbedingten Wertverlust noch aus. Die Sparer hatten also keinen wirtschaftlichen Nachteil durch die Inflation. Nur 1973, dem Jahr der Ölkrise, gab es einen leichten Verlust. Allerdings 2011 und 2012 konnte die Verzinsung der Staatspapiere Steuerbelastung und Inflationsrate nicht mehr ausgleichen. Bemerkenswert jedoch: Das war nicht in Jahren mit hoher, sondern niedriger Inflationsrate!

Manche Leser werden jetzt vielleicht einwenden, dass viele Sparer nach wie vor auf herkömmliche Weise ihr Geld auf dem Sparbuch anlegen, das niedrigere Zinsen abwirft als Staatsanleihen. Auch könnte man sagen: Wer Staatsanleihen in einer Phase niedriger Zinsen erwirbt, kann, wenn die Inflationsrate und Zinsniveau sich erhöhen, nicht ohne Verluste auf höher verzinsliche Staatsanleihen umsteigen.

Schaubild 4.33

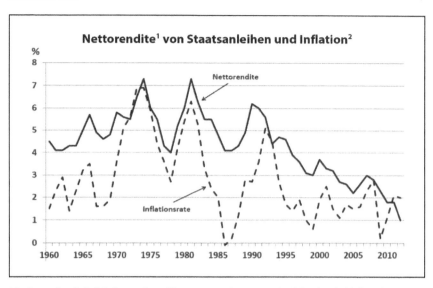

Nettorendite[1] von Staatsanleihen und Inflation[2]

[1] Bruttorendite abzüglich Steuern (1960 bis 2008: 30 %, ab 2009: 25 %). – [2] Anstieg der Verbraucherpreise gegenüber dem Vorjahr.

Quelle: Deutsche Bundesbank (abgedruckt in statistischen Anhang der Sachverständigenratsgutachten)

Beides trifft zu, ändert aber nichts an der Aussage, die hier getroffen werden soll, nämlich: Sparer werden durch die Inflation grundsätzlich nicht geschädigt, weil sie ihr Geld so anlegen können, dass die Zinsen (abzüglich der Steuer) die Inflationsrate übertreffen. Denn niemand ist gezwungen, sein Geld auf dem Sparbuch zu lassen. Und niemand ist auch gezwungen, in Zeiten niedriger Zinsen sein Geld langfristig (z. B. für zehn Jahre) fest anzulegen, so dass er bei einem Anstieg der Zinsen nicht davon profitieren kann. Persönliche Fehler bei der Geldanlage können nicht als Maßstab für die Beurteilung allgemeiner volkswirtschaftlicher Zusammenhänge dienen.

Schließlich sei noch daran erinnert, dass mehr als ein Viertel aller Erwachsenen über kein Vermögen verfügt oder sogar verschuldet ist. Die Hälfte hat ein Vermögen von maximal 16.700 Euro. 70 Prozent der Bevölkerung haben weniger als neun Prozent des Gesamtvermögens. Wer sich darum sorgt, dass die Inflation die Ersparnisse »auffrisst«, macht sich Gedanken um eine Minderheit der Bevölkerung.

Und wie sieht es mit den Rentnern aus? Seit Einführung der dynamischen

Schaubild 4.34

1 Prozentuale Erhöhung der Renten aus der gesetzlichen Rentenversicherung gegenüber dem Vorjahr (nur alte Bundesländer)

Quelle: DRV (Hrsg.), Rentenversicherung in Zeitreihen, Berlin 1913, S. 263 und Statistisches Bundesamt.

Rente 1957 ist die Entwicklung der Renten an die Entwicklung der Arbeitseinkommen gekoppelt. Das bedeutet: Wenn die Einkommen der Arbeitnehmer steigen, erhöhen sich – wenn auch mit kleiner zeitlicher Verzögerung – die Renten.

In *Schaubild 4.34* sind die Rentenanpassungen und die Inflationsraten dargestellt. Es fällt auf: In den Jahren mit den hohen Inflationsraten von 6,9 Prozent – 1973 und 1974 – wurden die Renten um 11,35 Prozent (1973) bzw. 11,2 Prozent (1974) erhöht. Ebenso wenig wie die Arbeitnehmer, die in diesen Jahren kräftige Lohnsteigerungen hatten, können die Rentner als die Leidtragenden der Inflation bezeichnet werden.

1978 gab es – nach den hohen Zuwächsen in den Jahren zuvor – erstmals seit Einführung der dynamischen Rente – keine Rentenerhöhung. Auch in den Jahren der zweiten Ölkrise 1980/81 bleiben die Rentenanpassungen hinter der Inflationsrate zurück. Ab den neunziger Jahren wechseln sich Jahre mit realer Rentenerhöhung, also einer Anpassung, die höher ist als die Inflationsrate, mit Jahren realer Einbußen des Lebensstandards der Rentner einander ab. Bemerkenswert auch hier: Verantwortlich dafür sind nicht hohe Inflationsraten, sondern geringe Ein-

Die schleichende Inflation

Tabelle 4.14 Verbesserung des materiellen Lebensstandards der Rentner bei hoher und bei niedriger Inflationsrate

Zeitraum	Arbeitsmarktlage	Inflationsrate	Realer Zuwachs der Renten in %
1960 bis 1975	Vollbeschäftigung	hoch (+72 %)	+99
1980 bis 1995	Arbeitslosigkeit	niedrig (+48 %)	+13

Quelle: Eigene Berechnungen nach Angaben des Statistischen Bundesamts und der Deutschen Rentenversicherung.

kommenssteigerungen bei den Arbeitnehmern, die auch zu entsprechend niedrigen Rentenanpassungen führen. Hinzu kommen Rentenreformen, die beginnend in den neunziger Jahren, vor allem nach der Jahrtausendwende den Rentenanstieg verringern, um den Beitragserhöhungen der Rentenversicherung zu vermeiden bzw. zu begrenzen. Auf dieses Problem kommen wir im Hauptkapitel 5 noch einmal zurück.

Betrachten wir nun auch wie bei den Arbeitnehmern in *Tabelle 4.14* die Rentenzuwächse im Zeitraum von 1960 bis 1975 bei hoher und von 1980 bis 1995 bei niedriger Inflation. Es ergibt sich das gleiche Bild. Trotz höherer Inflationsrate in den sechziger und der ersten Hälfte der siebziger Jahre haben sich die Renten real, also nach Abzug der Preissteigerungen, um 99 Prozent verbessert, bei geringerer Inflationsrate von 1980 bis 1995 dagegen nur um 13 Prozent *(Tabelle 4.14)*. (Ein Abzug von Steuern oder Krankenversicherungsbeiträgen braucht für diese Zeiten nicht berücksichtigt zu werden, weil fast alle Renten nicht steuerpflichtig waren und der Krankenkassenbeitrag voll von der Rentenversicherung übernommen wurde.) Auch hier gilt also ebenso wie bei den Arbeitnehmern: Von stabileren Preisen haben die Rentner nichts, wenn dafür auch die Renten deutlich weniger steigen.

Bleiben schließlich noch die Bezieher fester Einkommen, die angeblich von der Inflation benachteiligt werden. Wer ist das eigentlich? Die Arbeitnehmereinkommen werden durch Tariferhöhungen angepasst, die Renten durch Koppelung an die Arbeitseinkommen. Die Honorare der freien Berufe wie Ärzte, Rechtsanwälte, Steuerberater usw. werden auch der allgemeinen Wirtschaftsentwicklung angepasst, die Einkommen der selbständigen Gewerbetreibenden wie z. B. der Handwerker sind preis- und umsatzabhängig, halten also auch mit der allgemeinen Wirtschaftsentwicklung Schritt. Bleiben eigentlich nur noch die Bezieher einer privaten Rente aus einer Lebensversicherung. Doch auch hier gibt es je nach Tarif Unterschiede. Viele Lebensversicherungen sind dynamisiert, d. h. in der Einzahlungsphase steigen zwar von Jahr zu Jahr die Beiträge, in der Auszahlungsphase hat dafür aber die monatlich ausgezahlte Rente mit der allgemeinen Wirtschaftsentwicklung Schritt gehalten.

Letztlich ist festzustellen: So richtigen Schaden nimmt eigentlich niemand von der schleichenden Inflation von mehreren Prozent pro Jahr. Und eine Hyperinflation wie 1923 mit anschließendem Währungsschnitt hat es in den Jahren nach dem Zweiten Weltkrieg nicht gegeben. Warum also die Sorge um die Preisstabilität und das immer wieder neuerliche Schüren der Urängste der Deutschen vor der Inflation? Zur Beantwortung dieser Frage müssen wir uns die Erklärung der Ursachen der schleichenden Inflation ansehen, die in der Wirtschaftstheorie diskutiert werden.

4.6.3 Ursachen von schleichender Inflation und Stagflation

Schon in den vorangegangenen Abschnitten über die Ursachen der Arbeitslosigkeit oder der Staatsverschuldung haben wir gelernt, dass es dafür in der Fachökonomie unterschiedliche Erklärungsansätze gibt. Es wird den Leser daher kaum wundern, wenn das auch für die Ursachen der Inflation gilt.

4.6.3.1 Die keynesianische Erklärung: zu hohe Nachfrage und Verteilungskampf

Die Anhänger des Keynesianismus – wir hatten diese Lehre bereits im Kapitel 4.2 über die Staatsverschuldung kennen gelernt – sehen in einer zu hohen volkswirtschaftlichen Gesamtnachfrage, die das volkswirtschaftliche Gesamtangebot übersteigt, die Ursache für steigende Preise. Da die volkswirtschaftliche Gesamtnachfrage mehrere Bestandteile hat – den privaten Verbrauch, den Staatsverbrauch, die öffentlichen und privaten Investitionen sowie die Exporte – können ein oder mehrere dieser volkswirtschaftlichen Aggregate (= Einzelelement) steigende Preise auslösen. Aber wie kommt es zu einer überhöhten volkswirtschaftlichen Gesamtnachfrage?

Dazu müssen wir uns mal genauer ansehen, was in der Wirtschaft zwischen Arbeitnehmern, Unternehmern, Verbrauchern, Staat, Interessenverbände abläuft. Arbeitnehmer vertreten oft die Auffassung, die Preise steigen schon, bevor die Löhne erhöht worden sind. Die andere Seite, die Unternehmer, behauptet das genaue Gegenteil: Weil die Löhne von den Gewerkschaften so stark erhöht worden sind, müssten die Preise steigen. Wer hat nun eigentlich Recht? Wer trägt wirklich die Schuld an der schleichenden Inflation?

Um diese einfach klingende Frage beantworten zu können, wollen wir uns einmal vorstellen, wir würden die Angehörigen der einzelnen sozialen Gruppen, also Hilfs- und Facharbeiter, kleine, mittlere und leitende Angestellte, Beamte des einfachen, mittleren, gehobenen und höheren Dienstes, Bauern, Rechtsanwälte, Ärzte, Architekten, kleine selbstständige Handwerker und Gewerbetreibende, Gastwirte und Großunternehmer, danach fragen, ob sie mit der Höhe ihres Einkommens im Verhältnis zu dem, was andere verdienen, zufrieden sind. Die meisten würden mit Nein antworten. Das bedeutet: Alle Berufsgruppen neigen dazu, sich im Vergleich zu anderen benachteiligt zu fühlen und zu glauben, dass andere Gruppen einen größeren inneren Zusammenhalt (= Solidarität) haben und deshalb in der Lage sind, ihre materiellen Interessen besser zu vertreten und durchzusetzen.

Diese Unzufriedenheit vieler mit ihrer Einkommenssituation hängt mit den unterschiedlichen Gerechtigkeitsvorstellungen zusammen. Würde man nämlich eine Umfrage in der Bevölkerung veranstalten mit dem Ziel herauszufinden, welche Einkommensunterschiede zwischen den einzelnen Tätigkeiten und Berufen als gerecht empfunden werden, erhielte man höchstwahrscheinlich miteinander unvereinbare Antworten. Da jeder eigene Vorstellungen von Gerechtigkeit hat, die denen von anderen teilweise vollständig entgegenlaufen, sind soziale Konflikte um die Höhe von Einkommen und Vermögen unvermeidlich. Man nennt sie *Verteilungskonflikte*.

Wie sich Verteilungskonflikte volkswirtschaftlich auswirken, soll nun an einigen Beispielen verdeutlicht werden. Angenommen, die Regierung beschließt eine Steuererhöhung. Ziel dieser Steuererhöhung soll es sein, die Staatseinnahmen zu verbessern, um mit dem Plus an Einnahmen den Haushalt auszugleichen.

Die Unternehmen werden auf diese Steuererhöhungen mit dem Versuch reagieren, die Belastung auf die Verbraucher abzuwälzen. Es kommt also zu Preissteigerungen, die die Realeinkommen der Arbeitnehmer schmälern. Das wiederum veranlasst die Gewerkschaften zu Lohnforderungen mit der Begründung, die Preiserhöhungen müssten durch erhöhte Löhne wieder wettgemacht werden. Die Lohnerhöhung gibt den Unternehmen erneut ein Motiv für Preiserhöhungen: Diesmal werden sie auf die gestiegene Lohnkostenbelastung verweisen. Die erneuten Preissteigerungen lösen weitere Lohnforderungen der Gewerkschaften aus usw. Sind die Arbeitnehmer nun aufgrund der Lohnerhöhung mit mehr Kaufkraft ausgestattet, können sie trotz der wegen der Steuererhöhung gestiegenen Preise die gleiche Menge an Gütern und Dienstleistungen kaufen wie vorher. Dasselbe gilt für die Unternehmen und ihre Investitionsgüternachfrage, wenn es ihnen gelungen ist, die Steuerbelastung erfolgreich zu überwälzen. Gleichzeitig werden die Steuermehreinnahmen des Staates in eine größere staatliche Nachfrage, sei es in Form von Staatsverbrauch oder öffentlichen Investitionen, umgesetzt. Insgesamt steigt dadurch die volkswirtschaftliche Gesamtnachfrage. Das alles setzt allerdings voraus, dass sich die Geld- und Kreditversorgung der Volkswirtschaft elastisch den Ausgabewünschen aller Beteiligten anpasst, d. h. dass die Notenbank eine expansive Geldpolitik betreibt. Sind nun die Ansprüche an das Sozialprodukt insgesamt zu hoch, folgen weitere Preissteigerungen. Sie lösen erneute Forderungen der Gruppen aus. Eine Spirale ist in Gang gesetzt, und niemand kann sagen, wer letzten Endes den Schaden und wer den Nutzen hat.

Bei diesem Verteilungskampf ist eines ganz besonders zu beachten: Das Bemühen der einzelnen Gruppen, Lasten von sich fern zu halten und sie anderen aufzubürden, ist ein ständiger Vorgang. Insofern ist die Frage, ob zuerst die Löhne oder zuerst die Preise gestiegen sind, ein Streit um des Kaisers Bart; denn der Verteilungskampf besteht nicht nur aus *einer* Lohnerhöhung und *einer* sich daran anschließenden Preissteigerung oder umgekehrt. Vielmehr handelt es sich beim Verteilungskampf um ein stetiges Ringen aller gesellschaftlichen Gruppen um ein Mehr an Einkommen bzw. um einen gerechten Anteil am Sozialprodukt.

Der Leser vergegenwärtige sich in diesem Zusammenhang auch folgenden volkswirtschaftlichen Grundtatbestand: Der Wirtschaftsablauf ist ein Kreislaufgeschehen, d. h. das, was einer (A) ausgibt, ist die Grundlage für das Einkommen eines anderen (B) und umgekehrt. In dem Moment, wo A versucht, weniger auszugeben, wird B weniger verdienen, oder anders ausgedrückt: Wenn B mehr einnehmen will, muss A mehr ausgeben. Alle wollen jedoch so viel wie möglich einnehmen, aber so wenig wie möglich ausgeben. Dieses Bemühen aller führt zum Verteilungskampf. Sein Ergebnis ist die schleichende Inflation.

So gesehen sind Preise in der Wirtschaft nichts anderes als Instrumente, die eingesetzt werden, um die eigene Einnahmesituation zu verbessern. Fasst man auch den Lohn als einen Preis auf, nämlich als Preis für die »Ware Arbeitskraft« (obwohl die Arbeitskraft, hinter der Menschen stehen, natürlich nicht mit einer Ware gleichgesetzt werden sollte), dann ist der Lohn das Instrument in der Hand der Gewerkschaften, mit dem sie versuchen, den Anteil der Arbeitnehmer am Sozialprodukt zu halten oder zu vergrößern. In der Hand der Unternehmensleitungen ist der Preis einer Ware wiederum das Instrument, mit dem sie versuchen, ihren Anteil am Sozialprodukt beizubehalten oder zu erhöhen. Oder, um die vorhin erwähnten Kreislaufzusammenhänge noch einmal aufzugreifen: Für die Arbeitnehmer ist der Lohn Einkommen, soll also möglichst hoch sein, die Preise der Waren sind Kosten, sollen also möglichst niedrig sein; für die Unternehmensleitungen sind Löhne Kosten, sie sollen daher möglichst niedrig sein, die Preise der Waren, die sie verkaufen, sind hingegen Grundlage ihrer Einnahmen, sie sollen also wiederum möglichst hoch sein.

Nachdem wir die schleichende Inflation als Folge des Verteilungskampfes erklärt haben, können wir nun das Zusammentreffen von Inflation mit Arbeitslosig-

Die schleichende Inflation 251

keit, die *Stagflation*, behandeln. Folgte man den Aussagen herkömmlicher marktwirtschaftlicher Theorien, so dürfte es die Stagflation eigentlich gar nicht geben.
Ist nämlich das Angebot größer als die Nachfrage, schränken die Unternehmen
ihre Produktion ein (= Stagnation) und entlassen Arbeitskräfte. In einer solchen
Situation müssten die Preise – so die herkömmliche Auffassung – fallen, zumindest aber gleich bleiben.

Gerade Letzteres traf in den siebziger Jahren des vorigen Jahrhunderts in vielen Marktwirtschaften, auch in der Deutschland, nicht mehr zu. Im Gegenteil:
Selbst bei rückläufiger Nachfrage wurden von den Unternehmen die Preise erhöht. Ein nüchternes Zahlenbeispiel mag zeigen, warum diese Preispolitik für die
Unternehmen vielfach vorteilhaft ist.

Beispiel

Ein Kinobesitzer verlangt auf allen Plätzen 15 Euro Eintritt. Kommen im Schnitt 300 Besucher
in seine Vorstellung, belaufen sich seine Einnahmen auf 4.500 Euro. Angenommen, der Be-
sucherstrom geht, aus welchen Gründen auch immer, auf durchschnittlich 280 Personen
pro Vorstellung zurück. Lässt er nach diesem Rückgang der Nachfrage den Eintrittspreis unverändert bei 15 Euro, verringern sich seine Einnahmen auf 4.200 Euro. Erhöht er hingegen
den Eintrittspreis von 15 Euro auf 18 Euro, muss er zwar befürchten, dass seine Besucherzahl noch weiter schrumpft. Aber seine Rechnung kann dann wie folgt aussehen: Kommen nur noch 260 Besucher, erhöhen sich seine Einnahmen sogar von vorher 4.500 Euro
auf jetzt 4.680 Euro. Er steht sich also günstiger als vor dem Nachfragerückgang. Geht die
Besucherzahl noch stärker zurück, sagen wir auf 250, reicht die Preiserhöhung gerade aus,
die vorher erzielten Einnahmen aufrechtzuerhalten. Sie belaufen sich dann nämlich wieder
auf 4.500 Euro. Selbst wenn nur noch 240 Besucher kommen, nimmt er noch 4.320 Euro ein,
also mehr, als wenn er den Preis bei 15 Euro belassen hätte und die Besucherzahl dafür bei
280 gelegen hätte.

Die hier beschriebene Unternehmensstrategie nennt man *administriertes Preisver-
halten*. Es war vor allem in den USA Gegenstand vieler Untersuchungen. Ziel dieser Unternehmensstrategie ist es, die Preise so festzusetzen, dass ein bestimmter,
gewünschter Gewinn erzielt wird. Dabei gilt folgender, einfacher Zusammenhang
in Form einer Gleichung:

▶   **Gewinn = Preis × Absatzmenge minus Kosten**

Geht die Absatzmenge zurück, kann der gewünschte Gewinn – gleich bleibende
Kosten vorausgesetzt – unter Umständen trotzdem realisiert werden, indem man
über einen höheren Preis hereinzuholen versucht, was man infolge geringerer Ab-

satzmenge eingebüßt hat. Dies gelingt den Unternehmen vor allem auf Märkten, auf denen es nur wenige Anbieter gibt und auf denen die Nachfrage auf Preiserhöhungen nur relativ wenig oder gar nicht reagiert.

Was aber, wenn die Nachfrage auf Preiserhöhungen sehr empfindlich reagiert und stark zurückgeht? In diesem Fall kann das Unternehmen einen höheren Preis am Markt nicht durchsetzen, weil es sonst noch größere Einbußen erleiden würde. Um trotzdem den gewünschten Gewinn zu erzielen, bleibt dem Unternehmen noch eine andere Möglichkeit: die Kostensenkung (siehe obenstehende Gewinn-Gleichung!). Kostensenkung bedeutet entweder Lohnkürzungen oder, weil das vielfach aufgrund tariflicher Vereinbarungen nicht möglich ist, Einsparen von Arbeitskräften, also Abbau von Personal, indem freiwerdende Stellen nicht wiederbesetzt werden.

Der Verteilungskampf wirkt sich somit unterschiedlich aus, je nachdem, ob Arbeitskräfte knapp sind oder ein Überangebot herrscht. Wenn die Unternehmen um knappe Arbeitskräfte konkurrieren und sich häufig gegenseitig Arbeitskräfte durch Bieten besserer Bedingungen abwerben, wie in den sechziger und in der ersten Hälfte der siebziger Jahre, ist es für die Gewerkschaften leicht, höhere Löhne durchzusetzen. Die Unternehmen wehren sich in dieser Situation mit Preiserhöhungen, es kommt zu schleichender Inflation. Ist der Arbeitsmarkt dagegen entspannt, wie seit der zweiten Hälfte der siebziger Jahre, brauchen die Unternehmen den Arbeitskräften nicht »hinterher zu rennen« und ihnen — bis auf wenigen hoch spezialisierten Fachkräften – keine übermäßig guten Konditionen zu bieten. Wenn die Unternehmen dann auf Grund tarifvertraglicher Vereinbarungen dennoch gehalten sind, hohe Löhne und Gehälter zu zahlen, und die Abwehr über Preiserhöhungen auf Grund der Marktsituation nicht möglich ist, suchen sie sich einen anderen Ausweg: den über Personalabbau. So gesehen sind schleichende Inflation und Arbeitslosigkeit zwei Seiten derselben Medaille: Sie sind Folge der Abwehrstrategien der Unternehmen im Verteilungskampf.

Stagflation markiert das Übergangsstadium von Vollbeschäftigung mit schleichender Inflation zur Unterbeschäftigung mit einem höheren Maß an Preisniveaustabilität. In Deutschland war dieser Zeitpunkt Anfang der achtziger Jahre, also während der zweiten Ölkrise. In diesem Übergangsstadium wenden die Unternehmen beide Strategien an, um ihre Gewinnspannen zu verteidigen: die Preiserhöhung und den Personalabbau. Beides verstärkt jedoch gesamtwirtschaftlich die Krise; denn die Inflation schmälert den realen Wert der Einkommen und vernichtet Kaufkraft, der Personalabbau führt zu weiteren Einkommensminderungen mit entsprechenden Nachfragerückgängen. Wenn sich die Unternehmen dann nach einer gewissen Zeit auf die neue (= schlechtere) Arbeitsmarktsituation eingestellt haben, verlagern sie das Schwergewicht ihrer verteilungspolitischen Abwehrstrategie auf das Instrument »Personalabbau«.

4.6.3.2 Die monetaristische Erklärung: zu viel Geld im Umlauf und zu starke Gewerkschaften

Im vorigen Abschnitt haben wir Inflation und Stagflation als Ergebnis des Verteilungskampfes erklärt, d. h. als Folge des Versuches aller gesellschaftlichen Gruppen, für sich einen höheren Anteil am Sozialprodukt durchzusetzen. Ausgangspunkt unserer Überlegungen war also die Tatsache, dass die Verteilung des Wohlstandes als ungerecht wahrgenommen wird und die gesellschaftlichen Gruppen in der Demokratie versuchen, diesen Zustand zu ändern.

Ein Verteilungskampf, der zu Einkommen führt, die insgesamt das produzierte Sozialprodukt übertreffen, kann sich indessen nur entfalten, wenn die Geldversorgung der Wirtschaft sehr elastisch ist. Anders ausgedrückt: Die Notenbank muss bereit (oder von den äußeren Umständen gezwungen) sein, die Geldmenge so auszuweiten, dass Einkommen, die das erzeugte Sozialprodukt übersteigen, entstehen können.

An diesem, an sich richtigen Punkt setzt eine ökonomische Denkschule an, der sog. *Monetarismus* (engl. monetarism = Geldmengensteuerungstheorie). Ihr führender Vertreter ist der US-amerikanische Wirtschaftsprofessor *Milton Friedman,* der an der Universität Chicago lehrte, weshalb man beim Monetarismus auch von der Chicagoer-Schule spricht. Er ist als Gegenpol zu *John Maynard Keynes* zu betrachten. Beide gelten als die einflussreichsten Ökonomen des 20. Jahrhunderts.

Milton Friedman (1912–2006)

- US-amerikanischer Ökonom und Nobelpreisträger für Wirtschaftswissenschaft 1976
- Professor an der Universität von Chicago
- Mitglied der Republikanischen Partei und Berater der US-Präsidenten Richard Nixon und Ronald Reagan
- Empfahl Nixon 1971 die Freigabe des US-Dollarkurses und leitete damit das Ende des Bretton-Woods-Systems und der festen Wechselkurse ein.

Hauptwerke: A Theory of the Consumption Function (1957) – [deutsch: Theorie der Konsumfunktion]. – A Monetary History of the United States, 1867–1960 (1963) – [deutsch: Geschichte der Geldmengensteuerung in den USA, 1867–1960]. – Kapitalismus und Freiheit (1963)

Friedman und die *Monetaristen* sehen die Ursache von Inflation und Stagflation nicht im Verteilungskampf, sondern in einer zu starken Ausweitung der Geldmenge. Mit anderen Worten: Inflation wird als ein rein monetäres Phänomen (= auf Geld zurückzuführende Erscheinung) betrachtet. Deutlicher ausgedrückt:

254   Hauptprobleme der Wirtschafts- und Gesellschaftspolitik und ihre Ursachen

Die sozialen Ungerechtigkeiten einer Gesellschaft, die Verteilungskämpfe auslösen und in Inflation und Stagflation münden, interessieren die Anhänger der Chicagoer Schule nicht. Es geht ihnen vielmehr darum, der Notenbank eine Richtschnur für ihre Geldpolitik an die Hand zu geben, die den Verteilungskampf gleichsam »abwürgt« und so die Inflation besiegt.

Die Empfehlung an die Notenbanken lautet: Die Geldmenge in einer Volkswirtschaft darf nur so weit ausgeweitet werden wie das Sozialprodukt wachsen kann – letzteres nennt man *Wachstum des Produktionspotenzials*. Übersteigt das Geldmengenwachstum das des Produktionspotenzials, kommt es – gleich bleibende Umlaufgeschwindigkeit des Geldes vorausgesetzt – zu einem inflationären Prozess.

Der Ansatz ist im Prinzip sehr einfach, wenn auch in der Fachökonomie eine umfangreiche Diskussion darüber stattgefunden hat und immer noch weitergeführt wird, welche Geldmengengröße die Notenbanken steuern sollen (M1, M2 oder M3), ob sie dazu in der Praxis wirklich in der Lage sind und wie die Geldmengenregel weiter verfeinert werden kann (z. B. durch Berücksichtigung einer unvermeidlichen Inflationsrate). Doch die schlichte Geldmengenregel hat, wenn sie angewendet wird, weit reichende gesellschaftspolitischen Folgen.

Inflation und Arbeitslosigkeit – die Phillips-Kurve

Hinter der Kontroverse über die Ursachen von Inflation und Arbeitslosigkeit verbirgt sich die Debatte über die sog. Phillips-Kurve. Sie ist nach dem britischen Ökonomen *Alban William Phillips* (1914–1975) benannt, der in einem 1958 veröffentlichten Aufsatz für den Zeitraum von 1861–1957 in Großbritannien einen negativen Zusammenhang zwischen der Zuwachsrate der Nominallöhne bzw. der Inflationsrate und der Arbeitslosenquote festgestellt hat. Zahlreiche andere Ökonomen konnten den Zusammenhang zwischen Inflationsrate und Arbeitslosigkeit auch für andere Länder nachweisen. Die amerikanischen Nobelpreisträger *Paul A. Samuelson* (1915–2009) und *Robert Solow* (*1924) stellten in einem 1960 erschienen Aufsatz ebenfalls einen negativen Zusammenhang zwischen Inflation und Arbeitslosigkeit fest. Sie gaben der Kurve den Namen *Phillips-Kurve* und leiteten aus ihr die Annahme ab, die Politik habe eine Wahlmöglichkeit zwischen Inflationsrate und Arbeitslosenquote und könne über die Inflationsrate die Höhe der Arbeitslosigkeit beeinflussen. In *Schaubild 4.35* ist dieser behauptete Zusammenhang dargestellt: Je höher die Arbeitslosigkeit, desto geringer ist die Inflationsrate in einem Land und umgekehrt, je geringer die Arbeitslosenquote, desto höher ist die Inflationsrate.

Diesem behaupteten Zusammenhang widersprach *Milton Friedman* in einem 1968 erschienenen Artikel »The Role of Monetary Policy« (Die Rolle der Geldpolitik). Da die von den anderen Ökonomen zusammen getragenen empirischen Daten jedoch den Zusammenhang belegten, musste *Friedman* einen Weg finden, seinen Widerspruch zu begründen.

Die schleichende Inflation

Schaubild 4.35

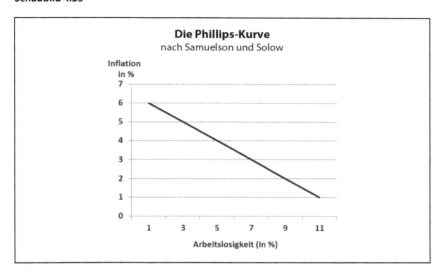

Er führte zu diesem Zweck den Begriff der Erwartungshaltung in Bezug auf die Inflation – kurz auch *Inflationserwartungen* – ein. Inflationserwartung bedeutet: Arbeitnehmer, Unternehmer, Verbraucher, Staat, kurz: alle stellen sich in ihrem Verhalten auf eine erwartete Inflationsrate von beispielsweise fünf Prozent ein und richten sich in ihrem Verhalten entsprechend danach aus. Da eine höhere Inflationsrate an der eigentlichen Ursache von Arbeitslosigkeit – nach Ansicht von *Milton Friedman* zu hohe Löhne, die von zu mächtigen Gewerkschaften durchgesetzt worden sind – nichts ändern kann, sinkt die Arbeitslosigkeit nur kurzfristig. Langfristig würde die Arbeitslosigkeit wieder auf das ursprüngliche Niveau steigen, und das dann sogar bei höherer Inflationsrate.

In der Realität sind alle denkbaren Kombinationen von Inflation und Arbeitslosigkeit aufgetreten. So trafen hohe und niedrige Arbeitslosenquoten sowohl mit sich verlangsamender als auch mit sich beschleunigender Inflationsrate zusammen. In Deutschland beispielsweise gab es 1963 eine Arbeitslosenquote von nur 0,8 Prozent, also Vollbeschäftigung, und eine Inflationsrate von lediglich 1,3 Prozent, also Preisstabilität. 1986 dagegen sind die Preise um 0,1 Prozent gesunken, somit herrschte absolute Preisstabilität. Gleichzeitig betrug jedoch die Arbeitslosenquote neun Prozent.

Die Zusammenhänge sind also nicht so einfach, wie sie die Phillips-Kurve nach *Samuelson/Solow* darstellt, sondern viel komplizierter. Für die Arbeitsmarktsituation – so weiß man heute – sind viele andere Faktoren verantwortlich wie z. B. das Verhältnis von Angebot und Nachfrage auf dem Arbeitsmarkt, die Qualifikation der Arbeitskräfte, die Geschwindigkeit des technischen Fortschritts. Deshalb gilt auch die Friedman-These nicht. Auch wenn die Geldmenge nur mit dem Anstieg des Produktionspotenzials wächst, die Inflationsrate niedrig ist und die Gewerkschaften schwach sind, kann hohe Arbeitslosigkeit herrschen.

Aus der eben gewählten Formulierung, dass die Notenbanken den Verteilungskampf abwürgen sollen, wird deutlich, worum es den Monetaristen letztlich geht:

► **Wenn die Notenbanken die Geldmenge nur im Umfang des Produktionspotenzials ausweiten, nehmen sie den Unternehmen das Ventil, Lohnerhöhungen, die ihre Gewinne zu schmälern drohen, teilweise auf die Preise zu überwälzen.**

Folge ist: Zur Verteidigung ihrer Gewinnspannen wählen die Unternehmen dann einen anderen Weg. Sie senken die Kosten, indem sie Kurzarbeit einführen oder Arbeitskräfte entlassen. Dieses sozial nicht wünschenswerte Ergebnis ist den *Monetaristen* aber gleichgültig. Sie erklären, nicht die Notenbanken seien dafür verantwortlich, wenn die Arbeitslosigkeit steigt, sondern die Gewerkschaften, weil sie ökonomisch unvernünftig waren und mit ihrer Macht zu hohe Lohnforderungen durchgesetzt haben. *Milton Friedman* war offensichtlich daran interessiert, mit seinem Ansatz der Politik das Instrument der Inflation aus der Hand zu schlagen und die Aufmerksamkeit auf die ungeliebten Gewerkschaften und ihre Lohnsetzungsmacht zu lenken.

► **In Wirklichkeit geht es den Monetaristen darum, die Macht der Arbeitnehmer und ihrer Gewerkschaften zu brechen.**

Im Hauptkapitel 5 gehen wir noch ausführlicher auf diese Zusammenhänge ein. Der Leser dürfte jedoch schon an dieser Stelle erkennen: Monetarismus ist nicht irgendeine »neutrale« wissenschaftliche Theorie. Er ist ein Konzept, mit dem die Wirtschaftsabläufe bewusst zum Vorteil der Unternehmen und zum Nachteil der Gewerkschaften gesteuert werden sollen.

Wir sehen: Wie bei der Arbeitslosigkeit und der Staatsverschuldung begegnen uns auch bei der Erklärung der Inflation unterschiedliche ökonomische Lehrmeinungen. Wenn wir uns im nächsten Hauptkapitel mit den Maßnahmen befassen, die zur Behebung der Probleme eingesetzt und diskutiert werden, werden wir den unterschiedlichen Ansätzen erneut begegnen.

Strategien und Instrumente der Wirtschafts- und Gesellschaftspolitik

5

In diesem Kapitel kommen wir zu den Kernproblemen der aktuellen Wirtschafts- und Gesellschaftspolitik in Deutschland. Zuerst befassen wir uns mit den unterschiedlichen wirtschaftspolitischen Ansätzen, der angebotsorientierten und der nachfrageorientierten Wirtschaftspolitik. Anschließend zeigen wir die verschiedenen diskutierten Wege zur Bekämpfung der Arbeitslosigkeit auf und beschäftigen uns mit Plänen zur Reform unseres Steuersystems. Gesellschaftspolitische Fragen wie der Umbau unseres Sozialstaats und Maßnahmen zu einer breiteren Vermögensstreuung werden am Ende des Kapitels behandelt.

Zuvor werden noch einige grundsätzliche Informationen zu den Institutionen und Abläufen in der praktischen Wirtschaftspolitik gegeben.

5.1 Grundsätzliches

An und für sich gibt es für die Wirtschaftspolitik so was wie ein »Grundgesetz«: das Gesetz zur Förderung der Stabilität und des Wachstums der Wirtschaft, kurz auch Stabilitätsgesetz (StabG) genannt, aus dem Jahre 1967. Es enthält für die Regierung die Verpflichtung,

> »durch geeignete Maßnahmen im Rahmen der marktwirtschaftlichen Ordnung gleichzeitig zur Stabilität des Preisniveaus, zu einem hohen Beschäftigungsstand und außenwirtschaftlichem Gleichgewicht bei stetigem und angemessenem Wirtschaftswachstum beizutragen« (§ 1 StabG)

Die Ziele *Stabilität des Preisniveaus, hoher Beschäftigungsstand, außenwirtschaftliches Gleichgewicht* werden auch *magisches Dreieck* genannt. Magisch deshalb, weil es in der Praxis kaum jemals gelungen ist, alle drei Ziele gleichzeitig zu erreichen, und es sozusagen der Kunst eines Magiers, eines Zauberers, bedarf, um alle Ziele gemeinsam zu verwirklichen. Bezieht man *umweltverträgliches Wirtschaftswachstum* in den Zielkatalog ein, wird aus dem magischen Dreieck ein *magisches Viereck*. Erweitert man es noch um das Ziel *gerechte Einkommens- und Vermögensverteilung*, haben wir ein *magisches Fünfeck (Schaubild 5.1)*. Und berücksichtigt man schließlich noch, dass das Wirtschaftswachstum auch umweltverträglich sein muss, d. h. das Produzieren von mehr Gütern und Dienstleistungen nicht die Befriedigung der Bedürfnisse künftiger Generationen gefährden darf, käme man sogar zu einem *magischen Sechseck*. *Schaubild 5.1* enthält jedoch nur fünf Ziele. Dem Umweltziel wurde dadurch Rechnung getragen, dass Wachstum als *umweltverträglich* bezeichnet wurde. Wachstum darf also nicht die natürlichen Lebensgrundlagen der Menschheit vernichten.

Wie der Name des Gesetzes, aber auch der Zeitpunkt seiner Verabschiedung erkennen lassen, fiel es in eine Periode, in der die Bekämpfung der schleichenden Inflation im Mittelpunkt der wirtschaftspolitischen Bemühungen stand und das Problem der Arbeitslosigkeit noch nicht existierte. Infolgedessen sind die Instrumente, die der Regierung mit dem Stabilitätsgesetz an die Hand gegeben wurden, darauf ausgerichtet, mittels finanzpolitischer Maßnahmen (z. B. Erhöhung/ Senkung des Einkommensteuersatzes, Aussetzung der degressiven Abschreibung für Unternehmen, Bildung einer Konjunkturausgleichsrücklage des Staates) die volkswirtschaftliche Gesamtnachfrage zu erhöhen oder zu senken. Man nannte dieses Prinzip einer Beeinflussung der volkswirtschaftlichen Gesamtnachfrage *Globalsteuerung*.

Das Gesetz besteht zwar bis heute noch formal fort, seine Instrumente werden indessen nicht mehr angewendet. Das hängt zum einen damit zusammen, dass es vorrangig dafür gedacht war, eine überschäumende Konjunktur zu bremsen – eine Situation, die es seit Mitte der siebziger Jahre nicht mehr gab. Maßnahmen zur Konjunkturbelebung sieht das Stabilitätsgesetz zwar auch vor, ihre Wirkungen sind jedoch in der Ökonomie inzwischen stark umstritten (siehe dazu Abschnitt 5.2.3). Wir brauchen uns deshalb nicht mehr im Detail mit dem Stabilitätsgesetz zu befassen, sollten jedoch den in § 1 verankerten Zielkatalog kennen (siehe oben).

Von praktischer Bedeutung sind heute noch die Berichte, zu deren Vorlage die Bundesregierung im Stabilitätsgesetz verpflichtet wird: der Jahreswirtschaftsbericht und der Subventionsbericht.

Der *Jahreswirtschaftsbericht* wird im Januar eines jeden Jahres als Bundestagsdrucksache dem Parlament vorgelegt. Er enthält dreierlei:

1) einen Bericht über die vergangene und gegenwärtige Konjunkturlage, d. h., es wird festgestellt, in welcher Phase des Konjunkturzyklus sich die Volkswirtschaft augenblicklich befindet;

Grundsätzliches

Schaubild 5.1

2) eine Vorschau auf die wirtschaftliche Entwicklung des kommenden Jahres mit genauen Angaben, was die Bundesregierung im kommenden Jahr, in der Wirtschaftspolitik erreichen will – die sog. Zielprojektion. Hier wird dann auch Bezug genommen auf die in § 1 des Stabilitätsgesetzes verankerten Ziele des magischen Vierecks (Preisniveaustabilität, hoher Beschäftigungsstand, außenwirtschaftliches Gleichgewicht sowie stetiges und angemessenes Wirtschaftswachstum);
3) eine Aufzählung der Maßnahmen, die die Bundesregierung ergreifen will, um die angestrebten wirtschaftspolitischen Ziele zu erreichen.

In der Zielprojektion wird das Sozialprodukt nach verschiedenen Berechnungsarten in seine wichtigsten Bestandteile aufgegliedert, also z. B. nach seiner Verwendung (privater und öffentlicher Verbrauch, private und öffentliche Investitionen) oder nach seiner Verteilung (Unternehmens- und Vermögenseinkommen sowie Einkommen aus unselbstständiger Arbeit), und angegeben, welche zahlenmäßige Entwicklung im kommenden Jahr für wünschenswert und möglich gehalten wird.

Als Entscheidungshilfe bei der Erstellung ihrer Zielprojektion dienen der Bundesregierung

260   Strategien und Instrumente der Wirtschafts- und Gesellschaftspolitik

- die sog. Gemeinschaftsdiagnose der wirtschaftswissenschaftlichen Forschungsinstitute, deren Gutachten jeweils Mitte Oktober (und auch Mitte
April) veröffentlicht wird;
- das Jahresgutachten des Sachverständigenrats zur Begutachtung der gesamtwirtschaftlichen Entwicklung (Fünf Weise), das Mitte November eines jeden
Jahres publiziert wird;
- die Prognosen der interessengebundenen wissenschaftlichen Institute, d. h. des
Instituts der Deutschen Wirtschaft (IW), das die Interessen der Arbeitgeber
publizistisch vertritt, und des Wirtschafts- und Sozialwissenschaftlichen Instituts in der Hans-Böckler-Stiftung (WSI), das für die Gewerkschaften tätig
ist. Seit 2006 werden die gewerkschaftlichen Prognosen vom neu gegründe-
ten Institut für Makroökonomie und Konjunkturforschung in der Hans-Böck-
ler Stiftung (IMK) erstellt.

Die sechs führenden wirtschaftswissenschaftlichen Forschungsinstitute, die bis
einschließlich Frühjahr 2007 das Gemeinschaftsgutachten erstellten, waren

- das Deutsche Institut für Wirtschaftsforschung, Berlin (DIW),
- das Hamburger Weltwirtschaftsarchiv (HWWA),
- das Institut für Weltwirtschaft an der Universität Kiel (IfW),
- das Ifo-Institut für Wirtschaftsforschung, München,
- das Rheinisch-Westfälische Institut für Wirtschaftsforschung, Essen (RWI),
- das Institut für Wirtschaftsforschung, Halle (IWH).

Seit Herbst 2007 ist an die Stelle dieser sechs Institute eine *Projektgruppe Gemeinschaftsdiagnose* getreten, die im Auftrag des Bundesministeriums für Wirtschaft
und Energie diese Gemeinschaftsdiagnose erstellt. Dieser Projektgruppe gehören
z. Zt. (2013) an:

- das Deutsche Institut für Wirtschaftsforschung (DIW) in Kooperation mit: Ös-
terreichisches Institut für Wirtschaftsforschung
- Ifo-Institut – Leibniz-Institut für Wirtschaftsforschung an der Universität München in Kooperation mit: KOF Konjunkturforschungsstelle der ETH Zürich
- Institut für Wirtschaftsforschung Halle (IWH) in Kooperation mit: Kiel Economics
- Rheinisch-Westfälisches Institut für Wirtschaftsforschung (RWI) in Kooperation mit: Institut für höhere Studien Wien.

Diese Institute sind nicht zu verwechseln (!) mit dem fünfköpfigen Sachverständigenrat zur Begutachtung der gesamtwirtschaftlichen Entwicklung. Dieses Gre-

Grundsätzliches

mium (sog. Fünf Weise) besteht aus fünf führenden Wirtschaftswissenschaftlern Deutschlands, die auf Vorschlag der Bundesregierung vom Bundespräsidenten berufen werden. Die Mitglieder des Sachverständigenrates dürfen weder der Regierung oder einer gesetzgebenden Körperschaft angehören, noch im öffentlichen Dienst beschäftigt sein (Ausnahme: Hochschullehrer oder Mitarbeiter eines wirtschafts- oder sozialwissenschaftlichen Instituts). Auch Repräsentanten von Wirtschaftsverbänden oder von Arbeitgeber- oder Arbeitnehmerorganisationen sind nicht zugelassen. Jedes Jahr scheidet ein Mitglied aus dem Rat aus. Eine erneute Berufung ist möglich.

Die Aufgabe des Sachverständigenrates besteht darin, bis zum 15. November eines Jahres ein (und darüber hinaus nach seinem Ermessen zusätzliche) Gutachten zu erstellen, in dem die jeweilige gesamtwirtschaftliche Lage und deren absehbare Entwicklung analysiert und untersucht wird, wie im Rahmen der marktwirtschaftlichen Ordnung gleichzeitig Stabilität des Preisniveaus, hoher Beschäftigungsstand und außenwirtschaftliches Gleichgewicht bei stetigem und angemessenem Wirtschaftswachstum zu gewährleisten sind. Der Zielkatalog des § 1 des Stabilitätsgesetzes gilt also auch für die Arbeit des Sachverständigenrates. Außerdem soll er auch die Bildung und Verteilung von Einkommen und Vermögen in seine Untersuchung einbeziehen. Das Gremium ist durch Gesetz gehalten, zwar Fehlentwicklungen und Möglichkeiten zu ihrer Vermeidung oder Beseitigung aufzuzeigen, jedoch keine Empfehlungen für bestimmte wirtschafts- und sozialpolitische Maßnahmen auszusprechen.

Der *Subventionsbericht* ist eine von der Bundesregierung in Form einer Bundestagsdrucksache dem Parlament in zweijährigem Abstand vorgelegte Übersicht über die staatlich gewährten Finanzhilfen und Steuervergünstigungen an die private Wirtschaft (= Subventionen) und die privaten Haushalte. Der Bericht muss Auskunft über die Bereiche, Zielsetzungen, den Umfang, die rechtlichen Grundlagen und die Dauer der gewährten Subventionen geben. Mit der Übersicht sollen der Öffentlichkeit die notwendigen Informationen verschafft werden, damit die Subventionspolitik nach ihren gesamtwirtschaftlichen Wirkungen beurteilt und ständig überprüft werden kann.

Die verschiedenen Gremien und ihre Gutachten wurden dem Leser vorgestellt, weil sie in der wirtschaftspolitischen Berichterstattung ständig vorkommen. Er weiß sie nun einzuordnen und kennt ihre Aufgaben. Nicht verwechseln sollte er wegen des ähnlichen Namens das Institut der Deutschen Wirtschaft (IW) mit Sitz in Köln und das Deutsche Institut für Wirtschaftsforschung (DIW) mit Sitz in Berlin. Das Institut der Deutschen Wirtschaft (IW) wird von den Arbeitgeber- und Wirtschaftsverbänden getragen und vertritt publizistisch die Ansichten der Wirtschaft. Das Deutsche Institut für Wirtschaftsforschung (DIW) ist mit rund 180 Mitarbeitern eines der größten wirtschaftswissenschaftliche Forschungsinstitute Deutschlands und wird aus öffentlichen Mitteln (Land Berlin und Bund) und durch Forschungsaufträge finanziert. Es vertritt wirtschaftspolitisch eher Positionen wie die Mitte-Links-Parteien und die Gewerkschaften.

Damit können wir uns der Alternative » Angebots- oder nachfrageorientierte Wirtschaftspolitik« zuwenden.

5.2 Angebots- oder nachfrageorientierte Wirtschaftspolitik?

5.2.1 Der wirtschaftspolitische Grundsatzstreit

In den fünfziger Jahren hatten Regierung und Opposition in der Bundesrepublik Deutschland weit auseinander liegende Vorstellungen von der richtigen Wirtschaftspolitik. Während die Regierung aus CDU/CSU und FDP unter Kanzler *Konrad Adenauer* das Konzept der sozialen Marktwirtschaft verfolgte, vertraten SPD und Gewerkschaften eine mehr an planwirtschaftlichen Vorstellungen orientierte wirtschaftspolitische Auffassung. 1959 bejahte dann zuerst die SPD, 1963 auch der DGB grundsätzlich die Marktwirtschaft. Beide lehnten es jedoch ab, die wirtschaftliche Entwicklung treiben zu lassen, wie es der CDU-Wirtschaftsminister *Ludwig Erhard* befürwortete (»Keine Wirtschaftspolitik ist die beste Wirtschaftspolitik«), und traten für eine globale Steuerung der Wirtschaft insbesondere durch eine antizyklische Finanzpolitik ein.

Mitte der sechziger Jahre mehrte sich dann auch in Kreisen der CDU/CSU und der FDP die Zahl derjenigen, die für einen Ausbau des wirtschaftspolitischen Instrumentariums auf finanzpolitischem Gebiet eintraten. So kam es 1967 unter der großen Koalition aus CDU/CSU und SPD zur Verabschiedung des Stabilitätsgesetzes. Damit wurden von beiden großen Parteien grundsätzlich staatlich steuernde Eingriffe in den Wirtschaftsablauf akzeptiert.

Schon in den siebziger Jahren ging dieser Konsens (= Übereinstimmung) allerdings wieder verloren. Alte Gegensätze traten erneut hervor, wobei es im Kern immer wieder um ein und dieselbe Frage geht:

▶ **Welche Rolle kommt dem Staat in der Wirtschaftspolitik zu?**

Soll er, speziell mit seiner Finanzpolitik, möglichst oft, gezielt und weit reichend in den Wirtschaftsablauf eingreifen, oder ist es besser, wenn sich der Staat so weit wie möglich vom Wirtschaftsgeschehen fernhält?

Wie wir bereits in Kapitel 2.1 dargestellt haben, kommt den privaten Investitionen eine Schlüsselrolle für die wirtschaftliche Entwicklung zu. Der wirtschaftspolitische Grundsatzstreit dreht sich deshalb im Wesentlichen darum, ob sich die privaten Investitionen mit oder ohne wirtschaftspolitische Maßnahmen des Staates eher in der gewünschten Weise entwickeln.

Die beiden Positionen, ob der Staat mit seinen Maßnahmen mehr oder weniger in den Wirtschaftsablauf lenkend eingreifen soll, verbergen sich hinter den Bezeichnungen »angebotsorientierte« bzw. »nachfrageorientierte Wirtschaftspolitik«. In den nächsten beiden Unterabschnitten wollen wir die beiden Strategien näher beschreiben.

5.2.2 Angebotsorientierte Wirtschaftspolitik (Neoklassische Position)

Unbestritten bei allen Wirtschaftspolitikern ist: Gewinne bzw. positive Gewinnerwartungen sind eine notwendige Voraussetzung für private Investitionen und Wirtschaftswachstum. Die Geister scheiden sich allerdings, sobald es darum geht zu entscheiden, welche Maßnahmen ergriffen werden sollen, um für positive Gewinnerwartungen bei den Unternehmen zu sorgen.

Bekanntlich errechnet sich der Gewinn eines Unternehmens nach der Formel

▸ **Gewinn = Preis mal Absatzmenge minus Kosten**

Angebotsorientierte wirtschaftspolitische Strategien setzen bei den Kosten der Unternehmen an. Sie wollen eine Gewinnverbesserung durch Senkung der Kosten erreichen. Je nachdem, welchen Kostenfaktor man senken will, um die Gewinnerwartungen zu verbessern, kommt man zu unterschiedlichen Varianten angebotsorientierter Wirtschaftspolitik. Denkbar ist,

- die Steuern drastisch zu senken;
- die Ausgaben des Staates erheblich zu kürzen; damit soll erreicht werden, dass der Staat weniger Kredite aufzunehmen braucht, der Geld- und Kapitalmarkt entlastet wird und die Zinsen sinken können; andererseits soll der Staat weniger Arbeitskräfte an sich ziehen und so einen geringeren Lohnanstieg in der Gesamtwirtschaft fördern;
- über eine Einkommenspolitik auf die Lohnentwicklung Einfluss zu nehmen, indem man versucht, durch Appelle an die Tarifparteien, durch unverbindliche Lohnorientierungsdaten oder auch durch mit großer Verbindlichkeit ausgestattete Lohnleitlinien den Lohnanstieg zu begrenzen;
- alle gesetzlichen Vorschriften zu lockern oder zu beseitigen, deren Beachtung für die Unternehmen mit Kosten verbunden ist. Dazu gehören beispielswei-

se arbeitsrechtliche Regelungen wie Kündigungsschutz und die Verpflichtung, bei größeren Entlassungen Sozialpläne aufzustellen, Arbeitsschutzbestimmungen, die dem Unternehmen z. B. vorschreiben, welche Sicherungsvorkehrungen und welche Lärmschutzmaßnahmen an den Arbeitsplätzen zu treffen sind, aber auch Umweltschutzauflagen, bei deren Erfüllung das Unternehmen Investitionen vornehmen muss. Diese Lockerung von Vorschriften wird als *Deregulierung* bezeichnet.

Alle hier aufgezählten Maßnahmen der angebotsorientierten Wirtschaftspolitik laufen darauf hinaus, die Einflussmöglichkeiten des Staates auf den Wirtschaftsablauf zu verringern. Steuersenkung und Ausgabenkürzung bezwecken, einen kleineren Teil des Sozialprodukts über den Sektor Staat zu leiten, Abbau von arbeitsrechtlichen Vorschriften sowie von Arbeits- und Umweltschutzauflagen sollen die staatlichen Eingriffe in die Entscheidungen privater Unternehmen zurückdrängen.

Zur Beurteilung der angebotsorientierten Wirtschaftspolitik ist es hilfreich, die Erfahrungen zu betrachten, die in der Praxis damit gemacht worden sind. Die größten Verfechter einer angebotsorientierten Wirtschaftspolitik waren die konservativen Regierungen in den USA und Großbritannien in den achtziger Jahren. Schauen wir uns deshalb die Wirtschaftspolitik und -entwicklung in diesen beiden Ländern einmal näher an. Vielleicht wird der Leser sich an dieser Stelle fragen: Was soll es, sich mit der Wirtschaftspolitik zweier Regierungen zu beschäftigen, noch dazu, wenn sie 30 Jahre zurück liegen und im Ausland umgesetzt wurden? Diese beiden wirtschaftspolitischen Strategien markieren jedoch nicht nur in den USA und Großbritannien, sondern weltweit einen – wie man in der Fachsprache sagt – *wirtschaftspolitischen Paradigmenwechsel* (Paradigma = Beispiel, Muster; in der Ökonomie: das in einer Zeit vorherrschende Denkmuster). Mit anderen Worten: Die Sichtweise, ob Wirtschaftsabläufe vom Staat gesteuert werden sollen und – wenn überhaupt –, wie das erfolgen soll, hat sich in diesem Jahrzehnt grundlegend gewandelt. Und die Folgen dieser gewandelten Sichtweise, dieses Paradigmenwechsels, sind bis heute in der aktuellen Wirtschaftspolitik deutlich zu spüren.

Also: Schauen wir zunächst auf die USA. Nach dem Regierungsantritt von Präsident *Ronald Reagan* 1981 haben die USA die Einkommensteuer für die Unternehmen stufenweise gesenkt, wodurch die Kosten für die Unternehmen verringert und ihnen ein Anreiz zur Investition geboten werden sollte. In die gleiche Richtung zielte eine Verbesserung der Abschreibungsbedingungen für Unternehmen. Diese auf die Belebung der Unternehmensinvestitionen gerichteten Maßnahmen waren von einer kräftigen Erhöhung des Verteidigungshaushalts bei gleichzeitigen Ausgabenkürzungen im Sozialbereich begleitet.

Angebots- oder nachfrageorientierte Wirtschaftspolitik? 265

1983 und 1984 kam es dann tatsächlich zu einem beachtlichen Wirtschaftsaufschwung in den USA. Doch entgegen den eigentlichen Absichten der angebotsorientierten Wirtschaftspolitiker ging der Anstoß zum Aufschwung nicht von den Investitionen der Unternehmen, sondern vor allem vom Verbrauch der privaten Haushalte aus – und das, obwohl diese im Gegensatz zu den Unternehmen durch die Steuersenkungen kaum entlastet worden sind. Hier hatte sich bei den privaten Haushalten ein Nachholbedarf aufgestaut, dem mehrere Jahre mit sinkenden Realeinkommen vorausgegangen waren. Der Aufschwung vollzog sich ferner bei einem ständig wachsenden Haushaltsdefizit des Staates, eine Folge der massiven Steuersenkungen für die Unternehmen und der erhöhten Ausgaben für die Verteidigung.

Der Wirtschaftsaufschwung in den USA war somit letztlich von einer massiven Belebung der Nachfrage der privaten Haushalte und des Staates (Rüstungsausgaben!) verursacht und keineswegs von den Investitionen der privaten Unternehmen getragen. So musste auch das Institut der Deutschen Wirtschaft (IW), das die Interessen der Arbeitgeber publizistisch vertritt und von dem man daher mehr eine angebotsorientierten Position erwarten könnte, 1983 einräumen:

> »Die riesigen Defizite des Staatshaushalts regen die gesamtwirtschaftliche Nachfrage an; sie sind mithin nichts anderes als »Deficit-Spending« á la Keynes; ... Schon lange wurde der Nachfragetheoretiker Keynes nicht mehr so wirksam in politische Praxis übersetzt wie unter dem angebotsorientierten Neoklassiker Reagan.
>
> In der Tat zeigt der US-Aufschwung unübersehbar keynesianisches Profil. Der von den Angebotstheoretikern erhoffte Ablauf: Steuersenkungen, vermehrtes Sparen, sinkende Zinsen, steigende Investitionen, Konjunkturaufschwung blieb aus. Wahrscheinlicher wird eine Wirkungskette, die so aussieht: Steuersenkung, Kaufkraftstärkung, Konsumbelebung, Aufschwung, verzögerte Anstoßeffekte auf die Investitionen.« (iwd Nr. 42 vom 20. Oktober 1983, S. 5)

Mit anderen Worten: Die Wirtschaftspolitik Reagans – auch *Reaganomics* bezeichnet – wurde zwar unter dem Etikett »Angebotsorientierung« der Öffentlichkeit »verkauft«, eine entscheidende Rolle für den Aufschwung hat jedoch die Nachfrage der privaten Haushalte und des Staates und nicht die Verbesserung der Angebotsbedingungen gespielt. Auch eine viele Jahre später durchgeführte wissenschaftliche Untersuchung von Müller-Oestreich kam zu einem ähnlichen Ergebnis. Es heißt dort:

> »Der Investitionsboom kann aber nicht ohne weiteres der Politik Reaganscher Prägung zugeschrieben werden. Dies liegt daran, dass neben die Supplyside-Elemente (deutsch: Angebotselemente) der praktizierten Politik ein beachtliches Deficit-Spending trat. Da-

mit ergaben sich ... auch nachfrageseitige Stimuli. ... Im Zuge des Nachfrageanstiegs verbesserten sich die Auslastungsbedingungen so stark, dass die Unternehmen erhebliche Anreize, Erweiterungsinvestitionen durchzuführen, hatten.«
(K. Müller-Oestreich, Der Einfluss der Finanzpolitik auf die Investitionsentwicklung in den USA unter Ronald Reagan, Berlin 1992, S. 11 und 152 f.)

Unternehmen brauchen also, um zu investieren, nicht nur »günstige Angebotsbedingungen« (man sollte vielleicht besser sagen: »günstige Anbieterbedingungen«) wie z. B. niedrige Zinsen und Steuern, sondern auch und vor allem eine Nachfrage nach ihren Produkten, die so groß ist, dass sie sie mit den vorhandenen Kapazitäten (= Maschinen, Anlagen und Arbeitskräften) gar nicht mehr befriedigen können. Reine Angebotspolitik, die nicht gleichzeitig auch für eine Steigerung der Nachfrage sorgt, greift somit zu kurz.

Nun zu Großbritannien: Hier verfolgte die britische Premierministerin *Margret Thatcher*, die 1979 ihr Amt antrat, eine ähnliche wirtschaftspolitische Strategie. Im Mittelpunkt der nach ihr benannten Politik des *Thatcherismus* standen

- die Brechung der Macht der Gewerkschaften;
- umfangreiche Senkungen der Einkommensteuer;
- Privatisierungen staatlicher Unternehmen, mit denen die Einnahmeausfälle aus den Steuersenkungen teilweise ausgeglichen wurden, gleichzeitig aber auch der Einfluss des Staates auf die Wirtschaft zurückgedrängt wurde;
- eine Geldmengensteuerung gemäß den Regeln des *Monetarismus* (= Wirtschaftstheorie, die den Wirtschaftsablauf vorwiegend über die Notenbank und die Begrenzung des Geldmengenanstiegs steuern will. Die theoretischen Grundlagen des Monetarismus schuf der amerikanische Ökonom *Milton Friedman*).

Die in den USA und Großbritannien in den achtziger Jahren des vorigen Jahrhunderts verfolgten wirtschaftspolitischen Konzepte werden auch *neoklassisch* oder *neoliberal* genannt, weil sie sehr stark auf die Marktkräfte und freie unternehmerische Entscheidungen setzen, von denen eine positivere Wirtschaftsentwicklung erwartet wird. Dies war auch der Ansatz der klassischen, liberalen Wirtschaftstheorie.

Schauen wir uns aber einmal an, wie die Wirtschaftsentwicklung in den achtziger Jahren in beiden Ländern tatsächlich verlaufen ist. Es fällt auf, dass in beiden Ländern die Inflationsrate deutlich zurückgegangen ist *(Schaubild 5.2)*. Dies ist aber keine Besonderheit der beiden Länder! In allen großen Industriestaaten war die Inflationsrate nach ihrem hohen Ausschlag nach oben während der siebziger Jahre in den achtziger Jahren wieder rückläufig. Dafür ist in beiden Ländern

Schaubild 5.2

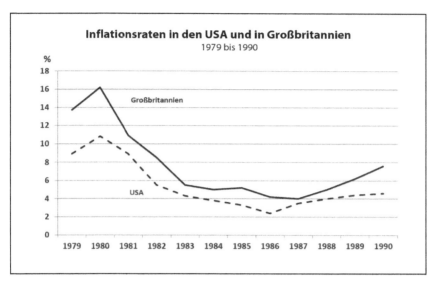

Quelle: OECD, EU

die Arbeitslosigkeit erheblich gestiegen *(Schaubild 5.3)* und in den USA ab 1984, in Großbritannien erst ab 1987, gesunken, ohne allerdings das Anfangsniveau von 1979 zu unterschreiten. Auch das ist aber keine Besonderheit: Die meisten großen Industrieländer (Ausnahmen: Japan und Schweden) hatten seit Beginn der achtziger Jahre mit wachsender Arbeitslosigkeit zu kämpfen. Es ist somit nicht erkennbar, dass das höhere Maß an Preisstabilität eine günstigere wirtschaftliche Entwicklung mit sich gebracht hätte. Im Gegenteil: Die Preisstabilität scheint mit höherer Arbeitslosigkeit »erkauft« worden zu sein. Auffällig: In Großbritannien sinkt die Arbeitslosigkeit ab 1987, ab 1988 steigt dafür die Inflation. In den USA tritt dieser Zusammenhang später (ab 1987) auf.

Wenig erfreulich, aber typisch für neoliberale Wirtschaftspolitik, ist die Entwicklung der Einkommensverteilung: Sowohl in den USA als auch in Großbritannien ist die Verteilung der Einkommen in den achtziger Jahren ungleichmäßiger geworden. So hat sich der Abstand der zehn Prozent der Haushalte mit den höchsten Einkommen zu den zehn Prozent Haushalten mit den geringsten Einkommen deutlich vergrößert *(Schaubilder 5.4 und 5.5)*.

Die angebotsorientierte Wirtschaftspolitik war somit keineswegs erfolgreich. Die niedrigere Inflationsrate ging mit höherer Arbeitslosigkeit und größerer Un-

Schaubild 5.3

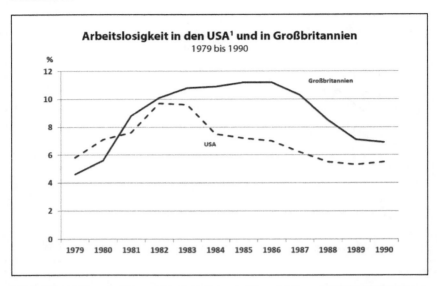

1 Stichprobenerhebung. Im Niveau nicht mit den Daten der EU vergleichbar. – Anteil der registrierten Arbeitslosen an der zivilen Erwerbsbevölkerung.

Quelle: OECD, EU

gleichheit einher. Man könnte sagen: Es war genau die umgekehrte Entwicklung als im Jahrzehnt davor. Wie bereits im Kapitel 4.6.2 ist daher kritisch zu fragen: Ist eine niedrigere Inflationsrate den hohen Preis wachsender Arbeitslosigkeit und zunehmender Kluft zwischen Arm und Reich wert? Wem nützt und wem schadet Inflation und wem nützt und schadet Arbeitslosigkeit? Und weshalb wird überhaupt eine Politik betrieben, die zu diesen negativen Ergebnissen führt?

In einem Interview mit dem deutschen Wirtschaftsmagazin *Wirtschaftswoche* hat *John Kenneth Galbraith*, Ökonom an der Harvard-Universität und Berater und Redenschreiber von Präsident *John F. Kennedy*, eine Erklärung versucht:

»Supply-side Economics (deutsch: angebotsorientierte Wirtschaftspolitik) war in Wirklichkeit nur ein intellektuelles Tarnmanöver, um den Reichen das Leben noch bequemer zu machen und ihnen das Gewissen zu erleichtern. Das ist keine Übertreibung. Die ganze Supply-side-Theorie stützte sich auf die absurde Behauptung, dass die Reichen in den USA nur deshalb nicht arbeiteten, weil sie angeblich zu wenig Geld

Angebots- oder nachfrageorientierte Wirtschaftspolitik?

Schaubild 5.4

* Verfügbares Haushaltsäquivalenzeinkommen nach Abzug der Steuern und Sozialabgaben, ohne Sozialtransfers.

Quelle: U. S. Census Bureau

verdienten, und die Armen angeblich nicht arbeiteten, weil sie zu viel Sozialhilfe bekamen.« (Wirtschaftswoche vom 08. 04. 1988, S. 64)

Diese Einschätzung von *Galbraith* lässt erkennen: In der Wirtschaftspolitik geht es nicht um richtig oder falsch, sondern darum, welche Interessen sich in Politik und Wirtschaft durchsetzen und wie man diese Interessen am besten unter dem Etikett »im Allgemeinwohl liegend« kaschiert (= verbirgt). Der Leser bedenke immer: Wirtschaftswissenschaft ist keine Naturwissenschaft. Die naturwissenschaftlichen Gesetze sind in jedem Land gleich. Egal, ob Kommunist oder Liberaler, ob Katholik oder Mohammedaner, ob Schwarz oder Weiß, für jeden sind die naturwissenschaftlichen Erkenntnisse gleich (Der Satz des Pythagoras hat keine kommunistische oder liberale Version!) In den Wirtschafts- und Sozialwissenschaften werden die Aussagen dagegen stets von der gesellschaftspolitischen Grundposition geprägt. Wir werden noch öfter auf diesen Tatbestand stoßen.

Schaubild 5.5

* Verfügbare Haushaltsäquivalenzeinkommen nach Abzug der Steuern und Sozialabgaben, ohne Sozialtransfers.

Quelle: Office for National Statistics, The Effects of Taxes and Benefits on Household Income, 2005/06, p. 39 [Table 27 (Appendix 1)].

5.2.3 Nachfrageorientierte Wirtschaftspolitik (Keynesianische Position)

Nachfrageorientierte wirtschaftspolitische Strategien gehen auf den Ökonomen *John Maynard Keynes* zurück. Anhänger dieses Konzepts richten bei der Gleichung

▶ **Gewinn = Preis mal Absatzmenge minus Kosten**

ihr Augenmerk vor allem auf die Absatzmenge. Sie streben eine Verbesserung der Gewinne bzw. Gewinnerwartungen über eine Steigerung des Absatzes, d.h. über eine Nachfrageexpansion an. Dafür bieten sich ebenfalls mehrere Wege an. Denkbar sind:

Angebots- oder nachfrageorientierte Wirtschaftspolitik? 271

- Steuersenkungen, weniger gedacht als Anreiz für Unternehmen zu Investitionen, wie bei der Angebotsorientierung, sondern als Entlastung der privaten Haushalte mit dem Ziel, den privaten Verbrauch zu stimulieren. Begünstigt werden sollten infolgedessen vor allem die Haushalte mit den niedrigsten Einkommen, weil sie die größte Konsumquote (Konsumquote = Anteil der Verbrauchsausgaben eines Haushalts an seinem verfügbaren Einkommen) haben und zusätzlich verfügbares Einkommen fast vollständig wieder nachfragewirksam ausgeben;
- Zinssenkungen, nicht als Folge eines bewussten Rückzugs des Staates vom Kapitalmarkt (wegen geringerer Staatsverschuldung), wie es das Angebotskonzept vorsieht, sondern als gezielte geldpolitische Lockerung, die für Unternehmen Investitionen rentabler und für private Haushalte Konsumkäufe auf Kredit möglich macht;
- Erhöhung der Staatsausgaben, finanziert über eine Ausweitung der Staatsverschuldung, um zusätzliche Nachfrage zu schaffen. Dies betrifft sowohl die staatlichen Konsumausgaben wie Sozialleistungen und Personalausgaben (beide sollten allerdings nicht kreditfinanziert werden!), die den privaten Verbrauch stützen, als auch die öffentlichen Investitionen, die im Unternehmensbereich, vor allem in der Bauwirtschaft (Verkehrswegebau, Bau von Krankenhäusern, Schwimmbädern, Sportstadien, Kulturstätten usw.) für Absatz sorgen sollen;
- eine expansive, den Charakter der Löhne als Kaufkraft (Nachfragefaktor) betonende Lohnpolitik.

Die Keynesianer, wie man die Anhänger der nachfrageorientierten Wirtschaftspolitik nennt, teilen sich wiederum in »Rechtskeynesianer« und »Linkskeynesianer«. Rechtskeynesianer setzen lieber bei der Steuer- und Zinspolitik an, wollen die Nachfrage vor allem durch Steuersenkung für die unteren Einkommen beleben und gleichzeitig bei der Zentralbank für Zinssenkungen zur Anregung der privaten Investitionen plädieren. Linkskeynesianer wollen lieber die Staatsausgaben erhöhen und öffentliche Investitionsprogramme durchführen. Auch die Lohnpolitik wollen sie als Kaufkraft stärkendes Instrument nutzen.

Der Ansatz der Rechtskeynesianer ist bei genauerem Hinsehen nicht allzu weit von den Angebotstheoretikern entfernt. Mit ihnen haben sie gemeinsam, dass sie eher auf den privaten Wirtschaftssektor – die privaten Haushalte und die Unternehmen – vertrauen. Allerdings setzen beide unterschiedliche Schwerpunkte bei der Steuersenkung: Die (Rechts)Keynesianer wollen mehr die unteren Einkommen, die Angebotstheoretiker vor allem die Unternehmen steuerlich entlasten.

Linkskeynesianer sehen im Unterschied zu den Rechtskeynesianem und den Angebotstheoretikern mehr den Staat in der Pflicht, eigene Nachfrage zu entfalten, weil der private Sektor – vor allem die Unternehmen – von sich aus ihrer Meinung nach nicht genügend Auftriebskräfte entwickeln. Dabei wollen sie gleichzeitig gesellschaftspolitische Aufgaben verwirklichen, indem sie verstärkt Investitionen in die Infrastruktur tätigen. Wenn Angebotstheoretiker die staatlichen Ausgaben in ihr Konzept einbinden, erhöhen sie eher die Ausgaben für die Rüstung (Beispiel Reagan) oder für die innere Sicherheit (Polizei, Justiz).

Noch in den sechziger und siebziger Jahren galten die Rezepte von *Keynes* bei den meisten Ökonomen als das Nonplusultra (= als etwas, das durch nichts mehr übertroffen werden kann) in der Wirtschaftspolitik. Man glaubte, die Wirtschaftsentwicklung wäre damit gut beherrschbar, und Massenarbeitslosigkeit wie in der Weltwirtschaftskrise der dreißiger Jahre des vorigen Jahrhunderts würde nie mehr auftreten. Als es dann jedoch zur Stagflation kam, schienen die keynesianischen Instrumente nicht mehr zu greifen. Hohe Arbeitslosigkeit hätte nach Keynes mit einer Nachfrageausweitung, hohe Inflationsraten dagegen mit einer Nachfrageeinschränkung bekämpft werden müssen. In dieser Situation gewannen die Angebotstheoretiker in der Wirtschaftswissenschaft wieder an Boden, zuerst in den USA und Großbritannien, später dann auch in den europäischen Ländern.

Warum schien keynesianische Wirtschaftspolitik an ihre Grenzen zu stoßen? Warum griffen die Instrumente nicht (oder nicht mehr?) so, wie es sich *Keynes* ursprünglich vorgestellt hat. Folgende Faktoren können die Erfolgschancen einer nachfrageorientierten Wirtschaftspolitik begrenzen:

1) Auf eine Erhöhung der gesamtwirtschaftlichen Nachfrage im Zuge einer keynesianischen Nachfragestimulierung (Stimulierung = Anregung) müssen die Unternehmen nicht zwingend mit einer Ausweitung von Produktion und Beschäftigung reagieren. Sie können zunächst auch nur die Preise erhöhen, damit ihre Ertragslage verbessern und die weitere Entwicklung erst mal abwarten (siehe auch obige Gewinngleichung: beim Produkt aus Preis x Menge braucht ein Unternehmen nicht mit der Menge zu reagieren, um seinen Gewinn zu erhöhen – es kann auch am Preis »drehen«). Bei einer derartigen unternehmerischen Reaktion, die gerade auf oligopolistischen Märkten (= nur wenige große Anbieter) mit gleichgerichtetem Anbieterverhalten wahrscheinlich ist, bleiben positive Effekte auf den Arbeitsmarkt aus. Ein Beschäftigungsprogramm im Rahmen nachfrageorientierter Wirtschaftspolitik würde inflationär verpuffen.

2) Die Anstoßwirkungen, die von einer Erhöhung der Staatsausgaben auf die privaten Investitionen ausgehen sollen, sind nicht groß und dauerhaft genug, um einen sich selbst tragenden (d.h. von den privaten Investitionen gestützten) Wirtschaftsaufschwung herbeizuführen. Greift die Nachfragebelebung nämlich nicht auf die privaten Investitionen über oder werden sie nur zeitlich vorgezogen, wird von einer nachfrageorientierten Wirtschaftspolitik nur ein »Strohfeuer« (d.h. nur eine kurze Zeit andauernder Scheinaufschwung) entfacht.

3) Die durch eine Steuersenkung oder eine expansive Lohnpolitik ausgelöste zusätzliche Nachfrage der privaten Haushalte bleibt nicht auf dem Binnenmarkt beschränkt, sondern erstreckt sich zu einem großen Teil auf ausländische Märkte (z. B. Kauf japanischer Autos, Urlaub auf Mallorca). Eine Nachfrageerhöhung mit positiven Effekten auf die Beschäftigung kommt daher bei den heimischen Unternehmen kaum an.

4) Wenn die wichtigsten Handelspartner keine gleichgerichtete Wirtschaftspolitik betreiben, entstehen im Land mit expansiver, keynesianischer Wirtschaftspolitik außenwirtschaftliche Probleme. Nutzen nämlich die Unternehmen die Nachfrageerhöhung auch nur teilweise zu Preiserhöhungen statt zu Produktionssteigerungen, verschlechtert sich ihre Wettbewerbsposition auf den Auslandsmärkten: Mehr preiswertere Waren werden aus dem Ausland importiert und weniger Produkte im Ausland verkauft. Die Währung gerät unter Abwertungsdruck. Versucht die Regierung dennoch, am Wechselkurs festzuhalten, führen die vermehrten Importe und die reduzierten Exporte zu einem Rückgang der Beschäftigung – das genaue Gegenteil dessen, was eigentlich beabsichtigt war. Wird dem Abwertungsdruck nachgegeben, weil der Devisenabfluss gestoppt werden muss, bedeutet das einen Prestigeverlust für die Regierung, und das keynesianische Konzept gilt als gescheitert.

Genau das passierte der französischen sozialistischen Regierung Anfang der achtziger Jahre unter Präsident *Mitterand*. Weil damals in keinem anderen größeren Land eine keynesianische Wirtschaftspolitik betrieben wurde, war sein Alleingang zum Scheitern verurteilt. Anders in der Finanzkrise 2008/2009: Da verfolgen alle Länder eine expansive Wirtschaftspolitik über kreditfinanzierte Konjunkturprogramme. Deshalb waren die Erfolgschancen erheblich größer. Und Deutschland hat damit einen größeren Einbruch auf dem Arbeitsmarkt verhindert.

Die keynesianische Wirtschaftspolitik kann durchaus positive Ergebnisse aufweisen. Beispielsweise gelang es während der großen Koalition dem damaligen SPD-Wirtschaftsminister *Karl Schiller* und dem CSU-Finanzminister *Franz-Josef Strauss*, mittels expansiver Finanzpolitik in kurzer Zeit die Rezession 1966/67 zu überwinden und Vollbeschäftigung wiederherzustellen. Auch in den fünf Jahren nach der ersten Ölkrise, also im Zeitraum von 1975 bis 1980, wurden über das Zukunftsinvestitionsprogramm (ZIP), ein typisches Instrument nachfrageorientierter Wirtschaftspolitik, mehr neue Arbeitsplätze geschaffen (1.430.000) als mit angebotsorientierten Maßnahmen im gleich langen Zeitraum nach der zweiten Ölkrise von 1982 bis 1987 (502.000, siehe *Tabelle 5.1*).

Auch im Hinblick auf die Entwicklung der Einkommensverteilung gibt es deutliche Unterschiede zwischen angebots- und nachfrageorientierter Wirtschaftspolitik. Da auch die nachfrageorientierte Wirtschaftspolitik an den Gewinnen der

Tabelle 5.1 Wirkungen nachfrage- und angebotsorientierter Wirtschaftspolitik auf den Arbeitsmarkt

Arbeitsmarkt	Nachfrageorientierte Wirtschaftspolitik	Angebotsorientierte
	1975 bis 1980	1982 bis 1987
Arbeitslose	−185.000	+396.000
Beschäftigte Arbeitnehmer	+1.430.000	+502.000

Quelle: Adam, H., Wirtschaftspolitik und Regierungssystem der Bundesrepublik Deutschland, 3. Aufl., Opladen 1995, S. 151

Schaubild 5.6

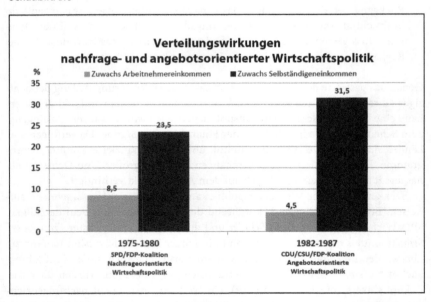

Quelle: Adam, H., Wirtschaftspolitik und Regierungssystem der Bundesrepublik Deutschland, 3. Aufl., Opladen 1965, S. 151.

Angebots- oder nachfrageorientierte Wirtschaftspolitik? 275

Unternehmen ansetzt und sie zum Hebel bei der Ankurbelung der Konjunktur macht, steigen die Einkommen der Selbständigen in diesen Perioden stärker als die der Arbeitnehmer. Dennoch: Bei der stärker angebotsorientiert ausgerichteten Wirtschaftspolitik der CDU/CSU-FDP-Koalition stiegen die Einkommen der Selbständigen im Zeitraum von 1982 bis 1987 mit knapp 32 % deutlich stärker als bei nachfrageorientierter Wirtschaftspolitik von 1975 bis 1980 *(Schaubild 5.6)*. Und die Arbeitnehmereinkommen steigen – auch wenn sie hinter den Einkommen der Selbständigen zurück blieben – in der Ära der nachfrageorientierten Wirtschaftspolitik fast doppelt so viel wie bei Angebotsorientierung. Mit anderen Worten: In beiden Fällen wuchs die soziale Ungleichheit, bei nachfrageorientierte Wirtschaftspolitik jedoch deutlich langsamer. Wieder zeigt sich: Die wirtschaftspolitische Strategie entscheidet, welche gesellschaftlichen Gruppen profitieren und welche zu den Verlierern gehören.

5.2.4 Vergleich der wirtschaftspolitischen Paradigmen

Nachdem wir die angebots- und die nachfrageorientierte Wirtschaftspolitik mit ihren Ansätzen zunächst einzeln vorgestellt haben, ist es nun an der Zeit, die beiden Paradigmen systematisch miteinander zu vergleichen. Dazu ist es zweckmäßig, nach einem Schema vorzugehen und bestimmte charakteristische Merkmale herauszuarbeiten:

- *Vorrangiges Ziel:* Im Prinzip muss Wirtschaftspolitik alle Ziele im Auge haben, die wir im Kapitel 5.1 als magisches Fünfeck bezeichnet haben. Die beiden wirtschaftspolitischen Paradigmen haben jedoch unterschiedliche Prioritäten (= Rangfolgen). Für die angebotsorientierte Wirtschaftspolitik steht die Preisstabilität ganz oben. Ohne sie – so die Auffassung – können die anderen Ziele, auch Vollbeschäftigung, nicht erreicht werden. Nachfrageorientierte Wirtschaftspolitik hält dagegen die Vollbeschäftigung (einen hohen Beschäftigungsstand) für das wichtigste Ziel. Preisstabilität ist zwar nicht unwichtig, aber wenn es zu wählen gilt, genießt das Beschäftigungsziel den Vorrang.
- *Ansatzpunkt:* Ausgehend von der einfachen Gleichung Gewinn = Preis mal Absatzmenge minus Kosten haben wir bereits verdeutlicht: Die angebotsorientierte Wirtschaftspolitik setzt bei den Kosten an und möchte sie senken, um die Gewinne der Unternehmen zu sichern, die nachfrageorientierte Wirtschaftspolitik möchte stattdessen die Nachfrage erhöhen, um das gleiche Ziel zu erreichen.
- *Schwerpunkt der Wirtschaftspolitik:* Im Mittelpunkt der Wirtschaftspolitik soll nach den Angebotstheoretikern die Geldpolitik der Notenbank stehen, die

durch Beeinflussung des Zinsniveaus und Steuerung der Geldmenge stabile und verlässliche Rahmenbedingungen für die Wirtschaft setzt. Im Unterschied dazu sieht der nachfrageorientierte Ansatz die staatliche Finanzpolitik als Dreh- und Angelpunkt der Wirtschaftspolitik. Sie soll über Steuern und Ausgaben die Wirtschaft in die richtige Richtung »lenken«.

- *Stellung der Notenbank:* Daraus ergibt sich logischerweise, dass die Stellung der Notenbank im Rahmen angebotsorientierter Wirtschaftspolitik unabhängig sein muss und keinen Weisungen der Regierung unterworfen sein darf. Bei konsequent nachfrageorientierter Wirtschaftspolitik müsste die Notenbank weisungsgebunden und der Regierung/dem Finanzminister unterstellt sein. In der politischen Realität wurde allerdings versucht, trotz weisungsunabhängiger Notenbank eine nachfrageorientierte Politik zu betreiben – was zu ständigen Konflikten zwischen Regierung und Notenbank führte.

- *Strategische Ausrichtung der Notenbank:* Aus dem vorrangigen Ziel der Preisstabilität ergibt sich für die Angebotstheoretiker eine Notenbankpolitik, die sich eher restriktiv verhalten und das Geldmengenwachstum am Anstieg des Produktionspotenzials orientieren sollte. Nachfragetheoretiker möchten im Gegensatz dazu die Notenbank auf alle Ziele der Wirtschaftspolitik verpflichten, insbesondere auch auf Vollbeschäftigung und Wachstum. Daraus folgt ein Eintreten für eine eher expansive Notenbankpolitik mit niedrigen Zinsen und hoher Liquiditätsversorgung der Wirtschaft.

- *Strategische Ausrichtung der Finanzpolitik:* Wie die Geldpolitik soll auch die Finanzpolitik im Rahmen angebotsorientierter Wirtschaftspolitik einen eher restriktiven Kurs einschlagen. Das bedeutet: solide Staatsfinanzen mit ausgeglichenem Haushalt bei niedrigen Steuern, geringer Staatsverschuldung und entsprechend niedriger Staatsquote. Nachfrageorientierte Wirtschaftspolitik will im Vergleich dazu Haushaltsdefizite und Staatsverschuldung bewusst als Instrument der Wirtschaftssteuerung einsetzen und hat auch keine Bedenken gegen hohe Steuern und eine entsprechend hohe Staatsquote.

- *Strategische Ausrichtung der Lohnpolitik:* Da die Angebotstheoretiker bei den Kosten der Unternehmen ansetzen, sehen sie die Löhne aus betriebswirtschaftlicher Perspektive als Kostenfaktor. Sie wollen die Löhne eher senken. Die Nachfragetheoretiker wollen bei der Nachfrage ansetzen und sehen infolgedessen die Löhne aus gesamtwirtschaftlicher Perspektive als Nachfragefaktor. Sie wollen die Löhne eher erhöhen.

- *Interessenorientierung:* Aus den verschiedenen Merkmalen lässt sich unschwer ableiten, welche Wirtschaftspolitik welche gesellschaftlichen Gruppen bevorzugt und welche benachteiligt werden. Angebotsorientierte Wirtschaftspolitik unterstützt die Interessen der Unternehmen und der wohlhabenden Bevölkerungsschichten, nachfrageorientierte Wirtschaftspolitik will mehr die In-

Tabelle 5.2 Wirtschaftspolitische Paradigmen

	Angebotsorientierte (neoliberale) Wirtschaftspolitik	Nachfrageorientierte (keynesianische)
Vorrangiges Ziel	Preisstabilität	Vollbeschäftigung
Ansatzpunkt	Kosten der Unternehmen	Gesamtwirtschaftliche Nachfrage
Hauptträger der Wirtschaftspolitik	Geldpolitik der Notenbank (Zinsen und Geldmenge)	Finanzpolitik des Staates (Steuern, Staatsausgaben)
Stellung der Notenbank	Unabhängig, keinen Weisungen der Regierung unterworfen	Der Regierung bzw. dem Finanzminister unterstellt.
Strategische Ausrichtung der Notenbank	Vorrang für Preisstabilität. Eher restriktiv, d. h. hohe Zinsen und Begrenzung des Geldmengenwachstums auf den Anstieg des Produktionspotenzials.	Alle Ziele: Vollbeschäftigung, Preisstabilität, Wirtschaftswachstum, außenwirtschaftliches Gleichgewicht. Eher expansiv, d. h. niedrige Zinsen und hohe Liquiditätsversorgung der Wirtschaft.
Strategische Ausrichtung der Finanzpolitik	Ausgeglichener Haushalt, niedrige Steuern, geringe Staatsquote	Haushaltsdefizit als Instrument der Wirtschaft, hohe Steuern und Staatsquote
Strategische Ausrichtung der Lohnpolitik	Stabile bzw. niedrigere Kosten für Unternehmen	Stabile bzw. höhere Nachfrage der privaten Haushalte
Interessenorientierung	Wirtschaft	Arbeitnehmer

teressen der Arbeitnehmer und der benachteiligten Bevölkerungsschichten durchsetzen.

In *Tabelle 5.2* sind die Paradigmen übersichtlich gegenüber gestellt. Der Leser sollte sich diese Zusammenhänge unbedingt gut einprägen. Sie sind grundlegend für das Verständnis der Wirtschaftspolitik, für das Einordnen wirtschaftspolitischer Positionen, aber auch für die Überprüfung des eigenen Standpunkts. Sicher vertreten Politiker in der Realität nicht immer lupenrein und lehrbuchmäßig die neoliberale oder keynesianische Strategie. Gleichwohl lässt sich in der Regel feststellen, welchem der beiden Paradigmen ein Politiker näher steht.

In der wirtschaftspolitischen Praxis führen weder allein angebotsorientierte noch allein nachfrageorientierte Maßnahmen zum gewünschten Ergebnis. Die Erfahrungen haben gezeigt: Bessere Rahmenbedingungen für die Anbieter (die Unternehmen) sind eine notwendige, aber keine hinreichende Voraussetzung für mehr Investitionen und Arbeitsplätze. Hinzukommen muss zusätzliche Nach-

278 Strategien und Instrumente der Wirtschafts- und Gesellschaftspolitik

frage, die langfristig den Absatz der Unternehmensprodukte sichert und Investitionen sowie die Einstellung neuer Arbeitskräfte lohnend erscheinen lassen.

Umgekehrt haben die Erfahrungen in den achtziger Jahren in Frankreich gelehrt: Die bloße Ausweitung der Nachfrage und die Erhöhung der Sozialausgaben ist ebenso wenig eine hinreichende Bedingung für mehr Investitionen und Arbeitsplätze. Denn die Unternehmen müssen »mitspielen«, d. h.: Sie müssen Vertrauen in dauerhaft günstige Absatzchancen gewinnen und sich verbesserte Gewinne und Renditen versprechen. Kurz: Das Investitionsklima insgesamt muss positiv sein, und dazu gehören neben der Nachfrage auch entsprechend gute Bedingungen für die Anbieter (Unternehmen), damit diese »bei Laune bleiben«.

5.3 Arbeitsmarkt- und Beschäftigung

5.3.1 Künftige Rahmenbedingungen am Arbeitsmarkt

Sowohl die angebotsorientierte als auch die nachfrageorientierte Wirtschaftspolitik wollen – wenn auch auf unterschiedliche Weise – die Arbeitsmarktsituation verbessern, indem sie das gesamtwirtschaftliche Wachstum steigern. Der Zusammenhang lässt sich vereinfacht wie folgt darstellen:

▶ **Mehr Investitionen = mehr Wachstum = mehr Produktion = größere Nachfrage nach Arbeitskräften = geringere Arbeitslosigkeit.**

Dieser Zusammenhang kann indessen nur dann die Arbeitsmarktsituation entschärfen, wenn durch das Wachstum tatsächlich ein höherer Bedarf an (= Nachfrage nach) Arbeitskräften entsteht. Einem höheren Bedarf an Arbeitskräften wirkt die Rationalisierung (Produktivitätsanstieg, der zur Einsparung von Arbeitskräften genutzt wird) entgegen. Übersteigt die Rate des Anstiegs der Arbeitsproduktivität das Wachstum der Produktion, werden unter dem Strich trotz Wachstum weniger Arbeitskräfte benötigt. Der Leser rufe sich die in Kapitel 4.1.1.2 dargestellten Zusammenhänge ins Gedächtnis zurück.

Einigkeit herrscht unter den Experten darüber, dass sich die strukturellen Rahmenbedingungen für den Arbeitsmarkt grundlegend gewandelt haben:

- Die völlig neue Technologie der Mikroelektronik, die in ihrer Bedeutung mit der Erfindung der Dampfmaschine zu vergleichen ist, wird die traditionelle Industriegesellschaft zu einer Informationsgesellschaft mit weitgehender Automatisierung der Routinevorgänge wandeln. Das bedeutet: Während die Industriegesellschaft für die breite Masse der Bevölkerung Arbeitsplätze mit

Arbeitsmarkt- und Beschäftigung

Schaubild 5.7

Quelle: IAB-Kurzbericht Nr. 26/21.12.2007, S. 4.

einfachen Tätigkeiten bereitstellte, macht die Mikroelektronik diese Arbeiten überflüssig. Manche nennen unser Wirtschaftssystem deshalb digitalen Kapitalismus (digital = Computersprache: in Ziffern darstellend). Darüber hinaus werden Bio-Technik, Laser-Technik und Solarenergie in absehbarer Zeit zu bedeutenden technischen Neuerungen führen.
- Die Notwendigkeit, die Produktion aus Gründen des Umweltschutzes auf umweltverträgliche und Ressourcen schonende Verfahren umzustellen, wird das Wirtschaftsleben ebenfalls von Grund auf verändern.
- Der EU-Binnenmarkt, die Öffnung des osteuropäischen Wirtschaftsraums, die Entwicklung der »Dritten Welt« und die zunehmende wirtschaftliche Verflechtung werden für die Bundesrepublik Deutschland einerseits zusätzliche Wachstumschancen eröffnen, andererseits aber auch den Wettbewerb verschärfen und bisherige Produktionsstandorte gefährden.
- Die rückläufige Geburtenrate, die sich in absehbarer Zeit kaum so weit umkehren lassen wird, dass es zu einem Wiederanstieg der Geburten auf das Reproduktionsniveau (= Niveau, bei dem so viele geboren werden, wie Alte sterben) kommt, wird zu einem Schrumpfen und zu einer bislang nie da gewesenen hohen Anteil über 60jähriger an der Bevölkerung führen. Zuwanderungen

von Aus- und Übersiedlern werden zwar das Schrumpfen der Bevölkerung verlangsamen, nicht aber ihren Alterungsprozess verhindern können, weil nicht ausschließlich Kinder und Jugendliche zuwandern. Die Umkehrung des Zahlenverhältnisses von Jungen und Alten wird ökonomische Verhaltensweisen, Nachfrage- und damit Produktions- und Wirtschaftsstrukturen nachhaltig verändern.

Bei diesen Rahmenbedingungen und einer realen Wachstumsrate des Bruttoinlandsprodukts von jährlich 1,8 % rechnet das Institut für Arbeitsmarkt- und Berufsforschung der Bundesagentur für Arbeit (IAB) in einer aus dem Jahr 2007 stammenden Modellrechnung mit einer Erwerbstätigenzahl von 40,354 Mio. Personen im Jahr 2015 (2005: 38,802 Mio.) und einem Rückgang auf 39,99 Mio. Personen im Jahr 2025. Dabei wird die Erwerbstätigenzahl in der Land- und Forstwirtschaft und der Fischerei sowie in der Industrie weiterhin absolut und relativ schrumpfen. 2025 wird nur noch gut jeder fünfte Erwerbstätige in der Industrie, dafür 77 Prozent im Dienstleistungsbereich tätig sein *(Schaubild 5.7).*
Aber auch bei den Dienstleistungen werden nicht mehr alle Bereiche wachsen. Banken und Versicherungen, die lange Zeit als Wachstumsmotor im Dienstleistungssektor galten, werden schrumpfen, ebenso der Bereich Öffentliche Verwaltung, Verteidigung und Sozialversicherung. Wachsen werden dagegen insbesondere

- das Grundstückswesen, die Vermietung und die Unternehmensdienstleister,
- das Gastgewerbe,
- sonstige öffentliche und private Dienstleister sowie
- das Gesundheitswesen.

An dieser Stelle erscheint es sinnvoll, einmal zurück zu blicken und sich frühere Modellrechnungen des Instituts für Arbeitsmarkt- und Berufsforschung (IAB) anzusehen. Schon seit Jahrzehnten führt dieses Institut Projektionen der Arbeitsmarktentwicklung durch. Dabei stellt es die voraussichtliche Entwicklung des Angebots an Arbeitskräften, wie es sich aus der demografischen Entwicklung ableiten lässt, der voraussichtlichen Nachfrage nach Arbeitskräften gegenüber. Die erste Größe ist relativ verlässlich vorauszuschätzen, weil die Zahl der Menschen, die in einem bestimmten Jahr im erwerbsfähigen Alter sind und grundsätzlich dem Arbeitsmarkt zur Verfügung stehen, bei bestimmten Annahmen über die Zuwanderung fest steht – mit einer gravierenden Veränderung der Geburtenrate ist erfahrungsgemäß nicht zu rechnen. Die zweite Größe – die Nachfrage nach Arbeitskräften – hängt bekanntlich von der Höhe des Wirtschaftswachstums und der Rate des technischen Fortschritts ab. Obwohl beide nicht exakt vorausgesagt

Arbeitsmarkt- und Beschäftigung

Schaubild 5.8

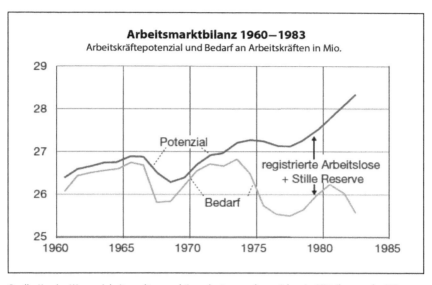

Quelle: Kauder, W. u. a., Arbeitsmarktperspektiven der 80er und 90er Jahre, in: Mitteilungen des IAB Nr. 1/1985, S. 59.

werden können, kann man hier doch optimistische und pessimistische Varianten durchrechnen und kommt so zumindest zu einem Pfad bzw. einer Spannbreite, innerhalb dessen sich die künftige Entwicklung bewegen wird.

Die in *Schaubild 5.8* gezeigte Arbeitsmarktbilanz 1960 bis 1983 wurde vom IAB 1985 vorgelegt. Sie zeigt, wie das Arbeitskräfteangebot – im *Schaubild* als Potential bezeichnet – bis 1973 mit der Nachfrage nach Arbeitskräften – im *Schaubild* als Bedarf bezeichnet – fast parallel verläuft. Angebot an und Nachfrage nach Arbeitskräften waren ausgeglichen, es herrschte Vollbeschäftigung. Ab 1974 öffnet sich die Schere. Das Angebot an und die Nachfrage nach Arbeitskräften klaffen immer weiter auseinander, und die Lücke zwischen den beiden Kurven markiert das nicht genutzte Arbeitskräftepotenzial, also die Zahl der Arbeitslosen einschl. der stillen Reserve. Auch aus früheren Projektionen des IAB aus den siebziger Jahren konnte man deutlich erkennen, welch schwierige Jahre auf dem Arbeitsmarkt Deutschland vor sich hatte. Die sich 1974 öffnende Schere wurde bereits Anfang der siebziger Jahre prognostiziert, ebenso das Auseinanderklaffen in der ersten Hälfte der achtziger Jahre. Nicht voraussehen konnte das IAB natürlich die Wiedervereinigung 1989/90 und die daraus sich ergebenden Folgen für den westdeut-

Schaubild 5.9

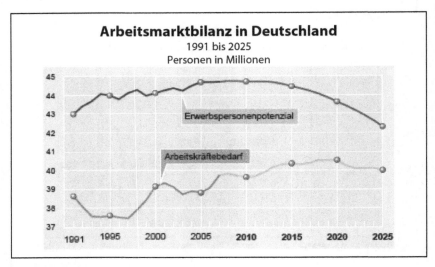

Quelle: IAB-Kurzbericht Nr. 26/21.12.2007, S. 3.

schen Arbeitsmarkt. Trotzdem: Wer regelmäßig die Veröffentlichungen des IAB verfolgt hat, konnte über die tatsächlich eingetretene Entwicklung am Arbeitsmarkt nicht überrascht sein. Es ist auch davon auszugehen, dass die führenden Politiker wie *Helmut Kohl (CDU)* und *Gerhard Schröder (SPD)* stets diese Projektionen kannten. Sie mussten also wissen, dass ihre Versprechungen, die Arbeitslosigkeit zu halbieren, eigentlich nicht einlösbar waren. Doch in der Demokratie ist es für Politiker, die gewählt werden wollen, unheimlich schwer, dem Volk unbequeme Wahrheiten zu verkünden.

Auch für die kommenden Jahre gibt es bereits Arbeitsmarktbilanzen des IAB. Danach ging das IAB in seiner Modellrechnung aus dem Jahr 2007 von einem durchschnittlichen realen Wirtschaftswachstum von 1,6 % jährlich und einem Anstieg der Arbeitsproduktivität (Bruttoinlandsprodukt je Erwerbstätigen) von durchschnittlich 1,4 % pro Jahr aus. (Warum reales Wirtschaftswachstum und Arbeitsproduktivität die entscheidenden Bestimmungsfaktoren für die Nachfrage nach Arbeitskräften sind, haben wir im Kapitel 4.1 erklärt.) Das bedeutet: Die Nachfrage nach Arbeitskräften wird steigen. Gleichzeitig sinkt das Erwerbspersonenpotenzial, also die Zahl der Personen im erwerbsfähigen Alter, um jahresdurchschnittlich 0,3 %, d. h. von 44,68 Mio. (2005) auf 42,3 Mio. Personen (2025).

Schaubild 5.10

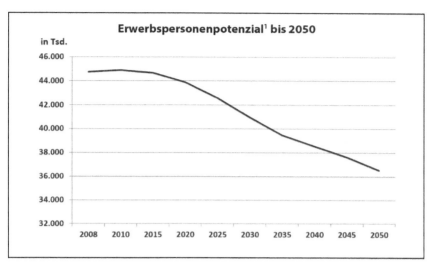

1 Projektion bei einer Zuwanderungssaldo von 200.000 Personen jährlich.
Quelle: IAB-Kurzbericht 16/2011, S. 3.

In *Schaubild 5.9* sind die beiden Kurven gegenüber gestellt. Man kann deutlich erkennen: Die Schere zwischen Angebot an und Nachfrage nach Arbeitskräften in Deutschland wird sich schließen. Wenn die Annahmen hinsichtlich des realen Wirtschaftswachstums und der Entwicklung der Arbeitsproduktivität eintreffen, wird die Lücke zwischen der Nachfrage nach und dem Angebot an Arbeitskräften im Jahr 2025 »nur« noch ca. 2,3 Mio. Personen betragen, was einer »Unterbeschäftigungsquote« von 5,5 % entspräche. Diese rechnerische Unterbeschäftigungsquote ist nicht identisch mit der Arbeitslosenquote! Letztere stellt bekanntlich die Zahl der als arbeitslos Gemeldeten den abhängigen Erwerbspersonen gegenüber.

Auch wenn man bei derartigen Projektionen nie außer Acht lassen sollte, dass sie nur Wirklichkeit werden, wenn auch die gesetzten Annahmen so eintreffen, wie sie zugrunde gelegt worden sind, so kann dieser Trend doch hoffnungsvoll stimmen. Das gilt erst recht, wenn man sich die Langfristprojektion des Erwerbspersonenpotenzials ansieht, die das IAB 2011 vorgelegt hat *(Schaubild 5.10)*. Danach wird die Zahl der Erwerbspersonen von rund 44,9 Mill. (2010) auf 36,5 Mill. (2050) zurückgehen. Berücksichtigt ist dabei

- ein Zuwanderungssaldo von 200.000 Personen jährlich,

Schaubild 5.11

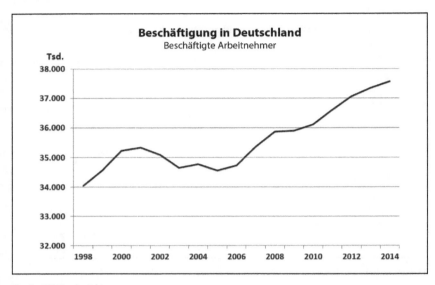

Quelle: IAB-Kurzberichte

- ein Anstieg der Erwerbsquote bei den 30- bis 49-jährigen Frauen auf 93,4 Prozent im Jahre 2050,
- die Erhöhung des Renteneintrittsalters auf 67 Jahre mit der Folge, dass die Erwerbsquote bei den 60- bis 64-Jährigen von 44,5 Prozent (2008) auf 67,3 Prozent (2050) steigt.

Schon bis Ende dieses Jahrzehnts dürfte sich die Lage am Arbeitsmarkt in Deutschland deutlich entspannen. Anzeichen dafür sind bereits seit 2005 erkennbar. So ist die Zahl der beschäftigten Arbeitnehmer von knapp 34,6 Millionen (2005) auf 37,3 Millionen (2013), also um rund 2,7 Millionen, angestiegen *(Schaubild 5.11)*. Hier sollte der Leser allerdings bedenken: Die bloße absolute Zahl der beschäftigten Arbeitnehmer sagt nichts darüber aus,

- ob wirklich die von den Arbeitnehmern erbrachte Arbeitsleistung gewachsen ist,
- zu welchen Bedingungen die 37,3 Millionen beschäftigt sind (Festanstellung mit allen Sozialleistungen, befristet oder prekär, d. h. befristet und mit niedriger Bezahlung.

Arbeitsmarkt- und Beschäftigung   285

Schaubild 5.12

Quelle: IAB-Kurzberichte

Schaubild 5.12 zeigt daher, wie sich ab 1998 das Arbeitsvolumen, also die Zahl der insgesamt in der Volkswirtschaft geleisteten Arbeitsstunden, entwickelt hat. (Der Zeitraum wurde deshalb gewählt, weil 1998 die rot-grüne Koalition *unter Gerhard Schröder (SPD)* an die Macht kam und die von dieser Regierung durchgeführten Arbeitsmarktreformen bis heute stark umstritten sind.)

Es zeigt sich: Das Arbeitsvolumen war von 2000 bis 2006 rückläufig und stieg erst 2007 und 2008 an. 2009 brach es erneut ein. Ursache: Die Finanzmarktkrise hatte zu einem drastischen Rückgang des Bruttoinlandsprodukts geführt, deshalb wurde weniger Arbeitsleistung benötig. Wenn gleichzeitig die Zahl der beschäftigten Arbeitnehmer nicht gesunken, sondern in etwa gleich geblieben ist *(Schaubild 5.11),* belegt das: Die beschäftigten Arbeitnehmer haben weniger Stunden gearbeitet. Tatsächlich konnte in Deutschland verhindert werden, dass die Finanzmarktkrise größere Spuren auf dem Arbeitsmarkt hinterließ, indem viele Produktionsbetriebe keine Arbeitskräfte entlassen, sondern vorübergehend Kurzarbeit eingeführt haben. Mit dem 2010 einsetzenden Aufschwung konnten sie dann sofort auf ihre gut qualifizierten Stammbelegschaften zurückgreifen.

286 Strategien und Instrumente der Wirtschafts- und Gesellschaftspolitik

Seit 2010 steigen jedoch sowohl die Zahl der beschäftigten Arbeitnehmer *(Schaubild 5.11)* als auch die Zahl der geleisteten Arbeitsstunden *(Schaubild 5.12)* an. Das spricht eindeutig für eine Trendwende am Arbeitsmarkt.

5.3.2 Trendwende am Arbeitsmarkt – eine Folge der Arbeitsmarktreformen?

Die sich abzeichnenden günstigeren Perspektiven auf dem Arbeitsmarkt legen es nahe zu fragen, ob tatsächlich die Arbeitsmarktreformen der Regierung *Schröder (SPD)* in den Jahren 2002 bis 2004 den Weg zu einer besseren Beschäftigungssituation geebnet haben oder ob die Trendumkehr aufgrund der demografischen Entwicklung ohnehin eingetreten wäre. Um diese Frage beantworten zu können, müssen wir uns die Entstehungsgeschichte und die im Rahmen der Arbeitsmarktreformen durchgeführten Maßnahmen ansehen. Anschließend ist zu prüfen, von welchen theoretischen Annahmen diese Maßnahmen ausgegangen sind, ob diese Annahmen zutrafen und an den tatsächlichen Ursachen der Arbeitslosigkeit angeknüpft haben. Schließlich soll ein Fazit gezogen werden.

5.3.2.1 Entstehungsgeschichte und Maßnahmen der Hartz-Reformen

Schauen wir uns zunächst die Entstehungsgeschichte der sog. *Hartz-Reformen* an. Die Reformen sind nach dem Vorsitzenden einer von der Bundesregierung berufenen Kommission, *Peter Hartz,* benannt. Er war das für Personalangelegenheiten zuständige Vorstandsmitglied des Volkswagen-Werks und als Mitglied der SPD- und der IG Metall den Spitzen der Regierung gut bekannt. In seiner Zeit als Ministerpräsident von Niedersachsen war *Gerhard Schröder* Mitglied des Aufsichtsrates bei der Volkswagen AG (VW ist zum Teil im Besitz des Landes Niedersachsen und des Bundes) und kannte von daher den Arbeitsdirektor, der sich mit der Aktion 5000 x 5000 einen Namen gemacht hatte.

Formaler Auslöser für die Einberufung einer 15-köpfigen Kommission »Moderne Dienstleistungen am Arbeitsmarkt« (Hartz-Kommission) am 22. Februar 2002 waren fehlerhafte (geschönte) Vermittlungsstatistiken der Bundesanstalt für Arbeit (sie hieß damals noch Bundes*anstalt,* die Umbenennung in Bundes*agentur* erfolgte im Zuge der Hartz-Reformen), die zum Jahreswechsel 2001/2002 bekannt wurden. Anknüpfend an die als unzulänglich empfundene Vermittlungsleistung der Bundesanstalt für Arbeit (BA) war es Auftrag der Hartz-Kommission, ein Konzept zu entwickeln, wie die Behörde zu einer modernen und flexiblen Dienstleistungseinrichtung umgebaut werden kann. Ziel war es, eine

schnelle und effiziente Eingliederung von Arbeitsuchenden in Arbeit zu gewährleisten.

Das VW-Projekt 5000 × 5000

Die Formel steht für ein Modell-Projekt, das *Peter Hartz* 2001 zusammen mit dem Betriebs-
ratsvorsitzenden von VW, *Klaus Volkert,* ausgearbeitet und gegen anfänglichen Widerstand
der IG Metall durchgesetzt hat. Das Volkswagenwerk wollte damals die Produktion des
neuen Modells Touran aufnehmen und suchte dafür einen Standort, der international wettbewerbsfähig war. Dafür gründete VW am Standort Wolfsburg eine Tochtergesellschaft. Diese Tochtergesellschaft – Auto 5000 GmbH – unterlag nicht dem Haustarifvertrag von VW,
sondern bezahlte Löhne, die etwa 10 Prozent niedriger waren als im VW-Stammwerk. Auch
die Arbeitszeitregelungen verlangten von den Beschäftigten mehr Flexibilität. Zu diesen
Bedingungen sollten 5.000 Arbeitslose aus Wolfsburg und der näheren Umgebung (speziell den angrenzenden neuen Bundesländern) für 5.000 DM im Monat eingestellt werden.

Wenn auch die Zahl von 5.000 Neueinstellungen nicht ganz erreicht werden konnte, so
wurde das Modell doch von allen Seiten gelobt: von der Politik, der Wirtschaft, den vorher
Arbeitslosen, die eine neue dauerhafte Stelle bekamen, und zuletzt auch von der IG Metall,
deren damaliger zweiter Vorsitzender *Jürgen Peters* schließlich den Haustarifvertrag mit der
Tochtergesellschaft Auto 5000 GmbH unterschrieb.

Dabei ist allerdings nicht außer Acht zu lassen: Die Arbeiter bei der ausgegründeten
Tochtergesellschaft erhielten keine Dumpinglöhne! (Dumping = Preis- oder Lohnunter-
bietung, um Marktkonkurrenten zu bekämpfen) Im Gegenteil: Das Lohnniveau des VW-
Stammwerks lag etwa 30 Prozent über dem der übrigen Metall- und Elektrobetriebe in
Niedersachen, bei der Auto 5000 GmbH war es somit immer noch 20 Prozent höher. Neu
war jedoch, dass sich Betriebsrat und Gewerkschaft mit ungünstigeren Arbeitsbedingungen einverstanden erklärten, als sie im geltenden Tarifvertrag verankert waren.

Sieben Jahre später wurde die Auto 5000 GmbH wieder aufgelöst, alle 4.200 Beschäftigten ab 1.1.2009 in das Stammhaus integriert und nach dessen Haustarif bezahlt.

Noch vor der Bundestagswahl 2002 legte die Kommission einen umfangreichen
Bericht vor, dessen Titel genauso lautete wie der Name der Kommission: Moderne Dienstleistungen am Arbeitsmarkt. Er wurde öffentlichkeitswirksam am
16. August 2002 vom Vorsitzenden *Peter Hartz* an Bundeskanzler *Gerhard Schröder (SPD)* überreicht. Die Übergabe wurde regelrecht zelebriert. Sie fand wie ein
Staatsakt vor laufenden Kameras im Französischen Dom am Berliner Gendar-
menmarkt statt. *Hartz* war überzeugt, dass ihm ein großer Wurf gelungen war.
Seine Begeisterung gipfelte in den Worten »Heute ist ein schöner Tag für die Arbeitslosen in Deutschland«. Der Bundeskanzler versprach, die Vorschläge eins zu
eins umzusetzen.

| 288 | Strategien und Instrumente der Wirtschafts- und Gesellschaftspolitik |

Nachdem *Gerhard Schröder (SPD)* die Bundestagswahl 2002 noch einmal – wenn auch nur knapp – für die von ihm geführte rot-grüne Koalition gewonnen hatte, kündigte er in einer Regierungserklärung am 14. März 2003 die Agenda 2010 an, in deren Mittelpunkt die Arbeitsmarktreformen standen. Der Kernsatz seiner Regierungserklärung lautete:

>»Wir werden Leistungen des Staates kürzen, Eigenverantwortung fördern und mehr Eigenleistung von jedem abfordern müssen«. (Plenarprotokoll des Deutschen Bundestages Nr. 15/32 vom 14.3.2003, S. 2479. Das Protokoll vermerkt unmittelbar nach diesem Satz lediglich den Beifall eines einzelnen FDP-Abgeordneten)

Die Arbeitsmarktreformen in allen Einzelheiten zu beschreiben, würde hier zu weit führen. Wichtig ist, die wesentlichen Elemente zu kennen. Sie sind in *Tabelle 5.3* übersichtlich dargestellt.

Kern der Reformen – und damit auch das später am meisten kritisierte Element – war die Zusammenlegung der früheren Arbeitslosenhilfe mit der Sozialhilfe zum neuen *Arbeitslosengeld II.* Vor den Hartz-Reformen erhielten alle Arbeitslosen (seit der Reform spricht man nicht mehr von Arbeits*losen,* sondern von Arbeit*suchenden*), die die Höchstbezugsdauer für Arbeitslosengeld überschritten hatten, also länger als ein Jahr arbeitslos waren, ein gekürztes Arbeitslosengeld, die sog. *Arbeitslosenhilfe.* Sie betrug vor den Hartz-Reformen für Alleinstehende 53 Prozent, für Familien 57 Prozent des vorherigen Nettoeinkommens. Damit lag es im Durchschnitt mit etwa 553 Euro im Monat zwar um 10 Prozentpunkte unter dem Arbeitslosengeld (bis 2004: für Alleinstehende 63 Prozent des vorherigen Nettolohnes, für Familien 68 Prozent), im Regelfall aber doch deutlich über der Sozialhilfe, deren Eckregelsatz 2004 nur 296 Euro (+ Kosten für Unterkunft und Heizung sowie anlassbezogene einmalige Leistungen für Hausrat, Kleidung u.ä.). Die Arbeitslosenhilfe wurde ebenso wie die Sozialhilfe aus Steuermitteln finanziert und zeitlich unbegrenzt gezahlt. Die Kernleistungen für Arbeitslose sind in *Tabelle 5.4* gegenüber gestellt.

Schon seit langem war in Politik und Wissenschaft die Zusammenlegung von Arbeitslosen- und Sozialhilfe diskutiert worden. Die Gründe, die dafür ins Feld geführt wurden, waren folgende:

- Beides waren steuerfinanzierte Sozialleistungen, die an eine Bedürftigkeitsprüfung gekoppelt waren. Der Empfängerkreis wies die gleichen sozialen Merkmale wie eine längere Zeit der Arbeitslosigkeit auf. Trotzdem bekamen Arbeitslose unterschiedlich hohe Leistungen: diejenigen, die schon mal gearbeitet hatten, erhielten die höhere Arbeitslosenhilfe, andere jedoch, die noch nie einen Job hatten (z.B. nach der Ausbildung), die niedrigere Sozialhilfe. Zudem war die

Arbeitsmarkt- und Beschäftigung

Tabelle 5.3 Eckpunkte der Arbeitsmarktreformen 2002–2004 (Agenda 2010)

	Reformmaßnahme
Arbeitnehmerüberlassung (Leiharbeit)	Wegfall der zeitlichen Beschränkung der Überlassungsdauer, des besonderen Befristungsverbots[1], des Wiedereinstellungsverbotes[2] und des Synchronisationsverbotes[3].
Kündigungsschutz	Begrenzung der Sozialauswahl[4] auf die vier Kriterien Betriebszugehörigkeit, Lebensalter, Unterhaltspflichten und Schwerbehinderung; Verstärkung der betrieblichen Interessen[5] bei der »Sozialauswahl«, formalisiertes Abfindungsangebot , Gültigkeit für Betriebe ab 10 Beschäftigte (vorher 5)
Geringfügige Beschäftigung (Mini-Jobs und Midi-Jobs)	Anhebung der Geringfügigkeitsgrenze auf 400 Euro/Monat; Wegfall der Begrenzung auf weniger als 15 Wochenstunden, Einführung einer Gleitzone für sog. Midi-Jobs: Arbeitnehmerbeitrag zur Rentenversicherung steigt mit der Höhe des Entgelts bis zum vollen Beitrag bei 800 Euro an, Differenz bezahlt der Arbeitgeber, Erhöhung des pauschalen Krankenversicherungsbeitrag des Arbeitgebers von 10 auf 11 Prozent.
Existenzgründungen	Abnehmender (1. Jahr: 600 €, 2. Jahr 360 €, 3. Jahr 240 € monatlich bei Jahreseinkommen unter 25.000 €) Existenzgründungszuschuss für Arbeitslose, die sich selbständig machen → »Ich-AG«
Arbeitslosengeld I	Kürzung des Arbeitslosengeldes von 63 auf 60 Prozent des letzten Nettoentgelts, Kürzung der Bezugsdauer für Ältere von vorher 32 Monaten ab 57 Jahre auf 18 Monate ab 55 Jahre.
Arbeitslosenhilfe[6]	Zusammenlegung mit der Sozialhilfe[7] = neues Arbeitslosengeld II (Hartz IV)
Zumutbarkeit von Arbeit	Umkehr der Beweislast: Nicht das Job-Center muss die Zumutbarkeit einer zugewiesenen Stelle, sondern der Arbeitslose muss nachweisen, dass die abgelehnte Beschäftigung unzumutbar war. Auch geringer entlohnte und weniger angesehene Arbeit, die unter dem Ausbildungsniveau des Arbeitslosen liegt, ist zumutbar – ebenso ein Ortswechsel und ein Umzug, sofern nicht familiäre Gründe dagegen sprechen.

1 Das frühere Arbeitnehmerüberlassungsgesetz (AÜG) schrieb generell eine unbefristete Beschäftigung von Leiharbeitnehmern vor. – **2** Das vor den Hartz-Gesetzen geltende Wiedereinstellungsverbot untersagte Leiharbeitsfirmen, einen Leiharbeiter zu entlassen und innerhalb von drei Monaten erneut einzustellen. – **3** Das Synchronisationsverbot untersagte früher Leiharbeitsfirmen, Zeitarbeitskräfte nur so lange bei sich zu beschäftigen, wie sie bei einem entleihenden Betrieb eingesetzt wurden. – **4** Bei betriebsbedingten Kündigungen muss der Arbeitgeber bei den Arbeitnehmern, die gekündigt werden sollen, eine Auswahl nach sozialen Kriterien (= Sozialauswahl) treffen, z. B. jüngere müssen vor älteren, Singles vor Familienvätern, Gesunde vor Behinderten entlassen werden. – **5** Ein Arbeitgeber braucht diejenigen Arbeitnehmer nicht in die Sozialauswahl einzubeziehen, deren Weiterbeschäftigung, insbesondere wegen ihrer Kenntnisse, Fähigkeiten und Leistungen oder zur Sicherung einer ausgewogenen Personalstruktur des Betriebes, im betrieblichen Interesse liegt (§ 1 Abs. 3, Satz 2 Kündigungsschutzgesetz). – **6** Arbeitslosenhilfe wurde unbefristet Arbeitslosen gewährt, die Anspruch auf Arbeitslosengeld hatten, wenn die Frist für den Bezug des Arbeitslosengeldes abgelaufen war. Es betrug für Alleinstehende 53 Prozent des letzten Nettoeinkommens, für Familien 57 Prozent. – **7** Sozialhilfe war die Grundsicherung auf Minimalniveau. Sie erhielten Personen, die keinen Anspruch auf Arbeitslosengeld bzw. -hilfe erworben hatten, weil sie keine Beiträge an die Arbeitslosenversicherung entrichtet hatten, also nie oder nicht lange genug abhängig erwerbstätig waren.

Tabelle 5.4 Die soziale Absicherung bei Arbeitslosigkeit

vor den Hartz-Reformen (bis 2004)	nach den Hartz-Reformen (ab 2005)
Arbeitslosengeld	*Arbeitslosengeld I*
63 Prozent des letzten Nettolohnes, bei mindestens einem zu versorgenden Kind 68 Prozent Bezugsdauer: 12 Monate, ab 57 Jahre: 32 Monate	60 Prozent des letzten Nettoentgelts, bei Kindern mit Kindergeldanspruch: 67 Prozent Bezugsdauer: 12 Monate ab 55 Jahre: 18 Monate
Arbeitslosenhilfe	*Arbeitslosenhilfe*
Alleinstehende: 53 Prozent Familien: 57 Prozent des früheren Nettoeinkommens. Durchschnittlich 553 Euro im Jahr 2004 Bezugsdauer: unbefristet	Gestrichen, mit Sozialhilfe zusammengelegt
Sozialhilfe	*Arbeitslosengeld II*
Regelsatz: 296 Euro + Unterkunftskosten + Heizkosten + anlassbezogene einmalige Leistungen (z. B. Hausrat, Kleidung, Lernmittel für Schüler)	Regelsatz: 345 Euro + Unterkunftskosten (bis 306 Euro) + Heizkosten + einmalige Leistungen für die Erstausstattung (z. B. Hausrat, Kleidung, Schulklassenfahrten)

Arbeitslosenhilfe im Sozialsystem ein Zwitter: Einerseits knüpften die Leistungen an vorherige Beitragszahlungen zur Arbeitslosenversicherung und an früheres Einkommen an. Andererseits wurde es aus Steuermitteln finanziert und der Berechtigte einer Bedürftigkeitsprüfung unterworfen.

- Für Sozialleistungen an Arbeitslose waren unterschiedliche Ämter zuständig: für die Arbeitslosenhilfe das Arbeitsamt, für die Sozialhilfe das kommunale Sozialamt. Das bedeutete nicht nur unnützen bürokratischen Aufwand für den Staat. Es hatte für die Sozialhilfeempfänger auch den Nachteil, dass sie nicht an den Beratungs- und Vermittlungsleistungen des Arbeitsamtes teil hatten.
- Die Arbeitslosenhilfe wurde vom Bund, die Sozialhilfe dagegen von den Gemeinden getragen. Das belastete die ohnehin klammen Gemeindekassen. Die Zusammenlegung von Arbeitslosenhilfe und Sozialhilfe sollte die Gemeinden dauerhaft von den Kosten der Arbeitslosigkeit entlasten.

Neben der Zusammenlegung der Arbeitslosenhilfe mit der Sozialhilfe war die Verschärfung der Zumutbarkeitskriterien für die Annahme einer zugewiesenen Arbeit ein Kernelement der Hartz-Reformen. Sie sind im SGB II § 10 (Grundsicherung/Hartz IV) und im SGB III § 10 (Arbeitsförderung/Arbeitslose im ersten

Jahr der Arbeitslosigkeit) geregelt. Auch hier wollen wir nicht zu sehr in die Details gehen. Wichtig ist, das Grundprinzip zu verstehen, nach dem eine Arbeit seitdem als zumutbar gilt.

Arbeitsuchende müssen seit 2005 *jede* Arbeit annehmen, soweit sie nicht gegen ein Gesetz oder die guten Sitten verstößt. Sittenwidrigkeit liegt vor, wenn der Lohn um mindestens 30 Prozent unter dem Tarif oder, wenn es keinen Tarifvertrag gibt, 30 Prozent unter der ortsüblichen Entlohnung liegt. Damit sind auch Jobs zumutbar

- mit einem Verdienst unterhalb der Höhe des gezahlten Arbeitslosengelds II,
- mit großer Entfernung zum Beschäftigungsort (bundesweit),
- die nicht der Ausbildung entsprechen oder in denen der Arbeitslose keine Berufserfahrung hat.

Ausnahmen werden gemacht, wenn der Arbeitslose

- von seinen Kräften her nicht in der Lage ist, die zugewiesene Arbeit zu verrichten,
- durch die Arbeit die künftige Ausübung seines bisherigen Berufes wesentlich erschwert würde,
- die Kindererziehung (in der Regel bis zum 3. Lebensjahr des Kindes) nicht mehr richtig wahrnehmen oder
- die Pflege von Angehörigen nicht mehr gewährleisten könnte.

Die Beweislast liegt beim Arbeitslosen. Dieser muss nachweisen, dass eine zugewiesene Arbeit unzumutbar ist (und nicht das Job-Center, dass sie zumutbar ist!).

Durch das Prinzip, dass grundsätzlich jede Arbeit zumutbar ist, gibt es keinen Schutz vor beruflichem und sozialem Abstieg mehr. Akademiker oder Facharbeiter müssen auch Hilfsarbeiten annehmen. Auch längere Pendelzeiten zum Arbeitsort machen eine Arbeit nicht unzumutbar: Bei einer täglichen Arbeitszeit von sechs Stunden sind zwei Stunden, bei mehr als sechs Stunden 2 ½ Stunden hinzunehmen. Bei längeren Zeiten muss entweder eine doppelte Haushaltsführung oder ein Umzug stattfinden.

Neu eingeführt wurden Sanktionen, die von den Job-Centern verhängt werden, wenn Arbeitslose ihren Verpflichtungen nicht nachkommen, z.B. Termine beim Job-Center versäumen, eine zumutbare Arbeit nicht annehmen oder die Teilnahme an einer Bildungsmaßnahme verweigern. Im gesamten Jahr 2012 hat die Bundesagentur für Arbeit nach eigenen Angaben 1.024.600 Sanktionen verhängt. Die absolute Zahl erscheint hoch, doch handelt es sich dabei, wie die Bundesagentur selbst betont, nur um 3,4 Prozent der Leistungsberechtigten.

Damit sind wir in der Lage, die theoretischen Grundlagen der Arbeitsmarktreformen zu betrachten und einzuordnen.

5.3.2.2 Theoretische Grundlagen und Annahmen
der Arbeitsmarktreformen

An der Aufgabenstellung an die Hartz-Kommission wird erkennbar, worin die
Bundesregierung die Ursache für die hohe Arbeitslosigkeit sah:

1) Sie hielt die Arbeitslosigkeit für ein Vermittlungsproblem, das eine öffentliche
Bürokratie nicht zu lösen imstande war. Verantwortliches Management und
strikte Erfolgskontrolle sollten künftig für die Bundesanstalt gelten. Außerdem
sollte das Monopol der Arbeitsvermittlung aufgehoben und private Vermitt-
lungstätigkeit zugelassen werden, um die Bundesanstalt durch mehr Wettbewerb »auf Trab zu bringen«.
2) Des Weiteren stand die Reform unter dem Leitsatz »Fördern und Fordern«.
Das bedeutet: Einerseits sollten Arbeitslose dabei unterstützt werden, einen
Arbeitsplatz zu finden. Andererseits sollten sie aber auch gefordert werden,
»an sich selbst zu arbeiten«, d. h. die Bereitschaft zeigen, sich beruflich wei-
terzubilden, den Wohnort zu wechseln und ggf. auch in einem anderen Beruf
als dem erlernten, unterhalb der Qualifikation und bei schlechterer Bezahlung
zu arbeiten.

Somit gingen die Arbeitsmarktreformen von folgenden Annahmen aus:

1) Es gibt genügend freie Arbeitsplätze. Die Bundesanstalt mit ihren Arbeitsäm-
tern muss nur zu einer effizienten, serviceorientierten Agentur umgebaut werden, damit sie in die freien Stellen vermitteln kann.
2) Die Arbeitslosen haben bisher deshalb keinen Arbeitsplatz gefunden, weil sie
zu träge sind und sich in der Arbeitslosigkeit mit zu hohen staatlichen Sozialleistungen komfortabel »eingerichtet« haben. Deshalb muss – auch wirtschaftlicher – Druck auf sie ausgeübt geübt werden, um sie wieder in Beschäftigung
zu bringen.
3) Jede Arbeit ist besser als Arbeitslosigkeit.

Befassen wir uns zunächst mit der *ersten Annahme*. Sieht man sich die tatsächliche Lage am Arbeitsmarkt an, wie sie noch in der ersten Hälfte der 2000er Jahre
bestand, so war die erste Annahme schlicht und einfach falsch. Das Angebot an
freien Arbeitsplätzen war gering, die demografisch bedingt hohe Nachfrage nach

Arbeitsmarkt- und Beschäftigung

Arbeitsplätzen überstieg das Angebot bei weitem. An dieser Arbeitsplatzlücke konnte deshalb auch eine umgebaute, mehr auf Vermittlung ausgerichtete, effizienter und dienstleistungsorientierter arbeitende Bundesagentur für Arbeit mit ihren Job-Centern nichts ändern. Auch die im Rahmen der Hartz-Gesetze geschaffenen privatwirtschaftlich arbeitenden Personal Service Agenturen (PSA), die bei den Job-Centern eingerichtet werden sollten mit der Aufgabe, Arbeitslose einzustellen und sie im Wege der Arbeitnehmerüberlassung dauerhaft (!) in freie Stellen zu vermitteln, konnten diese Aufgabe nicht lösen. Bereits 2006 musste das Bundesministerium für Arbeit und Soziales in seinem Bericht über zur Wirkung der Umsetzung der Vorschläge der Kommission Moderne Dienstleistungen am Arbeitsmarkt feststellen:

> »Personal-Service-Agenturen (PSA) … haben sich dagegen als nicht erfolgreich erwiesen.« (Bericht, S. V)

Es lag also nicht an der angeblich »schwerfälligen Beamtenbürokratie« der Arbeitsämter, sondern an den fehlenden freien Stellen auf dem Arbeitsmarkt.

Mit der *zweiten Annahme,* die Empfänger staatlicher Unterstützung wären letztlich »Faulenzer«, müssen wir uns etwas intensiver befassen. Dazu erst mal folgende Zahlen: Im Jahr 2000 waren von den 2,67 Mio. Sozialhilfeempfängern eine Million entweder Kinder unter 15 Jahren oder Erwachsene über 65 Jahre. Diese Personen erhielten die sog. Hilfe zum Lebensunterhalt (= frühere Sozialhilfe), weil ihre Einkünfte zum Leben nicht ausreichten. Sie gehören jedoch aufgrund ihres Alters nicht zu denjenigen, die dem Arbeitsmarkt zur Verfügung stehen sollen.

Von den verbleibenden 1,67 Mio. Personen im erwerbsfähigen Alter (15 – 65 Jahre) waren immerhin 150.000 voll oder Teilzeit erwerbstätig, erhielten die Sozialhilfe also nur als Aufstockung zu ihrem geringen Einkommen. 560.000 Personen befanden sich in Aus- und Fortbildungsmaßnahmen, waren – bescheinigt durch ärztliches Attest – arbeitsunfähig, d. h. krank oder behindert, oder häuslich gebunden, z. B. wegen Versorgung mehrerer kleiner Kinder oder älterer, pflegebedürftiger Angehöriger. Unterstellt man, dass von dem Rest von 270.000 Personen, die aus sonstigen Gründen Sozialhilfe bezogen, die Hälfte (135.000) grundsätzlich dem Arbeitsmarkt zur Verfügung stand, dann verringert sich die Zahl der erwerbsfähigen Sozialhilfe-Empfänger von 2,67 Mio. auf nur noch 830.000 Personen *(Tabelle 5.5).* Alle anderen können schon von vornherein nicht als »Faulenzer« gelten. Diese Zahlen decken sich weitgehend auch mit den Ergebnissen einer Umfrage des Deutschen Städtetages von 1997 (FAZ vom 28.8.1997).

Hätte es im Jahr 2000 freie Stellen gegeben, für die diese 830.000 Personen geeignet gewesen wären? Chancen für neue Arbeitsplätze werden vielfach im Be-

294   Strategien und Instrumente der Wirtschafts- und Gesellschaftspolitik

Tabelle 5.5   Struktur der Sozialhilfeempfänger (2000)

Art der Sozialhilfeempfänger	Zahl (in Mio.)
1. Sozialhilfeempfänger insgesamt	2,67
2. davon im erwerbsfähigen Alter (15–65 Jahre)	1,67
davon:	
a) Vollzeit oder Teilzeit erwerbstätig	0,15
b) nicht erwerbstätig wegen	
b1) gemeldeter Arbeitslosigkeit	0,69
b2) Aus- und Fortbildung, häuslicher Bildung, Krankheit, Behinderung, Arbeitsunfähigkeit, Alter	0,56
b3) sonstiger Gründe	0,27
Nettoarbeitskräftepotenzial (2) – (2b2) – 0,5(2b3) – (2a)	0,83

Quelle: Deutscher Bundestag, Ausschuss für Arbeit und Sozialordnung, Ausschussdrucksache 14/2052 vom 25.1.2002, S. 217.

reich der sog. personen- und haushaltsbezogenen Dienstleistungen gesehen. Hier wird vermutet, dass die Preise solcher Dienstleistungen für viele zu hoch sind und die Nachfrage danach größer wäre, wenn die Preise (sprich: Löhne) für diese Leistungen niedriger wären. Aber um welche Tätigkeiten geht es hierbei? Der Sozialwissenschaftler *Fritz W. Scharpf* nannte als Beispiele:

- Service im Einzelhandel, in Gaststätten, Hotels, öffentlichen Verkehrsmitteln, Krankenhäusern und Pflegeheimen,
- Arbeit in Kinderkrippen, Kindergärten, Schwimmbädern und Sportstätten,
- private Haushaltshilfen sowie Gartengestaltung und -pflege für private Haushalte,
- Betreuungsdienste für Alte und Kinder,
- Instandhaltungs- und Instandsetzungsarbeiten für Gebäude und Wohnungen,
- Reparaturdienstleistungen,
- ökologischer Landbau,
- alle Arten arbeitsintensiver und kundennaher handwerklicher und industrieller Fertigung.

Bei den meisten der hier genannten Beispiele handelt es sich jedoch nicht um einfache Tätigkeiten, die keine qualifizierte Ausbildung erfordern, sondern um Berufe, die nur mit entsprechender Ausbildung ausgeübt werden können und sollten. Oder wer hat sich nicht schon mal über eine/n Aushilfskellner/in geärgert, der/die offensichtlich überfordert war, weil er/sie den Job nicht gelernt hatte, sondern nur

Arbeitsmarkt- und Beschäftigung

mal eben ein paar Euro verdienen wollte? Oder wer würde sein Kind gern einem Kindergarten anvertrauen und seine Oma in einem Altersheim unterbringen, in denen nur ungelernte Kräfte tätig sind? Oder würde jemand seinen Fernseher bei einem Hartz-IV-Empfänger reparieren lassen, der nur einen Schnellkursus absolviert hat?

Alle diese Tätigkeiten haben zwar eine niedrige Arbeitsproduktivität. Deshalb schlagen Lohn und Gehalt dieser Arbeitskräfte stark auf den Endverbraucherpreis durch. Angesichts der Qualifikation und der Motivation, die für die Mehrzahl dieser Serviceleistungen erforderlich ist, sowie der mit Sozial- und Humandiensten (human = menschlich) verbundenen Verantwortung wäre es kaum zu vertreten, diese Servicebereiche zum Niedriglohnbereich zu erklären. So bleiben letztlich nur ganz wenige Tätigkeiten – unqualifizierte Jedermanns/-frau-Tätigkeiten, die überhaupt für niedrig qualifizierte Arbeitslose in Frage kämen.

Private Haushaltshilfen werden in aller Regel nicht als Vollzeitarbeitskräfte, sondern stundenweise nachgefragt, insbesondere von Familien, in denen beide Partner gut verdienen und voll berufstätig sind, sowie von überdurchschnittlich verdienenden Singlehaushalten. Vollzeitarbeitsplätze entstehen somit nur, wenn sich sog. Service-Unternehmen gründen, die Haushaltshilfen zu tariflichen Bedingungen beschäftigen und sie im gewünschten, kleinen Zeitrahmen in privaten Haushalten einsetzen. Soweit es sich bei den haushaltsnahen Dienstleistungen um Kinder- oder Altenbetreuung handelt, geht es wieder um qualifizierte Arbeiten, die nicht so ohne Weiteres jedermann übertragen werden können. Fazit: Freie Stellen, in die Sozialleistungsempfänger kurzfristig hätten vermittelt werden können, existierten gar nicht!

Auch das Deutsche Institut für Wirtschaftsforschung, Berlin (DIW), hat sich 2002 mit dem Problem der angeblichen »Drückeberger« anhand der Befragungsdaten des sog. Sozio-ökonomischen Panels befasst. Unter *Panel* versteht man eine regelmäßige Befragung der gleichen Personen – meist in Jahresabständen. Dies soll dazu dienen, wichtige sozio-ökonomische Daten wie z. B. Einkommen, Ausbildung, Beruf, Kinderzahl, Wohnverhältnisse zu erheben und ihre Veränderungen im Zeitablauf zu erfassen. Im Rahmen dieses Panels wurden Arbeitslose befragt, ob und wann sie eine Tätigkeit aufnehmen wollen und ob sie eine angebotene Stelle innerhalb von zwei Wochen annehmen würden. Sicherlich werden darauf einige Befragten unzutreffende Antworten gegeben haben, aber nach den Erfahrungen der Sozialforscher sind in einer anonymen Befragungssituation die allermeisten ehrlich. Ergebnis des DIW:

> »Beim weit überwiegenden Teil der Arbeitslosen sind Vorurteile, dass ihre Arbeitsbereitschaft zu wünschen übrig lasse, völlig unangebracht, denn 80 % von ihnen wollen arbeiten. Trotz hoher gesamtwirtschaftlicher Arbeitslosigkeit schaffen es 40 % derer,

die sofort eine Arbeit aufnehmen wollen, dieses Ziel innerhalb eines Jahres zu erreichen. Andererseits gibt es Arbeitslose, die wegen Krankheit, körperlicher Behinderung
oder der Teilnahme an einer Bildungsmaßnahme dem Arbeitsmarkt nicht zur Verfügung stehen. Sie als arbeitsunwillig zu bezeichnen wäre ungerecht. ... Allerdings hat
sich auch gezeigt, dass ein Fünftel der Arbeitslosen nicht mehr an einen Wechsel auf
einen Arbeitsplatz denkt. Dies sind fast ausschließlich ältere Arbeitslose über 50 Jahre. ... Unter den jüngeren Arbeitslosen fallen vor allem Frauen mit Kindern auf, die
keine Bereitschaft zeigen, kurzfristig auf einen Arbeitsplatz zu wechseln. Diese nehmen – durchaus rational – Leistungen in Anspruch, die ihnen die Sozialversicherungen bieten. ...« (DIW-Wochenbericht Nr. 22/2002, S. 352 f.)

Diese bereits *vor* den Arbeitsmarktreformen gewonnene Erkenntnis, dass Vorurteile gegenüber Arbeitslosen hinsichtlich ihrer Arbeitsbereitschaft unbegründet
sind, wurde vom DIW sechs Jahre später und gut drei Jahre *nach* Einführung der
Hartz-Gesetze noch einmal bestätigt:

»Inzwischen sind 70 Prozent aller Erwerbslosen Hartz-IV-Empfänger. Die vergleichs-
weise ungünstige Entwicklung ist nicht darauf zurückzuführen, dass Hartz IV-Ar-
beitslose weniger leistungsbereit wären als die anderen Erwerbslosen. Ihnen mangelt
es vielmehr häufig an der Qualifikation. Jeder fünfte hat keinen Hauptschulabschluss
und jeder Dritte kann keine Berufsausbildung nachweisen«. (DIW-Wochenbericht
Nr. 43/2008, S. 678)

Damit kommen wir zum eigentlichen Kern des Arbeitslosigkeitsproblems:

▶ **Nicht mangelnde Arbeits- und Leistungsbereitschaft der Arbeitslosen, sondern
ihre vielfach fehlende Qualifikation ist – neben dem Überangebot an Arbeitskräften – der Kern des Arbeitslosenproblems.**

Schaubild 5.13 zeigt deutlich, wie unterschiedlich die Arbeitslosenquoten in den
einzelnen Qualifikationsstufen sind. Diejenigen ohne abgeschlossene Berufsausbildung haben die höchste Arbeitslosenquote – sie lag in manchen Jahren sogar
über 25 Prozent – während von den Hochschulabsolventen stets nur weniger als
fünf Prozent arbeitslos waren.

Der Leser übersehe in der fett gedruckten Aussage auf keinen Fall die Paren-
these (= Teil des Satzes, der durch Gedankenstriche abgetrennt ist). Noch so viele
Weiterbildungs- und Qualifikationsmaßnahmen helfen den meisten Arbeitslosen
nicht weiter, wenn nicht genügend Arbeitsplätze vorhanden sind. Im Gegenteil:
Statt der erwünschten Motivation und neuer Hoffnung stellt sich eher Frust bei
Arbeitslosen ein, wenn sie erkennen müssen, dass sie nach Monaten der Qualifi-

Arbeitsmarkt- und Beschäftigung

Schaubild 5.13

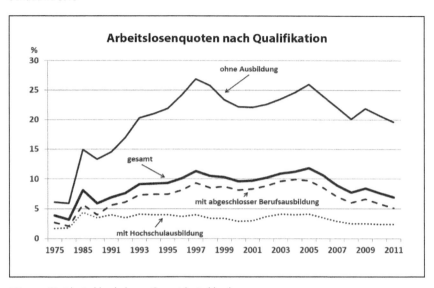

1 Bis 1990 Westdeutschland, ab 1991 Gesamtdeutschland.

Quelle: IAB-Kurzbericht 4/2013, S. 5.

zierung doch wieder in der Arbeitslosigkeit landen. Über diese Fälle berichten die Medien immer wieder. Falsch wäre es allerdings, daraus zu schließen, die gesamten Arbeitsmarktreformen wären für die Arbeitslosen nutzlos gewesen.

Damit kommen wir zur *dritten Annahme* der Hartz-Reformen: »Jede Arbeit ist besser als Arbeitslosigkeit«. Einen ähnlichen, sehr häufig zitierten Satz prägte *Norbert Blüm (CDU)*, Bundesarbeitsminister von 1982 bis 1998 in allen Kabinetten von *Helmut Kohl (CDU)*, als er 1985 das Gesetz über arbeitsrechtliche Vorschriften zur Beschäftigungsförderung (= Beschäftigungsförderungsgesetz). Mit diesem Gesetz wurden u. a. befristete Arbeitsverhältnisse zugelassen) mit den Worten begründete: »Lieber befristet beschäftigt als unbegrenzt arbeitslos«. Diese Position lässt sich gut rechtfertigen, ebenso aber auch heftig kritisieren.

Ökonomische Begründung: In einer globalisierten Wirtschaft mit hohem internationalen Wettbewerbsdruck ist die langfristige Auftragslage für Unternehmen grundsätzlich unsicher. Sie sind daher gezwungen, für Auftragsspitzen nur zeitlich befristet Arbeitskräfte einzustellen und ihnen bei Auftragsflaute wieder zu kündigen. Auch bei der Beschäftigung von Saisonarbeitskräften (Ski-Lehrer im

Winter, Schwimmlehrer im Sommer) müssen Betriebe die notwendige Flexibilität bei der Einstellung und Entlassung von Arbeitskräften haben.

Arbeitsmarktpolitische Begründung: Wer keinen Arbeitsplatz hat, büßt schnell seine Qualifikation ein und läuft Gefahr, als nicht besonders flexibel und arbeitswillig eingestuft zu werden. Wer dagegen eine möglichst lückenlose Erwerbsbiografie nachweisen kann, belegt damit seine Arbeits- und Anpassungsbereitschaft. Zudem wird er – auch bei einer ausbildungsfremden Tätigkeit – mit den ständig neuen Anforderungen in der Arbeitswelt konfrontiert und bleibt flexibel.

Viele Arbeitsmarktforscher sprechen von *Brücken in die Arbeitswelt bzw. in ein dauerhaftes, reguläres Beschäftigungsverhältnis,* die selbst Mini- und Midi-Jobs und befristet Beschäftigten eröffnet werden. Arbeitgeber – so wird erwartet – würden sich diese Arbeitskräfte genau ansehen und bei Bewährung auf frei werdende Vollzeitstellen im Unternehmen versetzen.

In diesem Zusammenhang sollte auch nicht der Aspekt der Zeitstrukturierung vergessen werden. Wir alle wissen aus eigener Erfahrung, dass unser Tagesablauf im Urlaub schon mal nicht so strukturiert ist wie im beruflichen Alltag. Wir stehen später auf, haben keinen festen Plan für den Tag, vertrödeln manche Stunden in Passivität. Der erste Arbeitstag nach einem Urlaub wird subjektiv als besonders schwer und belastend empfunden, die Eingewöhnung fällt schwer. Arbeitslose, die oft viele Jahre keiner geregelten Beschäftigung nachgegangen sind, haben oft große Probleme, sich wieder an einen geregelten Tagesablauf mit Pflichten zu gewöhnen. Das ist ihnen nicht vorzuwerfen – das Beispiel mit dem ersten Arbeitstag nach dem Urlaub sollte zeigen, dass es uns allen eigentlich genauso ergeht. Unter diesem Aspekt gewinnt der Satz von *Norbert Blüm* »Lieber befristet beschäftigt als unbegrenzt arbeitslos« seine Bedeutung. So wie jeder Sportler regelmäßig trainieren muss, um seine Fitness nicht zu verlieren, so muss sich auch jeder Arbeitnehmer seine Fitness für die Arbeitswelt erhalten – und das leistet auch ein befristeter Arbeitsplatz.

Gesellschaftspolitische Begründung: Arbeit hat in unserer Gesellschaft einen zentralen Stellenwert. Sie ist nicht nur Grundlage für den Lebensunterhalt, sie vermittelt Selbstwertgefühl, Anerkennung und nicht zuletzt: soziale Kontakte. Wer keine Arbeit hat, wird nicht nur wegen geringer finanzieller Mittel weitgehend vom gesellschaftlichen Leben ausgeschlossen. Über kurz oder lang verlieren Arbeitslose den Kontakt zu ihren Arbeitskollegen, meist auch zu ihren Freunden, oft sogar auch zu ihren Verwandten. Das Selbstwertgefühl leidet enorm. In vielen Fällen stellen sich psycho-somatische Beschwerden ein (psycho = seelisch; somatisch = körperlich), die die Vermittelbarkeit der Arbeitslosen weiter beeinträchtigen.

Peter Hartz wusste das. In einem Gespräch mit der Wochenzeitung »Die Zeit« (Nr. 41/2011) hat er erklärt:

Arbeitsmarkt- und Beschäftigung

»Wenn man einen Job hat, ist alles gut. Dann wird man gebraucht, man hat Würde und kann sein Essen verdienen«.

Und eben deshalb argumentieren viele Befürworter der Arbeitsmarktreformen gerade aus gesellschaftspolitischen Motiven: Jede Arbeit ist besser als keine Arbeit! Sie bauen darauf, dass prekäre Beschäftigungsverhältnisse mit Niedriglöhnen und schlechten Arbeitsbedingungen nur vorübergehend sind, sich als Brücke in den regulären Arbeitsmarkt erweisen und die Arbeitslosen davor bewahren, von der Gesellschaft abgehängt zu werden. Und aus diesem Grund wird es letztlich als im Interesse der Arbeitslosen angesehen, sie unter Druck zu setzen, um sie für den Arbeitsmarkt fit zu halten und nicht dauerhaft von der Gesellschaft auszuschließen.

Was sind prekäre Beschäftigungsverhältnisse?

Unter den Begriff »Prekäre Beschäftigung« fallen Arbeitsverhältnisse, die
- befristet und nicht auf Dauer und Kontinuität angelegt sind
- nicht durch die Sozialversicherung abgesichert sind
- nur geringe arbeitsrechtliche Schutzrechte aufweisen.

Zu diesen in der Regel auch gering entlohnten Beschäftigungsformen gehören insbesondere Leiharbeit, Minijobs, Werkverträge, grenzüberschreitende Entsendungen und Scheinselbständigkeit (Selbständige mit geringem Auftragsvolumen und nur einem Auftraggeber).

Doch hat sich diese Erwartung, dass prekäre Arbeitsverhältnisse eine Brückenfunktion in den ersten Arbeitsmarkt erfüllen, bestätigt? Schauen wir uns dazu an, wie sich Arbeitsmarkt und Beschäftigung nach den Hartz-Reformen tatsächlich entwickelt haben.

Gegner der Arbeitsmarktreformen weisen immer wieder darauf hin, dass diese Maßnahmen keine vollwertigen Arbeitsplätze geschaffen haben, sondern lediglich die Zahl prekärer Beschäftigungsverhältnisse erhöht haben. In *Schaubild 5.14* ist zu sehen, wie sich der Anteil prekärer Beschäftigungsverhältnisse an der Zahl der Beschäftigten entwickelt hat. Wir sehen:

Der Anteil der ausschließlich geringfügig Beschäftigten ist bereits vor den Hartz-Reformen erheblich angestiegen und erreichte 2004, als die Verdienstgrenze von 325 auf 400 Euro heraufgesetzt wurde, seinen Höhepunkt. Danach steigt die Zahl der Minijobs nicht mehr, im Gegenteil, der Anteil geringfügig Beschäftigter geht sogar wieder zurück. Das dürfte mit der Erhöhung der Pauschalabgaben der Arbeitgeber an die Sozialversicherung zusammenhängen, die ab Mitte 2006 (von 25 auf 30 Prozent) galt.

Schaubild 5.14

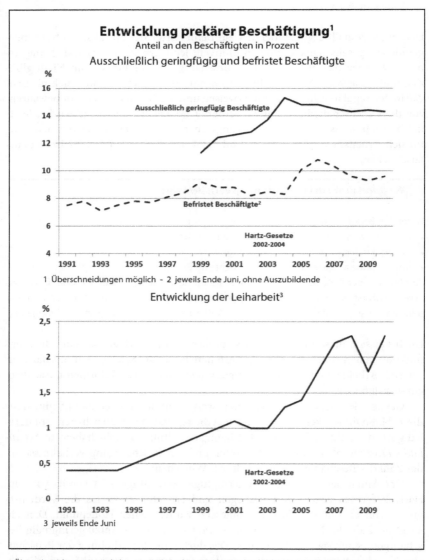

1 Überschneidungen möglich – 2 jeweils Ende Juni, ohne Auszubildende – 3 jeweils Ende Juni

Quelle: Keller, B./Schulz, S./Seifert, H., Entwicklungen und Strukturmerkmale der atypisch Beschäftigten in Deutschland bis 2010, WSI-Diskussionspapier 182, Düsseldorf 2012, S. 15.

Arbeitsmarkt- und Beschäftigung

Der Anteil befristet Beschäftigter ist seit 1991 im langfristigen Trend leicht gewachsen und hat von 2005 bis 2007 die Zehn-Prozent-Marke überschritten. Aber auch das war nur vorübergehend. Seit 2008 ist der Anteil befristeter Arbeitsverhältnisse wieder auf unter zehn Prozent gesunken. Das Institut für Arbeitsmarkt- und Berufsforschung (IAB) meldete für 2011 und 2012 einen stabilen Befristungsanteil.

Einen deutlichen Schub nach oben hat dagegen die Leiharbeit nach den Arbeitsmarktreformen erfahren. Schon seit den neunziger Jahren, nachdem die Kohl-Regierung die Leiharbeit (Zutreffender wäre die Bezeichnung Mietarbeit, klingt aber nicht so schön!) dereguliert und die zulässige Dauer der Befristungen verlängert hat, wurde diese Beschäftigungsform immer bedeutender. Zusätzlichen Rückenwind brachte der im Zuge der Arbeitsmarktreformen beschlossene Wegfall des Synchronisationsverbotes (Verbot für Leiharbeitsfirmen, Beschäftigte nur für die Dauer eines Einsatzes im Leihbetrieb einzustellen). Seitdem entwickelte sich die Leiharbeit steil nach oben und erreichte bereits 2007 einen Anteil an allen Beschäftigten von 2,3 Prozent. In der Finanzmarktkrise fiel der Anteil wieder, was zeigt: diese Beschäftigungsverhältnisse sind besonders konjunkturabhängig. Bei Auftragsrückgängen werden Leiharbeitnehmer als erstes entlassen. Umgekehrt stellen die Unternehmen bei Besserung der Auftragslage zunächst gern Zeitarbeitskräfte ein, bevor sie unbefristete Arbeitsverhältnisse eingehen.

Wir wollen an dieser Stelle diese Arbeitsverhältnisse nicht unter dem sozialpolitischen Gesichtspunkt betrachten, ob ein ausreichender Lohn gezahlt wird, der zum Leben reicht. Auf diese Problematik gehen wir im Abschnitt über Umverteilung von Einkommen und Vermögen ein. Auch geht es nicht um die Frage, ob die Beschäftigten arbeits- und sozialrechtlich ausreichend abgesichert sind, d.h. ob sie dem regulären Kündigungsschutz unterliegen und renten- und krankenversichert sind. Vielmehr ist uns der arbeitsmarktpolitische Aspekt wichtig: Sind diese Arbeitsverhältnisse Brücken in eine regulären Beschäftigung oder – wie andere es ausdrücken – gibt es einen *Klebeeffekt* in dem Sinne, dass die Beschäftigten aus diesen prekären Beschäftigungen heraus den Sprung in ein unbefristetes Normalarbeitsverhältnis mit tariflichem Entgelt und dem üblichen Kündigungsschutz schaffen?

Fachbegriffe der Beschäftigungsstatistik

Sozialversicherungspflichtig Beschäftigte

Sozialversicherungspflichtig Beschäftigte umfassen alle Arbeitnehmer, die kranken-, renten-, pflegeversicherungspflichtig und/oder beitragspflichtig nach dem Recht der Arbeitsförderung sind oder für die Beitragsanteile zur gesetzlichen Rentenversicherung oder nach dem Recht der Arbeitsförderung zu zahlen sind; dazu gehören auch insbesondere

302 Strategien und Instrumente der Wirtschafts- und Gesellschaftspolitik

- Auszubildende,
- Altersteilzeitbeschäftigte,
- Praktikanten,
- Werkstudenten und
- Personen, die aus einem sozialversicherungspflichtigen Beschäftigungsverhältnis zur Ableistung von gesetzlichen Dienstpflichten (z. B. Wehrübung) einberufen werden.

Nicht einbezogen sind dagegen Beamte, Selbstständige, mithelfende Familienangehörige, Berufs- und Zeitsoldaten, sowie Wehr- und Zivildienstleistende (siehe o.g. Ausnahme). (Stand 02/2011)

Geringfügige Beschäftigung

Zu unterscheiden ist zwischen

- ausschließlich geringfügig Beschäftigten und
- geringfügig Beschäftigten im Nebenjob (neben einer voll sozialversicherungspflichtigen Beschäftigung).

1. Geringfügig entlohnte Beschäftigung:

Eine geringfügig entlohnte Beschäftigung nach § 8 (1) Nr.1 SGB IV liegt vor, wenn das Arbeitsentgelt aus dieser Beschäftigung (§ 14 SGB IV) regelmäßig im Monat 450,– € nicht überschreitet. Wird eine geringfügige Beschäftigung als Nebenjob zu einer sozialversicherungspflichtigen Hauptbeschäftigung ausgeübt, so bleibt der Mini-Job sozialversicherungsfrei.

Für geringfügig entlohnte Beschäftigte zahlt der Arbeitgeber eine pauschale Abgabe von 30 Prozent (13 Prozent Krankenversicherung, 15 Prozent Rentenversicherung, 2 Prozent Pauschalsteuer). Arbeitnehmer haben einen Eigenanteil von 3,9 Prozent an die Rentenversicherung zu leisten (= Differenz zum vollen Rentenversicherungsbeitrag von 3,9 Prozent). Sie haben allerdings die Möglichkeit sich von der Versicherungspflicht in der Rentenversicherung befreien zu lassen.

2. Kurzfristige Beschäftigung:

Eine kurzfristige Beschäftigung liegt nach § 8 (1) Nr.2 SGB IV vor, wenn die Beschäftigung für eine Zeitdauer ausgeübt wird, die im Laufe eines Kalenderjahres seit ihrem Beginn auf nicht mehr als 2 Monate oder insgesamt 50 Arbeitstage nach ihrer Eigenart begrenzt zu sein pflegt oder im Voraus vertraglich begrenzt ist.

Quelle: Bundesagentur für Arbeit/BMA

Die Fragen sind aus drei Gründen schwierig zu beantworten:

1) Bei der Bewertung einer wirtschaftspolitischen Maßnahme stehen wir immer vor dem Problem, dass wir – anders als in den Naturwissenschaften – nicht ex-

perimentieren können. So lässt sich nicht sagen, wie sich Arbeitsmarkt und Beschäftigung nach 2005 entwickelt hätten, wenn es die Arbeitsmarktreformen nicht gegeben hätte.

2) Bereits 2004, also noch *vor* Abschluss der Arbeitsmarktreformen, hatte ein kräftiger Wirtschaftsaufschwung eingesetzt, der insbesondere von wachsenden Exporten getragen wurde und wenig mit den Hartz-Reformen zu tun hatte.

3) Ab 2005 hat sich der jährliche Anstieg des Erwerbspersonenpotenzials deutlich verlangsamt, z. T. stagnierte das Erwerbspersonenpotenzial oder war sogar leicht rückläufig. Dadurch begann sich die Schere zwischen Angebot an und Nachfrage nach Arbeitskräften am Arbeitsmarkt etwas zu schließen.

Wirtschaftsaufschwung und Stagnation des Erwerbspersonenpotenzials haben zu einer Entspannung der Situation auf dem Arbeitsmarkt nach 2005 wesentlich beigetragen. Dementsprechend vorsichtig sind die Arbeitsmarktforscher, wenn sie sich zu den Wirkungen der Arbeitsmarktreformen äußern.

So zog das Institut für Arbeitsmarkt- und Berufsforschung (IAB) fünf Jahre nach den Hartz-Reformen eine erste Bilanz und urteilte: »Der Arbeitsmarkt hat profitiert« (IAB-Kurbericht 29/2009). Vier Jahre später bekräftigte das IAB seine erste Bilanz und überschrieb seinen Kurzbericht Nr. 11/2013 zu den Hartz-Reformen mit »Die Vorteile überwiegen«. Konkret bezogen auf unsere Fragestellung, ob prekäre Arbeitsverhältnisse zum Sprung in den ersten Arbeitsmarkt verhelfen und in ein Normalarbeitsverhältnis münden, muss das IAB jedoch feststellen:

> »Geringfügige Beschäftigungsverhältnisse erweisen sich … als ein besonders schwieriger Weg in eine ungeförderte Beschäftigung. Dies gilt vor allem für Minijobs … Aufstocker, die Leiharbeiter sind oder einer befristeten Tätigkeit nachgehen, haben eine deutlich erhöhte Wahrscheinlichkeit, in den Leistungsbezug (= Arbeitslosengeld II, H. A.) zurückzufallen«. (IAB-Kurzbericht 14/2013, S. 4/5)

Das IAB führt das auf mangelnde berufliche Qualifikation und schwere gesundheitliche Einschränkungen zurück, die bei geringfügig Beschäftigten besonders häufig anzutreffen und die für den Sprung in ein Normalarbeitsverhältnis besonders hinderlich sind. Auch bei höherem Alter ist der Weg zurück in ein Normalarbeitsverhältnis schwer.

Das Deutsche Institut für Wirtschaftsforschung (DIW) kommt zu ähnlichen Ergebnissen. Zwar sind die Arbeitslosen, egal ob Arbeitslosengeld- oder Hartz-IV-Empfänger, nach den Befragungen weit überwiegend arbeitswillig und würden ein passendes Arbeitsangebot kurzfristig annehmen. Hartz-IV-Empfänger sind jedoch oft ohne Berufsausbildung und daher schwer vermittelbar. Auf die

Frage, ob die Hartz-IV-Reform ein Erfolg war, erklärte der DIW-Arbeitsmarktexperte *Karl Brenke:*

>»Das ist anhand der Daten, die wir haben, schwer zu beantworten. Man kann zwar sehen, dass die Arbeitslosigkeit der Hartz-IV-Empfänger gesunken ist. Es ist jedoch schwer zu sagen, ob das neben der guten Konjunktur in den letzten Jahren auch an der Reform liegt« (IAB-Kurzbericht 6/2010, S. 3).

Wirtschaftswissenschaftler der Universität Mainz kommen sogar zu einem vernichtenden Urteil, was die Wirkungen von Hartz IV auf den Arbeitsmarkt betrifft. In einem komplizierten Evaluationsmodell (Evaluation = lateinisch: Bewertung, Beurteilung) beziffern sie die durch Hartz IV erzielte Reduktion der Arbeitslosigkeit auf weniger als 0,1 Prozentpunkte und führen den starken Rückgang der Arbeitslosigkeit im Wesentlichen auf die Umorganisation der Arbeitsverwaltung zurück (Launov, A./Wälde, K., Folgen der Hartz-Reformen für die Beschäftigung, in: Wirtschaftsdienst 2/2014, S. 112 ff.).

5.3.3 Fazit

Obwohl es schwierig ist, ein abschließendes Urteil über die Arbeitsmarktreformen 2002–2004 zu fällen, lässt sich feststellen: Die Hoffnung, über Mini- und Midijobs, befristete Beschäftigung oder Leiharbeit Brücken in den regulären Arbeitsmarkt schlagen zu können, hat sich nicht erfüllt. Aus Menschen ohne abgeschlossene Berufsausbildung oder mit sonstigen Merkmalen, die eine Vermittlung in reguläre Beschäftigungsverhältnisse erschweren wie z. B. gesundheitlichen Beeinträchtigungen oder familiären Verpflichtungen wie Kinderbetreuung oder Pflege, lassen sich auch mit wirtschaftlichem Druck keine qualifizierten und flexibel einsetzbaren Arbeitskräfte heranbilden, die die Unternehmen sich wünschen.

Das Modell 5000 x 5000, das *Peter Hartz* mit Erfolg in Wolfsburg praktiziert hat, ist nicht, wie er glaubte, auf die gesamte Bundesrepublik übertragbar. Die Wolfsburger Auto 5000 GmbH war kein Unternehmen mit befristeten Beschäftigungsverhältnissen, Mini- oder Midijobs oder mit Leiharbeitnehmern. Es stand von Anfang an im festen Regelwerk eines IG-Metall-Tarifvertrages und hatte einen Betriebsrat. Es war auf eine Übergangszeit hin angelegt, und es rekrutierte und bildete seine Arbeitnehmer von vornherein so aus, dass sie ins VW-Stammwerk integriert werden konnten. Das alles funktioniert nicht bundesweit. Prekäre Arbeitsverhältnisse ohne arbeits- und sozialrechtliche Regulierung erfüllen nicht die Funktion einer Brücke in den regulären Arbeitsmarkt, so wie es bei einem Arbeitsplatz bei Auto 5000 GmbH der Fall war.

Andererseits münden anfänglich befristete Teil- oder Vollzeitarbeitsverhältnisse in mittleren und großen tarifgebundenen Unternehmen durchaus in ein Normalarbeitsverhältnis, wenn der Betreffende eine gute Berufs- oder sogar Hochschulausbildung mitbringt und die Befristung nur deshalb erfolgt, weil ein anderer Arbeitnehmer bzw. Arbeitnehmerin wegen längerer Krankheit oder Elternzeit vertreten werden muss. Kehrt der Elternteil dann nicht oder nur mit reduzierter Arbeitszeit an den Arbeitsplatz zurück oder wird ein anderer Arbeitsplatz im Unternehmen, z. B. wegen Eintritts in den Ruhestand, frei, wird das befristete Arbeitsverhältnis vielfach in ein reguläres Arbeitsverhältnis umgewandelt.

Das funktioniert aber nur – das sei nochmal ausdrücklich betont – auf dem Markt für ausgebildete Arbeitskräfte, die leistungsfähig sind und tatsächlich auf die frei werdenden Arbeitsstellen passen. Und es funktioniert nur, wenn auf dem Arbeitsmarkt genügend Fluktuation stattfindet, d. h. Arbeitsplätze frei werden, die wieder neu besetzt werden müssen. Gerade letztes haben die Arbeitsmarktreformen erleichtert. Es ist wieder Bewegung in den Arbeitsmarkt gekommen. Den eigentlichen Problemgruppen – den Personen ohne Ausbildung – hilft das aber nur wenig, solang ihr Qualifikationsdefizit weiter besteht.

Wer sind nun die eigentlichen Gewinner der Arbeitsmarktreformen und wer ihre Verlierer? Auch diese Frage ist nicht einfach zu beantworten. Eines lässt sich auf jeden Fall sagen: Die Abschaffung der früheren Arbeitslosenhilfe und ihr Zusammenlegen mit der Sozialhilfe zum neuen Arbeitslosengeld II (Hartz IV) hat diejenigen hart getroffen, die bereits mal einen Job gehabt haben und länger als ein Jahr arbeitslos waren. Sie »fielen« nun unter Hartz IV und erhielten – nach einer Übergangszeit – statt der früheren Arbeitslosenhilfe das neue Arbeitslosengeld II. Hierfür galten niedrigere Freibeträge bei der Anrechnung eigenen Vermögens und des Einkommens der Lebenspartner als bei der ehemaligen Arbeitslosenhilfe. Folge: Für rund 11 Prozent der ehemaligen Arbeitslosenhilfebezieher entfielen wegen fehlender Bedürftigkeit Leistungsansprüche komplett, zwei Drittel standen sich schlechter als vorher. Umgekehrt gilt: Wer vorher eine Arbeitslosenhilfe hatte, die niedriger war als der Sozialhilfeanspruch, diesen jedoch nicht geltend gemacht hatte, profitierte von der neuen Regelung.

Aber es gibt auch Gewinner wie z. B. Haushalte, deren Einkommen vor den Reformen knapp unterhalb der Grundsicherung lag und die ihnen zustehenden Leistungen nicht beantragt hatten. Vorteile ergaben sich auch für diejenigen, die nach der vormaligen Sozialhilferegelung wegen der ausgesprochen niedrigen Vermögensgrenze keinen Anspruch auf Sozialhilfe hatten, aber nach den Arbeitslosengeld II-Bestimmungen wegen der hier geltenden höheren Vermögensfreibeträge Anspruch auf die Grundsicherung hatten. Auch die Unterhaltpflicht von Verwandten in gerader Linie wurde abgeschafft – ein Vorteil für alle, die vorher einen Sozialhilfeempfänger in der nahen Verwandtschaft hatten. Schließlich verbesserten sich die Leistungen für die Wohnkosten. Mit dem allgemeinen Wohngeld wird nur ein Zuschuss zur Kaltmiete gewährt, wer Arbeitslosengeld II bezieht, erhält bei Bedürftigkeit die gesamten Wohn- und Heizkosten erstattet.

Wir sehen: Gewinner und Verlierer sind nicht mit einem einzigen Satz zu identifizieren. Auf jeden Fall wäre es falsch, von einem allgemeinen sozialen Kahlschlag zu sprechen. Manche traf es hart, andere wiederum standen sich nach der Reform sogar besser. Alles in allem gibt es weder einen Grund, die Arbeitsmarktreformen in den Himmel zu loben, noch einen Anlass, sie in Grund und Boden zu verdammen.

Die politischen Folgen dieser einschneidenden Reformen wirken jedoch bis heute nach. Sie begannen mit der Landtagswahl im Frühjahr 2005 in Nordrhein-Westfalen. Nach rund 40 Jahren verlor die SPD ihr Stammland, CDU und FDP gewannen die Wahl und bildeten eine Regierung. *Gerhard Schröder (SPD)*, in der eigenen Partei wegen der Agenda 2010 heftig umstritten und in der Regierungstätigkeit schon seit Monaten durch eine gegenläufige Mehrheit gehemmt, wagte einen Befreiungsschlag und kündigte Neuwahlen zum Bundestag an. Diese fanden im Herbst 2005 statt und brachten eine hauchdünne Mehrheit der CDU/CSU vor der SPD. *Gerhard Schröder* musste als Kanzler abtreten. Millionen von Wählern hatten der SPD den Rücken gekehrt, darunter auch langjährige Stammwähler. Sie gingen entweder gar nicht zur Wahl oder wanderten zur Partei Die Linke, die durch die Arbeitsmarktreformen auch im westlichen Teil der Bundesrepublik Zulauf erhielt. Als die SPD in der nachfolgenden zweiten großen Koalition auch noch die Rente mit 67 initiierte, verlor sie bei der Bundestagswahl 2009 weitere Wähler. Eine Mehrheit aus SPD und Bündnis 90/DIE GRÜNEN ist seitdem in weite Ferne gerückt. Die Agenda 2010 hat das Parteiensystem nachhaltig verändert.

5.3.4 Rückblick: Haben Politik und Gesellschaft versagt? Kontroverse Ansätze zur Lösung des Arbeitslosenproblems in drei Jahrzehnten

Schaut man sich die langfristige Entwicklung der Arbeitslosigkeit an, wie sie in *Schaubild 4.1* dargestellt ist, drängt sich die Frage auf, ob es dagegen wirklich keine Rezepte gab. Wir wollen uns deshalb einige der in diesen drei Jahrzehnten mit hoher Arbeitslosigkeit diskutierten Ansätze ansehen. Der eilige Leser, der nur an aktuellen Gegenwartsfragen interessiert ist, kann diese Abschnitte überschlagen. Gleichwohl liefert ein Rückblick gewisse Einsichten in die Mechanismen von Politik und Wirtschaft, die für viele Leser sicher interessant sind.

Lange vor den Arbeitsmarktreformen 2002–2004 wurden von neoliberalen Ökonomen, der FDP, den Arbeitgeberverbänden und großen Teilen von CDU/

Arbeitsmarkt- und Beschäftigung

CSU Kombilöhne (= Löhne, die unter dem Existenzminimum liegen und bei Bedürftigkeit aus öffentlichen Mitteln aufgestockt werden) in die Debatte eingebracht. Das Arbeitslosengeld II (Hartz IV) ist genau dieser Weg. Deshalb brauchen wir uns die diversen anderen, letztlich aber ähnlichen Kombilohn-Modelle aus den achtziger und neunziger Jahren hier nicht mehr anzusehen. Stattdessen betrachten wir die Vorschläge zur Deregulierung am Arbeitsmarkt, scheinbare Erfolgsmodelle in anderen Ländern sowie die Arbeitszeitverkürzung.

5.3.4.1 Deregulierung am Arbeitsmarkt

Unter *Deregulierung am Arbeitsmarkt* versteht man die Lockerung oder gar völlige Beseitigung gesetzlicher und tarifvertraglicher Vorschriften, die zum Schutz des wirtschaftlich schwächeren Partners, des Faktors »Arbeit«, vor dem wirtschaftlich stärkeren Unternehmen geschaffen wurden. Den Kombi-Lohn könnte man auch als eine Form von Deregulierung auffassen, weil dabei die tariflichen Mindestlöhne gesenkt und damit wesentliche tarifvertragliche Vorschriften geändert werden sollen.

Deregulierung kam in Deutschland mit dem Ende der sozial-liberalen Koalition 1982 und dem Beginn der 16jährigen Regierungszeit von CDU/CSU und FDP unter *Helmut Kohl* in die Diskussion. Im Wesentlichen umfasst der Katalog der Deregulierungsmaßnahmen vier Bereiche:

- Löhne und Gehälter,
- Kündigungsschutz,
- Arbeitszeitregelungen,
- staatliches Arbeitsvermittlungsmonopol.

Löhne und Gehälter sollten nach den Befürwortern der Deregulierung in bestimmten Fällen auch untertariflich vereinbart werden können, die Kündigung von Arbeitnehmern erleichtert, die zeitliche Befristung von Arbeitsverhältnissen in größerem Umfang ermöglicht und die Arbeitszeit flexibler nach den betrieblichen Erfordernissen gestaltet werden können. Außerdem sollte auch die private Vermittlung von Arbeitskräften zulässig sein.

Seit den achtziger Jahren des vorigen Jahrhunderts wurden nach und nach eine ganze Reihe von Arbeitsmarkt-Deregulierungsmaßnahmen umgesetzt, u. a.

- das Beschäftigungsförderungsgesetz von 1985, das befristete Arbeitsverträge bis zu 18, später von bis zu 24 Monaten gestattete und dadurch arbeitsrechtliche Schutzvorschriften lockerte. Es wurde ab dem 1. 1. 2001 durch das Gesetz über Teilzeitarbeit und befristete Arbeitsverträge und zur Änderung und Aufhebung arbeitsrechtlicher Bestimmungen (TzBfG) abgelöst.

- das Arbeitszeitgesetz von 1994, das erhebliche Freiräume für Lage und Länge der täglichen Arbeitszeit schuf,
- die Änderung des Ladenschlussgesetzes, das die Verlängerung der Ladenöffnungszeiten ermöglichte.

Heftig politisch umstritten war vor allem der Kündigungsschutz selbst. Bis 1996 galt nach einem halben Jahr Beschäftigungszeit (= Probezeit) Kündigungsschutz für alle Arbeitnehmer in Betrieben und Verwaltungen mit mehr als fünf Beschäftigten. Kündigungsschutz bedeutet: Eine Entlassung ist nur zulässig, wenn sie

- durch in der Person des Arbeitnehmers liegende Gründe (z. B. Verlust der Arbeitsfähigkeit),
- durch im Verhalten des Arbeitnehmers liegende Gründe (z. B. dauernde Unpünktlichkeit),
- durch dringende betriebliche Erfordernisse (z. B. Wegfall des Arbeitsplatzes durch Rationalisierung) gerechtfertigt ist. Mit dem arbeitsrechtlichen Beschäftigungsförderungsgesetz vom 25. 9. 1996 wurde der Schwellenwert, ab dem dieser Kündigungsschutz gilt, von fünf auf zehn Arbeitnehmer angehoben. Damit wollte die CDU/FDP-Koalition die Bereitschaft kleinerer Unternehmen zu Neueinstellungen fördern. Die rot-grüne Regierungskoalition machte in der ersten Legislaturperiode dieses Gesetz zunächst wieder rückgängig, führte es aber später im Zuge der Reformen am Arbeitsmarkt (Hartz-Reformen) 2003 im Wesentlichen wieder ein.

Inzwischen liegen Untersuchungen über die Wirkungen dieser Lockerung des Kündigungsschutzes vor. Die wichtigsten Ergebnisse sind:

Die Annahme, Unternehmen würden bei Unsicherheit über die weitere wirtschaftliche Entwicklung aus Vorsicht keine unbefristeten Neueinstellungen vornehmen, weil es wegen des bestehenden Kündigungsschutzes schwierig ist, diesen Arbeitskräften bei sich verschlechternder Auftragslage wieder zu kündigen, hat sich nicht bestätigt. Der Anteil der befristeten Arbeitsverhältnisse blieb zwischen 1985 und 1994, also in den Jahren nach Verabschiedung des Beschäftigungsförderungsgesetzes, unverändert zwischen 5 und 6 %. Für 1992 wurden in einer Untersuchung des Instituts *Infratest Burke Sozialforschung*, München, 45.000 bis 85.000 zeitlich befristete Neueinstellungen registriert, die nach früherem Recht nicht zulässig gewesen und die nach Auskunft der Arbeitgeber unterblieben wären, wenn es die neuen Befristungsmöglichkeiten nicht gegeben hätte. Bei über zwei Millionen registrierten Arbeitslosen in diesem Jahr machte das allerdings eine ver-

Arbeitsmarkt- und Beschäftigung

schwindend geringe Zahl aus. Der Beschäftigungseffekt blieb somit weit hinter den Erwartungen zurück.

Auch spätere Untersuchungen kamen zu keinem anderen Ergebnis. »Betriebe reagieren kaum auf Änderungen beim Kündigungsschutz« lautete die Überschrift eines Fachbeitrags des IAB aus dem Jahre 2004 (IAB-Kurzbericht Nr. 15/18. 10. 2004). Da die Beschäftigtengrenze, bis zu der Kleinbetriebe von der Anwendung des Kündigungsschutzgesetzes ausgenommen werden, zunächst von fünf auf zehn Beschäftigte heraufgesetzt, dann diese Regelung wieder rückgängig gemacht und später dann doch wieder in Kraft gesetzt wurde, hat die Wissenschaft wie selten einen längeren Zeitraum, bei dem unterschiedliche Regelungen galten, so dass deren mutmaßliche Wirkung untersucht werden kann.

Das Ergebnis muss alle enttäuschen, die sich in der politischen Auseinandersetzung für eine Lockerung des Kündigungsschutzes ausgesprochen haben. Dort, wo es keinen Kündigungsschutz gibt, nimmt die Beschäftigungsdynamik nicht zu, war das Ergebnis des IAB. Sein Fazit:

> »Die Änderungen der Schwellenwerte im deutschen Kündigungsschutzrecht hatten während der zweiten Hälfte der 90er Jahre weder auf die Zahl der Einstellungen noch auf die Zahl der Kündigungen einen messbaren Einfluss. Deshalb ist ein signifikanter Einfluss auf das Beschäftigungsniveau bzw. die Arbeitslosigkeit ebenfalls auszuschließen«. (IAB-Kurzbericht Nr. 15/18. 10. 2004, S. 3 f.)

Auch die OECD, die 1999 in ihrem Employment Outlook (= Beschäftigungsprognose) eine Untersuchung für 27 Länder vorgelegt hatte, kam zu keinem anderen Ergebnis. Es heißt darin:

> »Die Analyse bestätigt: Kündigungsschutz hat wenig oder gar keinen Effekt auf die allgemeine Beschäftigungssituation. ... Allerdings spricht einiges für die Vermutung, dass Kündigungsschutz die demographische Zusammensetzung der Arbeitslosen beeinflusst: Männer zwischen 25 und 49 Jahren sind weniger von Arbeitslosigkeit betroffen, während bei den unter 25jährigen und bei Frauen die Beschäftigungsquote sinkt ... Kündigungsschutz scheint somit einerseits die Normalarbeitsverhältnisse zu stabilisieren, so dass weniger Menschen arbeitslos werden. Andererseits laufen diejenigen, die arbeitslos werden, Gefahr, keine neue Beschäftigung zu finden und ein Jahr oder länger arbeitslos zu bleiben«. (OECD (Hrsg.), Employment Outlook 1999, Kap. 2: Employment Protection and Labour Market Performance, Paris 1999, S. 88 – Übersetzung von mir, H. A.)

Auch die Änderung des Ladenschlussgesetzes von 1996 war in Deutschland heiß umkämpft. Grundlage für die Änderung des Gesetzes war eine 1995 veröffent-

310 Strategien und Instrumente der Wirtschafts- und Gesellschaftspolitik

lichte Untersuchung des Ifo-Instituts für Wirtschaftsforschung, das von verlängerten Ladenöffnungszeiten u. a. einen Umsatzzuwachs von 2 bis 3 % und das Entstehen zusätzlicher 50.000 bis 55.000 Arbeitsplätze in den ersten zwei bis drei Jahren erwartete, wobei laut Ifo etwa zwei Drittel des zusätzlichen Personalbedarfs durch Einstellung von Teilzeitbeschäftigten und geringfügig Beschäftigten gedeckt werden würde. Heute weiß man:

- Der Umsatz im Einzelhandel insgesamt sank 1997, also im Jahr nach Einführung der verlängerten Ladenöffnungszeiten, real um 2,2 Prozent.
- Das Einkaufsverhalten der Kunden hat sich verändert: Typischerweise kaufen die Kunden im Schnitt eine Stunde später ein als früher.
- 1997 gab es im Einzelhandel 23.300 Beschäftigte weniger als im Vorjahr. Vollzeitstellen wurden abgebaut, Teilzeitstellen und geringfügige Beschäftigungsverhältnisse neu eingerichtet. Diese konnten aber den Verlust an Vollzeitarbeitsplätzen nicht ausgleichen.
- Profitiert haben Verbrauchermärkte und Selbstbedienungs-Warenhäuser, deren Marktanteile und Umsätze gestiegen sind. Dagegen hat die Zahl der Pleiten mittelständischer Betriebe zugenommen.

Auch das Europäische Beobachtungsnetz für KMU (Kleine und Mittlere Unternehmen) kam in seinem sechsten Bericht 2000 zu einem negativen Ergebnis:

»In einigen Ländern (z. B. Finnland) wurden so gut wie keine Auswirkungen festgestellt. Der Umsatz verteilt sich jetzt anders über die Woche, und da die Arbeitskosten verhältnismäßig stärker ansteigen (besonders an Sonntagen) als die Erlöse, setzen die meisten Einzelhändler Familienmitglieder ein, anstatt Personal einzustellen (ein sozialer Nachteil für die Einzelhändler und ihre Familien). In Deutschland gibt es keine Evidenz (= ausreichende Gewissheit, H. A.) dafür, dass die Umsatzveränderungen auf verlängerte Öffnungszeiten zurückzuführen sind. ... In Deutschland gilt: Im Einzelhandelssektor insgesamt ist die Anzahl der Arbeitnehmer gesunken, während die Anzahl der Beschäftigten unterhalb der Geringfügigkeitsgrenze (ohne Sozialversicherungsbeiträge) bis Ende 1998 gestiegen ist«. (EU Kommission, Das Europäische Beobachtungsnetz für KMU. Sechster Bericht, Luxemburg 2000, S. 109)

Die positiven Erwartungen insbesondere des Ifo-Instituts, mit einer Liberalisierung der Ladenöffnungszeiten könnten zusätzliche Arbeitsplätze geschaffen werden, haben sich somit nicht bestätigt. Es hat sich gezeigt: Bei längeren Ladenöffnungszeiten kaufen die Kunden nicht mehr Waren (wie auch, wenn die Kaufkraft insgesamt nicht steigt?), sondern zu anderen Zeiten und zum Teil in anderen Geschäften. Es fragt sich, ob Wirtschaftspolitiker und auch wissenschaftliche Institute wie das Ifo-Institut, die sich für diese Form der Deregulierung einsetzen, unter dem Vorwand, zusätzliche Arbeitsplätze schaffen zu wollen, in Wirklichkeit die Interessen ganz bestimmter großer Anbieter im Einzelhandel verfolgen.

Insgesamt sind die Wirkungen der Deregulierungsmaßnahmen auf die Beschäftigung mehr als bescheiden. Das belegt: Günstigere Rahmenbedingungen für die Anbieter führen so lange nicht zu zusätzlichen Arbeitsplätzen, wie es an kaufkräftiger Nachfrage fehlt, die die Absatzchancen der Anbieter dauerhaft verbessert. Wie schon im Abschnitt 5.2.4 betont: Günstigere Rahmenbedingungen für die Anbieter müssen von Nachfrage erhöhenden Maßnahmen flankiert werden, wenn positive Beschäftigungseffekte erzielt werden sollen.

5.3.4.2 Erfolgsmodelle in anderen Ländern?

Als die Bundesrepublik Deutschland bei der Arbeitslosenquote im internationalen Vergleich nicht mehr – wie früher – im unteren Drittel, sondern eher in der oberen Hälfte lag, begann man in der öffentlichen Diskussion zunehmend damit, andere Länder zu betrachten. Kann man aus ihren Beispielen etwas für Deutschland »lernen«? Gepriesen wird häufig das sog. »Beschäftigungswunder« in den USA in den neunziger Jahren, aber auch der »Fall Holland«.

Beginnen wir mit dem angeblichen »Beschäftigungswunder USA«. Die Statistiken zeigen: In den USA wuchs die Arbeitsproduktivität in den 1980er, 1990er und 2000er Jahren langsamer als in Deutschland (*Schaubild 5.15*). Das bedeutet: Um 1 Einheit zusätzliches Bruttoinlandsprodukt zu erzeugen, brauchten die USA mehr Arbeitsstunden bzw. Arbeitskräfte als Deutschland.

Diese Feststellung mag auf den ersten Blick überraschen. Sie ist jedoch, bei näherem Hinsehen ohne weiteres nachvollziehbar. In den USA gibt es zahlreiche Niedriglohnarbeitsplätze mit entsprechend geringer Arbeitsproduktivität. So werden beispielsweise an den Kassen der großen Supermärkte Leute beschäftigt, die die Aufgabe haben, den Kunden beim Einpacken der eingekauften Waren behilflich zu sein. Solche und ähnliche schlecht bezahlte Arbeitsplätze – als Beispiel werden auch oft Hilfskräfte in der Fast-Food-Kette »MacDonalds« angeführt – entstanden im Rahmen des sog. »Beschäftigungswunders USA« in den achtziger Jahren in großem Umfang. Folge: Diese Arbeitsplätze mit geringer Arbeitsproduktivität drücken den statistischen Durchschnitt der Arbeitsproduktivität in den USA. So gilt wieder der uns bereits bekannte Zusammenhang: Je höher das Produktionsvolumen (das Bruttoinlandsprodukt) und je niedriger die Arbeitsproduktivität, desto mehr Arbeitskräfte werden benötigt (vgl. Kap. 4.1.2).

An der Frage, ob diese Art von Beschäftigungspolitik wünschenswert ist, entzündeten sich damals heftige Diskussionen. Die sozialen Auswirkungen dieser

Schaubild 5.15

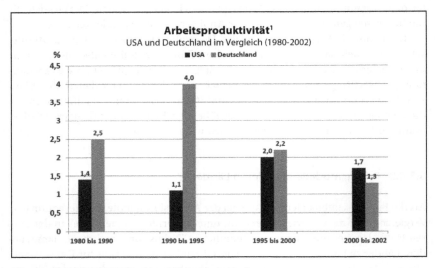

[1] Zuwachs des realen Bruttoinlandsprodukts je Arbeitsstunde

Quelle: O'Mahony, M./Ark, B. van (eds), EU productivity and competitiveness: An industry perspective, Luxemburg 2003 (EU Communities), p. 19.

Politik auf die Einkommensverteilung in den USA wurden vom früheren amerikanischen Arbeitsminister *Robert Reich* folgendermaßen beschrieben:

»In den fünfziger und sechziger Jahren lagen die meisten Amerikaner im Mittelfeld der wellenförmigen Einkommensverteilungskurve. Nur eine kleine Minderheit war entweder extrem arm oder extrem reich. Aber ... vor allem in den achtziger Jahren verlängerte sich der Scheitel der Welle in Richtung auf die Armut. Mehr Amerikaner verarmten, der Anteil der mittleren Einkommen sank – und die Reichen wurden sehr, sehr viel reicher. Unter den Schwarzen sind die Unterschiede noch viel größer: Zwischen 1978 und 1988 sank das Durchschnittseinkommen der unteren Einkommensgruppen um 20 Prozent, das der Schwarzen um 24 Prozent«.

Und in einer anderen Veröffentlichung mit dem Titel »Weltwirtschaftskrieg. Export als Waffe – aus Partnern werden Gegner« aus dem Jahre 1994 hieß es:

»Die Unterschichten in den Städten leben bereits heute in Dritte-Welt-Verhältnissen ... Im häufig ungeordneten Leben der unterprivilegierten Amerikaner fehlt ... jede Hoff-

Arbeitsmarkt- und Beschäftigung

313

nung. Der Niedergang ihrer Kinder ist geprägt von einer miserablen Schulausbildung, Arbeitslosigkeit, Kriminalität, Drogen, Gewalt und Gefängnisstrafen. Dies gilt für 14 Millionen Amerikaner, denen es moralisch, wenn auch nicht materiell, besser ginge, wenn sie in Nepal oder Thailand geboren worden wären. Weitere 28 Millionen Amerikaner leben offiziellen Statistiken zufolge an oder bereits unter der Armutsgrenze. Legt man den weltweiten Durchschnittsstandard zugrunde, so sind sie zwar keineswegs arm, aber sie verarmen so rapide, dass sie auf das Dritte-Welt-Niveau der Brasilianer oder gar der Inder zusteuern. Und dieses Schicksal droht immer mehr Amerikanern, wenn sich der gegenwärtige Trend fortsetzt«. (Horst Afheldt, Ausstieg aus dem Sozialstaat? Gefährdungen der Gesellschaft durch weltweite Umbrüche, in: Aus Politik und Zeitgeschichte, B 25-26/95, S. 9)

Die sozialen Folgen des »Beschäftigungswunders USA«, das auf einer breiten Zahl von Niedriglohnarbeitsplätzen beruhte, waren also bekannt. Die Politik hätte also wissen können, was passiert, wenn man dem amerikanischen Beispiel folgt. Aber alles, was es in den USA gibt, kommt früher oder später auch nach Deutschland.

An dieser Stelle kommen wir zu einem Grundsatzproblem: Die Industrialisierung, die im 19. Jahrhundert mit der Einführung der Maschinen im Laufe der Zeit eine Vielzahl von Arbeitsplätzen hervorbrachte, für die eine geringe Qualifikation ausreichte, führte im Laufe der Zeit dazu, dass auch alle (oder fast alle) Geringqualifizierten einen Arbeitsplatz fanden. Dieser konnte aufgrund des allgemeinen Produktivitätsfortschritts auch so gut bezahlt werden, dass ein Leben über dem Existenzminimum möglich war. Das digitale Zeitalter macht jedoch immer mehr Arbeiten von gering Qualifizierten überflüssig. Die dadurch entstandenen sozialen Probleme »lösen« die USA anders als europäische Staaten, wie aus *Tabelle 5.6* hervorgeht.

Tabelle 5.6 Langzeitarbeitslose und Strafgefangene 1993 – Nur Männer

Land	Langzeitarbeitslose	Strafgefangene	»Bereinigte« Langzeit-arbeitslose
	in Prozent der männlichen Bevölkerung		
Frankreich	2,9	0,3	3,2
Deutschland	2,4	0,3	2,7
Großbritannien	5,8	0,3	6,1
USA	1,0	1,8	2,8

Quelle: Buchele, R./Christiansen, J., Does employment and income security cause unemployment?, Manuskript, International working party on segmentation theory, Tampere 1996.

314   Strategien und Instrumente der Wirtschafts- und Gesellschaftspolitik

Als sich das »Beschäftigungswunder« in den USA einstellte, diskutierten Arbeitsmarktexperten über die Frage, warum es in den USA weniger Langzeitarbeitslose gibt als in europäischen Ländern. So hatten die USA 1993 unter den Männern nur eine Langzeitarbeitslosenquote von 1,0 %, während in Deutschland die entsprechende Quote mehr als doppelt so hoch war und zum damaligen Zeitpunkt 2,4 % betrug. Nun haben die USA andererseits eine sehr hohe Quote an Strafgefangenen: Sie war sechsmal so hoch wie in europäischen Ländern. Geht man nun davon aus, dass sich die USA um ihre Arbeitslosen weitaus weniger kümmern als die europäischen Länder und der wirtschaftliche Druck auf die Menschen ohne Arbeit in den USA derart groß ist, dass viele keinen anderen Ausweg mehr sehen als kriminell zu werden, dann erklärt sich der hohe Anteil Gefangener in den USA. Addiert man nun die Quote der Langzeitarbeitslosen und die der Gefängnisinsassen, kommt man für Deutschland und Frankreich zu einer ähnlich hohen »bereinigten Langzeitarbeitslosenquote« wie die USA *(Tabelle 5.6)*. Die Autoren der Studie wollten damit deutlich machen: Durch wirtschaftlichen Druck auf die Arbeitslosen haben auch die USA das eigentliche Problem, dass es nicht genügend Arbeitsplätze für gering Qualifizierte gibt, nicht lösen können. Sie »bewahren« nur einen Teil dieser Menschen, die aus Existenznot straffällig geworden sind, in Gefängnissen auf. In den europäischen Ländern gibt es dagegen zumindest noch staatliche Unterstützungsleistungen und das Bemühen, Langzeitarbeitslose zu qualifizieren und umzuschulen, wenngleich diesen Maßnahmen bislang nur geringer Erfolg beschieden war.

Eine andere Politik wurde in Holland verfolgt. Zwischen 1970 und 1985 blieb dort die Anzahl der Erwerbstätigen annähernd konstant. Gleichzeitig nahm die Bevölkerung im erwerbsfähigen Alter zu, was zu einer steigenden Arbeitslosenquote führte. Mehr Arbeitslose, mehr Arbeitsunfähige und mehr Rentner lösten eine starke Zunahme der Ausgaben der Sozialversicherung aus. Die holländische Wirtschaft geriet in einen Teufelskreis: Wegen hoher Lohnkosten mussten die Unternehmen, um ihre internationale Wettbewerbsfähigkeit zu erhalten, rationalisieren und Arbeitskräfte einsparen. Die dadurch wachsende Arbeitslosigkeit belastete die Sozialversicherung und führte zu hohen Lohnnebenkosten (sprich steigenden Beitragssätzen). Das löste erneut Rationalisierungsbemühungen aus, und so drehte sich das Karussell immer schneller. 1985 betrug die Arbeitslosenquote schließlich 10,5 Prozent, bei einer Inflationsrate von ebenfalls 10 Prozent.

Am Anfang der Neuorientierung stand das *Abkommen von Wassenaar:* Arbeitgeber und Arbeitnehmer verständigten sich auf moderate (= bescheidene) Lohnerhöhungen. Von 1983 bis 1997 stiegen die Löhne in den Niederlanden nur um 33 Prozent, im Vergleich zu Deutschland, wo sie im gleichen Zeitraum um 75 Prozent angehoben wurden, eine verhaltene Entwicklung. Die Staatsquote – gemessen als Anteil der Staatsausgaben am Bruttoinlandsprodukt – wurde durch

Arbeitsmarkt- und Beschäftigung 315

Einsparungen von 1982 bis 1990 von 67 Prozent auf 56 Prozent zurückgeführt. Gleichzeitig wurden jedoch mehr staatliche Gelder in die Förderung technischer Neuerungen und von Forschung und Lehre gesteckt.

In den neunziger Jahren wurden die sozialstaatlichen Rahmenbedingungen geändert. Arbeitsunfähigkeit von Arbeitnehmern musste in fünfjährigem Abstand ärztlich überprüft werden. Außerdem wurden die Unternehmen stärker mit den Kosten der Lohnfortzahlung belastet, um zu erreichen, dass sich die Unternehmen mehr darum kümmern, dass kranke Arbeitnehmer ihre Arbeit wieder aufnehmen. Sozialhilfeempfänger wurden angehalten, sich einen Arbeitsplatz zu suchen oder sich umschulen und fortbilden zu lassen. Die Mindestlöhne wurden herabgesetzt und Arbeitgeber, die Langzeitarbeitslose einstellten, mit zeitlich begrenzten Lohnkostenzuschüssen gefördert.

Zwar haben alle diese Maßnahmen dazu beigetragen, die Arbeitslosigkeit in Holland zu verringern. So stieg die Zahl der Beschäftigten in der zweiten Hälfte der achtziger Jahre jährlich um rund 0,7 Prozent, in den neunziger Jahren sogar um mehr als 1 Prozent, so dass 1995 die Arbeitslosenquote nur noch 6,5 Prozent betrug. Den größten Anteil an der Zunahme der Beschäftigtenzahl hatte jedoch die starke Umverteilung der Arbeit auf mehr Beschäftigte. Insbesondere wurden überdurchschnittlich viele Teilzeitarbeitsplätze geschaffen. Mit einem Anteil von über 37 Prozent wiesen die Niederlande die höchste Teilzeitquote auf (zum Vergleich: EU 16 Prozent). Bei den Frauen betrug die Quote rund 67 Prozent, bei den Männern immerhin 17 Prozent. Dies entspricht auch veränderten gesellschaftlichen Auffassungen von erstrebenswerten Lebenszielen: Arbeiten (und Geld verdienen) oder Freizeit (und Kinderbetreuung). So erklärt sich der Rückgang der geleisteten Arbeitszeit je Erwerbstätigem von 1724 Stunden im Jahr 1973 auf 1397 im Jahr 1995. Das Arbeitsvolumen insgesamt hat sich dadurch nur unwesentlich verändert.

Das »holländische Modell« lässt sich somit als Kombination aus mehreren Ansätzen beschreiben:

- Die Schaffung von mehr Teilzeitarbeitsplätzen ist letztlich eine sehr weitgehende Form der Arbeitszeitverkürzung, die den Bestrebungen der Gewerkschaften nach Umverteilung der vorhandenen Arbeit entgegenkommt.
- Einzelne Deregulierungsmaßnahmen sowie die Vereinbarung moderater Lohnsteigerungen berücksichtigen das Interesse der Arbeitgeber an einer Verbesserung der Rahmenbedingungen für Anbieter.
- Die Abstimmung der »großen Richtung« des wirtschafts- und gesellschaftspolitischen Kurses zwischen Regierung, Gewerkschaften und Arbeitgebern schafft ein Vertrauensverhältnis. Das ist notwendig, damit Arbeitgeber und Gewerkschaften nicht an Maximalzielen festhalten und zu Kompromissen bereit sind.

Damit sind wir schon bei einem weiteren Modell zur Bekämpfung der Arbeitslosigkeit, dem Bündnis für Arbeit.

5.3.4.3 Bündnis für Arbeit?

Das Ziel, ein Bündnis zwischen Regierung, Gewerkschaften und Arbeitgebern zustande zu bringen, ist nicht neu. Schon nach Verabschiedung des Stabilitätsgesetzes 1967 fanden unter dem Vorsitz des Bundeswirtschaftsministers *Karl Schiller (SPD)* in unregelmäßiger Folge Gespräche statt, bei denen über die aktuelle wirtschaftliche Lage und die daraus zu ziehenden Konsequenzen diskutiert wurde. An diesen Zusammenkünften nahmen Vertreter der Bundesbank, des Sachverständigenrates, der Arbeitgeber- und Wirtschaftsverbände, der Gewerkschaften, des Bauernverbandes, des Deutschen Beamtenbundes und der Verbraucherverbände teil. Die Gesprächsrunde wurde als *Konzertierte Aktion* (von Konzert = aufeinander abgestimmtes Vorgehen) bezeichnet.

Mit diesen Gesprächen wollte die Regierung erreichen, das damalige Hauptproblem Nummer eins, die schleichende Inflation, in den Griff zu bekommen. Dazu sollten zum einen die Gewerkschaften veranlasst werden, sich mit moderaten Lohnabschlüssen zufrieden zu geben, zum anderen die Arbeitgeber bewogen werden, auf Preiserhöhungen, die der Markt zwar hergab, aber von der Kostensituation her nicht zwingend erforderlich waren, zu verzichten. Die Konzertierte Aktion war somit der Versuch einer Stabilisierungsaktion.

Großer Erfolg war diesen Gesprächen auf Dauer nicht beschieden. Derartige »Aktionen« stehen vor einem fast unlösbaren Problem: Den Gewerkschaften, die eine Vorleistung in Form zurückhaltender Lohnpolitik erbringen müssten, kann weder von der Regierung noch von den Arbeitgeberverbänden eine Garantie gegeben werden, dass ihr stabilitätsgerechtes Verhalten auch »belohnt« wird, sprich: dass die Unternehmen sich auch in ihrer Preispolitik zurückhalten. Denn kein Vertreter eines Arbeitgeberverbandes ist in der Lage, seinen Mitgliedsunternehmen eine bestimmte Preispolitik vorzuschreiben, geschweige denn die Einhaltung eines Versprechens, die Preise nicht zu erhöhen, zu kontrollieren.

Schaubild 5.16 will diese Asymmetrie (= Ungleichgewicht) bei den Aktionsparametern (= Handlungs-/Reaktionsmöglichkeiten) veranschaulichen: Arbeitgeberverbände und Gewerkschaften schließen einen Tarifvertrag und bestimmen so die Lohnstückkosten der Unternehmen. Beide haben aber keinerlei Möglichkeit, die Manager der Unternehmen zu veranlassen, in einer bestimmten, gewünschten Weise zu handeln. Es bleibt vielmehr dem Management überlassen, ob die Unternehmen die Preise erhöhen, übertarifliche Löhne bezahlen (und damit die Lohnkosten stärker erhöhen, als von den Tarifvertragsparteien verein-

Schaubild 5.16

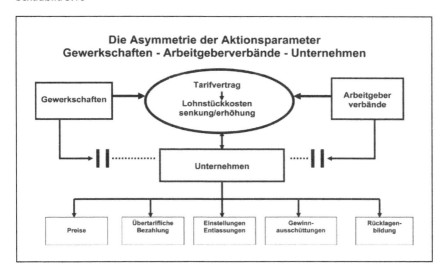

bart), Arbeitnehmer einstellen oder entlassen, höhere oder geringere Gewinnausschüttungen vornehmen oder Rücklagen aufstocken oder abbauen. Da letztlich die unternehmerische Entscheidungsfreiheit nicht angetastet wurde, blieben die Gespräche unverbindlich, und als die Arbeitgeberverbände 1976 gegen das Mitbestimmungsgesetz Klage vor dem Bundesverfassungsgericht erhoben, nahmen die Gewerkschaften aus Protest nicht mehr an den Gesprächen teil. Die Konzertierte Aktion war zu Ende.

Auch das Bündnis für Arbeit stand vor der gleichen Schwierigkeit. Die Gewerkschaften hatten 1996 vorgeschlagen, auf Lohnerhöhungen unter der Voraussetzung zu verzichten, dass die Arbeitgeber im Gegenzug dafür mehr Arbeitsplätze schaffen. Das wäre nicht, wie Ende der sechziger/Anfang der siebziger Jahre, eine konzertierte Stabilisierungs-, sondern eine konzertierte Beschäftigungsförderungsaktion gewesen. Aber ebenso wenig wie damals hinsichtlich der Preise konnten die Arbeitgeberverbände verbindliche Zusagen in Bezug auf mehr Arbeitsplätze geben. Denn über Neueinstellungen entscheiden nur die Manager und nicht die Funktionäre der Arbeitgeberverbände.

Es fehlt den Arbeitgeber- und Wirtschaftverbänden an der *Verpflichtungsfähigkeit* ihrer Mitgliedsunternehmen. In den letzten Jahrzehnten haben die Unternehmensverbände gegenüber ihren Mitgliedern sogar immer mehr an Autorität verloren. Das zeigt sich u.a. an der Vielzahl eigener »Repräsentanzen«, die von großen marktbeherrschenden Unternehmen am Regierungssitz Berlin unterhalten werden. Diese »Repräsentanzen«, die meist nur über einen kleinen Apparat verfügen, haben die Aufgabe, Lobbyarbeit für das eigene Unternehmen, ggf. auch am Verband vorbei, zu betreiben. Die Manager großer Unternehmen glauben vielfach, dass ihre Verbände ihre Interessen nicht hart genug vertreten. Zudem schauen viele Wirtschaftsmanager mit etwas Verachtung auf die Politiker herab, denen seitens der Wirtschaft nicht selten Unkenntnis, um nicht zu sagen Unfähigkeit, unterstellt wird. Das macht es erst recht den Arbeitgeber- und Wirtschaftsverbänden schwer, als Mittler zwischen Politik und Mitgliedsunternehmen zu handeln.

Eine konzertierte Aktion für mehr Preisstabilität oder ein Bündnis für mehr Arbeit stehen daher vor dem Dilemma, dass die Gewerkschaften in der Lohnpolitik Vorleistungen erbringen müssten, ohne dass sie sicher sein können, dass ihnen bzw. ihren Mitgliedern das auch honoriert wird und tatsächlich die Preise nicht mehr erhöht bzw. zusätzliche Arbeitsplätze geschaffen werden. Wenn überhaupt, wird ein derartiges Bündnis deshalb nur dann Erfolg haben können, wenn es gelingt, in solchen Gesprächsrunden das gegenseitige Vertrauen der Beteiligten zu stärken und allen das Gefühl zu vermitteln, nicht nur der gebende (= verzichtende) Teil zu sein, sondern auch selbst davon zu profitieren.

Vor diesem Hintergrund wird verständlich, warum die Konzertierte Aktion Mitte der siebziger Jahre, aber auch die sog. Kanzlerrunde bei *Helmut Kohl (CDU)* Mitte der neunziger Jahre geplatzt sind. Auch dem Versuch eines Bündnisses für Arbeit unter *Gerhard Schröder (SPD)* war kein Erfolg beschieden. Zu weit lagen die Vorstellungen von Arbeitgeberverbänden und Gewerkschaften über die Ursachen der Arbeitslosigkeit und den richtigen Weg zu ihrer Bekämpfung auseinander. Als die Gewerkschaften zu Beginn der zweiten Legislaturperiode von Rot-Grün das Bündnis für Arbeit für beendet erklärten und ihre Teilnahme an der nächsten Gesprächsrunde absagten, weil die Arbeitgeberverbände auch bei zurückhaltender Lohnpolitik keine Zusagen machen wollten (oder konnten?), neue Arbeitsplätze zu schaffen, nahm *Gerhard Schröder (SPD)* die Reformagenda 2010 mit ihrer grundlegenden Wende der bisherigen Arbeitsmarkt- und Sozialpolitik in Angriff. Dies zeigt: Soziale Konflikte sind in einer Demokratie des Öfteren nicht einvernehmlich zu lösen. In solchen Fällen gibt es entweder Sieger und Verlierer oder es herrscht Stillstand, weil sich das Patt, das Unentschieden, nicht auflösen lässt und die Beteiligten sich gegenseitig blockieren. Der Leser sollte deshalb die politischen Entscheidungen immer auch unter dem Gesichtspunkt betrachten, welchen sozialen Gruppen sie nützen und wem sie schaden.

Arbeitsmarkt- und Beschäftigung

5.3.4.4 Verkürzung der Wochenarbeitszeit

Ein insbesondere von den Gewerkschaften favorisierter und teilweise auch praktizierter Weg zur Bekämpfung der Arbeitslosigkeit war die Verkürzung der Wochenarbeitszeit. Der Grundgedanke bestand darin, das Angebot an Arbeitskräften zu verknappen und die vorhandene Arbeit auf mehrere Schultern zu verteilen. Es geht also eigentlich nicht darum, neue Arbeitsplätze zu schaffen, sondern vorhandene umzuverteilen.

Können die Unternehmen das verkraften? Bedeutet Arbeitszeitverkürzung nicht, dass die Arbeitskräfte gerade in schwierigen Zeiten für die Unternehmen teurer werden, sie deshalb noch mehr rationalisieren und erst recht Arbeitskräfte entlassen?

Über diese Fragen wurde seit den achtziger Jahren des vorigen Jahrhunderts, als die Gewerkschaften verstärkt damit begannen, Arbeitszeitverkürzungen durchzusetzen, heftig und kontrovers diskutiert. Insbesondere in Tarifbereichen, in denen sehr große Unternehmen vertreten sind und immer noch Arbeitsplätze – wenn auch insgesamt im Vergleich zu früher sehr viel weniger – an Fließbändern existieren, haben die Gewerkschaften diese Strategie erfolgreich umgesetzt. Wo Arbeitskräfte beliebig gegeneinander austauschbar sind, weil einfache Handgriffe zu verrichten sind, die nach einer kurzen Einweisung beherrscht werden, hat die Arbeitszeitverkürzung zwar keine neuen Arbeitsplätze geschaffen, wohl aber bestehende gesichert. Wird ein Fließband nach Ablauf der tariflichen Arbeitszeit für kurze Zeit abgestellt und übernimmt die nächste Schicht, können weder Überstunden gemacht werden – der Arbeitsplatz wird ja vom Kollegen der nächsten Schicht besetzt –, noch der Arbeitsplatz unbesetzt bleiben. Letzteres hätte zur Folge, dass das Produkt fehlerhaft vom Band läuft, z.B. Autos ohne Steuerrad. Deshalb muss der Arbeitsplatz, wenn an ihm nur noch verkürzt gearbeitet wird, sofort durch einen anderen besetzt werden. So konnte VW durch Einführung der 4-Tage-Woche (28-Stunden-Woche) in den neunziger Jahren dringend erforderliche Rationalisierungen zur Kosteneinsparung und zur Sicherung seiner Wettbewerbsfähigkeit umsetzen, ohne Massenentlassungen vornehmen zu müssen. Allerdings mussten die Arbeiter als Preis für die 4-Tage-Woche Einkommensminderungen in Kauf nehmen.

Wie viele Arbeitsplätze durch die Verkürzung der Wochenarbeitszeit in der gesamten Wirtschaft tatsächlich gesichert werden konnten bzw. wie viele Kündigungen dadurch vermieden wurden, ist schwer zu ermitteln. Die Wirkung hängt grundsätzlich davon ab, wie ein Unternehmen (oder im Öffentlichen Dienst: eine Behörde) auf die Reduzierung der tariflich vereinbarten Arbeitsmenge reagieren. Denkbar sind folgende Möglichkeiten:

a) Die Arbeitskräfte eines Unternehmens sind angesichts schlechter Auftragslage ohnehin nicht ausgelastet oder eine Behörde ist personell überbesetzt. Die durch die Arbeitszeitverkürzung ausfallende Arbeitszeit braucht nicht hereingeholt zu werden, die Einstellung neuer Arbeitskräfte ist daher überflüssig. Der Beschäftigungseffekt ist gleich Null.

b) Die durch die Arbeitszeitverkürzung ausgefallene Arbeitsleistung kann durch Rationalisierung, Umorganisation und/oder Überstunden der Beschäftigten voll ausgeglichen werden. Auch in diesem Fall kommt es nicht zu neuen Einstellungen. Der Beschäftigungseffekt ist ebenfalls gleich Null.

c) Die durch die Arbeitszeitverkürzung ausgefallenen Arbeitsleistungen können nur zum Teil durch Rationalisierung, Umorganisation und/oder Überstunden ausgeglichen werden, aber nicht so viele, wie es dem rechnerisch ermittelbaren Ausfall an Arbeitsleistung entspricht. Es kommt also zu einem positiven Beschäftigungseffekt, der aber kleiner bleibt als der rein rechnerisch Ermittelte.

d) Die durch die Arbeitszeitverkürzung ausgefallene Arbeitsleistung kann weder durch Rationalisierung, noch durch Umorganisation und/oder Überstunden ausgeglichen werden. In diesem Fall ist der Beschäftigungseffekt am größten.

Die Variante c) kommt der Wirklichkeit am nächsten. Zu diesem Ergebnis führten alle Untersuchungen, die von verschiedenen Seiten und mit unterschiedlichen Methoden und aus unterschiedlicher gesellschaftspolitischer Perspektive angestellt worden sind. So haben der Arbeitgeberverband Gesamtmetall, die IG Metall und die IG Druck und Papier (heute: in der Gewerkschaft ver.di aufgegangen), aber auch wissenschaftliche Institute wie infratest, die Hochschule für Wirtschaft und Politik, das Institut für Arbeitsmarkt- und Berufsforschung sowie das Deutsche Institut für Wirtschaftsforschung insgesamt 12 Erhebungen über die Beschäftigungswirkungen der damals durchgeführten Arbeitszeitverkürzungen durchgeführt. Alle, selbst die beiden vom Arbeitgeberverband Gesamtmetall veranlassten Untersuchungen, wiesen positive Beschäftigungseffekte der Wochenarbeitszeitverkürzung nach. Dieser positive Beschäftigungseffekt wird dabei auf zwischen 35 und 80 Prozent des rechnerischen Maximalwertes beziffert.

Auf der Grundlage dieser Ergebnisse veranschlagte das Wirtschafts- und Sozialwissenschaftliche Institut des DGB (WSI) die positiven Effekte der Wochenarbeitszeitverkürzung auf die Hälfte bis zu zwei Drittel des rechnerischen Maximalwertes. Das bedeutet in Zahlen ausgedrückt: Von 1984 bis 1989 wurde die durchschnittliche tarifliche Wochenarbeitszeit von 17,216 Millionen Arbeitnehmern von knapp 40 Stunden auf 38,5 Stunden verkürzt. Bei Beschäftigungseffekten zwischen 50 und 66 Prozent des rechnerischen Maximalwertes ergibt sich eine Zahl von 355.000 und 447.000 Arbeitsplätzen, die durch die tarifliche Wochenarbeitszeitverkürzung erhalten worden sind.

Arbeitsmarkt- und Beschäftigung

Bezieht man diesen Effekt auf die Zunahme der Zahl der abhängig Beschäftigten im Zeitraum von 1984 bis 1989 – sie betrug 1.147.000 –, dann zeigt sich, wie viele der seit 1984 neu entstandenen Arbeitsplätze auf das Konto der tariflichen Wochenarbeitszeitverkürzung gingen: rund ein Drittel! Mit anderen Worten: Ohne die Arbeitszeitverkürzung wäre die Zahl der Arbeitslosen 1989 um rund 400.000 höher gewesen.

Zu dieser grundsätzlich positiven Einschätzung der Wochenarbeitszeitverkürzung kommen fast alle Studien, auch solche, die sich auf Arbeitszeitverkürzungen in anderen Ländern wie Frankreich und Holland beziehen. Allerdings geben manche für den tatsächlichen Beschäftigungseffekt eine Spannweite von 25 bis 70 Prozent des rechnerischen Maximalwertes an. Nur ganz wenige schätzen die Effekte gleich Null oder sogar negativ ein. So kann die positive Wirkung der Verkürzung der Wochenarbeitszeit im Prinzip als bestätigt angesehen werden.

In den neunziger Jahren ist die Wochenarbeitszeitverkürzung zum Stillstand gekommen. Die Gewerkschaften versuchten stattdessen, die Realeinkommen der beschäftigten Arbeitnehmer zu sichern, was ihnen aber nicht in allen Jahren gelang. Wissenschaftliche Untersuchungen aus neuerer Zeit erörtern weniger die Beschäftigungswirkung der Wochenarbeitszeitverkürzung, sondern gehen mehr der Frage nach, wie sich der Abbau von Überstunden auf die Beschäftigung auswirken würde. Hier gilt nach bisherigen Erkenntnissen: Überstunden werden vor allem von höher qualifizierten Arbeitnehmern geleistet. Da die Zahl höher qualifizierter Arbeitnehmer begrenzt ist, würden bei einem Abbau von Überstunden (Schätzung des DIW Mitte 1999) maximal 20.000 zusätzliche Arbeitsplätze entstehen.

An dieser Stelle werden die Grenzen erkennbar, die einer Arbeitszeitverkürzung als Instrument zur Beschäftigungssicherung gesetzt sind. Sie funktioniert am besten dort, wo es sich um einfache Tätigkeiten handelt, die von nur gering qualifizierten Arbeitslosen sofort übernommen werden können. Sie führt jedoch zu Problemen im Angestelltenbereich, wo die Arbeitsplätze sehr verschieden sind und unterschiedliche Qualifikationen erfordern. Arbeitnehmer mit abgeschlossener Berufsausbildung oder Hochschulabschluss sind nicht beliebig und schon gar nicht kurzfristig gegeneinander austauschbar. So haben Arbeitszeitverkürzungen – so wirksam sie auch in traditionellen Bereichen der Produktion waren – bei vielen Angestellten nur zur Erhöhung ihrer Überstunden geführt. Da diese bei Angestellten in der Regel nicht bezahlt werden, fühlten sich die meisten durch Arbeitszeitverkürzung, die nur auf dem Papier stand, benachteiligt. Sie hätten eher Gehaltserhöhungen vorgezogen.

Inzwischen ist absehbar, dass zukünftig – insbesondere im Bereich qualifizierter Arbeit – in Deutschland eine neue Knappheit an Arbeitskräften auftreten wird. Das Thema Arbeitszeitverkürzung ist deshalb stark in den Hintergrund getreten. Bei der Lebensarbeitszeit hat die Politik inzwischen sogar einen Kurs in die entgegen gesetzte Richtung eingeschlagen: Für den »Normalerwerbstätigen« hat die zweite große Koalition das Renteneintrittsalter ab 2029 auf 67 Jahre herauf gesetzt. Diese Entscheidung trägt nicht nur dem Umstand Rechnung, dass die Zahl der Personen im erwerbsfähigen Alter abnehmen wird und deshalb für einen Ausgleich gesorgt werden muss, um der Knappheit an Arbeitskräften gegenzusteuern. Sie soll zugleich verhindern, dass die Beiträge zur gesetzlichen Rentenversicherung langfristig auf ca. 28 % steigen müssen, um die Renten der länger lebenden Generation zu finanzieren. Diese Entscheidung – so unpopulär sie auch sein mag – war das erste Signal, dass am Arbeitsmarkt eine Wende bevorsteht.

5.3.4.5 Fazit

Haben Politik und Gesellschaft versagt, weil drei Jahrzehnte lang das Problem der hohen Arbeitslosigkeit nicht gelöst wurde? Machen wir uns noch einmal die großen Trends bewusst, die diese Zeit geprägt haben:

- der große technische Fortschritt, der es möglich machte, einfache Arbeiten durch Maschinen zu ersetzen;
- der demografisch bedingte ständige Zuwachs des Erwerbspersonenpotenzials;
- die im Vergleich zu den fünfziger und sechziger Jahren niedrigeren Wachstumsraten.

Wenn Angebot an und Nachfrage nach Arbeitsplätzen nicht übereinstimmen, sondern sich im Gegenteil sogar auseinander entwickeln, wäre die Verknappung des Arbeitskräfteangebots über Arbeitszeitverkürzung die eigentlich logische Schlussfolgerung gewesen. Genau diesen Weg haben die Gewerkschaften – z. T. auch mit Arbeitskämpfen – beschritten, soweit es ihnen möglich war und ihnen ihre Mitglieder folgten. Die Grenzen dieses Instruments haben wir im letzten Unterabschnitt aufgezeigt. Auch die Politik hat ihren Beitrag zur Verringerung des Arbeitskräfteangebots geleistet, indem sie das Renteneintrittsalter herabgesetzt und Frühverrentungen gefördert hat. Insoweit haben Politik und Gesellschaft also nicht versagt, sondern getan, was möglich war.

Der andere Weg, einen breiten Niedriglohnsektor zuzulassen und die dort Beschäftigten bei Bedürftigkeit durch öffentliche Mittel auf das Existenzminimum anzuheben, hat eine Fülle neuer sozialer Probleme geschaffen. Ob es noch einen »dritten Weg« gegeben hätte bzw. gibt, werden wir im Schlusskapitel erörtern. Dem Leser dürfte aber schon jetzt hinreichend klar geworden sein: So einfach war und ist das Arbeitslosigkeitsproblem nicht zu lösen.

5.4 Krisenpolitik in der EU

5.4.1 Grundlagen

Im Abschnitt 4.2 haben wir die Staatsverschuldung als eines der Hauptprobleme der gegenwärtigen Wirtschafts- und Gesellschaftspolitik aufgeführt. Wir haben die Ursachen und Zusammenhänge der Staatsverschuldung im Eurogebiet erläutert (Abschnitt 4.2.3.3), dabei aber auch darauf hingewiesen, dass Verschuldung, auch die des Staates, grundsätzlich ein normaler ökonomischer Vorgang ist, der nicht dramatisiert zu werden braucht (Abschnitt 4.2.4). Der Leser rufe sich die Zusammenhänge noch einmal in Erinnerung, bevor er sich dem folgenden Unterabschnitt zuwendet.

Viele, die sich erstmals mit Wirtschaftsfragen befassen, haben erfahrungsgemäß Schwierigkeiten, Geldpolitik und Finanzpolitik auseinander zu halten. Schließlich geht es bei beiden um Geld. *Tabelle 5.7* soll helfen, die beiden Politikbereiche klar voneinander zu trennen.

- *Geldpolitik* ist Sache der Europäischen Zentralbank (EZB). Sie hat die Aufgabe, die Banken mit Liquidität (finanzielle Mittel) zu versorgen oder ihnen auch Liquidität zu entziehen. Man könnte die Europäische Zentralbank mit dem Herz im menschlichen Körper vergleichen. So wie das menschliche Herz Blut in die Adern pump, um die Organe damit zu versorgen, so pumpt die Europäische Zentralbank Geld in den Wirtschaftskreislauf, um über die Banken Unternehmen und private Haushalte mit Geld zu versorgen.
- *Finanzpolitik* betreiben dagegen die Gebietskörperschaften Bund, Länder und Gemeinden. Sie erheben einerseits Steuern und entziehen damit den privaten Haushalten und Unternehmen Geld. Sie geben andererseits die Steuereinnah-

Tabelle 5.7   Geld- und Finanzpolitik

Politikbereich	Institutionen	Maßnahmen
Geldpolitik	Europäische Zentralbank (EZB)	Alle Maßnahmen, die versuchen, über eine Änderung der Geldversorgung und/oder der Bedingungen, zu denen Kredite aufgenommen werden können, die Investitionstätigkeit der Wirtschaft zu beeinflussen.
Finanzpolitik	Staat Bund, Länder, Gemeinden	Alle Maßnahmen, die auf die Höhe und die Struktur der staatlichen Einnahmen und Ausgaben einwirken. (insbes. Steuerpolitik, Kürzung oder Erhöhung der Staatsausgaben)

men wieder aus, schleusen das Geld also an anderer Stelle des Wirtschaftskreislaufs wieder ein.

In diesem Abschnitt wollen wir uns mit den Maßnahmen und der Rolle der Europäischen Zentralbank sowie der deutschen und europäischen Finanzpolitik in der Krise der EU befassen.

5.4.2 Ausgangsbedingungen der Krise

Als im Zuge der Finanzmarktkrise die Staatsverschuldung aller EU-Länder in die Höhe geschnellt ist, haben sich viele Menschen große Sorgen um ihr Erspartes gemacht. Verliert der Euro seinen Wert? Sind meine Ersparnisse noch sicher? Droht eine Währungsreform wie 1923 oder 1948? Stehen wir vor einem Staatsbankrott? Solche und ähnliche Fragen wurden gestellt und meist mit einem Schulterzucken beantwortet. Auch die Reaktionen der Politik stießen (und stoßen bis heute) auf Unverständnis. Muss Deutschland wirklich Griechenland helfen und wenn ja, warum? Werden wir durch immer kostspieligere Rettungspakete nicht am Ende mit in den Abgrund gezogen?

Geld- und Finanzpolitik stehen seit der Krise in der EU vor besonderen Herausforderungen. Um die Ereignisse in ihrer ganzen Dimension zu verstehen und die geld- und finanzpolitischen Maßnahmen (wie z. B. den unbegrenzten Ankauf von Staatspapieren durch die EZB oder die Rettungspakete) einordnen und beurteilen zu können, müssen wir auf vieles zurückgreifen, was wir in den vorangegangen Abschnitten erklärt haben.

Die Finanzmarktkrise, formal ausgelöst durch die US-Subprimekrise, kam nicht wie aus heiterem Himmel über die EU. Sie entstand vielmehr aus dem Zusammenwirken von vier Faktoren, die sich gegenseitig bedingten, verstärkten und im Laufe der Jahre »aufschaukelten«:

- den Ungleichgewichten der Leistungsbilanzen in der EU, aber auch weltweit
- der wachsenden Ungleichheit der Einkommensverteilung in den reichen Ländern
- der Liberalisierung und Deregulierung der Finanzmärkte
- der Schere zwischen Finanz- und Realkapitalinvestitionen.

Schauen wir uns diese vier Faktoren – Ausgangsbedingungen, ohne die es die Finanzmarktkrise nicht gegeben hätte – der Reihe nach an.

5.4.2.1 Ungleichgewichte der Leistungsbilanzen

Das System fester Wechselkurse, das Bretton-Woods-System (siehe Kap. 3.4.1), war nicht stabil, weil Deutschland in den meisten Jahren große Leistungsbilanzüberschüsse, die USA und andere wichtige Handelspartner Deutschlands dagegen große Leistungsbilanzdefizite aufwiesen. Ursache für diese Ungleichgewichte der Leistungsbilanzen waren unterschiedliche Inflationsraten in den einzelnen Ländern. Weil Deutschland ein höheres Maß an Preisstabilität aufwies als seine Handelspartner, waren seine Produkte für die anderen Länder relativ preiswert. Das führte zu hohen Exportüberschüssen Deutschlands und entsprechenden Importüberschüssen der anderen Länder, die auch nicht über den Dienstleistungsverkehr ausgeglichen wurden. Um derartige Ungleichgewichte zu vermeiden, legten die EU-Mitgliedstaaten im Maastricht-Vertrag vom 7. Februar 1992 Kriterien fest, die die Länder ein Jahr vor Einführung des Euro erfüllen mussten – die sog. Maastricht-Kriterien *(Tabelle 5.8)*. Diese Kriterien »atmen« den Geist des neoliberalen, angebotsorientierten Paradigmas, nämlich

- *Preisstabilität* muss für die Wirtschaftspolitik oberste Priorität haben. Sie ist Voraussetzung dafür, dass andere Ziele wie Vollbeschäftigung und Wirtschaftswachstum überhaupt erreicht werden können.
- Die *Staatsverschuldung* muss begrenzt werden. Denn eine hohe Staatsverschuldung – so das Paradigma – gefährdet die Preisstabilität und damit die Realisierung aller anderen wirtschaftspolitischen Ziele.

In den neunziger Jahren waren alle Länder bestrebt, ihre Inflationsrate zu reduzieren, um die Aufnahmekriterien für den Euro-Währungsverbund zu erfüllen. *Schaubild 5.17* zeigt die Konvergenz (= die Annäherung) der Inflationsraten, auch die der südeuropäischen Länder Italien, Spanien und Griechenland, an das »Vorbild Deutschland«. In den 2000er Jahren, nach Einführung des Euro, entwickelten sich die Inflationsraten wieder auseinander *(Schaubild 5.18)*. Die südeuropäischen Länder hatten deutlich höhere Inflationsraten zu verzeichnen. So stiegen die Verbraucherpreise in Griechenland im Zeitraum von 2000 bis 2010 um 39 Prozent, in Spanien um 32 Prozent und in Italien um 24 Prozent, während in Deutschland die Teuerungsrate für den gleichen Zeitraum nur 17 Prozent betrug. Hätte jedes Land noch seine eigene Währung gehabt, hätten die südeuropäischen Länder ihre Währung abwerten bzw. Deutschland seine Währung aufwerten können. Bei einer gemeinsamen Währung – dem Euro – ist diese Möglichkeit nicht gegeben. Folge: Die deutschen Exportgüter waren insbesondere für die südeuropäischen Länder relativ günstig. Sie erhöhten ihre Importe, und es kam zu den Ungleichgewichten der Leistungsbilanzen.

326   Strategien und Instrumente der Wirtschafts- und Gesellschaftspolitik

Tabelle 5.8   Maastricht-Kriterien

Ziel	Kriterium
Stabiles Preisniveau	Die Inflationsrate soll im Jahr vor der Prüfung um nicht mehr als 1,5 Prozentpunkte über der Inflationsrate der – höchstens drei – stabilsten Länder liegen.
Gesunde Staatsfinanzen	Das Haushaltsdefizit darf maximal drei Prozent, der Schuldenstand maximal 60 Prozent des Bruttoinlandsprodukts betragen.
Geringe Zinsabstände	Der durchschnittliche, langfristige Nominalzinssatz soll im Jahr vor der Prüfung nicht mehr als zwei Prozentpunkte über dem entsprechenden Satz der drei stabilsten EU-Staaten liegen.
Stabile Wechselkurse	Das Land muss seit mindestens zwei Jahren ohne große Kursschwankungen am EWS-Wechsel-kursverbund teilgenommen haben.

Quelle: Mickel, W. W. (Hrsg.), Handlexikon der Europäischen Union, Köln 1994, S. 237 f.

Schaubild 5.19 zeigt die Länder mit Leistungsbilanzüberschüssen (vor allem Deutschland, aber auch die Niederlande, Belgien und Österreich) – ihre Säulen sind über der Nulllinie und zeigen nach oben. Die Säulen der Länder mit Leistungsbilanzdefiziten zeigen nach unten (Spanien, Portugal, Italien, Griechenland, Frankreich und Irland). Es ist logisch: Den Überschussländern stehen Defizitländer gegenüber. Denn was die Überschussländer exportieren, sind bei den Defizitländern Importe. Wir sehen an *Schaubild 5.19*, dass Überschüsse und Defizite bis 2007 gewachsen sind. Die Ungleichgewichte der Leistungsbilanzen sind also immer größer geworden.

An dieser Stelle ist auf eines deutlich hinzuweisen: Die unterschiedlichen Inflationsraten sind zwar ein wichtiger Grund für das Entstehen von Leistungsbilanzungleichgewichten, aber nicht der alleinige. Eine Rolle spielt natürlich auch die Art und die Qualität der Produkte, die gehandelt werden bzw. von den einzelnen Ländern angeboten werden können. Ein Land, das nur wenige Waren für den Export anbietet, aber viele Waren aus Deutschland benötigt, die es im eigenen Land nicht produziert, tut sich schwer, zu einer ausgeglichenen Handelsbilanz zu kommen. So stellt sich für den deutschen Verbraucher nicht die Frage, ob er ein deutsches oder ein griechisches Auto kaufen soll – denn Griechenland hat keine eigene Autoindustrie. Wohl kann sich ein Deutscher entscheiden, ob er seinen Urlaub lieber auf Borkum oder auf Kreta verbringen will. Kurz: Leistungsbilanzgleichgewichte und -ungleichgewichte hängen auch damit zusammen, was ein Land an Waren und Dienstleistungen anzubieten hat.

Schaubild 5.17

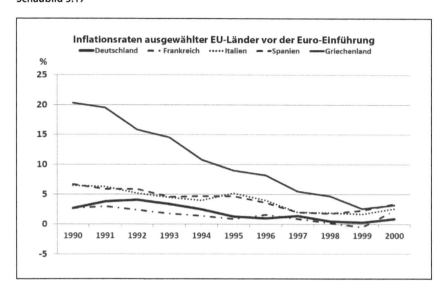

Schaubild 5.18

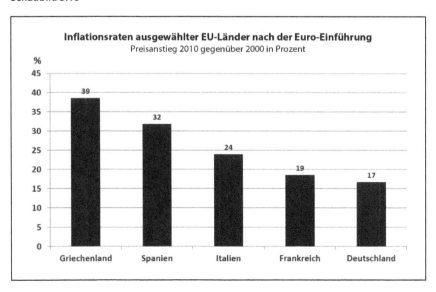

Schaubild 5.19

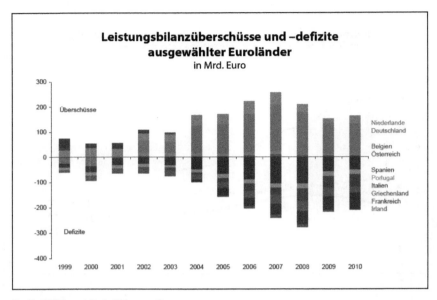

Quelle: IMK-Report Nr. 60/März 2011, S. 17

Was bedeuten diese Überschüsse bzw. Defizite für die Zahlungsströme? Stellen wir uns vor, ein wohlhabender Grieche – nennen wir ihn G – kauft ein deutsches Luxusauto für 80.000 Euro. Dann überweist die griechische Bank, bei der G sein Konto führt, 80.000 Euro an eine deutsche Bank, bei der der Autohändler sein Konto hat. Nehmen wir der Einfachheit halber an, der deutsche Autohändler bucht seinerseits einen vierwöchigen Urlaub für sich und seine Familie auf der griechischen Insel Kreta für – sagen wir – 15.000 Euro. Dann werden 15.000 Euro von der deutschen an die griechische Bank überwiesen. Letztere hat also einen Abfluss von 80.000 Euro, dann einen Rückfluss von 15.000 Euro, macht ein »Defizit« von 65.000 Euro.

Im Eurowährungsraum ist das kein Problem. Die Euro-Zahlungsströme von einem Euroland in ein anderes werden als Forderung bei der nationalen Notenbank, deren Land einen Überschuss hat, und als Verbindlichkeit (= Schulden) der nationalen Bank, deren Land ein Defizit hat, verbucht. In unserem Fall verbucht die Deutsche Bundesbank also eine Forderung, die Bank von Griechenland eine Verbindlichkeit. Da die nationalen Notenbanken ihre Konten bei der Europäischen Zentralbank führen, besteht die Forderung der Deutschen Bundes-

Krisenpolitik in der EU   329

bank bzw. die Verbindlichkeit der Bank von Griechenland gegenüber der EZB. In der ökonomischen Fachsprache werden diese Forderungen bzw. Verbindlichkeiten *Target-Salden* genannt (Target ist die Abkürzung für Trans-European Automated Real-time Gross Settlement Express Transfer System: Zahlungsverkehrssystem zwischen den nationalen Notenbanken und der EZB).

Hätte der wohlhabende Grieche in unserem Beispiel kein deutsches, sondern ein Auto aus den USA gekauft, wäre die Transaktion komplizierter gewesen. Die griechische Bank hätte über die Bank von Griechenland US-Dollars für ihn besorgen müssen. Wäre im Gegenzug ein US-Bürger für 15.000 Euro vier Wochen lang nach Griechenland gereist, um die antiken Stätten zu besuchen, hätten US-Dollars über die Bank von Griechenland und die EZB wieder in Euros zurückgetauscht werden müssen. Aber auch in diesem Fall fließen vom griechischen Bankensystem mehr Gelder ab, als wieder zufließen. Die Leistungsbilanz Griechenlands wird negativ.

Wenn nun ein Land über Jahre hinweg mehr importiert als exportiert – sei es in Form von Waren, sei es in Form von Dienstleistungen – die Bürger dieses Landes also im Ausland statt im Inland einkaufen, fehlt Nachfrage im Inland. Um diese Nachfragelücke im Interesse der Stabilisierung von Konjunktur und Wachstum zu schließen, muss entweder der Staat zusätzliche Ausgaben tätigen oder die Unternehmen müssen mehr investieren. In beiden Fällen müssen Kredite aufgenommen werden, und die Kreditgeber kommen dann aus dem Ausland. Über Kapitalimporte fließt das Geld also zurück. So hängen Leistungsbilanzdefizit mit privater und öffentlicher Verschuldung zusammen. Aus einem anfänglichen Leistungsbilanzdefizit wird ein Zwillingsdefizit. Das Land lebt über seine Verhältnisse.

5.4.2.2 Wachsende Ungleichheit der Einkommensverteilung

Kommen wir nun zur nächsten Ausgangsbedingung, die die Finanzmarktkrise mit ausgelöst hat. Seit den 1980er Jahren wurden die Abstände zwischen den Einkommen der reichsten und den Einkommen der ärmsten Haushalte in fast allen OECD-Staaten immer größer. Das wird an den unterschiedlichen durchschnittlichen Wachstumsraten der real verfügbaren Haushaltseinkommen der jeweils untersten und der obersten zehn Prozent der Haushalte sichtbar. So sind die Einkommen aller Haushalte im Zeitraum von Mitte der 1980er Jahre bis Ende der 2000er Jahre im Durchschnitt jährlich um 1,7 Prozent gestiegen, die des untersten Dezils aber nur um 1,3 Prozent, die des obersten Dezils dagegen um 1,9 Prozent. Wie sehr sich die Einkommen in Deutschland im Vergleich zu anderen wichtigen OECD-Ländern auseinander entwickelt haben, zeigt *Schaubild 5.20.*

Schaubild 5.20

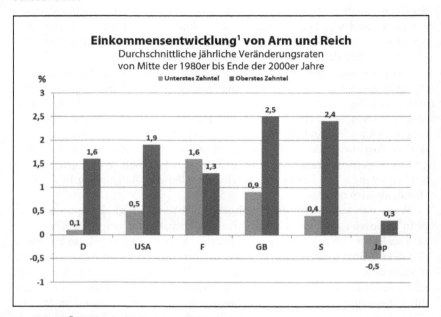

[1] Verfügbares Äquivalenzhaushaltseinkommen, preisbereinigt.
Quelle: OECD, Divided We Stand. Why Inequality Keeps Rising, Paris 2011, S. 23.

Danach gehört Deutschland zu den Ländern, in denen sich die Einkommensschere besonders weit geöffnet hat: der Abstand der Wachstumsrate des obersten im Vergleich zum untersten Einkommensdezil beträgt 1,5 Prozentpunkte, der durchschnittliche Abstand lag dagegen nur bei 0,5 Prozentpunkten. Auffallend ist auch, wie sehr sich die Einkommen in Großbritannien und Schweden auseinander entwickelt haben.

Wenn die oberen Einkommen überdurchschnittliche Zuwächse verzeichnen, hat das Folgen für das Sparaufkommen in der Volkswirtschaft. Je höher das Einkommen eines Haushalts ist, desto mehr (absolut und relativ) kann und wird er sparen. Weltweit wuchsen somit die Ersparnisse der Reichen. Immer mehr Kapital suchte nach rentablen Anlagemöglichkeiten. Folge: Die Finanzwirtschaft – Banken, Versicherungen, Investmentfonds – wurden mit Geldern geradezu überschwemmt. Verstärkt wurde dieser Prozess steigender Überliquidität des Finanzsektors von den großen Unternehmen, die ihre unverteilten (= nicht ausge-

Krisenpolitik in der EU

schütteten) Gewinne nicht mehr in Realkapital, also in Maschinen und Anlagen investierten, sondern geradezu horteten.

Das Problem beschäftigte den Internationalen Währungsfonds bereits vor Ausbruch der Krise. In seinem Economic Outlook vom April 2006 widmete er das Kapitel IV unter der Überschrift »Awash with Cash: Why are Corporate Savings so High?« (deutsch: Im Geld schwimmen: Warum sind die unverteilten Gewinne (Ersparnisse) der Unternehmen so hoch?« genau dieser Frage. Voran gestellt ist diesem Kapitel ein Zitat aus einem Beitrag im Wall Street Journal vom 21. Juli 2005:

> »Unternehmen, die sich normalerweise die Ersparnisse anderer leihen, um damit zu investieren, haben sich als ausgesprochen sparsam erwiesen. Sogar Unternehmen mit hohen Gewinnen horten ihre Mittel, tilgen Schulden und kaufen ihre eigenen Aktien zurück – statt das Geld anzulegen«. (Übersetzung von mir, H. A. – Quelle: IMF, World Economic Outlook, April 2006, S. 135)

Der IWF bezifferte die überschüssigen Ersparnisse (unverteilte Gewinne abzüglich Kapitalausschüttungen) allein der G7-Länder (USA, Japan, Deutschland, Großbritannien, Frankreich, Italien und Kanada) für die Jahre 2003/04 auf 1,3 Billionen US-Dollar. Auch der deutsche Sachverständigenrat zur Begutachtung der gesamtwirtschaftlichen Entwicklung stellte in seinem Jahresgutachten 2007/08 fest:

> »Die Strukturen im deutschen Bankensystem sind durch ein geringes Wachstum der inländischen Kapitalnachfrage ... geprägt. Weder der private Sektor noch der Staat haben in den letzten Jahren in zusätzlichem Umfang Kredite von inländischen Kreditinstituten bezogen ... Um diese Einschränkungen zu überwinden, suchten viele deutsche Banken ihr Wachstum in ausländischen Märkten«. (Kasten 7)

Mit anderen Worten: Auch die deutschen Banken »saßen« auf ihren Einlagen, konnten sie mangels Nachfrage nach Krediten nicht ausleihen und suchten auf den internationalen Finanzmärkten nach Anlagemöglichkeiten.

Hier kommen wir zu einer *weiteren* Ausgangsbedingung für das Entstehen der Finanzmarktkrise: der Liberalisierung und Deregulierung der Finanzmärkte.

5.4.2.3 Liberalisierung und Deregulierung der Finanzmärkte

Die Suche nach Anlagemöglichkeiten im Ausland klingt für die meisten heutzutage wie selbstverständlich, ist es aber nicht. Noch viele Jahre nach dem Zweiten Weltkrieg herrschte in der alten Bundesrepublik *Devisenbewirtschaftung.* Darunter versteht man die mengenmäßige Beschränkung des Umtauschs der heimischen in eine ausländische Währung.

In Zeiten des Euro klingt es wie von einem anderen Stern, wenn man an die Zeiten erinnert, in denen man für den Umtausch von DM in eine andere Währung eine Genehmigung brauchte. Eine Auslandsreise nur um des Urlaubsvergnügens willen war in den ersten Jahren der Nachkriegszeit nicht möglich. Man musste schon ein berufliches oder geschäftliches Interesse nachweisen. So wurde verhindert, dass Geld im Ausland ausgegeben wurde, ohne dass es dem Wiederaufbau diente, und Devisen, die für dringende Warenimporte benötigt wurden, fehlten. Diese Devisenkontrollen und Devisenbewirtschaftungen waren eine wesentliche Voraussetzung dafür, dass die Wirtschaftspolitik *Ludwig Erhards (CDU)* überhaupt Erfolg haben konnte. Man könnte sogar sagen: Ohne wesentliche planwirtschaftliche Elemente wäre das Wirtschaftswunder in Deutschland gar nicht zustande gekommen.

Wenn Devisenkontrollen herrschen, kann man natürlich weder so ohne Weiteres ins Ausland reisen oder im Ausland etwas einkaufen, noch kann man sein Geld im Ausland anlegen, Wertpapiere dort kaufen oder einen Kredit bei einer ausländischen Bank aufnehmen. Denn all das erfordert Devisenumtauschvorgänge und damit staatliche Genehmigungen. Die vollständige Liberalisierung des Kapitalverkehrs hat erst in den achtziger und neunziger Jahren des vorigen Jahrhunderts stattgefunden – nicht zuletzt auch aufgrund politischen Drucks der Finanzindustrie, zeitgleich mit dem wirtschaftspolitischen Paradigmenwechsel von keynesianisch orientierter zu angebotsorientierter Wirtschaftspolitik.

An dieser Stelle erscheint es angebracht, einen Blick auf die Zusammenhänge zwischen liberalisierten und deregulierten Finanzmärkten einerseits und der Krisenanfälligkeit des kapitalistischen Wirtschaftssystems sowie der Einkommensverteilung andererseits zu werfen. *David A. Moss,* Professor für Business Administration an der Harvard Business School, hat diese Zusammenhänge am Beispiel der USA plastisch veranschaulicht. *Schaubild 5.21* zeigt die jährlichen Verluste an Bankeinlagen bei den Pleite gegangenen oder durch den Staat geretteten Banken (Säulen) von 1917 bis 2009. In diesem Zeitraum gab es von 1933 bis 1981 eine staatliche Regulierung von Banken durch das *Glass-Steagall-Gesetz.*

Der Glass-Steagall-Act, benannt nach seinen Initiatoren, dem US-Senator Carter Glass und dem Kongress-Abgeordneten Henry B. Steagall, zwang die Kreditinstitute u. a. dazu, entweder als Geschäftsbank nur das klassische Bankgeschäft wie Einlagen- und Kreditgeschäft, Kontoführung und Zahlungsverkehr zu betreiben oder als Investmentbank nur das Wertpapiergeschäft. Dadurch wurde in den USA das *Trennbankensystem* eingeführt im Gegensatz zu dem in Deutschland vorhandenen *Universalbankensystem,* das Banken unter einem Dach alle Bankgeschäfte erlaubt. Ziel des Gesetzes war es, den Geschäftsbanken nur noch zu ge-

Krisenpolitik in der EU

Schaubild 5.21

* Verluste an Bankeinlagen bei den Pleite gegangenen oder durch den Staat geretteten Banken.

Quelle: Moss, D., An Ounce of Prevention. Financial Regulation, moral hazard, and the end of »too big to fail«, in: Harvard Magazine, September–Oktober 2009, S. 25–29. Schaubild ins Deutsche übertragen von der Hans-Böckler-Stiftung in Böcklerimpuls 17/2010, S. 6.

statten, Wertpapiere, Devisen oder Derivate im Auftrag ihrer Kunden zu kaufen bzw. zu verkaufen, aber keinen Eigenhandel der Banken mehr zu betreiben.

In dieser Zeit strenger Regulierung von 1933 bis 1979 sind kaum Bankenpleiten eingetreten *(Schaubild 5.21)*. Als im März 1980 die USA mit der Deregulierung ihres Bankensektors begannen, setzten sofort wieder Bankenkrisen ein (siehe Säulen ab 1981). Besonders interessant in diesem Zusammenhang: Regulierung und Deregulierung des Bankensektors und Einkommensverteilung entwickeln sich gegenläufig.

Bei staatlicher Regulierung der Banken schrumpfte der Anteil der Einkommen der reichsten zehn Prozent am Bruttoinlandsprodukt, mit Beginn der Deregulierung des Bankensystems steigt der Anteil der Reichsten am Bruttoinlandsprodukt wieder deutlich an.

Auch eine ganz andere Quelle belegt das zeitliche Zusammenfallen von Liberalisierung der Finanzmärkte und Einkommensverteilung. Der New Yorker As-

Schaubild 5.22

Erläuterung: Financial Deregulation Index = Index der Finanzmarktliberalisierung; Rel. Wage in Fins. = Gehälter in der Finanzindustrie im Verhältnis zur Gesamtwirtschaft

Quelle: Philippon, Th./Reshef, A., Wages and Human Capital in the U.S. Finance Industry: 1909–2006, in: The Quarterly Journal of Economics, vol. 127, November 2012, Issue 4, p. 1578 (Figure VIII).

sistenzprofessor für Finanzwirtschaft, *Thomas Philippon,* zeigte auf, wie eng die Gehälter der Bankangestellten der Liberalisierung des Bankenwesens in den USA folgen *(Schaubild 5.22):* Mit der Regulierung des Bankensektors 1933 beginnen die Gehälter der Bankangestellten in Relation zu den Verdiensten der übrigen Wirtschaft zu sinken. Als 1980 die Kapitalmärkte liberalisiert werden, lassen die Gehälter der Bankangestellten, insbesondere die der Vorstände, die der übrigen Wirtschaft wieder hinter sich.

▶ **Es ist somit ganz offensichtlich: Bei der Regulierung bzw. Deregulierung der Finanzmärkte geht es – neben der Vermeidung von Bankenkrisen – um handfeste wirtschaftliche Interessen. Soll eine Gesellschaft zulassen, dass nur zehn Prozent der Bevölkerung über 50 Prozent des Bruttoinlandsprodukts erhalten? Muss in den Banken so viel mehr verdient werden als im Rest der Wirtschaft? In den über 45 Jahren von 1933 bis 1979 hat die US-amerikanische Wirtschaft auch gut funktioniert, ohne dass es eine »Klasse« von Superreichen gab!**

Wir sehen, wie im globalisierten Kapitalismus eins ins andere greift. Ohne liberalisierte Kapitalmärkte, ohne den freien Kapitalverkehr, hätten auch die Unternehmen nicht die Wahl zwischen Realkapital- und Finanzkapitalinvestitionen. Damit kommen wir zur vierten Ausgangsbedingung der Finanzmarktkrise.

5.4.2.4 Schere zwischen Finanz- und Realkapitalinvestitionen

Wie sehr liberalisierte Kapital- und Finanzmärkte den Unternehmen den Spielraum eröffnen, zwischen Finanz- und Realkapitalinvestitionen zu entscheiden, veranschaulicht *Schaubild 5.23*. Hier wird die Entwicklung von Gewinnen und Investitionen der Unternehmen in Deutschland und in den USA gegenüber gestellt. Es zeigt sich: Gewinn- und Investitionsentwicklung laufen in beiden Ländern lange Zeit parallel. Die Schere öffnet sich in den USA 1980, gut fünf Jahre nach der Liberalisierung der Kapitalmärkte und mit Beginn der Reagan-Ära. In den neunziger Jahren gibt es vorübergehend in den USA noch mal eine annähernd parallele Entwicklung zwischen Gewinnen und Investitionen, Zeichen des Internet-Booms in den USA. In Deutschland deutet sich eine Öffnung der Schere bereits in den achtziger Jahren an, nachdem 1981 die Kapitalmärkte liberalisiert wurden. Zum Zeitpunkt der Wiedervereinigung schließt sich die Schere kurzzeitig wieder (Investitionsboom in den neuen Ländern), danach klafft sie weiter als je zuvor auseinander. Der von den Neoliberalen behauptete Zusammenhang

Gewinne → Investitionen → Arbeitsplätze

Schaubild 5.23

Schaubild 5.24

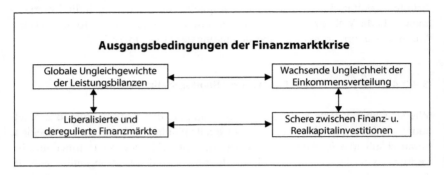

erweist sich auch aus dieser Perspektive als Trugschluss. Die Chancen, Gewinne Ertrag bringend auf den internationalen Kapitalmärkten anlegen zu können, werden von den Unternehmen in hohem Umfang zu Lasten der Realkapitalinvestitionen im Inland genutzt. Es werden also mit den Gewinnen keine neuen Arbeitsplätze geschaffen.

In *Schaubild 5.24* sind die vier Ausgangsbedingungen der Finanzmarktkrise noch einmal dargestellt. Dem Leser dürfte klar geworden sein, wie die einzelnen Faktoren ineinander greifen und sich gegenseitig verstärken, so dass man nicht die *eine* Ursache der Finanzmarktkrise ausmachen kann. Es handelt sich vielmehr um ein ganzes Geflecht, das man durchschauen muss, um die Zusammenhänge zu verstehen. Damit können wir das Entstehen der Krise im Euroraum bzw. der Finanzmarktkrise erklären.

5.4.3 Das Entstehen der Krise

Ausgangspunkt der Krise im Euroraum waren, wie beim Zusammenbruch des Bretton-Woods-Systems Anfang der siebziger Jahre des vorigen Jahrhunderts, unterschiedliche Inflationsraten der einzelnen Länder. Anders als damals konnten die professionellen Anleger jedoch nicht auf steigende oder fallende Wechselkurse einzelner Währungen spekulieren. Denn bei der Einheitswährung Euro waren Wechselkursanpassungen ausgeschlossen.

Für diejenigen, die mit Geld Geld verdienen wollen, ist jedoch nichts ungünstiger als starre monetäre Größen. Spekulationsgewinne lassen sich nämlich nur dann erzielen, wenn sich die Preise aller möglichen *Assets* (= engl.: Vermögenswerte: Aktien, Anleihen, Immobilien usw.) verändern. Dann kann man Assets

Krisenpolitik in der EU

(z. B. Aktien), die einen Wertzuwachs erwarten lassen, kaufen, sie eine Zeitlang halten und schließlich wieder zu einem günstigeren Preis verkaufen. Mit anderen Worten: Professionelle Anleger sind daran interessiert, dass die Finanzmärkte ständig in Bewegung sind und die Werte von Vermögenstiteln gleich welcher Art (auch Immobilien gehören dazu) schwanken.

Auch aus Wertverlusten kann man Profit ziehen, wenn man sie richtig vorausgesehen und jemanden gefunden hat, der die Entwicklung anders vorausschätzt. Spekulationsgeschäfte sind nichts anderes als Wetten. Auch wer sich kein schlechtes Wetter wünscht, kann mit einem anderem darauf wetten, dass das Wetter morgen schlecht wird, wenn der andere dagegen hält und auf schönes Wetter setzt.

Als in den USA die Subprime-Krise ausbrach (siehe Kap. 4.2.3.3), wurden davon auch zahlreiche Finanzinstitute im Euroraum in Mitleidenschaft gezogen. Sie hatten einen Teil der US-Papiere gekauft, die die faulen Hypothekenkredite verbrieften, und diese Papiere verloren nun rapide an Wert. Da Banken das Geld, das Kunden bei ihnen einzahlen/anlegen, entweder für die Kreditvergabe an Unternehmen oder zum Erwerb von Vermögenstiteln nutzen, hatten die betreffenden Institute Geld ihrer Kunden falsch angelegt und waren deshalb nicht mehr in der Lage, ihnen die anvertrauten Ersparnisse auszuzahlen (siehe Erläuterung: Wie funktioniert eine Universalbank?)

Wie funktioniert eine Universalbank?

Das ursprüngliche, klassische Bankgeschäft besteht darin, von Kunden, überwiegend privaten Haushalten, Spargelder/Einlagen entgegenzunehmen und diese Mittel wieder an Unternehmen auszuleihen, die damit ihre Investitionen finanzieren. Von der *Zinsspanne*, der Differenz zwischen dem Darlehenszins für Kreditnehmer und dem Guthabenzins für Sparer, sollte eine Bank eigentlich »leben«.

Eine Universalbank betreibt neben dem Einlagen- und dem Realkreditgeschäft aber auch noch ein Wertpapiergeschäft. Sie kauft nicht nur im Auftrag ihrer Kunden, die ihr Geld anders anlegen möchten als auf dem Sparbuch, sondern auch auf eigene Rechnung alle möglichen Wertpapiere. Der »Pfiff« dabei ist – und das muss man sich als ökonomischer Laie unbedingt klar machen – dass die Banken zum Kauf dieser Papiere nicht eigenes Geld, sondern geliehenes Geld verwenden: das von ihren privaten Einlegern oder das, was sie sich von anderen Banken geliehen haben. Ebenso wie ein Immobilienmakler keine Häuser, keine Grundstücke und keine Wohnungen verkauft, die ihm selbst gehören, sondern nur Kauf und Verkauf dieser Immobilien vermittelt, so tritt eine Bank als Mittlerzwischen denjenigen auf, die Geld *verleihen* wollen (= Gläubiger), und denjenigen, die sich Geld *leihen* wollen (= Schuldner).

Warum ist das der »Pfiff« des Universalbankengeschäfts? Nehmen wir ein einfaches Beispiel. Angenommen, Herr Klug hat 100 Euro eigenes Geld und verleiht es für – sagen wir – fünf Prozent Zinsen im Jahr an Frau Schmitz. Nach einem Jahr bekommt Herr Klug 105 Euro von Frau Schmitz zurück, hat also fünf Prozent verdient. Leiht sich Herr Klug dagegen zusätzlich zu seinem eigenen Geld weitere 100 Euro für zwei Prozent Zinsen von seinem Freund Meier und verleiht insgesamt 200 Euro zu fünf Prozent an Frau Schmitz, sieht die Rechnung folgendermaßen aus: Frau Schmitz zahlt Herrn Klug nach einem Jahr 210 Euro zurück, dieser wiederum 102 Euro an Herrn Meier, bleiben also 108 Euro für Herrn Klug. Das ergibt, bezogen auf sein eigenes Geld von 100 Euro, eine Rendite von acht Prozent!

Spinnen wir dieses simple Beispiel noch etwas weiter. Angenommen Herr Klug leiht sich 900 Euro zu zwei Prozent Zinsen und verleiht 1.000 Euro für fünf Prozent Zinsen an Frau Schmitz. Dann erhält er von ihr nach einem Jahr 1.050 Euro zurück. 900 Euro plus zwei Prozent Zinsen muss er seinerseits zurückzahlen, macht 918 Euro. Somit hat Klug einen Gewinn von 50 Euro minus 18 Euro gleich 32 Euro erzielt, das ergibt eine Rendite (bezogen auf seine eigenen 100 Euro) von 32 Prozent!

Es gilt also: Je weniger eigenes Geld und je mehr fremdes (geliehenes) Geld eine Bank für seine Kreditvergabe (oder den Kauf eines Wertpapiers) einsetzt, desto größer ist die Rendite. In der ökonomischen Fachsprache nennt man diesen Zusammenhang *Hebel* oder *Hebelwirkung.*

Was geschieht nun aber, wenn Frau Schmitz – aus welchen Gründen auch immer – Herrn Klug die geliehenen 1.000 Euro nicht zurückzahlen kann? Dann kann Herr Klug wiederum Herrn Meier die geliehenen 900 Euro nicht zurückzahlen. Alles, was Herr Klug dann noch hat, ist sein eigenes Geld von 100 Euro. Und das muss er dann Herrn Meier geben. Dieser hat dann 800 Euro verloren, Herr Klug jedoch nur 100 Euro.

Da große Banken Tausende von Kunden haben und auf vielfältige Weise mit anderen Banken über Kreditbeziehungen verflochten sind, würde die Pleite *systemrelevanter* Banken einen Dominoeffekt auslösen: Andere Banken würden mitgerissen und könnten ihrerseits ihre Kundeneinlagen nicht mehr auszahlen. Um dies zu verhindern, haben die Staaten die betroffenen Banken gestützt, d. h. sie haben ihnen neues Kapital zugeführt. Entweder haben die Staaten Anteile an den Banken erworben, sind also Miteigentümer geworden, oder sie haben den Banken längerfristige Kredite gegeben. Weil dazu die Steuereinnahmen nicht ausreichten, mussten sich die Staaten ihrerseits verschulden.

Der sprunghafte Anstieg der Staatsverschuldung in allen Ländern ließ bei den Akteuren auf den Finanzmärkten Zweifel aufkommen, ob alle Staaten in der Lage sein werden, ihre Schulden zu bedienen. Schließlich hatten die meisten institutionellen Anleger wie Banken und Versicherer Anleihen der europäischen Länder erworben im Vertrauen darauf, dass EU-Länder allesamt gute Schuldner sind. Bei Deutschland wurde das nie (jedenfalls bisher nicht) angezweifelt. Aber die südeuropäischen Länder wie Griechenland, Italien, Spanien und Portugal gerieten in den Verdacht, auf Dauer nicht zahlungsfähig zu sein.

Nun spielte sich im Prinzip das Gleiche ab wie in der Währungskrise der siebziger Jahre. Da viele Anleger befürchteten, dass die von ihnen erworbenen Staatsanleihen Griechenlands wertlos würden, begannen sie, diese Papiere zu verkaufen. Das dadurch wachsende Angebot an griechischen Staatsanleihen ließ deren Kurse sinken und signalisierte damit das schwindende Vertrauen in die Zahlungsfähigkeit Griechenlands. Das verstärkte wiederum bei den Anlegern die Neigung, sich von den Papieren zu trennen. Panik setzte ein. Gleichzeitig waren Anleger nicht mehr bereit, Griechenland zu den bisherigen Zinsen Geld zu leihen. Die Rendite für Griechenlandpapiere, d. h. die zu zahlenden Zinsen bezogen auf den Kurswert, überstiegen im Frühjahr 2012 die 10-Prozent-Marke und erreichten Mitte 2012 Höchststände von rund 40 Prozent. So wurde es für den griechischen Staat unmöglich, neue Schulden aufzunehmen, um alte zu tilgen. Die Ökonomen sagen: Griechenland hatte keinen Zugang mehr zum Kapitalmarkt.

So wie die Anleger zu Beginn der siebziger Jahre auf eine Aufwertung der DM spekulierten, so spekulierten sie bei der Krise im Euroraum auf die Zahlungsunfähigkeit Griechenlands. Im ersten Fall handelte es sich um eine Spekulation mit Devisen, bei der Krise im Euroraum um eine Spekulation mit Staatsanleihen. Diese Erkenntnis müssen wir gleich nochmal aufgreifen, wenn wir die Lösungsansätze und ihre politische Einordnung behandeln.

5.4.4 Ansätze zur Überwindung der Krise

Zu Beginn dieses fünften Kapitels hatten wir die grundsätzlich unterschiedlichen wirtschaftspolitischen Denkansätze – die neoklassische und die keynesianische Position – erläutert. Auch in der EU-Krisenpolitik treffen diese Paradigmen aufeinander. Im Mittelpunkt steht das Problem: Wie kann die hohe Staatsverschuldung der Euro-Staaten wieder zurückgeführt werden?

Wir wollen hier weder die Vielzahl der Maßnahmen auflisten, die seit 2008/ 2009 ergriffen wurden, noch die diversen Rettungspakete für die krisengeschüttelten Staaten aufzählen. Vielmehr geht es uns um die grundsätzliche Frage: Wo setzen die Maßnahmen an und auf welchem wirtschaftstheoretischen Paradigma beruhen sie?

Wenn bei einem Wirtschaftssubjekt – sei es ein Unternehmen, ein privater Haushalt oder der Staat – die Ausgaben die Einnahmen übersteigen, gibt es grundsätzlich zwei Anknüpfungspunkte, um die beiden Größen wieder zum Ausgleich zu bringen: die Ausgaben- und die Einnahmeseite.

5.4.4.1 Der neoliberale Ansatz: Haushaltskonsolidierung

Neoliberale Ökonomen setzen bei der Bekämpfung der Krise in der EU bei den Ausgaben der öffentlichen Haushalte der südeuropäischen Länder an. So wie ein einzelnes Privatunternehmen oder ein privater Haushalt sein »Budget« ausgleichen soll, indem das Unternehmen seine Kosten (insbesondere die Löhne) und der private Haushalt bei seinen Ausgaben einspart – der Leser erinnere sich an die Gleichung »Gewinn = Preis × Absatzmenge minus Kosten« – so sollen die Staaten nach neoliberaler Auffassung ihre defizitären Haushalte wieder in Ordnung bringen, indem sie bei ihren Ausgaben radikal kürzen. Ergänzt werden soll die fiskalische Sparpolitik durch sog. »Strukturreformen« der Wirtschaft.

»Strukturreformen«, das ist eine sehr neutral klingende Bezeichnung. Ein Blick auf die wesentlichen Elemente dieser Strukturreformen (siehe Erläuterung am Beispiel Griechenland) zeigt jedoch: Es geht im Prinzip darum, Löhne zu kürzen, den Kündigungsschutz zu verringern und Sozialleistungen abzubauen. Damit sollen die Kosten der Unternehmen gesenkt und die internationale Wettbewerbsfähigkeit der griechischen Wirtschaft hergestellt werden. Haushaltskonsolidierung und Stärkung der internationalen Wettbewerbsfähigkeit sollen also parallel verlaufen und Griechenland aus der Krise heraus führen.

Wesentliche Elemente von Strukturreformen – das Beispiel Griechenland

Öffentlicher Dienst: Streichung der 13. Und 14. Monatsgehälter, neue Vergütungstabellen, Personalabbau: nur einer von fünf wegen Erreichen der Altersgrenze ausscheidender Mitarbeiter wird ersetzt.

Rentenreform: Erhöhung des tatsächlichen Renteneintrittsalters zunächst um zwei Jahre auf 65 Jahre, dann auf 67 Jahre, Festlegung der Mindestbeitragszeit zum Erhalt einer vollständigen Rente auf 40 Jahre, Einführung eines Nachhaltigkeitsfaktors → Senkung der Lohnersatzquote.

Arbeitsmarktreformen: Senkung der Überstundenvergütung um 20 %, Einführung flexibler Arbeitszeitmodelle, Senkung des Mindestlohns von 877 Euro auf 684 Euro (−22 %), Senkung des Mindestlohns für Jugendliche um 32 %, Erhöhung der Probezeit von drei auf zwölf Monate, Verringerung der Kündigungsfristen, Flexibilisierung befristeter Arbeitsverträge. Quelle: Bundesfinanzministerium

---

Als »wissenschaftliche Untermauerung« für die Haushaltskonsolidierung im Wege von Ausgabenkürzungen diente der im Mai 2010 in der American Economic Review veröffentlichte Artikel »Growth in a Time of Debt« (deutsch: Wachstum in Zeiten der Staatsverschuldung) der beiden renommierten amerikanischen Ökonomen *Carmen M. Reinhart* (Universität von Maryland) und *Kenneth S. Rogoff* (Harvard Universität). Er basierte auf ihrem 2009 veröffentlichte Buch über »This time ist different. Eight Centuries of Financial Folly«, das ein Jahr später auch in deutscher Übersetzung unter dem Titel »Dieses Mal ist alles anders. Acht Jahrhunderte Finanzkrisen« erschienen ist. Die Kernaussage des Artikels lautete:

> »In den letzten zwei Jahrhunderten ging eine Staatsverschuldung von über 90 Prozent des Bruttoinlandsprodukts in der Regel mit einem mittleren Wachstum von 1,7 Prozent einher. Bei einem mittleren Schuldenstand zwischen 30 und 90 Prozent des BIP betrug die Wachstumsrate dagegen über drei Prozent, bei sehr niedriger Verschuldung (unter 30 Prozent des BIP) sogar 3,7 Prozent«.
> (Quelle: Reinhart, C. M./Rogoff, K. S., Growth in a Time of Debt, in: American Economic Review, Papers and Proceedings 100 (May 2010), p. 575 – Übersetzung von mir, H. A.)

Normalerweise bleibt die Resonanz derartiger Fachartikel auf einen kleinen Kreis von Wissenschaftlern begrenzt. Diese Aussage ging jedoch durch die Medien und damit um die ganze Welt. Notenbanker und Politiker aller Richtungen, vom damaligen EZB-Präsidenten *Jean-Claude Trichet* über den amerikanischen Finanzminister *Tim Geithner,* den deutschen Bundesfinanzminister *Wolfgang Schäuble (CDU)* bis hin zum SPD-Kanzlerkandidaten *Peer Steinbrück (SPD),* beriefen sich alle auf diese angebliche »wissenschaftliche Erkenntnis« und rechtfertigten damit den rigiden Sparkurs, der Griechenland auferlegt wurde.

Drei Jahre später entdeckte indessen *Thomas Herndon,* Doktorand an einer kleinen amerikanischen Universität, dass die Untersuchung von Reinhardt/Rogoff lücken- und fehlerhaft war:

- Die Daten für Australien, Belgien, Dänemark, Kanada, Norwegen und Österreich wurden versehentlich nicht einbezogen.
- Die durchschnittlichen Wachstumsraten der einzelnen Länder wurden nach einer umstrittenen Methode (d. h. ungewichtet) gebildet.

Ergebnis:

▸ **Mit den Daten von *Reinhart/Rogoff* ließ sich nach Korrektur der Fehler nicht mehr belegen, dass eine Staatsverschuldung von über 90 Prozent zwingend zu einem Wachstumseinbruch führt. Es gibt somit weder eine wissenschaftliche Rechtfertigung für die Opfer, die dem griechischen Volk durch die Austeritätspolitik (Auste-**

rität = wirtschaftliche Einschränkung, energische Sparpolitik) auferlegt wurden, noch einen handfesten Beleg dafür, ob überhaupt und wenn ja, inwieweit Staatsverschuldung dem Wirtschaftswachstum eines Landes überhaupt schadet.

Diese Feststellung ist eigentlich nicht überraschend. Schon die Schuldenobergrenze von 60 Prozent des Bruttoinlandsprodukts war seinerzeit eine in der EU willkürlich festgesetzte Marke, für die es keine stringente wissenschaftliche Begründung gab, wie der stellvertretende Generaldirektor für Wirtschaft und Finanzen, *Heinrich Matthes*, einräumte (Vgl. Matthes, H., Adäquate Regeln für die Fiskalpolitik der EG-Länder? in: Wirtschaftsdienst 8/1992; S. 413). Es ist deshalb eine rein politische Entscheidung, ob eine Staatsverschuldung überhaupt zurückgeführt werden soll, und erst recht, ob dazu der Bevölkerung ein »Blut-, Schweiß- und Tränenprogramm« staatlich verordnet werden muss.

5.4.4.2 Der keynesianische Ansatz: Wachstumsförderung

Anders als die Anhänger des neoliberalen Paradigmas, die bei den staatlichen Ausgaben ansetzen, um die Staatsverschuldung zurückzuführen, legen die Keynesianer ihr Hauptaugenmerk auf die staatliche Einnahmeseite. Das ist gar nicht so weit hergeholt. Schließlich können auch ein privater Haushalt oder ein Unternehmen, wenn sie hoch verschuldet sind, von der Schuldenlast herunterkommen, indem sie ihre Einnahmen – das sind beim privaten Haushalt seine Einkünfte, beim Unternehmen seine Gewinne – steigern. Eine Einzelperson könnte eventuell Überstunden machen oder sich einen zweiten Job suchen, ein Unternehmen könnte eine Verkaufsoffensive starten oder Vermögenswerte, die nicht benötigt werden, verkaufen. Was aber kann ein Staat machen, um seine Einnahmen zu erhöhen?

1) Er könnte die Steuern erhöhen. Das würde allerdings privaten Haushalten und Unternehmen finanzielle Mittel entziehen und die gesamtwirtschaftliche Nachfrage dämpfen mit der Gefahr, dass die Steuereinnahmen nicht steigen, sondern eher sinken würden.

2) Er könnte vorhandenes Vermögen verflüssigen, also beispielsweise staatliche Unternehmen verkaufen (privatisieren). Viele Staaten haben in den vergangenen drei Jahrzehnten in erheblichem Umfang privatisiert, um ihre Haushalte auszugleichen.

Im Falle von Griechenland kam sogar mal – nicht bei den Griechen selbst, sondern in den Medien anderer europäischer Länder – die Idee auf, die Akropolis zu verkaufen. Dieser Vorschlag zeugt von erheblicher ökonomischer Unkenntnis. So wertvoll die Akropolis als Kulturgut auch ist, was soll ein ausländischer Eigentümer damit anfangen? Die wirtschaftliche Verwertungsmöglichkeit der Akropolis besteht darin, Touristen aus aller Welt anzulocken, die diese Kulturstätte besichtigen wollen. Das geschieht doch aber bereits, und die Einnahmen aus diesem Tourismus fließen Griechenland zu. Oder hatten sich diejenigen, die diesen Vorschlag gemacht haben, vorgestellt, man könnte das Gebiet um die Akropolis so weiträumig und mit Sichtschutz absperren, dass sie nur noch zu besichtigen ist, wenn Eintritt für dieses Areal verlangt wird? Dann ließen sich zusätzliche Einnahmen erzielen.

3) So merkwürdig es für den ökonomischen Laien zunächst klingen mag: Der Staat kann seine Einnahmen auch steigern, indem er seine Ausgaben erhöht. Genau das unterscheidet ihn von einem einzelnen privaten Haushalt oder Unternehmen. Sie tätigen nämlich nicht derart hohe Ausgaben, dass sie sich spürbar auf die volkswirtschaftliche Gesamtnachfrage auswirken. Anders der Staat: Aus Kapitel 4.3.1 wissen wir, dass der Anteil der Staatsausgaben am Bruttoinlandsprodukt – die Staatsquote – zwischen 40 und 50 Prozent liegt. Seine Ausgaben sind deshalb ein wesentlicher Bestimmungsfaktor für die Höhe des Bruttoinlandsprodukts. Diese wiederum ist maßgebend für die Steuereinnahmen. Es gilt

Staatsausgaben → Bruttoinlandsprodukt → Steuereinnahmen

und umgekehrt

Kürzung der Staatsausgaben → geringeres Bruttoinlandsprodukt → niedrigere Steuereinnahmen

Der Vergleich der Staatstätigkeit mit der einer »schwäbischen Hausfrau« ist also völlig unpassend, weil er die gesamtwirtschaftlichen Zusammenhänge und die Rolle des Staates als bedeutender Faktor im Wirtschaftskreislauf vollkommen außer Acht lässt.

Der zuletzt dargestellte dritte Weg zur Einnahmesteigerung wird von keynesianisch orientierten Ökonomen befürwortet, um Griechenland aus seiner schwierigen Wirtschaftslage herauszuführen. Gedacht wird an eine Art *Marshall-Plan*, ein Wirtschaftsaufbauprogramm, wie es die USA nach dem Zweiten Weltkrieg für die westeuropäischen Länder auflegten. Jetzt sollten – so die Vorstellung keynesianischer Ökonomen – über einen dafür eingerichteten Fonds Mittel bereitgestellt werden, um damit in Griechenland private und öffentliche Investitionen zu fördern und das Wachstum anzukurbeln.

| | Strategien und Instrumente der Wirtschafts- und Gesellschaftspolitik |

Der Marshall-Plan ist nach dem US-Außenminister von 1947–1949, *George C. Marshall* benannt. Damals lieferten die USA zum einen Lebensmittel, dringend benötigte Waren und Rohstoffe nach Westeuropa, zum anderen gewährten sie Kredite, mit denen die Wirtschaft wieder aufgebaut werden konnte. Die Hilfen der USA beliefen sich seinerzeit im Zeitraum von 1948 bis 1952 auf 13,1 Mrd. Dollar (in Preisen von 2013: 127,1 Mrd. Dollar).

Die EU-Politik orientiert sich jedoch nicht am nachfrageorientierten, keynesianischen, sondern am angebotsorientierten, neoliberalen Paradigma. Die Folgen dieser Ausrichtung sind aus *Tabelle 5.9* ablesbar. Die Arbeitslosenquote ist von 2008 bis 2013 von 7,6 auf 12,2 Prozent gestiegen, in Griechenland sogar auf den Rekordwert von 27 Prozent. Auch das Wirtschaftswachstum im Euroraum ist nicht in Schwung gekommen. Im Gegenteil: Nach einer kurzen Belebung 2010 und 2011 schrumpfte die Wirtschaft der Eurostaaten 2012 um 0,7 Prozent, 2013 um 0,4 Prozent. In Griechenland sank das Bruttoinlandsprodukt seit 2008 in jedem Jahr, 2013 also zum sechsten Mal in Folge, seit Ausbruch der Krise um insgesamt mehr als 23 Prozent. Auch von einem Abbau der Staatsschulden kann überhaupt keine Rede sein. Der Anteil der Staatsschulden am Bruttoinlandsprodukt – die Staatsschuldenquote – stieg im Euroraum von 70,1 Prozent (2008) auf 95,5 Prozent (2013). Und in Griechenland lag die Schuldenquote trotz enormer Sparanstrengungen und Kürzungen 2013 mit 176,2 Prozent so hoch wie nie zuvor.

Die EU-Politik erinnert fatal an die Wirtschaftspolitik des deutschen Reichskanzlers *Heinrich Brüning (Zentrumspartei)* in den Jahren 1930 bis 1932. Dieser

Tabelle 5.9 Wirtschaftswachstum, Arbeitslosigkeit und Staatsschulden in Griechenland und im Euro-Raum insgesamt

Jahr	Wirtschaftswachstum		Arbeitslosenquote		Staatsschuldenquote	
	Griechen-land	Euro-Raum	Griechen-land	Euro-Raum	Griechen-land	Euro-Raum
	in Prozent gegenüber Vorjahr		in Prozent		in Prozent	
2008	−0,2	0,4	7,7	7,6	113,0	70,1
2009	−3,2	−4,2	9,5	9,6	129,3	79,8
2010	−4,9	1,9	12,6	10,1	148,3	85,6
2011	−7,1	1,6	17,7	10,1	170,3	87,9
2012	−6,4	−0,7	24,3	11,4	156,9	92,6
2013	−4,0	−0,4	27,0	12,2	176,2	95,5

Quelle: EU-Kommission

Krisenpolitik in der EU

Tabelle 5.10 Die Folgen von Austeritätspolitik – Arbeitslosigkeit, Inflationsrate und Realeinkommen während der Weltwirtschaftskrise in Deutschland

Jahr	Arbeitslosigkeit		Verbraucherpreise		Einkommen[1]	
	in Tsd.	in %[2]	1985 = 100	Rückgang[3] in %	nominal	real
1929	1.892	9,6	25,9	–	162	162
1932	5.575	30,8	20,3	–21,6	119	152

1 Monatliches Nettoeinkommen aus unselbständiger Arbeit je Arbeitnehmer. – 2 Zahl der Arbeitslosen in Prozent der Arbeitnehmer. – 3 Rückgang 1932 gegenüber 1929 in Prozent.

Quelle: Statistisches Reichsamt. Gleitze, B., Wirtschafts- und sozialstatistisches Handbuch, Köln 1960, S. 45. – Skiba, R./Adam, H., Das westdeutsche Lohnniveau zwischen den beiden Weltkriegen und nach der Währungsreform, Köln 1974, S. 121.

wollte die große Wirtschaftskrise zu Beginn der dreißiger Jahre durch eine Austeritätspolitik bekämpfen. Er erhöhte die direkten Steuern (auf Löhne, Einkommen und Umsätze), besonders aber die indirekten Massenverbrauchssteuern, unter anderem auf Zucker, Tabak und Bier, kürzte die staatlichen Sozialausgaben und senkte die Löhne und Gehälter im öffentlichen Dienst (mit Ausnahme der Reichswehr). Auf diese Weise wollte die Regierung *Brüning* das krisenbedingte Sinken des Steueraufkommens abfangen, Einnahmen und Ausgaben des Staates im Gleichgewicht halten und Kaufkraft abschöpfen. Diese Deflationspolitik zielte vor allem auf die Sicherung der Geldwertstabilität, die nach der traumatischen Inflationserfahrung von 1923 den Wünschen der deutschen Bevölkerung entgegen kam.

Die verheerenden Folgen dieser Deflationspolitik sind aus *Tabelle 5.10* abzulesen. Die Zahl der Arbeitslosen stieg auf über 5,5 Millionen, was einer Arbeitslosenquote von 31 Prozent entsprach. Das Preisniveau ging um fast 22 Prozent zurück, die Löhne und Gehälter sanken aber noch mehr als die Preise, so dass es nicht zu einer Verbesserung, sondern im Gegenteil zu einem Rückgang der Realeinkommen um mehr als sechs Prozent kam. Dadurch ging die Produktion noch weiter zurück, eine riesige Spirale nach unten wurde in Gang gesetzt.

Der Versuch, die öffentlichen Finanzen in Ordnung zu bringen, scheiterte total. Trotz Kürzung der Ausgaben von 8,2 Mrd. RM (Haushaltsjahr 1930/31) auf 5,7 Mrd. RM (1932/33) gelang es nicht, den Haushalt auszugleichen. Im Gegenteil: Die Defizite summierten sich schließlich auf 1,9 Mrd. RM. Von einer Sanierung der öffentlichen Haushalte war das Deutsche Reich am Ende der Ära *Brüning* weiter entfernt denn je.

346 Strategien und Instrumente der Wirtschafts- und Gesellschaftspolitik

Egal, ob man die Politik der Regierung *Brüning* als alternativlos ansieht oder als von vornherein falsch einstuft (Einzelheiten siehe Kasten Alternativen zu Brünings Deflationspolitik?) – fest steht:

▶ **Mit einer Deflations- oder Austeritätspolitik können weder die öffentlichen Haushalte ausgeglichen, noch eine Wirtschaft aus der Krise herausgeführt werden. Sie legt breiten Schichten der Bevölkerung große finanzielle Opfer auf, ohne dass diese später durch höheren Wohlstand ausgeglichen werden.**

Trotz dieser historischen Erfahrungen, die ein Scheitern von Austeritätspolitik belegen, wird in der EU in Bezug auf Griechenland und die übrigen südeuropäischen Länder wieder genau eine solche Austeritätspolitik verfolgt. Der Leser sollte sich fragen, welche Interessen hinter dieser Politik stehen und warum sie sich ungeachtet der negativen Ergebnisse, die man in den dreißiger Jahren des mit dieser Politik gemacht hat, achtzig Jahre später erneut durchsetzen.

Alternativen zu Brünings Deflationspolitik?

1. Brünings Politik war alternativlos

Der Wirtschaftshistoriker *Knut Borchardt* vertritt die Ansicht, dass *Brüning* unter den damaligen Bedingungen keine wesentlich andere Finanz- und Wirtschaftspolitik hätte betreiben können. Er argumentiert im Kern folgendermaßen:

Zur Zeit der Kanzlerschaft Brünings war die mit dem Namen des britischen Wirtschaftswissenschaftlers *John Maynard Keynes* verbundene These der ›antizyklischen Wirtschaftspolitik‹ und des ›deficit spending‹ (bei sinkender privater Nachfrage müsse der Staat müsse der Staat mit kreditfinanzierten Aufträgen einspringen, um die Wirtschaft wieder anzukurbeln) noch nicht ausreichend entwickelt und bekannt.

Die strengen Vorschriften des Reichsbankgesetzes und des Young-Planes [= letzter Plan, der die Reparationszahlungen (= Zahlungsverpflichtungen des Deutschen Reiches zur Wiedergutmachung der Schäden des Ersten Weltkrieges auf der Grundlage des Versailler Vertrages) regelte] erlaubten weder eine Kreditausweitung noch eine Abwertung der Reichsmark als konjunkturbelebende Maßnahmen. Für eine Abwertung der Reichsmark und für ein ›deficit spending‹ gab es damals bei Parteien und Verbänden wegen der verbreiteten Inflationsfurcht keine ausreichende Unterstützung.

2. Zu Brünings Politik gab es durchaus Alternativen

Die Historikerin *Ursula Büttner* wies demgegenüber nach, dass es zur Brüningschen Politik durchaus Alternativen gegeben hätte. Sie begründet dies folgendermaßen:

Am erforderlichen Know-how für eine aktive Konjunkturpolitik fehlte es durchaus nicht. *Keynes* erläuterte 1930/32 in Deutschland in einer Reihe von Vorträgen und Zeitungsartikeln

Krisenpolitik in der EU

seine bereits ausgereifte Theorie der antizyklischen Wirtschaftspolitik und stieß dabei auf großen Widerhall. So legte der Oberregierungsrat im Wirtschaftsministerium, *Wilhelm Lautenbach,* im September 1931 einen an Keynes orientierten Plan zur Ankurbelung der Wirtschaft (ohne inflatorische Auswirkungen) mittels kreditfinanzierter Staatsaufträge in Höhe von drei Mrd. RM vor. *Hans Schäffer,* Staatssekretär im Finanzministerium, befürwortete den Lautenbach-Plan in seiner Denkschrift vom September 1931 nachdrücklich. *Ernst Wagemann,* Leiter des Statistischen Reichsamtes und des Instituts für Konjunkturforschung, veröffentlichte im Januar 1932 in hoher Auflage einen eigenen Plan zur Erhöhung des staatlichen Kreditrahmens um bis zu drei Milliarden RM für die Konjunkturbelebung.

In der Krise des Sommers 1931 verloren das Reichsbankgesetz und der Young-Plan an Bedeutung, da sie ohnehin nicht mehr einzuhalten waren. Die Vertragspartner hätten sich mit einer geringeren Deckung der Reichsmark abgefunden, deren Abwertung nach britischem Vorbild im Ausland allgemein erwartet wurde. Der Wunsch nach einer Bekämpfung der Wirtschaftskrise mit den Mitteln der Finanz- und Geldpolitik breitete sich seit Herbst 1931 so stark aus, dass entsprechende Maßnahmen der Regierung – trotz der ablehnenden Haltung der Unternehmerverbände und der Parteien – in der Bevölkerung breite Unterstützung gefunden hätte.

Ein klares Indiz dafür ist insbesondere der vom ADGB im April 1932 beschlossene sog. WTB-Plan (benannt nach seinen Verfassern *Wladimir Woytinski, Fritz Tarnow* und *Fritz Baade*). Das Konzept sah vor, rund eine Million Arbeitslose mit öffentlichen Arbeiten zu beschäftigen; die dafür erforderlichen zwei Mrd. RM sollte der Staat durch Kredite aufbringen. Weil sich die Ausgaben für die Arbeitslosen entsprechend verringern und die Steuereinnahmen erhöhen würden, veranschlagte man die realen Kosten auf 1,2 Mrd. RM. Der WTB-Plan zielte auf eine Wiederbelebung der Konsumgüterindustrie mit weiteren positiven Beschäftigungseffekten, so dass eine inflatorische Wirkung vermieden würde. Die SPD-Führung lehnte jedoch eine Kreditfinanzierung ab, weil sie davon eine Inflation, nach den Erfahrungen von 1923 zumindest eine neuerliche Inflationsfurcht in der Bevölkerung erwartete.

(Der Text ist eine von Reinhard Sturm formulierte Zusammenfassung der Positionen von Knut Borchardt, Zwangslagen und Handlungsspielräume in der großen Wirtschaftskrise der früher Dreißigerjahre, in: Michael Stürmer (Hrsg.), Die Weimarer Republik, Kettwig 2011, S. 318–339 und Ursula Büttner, Politische Alternativen zum Brüningschen Deflationskurs, in: Vierteljahreshefte für Zeitgeschichte, Heft 2/1989, S. 209–251.)
Quelle: Sturm, R., Zerstörung der Demokratie 1930 bis 1932, Dossier Nationalsozialismus und Zweiter Weltkrieg, Bundeszentrale für politische Bildung, Bonn 2011 – http://www.bpb.de/geschichte/nationalsozialismus/dossier-nationalsozialismus39537/zerstoerung-der-demokratie?p=all (23.03.2014)

5.4.4.3 Die Rolle der EZB

Wie die Zahlen in *Tabelle 5.9* belegen, hat die den südeuropäischen Ländern auferlegte Austeritätspolitik weder die Staatsverschuldung reduziert noch das Wirtschaftswachstum belebt. Dafür haben die Arbeitslosenquoten traurige Höchstrekorde erreicht. Es wurden also genau die gleichen negativen Ergebnisse erzielt wie mit der Deflationspolitik *Brünings* in der Weltwirtschaftskrise. Da sich insbesondere in Griechenland die wirtschaftliche Situation verschlimmert hat, haben auch die Finanzmärkte kein Vertrauen in die Fähigkeit dieses Landes gefasst, seine Schulden zurückzuzahlen.

Die Europäische Zentralbank hat deshalb im September 2012 beschlossen, wozu auch die Notenbanken in der Währungskrise der siebziger Jahre gezwungen waren: Damals haben die Notenbanken abwertungsbedrohte Währungen aufgekauft, um ihren Kurs zu stützen. Mit Beschluss des EZB-Rates vom 6.9.2012 hat die EZB angeboten, Staatsanleihen der südeuropäischen Länder, insbesondere von Griechenland, aufzukaufen, wenn diese von Anlegern aus Furcht vor Wertverlust abgestoßen werden. Mit anderen Worten: Sie hat angekündigt, ggf. den Kurs von Assets (= engl.: Wertpapiere) zu stützen. Damals (siebziger Jahre) waren die Assets Währungen, in der EU-Krise waren es griechische Staatspapiere.

Beide Male reagierten die Notenbanken also auf das Verhalten von Anlegern, die Kursveränderungen zu ihren Gunsten nutzen wollten. In den siebziger Jahren mussten die Stützungskäufe allerdings tatsächlich ausgeführt werden, während in der EU-Krise bis heute (Stand: März 2014) kein Land von dem Angebot der EZB Gebrauch gemacht hat. Allein die Zusage der EZB, Staatspapiere bis zu einem bestimmten Volumen und unter gewissen Bedingungen anzukaufen, hat beruhigend auf die Finanzmärkte gewirkt und den Kurs der griechischen Staatspapiere und die Zinsen stabilisiert. Das Programm wird in der ökonomischen Fachsprache als *Outright Monetary Transactions* (Outright-Geschäfte = Käufe und Verkäufe von Wertpapieren am Markt, abgekürzt: OMT) bezeichnet. Und weil die OMT-Maßnahmen darin bestehen sollen, Staatspapiere zu kaufen, die bereits ausgegeben sind und am Kapitalmarkt angeboten werden, spricht man von Outright-Geschäften am *Sekundärmarkt*. Es geht also nicht darum, einem Land die Neuverschuldung über die Notenbank zu ermöglichen – das wäre direkte Staatsfinanzierung über die Notenbank – sondern um die Kurspflege am Kapitalmarkt.

Das OMT-Programm wurde in Wissenschaft und Politik sehr kontrovers diskutiert. Befürworter der Austerity-Politik kritisieren des Verhalten der EZB, weil sie darin einen Verstoß gegen ihre vertraglichen Pflichten sehen, die Preisstabilität zu sichern. Gegner der Austerity-Politik befürworten dagegen die Maßnahme als einzige Möglichkeit, die Krisenländer vor dem Bankrott zu bewahren, weil ihnen nur so die Möglichkeit gesichert werden kann, fällige Schulden durch Aufnahme neuer Schulden zu akzeptablen Zinsen zu tilgen.

Damit können wir zu den politischen und ökonomischen Hintergründen der Krisenpolitik überleiten, ohne deren Kenntnis die Zusammenhänge nicht verständlich werden.

5.4.5 Politische und ökonomische Hintergründe der Krisenpolitik

Nachdem wir die beiden, aus den wirtschaftspolitischen Paradigmen abgeleiteten Lösungsansätze behandelt und die Rolle der EZB in der praktischen Krisenpolitik beschrieben haben, wollen wir nunmehr die politischen und ökonomischen Hintergründe der Krisenpolitik näher ausleuchten.

5.4.5.1 Die EU – kein optimaler Wirtschaftsraum für eine Währungsunion

Als zum 1.1.1999 zunächst elf Länder der EU (Belgien, Deutschland, Finnland, Frankreich, Irland, Italien, Luxemburg, Niederlande, Österreich, Portugal und Spanien) die gemeinsame Währung, den Euro, als Buchgeld – zum 1.1.2002 auch als Bargeld – einführten, betrat man wirtschafts- und währungspolitisch keineswegs Neuland. Im Gegenteil: Der kanadische Ökonom *Robert Mundell* (Columbia Universität, New York) hatte bereits 1961 in der amerikanischen Fachzeitschrift The American Economic Review einen Aufsatz über die Theorie optimaler Währungsräume veröffentlicht, in dem er beschrieb, unter welchen Bedingungen es für Länder vorteilhaft ist, einen gemeinsamen Währungsraum zu bilden. Danach wird ein Währungsraum dann optimal funktionieren, wenn

- Preise und Löhne flexibel sind, also auch sinken können
- die Arbeitskräfte sehr mobil und bereit sind, Arbeitsplatz und Wohnort zu wechseln
- sich kein Land auf nur einige wenige Produkte spezialisiert hat und ihre Produktpalette sich ähnelt.

Flexible Löhne und Preise sowie hohe Mobilität bedeutet: In einem gemeinsamen Währungsgebiet wird sich die Produktion auf Güter und Dienstleistungen mit niedrigen Lohnstückkosten konzentrieren. Andere Produkte werden ihre internationale Wettbewerbsfähigkeit verlieren. Das wiederum hat zur Folge, dass sich die Unternehmensstandorte konzentrieren werden und Arbeitskräfte bereit sein müssen, zu diesen Standorten zu wandern, weil an den alten die Arbeitsplätze verloren gehen.

Von Anfang an war es unter den Ökonomen umstritten, ob die EU diese Bedingungen erfüllt. Viele hielten das Gebiet nicht für einen optimalen Währungsraum, weil Lohn-, Preis- und Arbeitsmarktflexibilität in den EU-Ländern nur gering ausgeprägt sind und auch die Produktionsstruktur sehr verschieden ist. Davon einmal abgesehen ist zu fragen: Sind nach unten flexible Löhne und hohe Arbeitskräftemobilität unter gesellschaftspolitischen Aspekten überhaupt wünschenswert, bedeutet es doch, dass Menschen in strukturschwachen Gebieten entweder zu schlechten Arbeitsbedingungen leben oder ihre Heimat verlassen und in einem anderen Land ein neues Leben anfangen müssen?

Damit sind wir erneut bei dem der EU zugrunde liegenden wirtschaftspolitischen Paradigma.

5.4.5.2 Das neoliberale Paradigma

Die EU-Währungsunion ruht auf folgenden Eckpfeilern:

- einer unabhängigen, an Weisungen der Regierung nicht gebunden Notenbank mit der Verpflichtung, vorrangig die Preisstabilität zu sichern und andere wirtschaftspolitische Ziele wie Vollbeschäftigung und Wirtschaftswachstum nur dann zu verfolgen, wenn dies ohne Gefahr für die Preisstabilität möglich ist.
- einer Finanzpolitik, die das Ziel der Haushaltskonsolidierung verfolgen soll und grundsätzlich eine Staatsverschuldungsobergrenze von 60 Prozent des BIP und eine Neuverschuldungsgrenze von 3 Prozent einhalten muss.

Die Europäische Zentralbank (EZB) ist nach dem Vorbild der Deutschen Bundesbank konstruiert: unabhängig und vorrangig auf Preisstabilität ausgerichtet. Das entspricht dem »Modell Deutschland« und dem neoliberalen wirtschaftspolitischen Paradigma. Ganz im Sinne neoliberalen Denkens ist auch die im Art. 125 des EU-Vertrages verankerte *No-bail-out-Klausel*. Damit sollte sichergestellt werden, dass kein Euro-Teilnehmerland für die Schulden anderer Teilnehmerländer aufkommen muss. Länder mit hohen Schulden sollten vielmehr selbst durch geeignete wirtschaftspolitische Maßnahmen ihre Schulden wieder zurückzuführen – und am besten von vornherein durch eine solide Finanzpolitik das Entstehen hoher Staatsschulden vermeiden.

An der Priorität für die an Preisstabilität zu orientierende Geldpolitik der Notenbank und an der auf Haushaltskonsolidierung auszurichtenden Finanzpolitik ist die neoliberale Dominanz im wirtschaftspolitischen Leitbild der EU eindeutig zu erkennen. Die anderen Länder sind zwar nicht so dogmatisch neoliberal ausgerichtet wie Deutschland, sondern operieren eher pragmatisch. Gleichwohl ließen sie sich auf einen EU-Vertrag ein, der das »Modell Deutschland« zur europäischen Richtschnur schlechthin machte. Erstens, weil vom »Modell Deutschland«, das nach dem Zweiten Weltkrieg zu hohem Wohlstand bei gleichzeitiger stabiler Währung geführt hatte, eine gewisse Faszination ausging und die Länder hofften, mit dem deutschen Rezept ähnlich gute wirtschaftliche und soziale Ergebnisse erzielen zu können. Zweitens, weil Deutschland in den neunziger Jahren unter dem Regime *Kohl-Waigel* (Bundeskanzler/Finanzminister) in den neunziger Jahren nur bereit war, die DM aufzugeben, wenn die Europäische Zentralbank verpflichtet wurde, nach den gleichen Regeln und unter den gleichen Bedingungen zu arbeiten wie die Deutsche Bundesbank. Gleichzeitig hofften die anderen EU-Länder, in einer Währungsunion das nach der Wiedervereinigung erstarkte Deutschland besser einbinden zu können.

Dem neoliberalen Paradigma entspricht es auch, dass die Finanzpolitik auf EU-Ebene eine untergeordnete Rolle spielt. Zumindest kann von einer wirksamen Koordination der Finanzpolitiken der einzelnen Länder bisher keine Rede sein. Jedes Land hat ein anderes Steuersystem und demzufolge eine andere Steuerbelastung. Auch die Sozialsysteme sind uneinheitlich, so dass sowohl die Sozialleistungen als auch die Finanzierung verschieden sind. Unter diesen Bedingungen kann eine Währungsunion nur unzulänglich funktionieren, zumal dann, wenn die Bedingungen für einen optimalen Währungsraum nicht erfüllt sind (s. o.). Es war von vornherein eine Fehlkonstruktion der EU-Währungsunion, lediglich auf eine starke und unabhängige Zentralbank zu setzen und wie die Monetaristen und Angebotstheoretiker zu glauben, dass sich eine EU-weite Steuer-, Finanz- und Sozialpolitik erübrigt bzw. diese Politikbereiche sich schlicht den Erfordernissen einer an Preisstabilität orientierten Geldpolitik unterordnen.

Damit kommen wir zum Kerndefizit der EU: der fehlenden Ergänzung durch eine Wirtschafts- und Sozialunion.

5.4.5.3 Währungsunion ohne Wirtschafts- und Sozialunion

Der Leser stelle sich einmal vor, die ehemalige DDR wäre 1990 ein eigener, wenn auch demokratischer Staat geblieben und hätte nur die D-Mark eingeführt. Allen damals politisch Verantwortlichen war klar: Allein mit Einführung der D-Mark wäre es nicht getan gewesen. Deshalb wurde von Anfang an nicht nur eine Währungsunion, sondern auch eine Wirtschafts- und Sozialunion geschaffen. Gleichzeitig mit der D-Mark wurde in den neuen Bundesländern auch das westdeutsche Steuer- und Sozialsystem eingeführt. Und: Es entstand eine Transferunion.

Um die wirtschaftlichen Unterschiede zwischen Ost und West auszugleichen, flossen Jahr für Jahr aus dem Bundeshaushalt enorme Beträge in die neuen Bundesländer. Obwohl seitdem 25 Jahre vergangen sind und ein enormer Aufhol- und Angleichungsprozess stattgefunden hat, haben die neuen Bundesländer noch immer nicht die Wirtschaftskraft erreicht, wie sie in den alten Bundesländern besteht. Würde man statistisch erfassen, was beispielsweise aus Mecklenburg-Vorpommern und Sachsen-Anhalt nach Baden-Württemberg und Bayern »exportiert« und wie viel umgekehrt von den süddeutschen Ländern aus Ostdeutschland »importiert« wird – leider wird eine solche Statistik nicht geführt – käme man vermutlich zu dem Ergebnis: Süddeutschland hat innerhalb Deutschlands einen »Exportüberschuss«, Ostdeutschland dagegen einen »Importüberschuss«. Die süddeutschen Länder verkaufen mehr Waren und Dienstleistungen nach Ostdeutschland, als sie von den neuen Bundesländern beziehen. Es besteht also ein »Leistungsbilanzdefizit zwischen Süd und Ost« wie zwischen Deutschland insgesamt und Griechenland.

Niemand käme jedoch auf die Idee, dieses Ungleichgewicht zu kritisieren oder zu fragen, ob die neuen Bundesländer jemals ihre »Schulden« an die alten Bundesländer zurückzahlen werden. Das Ganze wird vielmehr als innerdeutscher, buchhalterischer Vorgang angesehen. Anders im Verhältnis Deutschland zu Griechenland. Da betrachten viele Ökonomen diesen Vorgang nicht als innereuropäischen, buchhalterischen Vorgang, sondern diskutieren monatelang über die Konsequenzen der *Targetsalden* – die durch die Leistungsbilanzungleichgewichte entstandenen Überschüsse/Forderungen der Deutschen Bundesbank an die Europäische Zentralbank – und ob und wie dieser Saldo durch Griechenland jemals ausgeglichen werden können.

Diese gedankliche Parallele »Einführung der D-Mark in den neuen Bundesländern« und »Einführung des Euro« zeigt: So wie in Deutschland die Einführung der D-Mark in den neuen Bundesländern nur bei gleichzeitigen und jahrzehntelangen massiven Transfers (= Hilfszahlungen) funktionierte – den Zuschlag zur Einkommensteuer, den Solidaritätszuschlag, dessen Einführung mit der Finanzierung der deutschen Einheit begründet wurde, gibt es bekanntlich inzwischen seit Jahrzehnten –, so kann der Euroraum nur bestehen, wenn die wirtschaftlich starken Länder wie Deutschland *dauerhaft* die wirtschaftlich schwächeren Länder unterstützen. Das bedeutet nicht, dass etwa Griechenlands Wirtschaft auf dem heutigen Stand verharren soll. Investitionen zur Modernisierung und eine Rückkehr zu einem Wachstumskurs sind zweifellos dringend geboten. Doch für mehr Wachstum ist der von der EU verordnete Austeritätskurs eher hinderlich.

An dieser Stelle ist allerdings vor übertriebenen Hoffnungen zu warnen. Konservative Ökonomen sprechen immer davon, Griechenland müsse seine internationale Wettbewerbsfähigkeit wiederherstellen. Aber mit welchen Produkten? Die

Industrie Griechenlands ist unbedeutend – sie hat an der gesamten Wertschöpfung nur einen Anteil von rund zehn Prozent (2010) – und ist zudem stark auf den Binnenmarkt ausgerichtet. Zudem ist sie sehr kleinteilig strukturiert. Fast die Hälfte aller Erwerbstätigen des Verarbeitenden Gewerbes arbeitet nach DIW-Angaben (DIW-Wochenbericht Nr. 5/2012) in Betrieben mit weniger als zehn Beschäftigten. Sie sind auf den Binnenmarkt ausgerichtet, haben – so das DIW weiter – nur einen beschränkten Absatzradius und in der Regel nicht die Fähigkeit, auf Auslandsmärkten tätig zu sein. Eine starke Bedeutung für die Wirtschaft Griechenlands hat dagegen der Tourismus. Dieser ist nach Ansicht von Experten ausbaufähig.

Zahlreiche Hürden für die Gründung neuer Unternehmen, die Eintragung von Grundbesitz und gewerblichem Eigentum sowie für den Erwerb von Lizenzen oder behördlichen Genehmigungen erschweren Investitionen im Land und müssten beseitigt werden. Auch die Durchsetzbarkeit von Verträgen müsste sichergestellt sein. Ebenso ist das Eintreiben fälliger Steuern über die Finanzbehörden verbesserungsbedürftig. Das sind die eigentlich wichtigen Strukturreformen, die in Griechenland stattfinden müssten, und weniger die Kürzung von Löhnen, Gehältern und Sozialleistungen.

Je Einwohner betrug 2010 die industrielle Wertschöpfung Griechenlands 1.800 Euro. Das waren 200 Euro weniger als die Mecklenburg-Vorpommerns. Insgesamt ist die Bruttowertschöpfung der griechischen Industrie nur geringfügig höher als in Thüringen und Sachsen-Anhalt zusammengenommen (Zahlen aus DIW-Wochenbericht Nr. 5/2012). Es ist daher wohl nicht übertrieben, wenn man Griechenland – wirtschaftlich betrachtet – gleichsetzt mit der »DDR des Eurolands«. Die ehemalige DDR hat in den 25 Jahren nach der Wiedervereinigung wirtschaftlich gewiss aufgeholt. An einigen Zentren sind tatsächlich »blühende Landschaften« entstanden, wie es Bundeskanzler *Helmut Kohl (CDU)* seinerzeit versprochen hatte. Aber nach wie vor gibt es in weiten Teilen verödete Landschaften mit hoher Arbeitslosigkeit und schrumpfender Bevölkerung (diese Erscheinung gibt es allerdings auch zunehmend in einigen Regionen der alten Bundesrepublik!). Nur die jahrelangen Transfers von West nach Ost haben den wirtschaftlichen Aufholprozess in den fünf neuen Bundesländern überhaupt erst möglich gemacht, ohne dass allerdings selbst nach 25 Jahren das Wohlstandsniveau des Westens erreicht ist.

Folgende Schlussfolgerungen lassen sich aus diesen Erkenntnissen ziehen:

- Eine Austeritätspolitik, wie sie von der neoliberalen Schule der Ökonomen Griechenland »verordnet« wurde, wird das Land nicht aus seiner Misere herausführen.
- Ohne massive Hilfen der reichen Länder des Euro-Gebietes, insbesondere Deutschlands, wird Griechenland wirtschaftlich nicht wieder auf die Beine

kommen. Diese Hilfen müssen geeignet sein, das Wachstum wieder anzukurbeln, und den Finanzmärkten das Signal geben, dass das Land wieder wachsende Steuereinnahmen hat und somit ein solider Schuldner sein wird.

- Die »Wiederherstellung der Wettbewerbsfähigkeit« ist eine hohle Phrase, mit der neoliberale Ökonomen die Kürzung von Löhnen, Gehältern und Sozialleistungen zu rechtfertigen versuchen. Das Land verfügt – mit Ausnahme der touristisch reizvollen Landschaften – über keine eigenen Produkte, die auf dem Weltmarkt – um es in der Marketing-Fachsprache auszudrücken – einen USP (= Unique Selling Point = Alleinstellungsmerkmal) haben, d.h. Eigenschaften, die keinem anderen Produkt auf der Welt zugeschrieben werden (wie etwa den deutschen Luxusmarken BMW und Mercedes). Insofern hilft es nicht weiter, das »Modell Deutschland« als Vorbild hinzustellen. Denn die Voraussetzungen dafür sind in Griechenland nicht gegeben.

Nach den bisherigen Ausführungen zur Krise in der EU, ihrer Entstehung, den Lösungsansätzen und ihren ökonomischen Hintergründen dürfte dem Leser bewusst geworden sein, wie vielschichtig das Problem ist. Dabei haben wir einen Aspekt noch gar nicht betrachtet: die Verquickung der deutschen Einheit mit der europäischen Währungsunion. Darauf werden wir im nächsten Unterabschnitt eingehen.

5.4.5.4 Das Junktim zwischen deutscher Einheit und europäischer Währungsunion

Kehren wir noch einmal kurz zur deutschen Vereinigung zurück. Der Druck der Bürger in der ehemaligen DDR auf baldige Einführung der D-Mark war riesengroß. Bei öffentlichen Veranstaltungen zeigten sie in jenen Tagen Plakate, auf denen stand: »Kommt die DM nicht zu uns, kommen wir zur DM«, was so viel hieß wie: Verweigert ihr uns eure Währung, mit der ihr so wohlhabend geworden seid, siedeln wir einfach nach Westdeutschland über, damit wir auch in ihren Genuss kommen. Es bestand die Erwartung, in kurzer Zeit mit der D-Mark als Währung genau so reich werden zu können wie die Bürger in der alten Bundesrepublik. Viele Ökonomen warnten dagegen vor einer übereilten Einführung der D-Mark in den neuen Bundesländern, prophezeiten eine hohe Arbeitslosigkeit und einen langwierigen Anpassungsprozess der ostdeutschen Wirtschaft. Auch *Oskar Lafontaine*, Kanzlerkandidat der SPD bei der Bundestagswahl 1990, gehörte zu denjenigen, die die wirtschaftlichen und sozialen Folgen einer Währungsunion voraussahen.

Die damalige CDU/CSU-FDP Bundesregierung unter *Helmut Kohl (CDU)* traute sich nicht, der Bevölkerung vor den ersten gesamtdeutschen Bundestagswahlen (2. Dezember 1990) klar zu machen, dass die Wirtschafts- Währungs- und Sozialunion mit der ehemaligen DDR ein »teures Vergnügen« werden und ohne Steuererhöhungen nicht zu finanzieren sein wird. Vor der Wahl erklärten führende Vertreter der damaligen Koalition, z. B. Bundesfinanzminister *Theo Waigel (CSU):* »Die Festlegung lautet: keine Steuererhöhung zur Finanzierung der Deutschen Einheit« (Spiegel Nr. 47/1990). Nur wenige Wochen nach der Bundestagswahl, aus der die Koalition aus CDU/CSU und FDP als Siegerin hervorging, einigte sich die Regierung jedoch auf eine Anhebung der Mineralölsteuer um 25 Pfennig, einen Zuschlag zur Lohn- und Einkommensteuer, den sog. Solidaritätszuschlag, und eine Erhöhung der Versicherungsteuer.

Die Einführung des Euro, vor allem in EU-Ländern, die nach ihrem wirtschaftlichen Entwicklungsstand eigentlich nicht reif für eine Währungsunion sind, erfolgte oft nach ähnlichen politökonomischen Mechanismen wie die Einführung der D-Mark in den neuen Bundesländern. So wie die ostdeutsche Bevölkerung die D-Mark herbeisehnte in der irrigen Annahme, allein die Währung würde ihnen den erhofften Wohlstand bescheren, so setzten die Wähler gerade in wirtschaftlich schwachen EU-Staaten ihre Regierungen unter Druck, den Euro einzuführen in der vermeintlichen Erwartung, bald an Deutschlands Wohlstand anschließen zu können. Doch auch hier traute sich die Politik nicht, der Bevölkerung die Konsequenzen zu offenbaren. So wie das vereinigte Deutschland auch 25 Jahre nach der Wiedervereinigung eine Transferunion ist, d. h. eine Vereinigung, in der an wirtschaftlich schwächere Regionen Unterstützungsleistungen gezahlt werden, so wird auch der Euroraum eine dauerhafte Transferunion sein müssen, wenn die Währungsunion Bestand haben will. Bereits im September 1990 hatte die Deutsche Bundesbank in einer Stellungnahme zur Errichtung einer Wirtschafts- und Währungsunion erklärt: »Letzten Endes ist eine Währungsunion damit eine nicht mehr kündbare Solidargemeinschaft, die nach aller Erfahrung für ihren dauerhaften Bestand eine weitergehende Bindung in Form einer umfassenden politischen Union benötigt«. Solidargemeinschaft kann aber nichts anderes bedeuten als:

Der Starke muss für den Schwachen einstehen.

Die deutsch-deutsche Währungsunion von 1990 und die Europäische Währungsunion von 1999/2002 werden hier in einem Atemzug behandelt, weil beide eng miteinander verquickt sind. Obwohl die damaligen Ereignisse Ende der achtziger/ Anfang der neunziger Jahre von den Historikern bei weitem noch nicht aufgearbeitet sind, ist inzwischen bekannt: Insbesondere die Regierungschefs Frankreichs und Großbritanniens, *François Mitterand* und *Margret Thather,* standen nach den Erfahrungen, die die Welt im 20. Jahrhundert mit einem großen Deutschland gemacht hat, seiner Wiedervereinigung eher skeptisch gegenüber. So nutzte insbesondere der französische Präsident – wie aus inzwischen der Öffentlichkeit zugänglich gemachten Protokollen hervorgeht – die Gelegenheit, die Einführung des Euro zur Bedingung für die Zustimmung zur deutschen Wiedervereinigung zu machen (Spiegel, 25.9.2010). Zwar war die Einführung einer Währungsunion in Europa bereits langfristig geplant. Deutschland stand diesem Plan jedoch skeptisch bis abwartend gegenüber. So kam es beim EG-Gipfel in Straßburg Ende 1989 zu einem Junktim (= Einigung in der Weise, dass ein Verhandlungspartner in einem Punkt ein Zugeständnis macht, sich dafür aber in einem anderen Punkt durchsetzt) zwischen deutscher Vereinigung und Euro-Einführung.

Damit war der Weg für die Bürger der alten Bundesrepublik für die nächsten Jahrzehnte im Grunde genommen vorgezeichnet: Deutsch-deutsche Währungsunion bedeutet, Solidarität mit den Bürgern der neuen Bundesländer zu üben und von seinem Wohlstand etwas abzugeben. Europäische Währungsunion heißt, Solidarität mit den wirtschaftlich schwachen Ländern Europas zu praktizieren und ebenfalls zu Lasten des eigenen Wohlstands finanzielle Hilfen zu leisten. Es mag dahingestellt bleiben, ob die Politiker dieser Jahre die ganze Dimension der beiden Währungsunionen bereits gesehen haben. Jedenfalls wird weder damals noch heute in der wünschenswerten Deutlichkeit klar gemacht, was das Eingehen einer Solidargemeinschaft bedeutet.

5.4.5.5 Das Dilemma der Kommunikation

Die ökonomischen Folgen der deutschen Einheit und der europäischen Währungsunion lassen sich nicht leugnen: Deutschland, genauer die wirtschaftlich starken alten Bundesländer, müssen seit 1990 ihren Wohlstand mit den Regionen Ostdeutschlands und seit Einführung des Euro auch mit *den* Ländern der Euro-Zone teilen, die wirtschaftlich schwächer sind. Solidarität ist also gefragt, und die ist unter den Menschen nicht besonders ausgeprägt, vor allem dann nicht, wenn sie staatlich organisiert, d. h. »verordnet« wird.

Hier besteht ein Widerspruch zwischen der hohen Bereitschaft der Bürger, etwa bei Naturkatastrophen für die Menschen in weit entfernten Ländern zu spenden, und der Akzeptanz staatlicher Programme zur Finanzierung von Hilfsmaßnahmen. Spenden erfolgen freiwillig und vermitteln das Gefühl, etwas Gutes und Gerechtes zu tun. Steuern wie der Solidaritätszuschlag oder die Bildung von Rettungsfonds, in die Steuereinnahmen eingezahlt werden, werden dagegen eher als ungerechtfertigte Belastung empfunden. Hier drückt sich ein Misstrauen der Bürger gegenüber dem Staat und den gewählten Politikern aus, das schwer nachvollziehbar ist.

In Kenntnis dieser Reaktionen der Bürger vermeiden es die meisten Politiker, offen auszusprechen, dass der Euroraum – ebenso wie das vereinigte Deutschland – eine Transferunion ist und auch sein muss, weil die EU nur dann dauerhaft Bestand haben kann. Stattdessen versuchen sie, von diesem unpopulären Sachverhalt abzulenken, indem sie die Vorteile der Währungsunion in den Vordergrund rücken:

- Die deutsche Wirtschaft habe vom Euro deshalb besonders profitiert, weil sein Kurs niedriger war als es der DM-Kurs gewesen wäre, wenn die alte D-Mark beibehalten wäre. Das hat Deutschlands Exporte erleichtert und seine Stellung auf den Weltmärkten gefestigt.
- Wenn die Länder Europas wirtschaftlich eng miteinander verflochten und voneinander abhängig sind, würden Kriege unwahrscheinlich und sich die Katastrophen des 20. Jahrhunderts (zwei Weltkriege) nicht wiederholen.

Beide Argumente sind zwar nicht von der Hand zu weisen, verfangen aber bei den Bürgern nur zum Teil. Gewiss war der günstige Eurokurs für die deutsche Exportwirtschaft vorteilhaft. Andererseits hat aber gerade die deutsche Exportstärke zu dauerhaften Leistungsbilanzungleichgewichten geführt und die Probleme im Euroraum mit verursacht.

Die Frieden stiftende Funktion der europäischen Einigung wird insbesondere von denjenigen immer wieder betont, die entweder den letzten Weltkrieg noch bewusst miterlebt haben oder denen zumindest dessen Nachwirkungen von den Eltern als »Zeitzeugen« überliefert wurden. Das ist die Generation der heute über 60jährigen. Wenngleich nach allen historischen Erfahrungen vieles für die Frieden stiftende Wirkung länderübergreifender Integration spricht, verfängt dieses Argument bei vielen Jüngeren, die nur Friedenszeiten in Europa erlebt haben, nicht mehr. So besteht in der Bevölkerung ein gewisses Unbehagen am Euro, das verschiedene politische Gruppierungen versuchen, für sich auszunutzen.

Da sind zum einen konservative und neoliberal orientierte Ökonomen sowie einzelne Politiker aus den Reihen von CDU/CSU und FDP, die die EU-Politik kritisieren und gegen Entscheidungen von Bundesregierung, Bundestag und auch der Europäischen Zentralbank vor dem Bundesverfassungsgericht klagen. Ihre Argumentation ist in vielem populär: Der Bundestag dürfe bei der Verabschiedung von Rettungspaketen nicht übergangen und auch nicht vor vollendete Tatsachen gestellt werden. Ferner müsse die in den EU-Verträgen verankerte *No-bail-out-Klausel* konsequent eingehalten werden und die EZB dürfe ihren Auftrag, die Preisstabilität zu sichern, nicht verletzen, indem sie Staatsanleihen kriselnder Staaten aufkauft.

Alle diese Argumente verschließen jedoch die Augen vor der Wirklichkeit. Sie verkennen, dass eine Währungsunion in einem nicht-optimalen Währungsraum allein mit einer auf Preisstabilität verpflichteten unabhängigen Notenbank eine Fehlkonstruktion ist. Vielmehr muss in einer Währungsunion mit einem heterogenen Wirtschaftsraum eine gemeinsame, zumindest sehr viel stärker als bisher eine koordinierte Wirtschafts-, Finanz- und Sozialpolitik und auch eine aufeinander abgestimmte Lohnpolitik stattfinden. Die Kläger versuchen letztlich, über das Bundesverfassungsgericht ihre Vorstellungen von neoliberaler Wirtschaftspolitik und »sozialer Marktwirtschaft« festzuschreiben. Bisher ist das Bundesverfassungsgericht diesen Bestrebungen nicht gefolgt.

Zum anderen versuchen die Partei »Die Linke« und linke Aktivisten wie Attac oder die Occupy-Bewegung, aus dem Unbehagen am Euro für sich »Kapital zu schlagen«. Sie fordern, die Banken als Verursacher der Krise müssten für die Folgen aufkommen. So populär und nachvollziehbar diese Forderung auch ist, so verkennt sie doch das Funktionieren unseres Bankensystems. Der Leser erinnere sich an Kapitel 5.4.3, in dem wir dargestellt haben, wie eine Universalbank arbeitet und ihr Geld verdient. Die Banken verfügen nur über wenig haftendes Eigenkapital im Verhältnis zu ihren Kreditgeschäften. Mit anderen Worten: Die Kredite, die sie aufnehmen und die sie ihrerseits vergeben, sind nur zu einem ganz geringen Prozentsatz durch Geld abgesichert, das die Eigentümer der Bank in das Institut eingebracht haben. So wünschenswert und »gerecht« es auch wäre, die Banken für das, was sie angerichtet haben, haften zu lassen – es ist viel zu wenig Haftungsmasse vorhanden, um die Folgen der Krise damit abzudecken. Deshalb bemüht sich die Politik seit Jahren, strengere Vorschriften für die Ausstattung der Banken mit haftendem Eigenkapital zu erlassen. (Der interessierte Leser findet dazu in den Erläuterungen über Bankenaufsicht und Bankenhaftung nähere Informationen.)

Das Unbehagen an der EU-Krisenpolitik ist bei Wählern aller Parteien anzutreffen. Von den im Bundestag vertretenen Parteien artikuliert dieses Unbehagen allerdings nur die Linke, in den anderen Parteien sind es nur wenige, zahlenmäßig unbedeutende Abweichler. Es kann daher nicht überraschen, dass einige Wähler, die 2009 (vor Verabschiedung der diversen Rettungsmaßnahmen) FDP, CDU/CSU, SPD oder die Grünen gewählt haben, sich bei der Bundestagswahl 2013 für die Parteineugründung *Alternative für Deutschland (AfD)* entschieden haben, die für eine geordnete Auflösung des Euro-Währungsgebietes (Programm für die Wahl zum Europäischen Parlament 2014) eintritt. So kann die AfD darauf verweisen, dass ihr Kernziel Zustimmung aus allen Bevölkerungsschichten erfährt.

Warum aber hat die Regierung *Helmut Kohl* einer Währungsunion des wirtschaftlich starken Westdeutschland mit wirtschaftlich schwachen Ländern zugestimmt, wenn das letztlich zu einer Transferunion führt? Im Falle der deutsch-deutschen Währungsunion ist die Antwort nicht schwer:

1) Die Wiedervereinigung Deutschlands war das politische Ziel aller Nachkriegsregierungen, und es war undenkbar, dieses Ziel aus einem Grund wie »zu teuer« endgültig aufzugeben. Der starke Druck der ostdeutschen Bevölkerung, die D-Mark in der ehemaligen DDR einzuführen, wurde bereits erwähnt.

2) Nachdem das Wirtschaftssystem der DDR gescheitert war, spielte sicher auch der fest verankerte Glaube vieler konservativer und liberaler Politiker an die Selbstheilungskräfte der Marktwirtschaft, die auch in den neuen Bundesländern kurzfristig einen Wirtschaftsaufschwung herbeiführen würden, eine nicht zu unterschätzende Rolle. Das Versprechen *Helmut Kohls* »Es wird niemandem schlechter gehen als zuvor – dafür vielen besser. … Durch eine gemeinsame Anstrengung wird es uns gelingen, Mecklenburg-Vorpommern und Sachsen-Anhalt, Brandenburg, Sachsen und Thüringen schon bald wieder in blühende Landschaften zu verwandeln, in denen es sich zu leben und zu arbeiten lohnt.« (Fernsehansprache anlässlich des Inkrafttretens der Währungs-, Wirtschafts- und Sozialunion am 1. Juli 1990, in: Bulletin des Presse- und Informationsamts der Bundesregierung Nr. 86/3. Juli 1990) legt beredtes Zeugnis davon ab, wie sehr er selbst offenbar davon überzeugt war, dass sich das »Wirtschaftswunder Ludwig Erhards« wiederholen ließ. In der allgemeinen Euphorie der damaligen Tage – das sei hinzugefügt – wäre es der Bevölkerung kaum vermittelbar gewesen, wenn er eine »Blut-, Schweiß- und Tränenansprache« gehalten hätte.

3) Die Zustimmung zu einer Europäischen Währungsunion kann ebenso als Vertrauen in die Funktionsfähigkeit des Marktmechanismus gewertet werden. So pochte gerade die deutsche Regierung darauf, die Spielregeln neoliberaler Wirtschaftspolitik fest in den EU-Verträgen zu verankern. Mit der Errichtung einer unabhängigen Europäischen Zentralbank nach dem Vorbild der Deutschen Bundesbank und Preisstabilität als vorrangigem Ziel sowie den Maastricht-Kriterien, die die Finanzpolitik auf Haushaltsdisziplin und nicht auf Konjunktursteuerung und Beschäftigungssicherung verpflichteten, sollte das Erfolgsmodell Deutschland zu einem Erfolgsmodell Europa werden. Personell sicherten führende deutsche Vertreter des Monetarismus in Schlüsselpositionen der EZB den neoliberalen EU-Kurs ab: *Otmar Issing*, Mitglied im Direktorium und Chefvolkswirt der Europäischen Zentralbank von 1998 bis 2006, und sein Nachfolger *Jürgen Stark* von 2006 bis 2011, galten als harte Verfechter der monetaristisch-angebotsorientierten Wirtschaftspolitik.

Bankenaufsicht und Bankenhaftung

Wer beaufsichtigt die Banken?

In Deutschland werden die Geschäftsbanken von der Deutschen Bundesbank und der *Bundesanstalt für Finanzdienstleistungsaufsicht (BaFin)*, einer dem Bundesfinanzministerium unterstellten Behörde, überwacht. Die Bankenaufsicht greift nicht direkt in einzelne Geschäfte der Banken ein, sondern legt Rahmenvorschriften fest. Rechtliche Grundlage dafür ist das Gesetz über das Kreditwesen (KWG).

Auf internationaler Ebene werden vom *Basler Ausschuss für Bankenaufsicht* Empfehlungen und Richtlinien für die Spielregeln des Bankgeschäfts formuliert. Der Ausschuss, Ende 1974 von den Präsidenten/Gouverneuren der zehn wichtigsten westlichen Notenbanken (Kanada, USA, Japan, Belgien, Frankreich, Bundesrepublik Deutschland, Italien, Niederlande, Schweden, Schweiz, Großbritannien) gegründet und bei der *Bank für Internationalen Zahlungsausgleich (BIZ)* angesiedelt, setzt sich aus Vertretern der Zentralbanken und Bankenaufsichtsbehörden folgender 27 Länder zusammen: Argentinien, Australien, Belgien, Brasilien, China, Deutschland, Frankreich, Hongkong SAR, Indien, Indonesien, Italien, Japan, Kanada, Korea, Luxemburg, Mexiko, Niederlande, Russland, Saudi-Arabien, Singapur, Schweden, Schweiz, Spanien, Südafrika, Türkei, Vereinigtes Königreich und Vereinigte Staaten.

Eigenkapitalrichtlinien für Banken

Erstmals verabschiedete der *Basler Ausschuss für Bankenaufsicht* 1988 Richtlinien, wie viel Eigenkapital die Banken mindestens vorhalten müssen, um ihr Geschäft betreiben zu dürfen. Man nennt diese erste Eigenkapitalvereinbarung – nach dem Sitz des Ausschusses – kurz *Basel I*. Diese Richtlinien wurden in späteren Vereinbarungen weiterentwickelt und verschärft – zunächst im Jahr 2004 *(Basel II)* und dann nach den Erfahrungen der Finanzmarktkrise erneut in den Jahren 2010/2013 *(Basel III)*.

Die Komplexität der Eigenkapitalrichtlinien

Die Materie ist sehr kompliziert. Erstens müssen die Risiken angemessen eingeschätzt werden, die Banken bei bestimmten Geschäften eingehen. Zweitens ist festzulegen, welches und wie viel Kapital die Banken tatsächlich vorhalten müssen, um diese Risiken abdecken zu können. Die Risiken sind von Geldinstitut zu Geldinstitut und von Geschäft zu Geschäft verschieden.

Um das zu verdeutlichen, sei ein Vergleich mit der Geschwindigkeit auf Autobahnen gezogen. Welche Geschwindigkeit birgt ein Risiko und welche ist risikolos? Das hängt von der Art und der technischen Qualität des Autos, den Witterungsverhältnissen, den individuellen Fahrkünsten und vielen anderen Faktoren ab. Eine generelle Aussage/Regel ist nicht möglich. So wie ein bestimmtes Fahrverhalten je nach den Verhältnissen besonders risikoträchtig, aber auch ohne Risiko sein kann, so sind auch die Geschäfte von Banken je nach den Umständen hoch riskant oder aber auch sicher.

Krisenpolitik in der EU

Es würde hier für ein Einführungslehrbuch viel zu weit führen, die komplizierten Einzelheiten der Eigenkapitalrichtlinien zu erklären. Nur so viel: In Basel I bis III geht es stets darum abzugrenzen, welche Papiere und welche Bankgeschäfte welches Risiko in sich bergen und wie viel Eigenkapital die Banken für diese Papiere bzw. Geschäfte zur Abdeckung dieser Risiken bereitstellen müssen.

Die staatlichen Aufsichtsbehörden verfügen zwar über erhebliches Know-how, können aber beim Erlass von Richtlinien wegen der Komplexität nicht auf die Expertise der Banken, also der eigentlich zu Kontrollierenden, verzichten. Das ermöglicht den Banken, ihre Interessen zu wahren und »weiche Vorschriften« mit Interpretationsspielraum durchzusetzen. Die Banken haben ein Interesse an geringer Eigenkapitalausstattung, ermöglicht das doch den Einsatz großer »Hebel« mit entsprechend hohen Renditechancen für die Aktionäre. Die Aufsichtsorgane der Staaten möchten demgegenüber möglichst hohe Eigenkapitalausstattung, damit die Banken die eingegangenen Risiken, wenn sie eintreten, aus eigener Kraft und ohne Staatshilfen abdecken können. Deshalb ist das Festlegen der Eigenkapitalrichtlinien ein ständiges Ringen zwischen Politik und Wirtschaft. Die Wahrscheinlichkeit, dass es nach Basel III bald ein Basel IV geben wird, ist hoch.

Nachdem die US-Finanzmarktkrise eine Bankenkrise ausgelöst und diese zu erheblichen, in den einzelnen Euroländern allerdings unterschiedlich hohen Schuldenproblemen geführt hat, stehen die Politiker vor dem Problem erklären zu müssen, warum es zu dieser Krise gekommen ist. Konservative und Liberale versuchen, die Politik *der* Länder dafür verantwortlich zu machen, die eine unsolide Haushaltspolitik betrieben haben. Das bewahrt sie vor dem Eingeständnis, dass die EU ein heterogener Wirtschaftsraum ist und nach einer Transferunion verlangt. Linke Politiker kritisieren zwar den Austeritätskurs der EU, tun sich ihrerseits aber schwer, sich zu einer Transferunion zu bekennen, ist sie doch in der Bevölkerung unpopulär. Sie hoffen eher, dass sich in den Krisenländern die Probleme durch mehr Wachstum von selbst lösen.

▶ **Niemand wagt es, offen auszusprechen: Nicht Europa, nicht die Währungsunion, nicht der Euro sind gescheitert, sondern die neoliberale Konstruktion des Stabilitäts- und Wachstumspaktes.**

Neben der fehlenden Bereitschaft der Bevölkerung zur Solidarität kommt noch ein weiterer Aspekt hinzu, der es der Politik schwer macht, die Akzeptanz des Euro zu verbessern: das weltwirtschaftlich-politische Entwicklungsszenario. Schauen wir dazu auf *Tabelle 5.11*. Sie zeigt, wie sich nach einer Prognose der OECD der Anteil der Länder am Weltsozialprodukt bis 2060 im Vergleich zu 2011 verändern wird. 2011 vereinigten die USA, Japan und der Euroraum noch 47 Prozent des Weltsozialprodukts auf sich. Der Euro-Raum ist – wirtschaftlich betrachtet – so be-

362 Strategien und Instrumente der Wirtschafts- und Gesellschaftspolitik

Tabelle 5.11 Verteilung des Weltsozialprodukts 2011 bis 2060

Land/Wirtschaftsraum	2011	2030	2060
	Anteil am Weltsozialprodukt in Prozent		
China	17	28	28
Indien	7	11	18
zusammen	*24*	*39*	*46*
USA	23	18	16
Euro-Raum	17	12	9
Japan	7	4	3
zusammen	*47*	*34*	*28*
Andere OECD-Staaten	18	15	14
Andere Nicht-OECD-Staaten	11	12	12
insgesamt	*100*	*100*	*100*

Quelle: OECD, Looking to 2060: Long-term Global Growth Prospects, Economic Policy Papers Nr. 3, S. 23 (November 2012)

deutend wie China. 2060 werden sich die Verhältnisse gravierend verändert haben. China allein wird ein wirtschaftliches Gewicht haben wie die USA, Japan und der Euro-Raum zusammen. Letzterer wird noch neun Prozent der Weltwirtschaftsleistung auf sich vereinigen. Wäre Deutschland alleine und nicht Teil der EU, würde seine Rolle in der Welt völlig unbedeutend werden. Als EU-Mitglied ist es wenigstens noch Teil eines wichtigen Wirtschaftsraums.

Es wäre somit sehr kurzfristig gedacht, bei der Europäischen Währungsunion den Blick nur darauf zu richten, wie viel deutsche Steuergelder in andere Euro-Länder fließen. Langfristig geht es vor allem darum zu verhindern, dass ein zersplittertes Europa im Laufe des 21. Jahrhunderts in der Weltpolitik nur noch eine Randrolle spielt, weil die wirtschaftlichen Gewichte einzelner Länder im Verhältnis zu China und Indien unbedeutend geworden sind. Hatten die Politiker der Kriegs- und Nachkriegsgeneration vor allem die Frieden stiftende Wirkung des wirtschaftlichen (und späteren politischen) Zusammenschlusses der europäischen Länder im Auge, so achten sie zu Beginn des 21. Jahrhunderts besonders auf die sich abzeichnende Veränderung der wirtschaftlichen Gewichte in der Welt.

Vor dem Hintergrund der deutschen Geschichte ist es einem deutschen Bundeskanzler oder einer Bundeskanzlerin allerdings nicht zu empfehlen, gerade die-

Umbau des Sozialstaats

sen Aspekt in den Vordergrund zu rücken und etwa zu sagen: »Wir wollen die EU, damit Deutschland als Teil von ihr zukünftig eine wichtige Rolle in der Welt spielen kann«. Das macht ebenfalls die Kommunikation jeder Regierung zum Euro schwierig.

Werfen wir abschließend noch einen kurzen Blick auf die Kosten, die einerseits die deutsche Einheit verursacht hat und die Haftungsrisiken, die andererseits im Zuge der Krise in der EU von Deutschland eingegangen wurden. Für die deutsche Einheit kamen Berechnungen des Ifo-Instituts für Wirtschaftsforschung Dresden auf ein Nettotransfervolumen von West nach Ost in den ersten zwanzig Jahren in Höhe von 1,6 Billionen Euro (Ifo Dresden Studien 51). Die Risiken, die Deutschland in der EU-Krise auf sich genommen hat, bezifferte Ifo-Chef *Hans Werner Sinn* Mitte 2012 laut Handelsblatt vom 17.5.2012 auf knapp 1 Billion Euro. Für diese Summe müsste Deutschland im allerschlimmsten Fall haften, wenn alle südeuropäischen Krisenländer, also Italien, Griechenland, Spanien und Portugal, in Konkurs gingen (600 Mrd. Euro) und das Euro-Währungsgebiet auseinander brechen würde (300 Mrd. Euro Target-Forderungen im ESZB-System). Mit anderen Worten: Für die deutsche Einheit musste Westdeutschland weit mehr Opfer bringen als es im worst-case-Szenario in der EU der Fall wäre. Wohl gemerkt: Die Kosten der deutschen Einheit sind real und tatsächlich eingetreten. Die Kosten der Krise in der EU sind bis jetzt (Stand: April 2014) nur Risiken, werden also erst real, wenn es tatsächlich zum worst case kommen sollte. Gleichwohl scheinen die Widerstände gegen die Unterstützung wirtschaftlich schwacher EU-Länder stärker zu sein als gegen die jahrelangen Milliardenbeträge, die in die neuen Bundesländer geflossen sind (und immer noch fließen!). Der Leser sollte sich fragen, ob hier zweierlei Maßstäbe angelegt werden.

5.5 Umbau des Sozialstaats

Seit vielen Jahren vergeht kaum ein Tag, an dem nicht die Frage aufgeworfen wird, ob unser Sozialstaat in Zukunft überhaupt noch finanzierbar ist. Anlässe, diese Frage aufzuwerfen, gibt es genug: Die Beitragssätze zur gesetzlichen Renten-, Kranken-, Pflege- und Arbeitslosenversicherung betrugen 2005 41,5 Prozent. 1982 hatten sie nur 34 Prozent und 1993 erst 37,4 Prozent betragen. Die Rentenversicherung meldete in Abständen immer wieder leere Kassen, und im Gesundheitswesen gelang es nicht, die sog. »Kostenexplosion« wirksam in den Griff zu bekommen. Ist der Sozialstaat eine »Schönwettereinrichtung«, die nur in guten Konjunkturlagen funktioniert, also dann, wenn er eigentlich weniger gebraucht wird? Hat er das langjährige Problem, die hohe Arbeitslosigkeit, selbst erzeugt, weil sie Folge der hohen Steuern und Abgaben ist?

In diesem Einführungswerk kann nicht die umfangreiche Diskussion über die Zukunft des Sozial- bzw. Wohlfahrtsstaates wiedergegeben und bewertet werden. Wichtig für den Leser ist jedoch, die zentralen Behauptungen und Gegenargumente zu kennen. Wir befassen uns daher in den nächsten beiden Unterabschnitten mit dem Problem der künftigen Rentenfinanzierung und der Reform des Gesundheitssystems, zwei Kernfragen der gegenwärtigen Sozialstaatsdiskussion.

5.5.1 Die Rentenreformen

Die Gründe, die die Finanzierung der künftigen Renten erschweren, haben wir in Kapitel 4.3.3 erläutert. Die Verschiebungen in der Altersstruktur der Bevölkerung (= demografische Entwicklung), die bereits stattgefunden haben, aber auch in den nächsten Jahren noch bevorstehen, rechtfertigen es jedoch nicht zu behaupten, die Renten seien nicht mehr sicher und der Sozialstaat nicht mehr finanzierbar. Zwar ist nicht zu bestreiten: Immer mehr ältere Menschen stehen aufgrund des Altersaufbaus der Bevölkerung immer weniger Menschen im mittleren Lebensalter gegenüber, so dass weniger Erwerbstätige mit ihren Beiträgen für mehr Rentner aufkommen müssen. Das belastet den sog. »Generationenvertrag«. Er sieht vor, dass die jeweils aktiven, d.h. erwerbstätigen Arbeitnehmer mit ihren Beiträgen die Renten der nicht mehr Aktiven bezahlen. Man nennt diese Form der Finanzierung *Umlageverfahren*.

Dennoch: Die Perspektiven der Rentenversicherung sehen keineswegs so düster aus, wie Kritiker des Sozialstaats es glauben machen wollen. Das renommierte Prognos-Institut in der Schweiz hat bereits in den neunziger Jahren in Modellrechnungen ermittelt: Im Jahre 2040 müssten die Beitragssätze zur gesetzlichen Rentenversicherung zwischen 26 und 29 Prozent liegen, wenn das derzeitige Rentenniveau gehalten werden soll.

Unter dem *Rentenniveau* versteht man die Rente eines »Musterrentners« oder »Eckrentners«, der 45 Versicherungsjahre lang immer das durchschnittliche Einkommen der Rentenversicherungspflichtigen verdient hat, gemessen am verfügbaren Haushaltsnettoeinkommen eines Durchschnittsverdieners. Angenommen, das durchschnittlich verfügbare Haushaltsnettoeinkommen eines Durchschnittsverdieners beläuft sich auf 2.000 Euro. Wenn die Rente eines Versicherten, der 45 Jahre lang das jeweilige Durchschnittseinkommen verdient hat 1.100 Euro erreicht, errechnet sich ein Rentenniveau von 55 Prozent. (Wie viel Prozent machen 1.100 Euro an 2.000 Euro aus?)

Nach den damaligen Schätzungen von *Prognos* wird sich im Jahr 2040 ein Gesamtsozialversicherungsbeitrag (Rentenversicherung, Arbeitslosenversicherung,

Umbau des Sozialstaats

Schaubild 5.25

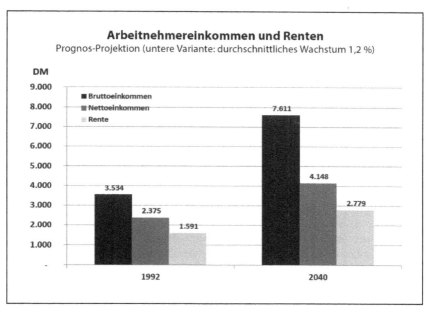

Quelle: Prognos AG, Perspektiven der gesetzlichen Rentenversicherung für Gesamtdeutschland vor dem Hintergrund veränderter politischer und ökonomischer Rahmenbedingungen, Basel 1995, S. 74 f.

Krankenversicherung, Pflegeversicherung von – je nach gesamtwirtschaftlicher Entwicklung – zwischen 44,9 und 49,6 Prozent ergeben. Dies erscheint zwar auf den ersten Blick gigantisch hoch. Gleichzeitig werden aber die realen Nettoeinkommen der Arbeitnehmer um 66 bis 100 Prozent höher sein, d. h.: Die Erwerbstätigen im Jahr 2040 werden sich trotz höherer Sozialversicherungsbeiträge mehr leisten können, und die Renten können durchaus das entsprechende Niveau (im Vergleich zu den Einkommen der Aktiven) haben.

Schaubild 5.25 veranschaulicht diese Tatsache. Wenngleich die Prognos-Prognose aus den neunziger Jahren des vorigen Jahrhunderts stammt, ist sie immer noch geeignet, sich die grundlegenden Zusammenhänge klar zu machen.

Prognos ging damals in seiner pessimistischen Variante von einem realen Wirtschaftswachstum von 1,2 % jährlich aus. Unter diesen Bedingungen würden die Bruttoeinkommen der Arbeitnehmer von 3.534 DM im Jahre 1992 auf 7.611 DM (2040) steigen. (Auf eine Umrechnung in Euro wird hier verzichtet, da sie nichts am Ergebnis ändern würde!) Die jeweiligen Nettobeträge zeigt die mittlere Säule:

Das durchschnittliche Nettoeinkommen würde sich von 2.375 DM (1992) auf 4.148 DM (2040) erhöhen. Die Renten könnten in diesem Fall von 1.591 DM (1992) auf 2.779 DM (2040) steigen. Man erkennt unschwer an der grafischen Darstellung:

Sowohl die Nettoeinkommen der erwerbstätigen Arbeitnehmer als auch die Renten steigen. Das Verhältnis zwischen den Renten und dem Nettoeinkommen der Erwerbstätigen bleibt annähernd gleich bei rund 67 %. Vom Bruttoeinkommen müssten die Erwerbstätigen im Jahre 2040 allerdings einen deutlich höheren Prozentsatz an die Rentenversicherung abführen als 1992 (siehe den Abstand der ersten zur mittleren Säule beim Jahr 2040!).

Trotzdem: Erwerbstätige und Rentner hätten gleichermaßen mehr in der Tasche. Bei dann höheren Lebenshaltungskosten im Jahr 2040 wären natürlich auch die Einkommen der erwerbstätigen Arbeitnehmer entsprechend schneller gewachsen und, da die Renten an die Einkommensentwicklung der Aktiven gekoppelt sind, auch die Renten. Das Gerede von den angeblich drohenden leeren Rentenkassen war und ist somit nichts anderes als eine gezielte Angstkampagne, die von interessierten Kreisen mit Absicht geschürt wird: Von all denjenigen, denen der Sozialstaat ohnehin ein Dorn im Auge ist und die deshalb glauben machen wollen, dass er nicht mehr finanzierbar ist. Zu den an dieser Legende »interessierten Kreisen« gehören aber auch große Teile der Kredit- und Versicherungswirtschaft, die sich zusätzliche Geschäfte erhoffen, wenn verunsicherte Bürger das Vertrauen in die gesetzliche Rentenversicherung verlieren und deshalb verstärkt Spar- bzw. Versicherungsverträge zur privaten Altersvorsorge abschließen.

Obwohl also das derzeitige Rentenniveau grundsätzlich auch in Zukunft finanzierbar wäre – man müsste nur höhere Beiträge in Kauf nehmen – haben alle Bundesregierungen (die CDU/CSU-FDP-Regierung ebenso wie die Rot-Grüne-Koalition und die große Koalition) die gesetzliche Rentenversicherung reformiert. Ziel ist, einen fairen Belastungsausgleich zwischen den Generationen zu schaffen: Einerseits soll die künftige Rentnergeneration ein niedrigeres Rentenniveau haben, andererseits soll die jetzt nachwachsende Generation einen höheren Teil ihres Einkommens für Altersvorsorge aufbringen als die Generationen vorher. Wie soll man sich das vorstellen? Ein modellhaftes Rechenbeispiel mag dies veranschaulichen *(Tabelle 5.12)*.

Ein Durchschnittsverdiener soll im Jahr 2010 2.400 € brutto verdienen und davon 1.560 € netto übrig behalten, also eine Abgabenquote (Steuern und Sozialversicherung) von 35 % haben. Ein Rentenniveau von 67 % führt dann zu einer Rente von 1.045 €. Im Jahr 2040 soll sich das Bruttoeinkommen eines Durchschnittsverdieners auf 5.156 € belaufen. Wenn dann die Steuern und Sozialabgaben 40 % des Bruttoeinkommens »auffressen«, bleiben ihm noch 3.094 €. Ein auf 50 % abgesenktes Rentenniveau würde dann eine Rente von 1.547 € bedeuten. Mit anderen

Umbau des Sozialstaats

Tabelle 5.12 Generationengerechtigkeit – Modellhafte Berechnung von Abgabenbelastung, Nettoeinkommen und Rentenniveau

	2010	2040
Bruttoeinkommen	2.400 €	5.156 €
Steuern und Sozialabgaben		
• relativ	35 %	40 %
• absolut	840 €	2.062 €
Nettoeinkommen	1.560 €	3.094 €
Rente		
• absolut	1.045 €	1.547 €
• Niveau	67 %	50 %

Worten: Trotz einer erheblich höheren Belastung durch Steuern und Sozialabgaben wäre das Nettoeinkommen noch mehr als doppelt so hoch wie 2010, und trotz einer Absenkung des Rentenniveaus um 17 Prozentpunkte von 67 % auf 50 % wäre die Rente noch um 48 % höher als 2010.

Was ist der Schlüssel zu diesem »Schlaraffenland«? Der Schlüssel ist: wirtschaftliches Wachstum, das entsprechende Einkommenssteigerungen ermöglicht. Bei all den kontrovers geführten Diskussionen darf der Leser eins nicht übersehen: Höhere Steuern und Sozialabgaben bedeuten bei wachsender Wirtschaft mit steigenden Einkommen nicht, dass die Menschen weniger Geld netto in der Tasche haben. Und Absenkung des Rentenniveaus heißt – ebenfalls bei wachsender Wirtschaft und allgemein steigenden Einkommen – nicht, dass die Rente absolut gekürzt wird, also etwa von 1.045 € auf 900 €. Vielmehr heißt es: Die Aktiven müssen einen höheren Prozentsatz ihres Einkommens an die Rentenversicherung zahlen, und die Rentner erhalten im Vergleich zum früheren Erwerbseinkommen einen geringeren Prozentsatz als Rente. Unter dem Strich, d. h. im Vergleich zum Ausgangszeitpunkt, sind jedoch die Einkommen aller gestiegen, die der Aktiven ebenso wie die der Rentner. Nur wachsen sowohl das Nettoeinkommen der Erwerbstätigen als auch die Renten schwächer als das Bruttoinlandsprodukt. Warum? Weil ein Teil des Bruttoeinkommenswachstums in Form höherer Rentenversicherungsbeiträge an die Rentner umverteilt werden muss.

In der öffentlichen Diskussion wird allerdings häufig behauptet, der Weg einer höheren Steuer- und Sozialabgabenbelastung sei nicht gangbar, weil er die wirtschaftliche Dynamik zu sehr bremse. Doch schon immer haben namhafte Vertreter der Volkswirtschaftslehre das Gespenst an die Wand gemalt, dass es eine Obergrenze für die Abgabenbelastung gibt, jenseits derer die Wirtschaft Schaden nimmt. So hielt im 19. Jahrhundert die Fachwelt eine Staatsquote von 10 Prozent für die Obergrenze, mehr als 50 Jahre später sah man die Obergrenze für die Staatsquote in Friedenszeiten bei 25 Prozent. In den siebziger Jahren des vorigen Jahrhunderts glaubten viele, 60 Prozent dürften nicht überschritten werden. Und in Wirklichkeit sind Staatsquote und Sozialabgabenquote langfristig gestiegen, und Wirtschaft wie Bürger haben die wachsende Belastung stets überstanden. Zudem beweisen die skandinavischen Staaten wie Dänemark und Schweden: Auch bei einer sehr hohen Staatsquote – sie erreichte in Schweden vorübergehend schon mal über 60 % – funktioniert die Marktwirtschaft.

Mitte der neunziger Jahre hatte sich die damalige Bundesregierung unter *Helmut Kohl (CDU)* zum Ziel gesetzt, den Gesamtsozialbeitrag bis zum Jahre 2000 auf 40 Prozent zu senken (Regierungserklärung Helmut Kohl am 26. 4. 1996, Protokoll, S. 8979). Diese Grenze ist ebenso wenig wie die 22 Prozent Rentenversicherungsbeitrag, der nach der Rentenreform der Schröder-Regierung nicht überschritten werden soll, wissenschaftlich begründbar. Es gibt keine wissenschaftlichen Untersuchungen, die belegen, dass jenseits dieser Grenze die Wirtschaft nicht mehr funktioniert. Sie ist politisch gesetzt, letztlich aber so willkürlich wie die Obergrenze der Staatsverschuldung in den Maastricht-Kriterien.

Es gibt deshalb keinen Grund, vom Prinzip der gesetzlichen Rentenversicherung, dem Generationenvertrag bzw. dem Umlageverfahren, abzurücken. Die demografische Veränderung und die damit auf die Rentenversicherung zukommenden Finanzierungsprobleme sind in den letzten Jahren allerdings immer mehr Menschen bewusst geworden. Zudem haben die parteipolitischen Auseinandersetzungen über die richtige Rentenpolitik sowie das »Schlechtreden« der gesetzlichen Rentenversicherung durch große Teile der Kredit- und Versicherungswirtschaft viele derart verunsichert, dass das Vertrauen in die gesetzliche Rente gelitten hat. Der negative psychologische Effekt drohender höherer Beitragssätze ließ auch die Politik nach Wegen suchen, wie die Beitragssätze stabilisiert werden können, ohne die Versorgung im Alter wesentlich zu beeinträchtigen.

Im Prinzip gibt es vier Wege, die Alterssicherung der nächsten Generationen sicherzustellen, dabei aber die Belastung der Aktiven unmerklich (!) zu halten:

1) Die Rentenversicherungsbeiträge werden nach und nach erhöht. Dieser Weg hat den Nachteil, dass nicht nur die aktiven Arbeitnehmer, sondern auch die Arbeitgeber zusätzlich belastet werden, was zu höheren Lohnstückkosten führt und die internationale Wettbewerbsfähigkeit der deutschen Wirtschaft beeinträchtigen könnte.

2) Die Renten werden in höherem Umfang als bisher aus Steuereinnahmen finanziert, wobei das Schwergewicht der Steuern auf die indirekten, sprich Verbrauchssteuern, verlagert wird. Mit der Erhöhung der Mineralölsteuer bei gleichzeitiger Festschreibung des Beitragssatzes für die Rentenversicherung

hat die Rot-Grüne Bundesregierung diesen Weg eingeschlagen. Er hat den Vorteil, die Lohnnebenkosten, die zu einem Großteil aus den Arbeitgeberanteilen für die Sozialversicherung bestehen, zu stabilisieren, was die langfristige Kalkulation der Unternehmen erleichtert und ihre Konkurrenzfähigkeit auf den Auslandsmärkten erhält. Gleichzeitig wird die Finanzierung der Renten unmerklicher, weil die Sozialabgaben nicht mehr jeden Monat auf der Gehaltsabrechnung sichtbar werden, sondern mit jedem Kauf über die Mehrwertsteuer bzw. bei jedem Tanken über die Mineralölsteuer aufgebracht werden.
Der Nachteil dieser verstärkten Rentenfinanzierung über Verbrauchssteuern ist allerdings, dass der Zusammenhang zwischen der Höhe der vom Einzelnen gezahlten Beiträge und der späteren Rente lockerer wird. Insofern könnte der Schritt zu mehr Steuerfinanzierung der Renten gleichzeitig der Einstieg zu einem zweistufigen Alterssicherungssystem sein mit einer steuerfinanzierten Grundrente für alle und einer darauf aufsetzenden Zusatzrente, deren Höhe sich nach den gezahlten Beiträgen richtet. Dieser Schritt müsste politisch allerdings auch gewollt sein.

3) Das Rentenniveau wird abgesenkt, was nicht – wie wir gesehen haben – eine Kürzung der absoluten Höhe der Renten bedeutet. Gleichwohl besteht hier langfristig die Gefahr, dass Arbeitnehmer am unteren Ende der Lohnskala im Alter eine zu niedrige Rente haben, um davon leben zu können. Dann müsste die staatliche Grundsicherung einspringen, um den Betreffenden das Existenzminimum zu sichern.

4) Die privaten Haushalte werden dazu animiert, ergänzend private Altersvorsorge zu betreiben und zu diesem Zweck im Laufe ihres Lebens ein Vermögen aufzubauen. Auch dieser Weg hat den Vorteil, dass er die Unternehmen nicht durch zusätzliche Lohnnebenkosten belastet. Denn die Sparleistungen der privaten Haushalte für ihre Altersvorsorge sollen dabei zusätzlich aus ihrem verfügbaren Haushaltseinkommen aufgebracht werden. Damit wären wir schon beim Thema der Vermögenspolitik, auf das wir in einem späteren Abschnitt eingehen.

Die Politik hat einen Mix aus diesen vier Wegen eingeschlagen:

- Die Rentenversicherungsbeiträge werden langfristig erhöht, aber nicht um so viel, dass wie in der Rechnung von Prognos das Rentenniveau beibehalten werden könnte. Maximal soll der Rentenversicherungsbeitrag von derzeit 18,9 Prozent (2014) auf maximal 22 Prozent (2029) steigen.

- Das Rentenniveau soll bis 2030 auf 43 Prozent (berechnet vom Bruttoeinkommen) abgesenkt werden. Das geschieht zum einen, indem die laufenden und auch die künftigen Neurenten geringer ansteigen als die Einkommen der er-

werbstätigen Arbeitnehmer. Zum anderen wird das reguläre Renteneintrittsalter von ursprünglich 65 Jahren in kleinen Schritten bis zum Jahr 2029 auf
67 Jahre erhöht.

- Seit 1998 werden zusätzliche Steuern erhoben, deren Aufkommen in die Rentenkasse fließen: Die Mehrwertsteuer wurde zum 1. April 1998 von 15 auf
  16 Prozent erhöht, um dieses eine Prozent als zusätzlicher Bundeszuschuss an
  die Rentenversicherung zu zahlen. Ferner fließen die Einnahmen aus der von
  der rot-grünen Bundesregierung 1999 eingeführten Ökosteuer – Erhöhungs-
  beitrag zum zusätzlichen Bundeszuschuss genannt – in die Rentenkasse. Beide
  zusammen ergaben 2012 rund 20 Mrd. Euro.
- Die private Altersvorsorge wird seit 2002 durch steuerliche Vergünstigungen
  in der Sparphase – die sog. *Riester-Rente* – gefördert. Ihren Namen hat diese
  Privatrente von dem damaligen Bundearbeitsminister *Walter Riester,* zu dessen
  Amtszeit sie eingeführt wurde.

Abschließend noch einige Grundsatzbemerkungen zur Frage, was »Umbau des
Sozialstaates« letztendlich bedeutet. Wie häufig, wird unter diesem Etikett je nach
gesellschaftpolitischer Grundposition und Interessenlage Unterschiedliches verstanden. Am Anfang dieses Buches (siehe Kapitel 1.3) hatten wir dargestellt, dass
es nicht nur eine einzige Form von Sozialstaat gibt, sondern dass der Sozialstaat
in den einzelnen Industrieländern unterschiedliche Ausprägungen erfahren hat.

Die Einen meinen deshalb mit »Umbau des Sozialstaates« die Abschaffung
des Sozialstaatsmodells »Bundesrepublik Deutschland« (Staatliches soziales Versicherungssystem) und seinen Ersatz durch das »Sozialstaatsmodell USA« (Selek-
tives soziales Sicherungssystem). Sozialpolitik soll sich nach diesen Vorstellungen
auf Fürsorge und die Absicherung eines sozialen Mindeststandards beschränken.
Dabei wird behauptet, dass die derzeitigen Finanzierungsprobleme des gesetzlichen Sozialversicherungssystems einen so verstandenen »Umbau« des Sozialstaats dringend erforderlich machen.

Andere meinen mit »Umbau des Sozialstaats« die grundsätzliche Beibehaltung des Modells »Bundesrepublik Deutschland«, jedoch Anpassung an die Erfordernisse, die die Veränderung der Altersstruktur der Bevölkerung mit sich
bringt. Das bedeutet konkret, z. B. in der Rentenpolitik, möglichst an allen »Stell-
schrauben« des Sozialsystems zu drehen, um die Lasten nicht einseitig auf bestimmte Gruppen zu verteilen.

Die Rentenreformen der 2000er Jahre, mit denen die Politik auf den demografischen Wandel reagiert hat, haben genau diesen zweiten Weg eingeschlagen. Sie
sollen die Finanzierbarkeit der Renten auch bei den zu erwartenden ungünstigeren Altenquotienten (Verhältnis von Rentnern zu Beitragszahlern) sichern. Nach
den derzeitigen Berechnungen werden damit die Renten bis 2029/30 finanzierbar

sein. In diesem Jahr wird auch die beschlossene stufenweise Anhebung des regulären Renteneintrittsalters auf 67 Jahre abgeschlossen sein. Ob danach das Renteneintrittsalter weiter angehoben werden muss, lässt sich heute noch nicht sagen. Zu viele Faktoren, die noch nicht absehbar sind, sind dabei zu berücksichtigen. Jedenfalls wäre es verfrüht, bereits heute die Rente mit 69 oder 70 zu fordern. Dafür gibt es im Augenblick keinen Grund.

Die schrittweise Absenkung des Rentenniveaus hat jedoch zwei Probleme wieder deutlicher hervortreten lassen:

1) Wer sein Leben lang nur geringe Einkommen bezieht, kann keinen gesetzlichen Rentenanspruch aufbauen, der ausreicht, das Existenzminimum im Alter zu garantieren. So haben z. B. Beschäftigte in der Gastronomie seit jeher niedrige Gehälter, die jedoch durch Trinkgelder so aufgebessert werden, dass die Betreffenden in der Erwerbsphase ihr – wenn auch bescheidenes – Auskommen haben. Werden die Trinkgelder dann nicht »verbeitragt«, d. h. dafür keine Rentenversicherungsbeiträge abgeführt, fällt die spätere Rente so gering aus, dass sie unter dem Existenzminimum liegt. Altersarmut ist vorprogrammiert.

2) Diejenigen, die einen gesundheitlich besonders belastenden Beruf ausüben und nicht in der Lage sind, bis zum 67. Lebensjahr diese Tätigkeit auszuüben, sondern lange vorher aus dem Erwerbsleben ausscheiden müssen, werden zwar von der Erwerbsunfähigkeitsrente »aufgefangen«. Wer jedoch in seinen bisherigen Berufsjahren nur geringes Einkommen erzielt hat, für den wird die Erwerbsunfähigkeitsrente oft nicht zum Leben ausreichen.

Beide Probleme sind nicht neu. Sie bestanden schon immer. Sie wurden im Rahmen früherer Rentenreformen in den siebziger oder neunziger Jahren des vorigen Jahrhunderts stets dadurch »gelöst«, dass für diese Personen die Rentenansprüche aufgestockt wurde, etwa indem man bei der Rentenberechnung unterstellte, sie hätten bis zum Renteneintritt einen bestimmten Prozentsatz des Durchschnittsverdienstes eines rentenversicherungspflichtig Beschäftigten erzielt. Dabei ging man bei den seinerzeitigen Rentenreformen immer davon aus, dass Niedrigverdiener eine Ausnahme darstellen und die gewerkschaftliche Tarifpolitik durch Anhebung der niedrigsten Tariflöhne oder gar Aufhebung dieser Lohngruppen das Problem beseitigt. Die Arbeitsmarktreformen der Schröder-Regierung haben jedoch erneut und verstärkt derartige Beschäftigungsverhältnisse hervor gebracht und den Niedriglohnsektor wieder ausgeweitet. So entstand das alte Problem wieder, und es wurde in Verbindung mit der Absenkung des künftigen Rentenniveaus sogar noch verschärft.

Mit anderen Worten: Die Renten- und Arbeitsmarktreformen der 2000er Jahre haben zwar die aktuellen Probleme der Rentenversicherung gelöst, dafür aber neue soziale Probleme in der Zukunft geschaffen. Denn Altersarmut ist, obwohl es im Bundestagswahlkampf 2013 stark in der Öffentlichkeit debattiert wurde, derzeit noch eine Ausnahme, wird aber in Zukunft zu einer Massenerscheinung werden, wenn die Sozialpolitik hier nicht gegensteuert. Das Konzept, die Absenkung des gesetzlichen Rentenniveaus durch Einführung einer ergänzenden privaten Altersrente (Riester-Rente) auszugleichen, schafft keine Abhilfe. Denn sie funktioniert nur für Arbeitnehmer mit durchschnittlichem und überdurchschnittlichen Einkommen, die sich tatsächlich zusätzlich zur gesetzlichen Rente einen privaten Rentenanspruch aufbauen können. Bei den Problemgruppen am Arbeitsmarkt mit geringem Einkommen und/oder unterbrochenen Erwerbsbiographien geht die Teilprivatisierung der Altersvorsorge jedoch ins Leere. Die bisherigen Zahlen über die einkommensabhängige Nutzung der Riester-Rente belegen dies eindeutig.

5.5.2 Die Reform des Gesundheitswesens

Die wachsenden Kosten im Gesundheitssystem sind sozusagen der »andere Zwilling« in der gegenwärtigen Sozialstaatsdiskussion. Von Zwilling zu sprechen erscheint insofern gerechtfertigt, als die demografische Entwicklung auch für die Finanzierungsprobleme im Gesundheitssystem eine wesentliche Rolle spielt. Je größer der Anteil älterer Menschen an der Bevölkerung ist, desto höher sind auch die Ausgaben für die Gesundheitsleistungen, die eine Gesellschaft tätigen muss.

Der sich verändernde Altersaufbau der Bevölkerung ist zwar ein wichtiger, aber nicht der alleinige Auslöser der wachsenden Gesundheitsausgaben. Der Leser blättere noch mal zu *Schaubild 4.25* zurück. Gehen wir die dort aufgeführten, einzelnen Bestimmungsfaktoren der Gesundheitsausgaben in einem Land einmal durch und fragen, welche überhaupt politisch beeinflussbar sind.

Nicht von der Politik beeinflussbar sind

- die Seniorenquote, also der Anteil der über 65-Jährigen an der Bevölkerung;
- der medizinisch-technische Fortschritt – dieser wird von der wissenschaftlichen Forschung bestimmt. Er ist zudem auch wünschenswert.
- das Alter der Demokratie. Dieses steht fest und kann (und soll auch) nicht zurückgedreht werden.

Der National Health Service Effekt ist in Deutschland kein Bestimmungsfaktor. Er trifft neben Großbritannien auf Länder zu, die das britische Gesundheitssystem kopiert haben.

Das BIP pro Kopf wäre zwar grundsätzlich vom Staat zu beeinflussen. Aber soll der Staat verhindern, dass seine Wirtschaft nicht mehr wächst, nur weil die Bevölkerung mit steigendem Einkommen auch mehr für Gesundheitsleistungen ausgibt? Eine absurde Vorstellung!

Bleiben die eng miteinander zusammenhängende Frauenerwerbsquote und der Grad der Problemlösung über den Staat. Aber auch hier kann der Staat schwerlich ansetzen. Erstens ist eine Erhöhung der Frauenerwerbsquote aus gleichstellungspolitischen Gründen geboten. Es stieße kaum auf Akzeptanz, Kranken- und Altenpflege wieder verstärkt in die Familie zu verlagern und sie den Frauen aufzubürden, die die Arbeit dann unentgeltlich verrichteten. Zweitens ist langfristig eine höhere Frauenerwerbsquote in Deutschland aus wachstums- und arbeitsmarktpolitischen Gründen notwendig. Da das Angebot an Arbeitskräften mittelfristig wieder knapper wird, muss die Wirtschaft zukünftig verstärkt weibliche Arbeitskräfte mobilisieren, um den Bedarf zu decken. Nur so wird ausreichendes Wirtschaftswachstum und auch die Finanzierung der Renten möglich sein.

Wir müssen somit feststellen: Alles deutet darauf hin, dass die Ausgaben für Gesundheit in Zukunft steigen werden. Das kann eigentlich nicht überraschen. Schließlich wissen wir aus der Analyse des wirtschaftlichen Strukturwandels: Mit steigendem Einkommen wachsen die Ausgaben nach den einzelnen Gütern und Dienstleistungen nicht proportional, sondern die Struktur der Nachfrage verändert sich. Je reicher ein Land und je größer der Anteil der Älteren an der Bevölkerung ist, desto mehr steigt auch der Anteil der Ausgaben für Krankenbehandlung und Gesundheitsvorsorge am Bruttoinlandsprodukt.

Die OECD hat 2006 versucht, die künftige Entwicklung der Gesundheitsausgaben – konkret den Anteil der Ausgaben für Gesundheit und Alterspflege – bis zum Jahr 2050 zu prognostizieren. Das Ergebnis zeigt *Schaubild 5.26.* Danach wird in allen betrachteten OECD-Ländern bis zu diesem Zeitpunkt die Quote der Gesundheitsausgaben steigen – in Deutschland von 8,8 % (2005) auf 14,3 % (2050). Auch das kann nicht überraschen. Schließlich haben alle reichen Länder im Großen und Ganzen die gleiche demografische Entwicklung – die einen mehr, die anderen etwas weniger, die einen früher, die anderen etwas später. Und auch der medizinisch-technische Fortschritt findet in allen reichen Ländern gleichermaßen statt. Er führt zu all den positiven Folgen für die Gesundheit der Menschen und ihre Lebenserwartung, aber auch zu höheren Ausgaben. Und wer wenn nicht die reichen Gesellschaften können und wollen sich mehr Gesundheit und eine längere Lebenserwartung leisten?

In anderen Bereichen der Wirtschaft ist es für uns ganz selbstverständlich, dass wir einen größeren Teil unseres Einkommens für andere, höherwertige Produkte und Dienstleistungen aufwenden. Oder wer will heute noch einen VW-Käfer aus den fünfziger Jahren fahren? Ein Golf ist technisch ausgereifter, sicherer

Schaubild 5.26

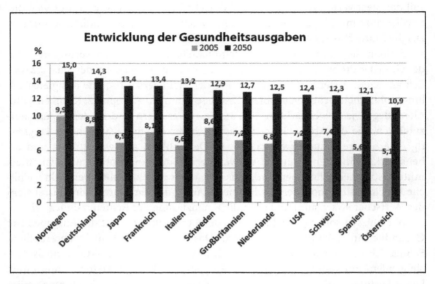

Quelle: OECD

und komfortabler als der alte Käfer. Natürlich ist der Golf auch teurer, und die Menschen reservieren wie selbstverständlich einen größeren Teil ihres Einkommens als früher für Auto und Reisen. Niemand käme auf die Idee, eine Kostendämpfung im Automobilbau oder beim Reisen zu fordern. Auch will niemand auf die technischen Erfindungen der letzten Jahrzehnte verzichten, etwa auf ein Anti-Blockier-System oder eine elektronische Stabilitätskontrolle. Nur bei den Gesundheitsausgaben soll alles konstant bleiben: der Krankenkassenbeitrag, die Medikamentenpreise, das Arzthonorar.

Warum denken viele Menschen so? Das hat mit der Art des Gutes Gesundheit zu tun und der Form, wie das Bedürfnis nach Gesundheit befriedigt und finanziert wird. Während sich jeder ein Auto individuell nach seinen persönlichen Wünschen soll kaufen können (und wenn sich jemand keins leisten kann, dann machen wir kein großes Aufhebens davon!), wird Gesundheit als öffentliches Gut betrachtet. *Jeder* soll sich Gesundheit leisten können und *jeder* soll eine Behandlung nach dem neusten Stand des medizinischen Wissens und der medizinischen Technik bekommen, unabhängig davon, welches Einkommen er verdient, weil eben jedes Menschenleben den gleichen Wert hat. Am deutlichsten kam dies zum Ausdruck, als *Gerhard Schröder* in seinen Wahlkampfauftritten betonte: »Niemand soll bei uns an den Zähnen eines Menschen erkennen können, ob er arm oder reich ist!«

Da aber Gesundheitsleistungen nicht im Überfluss vorhanden sind, sondern produziert werden müssen, haben sie – wie jedes andere Produkt oder jede andere Dienstleistung – ihren Preis. Folglich entsteht das Problem, wie alle Menschen trotz ihres unterschiedlichen Einkommens mit der gleichen Menge an Gesundheitsleistungen versorgt werden können.

Zur Lösung dieses Problems wird das Gesundheitssystem in Deutschland wie in den meisten anderen entwickelten Industrieländern nicht dem freien Spiel der Kräfte überlassen. Um nur die wichtigsten staatlichen Eingriffe zu nennen:

- Alle Arbeitnehmer bis zu einer bestimmten Einkommenshöhe werden gezwungen, eine Krankenversicherung abzuschließen. Die Höhe des Beitrags zur gesetzlichen Krankenversicherung ist einkommensabhängig, die Leistungen dagegen sind einkommensunabhängig. Wer nur 1.000 Euro verdient, zahlt weniger als jemand, der 3.000 Euro Einkommen hat, bekommt aber die gleichen ärztlichen Leistungen, Medikamente und Hilfsmittel. Mit anderen Worten: Das System der gesetzlichen Krankenversicherung ist ein solidarisches Umverteilungssystem, zumindest innerhalb des Kreises, der krankenversicherungspflichtig ist.
- Waren und Dienstleistungen sind für die Patienten nur bedingt frei zu wählen. Zwar besteht in Deutschland freie Arztwahl, jedoch sind die Patienten

Schaubild 5.27

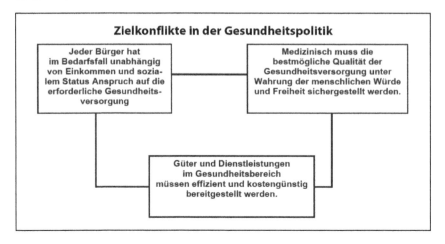

als medizinische Laien dem Arzt und seinen Ratschlägen mehr oder weniger »ausgeliefert«. Die Patienten müssen ihm als Fachmann vertrauen und seinen Empfehlungen bezüglich der Therapie (= Behandlung) und der Medikation (Einnahme von Tabletten usw.) folgen. In der Apotheke treten die Patienten nicht wie in einem Supermarkt auf, wo sie sich selbst zwischen Dutzenden von Waren entscheiden können, sondern müssen das verschriebene Medikament kaufen. Einen Markt im eigentlichen Sinn gibt es also nicht.

Die Tatsache, dass der Staat massiv in das Gesundheitssystem eingreift, macht es für liberal orientierte Wissenschaftler besonders angreifbar. Sie sehen die Ursache für die hohen Gesundheitsausgaben in zu wenig Wettbewerb. Stellvertretend hierfür sei aus einer Veröffentlichung des *Otto-Wolff-Instituts für Wirtschaftsordnung/ Stiftung Marktwirtschaft-Frankfurter Institut* zitiert:

> »Wenn das System der gesetzlichen Krankenversicherung (GKV) nicht geändert wird, werden die Beitragssätze in den kommenden Jahren kräftig steigen. Das liegt hauptsächlich an der demographischen Entwicklung ..., aber auch am medizinisch-technischen Fortschritt sowie zum Teil am unzureichenden Wettbewerb und an der Verschwendung im Gesundheitssystem«. (Eekhoff, J./Raddatz, G./Zimmermann, A., Privatversicherung für alle. Ein Zukunftsmodell für das Gesundheitswesen. Argumente zu Marktwirtschaft und Politik Nr. 92, Berlin/Köln 2005, S. 3)

Demografische Entwicklung und medizinisch-technischer Fortschritt werden als Verursachungsfaktoren also nicht geleugnet. Unzureichender Wettbewerb und daraus resultierende Verschwendung kommen jedoch in der Argumentation als zusätzlicher Kostentreiber hinzu, ohne dass angegeben wird, wie viel sie an den Gesamtkosten überhaupt ausmachen.

Aus persönlicher Erfahrung wissen wir: Die eine oder andere Ausgabe, die wir bei unserer Krankenkasse ausgelöst haben, wäre in dieser Höhe nicht notwendig gewesen. Wer erinnert sich nicht daran, dass nach Überweisung zu einem Facharzt dieser noch einmal dieselben Untersuchungen gemacht hat, die der Hausarzt bereits vorgenommen hatte. Und wer findet bei einem Blick in seine Hausapotheke nicht Medikamente, deren Verfallsdatum längst abgelaufen ist, die aber nicht alle verbraucht wurden, weil sich die Besserung schon nach zwei Tagen einstellte. Beispiele dieser Art, die auf Verschwendung hindeuten, ließen sich noch beliebig viele aufzählen.

So einleuchtend das Argument von der Verschwendung deshalb auch ist, so sehr muss man sich andererseits klar machen: Das System der Gesundheitsversorgung ist ebenso wie die gesamte Wirtschaft ein Kreislauf: Das, was *der eine* ausgibt, ist Grundlage für das Einkommen *des anderen. Tabelle 5.13* zählt in der lin-

Umbau des Sozialstaats 377

Tabelle 5.13 Gesundheitsausgaben[1] in Deutschland (2011)

Wofür? (nach Einrichtungen)	Mrd. €	Von wem? (nach Ausgabeträgern)	Mrd. €
Arztpraxen	44,4	Gesetzliche Krankenversicherung	168,5
Zahnarztpraxen	18,2	Private Haushalte	40,1
Praxen sonst. med. Berufe	9,6	Private Krankenversicherung	27,7
Apotheken	39,8	Gesetzliche Pflegeversicherung	22,0
Gesundheitshandwerk, -einzelhandel	19,6	Staat	14,1
Ambulante Pflege	10,6	Arbeitgeber	12,5
Sonstige ambulante Einrichtungen	2,0	Gesetzliche Unfallversicherung	4,8
Ambulante Einrichtungen insgesamt	144,1	Gesetzliche Rentenversicherung	4,1
Krankenhäuser	76,8		
Vorsorge- und Rehabilitationseinrichtungen	8,4		
Stationäre und teilstationäre Pflege	22,2		
Stationäre und teilstationäre Einrichtungen insgesamt	107,4		
Gesundheitsschutz	2,2		
Rettungsdienste	3,3		
Verwaltung	16,9		
Sonstige Einrichtungen und private Haushalte	8,6		
Ausland	1,6		
Laufende Gesundheitsausgaben	284,1		
Investitionen	9,7		
Ausgaben insgesamt	293,8		293,8

1 Differenzen in den Summen durch Rundungen

Quelle: Statistisches Jahrbuch 2013, S. 136.

ken Spalte auf, bei wem oder für was es ausgegeben wurde. Die rechte Spalte gibt Auskunft, welche Institution bzw. Einrichtung wie viel Geld für Gesundheitsleistungen aufgebracht (= getragen) hat. Wann immer in der linken Spalte (Wofür?) eingespart wird, bedeutet es, dass jemand aus dem Kreis der Anbieter von Gesundheitswaren oder -dienstleistungen weniger einnimmt: Krankenhäuser (dahinter verbergen sich neben den Sachleistungen wie Medikamente und Heilmittel die Einkommen der Ärzte, der Krankenschwestern und des Verwaltungspersonals der Krankenhäuser), freiberufliche Ärzte, Zahnärzte und Apotheker, Pflege- und Rehabilitationseinrichtungen usw. Kosten im Gesundheitswesen, das sind einerseits die Ausgaben der Krankenkassen, andererseits aber auch die Einkommen der Beschäftigten im Gesundheitswesen. Und dieser Wirtschaftsbereich ist – wie wir an anderer Stelle gesehen haben – ein Wachstumssektor, wenn nicht *der Wachstumssektor der Zukunft* schlechthin!

In der Gesundheitspolitik herrscht ein Verteilungskampf par excellence (= französisch: in typischer Ausprägung). Deshalb ist es wichtig, sich die Akteure, d. h. die politisch Handelnden, vor Augen zu führen, die versuchen, auf die Entscheidungen zu ihren Gunsten einzuwirken. *Schaubild 5.28* zählt die wichtigsten Akteure auf. Jeder der Akteure möchte so viel wie möglich aus dem Gesundheitssystem für sich bzw. seine Klientel heraus holen, gleichzeitig aber so wenig wie möglich einbringen. Die Regierung muss versuchen, zwischen den Akteuren zu vermitteln, wobei sie je nach politischer Ausrichtung einzelnen Akteuren näher steht als anderen.

Dabei muss man sich ganz besonders bewusst machen: Die Interessen, die in der Gesundheitspolitik aufeinander prallen, sind erheblich vielschichtiger als beim traditionellen Konflikt zwischen Kapital und Arbeit. So haben im Gesundheitswesen beschäftigte Arbeitnehmer andere Interessen (gute Gehälter!) als Arbeitnehmer anderer Branchen, die u. a. diese Gehälter in Form von Krankenkassenbeiträgen zahlen müssen. Arbeitgeber wiederum sind grundsätzlich an geringen Lohnnebenkosten (also niedrigen Krankenkassenbeiträgen) interessiert. Die Arzneimittelindustrie wiederum möchte hohe Verkaufspreisen für ihre Produkte, was die Kosten im Gesundheitswesen steigert. Frei praktizierende Ärzte verfolgen andere Interessen als angestellte Ärzte in Krankenhäusern, gesetzliche Krankenkassen andere als private usw.

Mit Hilfe von *Tabelle 5.13* und *Schaubild 5.28* können wir nun die diversen Vorschläge einer Gesundheitsreform besser einordnen und ihre Wirkung verstehen. Dazu einige Beispiele:

1) *Ziel:* Die Beitragssätze der gesetzlichen Krankenkassen sollen nicht mehr steigen. *Folgen:* Die gesetzlich Versicherten erhalten von ihrer Krankenkasse weniger Leistungen der Anbieter (linke Seite von *Tabelle 5.13*) und müssen entweder

Umbau des Sozialstaats

Schaubild 5.28

darauf verzichten oder für die Leistungen im Wege der Zuzahlung selber aufkommen (berührt *Tabelle 5.13*, rechte Spalte, Private Haushalte).

2) *Ziel:* Die Anteile der Arbeitgeber zu den Krankenkassenbeiträgen ihrer Beschäftigten sollen eingefroren werden, um den Anstieg der Lohnnebenkosten zu begrenzen. *Folgen:* Die höheren Kosten für Gesundheitsleistungen müssen sowohl von den gesetzlich als auch den privat Versicherten selbst aufgebracht werden, die Beitragssätze der Arbeitnehmer steigen. Oder die Leistungen der Krankenkassen werden gekürzt und die Versicherten leisten Zuzahlungen. Oder die Versicherten verzichten auf die Inspruchnahme von Gesundheitsleistungen.

3) *Ziel:* Alle Bürger sollen den gleichen Anspruch auf ärztliche Versorgung nach dem neuesten medizinisch-technischen Stand haben, gleichzeitig sollen aber – mit Rücksicht auf die Lohnnebenkosten – die Beitragssätze stabil bleiben. *Folgen:* Es entstehen bei den Krankenkassen Finanzierunglücken, die aus allgemeinen Steuermitteln gedeckt werden müssen. Das macht über kurz oder lang Steuererhöhungen unvermeidlich. Sie lösen neue Überwälzungsversuche aus: Die Unternehmen erhöhen ihre Verkaufspreise, die Gewerkschaften fordern höhere Löhne.

Viele weitere Beispiele und Fallkonstellationen ließen sich anfügen. Sie alle zeigen: Letztlich geht es um die Fragen:

> **Wer soll künftig die Ausgaben für Gesundheit bezahlen? Wie wird sichergestellt, dass das Gut Gesundheit und langes Leben für Arm und Reich gleichermaßen erreichbar bleibt?**

Eines steht unumstößlich fest:

> **Die Kosten eines höheren Anteils der Älteren an der Gesamtbevölkerung lassen sich durch keine denkbare Reform des Gesundheitswesens »weg reformieren«.**

Doch der überwiegende Teil der Bevölkerung will diese Binsenweisheit nicht wahr haben! Und beide politische Lager geben vor, neue Finanzierungsquellen für die Gesundheitsleistungen erschließen zu können, die ihre eigene Klientel nicht belastet. So zielen Vorschläge aus dem linken politischen Spektrum häufig darauf ab,

- den Kreis der in den gesetzlichen Krankenkassen Versicherten zu erweitern und alle Selbständigen und Beamten einzubeziehen, aber auch gut verdienende Arbeitnehmer, deren Einkommen über der Versicherungspflichtgrenze liegen,
- andere Einkunftsarten, insbesondere Einkünfte aus Vermögen, aus Vermietung und Verpachtung, aus gewerblicher oder selbständiger Tätigkeit krankenkassenbeitragspflichtig zu machen.

Dahinter steckt die Sehnsucht, die Reichen unserer Gesellschaft in höherem Maße an der solidarischen Finanzierung der Gesundheitsleistungen beteiligen und dafür die Ärmeren verschonen oder zumindest entlasten zu können. (Motto: Der Millionär zahlt die Hüftoperation des 85jährigen Rentners).

Die Vorschläge haben insofern einen realen Hintergrund, als die privaten Krankenversicherungen, in denen gut verdienende Arbeitnehmer, Selbständige und die Beamten versichert sind, die sog. guten Risiken bei sich vereinigen. *Gute Risiken* bedeutet: Der Kreis der Versicherten setzt sich überwiegend aus Personen zusammen, die – da sie einen weniger gesundheitsschädigenden Beruf ausüben – im allgemeinen seltener krank sind und weniger Gesundheitsleistungen in Anspruch nehmen müssen als die in gesetzlichen Krankenkassen Versicherten. Das hat zur Folge: Bei den privaten Krankenkassen zahlt man als junger Einzelversicherter einen niedrigeren Beitrag als in der gesetzlichen Krankenkasse. Familien müssen in der privaten Krankenversicherung allerdings jedes Familienmitglied einzeln versichern und haben daher meist eine höhere Beitragsbelastung.

Umbau des Sozialstaats

Im Gegensatz dazu vereinigen die gesetzlichen Krankenkassen die *höheren Risiken,* weil sie auch alle versichern müssen, die gesundheitlich beeinträchtigt, berufs-, erwerbsunfähig oder arbeitslos sind. Dieser Kreis verursacht höhere Gesundheitsleistungen, weshalb die Beitragssätze in den gesetzlichen Krankenkassen im Regelfall höher sind.

Viele Sozialpolitiker kritisieren an diesem zweigeteilten System in gesetzliche und private Krankenkassen, dass es dem Solidarprinzip widerspricht. Personen, die ohnehin schon privilegiert sind, weil sie einen Beruf ausüben, mit dem sie ein höheres Einkommen erzielen, und die gesünder sind, weil ihre berufliche Tätigkeit sie physisch und psychisch nicht so sehr beansprucht, würden noch zusätzlich belohnt, weil sie sich an den Gesundheitskosten der schlechter Gestellten über Beiträge zur gesetzlichen Krankenkasse nicht beteiligen müssen. Dem wird entgegen gehalten, dass über die Privatpatienten durchaus ein Solidarausgleich stattfindet. Viele Ärzte könnten ohne Privatpatienten gar nicht mehr die Kosten ihrer Praxis decken, weil die Honorare der gesetzlichen Kassen dafür nicht ausreichten. Insofern sichern die Privatpatienten indirekt das Angebot an einer ausreichenden Gesundheitsversorgung auch für die Kassenpatienten.

Auch die Hoffnung, durch Ausdehnung der Krankenversicherungspflicht auf weitere Einkommensarten die finanzielle Basis der gesetzlichen Krankenkassen erweitern zu können, trügt. Dafür lassen sich folgende Gründe nennen:

- Viele kleine Gewerbetreibende und Selbständige sind ohnehin bereits freiwillig in der gesetzlichen Krankenkasse versichert.
- Einkünfte von Privatpersonen aus Vermietung und Verpachtung sind in den meisten Fällen negativ. Das hängt damit zusammen, dass Wohnungen, die von Privatpersonen vermietet werden, in der Absicht gekauft werden, Steuern zu sparen (also Verluste geltend zu machen) und langfristig einen Wertzuwachs der Immobilie erzielen zu können. Die Vorstellung, dass es zahlreiche Privatpersonen gibt, die allein von ihren Mieteinnahmen leben, geht an der Wirklichkeit vollkommen vorbei. Entweder haben Privatpersonen nur einige wenige Objekte, die als Kapitalanlage und als Steuersparmodell dienen, oder es handelt sich nicht um Privatpersonen, sondern um Wohnungsbaugesellschaften. Diese wiederum aber können schlecht krankenversichert werden.
- Vermögenseinkünfte, also Zinsen auf Sparguthaben oder aus Wertpapieren, reichen wiederum weit in den Kreis der in den gesetzlichen Krankenkassen Versicherten hinein. So gäbe es zahlreiche Überlappungen und Doppelbeiträge. Soll etwa ein Angestellter mit 3.000 Euro Einkommen, der bereits in der gesetzlichen Krankenkasse versichert ist, zusätzlich noch für seine 200 Euro jährliche Zinsen auf sein Sparbuch 30 Euro (das wären 15 %) Krankenkassenbeitrag für Vermögenseinkünfte bezahlen? Schließt man alle diese Fälle aber

aus, blieben nur noch Wenige übrig, und die zusätzlich erzielbaren Beitrags-einnahmen wären – gemessen an den Gesamtausgaben der Krankenkassen – verschwindend niedrig. Der Glaube, dass es in unserer Gesellschaft massenhaft Playboys gibt, die ihre Zeit mit Müßiggang verbringen und von den Mietein-nahmen ihrer Häuser und den Zinserträgen ihrer Wertpapiere leben, ist voll-kommen irreal.

Insbesondere bei den Einkünften aus Vermietung und Verpachtung wäre zudem ein neuer administrativer Aufwand zu leisten, wenn sie der Beitragspflicht zur ge-setzlichen Krankenversicherung unterworfen würden. Hier ist – im Unterschied zum Arbeitnehmer-Arbeitsverhältnis – kein Arbeitgeber, der bei jeder Lohn- und Gehaltszahlung Steuern und Sozialabgaben einbehält und ans Finanzamt und die Sozialversicherungsträger abführt. Sollen hier auch die Zahler des Einkommens, also Millionen von Mietern, verpflichtet werden, die Miete nicht komplett an den Vermieter zu überweisen, sondern dessen Krankenversicherungsbeitrag einzube-halten und an die Krankenkasse abzuführen?

Und welchen Einfluss würde es auf die Mieten haben, wenn die Mieteinkünfte krankenversicherungspflichtig würden? Würden die Vermieter nicht ihren Kran-kenversicherungsbeitrag in ihre Mietkalkulation einbeziehen und versuchen, die Belastung auf den Mieter zu überwälzen, also weiterzugeben – so wie jeder Arbeit-geber auch die Hälfte des Krankenkassenbeitrags, den er für seine Arbeitnehmer zahlt, in seiner Preis- und Kostenkalkulation berücksichtigt? Hiergegen könnte man einwenden, dass die Mieten nicht völlig beliebig festgesetzt werden können, sondern aus Gründen des Mieterschutzes bereits »gedeckelt« werden. Diese Mie-tenbegrenzung ist aber bereits ein sozial korrigierender Eingriff des Staates, mit dem er das Einkommen der Vermieter begrenzen und verhindern will, dass das Gut »Wohnen« nicht beliebig als Profitquelle missbraucht wird.

Auf der anderen Seite des politischen Spektrums, im bürgerlich-liberalen La-ger, herrschen ebenfalls z. T. wenig realitätsnahe Vorstellungen. Mehr Markt und Wettbewerb sowie mehr Eigenverantwortung sind hier die Rezepte, mit denen man glaubt, den wachsenden Gesundheitskosten beikommen zu können. Doch kaum ein »Markt« ist so weit von den Rahmenbedingungen entfernt, unter denen ein Markt in idealer Weise funktioniert, wie der »Markt« für Gesundheitsleistun-gen. Nach dem Marktmodell soll ein Konsument vollkommene Marktübersicht haben, die Angebote miteinander vergleichen, ökonomisch rational entscheiden. Man stelle sich ein Verkehrsunfallopfer vor, das nur noch von weitem die Stimme des Notarztes vernimmt. Soll es in diesem Moment noch mehrere Angebote ein-holen, sie miteinander vergleichen und mit dem Arzt über sein Honorar feilschen?

Auch Eigenverantwortung führt nicht zur Kostendämpfung. Privat Versi-cherte haben in aller Regel einen Selbstbehalt, d. h. einen Mindestbetrag, den sie

Schaubild 5.29

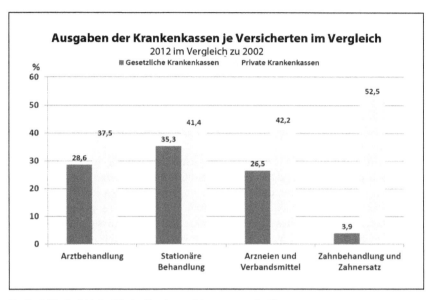

Quelle: Zahlenbericht der Privaten Krankenversicherung 2012, S. 56 f.

selbst dazuzahlen müssen und dessen Höhe sie bei Abschluss einer privaten Krankenversicherung wählen können. Auch gibt es bei den meisten Versicherungen Beitragsrückerstattungen, wenn in einem Jahr keine Leistungen in Anspruch genommen werden. Das soll einen Anreiz schaffen, nicht mit allem und jedem die Versicherung zu belasten, sondern zu prüfen, ob eine Gesundheitsleistung wirklich erforderlich ist. Doch betrachtet man die Ausgaben je Versicherten, so sind sie bei den privaten Krankenversicherungen in den Jahren von 2002 bis 2012 (und auch früher) in allen Leistungsbereichen deutlich stärker gestiegen als bei den gesetzlichen Krankenkassen *(Schaubild 5.29)*. Es kann also keine Rede davon sein, dass Privatpatienten kostenbewusster sind.

Im Unterschied zu den Kassenpatienten sehen sie zwar die Arztrechnungen, müssen sie zunächst aus eigener Tasche vorstrecken und sie bei ihrer Kasse zwecks Erstattung einreichen. Bei diesem Verfahren könnten sie – zumindest theoretisch – besser als die Krankenkasse prüfen, ob ggf. nicht erbrachte Leistungen abgerechnet worden sind. Aber die Liquidation eines Arztes strotzt nur so von medizinischen Fachbegriffen. Wer wollte sich da als medizinischer Laie mit dem Arzt seines Vertrauens auseinander setzen? Ergebnis dieser Marktunvollkommenheit: Bei allen vier Kostenkategorien haben sich die Ausgaben der privaten Krankenversicherungen je Versicherten deutlich mehr erhöht als bei den gesetzlichen Krankenkassen. Besonders weit klaffen die Ausgabenzuwächse bei den Arzneien und Verbandsmitteln sowie bei Zahnbehandlung und -ersatz auseinander. Kein Wunder: Bei den gesetzlichen Krankenkassen wurde die Selbstbeteiligung an den Arzneimittelkosten deutlich erhöht und die Leistungen für Zahnersatz reduziert. Teile der Gesundheitsleistungen wurden also für Kassenpatienten »privatisiert«, während privat Versicherten nach wie vor fast alles von ihrer Versicherung erstattet wird. Dafür sind die Beiträge der gesetzlich Versicherten weniger stark angestiegen als bei den privat Versicherten. Zum »Nulltarif« sind Gesundheitsleistungen nicht zu haben.

Diejenigen, die glauben, ein privatwirtschaftlich organisiertes Gesundheitssystem würde weniger kosten, verkennen ein Grundprinzip der Marktwirtschaft: Fast alle Anbieter von Waren und Dienstleistungen in einer Marktwirtschaft leben davon, dass sich die Menschen Dinge kaufen, die sie – streng genommen – gar nicht brauchen. So manches Kleidungsstück, so manches Ausstattungsdetail am Auto, die eine oder andere Versicherung – so wirklich braucht man sie eigentlich alle nicht! Konsumfreiheit bedeutet eben, sich auch das zu kaufen, was bei nüchterner, ökonomisch-rationaler Betrachtung eigentlich überflüssig ist, aber subjektiv Nutzen stiftet und nicht zuletzt Freude bereitet. Und so wird auch manche Gesundheitsleistung »verbraucht«, die nicht zwingend notwendig ist. Ist wirklich zu erwarten, dass die Menschen, wenn sie es sich leisten können, bei den Ausgaben für ihre Gesundheit besonders ökonomisch rational handeln? Umsatz und Wachstum – genau darauf beruht doch unser Wirtschaftssystem und der materielle Wohlstand für viele.

5.5.3 Fazit: Generationengerechtigkeit oder Generationenschicksal?

Die Schlussfolgerung, die man aus unseren Ausführungen über die Renten- und Gesundheitsreform ziehen kann, haben wir bereits formuliert. Sie kann nicht oft genug wiederholt werden:

▶ **Die Kosten, die ein immer höherer Anteil von Älteren an der Gesamtbevölkerung verursacht, lassen sich nicht »wegreformieren«.**

Was bedeutet das? Und konkret: Wer soll dann die Kosten tragen?

Es bedeutet zunächst einmal: Die zusätzlichen Kosten werden sich durch keine wie auch immer geartete Reform in Luft auflösen, sie werden da sein und müssen getragen werden! Sie wären nur dann nicht mehr zu tragen, wenn sich die Politik entschließen würde, den Sozialstaat nicht um-, sondern abzubauen. Das wiederum hieße in letzter Konsequenz: Die Gesellschaft überlässt die sozial schwächeren Bevölkerungsschichten im Alter und bei Krankheit sich selbst. Allenfalls wird auf niedrigstem Niveau eine Armenfürsorge bereitgestellt: eine warme Suppe am Tag und im Winter ein Dach über dem Kopf in Form einer Massenunterkunft. Würde die Politik diesen Weg einschlagen, ließen sich Renten- und Krankenversicherungsbeiträge konstant halten. Die nachfolgenden Generationen müssten nicht mehr an Steuern und Sozialabgaben aufbringen als ihre Eltern- und Großelterngeneration. Die »demografischen Lasten« würden allein der älteren Generation aufgebürdet.

Dieser »Sozialstaat« nach amerikanischem Muster entspricht jedoch nicht den ethischen Vorstellungen europäischer Gesellschaften. Wenn aber den sozial Schwächeren nicht nur bloß das physische, sondern ein soziales Existenzminimum gesichert werden soll, muss die Gesellschaft bereit sein, auch die Kosten dafür zu übernehmen.

Wer ist »die Gesellschaft«? Das sind diejenigen, die das Sozialprodukt erwirtschaften, also alle gesunden Bürgerinnen und Bürger eines Landes im Alter von 15 bis 65 (oder 67?) Jahren, die einen Arbeitsplatz haben. Genau dieser Kreis der Erwerbstätigen eines Landes – und niemand anders – kann den Sozialstaat finanzieren, indem etwas vom Bruttoeinkommen abgezweigt und für die Bedürfnisse der Alten und Kranken bereitgestellt wird. Dies kann in Form von direkten Steuern (z. B. Lohn- und Einkommensteuer), in Form indirekter Steuern (z. B. Mehrwertsteuer, Mineralölsteuer) oder in Form von Sozialabgaben (z. B. Renten-, Kranken-, Pflegeversicherungsbeiträge) geschehen.

Der politische Streit – und auch die wissenschaftlichen Kontroversen – drehen sich letztlich darum, mit welchem Mix aus direkten und indirekten Steuern sowie Sozialabgaben der Sozialstaat finanziert werden soll. Und eng damit verbunden: Welche sozialen Schichten sollen die Mittel aufbringen? Fest steht nur so viel: Die Bezieher geringer Einkommen können den Sozialstaat nicht finanzieren. Sie sollen ja die Empfänger von Sozialleistungen sein. Also bleiben die sog. Mittelschicht mit durchschnittlichem Einkommen und die Reichen.

Wer glaubt, die Mittelschicht von den demografischen Lasten verschonen zu können, indem an die Stelle der gesetzlichen Renten- und Krankenversicherung, die (fast) nur Arbeitnehmer bis zu einer bestimmten Einkommenshöhe erfasst, eine Bürgerversicherung tritt, die alle Bevölkerungsschichten unabhängig von ihrem Einkommen und ihrer Berufsstellung in einer einheitlichen Versicherung zusammenschließt, erliegt einem Trugschluss. Er geht davon aus, dass bei denjenigen, die derzeit nicht gemäß ihrem Einkommen in die gesetzliche Renten- oder Krankenversicherung einzahlen, so viele zusätzliche finanzielle Mittel für die Finanzierung der Renten und der Gesundheitsleistungen zu mobilisieren wären, dass damit die demografisch bedingten Zusatzkosten ausgeglichen werden könnten. Doch schauen wir uns einmal genau diese Kreise an, um die es dabei geht:

- In der *gesetzlichen Rentenversicherung* beträfe es diejenigen Arbeitnehmer, die jetzt mit ihrem Einkommen über der Beitragsbemessungsgrenze liegen (2013: 5.800 Euro/Monat). Würde man auch jenseits dieser Grenze den gleichen prozentualen Anteil ihres Einkommens für die Rentenversicherung abverlangen (2013: 18,9 Prozent), müsste also beispielsweise ein Vorstandsvorsitzender ein großer Aktiengesellschaft mit einem Monatseinkommen von 50.000 Euro davon 18,9 Prozent, das wären 9.450 Euro/Monat in die Rentenkasse einzahlen (jetzt, wo der Beitrag bei der Bemessungsgrenze gedeckt wird, sind es nur 18,9 Prozent von 5.800 Euro, ergibt 1.096,20 Euro/Monat). Obwohl dadurch zunächst mal erhebliche zusätzliche Mittel in die Rentenkasse fließen würden, brächte es ihr nur vorübergehend eine Entlastung. Denn die Spitzenverdiener würden auch einen ihrem hohen Einkommen entsprechenden Rentenanspruch erwerben (43 Prozent des Bruttoeinkommens), den im Umlageverfahren die nachwachsende Generation von Spitzenverdienern finanzieren müsste. Das Problem knapper Rentenfinanzen wäre also nicht aufgehoben, sondern nur für die Zeit des Anlaufeffektes verschoben, bis die ersten Spitzenverdiener das Rentenalter erreicht haben. Auch wenn man den Kreis der Versicherten auf alle Selbständigen ausdehnen würde (Ärzte, Rechtsanwälte, Steuerberater, Gewerbetreibende usw.), würde sich an diesem Grundsatzproblem nichts ändern. Denn erstens gibt es auch unter den Selbständigen ebenso wie bei den Arbeitnehmern nur wenige Spitzenverdiener, und zweitens würden auch diese Spitzenverdiener hohe Rentenansprüche erwerben, die die Rentenkasse in Zukunft bedienen müsste.
  Die Einführung einer Höchstrente – unabhängig von den gezahlten Beiträgen – wäre zwar nicht undenkbar, aber aus zwei Gründen problematisch. Erstens basiert die Rentenversicherung in Deutschland auf dem *Äquivalenzprinzip,* d. h. die Leistungen sind an die Höhe der entrichteten Beiträge gekoppelt. Insoweit hat auch gesetzliche Rentenversicherung den Charakter einer Versicherung. Eine Kappung der Rente ab einem bestimmten Betrag würde das Äquivalenzprinzip aufheben und einen anderen Typ von Rentenversicherung schaffen. Zweitens gewänne der Rentenversicherungsbeitrag für diejenigen, deren Rente gekappt würde, den Charakter einer Steuer (= Zwangsabgabe ohne Anspruch auf Gegenleistung). Mit Sicherheit würden deshalb Gegner dieser Lösung versuchen, sie für verfassungswidrig erklären zu lassen. Zwar gibt es dazu unter den Verfassungsrechtlern gegensätzliche Auffassungen, und es ist nicht ausgemacht, dass das Bundesverfassungsgericht eine der-

artige Volksrentenversicherung zu Fall brächte. Immerhin existiert auch in der Schweiz eine derartige Versicherung mit Umverteilungscharakter, ohne dass man der Schweiz ihren Charakter als Rechtsstaat und Demokratie absprechen würde. Die kontroversen Auffassungen dazu in Deutschland lassen jedoch erahnen, dass ein derartiger Systemwechsel zwar nicht unmöglich, aber doch schwierig und wahrscheinlich langwierig wäre.

- In der *gesetzlichen Krankenversicherung* stellt sich das Problem ähnlich dar. Würde man auch hier eine einheitliche Versicherung für alle, also eine Volks- oder Bürgerversicherung schaffen, würden die jetzt privat Versicherten gezwungen, ihre Beiträge künftig in eine gemeinsame Kasse einzuzahlen. Dadurch allein käme aber auch noch nicht mehr Geld ins System. Dies wäre erst dann der Fall, wenn auch hier diejenigen mit einem Einkommen über der Beitragsbemessungsgrenze (2013: 3.937,50 Euro/Monat) prozentual gemäß ihrem Einkommen Beiträge an die Krankenkasse abführen würden. Bei dem vorhin genannten Spitzenverdiener mit 50.000 Euro/Monat wären das beim derzeitigen gesetzlichen Krankenkassenbeitrag von 15,5 Prozent 7.750 Euro/Monat. Zwar beruht die gesetzliche Krankenversicherung nicht wie die gesetzliche Rentenversicherung auf dem Äquivalenzprinzip, sondern funktioniert nach dem *Solidarprinzip:* jeder erhält unabhängig vom Einkommen und den gezahlten Beiträgen die gleichen Leistungen. Die gesetzliche Krankenversicherung verteilt also um, und zwar von den Gesunden, die Beiträge zahlen, aber kaum Leistungen in Anspruch nehmen, zu den Kranken, die weniger an Beiträgen entrichten, als sie an Leistungen erhalten. Allerdings ist diese solidarische Umverteilung jetzt auf den Kreis der gesetzlich Krankenversicherten begrenzt. Eine Bürger- oder Volkskrankenversicherung würde dieses Prinzip auf die gesamte Bevölkerung ausdehnen. Insofern fände kein grundsätzlicher Systemwechsel statt wie bei der gesetzlichen Rentenversicherung. Gleichwohl haben sich bereits Gegner gesammelt, die auch diese Reform für verfassungswidrig halten. Eine einheitliche Krankenversicherung wäre das Ende des Geschäftsmodells der privaten Krankenversicherung in ihrer derzeitigen Form, und das würde – so die Auffassung einiger Verfassungsrechtler – die grundgesetzlich garantierte Berufsfreiheit der privaten Krankenversicherer einschränken. (Die entsprechenden Juristen argumentieren, dass dies bereits bei einer Ausdehnung des Kreises der gesetzlich Krankenversicherungspflichtigen durch überproportionale Anhebung der Versicherungspflichtgrenze der Fall wäre.) Zwar ist auch diese Position kontrovers. Sie lässt aber die Widerstände erahnen, die auf jeden Fall bei einer derartigen Reform zu überwinden wären.

Allein diese Betrachtungen machen deutlich: Die Einbeziehung aller Bürger in ein umfassendes soziales Sicherungssystem senkt weder die in den nächsten Jahrzehnten demografisch bedingten höheren Lasten, noch bringt es allein mehr Geld ins System. Letzteres ist nur der Fall, wenn diejenigen, die bislang nicht nur außerhalb des gesetzlichen Sicherungssystems stehen, sondern auch überdurchschnittliche Einkommen erzielen, gesetzlich gezwungen würden, zusätzliche Teile ihres Einkommens für das soziale Sicherungssystem abzuzweigen. Auch wenn man nicht die erwähnten verfassungsrechtlichen Bedenken gegen eine derart weitreichende Reform des sozialen Sicherungssystems teilt, wird man nicht umhin können, das gesamte Sozial- und Abgabensystem Deutschlands neu zu gestalten und aufeinander abzustimmen, sobald dieser Weg beschritten wird. Denn zusammen mit dem Spitzensteuersatz, der Reichensteuer, dem Solidaritätszuschlag, der Gewerbesteuer und der Grundsteuer könnte bei einigen Spitzenverdienern eine konfiskatorische Belastung durch Steuern und steuerähnliche Sozialabgaben entstehen.

Damit wären wir schon fast beim Thema des nächsten Abschnitts, der sich mit der Frage beschäftigt: Können die Einkommen und Vermögen in unserer Gesellschaft umverteilt werden? Bevor wir darauf eingehen, wollen wir jedoch noch die Frage diskutieren, ob es »gerecht« ist, dass die junge Generation so hohe Lasten tragen muss, weil das Verhältnis von Alten zu Beitragszahlern auf absehbare Zeit immer ungünstiger wird.

Zunächst ist daran zu erinnern, dass die Politik bisher die Lasten auf alle Schultern verteilt hat. So wird das Rentenniveau schrittweise gesenkt und das Renteneintrittsalter heraufgesetzt. Die künftigen Rentner werden also, obwohl sie länger arbeiten müssen, eine niedrigere Rente – gemessen an ihrem vorherigen Erwerbseinkommen – bekommen als ihre Eltern und Großeltern. Die junge und mittlere Generation muss in Kauf nehmen, höhere Renten-, Kranken- und Pflegeversicherungsbeiträge zu zahlen als die Generationen vor ihnen. Auch die Allgemeinheit der Steuerzahler wird herangezogen, weil die Bundeszuschüsse an die Renten- und Krankenversicherung erhöht wurden und auch zukünftig weiter steigen dürften.

Grundsätzlich sollte nicht vergessen werden: Jede Generation wird in eine bestimmte Zeit mit jeweils eigenem Schicksal hineingeboren. Frühere Generationen hatten einen Krieg durchzustehen, manche sogar zwei, die Lebenslauf und persönliche Entwicklungsmöglichkeiten prägten. Andere mussten entweder eine Diktatur durchleben und sich entweder den Verhältnissen anpassen oder die angestammte Heimat verlassen und woanders ein neues Leben beginnen. Wieder andere mussten im Nachkriegsdeutschland ihr Leben in einem zerstörten Land aufbauen, weil sie gerade in dem Moment erwachsen wurden, als Deutschland kapituliert hatte. Die Generation, die unmittelbar nach dem Zweiten Weltkrieg in Westdeutschland zur Welt kam und in den wirtschaftlichen Aufstieg, das »Wirtschaftswunder«, hineinwuchs, kann zweifellos als die bisher glücklichste Generation Deutschlands bezeichnet werden. Zwar konnte man in den fünfziger und auch in den sechziger Jahren noch nicht von einer Überflussgesellschaft sprechen. Frieden und wachsender Wohlstand bescherten jedoch Lebensumstände, von denen frühere Generationen nur träumen konnten.

Verglichen mit den Generationen, die in der ersten Hälfte des 20. Jahrhunderts gelebt haben, machen sich die Probleme der jungen Generation des 21. Jahrhunderts eher bescheiden aus. Selbst die Gefahr eines Dritten Weltkriegs, der nach Lage der Dinge zu einem Atomkrieg hätte werden können und der in der zweiten Hälfte des 20. Jahrhunderts wie ein Damoklesschwert über der glücklichen Nachkriegsgeneration hing, ist nach dem Ende des Kalten Krieges gebannt. Hohe Steuern und Sozialabgaben, die die jetzt junge und mittlere Generation wird zahlen müssen, um die vorherige Generation im Alter ausreichend zu versorgen, sind im Vergleich zu dem, was frühere Generationen auf sich nehmen mussten, wahrlich nur »kleine Rucksäcke«, die zu tragen sind.

Von wenig Kenntnis zeugt auch die im Bundestagswahlkampf 2013 erhobene Vorwurf mancher Vertreter der jungen Generation, die Politik kümmere sich zu wenig um die Belange der Jüngeren, weil die Älteren mehr Stimmen in die Waagschale werfen können und die Parteien deshalb die Interessen der Älteren eher berücksichtigten.

- Erstens sind die Älteren in den meisten Fällen auch Eltern und Großeltern, denen es sehr am Herzen liegt, dass es ihren Kindern und Enkelkindern in Zukunft gut geht. Deshalb sind sie – wie es auch Umfragen bestätigen – weit davon entfernt, nur an die Maximierung ihrer eigenen Rente zu denken und dafür ihren Kindern hohe Rentenversicherungsbeiträge aufzubürden.
- Zweitens wird nach heutigen Berechnungen der Gipfel des »Rentnerbergs« im Jahre 2045 erreicht sein. Danach bleibt das Verhältnis von Rentnern zu Erwerbstätigen – der sog. Altenquotient – annähernd konstant, so dass die Belastung der Erwerbstätigen nicht mehr steigen und das Rentenniveau nicht weiter sinken muss. Wenn die heutigen Berufseinsteiger das Renteneintrittsalter erreichen, wird sich also die Rentenversicherung bereits in ruhigerem Fahrwasser bewegen. Die Sorge mancher Junger, im Alter gar keine oder nur eine minimale Rente zu bekommen, ist also völlig unbegründet.
- Drittens werden die Renten der heutigen Berufseinsteiger von der Zahl der Kinder und Enkel abhängen, die sie haben werden. Insofern liegt es also in der Hand der derzeitigen und künftigen Berufseinsteiger, die bisherige demografische Entwicklung umzukehren und durch mehr Kinder besser im Alter versorgt zu sein als die Generation ihrer Eltern.

Noch nie in der Menschheitsgeschichte ist es jeder Generation gleich gut gegangen. Vielmehr hat jede Generation ihr eigenes Schicksal. Wer zur rechten Zeit am rechten Ort geboren wird, kann sich glücklich schätzen. Das kann allerdings niemand beeinflussen. Das ist *Generationenschicksal!*

Damit können wir – wie schon angekündigt – zur Frage übergehen, ob und in welchem Umfang Einkommen und Vermögen in unserer Gesellschaft umverteilt werden könnten.

5.6 Umverteilung von Einkommen und Vermögen – Möglichkeiten und Grenzen

Welche Instrumente stehen zur Verfügung, um Einkommen und Vermögen in unserer Gesellschaft anders zu verteilen? Und wo liegen die Grenzen der Umverteilung?

Befassen wir uns zunächst mit der Lohnpolitik der Gewerkschaften. Anschließend soll das Konzept eines gesetzlichen Mindestlohns diskutiert werden. Im nächsten Unterabschnitt gehen wir auf die Rolle des Staates im Umverteilungsprozess ein: Lässt sich mit Hilfe der Steuerpolitik eine andere Verteilung durchsetzen? Am Ende befassen wir uns mit den vermögenspolitischen Ansätzen und versuchen, die Grenzen einer Vermögensumverteilung aufzuzeigen.

5.6.1 Lohnpolitik

5.6.1.1 Grundlagen

Berichte über Tarifauseinandersetzungen, bei denen die Gewerkschaften Lohnforderungen stellen, die Arbeitgeberverbände diese aber als unerfüllbar zurückweisen, begegnen uns fast täglich in den Medien. Hier drängen sich zwei Fragen auf:

1) Weshalb sind Lohnerhöhungen überhaupt erforderlich?
2) Welche Lohnsteigerungsrate ist »volkswirtschaftlich richtig«?

Zur ersten Frage: Das Angebot an Gütern und Dienstleistungen wird von Jahr zu Jahr nicht nur teurer, sondern in der Regel, d. h. wenn die Wirtschaft wächst, auch größer. Wenn dieses vermehrte und verteuerte Güterangebot auch seine Käufer finden soll, müssen die Arbeitnehmer, die auch die Hauptgruppe der Konsumenten stellen, mit mehr Kaufkraft ausgestattet werden, um diese Güter erwerben zu können. Lohnerhöhungen sind also erforderlich, um in einer wachsenden Wirtschaft den Absatz zu sichern.

Obwohl die Notwendigkeit von Lohnerhöhungen in einer wachsenden Wirtschaft vom Grundsatz her unbestritten ist, kann von Seiten der einzelnen Unternehmen, die nach betriebswirtschaftlichen Gesichtspunkten handeln, nicht freiwillig mit Lohnerhöhungen für ihre Beschäftigten gerechnet werden. Für die Unternehmen ist nämlich der Lohn ein Kostenfaktor, der möglichst niedrig zu halten ist. Aus der Sicht der Arbeitnehmer ist der Lohn Einkommen, das natürlich möglichst hoch sein soll. Wieder begegnet uns die Tatsache, dass die Wirtschaft ein Kreislaufgeschehen ist: Was für den einen Kosten bedeuten, sind für den anderen Einnahmen.

Aus der unterschiedlichen Betrachtungsweise des Lohnes erklären sich die Interessenkonflikte zwischen Gewerkschaften und Arbeitgebern und ihre gegensätzliche Argumentation in der Lohnpolitik.

Schwieriger ist, die zweite Frage zu beantworten. Das Problem der volkswirtschaftlich »richtigen« Lohnsteigerungsrate gehört zu den umstrittensten Themen in der Volkswirtschaftslehre. Im Folgenden befassen wir uns mit den verschiedenen »Formeln«, die für Lohnerhöhungen empfohlen werden, und untersuchen, was sie für die Einkommensverteilung bedeuten.

5.6.1.2 Die produktivitätsorientierte Lohnpolitik

Im Mittelpunkt vieler Diskussionen um die »richtige« Lohnpolitik steht die Arbeitsproduktivität, also das Produktionsergebnis je Arbeitsstunde oder auch das Produktionsergebnis je Erwerbstätigen. Wir hatten diese wichtige volkswirtschaftliche Größe bereits im Kapitel 4.1 über den Arbeitsmarkt kennen gelernt.

Die Arbeitgeberverbände fordern, dass die Löhne pro Jahr höchstens im Umfang der Arbeitsproduktivität steigen dürfen. Noch lieber wäre es ihnen, sie würden weniger als die Arbeitsproduktivität steigen. Weshalb stellen die Unternehmerverbände diese Forderung auf, und was würde ihre Umsetzung für die Einkommensverteilung bedeuten?

Bilden wir zum besseren Verständnis wieder ein Zahlenbeispiel: Ein Unternehmen soll zur Herstellung von 400 Produktionseinheiten (z. B. 400 Flaschen Rotwein) 100 Arbeitsstunden benötigen. Die Arbeitsproduktivität ist in diesem Falle also gleich 4, d. h. in einer Arbeitsstunde kann das Unternehmen vier Flaschen Rotwein abfüllen. Der Stundenlohn der Arbeiter betrage 15 Euro, der Verkaufspreis pro Flasche Wein 12 Euro. Von anderen Kosten, die selbstverständlich auch anfallen, wollen wir der Einfachheit halber absehen. Die Lohnsumme beläuft sich dann auf 1.500 Euro, die Lohnkosten je Produkteinheit auf 3,75 € (1.500 : 400). Bei einem (angenommenen Verkaufspreis von 12 Euro erzielt das Unternehmen, wenn es alle 400 Rotweinflaschen verkauft, einen Umsatz von 4.800 Euro. Da wir der Einfachheit halber von anderen Kosten abgesehen haben, beträgt der »Ge-

392 Strategien und Instrumente der Wirtschafts- und Gesellschaftspolitik

Tabelle 5.14 Grundlagen der Lohnpolitik

Aggregat	Ausgangssituation	Lohn-Preisstopp	Preissenkung	Produktivitätsorientierung	Meinhold-Formel	Umverteilungs-Orientierung	Beschäftigungs-Orientierung
(1)	(2)	(3)	(4)	(5)	(6)	(7)	(8)
Produktionsergebnis	400	440	440	440	440	440	440
Arbeitsstunden	100	100	100	100	100	100	100
Arbeitsproduktivität	4	4,4	4,4	4,4	4,4	4,4	4,4
Stundenlohn	15	15	15	16,50 (+ 10 %)	17,325 (+ 15,5 %)	18 (+ 20 %)	15,75 (+ 5 %)
Lohnsumme	1.500	1.500	1.500	1.650 (+ 10 %)	1.732,50 (+ 15,5 %)	1.800 (+ 20 %)	1.575 (+ 5 %)
Lohnkosten je Produkteinheit	3,75	3,41	3,41	3,75 (konstant)	3,9375 (+ 5 %)	4,09 (+ 9 %)	3,58 (− 4,5 %)
Verkaufspreis	12,00	12,00	10,91	12,00	12,60 (+ 5 %)	12,60 (+ 5 %)	12,00
Umsatz (Preis × Menge)	4.800	5.280	4.800	5.280 (+ 10 %)	5.544 (+ 15,5 %)	5.544 (+ 15,5 %)	5.280
Umsatz minus Lohnkosten	3.300	3.780 + 14,5 %	3.300	3.630 (+ 10 %)	3.811,50 (+ 15.5 %)	3.744 (+ 13,5 %)	3.705 (+ 12,3 %)

winn« – in *Tabelle 5.14* korrekterweise als Umsatz minus Lohnkosten bezeichnet – 3.300 Euro. Die uns interessierenden Größen finden wir in der zweiten Spalte von *Tabelle 5.14*. Sie enthält die Daten der Ausgangssituation.

In den anderen Spalten können wir nun zeigen, wie sich der Stundenlohn der Arbeiter und der »Gewinn« des Unternehmers je nach Lohnsteigerung verändert, wenn die Produktivität um 10 % steigt. Betrachten wir als erstes Spalte 5. Das tritt ein, wenn die Arbeitsproduktivität um 10 % steigt und die Löhne ebenfalls im Ausmaß der Produktivität steigen, der Verkaufspreis nicht erhöht wird, sondern konstant bei 12 Euro bleibt. Der Stundenlohn steigt in diesem Fall auf 16,50 Euro, die Lohnsumme auf 1.650 Euro, aber – was ganz wichtig ist (!) – die Lohnkosten je Produkteinheit bleiben konstant. Der Umsatz steigt wie der Stundenlohn um 10 %, ebenso der Gewinn. Mit anderen Worten:

▶ **Bei produktivitätsorientierter Lohnpolitik *und* stabilen Preisen bleiben auch die Lohnstückkosten gleich. Die Löhne der Arbeiter und die Gewinne der Unternehmer steigen gleich stark, die Einkommensverteilung bleibt *unverändert*.**

Umverteilung von Einkommen und Vermögen 393

Dies ist ein ganz wichtiger, grundlegender Zusammenhang, den sich der Leser einprägen sollte. Denn in der lohnpolitischen Debatte geht es stets darum, ob die Löhne schneller oder langsamer wachsen sollen als die Arbeitsproduktivität. Und in Analysen der Wirtschaftsentwicklung wird stets geprüft, wie Löhne und Produktivität in der Vergangenheit gestiegen sind.

5.6.1.3 Andere Lohnerhöhungsvarianten und ihre Verteilungswirkungen

Schauen wir uns nun die anderen Lohnerhöhungsvarianten an, die in *Tabelle 5.15* dargestellt sind. Allen ist gemeinsam, dass die Arbeitsproduktivität um 10 % steigt. Einen Produktivitätsfortschritt zu unterstellen ist realistisch. Denn ständig werden neue Erfindungen gemacht oder Verfahren entwickelt, die es erlauben, die Produktion zu steigern.

In Spalte 3 haben wir die Situation eines Lohn- und Preisstopps. Diese Variante ist insofern interessant, als die Wirkung einer derartigen Maßnahme auf die Einkommensverteilung viele überraschen dürfte. Bleiben die Löhne nämlich konstant, können die Unternehmen aufgrund des Produktivitätsfortschritts zu niedrigeren Kosten produzieren, aber zu gleichen Preisen verkaufen (ausreichend Kaufkraft zur Abnahme des gewachsenen Angebots an Güter- und Dienstleistungen unterstellt). Die Gewinne der Unternehmen steigen, die Löhne der Arbeitnehmer bleiben gleich.

Trotz dieser für die Arbeitnehmer unvorteilhaften Verteilungswirkungen ist ein Lohn- und Preisstopp in der Bevölkerung sehr populär. Erhebungen, in denen gefragt wurde: »Einmal unterstellt, die Preise würden stabil bleiben. Wären Sie dann mit einem Verzicht auf Lohnerhöhungen einverstanden oder wären sie nicht einverstanden?« erklärten mehr als die Hälfte, unter diesen Voraussetzungen auf Lohnerhöhungen verzichten zu wollen. Die Antwort erklärt sich daraus, dass die Folgen eines Lohn- und Preisstopps für die Einkommensverteilung den meisten nicht bewusst sind. Sie glauben: Preise konstant – Löhne gleich – alles bleibt gleich. Aber so ist es gerade nicht.

Regierungen greifen in einer Situation stark steigender Löhne und Preise gern zum Instrument eines vorübergehenden Lohn- und Preisstopps. Das widerspricht zwar eigentlich marktwirtschaftlichen Grundsätzen und ist insbesondere bei den Preisen schwer staatlich zu kontrollieren – man kann nicht neben jede Ladenkasse einen Polizisten stellen. Aber populär ist diese Maßnahme allemal, weil viele die ökonomischen Zusammenhänge nicht durchschauen.

Bei der in Spalte 4 dargestellten Variante findet keine Lohnerhöhung statt, dafür gibt das Unternehmen die Kosteneinsparung in einer Preissenkung weiter. Löhne und Gewinne bleiben nominal konstant, real steigen sie aufgrund der Preissenkung. Dies ist eine theoretisch mögliche, in der Realität aber unwahrscheinliche Variante. Denn sie hätte zur Folge, dass in der gesamten Wirtschaft der Produktivitätsfortschritt in Preissenkungen an die Verbraucher weiter gegeben würde, es also zu einer *Deflation* (= allgemein sinkendes Preisniveau) käme. Auf breiter Front sinkende Preise führen jedoch zu Kauf- und Investitionszurückhaltung, weil Verbraucher und Investoren gleichermaßen abwarten, bis die Preise noch weiter gesunken sind. Hier würde der Staat auf jeden Fall versuchen gegenzusteuern.

Die sog. *Meinhold-Formel* (Spalte 6) ist der von dem Frankfurter Wirtschaftswissenschaftler *Helmut Meinhold* in einer Tarifschlichtung entwickelte Vorschlag, in eine tarifliche Lohnerhöhung nicht nur den Produktivitätsfortschritt, sondern auch die voraussichtliche Inflationsrate mit zu berücksichtigen. *Meinhold* ging zu Recht davon aus, dass eine bestimmte Inflationsrate in wachsenden Wirtschaften unvermeidlich ist und deshalb bei Lohnerhöhungen von vornherein einkalkuliert werden müsste. Infolgedessen sollten die Löhne im Ausmaß Produktivitätsfortschritt + Inflationsrate steigen.

Die Spalten 7 und 8 veranschaulichen die beiden Extremvarianten. Spalte 7 wäre gleichzusetzen mit der sog. *expansiven Lohnpolitik.* Sie wurde in den fünfziger Jahren des vorigen Jahrhunderts vom Geschäftsführer des damaligen Wirtschaftswissenschaftlichen Instituts der Gewerkschaften (WWI), *Viktor Agartz,* vertreten. Danach sollten die Löhne stärker erhöht werden als Produktivitätssteigerung + Inflationsrate. Damit sollte u. a. eine Umverteilung von Löhnen und Gewinnen erreicht werden: Die Löhne sollten stärker steigen als die Gewinne. Spalte 7 stellt diesen Zusammenhang auch in einer theoretischen Rechnung dar. Die Löhne steigen um 20 %, die Preise dagegen nur um 5 %. Das bedeutet: Der »Gewinn« (Umsatz minus Lohnkosten) erhöht sich »nur« um 13,5 %. Es findet also eine Einkommensumverteilung zugunsten der Arbeitnehmer statt. (Der als »Klassiker« der wissenschaftlichen lohnpolitischen Diskussion zu bezeichnende Aufsatz dazu ist *Agartz, V., Expansive Lohnpolitik, in: WWI-Mitteilungen, 6. Jahrg. [1953], S. 245–247)

Genau das Gegenteil davon ist die sog. *beschäftigungsorientierte Lohnpolitik.* Nach dieser Formel sollen die Löhne geringer steigen als die Arbeitsproduktivität *(Spalte 8).* Das Ergebnis wäre eine Senkung der Lohnkosten je Produkteinheit und – Absatz der gesamten produzierten Warenmenge unterstellt – eine Erhöhung der Gewinne, und zwar prozentual stärker als bei den Löhnen. Es fände eine Umverteilung zugunsten der Unternehmer und zu Lasten der Arbeitnehmer statt. Nach Auffassung der Unternehmer und der neoliberalen Ökonomen ist dies – wie wir gesehen haben (Kap. 5.1) auch der einzuschlagende Weg, um Arbeitslosigkeit zu bekämpfen. Wir sehen: Welche Lohnpolitik man für »richtig« hält, hängt davon ab, ob jemand

- die gegebene Einkommensverteilung als gerecht oder ungerecht ansieht,

Umverteilung von Einkommen und Vermögen 395

Tabelle 5.15 Lohnpolitik und Einkommensverteilung

Lohn- und Preis-stopp	Unternehmen können zu niedrigeren Kosten produzieren, aber zu gleichen Preisen verkaufen: ⟶ Gewinne steigen, Arbeitnehmereinkommen bleiben konstant (gleiche Nachfrage unterstellt): *Umverteilung zugunsten der Unternehmer*
Preissenkung	Unternehmen können zu niedrigeren Kosten produzieren und bei niedrigeren Preisen den gleichen Umsatz erzielen: ⟶ Reale Gewinne und reale Arbeitnehmereinkommen steigen im gleichen Umfang: *verteilungsneutral*
Produktivitäts-orientierte Lohnpolitik	Lohnkosten je Produkteinheit bleiben konstant: Gewinne und Arbeitnehmereinkommen steigen um den gleichen ⟶ Prozentsatz (= im Umfang des Produktivitätsfortschritts): *verteilungsneutral*
Meinhold-Formel	Lohnkosten je Produkteinheit steigen: Gewinne und Arbeitnehmereinkommen steigen um den gleichen ⟶ Prozentsatz (= im Umfang des Produktivitätsfortschritts + Inflationsrate): *verteilungsneutral*
Umverteilungs-orientierte (expansive) Lohnpolitik	Lohnkosten je Produkteinheit steigen, Inflationsrate bleibt hinter der Kostensteigerung zurück: ⟶ Arbeitnehmereinkommen steigen stärker als Gewinne: *Umverteilung zugunsten der Arbeitnehmer*
Beschäftigungs-orientierte Lohn-politik	Lohnkosten je Produkteinheit sinken, bei gleichen Verkaufspreisen steigen Arbeitnehmereinkommen schwächer als Gewinne: ⟶ *Umverteilung zugunsten der Unternehmer* – (aus neoliberaler Sicht: Voraussetzung für Schaffung neuer Arbeitsplätze)

- glaubt, die Einkommensverteilung durch die Lohnpolitik der Gewerkschaften ändern zu können.

Der Leser schaue sich die einzelnen Varianten und ihre Auswirkungen in *Tabelle 5.15* einmal genau an und präge sich die Zusammenhänge ein. Hinter scheinbar »hochwissenschaftlichen« lohnpolitischen Empfehlungen stecken gegensätzliche wirtschaftliche Interessen und unterschiedliche Vorstellungen von »gerechter« Einkommensverteilung. Das Zahlenbeispiel in *Tabelle 5.14* sollte allerdings nicht so verstanden werden, als ob Politik und Gewerkschaften beliebig eine Variante wählen könnten. Gezeigt werden sollte lediglich: Welche Folgen ergeben sich bei den unterschiedlichen Lohnerhöhungen und den jeweiligen Preisreaktionen der Unternehmen auf die Einkommensverteilung? Es handelt sich also um eine *Modellbetrachtung* nach dem Muster: Was passiert unter ganz bestimmten Bedingungen und Verhaltensannahmen?

Doch wie sah die tatsächliche Entwicklung im Deutschland der Nachkriegszeit aus? Und welche Schlüsse können wir daraus ableiten? Der nächste Unterabschnitt soll uns eine Antwort geben.

5.6.1.4 Macht und Einkommensverteilung

Wählen wir als groben Indikator (= Messinstrument) für die Einkommensverteilung die beschäftigtenstrukturbereinigte Lohnquote, wie wir sie in *Tabelle 4.5* dargestellt hatten.

Wir erkennen als erstes: Der langfristige Trend ist seit 1980 nach unten gerichtet. Das bedeutet: Nach 1980 ist der Anteil der Arbeitnehmer am Volkseinkommen (genauer gesagt: der Anteil der Arbeitnehmerentgelte am Volkseinkommen) immer weiter gesunken und der der Selbständigen und Unternehmer gestiegen. Vorher, d. h. in den fünfziger Jahren, ist die beschäftigtenstrukturbereinigte Lohnquote ebenfalls zurückgegangen, dann aber in den sechziger und siebziger Jahren wieder gestiegen, die Einkommensverteilung hat sich also zwanzig Jahre lang durchaus auch zugunsten der Arbeitnehmer entwickelt. Mit Beginn der achtziger Jahre war diese Entwicklung allerdings zu Ende. In den neunziger Jahren scheint sich die Entwicklung wieder umgekehrt zu haben. Doch hier dürften statistische Effekte eine Rolle gespielt haben: In den ersten Jahren nach der Vereinigung gab es nur wenige Unternehmer in den neuen Bundesländern. Dafür wurden in vielen Betrieben Löhne gezahlt, die in ihrer Höhe nur möglich waren, weil westdeutsche Unternehmen die Betriebe übernommen hatten. So kam es zunächst zu einer Verschiebung der Verteilungsrelationen. Nach der Jahrtausendwende schwenkt die Lohnquote in ihrem Verlauf jedoch wieder auf den langfristigen Trend ein.

Die Entwicklung der Einkommensverteilung steht in einem mehr oder weniger engen Zusammenhang mit der Situation am Arbeitsmarkt. Um dies zu verdeutlichen, ist unter dem *Schaubild 5.30* die in den jeweiligen Zeitabschnitten vorhandene Lage auf dem Arbeitsmarkt angegeben. Wenn hohe Arbeitslosigkeit herrscht, die Konkurrenz zwischen den Arbeitnehmern groß ist und die Arbeitgeber die Arbeit suchenden Arbeitnehmer gegeneinander ausspielen können, haben die Unternehmen die Macht, die Löhne zu drücken und die Einkommensverteilung zu Lasten der Arbeitnehmer zu verändern: Die beschäftigtenstrukturbereinigte Lohnquote sinkt. Ist dagegen die Lage auf dem Arbeitsmarkt angespannt, d. h. ist das Angebot an Arbeitskräften knapp und müssen die Arbeitgeber den Arbeitskräften, die sie brauchen, »hinterherlaufen«, müssen die Unternehmen mit höheren Löhnen um die Arbeitskräfte werben: Dann erhöht sich die beschäftigtenstrukturbereinigte Lohnquote, die Einkommensverteilung verändert sich zugunsten der Arbeitnehmer und die Unternehmen müssen sich mit geringeren Gewinnmargen zufrieden geben. Dies war in den sechziger und siebziger Jahren der Fall, als Vollbeschäftigung herrschte. Die Gesetzmäßigkeiten von Angebot und Nachfrage wirken also auch bei der Einkommensverteilung: *Der* Produktionsfaktor, der gerade knapp ist, Arbeit oder Kapital, ist im Vorteil.

Umverteilung von Einkommen und Vermögen

Schaubild 5.30

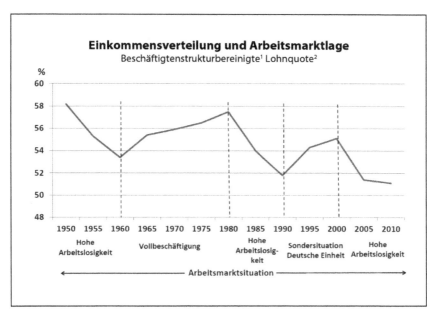

[1] Konstante Beschäftigtenstruktur 1950. – [2] Anteil des Bruttoeinkommens aus unselbständiger Arbeit (Arbeitnehmerentgelt) am Volkseinkommen.

Quelle: Eigene Berechnungen nach Angaben des Statistischen Bundesamts.

In *Schaubild 5.31* sind die Reaktionsmöglichkeiten der Unternehmen auf von den Gewerkschaften durchgesetzte Lohnerhöhungen dargestellt, wenn hohe Arbeitslosigkeit herrscht und die Unternehmen politisch und ökonomisch eine Vormachtstellung in der Gesellschaft einnehmen. Das Wichtigste, worauf der Leser unbedingt achten sollte, ist die in der Überschrift dieses Schaubilds enthaltene Einschränkung: ... *bei politischer und ökonomischer Übermacht der Unternehmen*. Es ist nämlich nicht so, als hätten die Unternehmer immer und überall die Möglichkeit, steigenden Löhnen auszuweichen und die beabsichtigte Wirkung wieder zunichte zu machen. Diese Macht haben sie bei hoher Arbeitslosigkeit. Dann können sie nach einer Lohnerhöhung

1) die Preise erhöhen und damit die Kaufkraft der gestiegenen Löhne schmälern oder

Schaubild 5.31

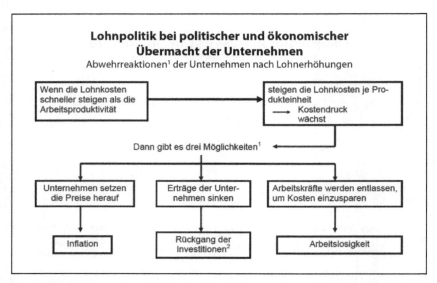

1 Der Spielraum der Unternehmen für Abwehrreaktionen hängt von der jeweiligen Machtverteilung in der Gesellschaft ab. – 2 Ein Rückgang der Investitionen *muss nicht* eintreten, wenn die Unternehmen sich mit niedrigeren Gewinnmargen zufrieden geben und sich, wenn nötig, das Geld für Investitionen bei den Banken leihen.

2) weniger investieren und damit geringeres Wachstum des Bruttoinlandsprodukts auslösen, was langfristig auch die Entwicklung der Arbeitnehmereinkommen negativ beeinflusst oder
3) Arbeitskräfte entlassen, um Lohnkosten einzusparen.

Das dritte Reaktionsmuster, die Entlassung von Arbeitskräften, um Lohnkosten einzusparen, ist für die Zeit nach 1980 charakteristisch. Zu dieser Abwehrreaktion konnten die Unternehmen greifen, weil seit Mitte der siebziger Jahre das Angebot an Arbeitskräften demografisch bedingt gestiegen ist (siehe Kap. 5.3.1) und die Arbeitgeber seitdem am Arbeitsmarkt in der stärkeren Position waren.

Wenn sie zwischen verschiedenen, gleich guten Bewerbern auswählen können, sind sie in der Lage, die Arbeitnehmer gegeneinander auszuspielen, ihre Löhne zu drücken und die Arbeitsbedingungen zu verschlechtern. Die Furcht, arbeitslos zu werden, wenn man einen höheren Lohn fordert, sonstige Ansprüche stellt oder sich über schlechte Arbeitsbedingungen beschwert, macht die Arbeitnehmer gefügig und lässt sie auch Arbeitsverhältnisse eingehen, die eigentlich nach Gesetz oder Tarifvertrag nicht zulässig sind. Aber wo kein Kläger ist, ist auch kein Richter! Ergebnis: Die Einkommensverteilung verschiebt sich zulasten der Arbeitnehmer und ihre Arbeitsbedingungen verschlechtern sich. Die Inflationsrate fällt etwas niedriger aus, weil die Unternehmen bei hoher Arbeitslosigkeit nicht unter so hohem Lohnkostendruck stehen wie bei Vollbeschäftigung.

Doch diese erfolgreichen Abwehrreaktionen der Unternehmen sind – das sei noch einmal ausdrücklich betont – nur möglich vor dem Hintergrund einer hohen und wachsenden Arbeitslosigkeit mit der Folge einer entsprechenden, die Kapitalseite begünstigende politische und ökonomische Machtverteilung in der Gesellschaft. Die sechziger und siebziger Jahre, als der Arbeitsmarkt leer gefegt war, haben gezeigt, dass es auch anders laufen kann und die Arbeitnehmer über starke Gewerkschaften auch eine günstigere Einkommensverteilung und bessere Arbeitsbedingungen durchsetzen können.

Die Machtverteilung in einer Gesellschaft ist nicht ein für allemal gegeben, sondern verändert sich im Laufe der Zeit. Die Arbeitsmarktlage ist dafür ein wichtiger, aber nicht der alleinige Bestimmungsfaktor. Die Bereitschaft der Arbeitnehmer, sich in Gewerkschaften zu organisieren und stets geschlossen gegenüber den Arbeitgebern aufzutreten, selbst wenn dabei nicht immer die Interessen von allen einzelnen, oft ganz unterschiedlich denkenden Arbeitnehmern berücksichtigt werden können, ist ein weiterer, nicht unerheblicher Bestimmungsfaktor der gesellschaftlichen Machtverteilung. Hinzu kommen die gesetzlichen Rahmenbedingungen, die der Staat für die Aktivitäten der Gewerkschaften setzt: Fördert der Staat die Mitgliedschaft in Gewerkschaften, indem er es beispielsweise gestattet, dass nur Gewerkschaftsmitglieder von den tariflichen Lohn- und Gehaltssteigerungen profitieren dürfen, oder unterbindet er wie in Deutschland, dass Nicht-Gewerkschaftsmitglieder geringere Löhne und Gehälter erhalten (= sog. negative Koalitionsfreiheit).

Diese und ähnliche Fragen wollen wir an dieser Stelle allerdings nicht weiter vertiefen. Die Zusammenhänge zwischen politischem und gesellschaftlichem Verhalten und der Machtverteilung in einer Gesellschaft reichen weit in die politische Soziologie hinein.

Das Problem »Macht oder ökonomisches Gesetz?« wird seit mehr als hundert Jahren von den Ökonomen kontrovers diskutiert. Liberale, angebotsorientierte Ökonomen vertreten die Auffassung:

▶ **Die Einkommensverteilung ist durch ökonomisches Gesetz bestimmt.**

So wie es in der Natur Gesetze gibt, die von Menschen nicht außer Kraft gesetzt werden können, so gäbe es auch in der Wirtschaft eine Einkommensverteilung, die durch noch so intensive Anstrengungen der Gewerkschaften nicht geändert werden kann. Der Verteilungskampf sei daher nutz- und funktionslos. Er führe nur zu Instabilität, zu schleichender Inflation und/oder Arbeitslosigkeit. Im Unterschied dazu weisen die nachfrageorientierten Ökonomen darauf hin:

▶ **Die Marktwirtschaft funktioniert bei verschiedenen Einkommensverteilungen gleich gut.**

Dafür spricht die vorhin festgestellte Tatsache, dass die Einkommensverteilung in Deutschland sich mal zugunsten der Arbeitnehmer, dann wieder zugunsten der Arbeitgeber verändert hat, im Laufe der Zeit also schwankt und nicht ein für allemal gleich bleibt. Zudem bestätigen internationale Vergleiche immer wieder, dass das Ausmaß der Einkommensspreizung von Land zu Land unterschiedlich ist *(Schaubild 5.32)*. So haben die skandinavischen Länder – in *Schaubild 5.32* beispielsweise Schweden – eine egalitärere Einkommensverteilung als Deutschland und Frankreich, diese wiederum eine egalitärere als die USA, Japan und Großbritannien. Wenn die Einkommensverteilung einem Naturgesetz folgen würde, müssten die Einkommensabstände zwischen Arm und Reich in jedem Land gleich sein (so wie Wasser in jedem Land bei 100 Grad Celsius kocht!). Die Einkommensverteilung ist aber in jedem Land und zu jedem Zeitpunkt anders – eben weil in jedem Land und zu jedem Zeitpunkt eine andere gesellschaftliche Machtverteilung besteht.

Es ist verständlich, dass Arbeitgeber es nicht schätzen, wenn das Angebot an Arbeitskräften knapp ist. Es bringt sie am Arbeitsmarkt in eine ungünstige Position, weil sie mit anderen Arbeitgebern um die Arbeitskräfte konkurrieren müssen. Deshalb sind sie eher an einem entspannten Arbeitsmarkt mit einem Überangebot an Arbeitskräften interessiert. Die Politik kann aber auf Angebot und Nachfrage am Arbeitsmarkt einwirken. Sie kann die Position der Arbeitnehmer stärken, indem sie die Gewerkschaften unterstützt und Rahmenbedingungen setzt, die das Arbeitskräfteangebot verknappen (siehe Kap. 5.3). Oder sie kann sich auf die Seite der Arbeitgeber schlagen und Rahmenbedingungen schaffen, die das Arbeitskräfteangebot erweitern und die Arbeitnehmer zwingt, sich im Kampf um Arbeitsplätze gegenseitig im Lohn zu unterbieten. Daraus folgt:

▶ **Der Staat hat in der Wirtschaftspolitik und im Verteilungskampf keine neutrale Rolle. Jede Regierung ergreift mit ihrer Politik für die *eine* oder die *andere* Seite Partei. Aber jede Regierung versucht auch, ihre Parteinahme zu kaschieren, indem sie behauptet, dass es keine Alternative gibt oder dass ihre Politik langfristig allen zugutekommt.**

Umverteilung von Einkommen und Vermögen

Schaubild 5.32

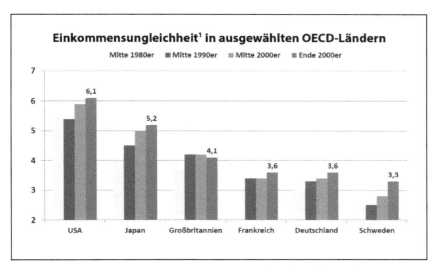

1 Einkommensabstand des neunten vom untersten Einkommensdezils (verfügbares Einkommen). Erläuterung: Die Einkommensbezieher werden nach der Höhe ihres Einkommens sortiert und in zehn gleich große Gruppen (= Dezil) aufgeteilt. Die zehn Prozent mit den niedrigsten Einkommen bilden das erste, diejenigen zehn Prozent mit den höchsten Einkommen das zehnte Dezil. Der Abstand des neunten vom untersten Dezil misst, um wie viel mehr der Ärmste des obersten Dezils im Vergleich zum Reichsten des untersten Dezils verdient.

Quelle: OECD

Wer sich stets diese Zusammenhänge von Politik und Wirtschaft klar macht, kann wirtschafts- und gesellschaftspolitische Auseinandersetzungen sehr viel besser einordnen und bewerten.

5.6.2 Gesetzlicher Mindestlohn

Der Mindestlohn ist ein staatlicher Eingriff in die Lohnbildung, mit dem genau das passiert, was wir am Ende des letzten Unterabschnitts als Schlussfolgerung gezogen haben: Der Staat ergreift mit seiner Politik Partei für die eine oder andere Seite, in diesem Fall für die Arbeitnehmer.

5.6.2.1 Das Problem

Die jahrzehntelange Arbeitslosigkeit hat zu einem erheblichen Druck auf die Löhne nach unten geführt. Da Arbeitnehmer dringend auf einen Arbeitsplatz angewiesen sind, um ihre Existenz zu sichern, konkurrieren sie sich vielfach gegenseitig nach unten. Um bei einer Stellenbesetzung andere Bewerber auszustechen, nehmen sie Arbeiten auch zu Lohn- und Gehaltsbedingungen an, die während der sechziger und siebziger Jahre in Deutschland noch nicht üblich waren.

Der scharfe Wettbewerb am Arbeitsmarkt hat inzwischen am unteren Ende der Einkommensbezieher zu Stundenlöhnen geführt, die – hochgerechnet auf den Monat – zu Einkommen führen, von denen die Betroffenen nicht leben können. Das hat den Ruf nach staatlichen Eingriffen lauter werden lassen. Die Gewerkschaften, insbesondere die nach wie starken wie die IG Metall, wollten lange Zeit von einem gesetzlichen Mindestlohn nichts wissen. Sie glaubten, selbst das Abrutschen der niedrigsten Löhne unter das Existenzminimum verhindern zu können. Als sich jedoch heraus stellte, dass in immer mehr Bereichen keine Tarifverträge mehr galten, weil Arbeitgeber keinem Arbeitgeberverband mehr angehörten und die Arbeitnehmer sich scheuten, einer Gewerkschaft beizutreten und über sie einen Tarifvertrag zu erzwingen, ist die Einführung eines Mindestlohns zu einer Kernforderung der Gewerkschaften geworden. SPD, Bündnis 90/DIE GRÜNEN und die Partei »Die Linke« unterstützten die gewerkschaftliche Forderung im Bundestagswahlkampf 2013. CDU und CSU waren nicht grundsätzlich gegen einen gesetzlich vorgeschriebenen Mindestlohn, wollten ihn aber nicht flächendeckend, sondern nur in bestimmten Bereichen einführen. In der seit Ende 2013 regierenden großen Koalition ist jedoch – trotz Führung dieser Regierung durch die CDU/CSU – die Einführung eines allgemeinen Mindestlohns zum Regierungsprogramm geworden.

Die Fachwissenschaft hat sich ebenfalls an der Diskussion beteiligt. Nach den bisherigen Ausführungen zur herrschenden Lehre in der Ökonomie wird es den Leser kaum überraschen, wenn sie sich auch in dieser Frage gegen staatliche Eingriffe ausspricht und einen gesetzlichen Mindestlohn ablehnt. Aus der neoklassischen Arbeitsmarkt- und Lohntheorie ergibt sich diese Position logisch schlüssig. Der Arbeitsmarkt wird als ein Markt wie jeder andere angesehen, auf dem sich ein Gleichgewichtslohn einstellt. Wird nun durch staatliche Vorschrift der Lohn über das Gleichgewichtsniveau angehoben, entsteht – so die neoklassische Theorie – Arbeitslosigkeit. Der Leser schaue sich im Kapitel 4.1.2.2 die *Schaubilder 4.3 und 4.4* noch mal an. So wie die Neoliberalen bei Senkung des Lohnes erwarten, dass die Beschäftigung steigt, so gehen sie im umgekehrten Fall davon aus, das bei einer Erhöhung des Lohnes die Beschäftigung sinkt. Grund: Unternehmen beschäftigen nur Arbeitskräfte, die für das Unternehmen einen höheren Ertrag erwirtschaften

Umverteilung von Einkommen und Vermögen

als sie an Lohn kosten. Ist dies nach einer Lohnerhöhung nicht mehr der Fall, wird sich das Unternehmen – so die neoklassische Lohn- und Arbeitsmarkttheorie – von den Arbeitskräften trennen. Ein Mindestlohn würde sich somit zum Nachteil derjenigen Arbeitskräfte auswirken, deren Produktivität (und deshalb auch deren Lohn) am niedrigsten ist.

Dieser nüchternen Betrachtung steht eine von den Befürwortern eines gesetzlichen Mindestlohns meist emotional (= gefühlsmäßig) geführte Diskussion gegenüber. Sie argumentieren, jeder, der eine Vollzeittätigkeit ausübt, müsse von den Ergebnissen seiner Arbeit leben können. Die Ergebnisse von Markt und Wettbewerb dürften nicht hingenommen werden. Vielmehr müsse der Staat für eine Korrektur sorgen und den Unternehmen verbieten, die schwache Stellung der Arbeitnehmer am Markt auszunutzen.

Wer wollte dies im Prinzip nicht unterstreichen? Es hilft jedoch nicht weiter, mit moralischen Kategorien an dieses Problem heranzugehen. Wir wollen daher im Folgenden drei Fragen beantworten:

1) Wer sind die Niedriglohnempfänger und wie viele gibt es?
2) Kann mit dem gesetzlichen Mindestlohn Armut in Deutschland bekämpft werden?
3) Wie wirkt ein gesetzlicher Mindestlohn voraussichtlich auf dem Arbeitsmarkt?

5.6.2.2 Wer sind die Niedriglohnempfänger und wie viele gibt es?

Auf Basis des sozio-ökonomischen Panels hat das Deutsche Institut für Wirtschaftsforschung (DIW) ermittelt, wie viele Arbeitnehmer in Deutschland weniger als 8,50 € Stundenlohn verdienen. Für das Jahr 2012 kam es auf 5,2 Millionen Arbeitnehmer, das waren 15 %. Dabei sind alte und neue Bundesländer unterschiedlich betroffen. 2012 waren es im Westen 14 %, im Osten 23. Zu diesen hier erfassten Personen zählen auch Rentner, die noch einer kleinen Beschäftigung nachgehen, ebenso wie Schüler und Studenten, aber auch erwerbstätige Arbeitslose.

Der Kreis der Niedriglohnbezieher Deutschland lässt sich folgendermaßen beschreiben:

- Frauen beziehen eher einen Niedriglohn als Männer.
- Im Osten ist der Anteil der Niedriglohnempfänger höher als im Westen.
- Unter geringfügig und Teilzeitbeschäftigten sind Niedriglöhne stärker verbreitet.
- Arbeitskräfte ohne abgeschlossene Berufsausbildung gehören häufiger zu den »Niedriglöhnern« als solche mit abgeschlossener Berufsausbildung.

Schaubild 5.33

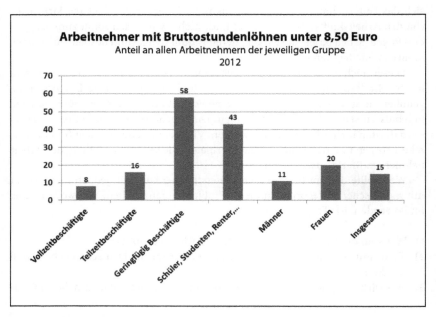

Quelle: DIW-Wochenbericht Nr. 5/2014, S. 72.

- In großen Unternehmen gibt es nur selten Arbeitnehmer mit geringen Löhnen, solche finden sich eher in Kleinbetrieben mit unter 20 Beschäftigten.

Kurz gesagt: Der »typische« Niedriglohnempfänger ist weiblich, lebt in den neuen Bundesländern, hat keine abgeschlossene Berufsausbildung, geht einer geringfügigen Beschäftigung nach oder arbeitet in Teilzeit, und das in einem Kleinbetrieb. Im Vergleich dazu ist der »typische« Arbeitnehmer, der zu »normalen« Bedingungen beschäftigt ist, männlich, lebt in den alten Bundesländern, hat eine qualifizierte Berufsausbildung und arbeitet Vollzeit in einem großen Unternehmen.

Schon diese Aufzählung der typischen Merkmale von Beschäftigten in Normalarbeitsverhältnissen auf der einen und in prekären Arbeitsverhältnissen auf der anderen Seite (prekäre Arbeitsverhältnisse sind solche mit Niedriglohn, zeitlicher Befristung und ohne Kündigungsschutz und Rentenanspruch) lässt erkennen: Es handelt sich um zwei ganz unterschiedliche Bereiche des Arbeitsmarkts. Ob der Niedriglohnsektor ein gravierendes soziales Problem darstellt, wollen wir im nächsten Unterabschnitt diskutieren.

Umverteilung von Einkommen und Vermögen   405

5.6.2.3 Sind Niedriglöhne eine existenzielle Bedrohung?

Die Antwort auf diese Frage hängt davon ab, wie viele Beschäftigte zu Niedrig-
lohnbedingungen Vollzeit arbeiten und für wie viele davon dieser Niedriglohn
das einzige Einkommen im Haushalt darstellt. 2010 gab es nach den DIW-Erhe-
bungen 7,3 Millionen Arbeitnehmer, die im Niedriglohnsektor tätig waren. (Gemäß OECD-Definition zählt das DIW solche Arbeitnehmer zum Niedriglohnbereich, deren Bruttostundenlohn nicht höher ist als zwei Drittel des mittleren
Lohnes [Median]. Diese Schwelle lag 2010 bei 9,25 Euro/Stunde) Von diesen
7,3 Millionen Niedriglohnbeschäftigten erhielten 1,265 Millionen Arbeitslosengeld
II (Hartz IV). Davon wiederum waren nur 296.000 in Vollzeit beschäftigt *(Tabelle 5.16)*. Von diesen Vollzeit beschäftigten Hartz IV-Empfängern lebten wiederum
mehr als die Hälfte in Haushalten, in denen noch weitere Einkommen anfielen,
d. h. in einer Bedarfsgemeinschaft im Sinne des Sozialgesetzbuchs *(Schaubild 5.34)*.
Diese Niedriglohnbezieher müssen also gar nicht von ihrem geringen Lohn leben,
sondern tragen lediglich zum Gesamteinkommen ihres Haushalts bei. Meist handelt es sich bei den weiteren Erwerbstätigen im Haushalt um Vollzeitbeschäftigte
oder auch Selbständige.

2010 waren somit von den 1,265 Millionen Arbeitnehmern, die gleichzeitig Arbeitslosengeld II bezogen, nur rund 146.000 Vollzeit im Niedriglohnsektor beschäftigt und gleichzeitig Alleinverdiener. Das ist nur etwa jeder Achte von allen Arbeitnehmern, die gleichzeitig Hartz IV-Leistungen bezogen. Diese Gruppe
bildet die sog. *Aufstocker,* die von morgens bis abends arbeiten und trotzdem
Hartz IV beantragen müssen, weil ihr Lohn zum Leben nicht ausreicht. Sie machen auf alle Arbeitnehmer des Jahres 2010 bezogen – das waren 36,111 Millionen –
nur 0,4 Prozent aus! Obwohl es sich also bei der eigentlichen Problemgruppe um

Tabelle 5.16   Arbeitnehmer mit Bezug von Arbeitslosengeld II (in Tsd.)

Jahr	Vollzeit[1]	Teilzeit[1]	Minijobber und andere geringfügig Beschäftigte	Auszubil-dende	Insgesamt
2007	341	181	574	57	1.153
2008	333	201	639	60	1.234
2009	287	210	668	55	1.220
2010	296	224	699	46	1.265

1 Sozialversicherungspflichtig Beschäftigte

Quelle: DIW-Wochenbericht Nr. 21/2012, S. 8.

Schaubild 5.34

1 Ohne Auszubildende und ohne Personen in arbeitsmarktpolitischen Beschäftigungsmaßnahmen. –
2 Ohne Minijobber und andere geringfügig Beschäftigte.

Quelle: DIW-Wochenbericht Nr. 21/2012, S. 9.

eine verschwindend geringe Zahl handelt, beherrscht das in der Debatte um den Mindestlohn gebrauchte Argument »Jeder, der Vollzeit arbeitet, muss von seinem Lohn leben können«, die öffentliche Diskussion.

Die Mehrzahl der gering Entlohnten lebt in Haushalten, in denen weitere Erwerbseinkommen oder gesetzliche Unterhaltszahlungen von einem früheren Ehepartner anfallen. Ein existenzielles Problem entsteht für diesen Kreis nicht. Im Schnitt trägt der Niedriglohn dieser Beschäftigten nur zu etwa einem Viertel zum gesamten Einkommen der Haushalte bei, in denen diese Personen leben. Da der Kreis der Niedriglohnempfänger sehr heterogen (= sozial vielfältig) zusammengesetzt ist, kann nicht von vornherein jeder als schützenswerter Sozialfall betrachtet werden.

Fest steht allerdings: Alleinerziehende ohne abgeschlossene Berufsausbildung, die völlig auf sich allein gestellt sind und sich und ihre Kinder durchbringen müssen, stehen unter massivem Druck. Sie wollen sich hinreichend um ihre Kinder kümmern. Das wiederum macht es ihnen aber schwer, sich flexibel den Anforderungen an einen Job anzupassen. Somit bleibt ihnen nur eine Teilzeitstelle oder

Umverteilung von Einkommen und Vermögen

eine geringfügige Beschäftigung. Ihre beruflichen und familiären Verpflichtungen lassen ihnen nur geringen Spielraum, an ihrer Situation kurzfristig etwas zu ändern.

Auf der anderen Seite gibt es den großen Kreis von Personen, für die der Niedriglohn nur einen Zuverdienst darstellt: Schüler, Studenten, Rentner, aber auch viele Personen, bei denen der Ehepartner oder andere Familienmitglieder das Haupteinkommen des Haushalts verdienen (s. o.). Diese Haushalte sind nicht von Armut bedroht, solange die anderen Familienmitglieder ihren Job haben und hinreichend verdienen. Für diese Zuverdienst-Gruppe besteht zumindest kein akuter sozialpolitischer Handlungsbedarf.

Eine andere, sozialethische Frage ist: Für welchen Lohn soll ein Mensch überhaupt arbeiten, d. h. »seine Arbeitskraft verkaufen«? Soll jede, miteinander vergleichbare Arbeit den gleichen Preis haben, unabhängig davon, ob und wofür der Betreffende das Geld braucht? Oder soll der Lohn die sozialen Bedürfnisse mit berücksichtigen? Das hieße aber: Eine allein erziehende Mutter, die jeden Tag von 18 bis 22 Uhr in der Kneipe kellnert, muss besser bezahlt werden als der allein stehende Student, der sich mit der gleichen Arbeit ein Auslandsemester verdienen will. Und muss ein Schüler, der Zeitungen austrägt, um sein Taschengeld aufzubessern, wirklich 8,50 € dafür bekommen? Und weiter gefragt: Sollen etwa dann die familiären Verhältnisse berücksichtigt werden und etwa ein Schüler, wenn er Kind einer allein erziehenden Mutter ist, 8,50 € beanspruchen können, das Kind eines gut verdienenden Wirtschaftsprüfers aber dann nur 3,50 €? Wir sehen, dass die gut gemeinte Absicht, Menschen in schwieriger Situation zu helfen, andere und neue Fragen aufwirft.

In der Diskussion über diese schlecht bezahlten Arbeitsplätze wird auch eines völlig außer Acht gelassen: Arbeiten zu einem Lohn, der zum Leben nicht ausreicht, gab es auch schon vor den in den Mitte der 2000er Jahre durchgeführten Arbeitsmarktreformen. Aus diesem Grund wurde bereits 1961 das Bundessozialhilfegesetz und 1971 das Wohngeldgesetz geschaffen. Mit beiden wurden einkommensschwache Haushalte vom Staat unterstützt, damit sie, wenn ihr Einkommen dazu nicht ausreichte, ihren Lebensunterhalt bestreiten und auch die Miete für eine angemessene Wohnung bezahlen konnten. »Arbeiten und trotzdem zum Sozialamt gehen zu müssen« ist also kein neues Phänomen. »Aufstocker«, die zusätzlich zu ihrem Lohn Sozialleistungen bekamen, gab es schon immer, aber sie waren kein Thema in der öffentlichen Diskussion. Erst als die rot-grüne Bundesregierung mit Hartz IV eine Sozialleistung schuf, wurde das Phänomen als angeblicher sozialer Skandal »hochgepusht«.

Der langjährige Forschungsgruppenleiter am Institut für Arbeitsmarkt- und Berufsforschung (IAB), Nürnberg, *Helmut Rudolph,* der sich mit der Dynamik der Grundsicherung befasst hat, hat dazu festgestellt:

»Die Auswertungen aus dem Mikrozensus haben gezeigt, dass das ›Aufstocker-Phä-
nomen‹ nicht mit den Hartz-Reformen und insbesondere nicht durch die Einführung
der Grundsicherung für Arbeitsuchende entstanden ist. Bereits vor der Einführung der
Grundsicherung gab es in vergleichbarer Größenordnung Aufstocker in einem allge-
meineren Sinne, nämlich als Erwerbstätige in bedürftigen Transferhaushalten. Durch
die Zusammenfassung unterschiedlicher Sozialleistungen und durch eine haushalts-
bezogene kontinuierliche statistische Berichterstattung zur Grundsicherung ist das
Phänomen jedoch in größerem Ausmaß als bisher sichtbar geworden«. (Rudolph, H.,
»Aufstocker«: Folge der Arbeitsmarktreformen?, in WSI Mitteilungen, Heft 3/2014,
S. 216.)

Besonders bemerkenswert an diesen Forschungsergebnissen ist: Sie stammen
nicht aus einem arbeitgebernahen oder neoliberal orientierten Institut, das daran
interessiert wäre, die soziale Problematik von Niedriglöhnen herunterzuspielen,
sondern aus dem Forschungsinstitut der Bundesagentur für Arbeit, das eher als
arbeitnehmerfreundlich einzuordnen ist. Und: Sie wurden in der Zeitschrift des
Wirtschafts- und Sozialwissenschaftlichen Instituts in der Hans-Böckler-Stiftung,
also dem Gewerkschaftsinstitut, veröffentlicht!

Es ist daher durchaus zu vertreten, die Diskussion um den Niedriglohnsektor
in Deutschland etwas gelassener zu betrachten und die eigentlichen politischen
Hintergründe zu erkennen: Der Partei »Die Linke« geht es – wie schon immer
in der Geschichte – vorrangig darum, für einen vermeintlichen sozialen Skandal ihren größten politischen Gegner, die SPD, verantwortlich zu machen. Damit
hatte sie, zumindest bisher, politischen Erfolg. Zwar haben nicht alle ehemaligen
SPD-Wähler die Linke gewählt, aber ein Teil der SPD-Wähler ist nicht mehr zur
Wahl gegangen. Das hat nicht nur Rot-Grün die Mehrheit gekostet, sondern bei
der Bundestagswahl 2009 zu einer Mehrheit der bürgerlichen Parteien CDU/CSU
und FDP geführt.

Ob der gesetzliche Mindestlohn den echten Problemfällen wirklich helfen
wird, wollen wir im nächsten Abschnitt klären.

5.6.2.4 Wie wirkt ein gesetzlicher Mindestlohn auf dem Arbeitsmarkt?

In den meisten anderen Industriestaaten gibt es Mindestlöhne – selbst in den
USA. Die Ergebnisse der wissenschaftlichen Forschung, insbesondere auf die
Frage, wie sie sich auf die Beschäftigung auswirken, sind nicht einheitlich. Das In-
stitut zur Zukunft der Arbeit, Bonn (IZA), hat 2007 die Vielzahl der vorliegenden
Studien ausgewertet und festgestellt: von 86 Untersuchungen erwarten zwei Drit-
tel von gesetzlichen Mindestlöhnen eher negative Beschäftigungseffekte. Dabei ist

Umverteilung von Einkommen und Vermögen

ein grundlegendes Problem der Forschung zu berücksichtigen: Es ist so gut wie unmöglich, die Wirkung einer einzelnen Maßnahme wie der Einführung eines gesetzlichen Mindestlohns von den Einflüssen anderer Faktoren auf die gesamtwirtschaftliche Entwicklung und somit auf die Arbeitsmarktnachfrage zu isolieren. Nicht zuletzt deshalb verläuft auch die Debatte in Deutschland um Erfolg oder Misserfolg der sog. Hartz IV-Reformgesetze kontrovers: Die einen sehen im Rückgang der Arbeitslosenzahlen einen Erfolg der Agenda 2010 der rot-grünen-Koalition, die anderen führen die erfreuliche Entwicklung am Arbeitsmarkt auf andere Faktoren, insbesondere auf den 2006 einsetzenden Wirtschaftsaufschwung zurück, der von der Hartz-IV-Gesetzgebung jedoch nicht ausgelöst worden ist.

Da in großen Unternehmen – wie bereits fest gestellt – in der Regel keine Niedriglöhne bezahlt werden, würde ein gesetzlicher Mindestlohn vor allem Kleinbetriebe mit nur wenigen Beschäftigten treffen. Folglich ist zu prüfen: Wie würden Kleinbetriebe reagieren, wenn sie nach Einführung eines gesetzlichen Mindestlohns die Löhne ihrer Beschäftigten anheben müssten?

Bei der Antwort können wir auf *Schaubild 5.31* aus dem vorherigen Kapitel zurückgreifen. Letztlich hat ein Kleinbetrieb nur zwei Möglichkeiten: Entweder er versucht, die Mehrkosten auf den Preis zu überwälzen. Oder er versucht, die höheren Lohnkosten anderweitig wieder einzusparen, indem er die Arbeitszeit seiner Teilzeitbeschäftigten reduziert, ein Friseur etwa seine Teilzeitkraft nicht mehr 20 Stunden pro Woche, sondern nur noch für 15 Stunden die Woche bestellt. Welche der beiden Möglichkeiten wird er wählen?

Das wiederum hängt ganz von der Reaktion der Nachfrage nach seinen angebotenen Waren oder Dienstleistungen ab. Spielen wir die verschiedenen denkbaren Reaktionen an einigen Beispielen mal durch:

- Ein Bäcker beschäftigt jeden Morgen für drei Stunden eine Hilfskraft, die beim Verkauf der Brötchen hilft. Nach Einführung des gesetzlichen Mindestlohns muss er diese Hilfskraft besser bezahlen. Er erhöhte deshalb den Preis für seine Brötchen. Da seine Konkurrenten 200 Meter weiter vor der gleichen Situation stehen und ebenfalls ihre Preise erhöhen, braucht er nicht zu befürchten, Kunden zu verlieren. Diese murren zwar, dass sie mehr für die Brötchen bezahlen müssen, kaufen aber die gleiche Menge wie zuvor. Die Überwälzung ist gelungen.
- Ein Friseurmeister beschäftigt 20 Stunden die Woche eine Gesellin. Nach Einführung des gesetzlichen Mindestlohns erhöht er seine Preise für den Herrenhaarschnitt und die Damendauerwelle. Hier könnten die Kunden nicht bereit sein, genau so oft wie bisher zum Friseur zu gehen. Viele, die bisher alle vier Wochen gekommen sind, erhöhen jetzt das Intervall auf fünf Wochen. Die Ein-

nahmen des Friseurs gehen zurück, auch die Arbeit im Laden wird weniger. Deshalb eröffnet er seiner Gesellin, dass er sie nicht mehr 20 Stunden, sondern nur noch 15 Stunden die Woche braucht. Ergebnis: Der Friseur wird teurer, die Menschen gehen weniger oft hin, die Beschäftigung sinkt. Denn die Friseur-Gesellin hat geringere Arbeitszeit als vorher. Zwar erhält sie aufgrund des Mindestlohns pro Stunde mehr als vorher, aber trotzdem sinkt ihr Einkommen, weil sie weniger Arbeit hat.

Mit anderen Worten: Die Wirkung auf den einzelnen Kleinbetrieb hängt davon ab, ob er die Mehrkosten des Mindestlohns auf die Preise überwälzen kann – das gelingt bei unelastischer Nachfrage (Bäcker?) – oder ob er das nicht kann – das ist bei elastischer Nachfrage der Fall (Friseur?).

Bislang haben wir nur eine einzelwirtschaftliche Betrachtung angestellt. Wie sieht es gesamtwirtschaftlich aus? Hier ist insbesondere das in Rechnung zu stellen, was die Befürworter des Mindestlohns betonen: Je stärker die Kaufkraft der Geringverdiener ist, desto mehr stützt sie den privaten Konsum. Das wiederum gefährdet nicht die Arbeitsplätze, sondern sichert sie im Gegenteil sogar.

Dem ist entgegen zu halten: Die Wirkung eines gesetzlichen Mindestlohns auf die Kaufkraft gerade der Geringverdiener wird minimal sein. Denn der Mehrverdienst, der durch die gesetzlich verordnete Anhebung des Stundenlohns zustande kommt, wird wieder mit den Sozialleistungen verrechnet. Auch gesamtwirtschaftlich betrachtet ist fraglich, ob unter dem Strich die kaufkräftige Nachfrage wesentlich steigt. Zwar spart der Staat bei denjenigen, die weiterhin beschäftigt werden, an Aufstockungsleistungen ein. Gleichzeitig muss er vermutlich bei denjenigen, deren Arbeitsplätze verloren gehen, mehr aufstocken oder sogar die gesamte Grundsicherung übernehmen.

Für 2006 hat das DIW das Kaufkraftplus, das sich für die privaten Haushalte bei Einführung eines Mindestlohns ergäbe, mit rund 1,5 Mrd. Euro jährlich errechnet. Auf den ersten Blick erscheint diese Summe gigantisch. Doch gemessen an dem, was die privaten Haushalte pro Jahr insgesamt für den privaten Konsum ausgeben, ist dieser Betrag verschwindend gering. Der private Verbrauch erreichte nämlich 2006 ein Niveau von über 1.300 Mrd. Euro. Mit anderen Worten: Am gesamten privaten Verbrauch machte die Kaufkraftsteigerung nur etwa 0,1 % aus: Viel zu gering, als dass daraus konjunkturelle Anstoßwirkungen erwartet werden könnten.

Für die Beschäftigungswirkungen lautet die Kernfrage: Sind die Verbraucher bereit, in den Bereichen, die bisher Niedriglöhne zahlten, für die Produkte oder Dienstleistungen höhere Preise zu akzeptieren und damit letztlich die Anhebung der Niedriglöhne zu finanzieren? Der Leser möge sich an dieser Stelle einmal selbstkritisch fragen, wie er es selbst damit hält. Sind wir bereit, auch für einfa-

Umverteilung von Einkommen und Vermögen

che Dienstleistungen einen hohen Preis zu bezahlen, damit die Beschäftigten im Dienstleistungsbereich höhere Löhne bekommen?

Dazu ein paar *Beispiele:*

- Früher gab es an Tankstellen sog. Tankwarte. Das war ein anerkannter Ausbildungsberuf. Die Autofahrer mussten sich nicht – wie heute – selbst bedienen, sondern das erledigten Tankwarte. Scheiben und Scheinwerfer reinigen, Ölstand und Luft prüfen, das alles gehörte zum Service. Eines Tages kam die Geschäftsidee auf, an den Tankstellen Selbstbedienung einzuführen, zunächst wahlweise an einigen Zapfsäulen und nicht an den Autobahntankstellen, später dann an allen Zapfsäulen einer Tankstelle, und schließlich auch an den Autobahntankstellen. Die überwiegende Mehrzahl der Verbraucher begrüßte diese Neuerung, wurde sie doch mit einer gleichzeitigen (vorübergehenden) Senkung des Benzinpreises schmackhaft gemacht. Ergebnis: Der Beruf des Tankwarts ist ausgestorben.
- In den Hotels stehen auf den Fluren Schuhputzmaschinen. Früher gehörte das Putzen der Schuhe mit Hand zum Service eines guten Hotels. Natürlich waren die Lohnkosten für diese Schuhputzer in den Zimmerpreis einkalkuliert. Wie würden sich heutige Hotelgäste verhalten, wenn sie vor die Wahl gestellt würden: Übernachtung mit Schuhputzen an der Maschine oder Übernachtung mit Schuhputzen per Hand, das ganze aber zu einem höheren Zimmerpreis? Ergebnis: Schuhe werden heute nur noch in Nobelherbergen per Hand geputzt – der Zimmerpreis ist entsprechend und der Einfacharbeitsplatz Schuhputzer ist (weitgehend) verschwunden.
- Wenn man früher am Bahnhof oder Flughafen in einer fremden Stadt angekommen war, ging man an den Schalter des örtlichen Unternehmens des öffentlichen Nahverkehrs, nannte sein Ziel und bekam Auskunft über Linie, Strecke und Preis. Heute muss man den Vorgang an einem Fahrkartenautomaten abwickeln, ohne immer sicher zu sein, den richtigen und günstigsten Fahrschein gewählt zu haben. Wären wir bereit, zur alten Lösung zurückzukehren, dafür aber für das notwendige Personal höhere Fahrpreise zu bezahlen?

Diese Beispiele zeigen: Im Grunde sind wir als Verbraucher selbst mitverantwortlich, wenn Arbeitsplätze wegrationalisiert werden, weil wir nicht bereit sind, von unserem Einkommen etwas zu »opfern« und höhere Preise in Kauf zu nehmen, damit Unternehmen Arbeitskräfte besser bezahlen können, die einfachere Arbeiten verrichten. Das DIW geht deshalb zu Recht davon aus, dass nach Einführung des Mindestlohns die Mehrkosten nur bedingt auf die Preise überwälzt werden können. Die Nachfrage würde zumindest z. T. zurückgehen (siehe obiges Beispiel des Friseurs), und es käme zu einer Einschränkung der Beschäftigung. In unserem Friseurbeispiel geht die Arbeitszeit der Friseurin von 20 Stunden wöchentlich auf 15 Stunden zurück. Solche Effekte – auf die Gesamtwirtschaft hoch- und in Beschäftigte in Vollzeit umgerechnet – ergibt je nach Nachfragereaktion laut DIW einen Beschäftigungsrückgang zwischen 70.000 und 260.000 Personen. Mehr als die Hälfte dieses Rückgangs träfe geringfügig Beschäftigte. Mit anderen Worten: Für diesen Kreis würde also der Zuverdienst wegfallen. Und die prekäre Situation von Alleinerziehenden wäre trotzdem nicht gelöst.

Auch eine Untersuchung, die in den USA über die Fast-Food-Ketten in New Jersey und Pennsylvania angestellt wurde und deren Ergebnis zunächst eine negative Beschäftigungswirkung auszuschließen scheint, widerlegt die DIW-Aussage nicht. Die Anhebung der Mindestlöhne in dem einen Bundesstaat – so zeigten die US-Studien – hatte dort keine schlechtere Beschäftigungsentwicklung in der Fast-Food-Branche zur Folge als in dem anderen Bundesstaat. Doch Wirkungen auf andere Branchen wurden nicht geprüft. Möglicherweise haben die Amerikaner trotz höherer Preise die gleiche Menge an Hamburgern und Pommes gegessen, sind aber weniger oft zum Friseur oder ins Kino gegangen oder mit dem Taxi gefahren. Es kann also durchaus zu Verschiebungen der Nachfrage und damit zu Beschäftigungswirkungen in anderen Bereichen gekommen sein, wo man sie zunächst gar nicht vermutet.

Der Leser wird an dieser Stelle vielleicht einwenden, dass *eine* denkbare Reaktion der Unternehmer nicht in Betracht gezogen wurde: der Verzicht auf eigenes Einkommen. Auf unsere Beispiele angewandt: Könnte der Bäcker oder der Friseur nicht auf einen Teil seines eigenen Einkommens verzichten, um seinen Angestellten den Mindestlohn zu zahlen? Natürlich soll diese Möglichkeit nicht von vornherein ausgeschlossen werden. Zu bedenken ist allerdings: Die Kleinbetriebe, um die es hier geht, sind in aller Regel keine »Goldgruben«. Das Einkommen, das fast allen kleinen Gewerbetreibenden und Selbständigen nach Abzug aller Kosten bleibt, ist kaum höher als das von Arbeitnehmern mit durchschnittlichen Einkommen, in manchen Fällen sogar geringer. Spielraum für zusätzliche Kostenbelastungen besteht hier kaum.

Damit sind wir bei einem anderen Aspekt, der oft mit der Einführung eines gesetzlichen Mindestlohns verbunden wird: der Ungleichheit der Einkommensverteilung. Hier lassen sich eindeutige Aussagen treffen. Die Ungleichheit bei den Löhnen wird geringer, weil sie am unteren Ende angehoben werden. Das bedeutet allerdings keine gleichmäßigere Verteilung der Haushaltseinkommen. Denn – wie bereits ausgeführt – die höheren Löhne der Geringverdiener werden mit den staatlichen Transferzahlungen verrechnet. An der wirtschaftlichen und sozialen Lage derjenigen, die auf Grundsicherung angewiesen sind, ändert sich also nichts. Wer glaubt, mit einem gesetzlichen Mindestlohn könne Armut bekämpft werden, wird enttäuscht sein.

Zurück zu den Wirkungen am Arbeitsmarkt. Wie bereits erläutert, sind die Beschäftigungswirkungen, die nach Einführung eines gesetzlichen Mindestlohns eintreten werden, ungewiss und bei den Ökonomen nach wie vor heftig umstritten. Auch die Projektgruppe Gemeinschaftsdiagnose der wirtschaftswissenschaftlichen Forschungsinstitute war sich im Frühjahr 2014 nicht einig. Drei der vier Institute erwarteten von der Einführung eines flächendeckenden gesetzlichen Mindestlohnes von 8,50 Euro/Stunde den Wegfall von 200.000 Arbeitsplätzen, ein Institut – das DIW in Kooperation mit dem Österreichischen Institut für Wirtschaftsforschung (WIFO) – weist darauf hin, dass die Ergebnisse der Literatur zu den Mindestlohnwirkungen keineswegs eindeutig sind und nicht zwangsläufig davon ausgegangen werden kann, dass von ihm negative langfristige Wirkungen auf die Gesamtwirtschaft ausgehen.

Wenn aber ungewiss ist, welche Wirkungen letztendlich von einem gesetzlichen Mindestlohn zu erwarten sind, fragt es sich, ob eine derartige Maßnahme sinnvoll ist. Im Fazit wollen wir dazu einige Überlegungen anstellen.

5.6.2.5 Schlussfolgerungen: der machtpolitische Aspekt des Mindestlohns

Das Problem, dass sich Arbeitnehmer gegenseitig nach unten konkurrieren, um einen Arbeitsplatz zu ergattern, ist nicht neu. Schon im 19. Jahrhundert sprach *Karl Marx* von der industriellen Reservearmee, die verhindert, dass die Löhne der Arbeiter dauerhaft über das Existenzminimum steigen. Die Antwort darauf war der Zusammenschluss der Arbeiter in Gewerkschaften. Wirtschaftstheoretisch betrachtet sind Gewerkschaften nichts anderes als ein Kartell, d. h. ein Zusammenschluss von Anbietern der gleichen Ware (in diesem Fall der »Ware« Arbeitskraft) mit dem Ziel, den gegenseitigen Wettbewerb zu unterbinden und einen höheren Preis für die Ware Arbeitskraft (in diesem Falle einen höheren Lohn) durchzusetzen. Wie die Entwicklung des Lebensstandards der Arbeiter in den letzten 150 Jahren zeigt, war dies eine sehr erfolgreiche Strategie. Infolgedessen ist zu fragen: Wäre nicht der Zusammenschluss der Niedriglohnbezieher in Gewerkschaften statt eines gesetzlichen Mindestlohns ein besserer Weg, die Niedriglöhne anzuheben?

Niedriglohnbezieher gehören nach ihren sozialen Merkmalen nicht zu den Personen, die normalerweise einer Gewerkschaft beitreten. Typische Gewerkschaftsmitglieder haben eine qualifizierte, aber nicht-akademische Ausbildung, arbeiten in Großunternehmen und sind in Vollzeit beschäftigt. Dagegen waren Frauen, die nur Teilzeit arbeiten, schlecht ausgebildet und in Kleinbetrieben tätig sind, also die typischen »Niedriglöhner«, seit jeher in Deutschland für die Gewerkschaften nur schwer als Mitglieder zu gewinnen. Die Folge ist die geschilderte schwache Position dieser Arbeitnehmer am Arbeitsmarkt.

In den skandinavischen Ländern gibt es keine Mindestlöhne. Sie sind nicht notwendig, weil dort die Gewerkschaften nach wie vor sehr stark sind und verhindern können, dass Löhne und Gehälter am unteren Ende der Einkommensskala zu stark gedrückt werden. Der Ruf nach staatlichen Mindestlöhnen in Deutschland kommt somit dem Eingeständnis gleich, dass die Gewerkschaften in manchen Bereichen zu schwach sind, um bessere Arbeitsbedingungen durchsetzen zu können.

Nun könnte man auch argumentieren: Wenn die Arbeitnehmer im Niedriglohnbereich sich nicht gewerkschaftlich organisieren, sind sie an ihrem Schicksal selbst schuld. Offensichtlich sind sie dann mit ihren Arbeitsbedingungen zufrieden. Doch hier macht man es sich etwas zu einfach. Der Druck, der von manchen Arbeitgebern auf Arbeitnehmer in solchen Arbeitsverhältnissen ausgeübt wird, ist enorm. Gemeint ist hier nicht der Bäcker und seine Aushilfe, auch nicht der Friseurmeister mit seiner Gesellin, sondern beispielsweise Einzelhandels-Discounter oder Fast-Food-Restaurants, die ihre Angestellten nicht nur schlecht bezahlen, sondern ihnen auch mit Kündigung drohen, wenn sie einen Betriebsrat gründen oder der zuständigen Gewerkschaft beitreten wollen.

Und noch ein Weiteres ist zu beachten: Die Einführung von Mindestlöhnen wird Auswirkungen über den Niedriglohnbereich hinaus haben. Denn Personen, die jetzt mehr als den Mindestlohn erhalten, würden versuchen, den bisherigen Lohnabstand zu den Geringverdienern wieder herzustellen. Es entstünde also ein Push nach oben. Umgekehrt gilt aber auch: Je mehr sich niedrige Löhne ausbreiten, umso mehr verstärkt sich der Druck nach unten auch auf die Einkommen der anderen Arbeitnehmer.

Es geht bei der Einführung eines gesetzlichen Mindestlohnes nicht nur um die wahrscheinlichen ökonomischen Wirkungen auf die Beschäftigung, sondern auch um die gesellschaftliche Machtverteilung. Arbeitnehmer kämen gegenüber den Arbeitgebern in eine stärkere Position, wenn ein Lohn unterhalb des Mindestlohns unzulässig ist und damit ausgeschlossen wird, dass sie sich gegenseitig nach unten konkurrieren. Das Mindestlohnniveau würde letztlich auch die Gewerkschaften bei ihren Tarifverhandlungen für die Arbeitnehmer in tarifgebundenen Branchen stärken. Denn sie könnten gewissermaßen auf dem Mindestlohn »aufbauen« und für ihre »klassische« Klientel, die Arbeitnehmer mit abgeschlossener, praktischer Berufsausbildung und höherer Arbeitsproduktivität, einen genügenden Abstand zum Mindestlohn sichern. Nicht zuletzt deshalb heißt der Gesetzentwurf, den die Bundesarbeitsministerin *Andrea Nahles (SPD)* Anfang April 2014 vorgestellt hat: »Entwurf eines Gesetzes zur Stärkung der Tarifautonomie«. Es geht also vorrangig darum, für alle Wirtschaftsbereiche die Löhne wieder in einem gleichberechtigten Verhandlungsprozess zwischen Gewerkschaften und Arbeitgeber bzw. Arbeitgeberverbänden festzusetzen und den Lohnunterbietungswettbewerb zwischen den Arbeitnehmern, der die Verhandlungsposition der Gewerkschaften schwächt, zu unterbinden. Mit anderen Worten:

▶ **Es geht um die Wiederherstellung einer gleichen Augenhöhe zwischen den Arbeitnehmern bzw. ihren Interessenvertretern (Gewerkschaften und Betriebsräte) auf der einen und den Arbeitgebern auf der anderen Seite bei der Festsetzung des Lohnes am unteren Ende der Lohnskala. Es geht um nicht weniger als die Gleichberechtigung zwischen Kapital und Arbeit.**

Der Leser lasse sich deshalb in seinem Urteil über den Mindestlohn nicht allein von ökonomischen »Gesetzen« leiten. Es geht dabei auch und vor allem um Gesellschaftspolitik:

▶ **Wer soll in unserer Gesellschaft das Sagen haben und diktieren können, und wer soll sich unterordnen müssen?**

Dies trifft den eigentlichen Kern der politischen Auseinandersetzung besser als die emotional aufgeladene Forderung: Jeder soll von seiner Hände Arbeit leben können.

Der Titel eines von *Hans-Werner Sinn*, Chef des Münchner Ifo-Instituts für Wirtschaftsforschung, 2008 veröffentlichten Aufsatzes lässt gut erkennen, welche Gesellschaft sich die Gegner eines Mindestlohns wünschen bzw. als nicht änderbar ansehen. Der Titel lautete: »Von einem Mindestlohn, den man nicht bekommt, kann man nicht leben« (Ifo-Schnelldienst, Heft 6/2008). *Sinn* spielt hier darauf an, dass Arbeitnehmer im Niedriglohnsektor nur die Wahl zwischen Pest und Cholera haben: Entweder sie akzeptieren den Niedriglohn oder sie finden keinen Arbeitsplatz, weil diese verloren gehen. Dieses »Vogel-friss-oder-stirb-Prinzip« erinnert fatal an die Weltwirtschaftskrise der dreißiger Jahre, als Arbeitslose bei Demonstrationen Plakate mit der Aufschrift »Nehme jede Arbeit an« um den Hals trugen.

Doch diese Schein-Alternative ist nicht in Stein gemeißelt. Artikel 1 GG erklärt bekanntlich die Würde des Menschen für unantastbar und verpflichtet die Staatsgewalt, sie zu achten und zu schützen. Deshalb kann und darf der Staat nicht zulassen, dass die einen diktieren und die anderen alles schlucken, d.h. jede Arbeit annehmen müssen. Vielmehr muss der Staat für jedes unternehmerische Handeln staatliche Leitplanken setzen. Schon jetzt sind nicht alle Geschäftsmodelle rechtlich zulässig, z.B. wenn sie sittenwidrig oder umweltschädlich sind, und nach Einführung eines gesetzlichen Mindestlohns sind eben auch Geschäftsmodelle untersagt, die sich nur rechnen, wenn die Arbeitnehmer weniger als 8,50 Euro/Stunde verdienen.

5.6.3 Steuerpolitik

5.6.3.1 Grundsätzliches

Mit Steuern verfolgt der Staat seit jeher nicht nur das Ziel, Einnahmen zu erzielen, um damit öffentliche Aufgaben zu finanzieren. Schon immer wird versucht, »mit Steuern zu steuern«. Ein wesentliches Ziel, das im Prinzip von allen politischen Richtungen verfolgt wird, ist es, die Bürger nach ihrer wirtschaftlichen Leistungsfähigkeit zu besteuern. Das bedeutet: Wer ein hohes Einkommen hat, ist wirtschaftlich besonders leistungsfähig und soll dementsprechend mehr zahlen. Umgekehrt soll jemand, dessen Einkommen so gering ist, dass er davon nicht leben kann, von Steuern verschont werden.

Während diese Grundsätze nicht strittig sind, beginnt der Streit, wenn es darum geht, sie konkreter zu fassen und politisch in der Steuerpolitik umzusetzen. Insbesondere bei der Frage, wie hoch die sog. »Besserverdienenden« besteuert werden sollen, beginnt die Kontroverse. Uns interessiert in diesem Kapitel, ob es möglich ist, die Einkommen und Vermögen mit Hilfe der Steuerpolitik umzuverteilen.

Eine Teilantwort können wir schon geben, indem wir uns an Kap. 4.3.2 und dort an Tabelle 4.4 erinnern. Dort wurde gezeigt, dass bei den Haushalten mit niedrigen Einkommen die staatlichen Transfers die Steuerbelastung übertreffen, während die Haushalte mit den höheren Einkommen mehr Steuern zahlen, als sie vom Staat an Transfers erhalten. Genau das will man mit der Steuer- und Sozialpolitik erreichen: Den Reichen nehmen und den Armen geben bzw. – gemünzt auf das Umlageverfahren in der Rentenversicherung – den Erwerbstätigen nehmen und den Rentnern geben.

Doch reicht die Umverteilung, wie sie in Deutschland bereits stattfindet, aus? Hier scheiden sich die Geister. Die meisten richten die Antwort auf diese Frage danach aus, ob sie selbst zu den »Zahlern« des Sozialstaates oder zu seinen Nutznießern gehören. Je nachdem treten sie für eine noch höhere Besteuerung der Reichen ein oder sie vertreten die Auffassung, dass die Sozialleistungen bereits zu hoch sind und gekürzt werden müssen, damit auch die Steuerlast der Reichen etwas zurückgenommen werden kann.

Es mag zwar menschlich sein, das eigene Urteil an seinem persönlichen Vor- oder Nachteil auszurichten. Doch bei der politischen Bewertung sollte man sich nicht an seiner eigenen kurzfristigen Kosten-/Nutzen-Bilanz, sondern an länger-

Umverteilung von Einkommen und Vermögen

fristigen Grundüberzeugungen orientieren. Leitidee der sozialen Marktwirtschaft sollte es nach *Müller-Armack* sein, das Prinzip der Freiheit auf dem Markt mit dem des sozialen Ausgleichs zu verbinden. Was kann die Steuerpolitik zum sozialen Ausgleich beitragen?

Um hierauf eine möglichst neutrale Antwort zu geben, müssen wir zunächst prüfen, was eigentlich stärker besteuert werden sollte. Für die politische Linke sind »die Gewinne schlechthin« das Objekt der Begierde. Doch worum handelt es sich dabei eigentlich?

Das Einkommensteuerrecht kennt z. Zt. sieben Arten von Einkünften:

- Einkünfte aus Land- und Forstwirtschaft
- Einkünfte aus Gewerbebetrieb
- Einkünfte aus selbständiger Arbeit
- Einkünfte aus nichtselbständiger Arbeit
- Einkünfte aus Kapitalvermögen
- Einkünfte aus Vermietung und Verpachtung
- Sonstige Einkünfte

Das Steuerrecht unterscheidet also nicht danach, ob jemand Landwirt, Bäcker, Zahnarzt, Arbeiter oder Hauseigentümer ist, sondern betrachtet unabhängig von der Person, welche Einkommensarten eine Person bezieht. Dabei gilt: Jede Person kann (muss aber nicht zwingend) Einkünfte aus mehreren Einkommensarten beziehen.

Beispiele

Ein Bäcker ist Eigentümer eines dreistöckigen Hauses, in dem im Erdgeschoss seine Bäckerei liegt. In der ersten und zweiten Etage gibt es je zwei Mietwohnungen, die er vermietet. Im dritten Obergeschoss wohnt er selbst. Er bezieht drei Einkunftsarten: Die Einkünfte aus seiner Bäckerei sind Einkünfte aus Gewerbebetrieb, die Mieteinnahmen aus den Wohnungen sind Einkünfte aus Vermietung und Verpachtung. Daneben dürfte der Bäcker noch bei seiner Bank etwas Geld angelegt haben. Dafür erhält er Zinsen, die sind Einkünfte aus Kapitalvermögen.

Ein Vorstandsmitglied einer Bank hat ein festes und ein variables Gehalt vereinbart. Das feste Gehalt wird unabhängig davon gezahlt, wie die Bank wirtschaftlich abschneidet, das variable Gehalt richtet sich nach der Höhe des Gewinns der Bank. Beide Gehaltsbestandteile sind Einkünfte aus unselbständiger Arbeit, also steuerlich die gleichen Einkünfte wie die seines Fahrers. Zur sicheren Anlage seines privaten Vermögens hat das Vorstandsmitglied zwei Eigentumswohnungen gekauft, die er vermietet. Die Mieteinnahmen sind Einkünfte aus

418   Strategien und Instrumente der Wirtschafts- und Gesellschaftspolitik

Vermietung und Verpachtung. Im Depot seiner Bank liegen einige Aktien. Die Dividenden daraus (und natürlich alle weiteren Zinseinkünfte bis hin zu den kleinen Zinseinnahmen aus dem Girokonto) sind Einkünfte aus Kapitalvermögen. Daneben schreibt das Vorstandsmitglied hin und wieder Fachartikel in wissenschaftlichen Kreditzeitschriften. Das Honorar sind Einkünfte aus selbständiger (schriftstellerischer oder wissenschaftlicher) Arbeit.

Der Angestellte eines Warenhauses bezieht Gehalt, das sind Einkünfte aus unselbständiger Arbeit. Die Zinsen aus seinem Sparbuch und aus ein paar Bundesschatzbriefen sind Einkünfte aus Kapitalvermögen. Nach Feierabend gibt er Nachhilfestunden in Englisch. Das sind Einkünfte aus selbständiger Tätigkeit.

Alle diese Einkünfte unterliegen der Einkommensteuer. Bei jeder Einkommensart werden die Kosten, die man aufwenden muss, um die Einkünfte zu erzielen, abgezogen. Diese Kosten nennt man *Werbungskosten*. (Diese steuerrechtlichen Werbungskosten haben also nichts mit Werbung im Sinne von Reklame im sonstigen Sprachgebrauch zu tun!) Beim Einkommen aus unselbständiger Arbeit sind das beispielsweise Kosten für Berufskleidung, Fachbücher, Dienstreisen, die der Arbeitgeber veranlasst, aber nicht erstattet. Bei Einkünften aus Kapitalvermögen sind es z. B. die Kontoführungs- und Wertpapierdepotgebühren. Bei Einkünften aus Vermietung und Verpachtung sind es die Kosten für die in den Wohnungen angefallenen Reparaturen, aber auch die Zinsaufwendungen für das Darlehen, mit dem die Wohnungen finanziert wurden. Die Einkünfte aus allen Einkunftsarten, abzüglich der jeweiligen Werbungskosten und evtl. Freibeträgen für bestimmte Berufe werden am Jahresende zusammengezählt. Davon wird dann der gesetzlich festgelegte Grundfreibetrag abgezogen. Das ist das Existenzminimum, das ein Mensch mindestens zum Leben braucht und von dem keine Steuer abgezogen werden darf. Das darüber hinausgehende Einkommen (abgezogen werden dann noch individuelle Freibeträge für Kinder, Behinderungen, außergewöhnliche Belastungen usw.) wird nach der Einkommensteuertabelle besteuert. Je höher das Einkommen, desto höher ist auch der Steuersatz. Gegenwärtig beträgt der höchste Steuersatz bei der Einkommensteuer (ohne Solidaritätszuschlag) 42 %. Er gilt bei Alleinstehenden bei einem zu versteuernden Einkommen ab 52.152 € (Grundtabelle), bei Verheirateten ab einem zu versteuernden Einkommen von 104.304 € (Splittingtabelle). Die große Koalition hat außerdem eine sog. Reichensteuer eingeführt: Ab einem zu versteuernden Einkommen von 250.001 € (Verheiratete 500.002 €) gilt ein Steuersatz von 45 %.

Schaubild 5.35 veranschaulicht, wie hoch die 2007 durchschnittlichen Einkünfte in der jeweiligen Einkommensart waren. Man sieht: Die Einkünfte aus selbständiger und aus unselbständiger Arbeit liegen im Durchschnitt gar nicht sehr weit auseinander. Das liegt daran, dass bei beiden Einkunftsarten die Spann-

Umverteilung von Einkommen und Vermögen

Schaubild 5.35

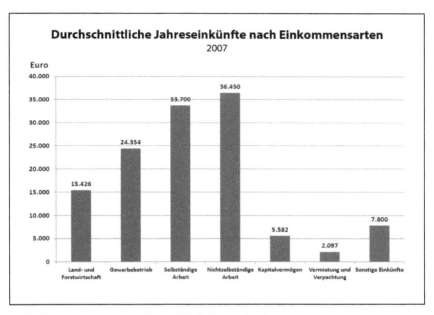

Quelle: BMF, Datensammlung zur Steuerpolitik, Berlin 2012, S. 38 f.

breite sehr groß ist. Sie reicht bei den Selbständigen von freiberuflichen Künstlern oder Heilpraktikern einerseits, deren Einkünfte im Durchschnitt unter 17.000 Euro im Jahr liegen, bis hin zu Notaren (192.310 Euro) oder Zahnärzten (122.306 Euro) – alle Angaben beziehen sich auf das Jahr 2007. Bei den Nichtselbständigen gehen die Einkünfte ebenfalls vom Azubi bis zum Vorstandsvorsitzenden einer Großbank.

Man erkennt ferner, dass Einkünfte aus Land- und Forstwirtschaft sowie aus Gewerbebetrieb, also insbesondere Bauern und selbständige Handwerker, nicht gerade zu den Großverdienern unserer Gesellschaft gehören. Die Einkünfte aus Vermietung und Verpachtung waren in manchen Jahren sogar negativ, 2007 jedoch mit 2.097 Euro leicht psoitiv. Das bedeutet: Wer eine Wohnung vermietet oder gar ein Mietshaus besitzt, hat in den meisten Fällen höhere Kosten als Mieteinnahmen. Er kann von den Mieteinnahmen also nicht leben! Die Motive, warum Personen trotzdem ihr Geld in Immobilien stecken, die sie vermieten, sind andere:

1) Sie wollen ihr Geld inflationssicher anlegen. Das war bei Immobilien in der Vergangenheit stets der Fall.
2) Sie rechnen mit einem Wertzuwachs der Immobilien, der je nach Periode mal höher, mal niedriger sein kann als z. B. bei Aktien.
3) Sie wollen die »Verluste« mit anderen, positiven Einkünften verrechnen, ein Zahnarzt z. B. mit seinen Einkünften aus freiberuflicher Tätigkeit, um damit Steuern zu sparen.

Diese wirtschaftlichen Hintergründe muss man kennen. Denn in der verteilungspolitischen Debatte wird von manchen gelegentlich die unsinnige Forderung erhoben, die angeblich »satten Mieteinnahmen« der Vermieter umzuverteilen. Diese Forderung kann eigentlich nur erheben, wer von den wirtschaftlichen Zusammenhängen wenig Ahnung hat.

Schließlich sind da noch die Einkünfte aus Kapitalvermögen. Diese Einkunftsart ist weniger breit gestreut als die Einkünfte aus selbständiger und nichtselbständiger Tätigkeit. Da die Vermögen – wie wir in Kapitel 4.4.2.3 gezeigt haben – stark konzentriert sind, fallen die Vermögenseinkommen auch bei relativ wenigen Personen an.

Tabelle 5.17 zeigt, wie viel die einzelnen Einkunftsarten zum Gesamtaufkommen der Einkommensteuer beitragen. Unschwer zu erkennen ist: den Löwenanteil an Einkommensteueraufkommen von 72 % bringt das Einkommen aus nichtselbständiger Tätigkeit. Das ist nicht weiterverwunderlich, stellen die Personen mit Einkünften aus dieser Einkommensart doch fast 85 Prozent der unbeschränkt Steuerpflichtigen. An zweiter Stelle liegen die Einkünfte aus Gewerbebetrieb mit einem Anteil von knapp 15 Prozent, dann folgen die Einkünfte aus selbständiger Arbeit mit 9,2 Prozent. Alle anderen Einkunftsarten spielen für das Aufkommen der Einkommensteuer eine untergeordnete Rolle.

An dieser Stelle erscheint es angebracht, dem Leser eine grundsätzliche Erkenntnis zu vermitteln: Unser Steuersystem ist ein sog. *Massensteuersystem*. Es speist sich überwiegend aus drei großen Steuern: der Lohn- und Einkommensteuer, der Mehrwertsteuer und der Energiesteuer. Allein diese drei Steuern erbringen rund 70 Prozent des gesamten Steueraufkommens. Diese Steuern werden von der Masse der Bevölkerung bezahlt: die Lohn- und Einkommensteuer von den Arbeitnehmern, die rund 90 % der Erwerbstätigen stellen, die Mehrwertsteuer und die Energiesteuer von allen je nach individuellen Konsumausgaben. Kurz gesagt:

► **Der größte Teil der staatlichen Ausgaben wird auch von der Masse der Bevölkerung bezahlt.**

Umverteilung von Einkommen und Vermögen   421

Tabelle 5.17   Einkommensteueraufkommen 2007 – Anteil der Einkunftsarten in Prozent

Steuerpflichtige mit überwiegenden Einkünften aus[1]	Anzahl der steuerbelasteten Steuerpflichtigen	Festgesetzte Einkommensteuer	Anteil am Steueraufkommen
	in Tsd.	in Mio. €	in %
Land- und Forstwirtschaft	131	1.430	0,7
Gewerbebetrieb	1.365	28.097	14,6
selbständiger Arbeit	638	17.656	9,2
nichtselbständiger Arbeit	17.833	138.452	71,8
Kapitalvermögen	182	3.148	1,6
Vermietung und Verpachtung	290	3.030	1,6
sonstigen Einkünften	643	1.145	0,6
Unbeschränkt Steuerpflichtige	21.081	192.959	100,0

1 Ohne Verlustfälle

Quelle: BMF, Datensammlung zur Steuerpolitik, Berlin 2012, S. 47.

Will man die Steuerpolitik noch stärker in den Dienst der Umverteilung stellen, als es bisher schon geschieht, und den Reichen mehr nehmen und dafür den Armen geben, dann müssen zwei Dinge geklärt werden:

1) Wie viel Geld steht bei den Reichen überhaupt zur Verfügung, das noch »weggesteuert« werden könnte?
2) Mit welchen Abwehrreaktionen ist zu rechnen, wenn für die sog. Besserverdienenden die Steuerlast erhöht würde?

In den nächsten beiden Unterabschnitten wollen wir darauf Antworten geben.

5.6.3.2 Quantitative Grenzen der Umverteilung

Betrachten wir die letzten, zur Verfügung stehenden Daten der Lohn- und Einkommensteuerstatistik aus dem Jahre 2007. In diesem Jahr gab es – ohne Verlustfälle – 26,298 Millionen steuerpflichtige natürliche Personen, die eine oder mehrere der uns bekannten Einkunftsarten erzielten. Davon wurden 21,081 Millionen mit Steuern belastet (siehe *Tabelle 5.17*). Insgesamt erzielten sie einen Gesamtbetrag der Einkünfte in Höhe von 1,061 Mrd. Euro.

Nun schauen wir uns die obersten Einkommensbezieher einmal näher an und prüfen, wie viele Steuermehreinnahmen sich ergäben, wenn der Staat ab einem bestimmten Einkommen jeden verdienten Euro zu 100 % wegsteuern würde. Dies ist sicherlich ein sehr radikaler Ansatz. Er würde letztlich bedeuten: Der Staat bestimmt, welche Summe jeder höchstens für sich behalten darf, unabhängig davon, wie viel er verdient.

Nehmen wir jetzt einmal an, es würde politisch festgelegt, dass jedes Einkommen über 250.000 Euro zu 100 % an den Staat als Steuer abgeführt werden muss. Diese Einkommensgrenze entspräche dem Schwellenwert, ab dem die große Koalition die sog. Reichensteuer von 3 %-Punkten zusätzlich zum Spitzensteuersatz von 42 % eingeführt hat. Wie viele Steuermehreinnahmen ließen sich dadurch für den Staat erzielen?

Die Modellrechnung anhand der Lohn- und Einkommensteuerstatistik sieht dann folgendermaßen aus: Im Jahr 2007 gab es 179.093 Steuerpflichtige, die im Jahr mehr verdienten als 250.000 Euro. Sie hatten zusammen ein zu versteuerndes Einkommen von 109,5 Mrd. Euro und mussten darauf nach geltendem Steuererrecht 40,2 Mrd. Euro Steuern (Einkommen-, Zinsabschlag-, Kapitalertrag- und Reichensteuer) abführen. Wenn es das politische Ziel sein soll, dass niemand mehr als 250.000 Euro netto verdienen soll (s. o.), dürften die 179.093 Steuerpflichtigen nach Steuern nur eine Nettoeinkommenssumme von 44,8 Mrd. Euro übrig behalten (179.093 × 250.000 = 44,773 Mrd. Euro). Tatsächlich hatten sie jedoch nach Steuern noch 69,3 Mrd. Euro netto. Die Differenz zu den politisch gewollten, maximalen 44,8 Mrd. Euro netto müssten folglich zusätzlich »weggesteuert« werden. Das wären 24,5 Mrd. Euro. Das wären 12,7 Prozent des Einkommensteueraufkommens bzw. 4,6 Prozent des gesamten Steueraufkommens im Jahr 2007.

Setzt man den Betrag von 24,5 Mrd. Euro, der bei einer 100-prozentigen Besteuerung der Einkommensteile über 250.000 Euro/Jahr zusätzlich an Steuereinnahmen erzielbar wäre, in Relation zu wichtigen Ausgabeblöcken des Staates, kommt man zu dem Ergebnis: 24,5 Mrd. Euro entsprechen zufällig genau der Summe, die 2007 für Verteidigung ausgegeben wurde. Für soziale Sicherung wurden in diesem Jahr 572,5 Mrd. Euro, für Schulen, Hochschulen und das übrige Bildungswesen 80,4 Mrd. Euro, für Öffentliche Sicherheit und Ordnung 33,4 Mrd. Euro ausgegeben (Quelle: Statistisches Jahrbuch 2010, S. 573, Tab. 23.1.2). Zwar sind die 24,5 Mrd. Euro, die bei den Superreichen als vorstellbare Masse »schlummern«, die noch zur Finanzierung der staatlichen Aufgaben herangezogen werden könnten, eine nicht gerade zu vernachlässigende Summe. Gleichwohl: Gemessen an dem, was für soziale Sicherung ausgegeben wird (572,5 Mrd. Euro),

Umverteilung von Einkommen und Vermögen

nehmen sich 24,5 Mrd. Euro eher bescheiden aus. Und nicht zu vergessen: Eine derart konfiskatorische Besteuerung jenseits der 250.000 Euro ist eine reine Modellrechnung! Niemand in Deutschland, selbst nicht die Partei Die Linke, verlangt eine derartige konfiskatorische Besteuerung jenseits der 250.000 Euro (konfiskatorisch = enteignend; konfiszieren = von Staats wegen oder gerichtlich beschlagnahmen).

Würde man den Vorschlägen von SPD und GRÜNEN aus ihrem Bundestags-Wahlkampfprogramm 2013 folgen, den Spitzensteuersatz bei der Einkommensteuer auf 49 Prozent zu erhöhen (oder auf 53 Prozent, wie es Die Linke fordert), fielen die dadurch erzielbaren zusätzliche Steuereinnahmen relativ bescheiden aus. Bei den Plänen von SPD und GRÜNEN (vor der Bundestagswahl 2013) hätten sich bei einer Anhebung des Spitzensteuersatzes auf 49 Prozent nach Berechnungen des Deutschen Instituts für Wirtschaftsforschung, Berlin (DIW) Steuermehreinnahmen von etwa 7 Mrd. Euro ergeben – unterstellt, dass keine Anpassungsaktionen durch Steuergestaltung der Betroffenen erfolgen. Berücksichtigt man jedoch Anpassungsreaktionen – ihr Umfang lässt sich allerdings nur grob schätzen – käme man nur auf etwa 3,7–3,8 Mrd. Euro.

Beim Vorschlag der Partei Die Linke fielen die Mehreinnahmen wegen des um vier Punkte höheren Spitzensteuersatzes (53 Prozent) höher aus, zumal bei Einkommen von über einer Million Euro ein Steuersatz von 75 Prozent vorgesehen war. Allerdings hatte die Partei in ihrem Programm gleichzeitig spürbare Entlastungen bei den kleinen und mittleren Einkommen vorgesehen, die sehr viel mehr gekostet hätten als durch die höhere Besteuerung der Reichen an Mehreinnahmen erzielbar gewesen wäre.

Doch was ist mit den unverteilten Gewinnen der Unternehmen, wird der Leser jetzt vielleicht fragen. Die unverteilten Gewinne werden – wie die Bezeichnung schon ausdrückt – bewusst nicht verteilt. Sie werden weder als Lohn oder Gehalt an die Arbeiter, Angestellten oder Vorstandsmitglieder ausgezahlt, noch als Zinsen oder Dividenden an die Aktionäre oder sonstigen Eigentümer eines Unternehmens ausgeschüttet, sondern bleiben in den Unternehmen. Sie dienen der Vermögensbildung eines Unternehmens als solches und sollen eines Tages dazu verwendet werden, neue Maschinen und Anlagen zu kaufen, um das Unternehmen zu erweitern und auf den neuesten technischen Stand zu bringen. Das gilt für Großunternehmen wie für handwerkliche Kleinbetriebe gleichermaßen. So wie das Automobilwerk in eine neue Transferstraße für die Produktion und in eine neue EDV-Anlage investieren muss, so braucht der Friseur eine neue Trockenhaube oder Haarschneidemaschine und der Zahnarzt einen neuen Bohrer oder ein neues Röntgengerät. Die unverteilten Gewinne sollten deshalb nicht über Steuern an private Haushalte umverteilt werden.

Eine andere Frage ist, ob die unverteilten Gewinne, da sie das Ergebnis des Einsatzes aller Arbeitnehmer und derjenigen, die das Kapital zur Verfügung gestellt haben, ist, automatisch in das Eigentum der Kapitalgeber übergehen. Dies hatten wir bereits im allerersten Kapitel diskutiert, als wir die Einteilungsmerkmale von Wirtschaftssystemen behandelt haben. Wir greifen sie im Kapitel 5.6.4 über die Vermögenspolitik erneut auf.

Die vorhin angestellte Modellrechnung sollte lediglich zeigen, wo die Grenzen der steuerpolitischen Umverteilung in quantitativer Hinsicht liegen. Im nächsten Unterabschnitt wollen wir uns nun mit der Frage befassen, bis zu welchem Punkt sich diejenigen, denen durch die Steuern zusätzlich etwas weggesteuert werden soll, das überhaupt gefallen lassen.

5.6.3.3 Qualitative Grenzen der Umverteilung und der Besteuerung

Seit Jahrhunderten befassen sich verschiedene Wissenschaftsdisziplinen mit den Grenzen der Besteuerung. Das Rechtsbewusstsein der Bürger gegenüber dem Staat deutet auf Grenzen der steuerlichen Belastbarkeit hin: konfiskatorische Steuern, die den Bürger total enteignen, und das ohne Entschädigung, dürften auf der ganzen Welt abgelehnt werden. Allerdings sind die Grenzen, ab wann von einer konfiskatorischen Besteuerung gesprochen werden kann, von Zeitalter zu Zeitalter und von Land zu Land verschieden. Der frühere Kölner Finanzwissenschaftler *Günter Schmölders* schrieb dazu:

> »Im 19. Jahrhundert hielt man diese Grenze bei 10 % entsprechend dem alten »Zehnten« für erreicht, um die Jahrhundertwende bezeichnete *P. Leroy-Beaulieu* eine steuerliche Belastung von 12–15 % des Einkommens als obere Grenze des Zumutbaren, *J. Popitz* glaubte an eine psychologische Höchstgrenze der Besteuerung bei einem Drittel des Einkommens und die heutige (= Mitte der 60er Jahre, H. A.) amerikanische Finanztheorie spricht von 50 % als dem »Psychological Breaking Point« (= psychologische Bruchstelle, H. A.), bei dem der Steuerpflichtige noch das Empfinden habe, für seinen eigenen Geldbeutel und noch nicht überwiegend für das Finanzamt zu arbeiten.« (Schmölders, G., Finanzpolitik, 2. Aufl., Berlin Heidelberg New York 1965, S. 315)

Die Aussage gilt auch heute noch. Welche Steuerbelastung zumutbar ist, ist nicht ein für allemal wie ein Naturgesetz festgelegt, sondern unterliegt Wandlungen. Allerdings haben die Bürger in Deutschland Erwartungen an den Staat, die mit ihrer Einstellung zu Steuern nicht vereinbar ist. Um das zu verdeutlichen, vergleichen wir Deutschland mit den USA und Schweden.

Umverteilung von Einkommen und Vermögen

In den USA sind die Bürger nicht bereit, hohe Steuern zu bezahlen. Sie erwarten allerdings auch nicht viel vom Staat. Wenn das dazu führt, dass viele »in der Gosse liegen«, dann ist das halt so und wird hingenommen.

In Schweden erwarten die Menschen sehr viel vom Staat. Er wird als verantwortlich für das Wohlergehen der Menschen angesehen. Allerdings sind die Schweden auch bereit, dafür hohe Steuern und Sozialabgaben zu zahlen.

Auch in Deutschland erwarten die Menschen sehr viel vom Staat. Kaum taucht ein Problem auf, wird nach dem Staat gerufen. Im Unterschied zu den Schweden sind die Bürger in Deutschland aber nicht bereit, hohe Steuern zu zahlen. Viele nutzen jede Chance, die Steuerlast zu mindern. Die Banken haben ihre Verkaufsstrategie immer mehr auf den »Steuerspartrieb« der Deutschen abgestellt, indem sie Anlageprodukte entwickeln, bei denen das Steuersparen im Mittelpunkt steht.

Unbestritten tragen die oberen 10 Prozent der Einkommensbezieher bereits zu mehr als 50 Prozent des Einkommensteueraufkommens bei. Aber wo steht geschrieben, dass es nicht auch 60 Prozent sein können? In den letzten Jahrzehnten schien es ein »ehernes Gesetz« zu sein, dass Verweigerung von Investitionen, Kapitalflucht, Auswanderung und die Gefährdung von Wohlstand und Wachstum die unausweichlichen Folgen wären. Deshalb wurde weltweit in der Steuerpolitik die umgekehrte Richtung eingeschlagen und eine Steuersenkung nach der anderen beschlossen. Sie sollten die unternehmerische Tätigkeit beflügeln, Investitionen anregen und das Wirtschaftswachstum fördern. Doch sind hohe Steuern wirklich leistungsfeindlich und daher für das Wirtschaftswachstum schädlich? Braucht eine Marktwirtschaft zur Entfaltung ihrer produktiven Kräfte zwingend niedrige Steuern?

Sinnvollerweise sollte man bei der Beantwortung dieser Frage nach der Wirkung hoher oder niedriger Steuern nach Einzelpersonen (= natürlichen Personen) und Unternehmen mit eigener Rechtspersönlichkeit (= juristischen Personen) unterscheiden. Denn es ist davon auszugehen, dass Inhaber kleiner Betriebe sich anders verhalten als Manager von Großunternehmen, die im Angestelltenverhältnis arbeiten und deren Bezüge z. T. an den Gewinn bzw. die Aktienkursentwicklung ihres Unternehmens gekoppelt sind.

Aus *Schaubild 5.35* geht hervor, dass die Einkünfte von Einzelpersonen aus Gewerbebetrieb im Vergleich zu den anderen Einkommensarten bescheiden ausfallen. Handwerksbetriebe, Kioskbesitzer, Gemüsehändler, Gastwirte, Friseure, Bäcker und Metzger, sie alle gehören nicht zu den Spitzenverdienern in unserer Gesellschaft. Niemand fordert ernsthaft, diese Berufsgruppen, die oft ein geringeres Einkommen erzielen als fest angestellte Arbeitnehmer mit abgeschlossener Berufsausbildung, höher zu besteuern. Die reichsten zehn Prozent unserer Gesellschaft stärker zu besteuern hieße, ab einem zu versteuerndem Einkommen von etwa 85.000 Euro (2007) den Spitzensteuersatz zu erhöhen, der jetzt bei 42 % liegt und erst ab einem Einkommen von 250.000 Euro jährlich auf 45 % »springt«.

Wie würden Spitzenverdiener, in der Mehrzahl Führungskräfte wie leitende Angestellte und Beamte und einige gutverdienende freie Berufe, zu denen viele Notare, Steuerberater, Rechtanwälte und Ärzte gehören, auf Veränderungen der Steuersätze reagieren? (Von einigen wenigen Spitzenverdienern im Sport und im Showgeschäft wollen wir hier einmal absehen)

In den USA wurden Längsschnittanalysen durchgeführt, die Auskunft über das Verhalten sehr reicher Steuerzahler in den achtziger Jahren geben. Trotz der bemerkenswerten Steuersatzsenkung von 50 auf 28 Prozent durch den Tax Reform Act im Jahr 1986 konnte kein statistisch merklicher Anstieg des Arbeitsangebots der Reichen nachgewiesen werden. Mit anderen Worten: Die Anreizwirkung für bereits Wohlhabende, sich noch mehr anzustrengen, weil nicht mehr zu viel weggesteuert wird und »Leistung sich wieder lohnt«, ist äußerst begrenzt.

Querschnittsstichproben von persönlichen Steuererklärungen, die von 1964 bis 1993 in den USA abgegeben wurden, haben sogar das gegenteilige Ergebnis zutage gefördert: Die Herabsetzung des persönlichen Steuersatzes hat im Durchschnitt sogar das unternehmerische Engagement gebremst!

Auch das DIW konnte für die neunziger Jahre in Deutschland keinen positiven Effekt der Steuersenkungen auf die Zahl der gewerblichen Existenzgründungen und die Quote der selbständig Gewerbetreibenden ausmachen. Schlussfolgerung des DIW: Steuerpolitik ist kein geeignetes Instrument, neue Unternehmerinitiativen freizusetzen.

Diese Ergebnisse sind nicht so überraschend. Denn die ökonomische Theorie kann dieses Verhalten durchaus erklären.

Nehmen wir als Beispiel einen Angestellten eines großen Unternehmens, der als Computerspezialist 60.000 Euro im Jahr verdient. Dieser Computerfachmann könnte sich auch selbständig machen und auf freiberuflicher Basis für Unternehmen und Privatpersonen tätig sein. Wie viel er dann verdienen wird, ist ungewiss. Es könnte sein, dass er viele Kunden gewinnt und mehr als das Doppelte verdient, also etwa 130.000 Euro. Genauso könnte es aber auch sein, dass er nur 30.000 Euro verdient, also weniger als vorher als Angestellter. Beides ist gleich wahrscheinlich.

Nun vergleichen wir zwei verschiedene Steuertarife. Im ersten System sollen alle Einkommen mit 25 %, also linear besteuert werden, im zweiten Fall soll eine progressive Einkommensteuer gelten: bis 10.000 Euro soll das Einkommen steuerfrei bleiben, von 10.001 bis 40.000 Euro soll ein Steuersatz von 15 %, von 40.001 bis 90.000 ein Steuersatz von 25 % und für 90.001 Euro und mehr soll der Steuersatz 35 % betragen.

Umverteilung von Einkommen und Vermögen   427

Tabelle 5.18 Einkommensbesteuerung bei linearem und progressivem Tarif

Einkünfte	zu versteuern-des Einkom-men[1]	Steuerschuld Tarif		Nettoeinkommen Tarif	
		linear[2]	progressiv[3]	linear[2]	progressiv[3]
30.000	20.000	5.000	3.000	25.000	27.000
60.000	50.000	12.500	8.500	47.500	51.500
130.000	120.000	30.000	29.000	100.000	101.000

1 Freibetrag: 10.000 Euro. – **2** Steuersatz: 25 Prozent. – **3** 10.000–40.000 Euro: Steuersatz 15 Prozent; 40.001–90.000 Euro: 25 Prozent; ab 90.001: 35 Prozent.

Als *Angestellter* mit 60.000 Euro Jahreseinkommen zahlt er bei linearem Tarif 12.500 Euro Einkommensteuer (10.000 Euro sind steuerfrei), so dass ihm netto 47.500 Euro bleiben. Bei progressivem Tarif blieben 10.000 Euro ebenfalls steuerfrei. Für die darüber hinausgehenden 40.000 Euro würden 6.000 Euro Steuern fällig (Steuersatz von 15 %), für die weiteren 10.000 Euro 2.500 Euro (Steuersatz 25 %), insgesamt also 6.000 + 2.500 = 8.500 Euro. Es blieben ihm somit netto 51.500 Euro.

Wenn er sich als Computerspezialist selbständig macht, hätte er im Falle eines ungünstigen Geschäftsverlaufs (30.000 Euro Einkommen)

- bei linearem Tarif 5.000 Euro Steuern zu zahlen, netto blieben ihm also 25.000 Euro.
- bei progressivem Tarif wären nur 3.000 Euro Steuern zu zahlen (siehe *Tabelle 5.18*), sein Netto beliefe sich also auf 27.000 Euro.

Was soll uns dieses Beispiel zeigen? Eine Existenz zu gründen und sich selbständig zu machen kann sich lohnen. Aber wie sieht es mit dem Risiko unter den beiden Steuersystemen aus? Dazu betrachten wir die Nettoeinkommensentwicklung des Selbständigen im Falle einer ungünstiger Geschäftsentwicklung (30.000 Euro Einkommen):

- Bei linearem Steuertarif besteht das Risiko, auf ein Nettoeinkommen von 25.000 Euro zurück zu fallen.
- Bei dem angenommenen progressiven Tarif sinkt sein Nettoeinkommen jedoch nur auf 27.000 Euro.

Eine hohe Steuerprogression hat also einen doppelten Effekt: Sie lässt auf der einen Seite ein steigendes Einkommen netto langsamer wachsen, gleicht also die wachsende Ungleichheit etwas aus. Auf der anderen Seite federt sie aber auch einen Rückgang des Einkommens ab, wenn es einmal dazu kommt. Netto sinkt das Einkommen weniger. Ökonomen sprechen deshalb von einer Art *Risikoversicherungseffekt einer progressiven Einkommensteuer.*

Damit lässt sich sehr gut erklären, warum Steuersenkungen keine Welle von Existenzgründungen ausgelöst haben. Das Risiko, sich selbständig zu machen, wird offensichtlich von vielen bei einer zu geringen Einkommensteuerprogression als zu hoch eingeschätzt.

Und noch ein weiteres Moment – ebenfalls aus der wirtschaftswissenschaftlichen Entscheidungstheorie abgeleitet – kommt hinzu. Nach dieser Theorie entscheiden die Individuen frei, ob und wie viel sie arbeiten wollen oder ob sie lieber Freizeit haben möchten. Für das untere Ende der Einkommensskala besteht allerdings keine echte freie Wahl. Denn bei diesen Einkommensbeziehern geht es letztlich um die Alternative des Überlebens oder des Verhungerns. Insofern ist die Entscheidungstheorie sehr modellhaft und wirklichkeitsfremd. Wenn überhaupt, haben nur die Wohlhabenden einer Gesellschaft diese freie Wahlmöglichkeit (wenngleich ein Manager kaum »frei« entscheiden kann, ob er 30, 40 oder 60 Stunden in der Woche arbeitet!). Sie können zumindest eher wählen, wie lange sie erwerbstätig sein und wann sie sich zur Ruhe setzen wollen.

Wie könnte sich ein gutverdienender Freiberufler oder Manager verhalten, wenn die Einkommensteuer gesenkt wird? Da er in diesem Fall mehr netto zur Verfügung hat, ist er in der Lage, schneller das von ihm angestrebte Niveau seiner Altersversorgung zu erreichen. Er hätte also die Möglichkeit, früher aus dem Erwerbsleben auszuscheiden. Oder ein Rechtsanwalt könnte ab einem bestimmten Lebensalter keine neuen Klienten mehr annehmen, so sein Arbeitspensum langsam abbauen und »gleitend« in den Ruhestand gehen. Das Arbeitsangebot in der Volkswirtschaft würde somit insgesamt sinken, die Leistungsbereitschaft zurückgehen. Anders bei einer Steuererhöhung. Dann müssen sich die Selbständigen und die Manager mehr anstrengen und länger arbeiten, um das von ihnen gewünschte Altersversorgungsniveau zu erreichen. Die Leistungsbereitschaft würde also steigen. Ergebnis: Man kann die Zusammenhänge zwischen Steuererhöhung bzw. -senkung auch genau andersherum sehen, als sie ständig in der Öffentlichkeit diskutiert werden.

Schließlich noch eine Überlegung zu den Wechselwirkungen zwischen Besteuerung und Managervergütungen. In den letzten Jahrzehnten setzen sich die Managereinkommen der großen Konzerne zu einem immer höheren Anteil aus variablen Bestandteilen zusammen. Dabei wurden die variablen Bezüge an den Gewinn oder sogar den Aktienkurs des Unternehmens geknüpft. Das fixe Grundgehalt nimmt – gemessen an den Gesamtbezügen – einen immer geringeren Anteil ein. Das hat (und hatte!) Folgen für das Verhalten der Manager. Statt an eine langfristige, wirtschaftlich solide Entwicklung der Unternehmen zu denken, achteten die Manager im Interesse der Maximierung ihrer eigenen variablen Bezüge sehr viel stärker als früher auf kurzfristig erzielbare hohe Gewinne.

Auch entschieden sie sich oft für Maßnahmen, die den Aktienkurs ihres Unternehmens in die Höhe trieben, z. B. für den Ankauf überbewerteter Beteiligungen an anderen Unternehmen. Denn mit dem Aktienkurs stiegen auch ihre eigenen Bezüge. Mittelfristig kann das für Unternehmen den Konkurs bedeuten, wenn die Beteiligungen wieder an Wert verlieren. Kommt dann auch noch eine niedrige Einkommensteuer hinzu, verstärkt das bei vielen Managern erst recht den Anreiz, kurzfristige persönliche Einkommensmaximierung zu betreiben. Bei einer stark progressiv ausgestalteten Einkommensteuer wäre dieser Anreiz weit geringer, denn wenn mehr als die Hälfte der variablen Vergütung weggesteuert würde, wäre die Strategie eines »Take the money and run« (engl.: das Geld mitnehmen und sich aus dem Staub machen) nicht mehr lohnend.

Hohe Steuern für die sog. Besserverdienenden können also – entgegen der herrschenden Meinung – im langfristigen volkswirtschaftlichen Interesse liegen. Der Leser sollte allerdings nicht der Illusion verfallen, dass damit hinreichend Geldquellen erschlossen werden können, um damit soziale und gesellschaftspolitische Aufgaben finanzieren zu können. Die Mittel für den Sozialstaat sind weit höher, als allein durch Besteuerung der Reichen hereingeholt werden kann. Sie müssen daher von der Masse der durchschnittlich und leicht überdurchschnittlich verdienenden Arbeitnehmer aufgebracht werden.

Damit können wir den Abschnitt über die Steuerpolitik abschließen und uns einem Thema zuwenden, das in Abständen immer wieder neu in Deutschland diskutiert wird: der Vermögenspolitik.

5.6.4 Vermögenspolitik

Unter Vermögenspolitik versteht man alle Maßnahmen des Staates und der Tarifvertragsparteien, die darauf abzielen, die Vermögen umzuverteilen. Die Umverteilungsmaßnahmen können entweder an den bereits bestehenden Vermögen oder an den Vermögenszuwächsen ansetzen, d. h. an den Vermögen, die im Zuge der Kapitalbildung jährlich neu in der Volkswirtschaft entstehen.

5.6.4.1 Vermögenspolitische Ansätze in der Nachkriegszeit

Über Vermögenspolitik wird in der Bundesrepublik Deutschland schon seit den fünfziger Jahren kontrovers diskutiert. Dabei wurde stets versucht, mit Hilfe vermögenspolitischer Maßnahmen nicht nur das Ziel einer anderen Verteilung der Vermögen zu erreichen, sondern andere allgemeine Ziele der Wirtschaftspolitik zu verwirklichen.

So litt die Wirtschaft der alten Bundesrepublik in den fünfziger Jahren unter Kapitalmangel. Es wurde zu wenig an Ersparnissen bereitgestellt, um die notwendigen Investitionen für den Wiederaufbau nach dem Zweiten Weltkrieg finanzieren zu können. Die staatliche Vermögenspolitik bemühte sich daher, die privaten Haushalte zu vermehrtem Sparen anzuregen, um die Sparquote (= Anteil der Ersparnis der privaten Haushalte am verfügbaren Einkommen) zu erhöhen und das benötigte Kapital zu mobilisieren. Allerdings war diesen Maßnahmen wegen der damals noch geringen Sparfähigkeit der überwiegenden Zahl der Haushalte nur wenig Erfolg beschieden.

Als in den sechziger Jahren die Vollbeschäftigung erreicht war, versuchten die Gewerkschaften, zunächst über die Lohnpolitik, die Einkommens- und Vermögensverteilung zugunsten der Arbeitnehmer zu verändern. Das bedingte Lohnerhöhungen, die über den Produktivitätsfortschritt hinausgingen. Da derartige Lohnerhöhungen die Lohnstückkosten erhöhen, versuchten die Unternehmen, ihre Gewinnspannen zu verteidigen und die höheren Löhne auf die Preise zu überwälzen. In dieser Situation entstand die Idee des Investivlohns, der diese Gefahr bannen und langfristig zu einer Umverteilung des Vermögenszuwachses führen sollte.

Unter dem Investivlohn versteht man einen Einkommensbestandteil besonderer Art. Während es beim Barlohn dem Arbeitnehmer freigestellt ist, wie er den Inhalt seiner »Lohntüte« verwendet, d. h. ob er ihn ausgeben oder sparen will, ist beim Investivlohn die Verwendungsart von vornherein festgelegt. Im Gegensatz zum Barlohn, den der Arbeitnehmer ausgezahlt bekommt, muss der Investivlohn vermögenswirksam angelegt werden. In der Praxis sieht das meist so aus, dass der Arbeitnehmer seinem Arbeitgeber, wenn dieser einen Investivlohn zahlt, schriftlich mitteilen muss, auf welches Sperrkonto er den Investivlohn überwiesen haben möchte.

Die volkswirtschaftliche Überlegung, die hinter diesem Investivlohn-Konzept steht, wollen wir uns mit Hilfe von *Schaubild 5.36* klar machen. Der Einfachheit halber gehen wir von einer Gleichgewichtssituation zwischen Angebot und Nachfrage aus. Außerdem unterstellen wir eine wachsende Wirtschaft, in der sich das Konsumgüterangebot von Jahr zu Jahr erhöht und das von steigenden Einkommen aufgenommen werden muss.

Schaubild 5.36

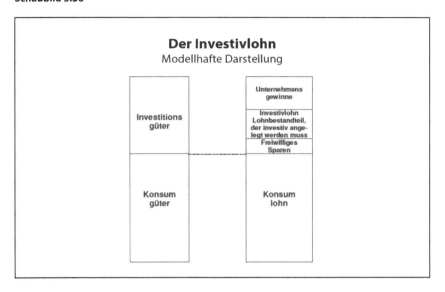

Nach Einführung des Investivlohns setzt sich der Lohnanstieg aus zwei Bestandteilen zusammen: aus einer Anhebung des Barlohns, die der Erhöhung des Konsumgüterangebots entsprechen soll und für den Kauf dieses zusätzlichen Angebots zur Verfügung steht; zu diesem Barlohn soll dann noch zusätzlich der eigentliche Investivlohn gezahlt werden. Ihm steht kein Konsumgüterangebot gegenüber. Würde daher dieser Investivlohn für Konsumgüterkäufe ausgegeben, träfe er auf ein zu knappes Angebot und würde Preissteigerungen hervorrufen. Folglich muss dieser Investivlohn vermögenswirksam angelegt, also gespart werden.

Die Befürworter dieses Investivlohn-Konzepts gingen davon aus, dass die Unternehmen den Investivlohn nicht auf die Preise überwälzen können, weil er nicht nachfragewirksam wird, sondern gespart werden muss. In der Praxis ging der Investivlohn jedoch wie alle anderen Kostenelemente in die Kalkulation der Unternehmen ein und wurde auf die Preise zu überwälzen versucht. Das gelang insbesondere in Phasen überschäumender Konjunktur. Verteilungspolitisch hatte das allerdings zur Folge, dass die Arbeitnehmer Vermögen nicht zu Lasten der Unternehmensgewinne (wie von den Vermögenspolitikern eigentlich beabsichtigt), sondern aus ihrem eigenen Einkommen gebildet haben.

Der Investivlohngedanke wurde auf überbetrieblicher Basis erstmalig von der damaligen IG Bau-Steine-Erden in die Praxis umgesetzt. Am 4. März 1965 schloss die Gewerkschaft mit dem Arbeitgeberverband der Bauindustrie einen Tarifvertrag ab, der für die Arbeitnehmer folgende Verbesserungen brachte:

- eine Barlohnerhöhung einschließlich eines Lohnausgleichs für Arbeitszeitverkürzung um 8,4 Prozent,
- einen Investivlohn von 9 Pfennig je geleisteter Arbeitsstunde für diejenigen Arbeitnehmer, die den Arbeitgeber schriftlich aufforderten, 2 Pfennig seines Barlohns pro Stunde vermögenswirksam bei einem Kreditinstitut ihrer Wahl anzulegen.

In den siebziger Jahren trat eine weitere vermögenspolitische Idee in den Vordergrund der Diskussion: die einer überbetrieblichen Gewinnbeteiligung der Arbeitnehmer. Ihr Ausgangspunkt war ebenso wie beim Investivlohn die Frage:

▶ **Wie lässt sich eine andere Verteilung der Vermögenszuwächse erreichen und gleichzeitig das Ziel »Preisniveaustabilität« sichern?**

Da der Investivlohn, wie vorhin ausgeführt, von den Unternehmen als Kostenbestandteil angesehen und in die Preise einkalkuliert wird, entwickelten gewerkschaftsnahe Ökonomen die Idee, nicht beim Lohn, sondern beim Gewinn anzusetzen. Unternehmen ab einer bestimmten Größenordnung sollten gesetzlich verpflichtet werden, einen gewissen Prozentsatz ihrer Gewinne an einen eigens dafür eingerichteten, überbetrieblichen Fonds (oder auch mehrere Fonds) abzuführen. Der Fonds sollte die ihm zufließenden Beträge sammeln und sie den Unternehmen zur Finanzierung ihrer Investitionen wieder zur Verfügung stellen. Die Arbeitnehmer wiederum sollten unentgeltlich Zertifikate, d. h. Anteilscheine, erhalten, die ihnen ein Eigentumsrecht an dem Fonds verschaffen. Über den Fonds wären somit die Arbeitnehmer auch an den Gewinnen der Unternehmen beteiligt worden *(Schaubild 5.37)*.

Im Vergleich zum Investivlohn hätte das Modell der überbetrieblichen Gewinnbeteiligung den Vorteil gehabt, dass nur diejenigen Unternehmen zur Leistung herangezogen worden wären, die auch tatsächlich Gewinne erwirtschaften. Zudem hielten die Befürworter diese Lösung der Vermögenspolitik für kreislaufneutral. Denn die Unternehmen hätten ihre Gewinne nicht bar an den Fonds abzuführen brauchen, sondern es wäre auch möglich gewesen, dem Fonds Schuldverschreibungen oder Aktien zu übertragen – das Unternehmen hätte dann nichts an liquiden Mitteln eingebüßt, sondern diese hätten von vornherein den Unternehmen als Finanzierungsquelle für Investitionen zur Verfügung gestanden *(Schaubild 5.37)*.

Schaubild 5.37

Allerdings war ungewiss, ob die Arbeitnehmer die Zertifikate, d. h. die Anteile an den Fonds, dauerhaft halten würden. Wäre das nicht der Fall und würden die Arbeitnehmer ihre Fondsanteile früher oder später wieder verkaufen, wäre bezüglich Vermögensumverteilung nichts gewonnen. Denn die Zertifikate würden wieder von denjenigen gekauft, die hohe Einkommen haben und daraus Vermögen bilden können. Folge: Die alte Vermögensverteilung wäre über kurz oder lang wieder hergestellt. Das Produktivvermögen wäre wieder in der Hand derer, denen es durch Umverteilung genommen werden sollte.

Gewerkschaftsnahe Ökonomen entwickelten deshalb in den siebziger Jahren des vorigen Jahrhunderts das in *Schaubild 5.38* dargestellte Modell, bei dem unentgeltlich Zertifikate an die Arbeitnehmer ausgeteilt werden, weiter und sprachen sich für eine *kollektive* Lösung aus. In diesem Modell sollte auf die unentgeltliche Verteilung von Zertifikaten an die Arbeitnehmer von vornherein verzichtet werden, um zu verhindern, dass diese ihre Zertifikate verkaufen und den Erlös in

Schaubild 5.38

den Konsum fließen lassen. Das wäre letztlich konsequent gewesen. Denn auch die jetzigen Eigentümer der Produktionsmittel verkaufen ihre Aktien oder Zertifikate nicht, um damit Konsumgüter zu erwerben, sondern kaufen allenfalls Aktien anderer Unternehmer oder Zertifikate anderer Fonds.

Bei flüchtigem Hinsehen erkennt man zwischen *Schaubild 5.37* und *Schaubild 5.38* gar keinen Unterschied. Es gibt jedoch einen: Im *Schaubild 5.37* findet noch eine Ausgabe von Zertifikaten an die Arbeitnehmer statt (links oben im Schaubild = individuelle Lösung), im *Schaubild 5.38* unterbleibt es (= kollektive Lösung). Darüber hinaus bot dieses Modell den Arbeitnehmern bzw. ihren Gewerkschaften die Chance, über die Fonds (wenn ihnen Aktien übertragen worden wären), Mitbestimmungsrechte und damit Einfluss auf die Unternehmensführung zu gewinnen. Insoweit sahen die Anhänger dieses Konzepts darin eine »System verändernde Reform« und erhofften sich nach Realisation eine andere gesellschaftliche Machtverteilung.

Umverteilung von Einkommen und Vermögen

Das Vorhaben blieb allerdings eine theoretische Spielerei. Zwar hatten die Regierungsparteien SPD und FDP am 2. Februar 1974 Grundlinien eines Vermögensbeteiligungsgesetzes verabschiedet, die die Einführung einer überbetrieblichen Gewinnbeteiligung vorsahen. Realisiert wurde dieses Vorhaben dann jedoch nicht. Die Gewerkschaften, darunter insbesondere die IG Metall, sahen die Verbesserung des damals zu verabschiedenden Mitbestimmungsgesetzes (paritätische Besetzung der Aufsichtsräte großer Unternehmen mit Arbeitnehmervertretern) als dringlicher an und wirkten auf die ihnen nahe stehende sozial-liberale Koalition ein, die Prioritäten bei der Gesetzgebung entsprechend zu setzen. Als sich dann gegen Mitte der siebziger Jahre die weltwirtschaftlichen Rahmenbedingungen wandelten und die demografischen Veränderungen zu ersten Problemen auf dem Arbeitsmarkt führten, verschwanden diese Pläne wieder in der Schublade.

Doch nicht nur die veränderten wirtschaftlichen Rahmenbedingungen haben dazu geführt, dass die überbetrieblichen Gewinnbeteiligungsmodelle in den Hintergrund traten. Auch die Arbeitnehmerschaft konnte sich nicht so recht für diese Pläne begeistern. Als den Arbeitnehmern klar wurde, dass Produktivvermögensbildung letztlich »Sparen für immer« heißt, weil dieses Vermögen aus Sachwerten – eben aus Maschinen, Anlagen und Grundstücken – besteht, das nicht »gegessen« werden kann, verloren sie ihr Interesse daran.

In den achtziger Jahren legte die CDU/CSU-FDP-Koalition unter *Helmut Kohl* den Schwerpunkt ihrer Vermögenspolitik auf den Ausbau der Möglichkeiten, Arbeitnehmer am Unternehmen, in dem sie tätig sind, zu beteiligen, also auf betriebliche und nicht auf überbetriebliche Beteiligung am Produktivvermögen. Dahinter steckte die sozialkonservative Vorstellung, verstärkt Arbeitnehmer zu Miteigentümern an den Unternehmen zu machen, in denen sie tätig sind, und damit den alten Klassenkonflikt zwischen Kapital und Arbeit überwinden zu können. Die geschaffenen Möglichkeiten – die bekannteste ist die Belegschaftsaktie, die von der Belegschaft zu einem vergünstigten Kurs erworben werden kann – wurden in der Praxis bis heute nur wenig genutzt. Auch das damit verfolgte Nebenziel, der mittelständischen Wirtschaft günstiges (weil im Vergleich zu Bankkrediten niedriger verzinstes) Kapital zuzuführen, gelang nicht.

Nach einer Unternehmensbefragung im Auftrag der Arbeitsgemeinschaft zur Förderung der Partnerschaft in der Wirtschaft (AGP) waren 2005 nur zwei Prozent der Arbeitnehmer am Kapital ihres Unternehmens beteiligt, also sozusagen Miteigentümer. Das bedeutet: Von den 2005 existierenden 3.172.771 Unternehmen hatten nur 3.750, das sind 0,1 Prozent, eine Mitarbeiterbeteiligung. Sie beschäftigten 2.060.000 Arbeitnehmer, das waren – gemessen an der Gesamtzahl der Arbeitnehmer – knapp sechs Prozent.

Generell lässt sich als Ergebnis der bisherigen vermögenspolitischen Maßnahmen feststellen: Zwar haben die Tarifverträge über vermögenswirksame Leistungen sowie die diversen Fördermaßnahmen, insbesondere das Vermögensbildungsgesetz, die Bildung von Geldvermögen in Arbeitnehmerhand begünstigt. Eine breitere Streuung des Produktivvermögens, also des Eigentums an Produktionsmitteln, ist jedoch bis heute nicht gelungen.

Insgesamt wird in der vermögenspolitischen Diskussion häufig ein wichtiger Aspekt außer Acht gelassen: Die Vorteile, die ein sehr großes Vermögen dem Einzelnen bietet, lassen sich durch eine breitere Streuung nicht auf viele übertragen. Ein Beispiel: Jemand hat ein Vermögen von 10 Mill. Euro sicher auf einer Bank angelegt. Das Vermögen wirft im Jahr – sagen wir – drei Prozent Zinsen ab. Dann erzielt er jährliche Zinseinnahmen von 300.000 Euro. Dies ist immerhin ein Betrag, von dem der Betreffende gut leben könnte, selbst wenn man berücksichtigt, dass er diese 300.000 Euro Zinseinkünfte versteuern müsste. Das Vermögen von 10 Mio. Euro jedoch gleichmäßig auf 10 Personen verteilt ergibt schon »nur« mehr 1 Mio. Euro und Zinsen von 30.000 Euro pro Person. Für jemanden, der ein normales Gehalt verdient, wären die 30.000 Euro Zinseinnahmen zwar ein schönes »Zubrot«, das sein verfügbares Einkommen spürbar aufbessert. Für jemanden, der sonst keine Einkünfte hat, wären 30.000 Euro Einkommen aus Vermögen aber relativ bescheiden. Der Betreffende würde kaum besser als ein Durchschnittsverdiener leben können.

Mit dem Begriff »Vermögen« verbindet sich jedoch bei den meisten Menschen die Vorstellung von damit verbundener Unabhängigkeit (= nicht arbeiten zu müssen), von Einfluss und von Macht. Doch all dies verleiht Vermögen nur in sehr konzentrierter Form, d. h. nur demjenigen, der sehr viel Vermögen besitzt. Wer eine schuldenfreie Arztpraxis hat, einen Friseurladen, eine Bäckerei oder ein Haushaltswarengeschäft, der hat sicher das, was man in der volkswirtschaftlichen Fachsprache *Produktivvermögen* nennt. Aber großer gesellschaftlicher Einfluss oder gar politische Macht sind damit nicht verbunden. Erst wer über ein Unternehmen mit mehreren hundert oder gar tausend Beschäftigten »herrscht«, hat wirtschaftliche Macht. Denn er entscheidet wesentlich über die Arbeitsplätze und damit über die Existenzgrundlage »seiner« Beschäftigten, über die Steuereinnahmen der Gemeinde, in der das Unternehmen seinen Sitz hat, und – wenn es sich um ein Großunternehmen mit hunderttausenden Arbeitsplätzen handelt – sogar über den Erfolg und Misserfolg der Wirtschaftspolitik der Regierung. Denn ein Zusammenbruch eines solchen Großunternehmens ist dann keine Privatsache mehr, sondern wird zu einer Angelegenheit des Allgemeininteresses.

Doch zurück zu der Feststellung, dass die Vorteile, die ein großes, konzentriertes Vermögen bietet, nicht auf viele übertragen werden können. Das lässt sich

Umverteilung von Einkommen und Vermögen

anhand der tatsächlichen Zahlen zur Vermögensverteilung plastisch veranschaulichen:

Das gesamte Vermögen aller privaten Haushalte in der Bundesrepublik Deutschland betrug 2012 nach den neuesten Berechnungen des Deutschen Instituts für Wirtschaftsforschung (DIW) netto, d. h. nach Abzug der Schulden, 6,3 Billionen Euro. Rechnerisch (im Durchschnitt) besaß somit jeder Erwachsene (= Person ab 17 Jahren) ein Vermögen von rund 83.000 Euro. Würde man also das gesamte vorhandene Geldvermögen völlig egalitär auf die Erwachsenen verteilen, entfielen auf jeden 83.000 Euro. Einmal unterstellt, diese 83.000 Euro hätten 1,5 Prozent Zinsen im Jahr abgeworfen, wären jedem Erwachsenen 1.245 Euro im Jahr 2012 bzw. knapp 104 Euro im Monat zugeflossen.

Das zeigt: Würde man das vorhandene Vermögen völlig gleichmäßig auf alle Haushalte verteilen, käme ein Betrag heraus, dessen Erträge zum Leben bei weitem nicht ausreichen würden. Von den Zinsen seines Vermögens zu leben ist deshalb in einer Gesellschaft entweder nur ganz Wenigen möglich (nämlich denjenigen, die ein sehr hohes Vermögen haben) oder niemandem. Selbst das oberste eine Prozent der Haushalte hatte »nur« ein Vermögen von durchschnittlich 817.200 Euro (siehe *Schaubild 4.26* im Kapitel 4.4.2.3). Selbst bei ihnen machen die Zinseinkünfte bei 1,5prozentiger Verzinsung lediglich 12.258 Euro im Jahr bzw. 1.022 Euro im Monat aus.

Gewiss: In dieser DIW-Statistik wurden Personen mit ganz hohen Vermögen über 5 Mio. Euro nicht erfasst. Diesen Kreis der Superreichen hat das DIW in einer für die GRÜNEN durchgeführten Analyse auf etwa 90.000 Personen geschätzt. Es gibt also durchaus »obere 10.000«, die so viel Vermögen besitzen, dass sie allein von dessen Zinserträgen leben können und nicht zu arbeiten brauchen. Aber erstens ist das wirklich nur ein sehr kleiner, privilegierter Kreis. Und zweitens würde selbst bei Umverteilung dieser Vermögen auf alle Erwachsenen kein so hohes Vermögen pro Kopf entstehen, dass jeder sich ein schönes Leben ohne Arbeit machen könnte – ganz abgesehen davon, dass Zinseinkünfte Ergebnis des Wirtschaftens sind und ohne Arbeit nicht entstehen könnten.

Wie man es auch dreht und wendet: Vermögen – auf viele Köpfe verteilt – verliert die Vorteile (seine Funktion), die es den Reichen bietet. Dies machen sich viele nicht klar, die über die Vermögensverteilung reden und vermögenspolitische Maßnahmen zur Umverteilung fordern, Deshalb ist kritisch zu fragen, ob die Ziele, deren Verwirklichung man sich von der Vermögenspolitik erhofft, überhaupt erreicht werden können. Das gilt auch für ergänzende private Altersvorsorge, die mit Hilfe vermögenspolitischer Maßnahmen aufgebaut werden soll.

438   Strategien und Instrumente der Wirtschafts- und Gesellschaftspolitik

5.6.4.2 Vermögenspolitik nach der Jahrtausendwende: Instrument zur ergänzenden privaten Altersvorsorge?

Rufen wir uns noch einmal in Erinnerung, worum es bei der ergänzenden privaten Altersvorsorge geht: Die Finanzierung der gesetzlichen Renten wird in Zukunft schwieriger, weil immer weniger Erwerbstätige durch ihre Beiträge für einen immer größeren Personenkreis Renten aufbringen müssen. Viele meinen, das Problem liege am Umlageverfahren der gesetzlichen Rentenversicherung und ließe sich lösen, indem man zum sog. Kapitaldeckungsverfahren übergeht. Beim *Kapitaldeckungsverfahren* bilden die Erwerbstätigen während der Erwerbsphase Vermögen, einen sog. Kapitalstock. Dieser dient ihnen dann im Alter entweder zum »Verzehr« oder – über die Erträge, die er abwirft – zur Aufbesserung ihres verfügbaren Haushaltseinkommens.

Zunächst klingt diese Idee bestechend. Immerhin kennt jeder aus dem Alltagsleben ähnliche Fälle von Sparen und späterem Verzehr. Wer ein ganzes Hähnchen kauft, zunächst aber nur ein halbes isst und die andere Hälfte einfriert, macht im Prinzip nichts anderes: Er spart etwas, um es erst später zu verzehren. Warum soll das nicht auch bei der Altersvorsorge so funktionieren?

Die Antwort lautet: Es funktioniert aus zwei Gründen nicht so wie in unserem Hähnchen-Fall. Erstens spart man in modernen Volkswirtschaften nicht in Naturalien, sondern in Form von Geld. Zweitens macht es einen erheblichen Unterschied, ob man nur den Sparprozess eines einzelnen Haushalts oder das Sparen in der gesamten Volkswirtschaft betrachtet. Bilden wir, um die Zusammenhänge zu verstehen, wieder ein ganz einfaches *Beispiel*:

Eine Volkswirtschaft soll aus zehn Personen bestehen. Fünf davon sind erwerbstätig, vier sind Kinder und eine Person ist im Rentenalter. Die fünf Erwerbstätigen werden in Naturalien entlohnt und bekommen jeder für seine Arbeit – sagen wir – 20 Hähnchen. Das ergibt insgesamt 100 Hähnchen. Diese 100 Hähnchen stellen sozusagen das Bruttoinlandsprodukt dieser Volkswirtschaft dar.

Wie werden diese Hähnchen nun verteilt? Jeder wird es als selbstverständlich ansehen, dass die 4 Kinder etwas von den Hähnchen abbekommen. Auch der Rentner soll einen gleich großen Anteil bekommen. So sieht die Rechnung ganz einfach aus: Jeder, egal ob Kind, erwerbstätig oder im Ruhestand, bekommt zehn Hähnchen.

Was ist jetzt eigentlich passiert? Die fünf Erwerbstätigen haben 50 Prozent ihres Einkommens an diejenigen abgegeben, die nicht erwerbstätig sind. Das ist so, wie wenn in einer modernen Industriegesellschaft eine sozialstaatliche Umverteilung im Wege des Umlageverfahrens stattfindet.

Umverteilung von Einkommen und Vermögen

Entwickeln wir unser Beispiel jetzt weiter. 25 Jahre später sind die vier Kinder erwachsen und erwerbstätig, die vorher fünf Erwerbstätigen sind im Ruhestand. Der damalige Rentner ist mittlerweile verstorben. Es gibt nur noch ein Kind. Vier Erwerbstätige müssen also jetzt für fünf Ruheständler und ein Kind mit aufkommen.

Wie hoch wird das Bruttoinlandsprodukt jetzt sein? Wenn die Arbeitsproduktivität, also das, was ein Erwerbstätiger produziert, in den 25 Jahren gleich geblieben ist, also jeder der Erwerbstätigen nur 20 Hähnchen »produziert«, beläuft sich das Bruttoinlandsprodukt auf nur 80 Hähnchen. Wird es wieder völlig gleichmäßig auf alle verteilt, bekommt jeder nur noch acht Hähnchen. Realistischer Weise ist aber davon auszugehen, dass die Arbeitsproduktivität 25 Jahre später weit höher ist als im Ausgangszeitpunkt. Sagen wir, sie ist aufgrund des technischen Fortschritts um 25 Prozent gestiegen. Dann »erwirtschaftet« ein Erwerbstätiger nicht mehr nur ein Bruttoinlandsprodukt von 20, sondern von 25 Hähnchen. Bei vier Erwerbstätigen hätten wir wieder ein Bruttoinlandsprodukt von 100 Hähnchen. Die, gleichmäßig verteilt auf eine 10-köpfige Bevölkerung, macht wieder zehn Hähnchen pro Kopf.

Wo liegt also das eigentliche Problem der Rentenfinanzierung? Es liegt – schlicht und einfach – darin: Wären die vier Erwerbstätigen bereit, 100 Hähnchen zu erwirtschaften, aber 60 davon abzugeben? Das käme einer (Steuer- und Sozialversicherungs-)Belastung von 60 Prozent gleich. Wir sehen: Niemandem würde es dabei schlechter gehen als heute. Die Finanzierung der Renten ist im Prinzip allein ein (Um)Verteilungsproblem Das soll wegen der angeblich unzumutbaren Belastung nicht lösbar sein?

»Spinnen« wir unser Beispiel noch weiter. Wie wäre es, wenn die fünf Erwerbstätigen in unserem ersten Beispiel, in Kenntnis der drohenden Rentenfinanzierungsprobleme, statt auf die Umverteilung und das Umlagesystem zu vertrauen zusätzlich etwas sparen, also Vermögen zur Altersvorsorge bilden würden? Die fünf würden also von den zehn Hähnchen jeweils eines einfrieren lassen, um es erst im Ruhestand zu verzehren. Das verzehrbare Bruttoinlandsprodukt wäre also dann im zweiten Fall 100 Hähnchen aus der laufenden »Produktion« plus fünf Hähnchen aus der früheren »Produktion«. Die fünf Ruheständler brauchten dann aus der laufenden »Produktion« nur je neun Hähnchen in Anspruch zu nehmen, um auf ihre »Rente« von zehn Hähnchen zu kommen. Der Rest der 55 Hähnchen wäre auf die übrige Bevölkerung zu verteilen, macht elf Hähnchen pro Kopf. Mit anderen Worten: Die künftigen Rentner hätten ihren gewohnten Lebensstandard und die übrige Bevölkerung stünde sich sogar besser.

Dieser an und für sich begrüßenswerten Situation ist allerdings ein Sparprozess der fünf Rentner während ihrer Erwerbsphase vorausgegangen. Und Sparen heißt Konsumverzicht. Aber ist es nicht gerecht, dass diejenigen, die später eine annehmbare Rente beziehen wollen, einen Teil ihres Einkommens zurücklegen und es erst später ausgeben? Genau das ist die Idee der Vermögensbildung zum Zweck der ergänzenden privaten Altersvorsorge. Man nennt diese Form der Rentenfinanzierung Kapitaldeckungsverfahren. Die Rente wird nicht aus der Umlage, sprich Umlenkung von Einkommensteilen der Erwerbstätigen, sondern aus einem Kapitalstock finanziert, den die Rentner früher selbst aufgebaut haben.

Das klingt gut, hat aber in Wirklichkeit doch einen Haken. In unserem Beispiel wurde in Naturalien gespart, d. h., bereits produzierte Waren wurden gelagert und ihr Konsum auf später verschoben. Das wird in Wirklichkeit nicht passieren. Niemand wird sich mit sechzig Jahren schon das Auto kaufen, das er mit siebzig Jahren fahren wird. Ganz abgesehen davon, dass die »Lagerung« von Dienstleistungen gar nicht möglich ist. Oder wie soll die Reparatur des Fernsehapparats, die erst in fünf Jahren fällig ist, »eingefroren« werden?

In der Realität findet also Sparen nicht in Form von Naturalien, sondern über Geldanlagen statt. Folglich können die Betreffenden bei Eintritt in den Ruhestand keine Hähnchen auftauen, sondern müssen ihre Vermögensanlagen wieder zu Geld machen, um damit einzukaufen. Aber was heißt das? Die vielen Rentner müssen ihre Vermögenstitel wie festverzinsliche Wertpapiere, Aktien, Immobilien, Investmentzertifikate verkaufen. Auch die Versicherungen, die dann fällige Versicherungssummen auszahlen müssen, werden sich von vielen ihrer Kapitalanlagen trennen müssen, um das benötigte Geld aufzubringen (siehe *Schaubild 5.39*).

Das bleibt nicht ohne Folgen für die Kurse der Wertpapiere und die Immobilienpreise. Die Wertpapiere und Immobilien, die auf den Markt kommen, müssen neue Anleger bzw. Käufer finden. Wer anders sollte das sein als die Generation der dann Erwerbstätigen? Wenn es aber, wie befürchtet, viel mehr Rentner und weniger Erwerbstätige gibt, werden die von den Ruheständlern zum Verkauf angebotenen Wertpapiere und Immobilien die Nachfrage übersteigen, sie werden an Wert verlieren und Kurse und Immobilienpreise werden fallen. Die Ökonomen bezeichnen dieses Phänomen mit dem englischen Ausdruck *asset melt down* (deutsch: Abschmelzen der Vermögenswerte). Und wenn die dann Erwerbstätigen zumindest einen Teil des Angebots an Kapitalanlagen aufnehmen, sparen sie, leisten also Konsumverzicht und schmälern damit ihr für Konsumzwecke verfügbares Haushaltseinkommen. Es läuft also im Endeffekt auf das Gleiche hinaus, wie wenn sie höhere Rentenversicherungsbeiträge zahlen würden, um die Umlage für die gewachsene Zahl von Rentnern aufzubringen.

▶ **Die künftige Generation der Erwerbstätigen muss also so oder so teilen, gleichgültig, ob die Renten über das Umlage- oder das Kapitaldeckungsverfahren oder über eine Mischung aus beiden finanziert werden.**

Schaubild 5.39

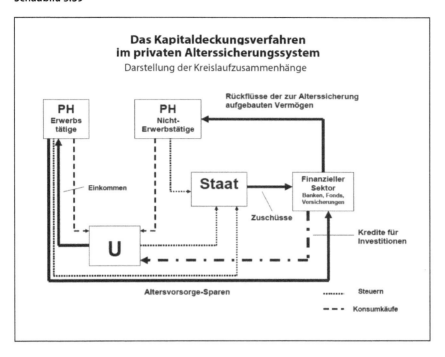

Es gilt die gleiche Erkenntnis wie für das Gesundheitssystem: Die Kosten einer älteren Gesellschaft lassen sich durch keine Reform umgehen! Auf diese Zusammenhänge hat bereits der Kieler Sozialwissenschaftler *Gerhard Mackenroth* in den fünfziger Jahren des vorigen Jahrhunderts hingewiesen. Die Ökonomen nennen es die *Mackenroth-These*. Sie lautet:

▶ **Aller Sozialaufwand muss immer aus dem Sozialprodukt des jeweiligen Jahres gedeckt werden.**

Der Mackenroth-These wird heute gerne entgegen gehalten, dass sie – aus den fünfziger Jahren stammend – überholt sei. Sie hätte damals gegolten, als noch nationale Volkswirtschaften bestanden. Heute in Zeiten internationaler Kapitalmärkte bestünde die Gefahr des asset melt down nicht mehr, weil die Kredit- und Versicherungswirtschaft die Gelder ihrer Altersvorsorgesparer im Ausland anlegen könnten.

Der Einwand ist grundsätzlich richtig, gleichwohl aber mit Vorbehalten zu versehen. Die demografische Entwicklung ist nicht auf Deutschland beschränkt. Viele andere Industrieländer stehen vor einem ähnlichen Problem, allerdings etwas Zeit verschoben, und manche trifft es noch härter, andere weniger stark als Deutschland. In Frankreich beispielsweise wird sich der Altenquotient (= das Verhältnis von Rentenempfängern zu Rentenzahlern/Erwerbstätigen) günstiger entwickeln als in Deutschland. Das bedeutet: Frankreich braucht das Rentenniveau nicht so stark zu kürzen und/oder das reguläre Renteneintrittsalter nicht so weit heraufzusetzen wie Deutschland.

Da die demografische Entwicklung im Prinzip eine alle reichen Industrienationen betreffendes Phänomen ist, kann die Geldanlage in ausländischen Papieren also nur bedingt den mit der Mackenroth-These aufgezeigten Zusammenhang außer Kraft setzen. Und wenn die Altersvorsorge-Sparer bzw. die Institutionen, die das Altersvorsorgekapital sammeln und anlegen (= Pensionsfonds) das Geld auf den sog. *emerging markets,* in den zahlreichen Volkswirtschaften, die zu den reichen Industrieländern im Laufe der nächsten Jahrzehnte wirtschaftlich aufschließen werden, anlegen? Doch auch hier ist Skepsis angebracht: Erstens werden auch in diesen Ländern mit einiger Wahrscheinlichkeit mit steigendem Wohlstand und Aufbau eines sozialen Alterssicherungssystems die Geburtenrate sinken und die Lebenserwartung steigen. Zweitens ist offen, ob diese Volkswirtschaften, besser gesagt die Bevölkerung dieser Volkswirtschaften, zu hohen Ersparnissen (und damit zu Konsumverzicht) bereit sind. (Es hieße ja konkret: Die Menschen eines wirtschaftlich aufstrebenden Landes kaufen den deutschen Senioren lieber ihre Wertpapiere ab als den deutschen Erwerbstätigen die produzierten Waren). Drittens wäre kritisch zu fragen, ob die deutschen Rentner von morgen eher auf die Investoren aus diesen Ländern vertrauen als auf die Deutsche Rentenversicherung.

Verstärkte ergänzende private und kapitalgedeckte Altersvorsorge kann und wird die volkswirtschaftliche Notwendigkeit, dass die jeweils mittlere, erwerbstätige Generation für die Kinder und die Senioren aufkommen muss, nicht umgehen. Jeder sollte sich klarmachen: Die Hoffnung, mit Kapitaldeckung den Folgen der demografischen Entwicklung entkommen zu können, ginge auf, wenn nur einige Wenige private Altersvorsorge betreiben würden. Das Vermögen von Wenigen, im Alter zu Geld gemacht, wird die Kapital- und Immobilienmärkte nicht wesentlich beeinflussen und damit die Kurse der Wertpapiere, in denen das Altersvorsorgevermögen angelegt ist, und die Immobilienpreise kaum sinken lassen. Wenn jedoch Millionen von Erwerbstätigen einen Kapitalstock bilden, sind die volkswirtschaftlichen Wirkungen anders und es kann zu dem vorhin beschriebenen asset melt down (Wertminderung der Vermögenstitel) kommen, wenn große Mengen von Wertpapieren gleichzeitig auf den Markt geworfen und verkauft werden. Der bekannte Gegensatz zwischen Einzel- und Gesamtwirtschaft tritt hier auf. Dieser lässt sich ganz einfach wie folgt beschreiben:

Wenn ein Einzelner sich ein Kissen ins Theater mitnimmt, um sich draufzusetzen, kann er besser nach vorne sehen. Gehen jedoch alle mit einem Kissen ins Theater und setzen sich drauf, ist der Effekt für jeden einzelnen gleich Null.

Jeder sollte die politische Debatte um die Zukunft der Alterssicherung gelassen verfolgen und sich weder von der angeblich drohenden Massenarmut im Alter, noch von der Kritik einiger Wissenschaftler und Verbraucherschützer an der »Riester-Rente« irritieren lassen. Noch nie hat die gesetzliche Rente den früheren Lebensstandard gesichert. Selbst in den Zeiten, als viele Erwerbstätige nur wenigen Rentnern gegenüber standen, betrug das Rentenniveau nur 70 Prozent. Einbußen im Vergleich zur Phase der Erwerbstätigkeit mussten also schon immer hingenommen werden. Ein Problem kann sich für diejenigen ergeben, die weder eine hinreichende gesetzliche Rente haben werden noch eine private Alterssicherung aufbauen können. Für diesen Kreis gibt es allerdings schon heute die Grundsicherung im Alter. Über deren Höhe und ob sie ein menschenwürdiges Leben im Alter ermöglicht, mag man zwar unterschiedlicher Ansicht sein. Fest steht aber: Unser Sozialstaat hat auf der untersten Ebene ein Auffangnetz gespannt, das niemanden ins Bodenlose fallen lässt.

Die Horrorprognosen, die gelegentlich über die Zukunft der Gesetzlichen Rentenversicherung verbreitet werden, sind interessengeleitet. Soweit sie von der Partei Die Linke oder ihr nahestehenden Wissenschaftlern oder Gewerkschaftlern kommen, dienen sie dazu, Druck aufzubauen, um in der politischen Auseinandersetzung eine Anhebung der Renten oder eine höhere Mindestrente durchzusetzen. Werden die Horrorszenarien von liberalen oder konservativen Politikern an die Wand gemalt, haben sie die Funktion, die Menschen zu verunsichern und breite Kreise der Bevölkerung in die Arme der Kredit- und Versicherungswirtschaft zu treiben. Führt man sich vor Augen, dass beispielsweise 2012 die Deutschen knapp 194 Mrd. Euro an Beiträgen (Arbeitnehmer und Arbeitgeber zusammen) an die Träger der gesetzlichen Rentenversicherung gezahlt, aber »nur« knapp 181 Mrd. Euro bei Banken, Fonds und Versicherungen gespart haben, dann kann man nachvollziehen: Den Banken und Versicherungen ist diese staatliche Institution, die so viele Gelder mit Hilfe staatlichen Zwangs »abgreift« und umschichtet, ein Dorn im Auge. Diesen Umschichtungsprozess würden die Institute gerne selber organisieren und dabei entsprechend verdienen.

Mit der staatlichen Förderung der privaten Altersvorsorge ist es der Kredit- und Versicherungswirtschaft gelungen, eine staatliche Einrichtung, die gesetzliche Rentenversicherung, zu schwächen und private Institute zu stärken. Wer *Schau-*

bild 5.39 betrachtet, wird feststellen: Ein großer Unterschied zur überbetrieblichen Ertragsbeteiligung – was die Geldströme angeht *(Schaubilder 5.37 und 5.38)* – besteht gar nicht. In beiden Fällen werden immense Gelder, auf die Arbeitnehmer einen Anspruch haben, an einer Stelle im Wirtschaftskreislauf gesammelt. Nur: Bei der in den siebziger Jahren vorgeschlagenen Fonds-Lösung wären es von den Arbeitnehmern und ihren Gewerkschaften verwaltete und gesteuerte Fonds gewesen. Mit anderen Worten: Die Kontrolle hätte bei den Arbeitnehmern und ihren Gewerkschaften gelegen. Jetzt werden die Altersvorsorgegelder bei den privaten Banken, Fonds und Versicherungen gesammelt mit der Folge, dass die Kontrolle in der Hand dieser Branche liegt. Der Unterschied liegt also darin, wer die ökonomische Verfügungs- und Steuerungsgewalt über die Gelder hat und damit »wirtschaftet«.

▶ **Es geht also weniger um eine private Zusatzrente für den kleinen Mann. Es geht um die gesellschaftliche Machtverteilung in unserer Gesellschaft!**

Dies darf man bei einer Gesamtwürdigung der politischen, wirtschaftlichen und gesellschaftlichen Entwicklung in Deutschland nicht vergessen! Nur vordergründig geht es also um bloße Technik und die Frage, ob das Umlage- oder das Kapitaldeckungsverfahren »besser« ist.

Wie sehr es insbesondere den Versicherungen bei der Reform des Rentensystems darum ging, sich ihren Markt zu sichern, und wie sehr sie dabei Schlüsselmedien wie die BILD-Zeitung hinter sich hatten, zeigt das Entstehen der sog. Riester-Rente. Zunächst hatte der Bundesarbeitsminister der Rot-Grünen-Koalition, *Walter Riester(SPD),* eine *obligatorische,* kapitalgedeckte Zusatzvorsorge vorgeschlagen: Ebenso wie bei der umlagefinanzierten Rente wären die Arbeitnehmer verpflichtet worden, in eine weitere Rentenversicherung einzuzahlen, die sich nach dem Kapitaldeckungsverfahren finanziert. Grundsätzlich hätte dieser zweite, kapitalgedeckte Zweig auch an die bestehende Gesetzliche Rentenversicherung angeflanscht werden können. Dann allerdings wäre den privaten Versicherungen ein Riesengeschäft durch die Lappen gegangen. Die Milliardensummen an Rentenspargroschen wären nicht – wie heute – bei den Versicherungen, sondern bei der Deutschen Rentenversicherung (damals: Bundes-Versicherungsanstalt für Angestellte – BfA) gelandet. Die Sozialpolitik-Professoren *Bäcker, Bispinck, Hofemann* und *Naegele* kritisieren deshalb in ihrem Lehrbuch die Riester-Rente zu Recht als »staatliche Alimentierung der privaten Versicherungswirtschaft.«

Als die Riester-Pläne von einer geplanten zweiten Pflichtrentenversicherung bekannt wurden, titelte BILD in seiner Ausgabe vom 17.6.1999: »*Auch das noch: Riester plant Zwangsrente!*« Das löste – auch von weiteren Medien geschürte – derartige Empörung in der breiten Bevölkerung aus, dass *Riester* noch am Tag des

Erscheinens dieser BILD-Ausgabe seinen Vorschlag wieder zurückzog. Auffallend hierbei ist: Ein Redakteur des Axel-Springer-Verlags, der damals für BILD und Welt am Sonntag schrieb, wurde im Oktober 2000, also ein Jahr nach dieser Schlagzeile, Pressesprecher der größten deutschen Versicherung, der Allianz AG. 2004 kehrte er zum Axel-Springer-Verlag zurück und wurde später Ressortleiter Politik und Wirtschaft bei BILD.

Inzwischen sind über zehn Jahre vergangen, seit die rot-grüne Regierungskoalition mit der Rentenreform 2001 ergänzend zur gesetzlichen Rentenversicherung die staatlich geförderte, kapitalgedeckte Privatrente (Riester-Rente) eingeführt hat (Inkrafttreten: 1.1.2002). Ob diese Reform richtig oder falsch war, wird bis heute kontrovers diskutiert. Folgende Probleme zeichnen sich ab:

- Für alle, die ein Leben lang nur unterdurchschnittlich verdienen und/oder wegen längerer Arbeitslosigkeit oder Erwerbsminderung unterbrochene Erwerbsbiografien aufweisen, ist es schwierig, eine nennenswerte private Altersvorsorge aufzubauen. Gewiss: Das Gesetz sieht vor, dass ein Sparbetrag von nur 5 Euro monatlich ausreicht, um die staatliche Förderung zu erhalten. Trotzdem: Eine nennenswerte zusätzliche private Altersrente lässt sich mit der Mindestsparleistung nicht aufbauen.
- Die Statistiken der Zulagestelle (= neu eingerichtete staatliche Behörde, die die Altersvorsorge-Zulagen erfasst und abwickelt) zeigen, dass 70 Prozent der staatlich geförderten Altersvorsorgesparer ein Jahreseinkommen von weniger als 30.000 Euro beziehen. Doch daraus kann man nicht schließen, dass diese Sparer auch in Haushalten mit geringen Einkommen leben. Daten aus dem sozio-ökonomischen Panel des DIW weisen eher darauf hin, dass die Riester-Sparer mit geringem Einkommen einen gut verdienenden Partner haben und der/die Zuverdiener/in die staatliche Förderung nur »mitnimmt«. Diejenigen, die wegen ihres niedrigen Einkommens nur eine geringe gesetzliche Rente zu erwarten haben, werden also von der privaten Zusatzrente nicht erreicht.
- Die Renditen der Privatrenten fallen wesentlich niedriger aus als von den Anbietern – den Banken, den Lebensversicherern und den Aktien- und Investmentfonds – früher versprochen wurde. Dafür gibt es mehrere Gründe: Erstens hat sich die Zinssituation auf den Finanzmärkten seit der Krise 2008/2009 dramatisch verschlechtert. Die Zinsen speziell für sichere Papiere (z.B. deutsche Staatsanleihen) liegen nur noch zwischen einem und zwei Prozent. Damit können beispielsweise von den Versicherern nicht mehr so hohe Renditen für die Rentenversicherungen ihrer Kunden erwirtschaftet werden wie früher. Zweitens wurde die ergänzende private Altersvorsorge nicht gesetzlich verpflichtend, sondern auf freiwilliger Basis eingeführt (siehe oben). Das hat zur Folge, dass die privaten Anbieter um ihre Kunden konkurrieren und

für die Akquise einen Vertriebsapparat unterhalten müssen, dessen Kosten letztlich die Versicherten tragen und die Rendite der Altersvorsorgeprodukte schmälern. Bei einer an die Gesetzliche Rentenversicherung angebundenen zweiten staatlichen, aber kapitalgedeckten Rentenversicherung hätte man die Vertriebskosten sparen können. Die Beiträge wären wie bei der jetzt nach dem Umlageprinzip arbeitenden Gesetzlichen Rentenversicherung direkt vom Lohn oder Gehalt einbehalten und nur an *eine* Stelle abgeführt worden. Allerdings wäre dann der Kredit- und Versicherungswirtschaft das Altersvorsorgegeschäft weitgehend »durch die Lappen« gegangen(siehe oben).

- Die Förderung der privaten Altersvorsorge ist zwar sehr teuer. Ende 2013 gab es 15,9 Mio. staatlich geförderte Altersvorsorgeverträge (Quelle: Bundesministerium für Arbeit und Sozialordnung). Ihre Förderung wird laut Subventionsbericht der Bundesregierung im Jahr 2014 zu Steuermindereinnahmen von 1,15 Mrd. Euro führen. Das mag zwar auf den ersten Blick als hoher Betrag erscheinen. Auch steht die Riester-Förderung damit unter den 20 größten Steuervergünstigungen an sechster Stelle. Berücksichtigt man jedoch, dass die Bundeszuschüsse zur Gesetzlichen Rentenversicherung 60,2 Mrd. Euro (2014) ausmachen werden, so nehmen sich die Kosten der Riester-Förderung doch bescheiden aus. Das gelegentlich zu hörende Argument, mit den Mitteln, die der Staat zur Förderung der privaten Altersvorsorge bereitstellt, hätte er die Finanzen der Gesetzlichen Rentenversicherung sanieren können, ist also falsch.

Alles in allem machen vermögenspolitische Maßnahmen zur Förderung der privaten Altersvorsorge Sinn. Erstens schafft der Aufbau einer zweiten, kapitalgedeckten Säule der Alterssicherung Spielraum, die Beiträge zur gesetzlichen Rentenversicherung in ihrem Anstieg zu begrenzen und damit die Lohnnebenkosten stabil zu halten. Damit wird einem Anliegen der Wirtschaft Rechnung getragen. Zweitens wird damit doch ein nicht unerheblicher Personenkreis, der es sonst wahrscheinlich nicht getan hätte, dazu animiert, zielgerichtet für die eigene Altersvorsorge zu sparen. Wenn es drittens gelingen sollte, über die Fördermaßnahmen zusätzliches Sparkapital zu mobilisieren, könnte sich die deutsche Wirtschaft (weil mehr Geld für Investitionen bereitsteht) zudem langfristig auf einem höheren Wachstumspfad bewegen. Das vor allem erhoffen sich die Befürworter des Kapitaldeckungsverfahrens. Ob sie Recht behalten, wird die Zukunft zeigen.

5.6.4.3 Vermögensteuer/Vermögensabgabe

Die bisher dargestellten vermögenspolitischen Maßnahmen und Pläne haben alle eines gemeinsam: Mit ihnen soll nicht vorhandenes Vermögen umverteilt, sondern nur das, was in einem Jahr an neuem Vermögen entsteht, anders verteilt werden. Niemand soll also von dem, was er hat, etwas abgeben müssen. Das Vermögen der Reichen soll nur langsamer wachsen, weil sie von ihrem Vermögenszuwachs den Armen etwas abgeben müssen.

Eine Vermögensteuer setzt indessen nicht an den Zuwächsen des Vermögens, sondern am Vermögen selbst an. Grundidee ist: Jeder Vermögende soll pro Jahr einen bestimmten Prozentsatz seines Vermögens als Steuer an den Staat abführen. Noch ein weiterer Unterschied zu den im Abschnitt 5.6.4.1 ist festzustellen: Während die überbetriebliche Gewinnbeteiligung lediglich ein Plan war, der politisch begraben wurde, gab es die Vermögensteuer in Deutschland über viele Jahre. Sie wurde ab 1997 auch nicht abgeschafft, sondern ihre Erhebung wurde von der CDU/CSU-FDP-Koalition unter *Helmut Kohl (CDU)* lediglich ausgesetzt. Grund: Das Bundesverfassungsgericht hatte 1995 die Vermögensteuer für verfassungswidrig erklärt, weil Immobilien nicht in gleicher Weise besteuert wurden wie andere Vermögensarten. So gingen Immobilien nicht wie andere Vermögenswerte nach ihrem tatsächlichen Marktwert in die Vermögensbesteuerung ein – Aktien z. B. nach ihrem tatsächlichen Kurswert an der Börse –, sondern nur mit 140 Prozent des Wertes, den sie nach einer Erhebung 1964 hatten.

Eine Vermögensteuer wurde bereits seit 1923 in der Weimarer Republik erhoben und bestand im Dritten Reich sowie in der unmittelbaren Nachkriegszeit fort. Zuletzt, d. h. vor dem Bundesverfassungsgerichtsurteil, wurde das Nettovermögen (Bruttovermögen abzüglich Schulden) von natürlichen Personen ab einem Freibetrag von 120.000 DM pro Familienmitglied mit einem Prozent und das von juristischen Personen mit 0,6 Prozent besteuert. Das Aufkommen aus der Vermögensteuer betrug etwa 0,4 Prozent des Bruttoinlandsprodukts, was heute (2010er Jahre) jährlich rund 10 Mrd. Euro entsprechen würde.

Bei der Vermögensteuer geht es somit nicht um die Einführung einer neuen, zusätzlichen Steuer, sondern lediglich um ihre Wiederbelebung. (Ob das Vermögenssteuergesetz formal noch in Kraft ist, weil der Bundestag es nicht per Mehrheitsbeschluss aufgehoben hat, oder ob es außer Kraft getreten ist, weil der Gesetzgeber die vom Gericht gesetzte Reformfrist hat verstreichen lassen, wird von den Juristen unterschiedlich gesehen!) Sie wird insbesondere von SPD, Bündnis 90/DIE GRÜNEN und der Partei »Die Linke« sowie von den Gewerkschaften gefordert.

Die Pläne wurden konkreter, als vier Bundesländer – Rheinland-Pfalz, Baden-Württemberg, Hamburg und Nordrhein-Westfalen – das Deutsche Institut für Wirtschaftsforschung (DIW), Berlin, beauftragten, Aufkommens- und Verteilungswirkungen einer Wiederbelebung der Vermögensteuer zu berechnen. Die 2012 veröffentlichten Ergebnisse beruhen auf folgenden Grundlagen:

448 Strategien und Instrumente der Wirtschafts- und Gesellschaftspolitik

- Alle Vermögensarten – also auch Immobilien – sollen verkehrswertnah bewertet werden, um den verfassungsrechtlichen Bedenken und den Anforderungen an eine gleichmäßige Besteuerung Rechnung zu tragen. Die Bewertung soll dabei nach den Regeln erfolgen, die seit 2009 für die Erbschaftsteuer gelten.
- Der persönliche Freibetrag soll zwei Millionen Euro betragen und bei Zusammenveranlagung von Ehegatten oder für Lebenspartner verdoppelt werden. Bei Vermögen, die den Freibetrag übersteigen, wird dieser in Höhe von 50 Prozent des übersteigenden Vermögens abgeschmolzen. Das führt dazu, dass bei sehr hohen Vermögen (ab fünf Millionen Euro für Ledige bzw. zehn Millionen für Verheiratete) nur noch ein Sockelbetrag von 500.000 Euro bzw. eine Million Euro steuerfrei bleiben. Ziel dieses Verfahrens soll es sein, das Familiengebrauchsvermögen von der Vermögensteuer freizustellen.

Beispiel

Ein Lediger hat ein steuerpflichtiges Vermögen von drei Millionen Euro. Sein Vermögen übersteigt damit den ursprünglichen Freibetrag (zwei Millionen) um eine Million. Um 50 Prozent dieses übersteigenden Betrages, also um 500.000 Euro, wird sein ursprünglicher Freibetrag abgeschmolzen, also auf 1,5 Millionen. Sein zu versteuerndes Vermögen beträgt somit 1,5 Millionen.

Hat ein Lediger fünf Millionen Euro steuerpflichtiges Vermögen, übersteigt es den ursprünglichen Freibetrag um drei Millionen Euro. 50 Prozent dieses übersteigenden Betrages ergibt 1,5 Millionen. Somit verringert sich sein Freibetrag von zwei Millionen auf 500.000 Euro, und sein zu versteuerndes Vermögen beträgt 4,5 Millionen Euro.

- Für juristische Personen soll eine Freigrenze für steuerpflichtige Vermögen bis 200.000 Euro gelten.
- Der Steuersatz soll einheitlich ein Prozent betragen.

Nach den Berechnungen des DIW wären bei dieser Ausgestaltung der Vermögensteuer 143.000 natürliche und 164.000 juristische Personen steuerpflichtig. 143.000 Personen entsprechen den reichsten 0,2 Prozent der erwachsenen Bevölkerung. Das Aufkommen an Vermögensteuer schätzt das DIW *ohne* Berücksichtigung von Ausweichreaktionen auf 16,5 Mrd. Euro. Bezieht man die zu erwartenden Ausweichreaktionen der Steuerpflichtigen mit ein, blieben bei einer Wiedereinführung der Vermögensteuer 11,6 Mrd. Euro an möglichen Mehreinnahmen für den Staat übrig. Die Erhebungskosten werden auf 1,8 Prozent des Steueraufkommens beziffert, so dass auch Aufwand und Ertrag in einem angemessenen Verhältnis zueinander stehen würden und die sog. *Nettoergiebigkeit* der Vermögensteuer gegeben wäre.

Umverteilung von Einkommen und Vermögen 449

An dieser Stelle sei auf einen Einwand gegen die Vermögensteuer eingegangen, der seinerzeit mit dem Bundesverfassungsgerichtsurteil von 1995 in die Diskussion eingebracht wurde: der sog. *steuerverfassungsrechtliche Halbteilungsgrundsatz*. In einem obiter dictum (= lateinisch: nebenbei gesagt. Teil einer gerichtlichen Entscheidung, die für das Urteil in einem Rechtsstreit nicht maßgebend ist, sondern darüber hinaus etwas Grundsätzliches ansprechen will) hatte die Mehrheit der Verfassungsrichter unter Vorsitz von *Paul Kirchhof* ausgeführt:

> »Die Vermögensteuer darf ... zu den übrigen Steuern auf den Ertrag nur hinzutreten, soweit die steuerliche Gesamtbelastung ... in der Nähe der hälftigen Teilung zwischen privater und öffentlicher Hand verbleibt« (BVerfGE 93, 121 (138))

Mit anderen Worten: Die Besteuerung des Einkommens darf 50 Prozent nicht überschreiten! Abgeleitet wurde dieser »Besteuerungsgrundsatz« aus Artikel 14 (2) Satz 2 des Grundgesetzes, der lautet: »Sein [gemeint ist das Eigentum, H. A.] soll zugleich dem Wohle der Allgemeinheit dienen«. *Kirchhof* legte das Wort »zugleich« sehr eigenwillig aus, indem er es als »zu gleichen Teilen« interpretierte (= auslegte, deutete) und daraus den Schluss zog: Die in Artikel 14 (1) verankerte, verfassungsrechtliche Garantie des Eigentums verbiete dem Staat, einem Steuerpflichtigen mehr als die Hälfte seines Einkommens über Steuern wieder abzunehmen.

Doch der Versuch *Paul Kirchhofs,* über ein obiter dictum, das nicht von allen Verfassungsrichtern mitgetragen wurde, eine bestimmte Steuerpolitik für verfassungswidrig zu erklären, scheiterte. In einem späteren Urteil aus dem Jahre 2006 schrieb das Bundesverfassungsgericht – allerdings ohne *Paul Kirchhof,* der seit 2000 nicht mehr Bundesverfassungsrichter ist – in einem weiteren Urteil:

> »Aus dem Eigentumsgrundrecht lässt sich keine allgemein verbindliche, absolute Belastungsobergrenze in der Nähe einer hälftigen Teilung (»Halbteilungsgrundsatz«) ableiten. Der Wortlaut des Art. 14 Abs. 2 Satz 2 GG (»Der Gebrauch des Eigentums soll **zugleich** dem Wohle der Allgemeinheit dienen«) kann nicht als ein striktes, grundsätzlich unabhängig von Zeit und Situation geltendes Gebot hälftiger Teilung zwischen Eigentümer und Staat gedeutet werden«. (Pressemitteilung des Bundesverfassungsgerichts Nr. 19/2006 vom 16. März 2006)

Damit hat das Bundesverfassungsgericht nicht nur klargestellt, dass das Wort »zugleich« in Art. 14 (2) nicht als »zu gleichen Teilen« auszulegen ist, sondern als »gleichzeitig, zur gleichen Zeit« zu verstehen ist. Das Gericht ist zudem wieder zu seiner alten Position zurückgekehrt, die es seit Bestehen der Bundesrepublik

Deutschland eingenommen und bereits 1954 in seinem *Investititionshilfeurteil* folgendermaßen formuliert hat:

> »Das Grundgesetz garantiert weder die wirtschaftspolitische Neutralität der Regierungs- und Gesetzgebungsgewalt noch eine nur mit marktkonformen Mitteln zu steuernde ›soziale Marktwirtschaft‹. Die ›wirtschaftspolitische Neutralität‹ des Grundgesetzes besteht lediglich darin, dass sich der Verfassungsgeber nicht ausdrücklich für ein bestimmtes Wirtschaftssystem entschieden hat. Dies ermöglicht dem Gesetzgeber, die ihm jeweils sachgemäß erscheinende Wirtschaftspolitik zu verfolgen, sofern er dabei das Grundgesetz beachtet. Die gegenwärtige Wirtschafts- und Sozialordnung ist zwar eine nach dem Grundgesetz mögliche Ordnung, keineswegs aber die allein mögliche«. (BverfGE 4, 7 ff.)

Das Grundgesetz schreibt also keine bestimmte Wirtschaftsordnung vor. Es bleibt vielmehr der jeweiligen politischen Mehrheit überlassen, welche Wirtschafts- und Steuerpolitik sie betreibt. So wurden beim *Investitionshilfegesetz von 1952*, dessen Verfassungsmäßigkeit das Gericht in dem zitierten Urteil von 1954 bestätigte, der gewerblichen Wirtschaft auf der Grundlage ihrer Gewinne 1950/51 eine einmalige Zwangsabgabe in Höhe von einer Mrd. DM (= 1,4 Prozent des Bruttoinlandsprodukts von 1952) auferlegt. Die Mittel wurden in die Grundstoffindustrie für Investitionen umgelenkt. Die zahlungspflichtigen Unternehmen erhielten dafür verzinsliche Wertpapiere, sodass es sich letztlich nicht um eine endgültige Abgabe, sondern nur um eine Zwangsanleihe handelte. Mehr als 200 betroffene mittelständische Unternehmen legten gegen das Gesetz Verfassungsbeschwerde ein. Die Klage wurde jedoch mit obiger Begründung abgewiesen.

Obwohl die Rechtslage klar ist und die Wiedereinführung der Vermögensteuer nicht verfassungswidrig wäre, hält sich in der Öffentlichkeit hartnäckig die Behauptung von der fehlenden Verfassungskonformität. Die Medien hatten seinerzeit das obiter dictum von *Kirchhof* aufgegriffen und breit darüber berichtet, und so hat es sich – trotz der inzwischen erfolgten Klarstellung durch das Bundesverfassungsgericht selbst – in vielen Köpfen festgesetzt. So gesehen hat *Kirchhof* doch eine Wirkung erzielt, gegen die die Befürworter der Vermögensteuer angehen müssen.

Eine weitere, immer wieder anzutreffende Befürchtung, die in Zusammenhang mit der Vermögensteuer geäußert wird, betrifft das Eigenheim. Angeblich würde eine Vermögensteuer »den kleinen Mann« treffen, der sich sein kleines Häuschen vom Munde abgespart hat. Wer sich die geplanten Freibeträge anschaut, wird jedoch zum Schluss kommen: Diese Furcht ist unbegründet. Je nach Lage und Region hat ein durchschnittliches Einfamilienhaus mit 100–150 m² Wohnfläche heute einen Wert von etwa 250.000 bis 500.000 Euro. Im statistischen Durchschnitt betrug der Wert selbstgenutzter Immobilien nach DIW-Berechnungen 2012 sogar nur rund 141.000 Euro (im Westen rund 151.000 Euro, im Osten 87.000 Euro). Bei einem Freibetrag von zwei Millionen Euro bei Alleinstehenden bzw. vier Millionen Euro bei Ehepaaren bleibt »Omas kleines Häuschen« vollkommen von der Vermögensteuer verschont. Nur Prachtvillen mit mehr als 200 m² Wohnfläche in excellenter Lage wie etwa am Starnberger See, im Hochtaunus oder in Kampen auf Sylt erreichen Werte von mehreren Millionen Euro und würden, da sie die Freibeträge überschreiten, vermögenssteuerpflichtig. In diesen Fällen liegen dann aber auch Vermögenswerte vor, die vom Staat nicht mehr »geschont« werden müssen.

Des Weiteren wird davor gewarnt, eine Vermögensteuer könnte kleine und mittlere Unternehmen hart treffen und im Extremfall sogar zur Insolvenz dieser Unternehmen und damit zum Verlust von Arbeitsplätzen führen. Doch auch diese Befürchtungen entbehren jeder Grundlage. Für 2012 schätzte das DIW den Wert der kleinen und mittleren Betriebe in Deutschland auf durchschnittlich 191.000 Euro brutto (ohne Abzug der Schulden) je Vermögensbesitzer ab 17 Jahren, im Westen auf 208.000 Euro, im Osten auf 119.000 Euro. Auch Einzelgewerbetreibende wie selbständige Handwerker oder Freiberufler wie Ärzte, Rechtsanwälte oder Steuerberater müssten für ihren Betrieb oder ihre Praxis somit nur in seltenen Einzelfällen Vermögensteuer zahlen.

Eine frühere Berechnung des DIW für das Jahr 1995 kommt zu folgenden Ergebnissen:

Tabelle 5.19   Wert der kleinen und mittleren Unternehmen 1995

	in 1000 Euro je Fall	
	brutto	netto
Einzelunternehmen	274	181
• Einzelgewerbetreibende	182	110
• Freiberufler	442	261
• Landwirte	425	363
Personengesellschaften	688	367
Personenbezogene GmbH	447	127
Unternehmer und Selbständige zusammen	402	216

Quelle: DIW-Wochenbericht Nr. 48/2001, S. 775.

92 Prozent der rund 3,5 Millionen steuerpflichtigen Einzelunternehmer, Selbständigen, Freiberufler und Teilhaber an Personengesellschaften hatten 1995 einen Betrieb, der netto, d. h. nach Abzug der Schulden, weniger als 500.000 Euro wert war. Bei weiteren sieben Prozent lag der Unternehmenswert zwischen 500.000 und 2,5 Millionen Euro. Lediglich beim obersten einen Prozent der Unternehmer, das waren rund 34.600, erreichte der Betrieb einen Nettowert von über 2,5 Millionen Euro, so dass er für ledige Unternehmer vermögenssteuerpflichtig würde, bei Verheirateten erst bei einem Wert von über 4 Millionen Euro. An diesen Zahlen zeigt sich: Nur eine verschwindend geringe Zahl von Betrieben würde der Vermögensteuer unterfallen.

Würde die Wiedereinführung der Vermögensteuer Deutschland als Wohnsitz für vermögende Personen und als Standort für Unternehmen benachteiligen? Ein internationaler Vergleich, welche Bedeutung die Besteuerung des Vermögens in anderen Ländern hat, kann diese Frage beantworten. Schauen wir uns dazu *Schaubild 5.40* an. Es zeigt, welchen Anteil die Einnahmen aus vermögensbezogenen Steuern am Bruttoinlandsprodukt des jeweiligen Landes haben.

Vermögensbezogene Steuern sind alle Steuern, die an Vermögen gleich welcher Art, ob Geld-, Immobilien- oder Betriebsvermögen, ansetzen. Dabei können sowohl der *Wert* des Vermögens zu einem bestimmten Zeitpunkt, der *Erwerb* des Vermögens (z. B. der Kauf einer Immobilie oder eines Wertpapiers), der *Ertrag* auf das Vermögen (z. B. Zinseinkünfte) oder der *Wertzuwachs* des Vermögens (z. B. Kurssteigerungen bei Aktien, Wertsteigerungen bei Immobilien) als Anknüpfungspunkt für eine Besteuerung dienen. Vermögensbezogene Steuern sind also nicht nur die Vermögensteuer, wie wir sie diskutiert haben, sondern in Deutschland beispielsweise die Grundsteuer, die Grunderwerbsteuer oder die Erbschafts- und Schenkungssteuer.

Schaubild 5.40 lässt deutlich erkennen: Deutschland ist das Land, in dem der Staat am wenigsten auf die Vermögen zugreift. Die Einnahmen aus vermögensbezogenen Steuern machten 2010 nur 0,8 Prozent des Bruttoinlandsprodukts aus. Andere große Industriestaaten besteuern die Vermögen ihrer reichen Bürger sehr viel stärker. An der Spitze liegen Großbritannien mit 4,2 Prozent, Frankreich mit 3,7 Prozent, gefolgt von den USA mit 3,1 Prozent und Japan mit 2,7 Prozent. Der Durchschnitt der OECD-Länder erzielt aus vermögensbezogenen Steuern Einnahmen in Höhe von 1,8 Prozent des jeweiligen Bruttoinlandsprodukts. Im Vergleich dazu kann Deutschland geradezu als Steuerparadies für Reiche bezeichnet werden. Nur Österreich und osteuropäische Länder wie Tschechien, Slowenien und die Slowakei sowie Estland weisen eine noch geringere Besteuerung der Vermögen auf.

Der Leser lasse sich also von allen Einwänden, die gegen eine Wiedereinführung der Vermögensteuer ins Feld geführt werden, nicht irritieren. Es ist schon

Umverteilung von Einkommen und Vermögen

Schaubild 5.40

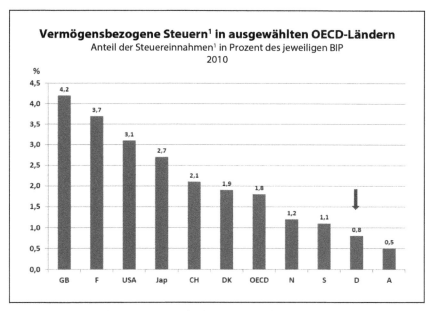

1 Steuern auf unbewegliches Vermögen, regelmäßige Steuern auf das Nettovermögen, Erbschafts- und Schenkungssteuern, Steuern auf Finanz- und Kapitaltransaktionen, sonstige vermögensbezogene Steuern

Quelle: OECD

bemerkenswert, wie große Teile der öffentlichen Meinung und der bürgerlichen Parteien über Jahre hinweg behaupten können, die Vermögensteuer wäre eine Gefahr für die Wirtschaft Deutschlands, obwohl nur eine kleine Gruppe von 143.000 Personen bzw. 0,2 Prozent der erwachsenen Bevölkerung davon betroffen wäre. Wenn das so wäre: Warum erheben die USA, Großbritannien, Frankreich und Japan dann deutlich höhere vermögensbezogene Steuern? Und warum hat Deutschland, obwohl es bis 1996 eine Vermögensteuer erhob, in den fünfziger, sechziger und siebziger Jahren des vorigen Jahrhunderts das »Wirtschaftswunder« erlebt und die bisher größte Wohlstandsteigerung aller Bevölkerungsschichten erfahren?

Abschließend sei noch kurz auf eine Variante der Vermögensbesteuerung eingegangen, die die Partei Bündnis 90/DIE GRÜNEN in die Diskussion gebracht hat: eine Vermögensabgabe.

> Eine *Abgabe* ist eine zwangsweise und daher steuerähnliche Geldzahlung eines begrenzten Personenkreises (oder Kreises von Unternehmen) an den Staat, die im Unterschied zu einer Steuer jedoch zweckgebunden ist und zeitlich befristet erhoben wird.

Für die Erhebung einer derartigen (nicht-steuerlichen Sonder-)Abgabe muss es einen besonderen, sachlichen Grund geben. Vorbild für eine Vermögensabgabe in der aktuellen Situation ist die *Lastenausgleichsabgabe,* eines der bedeutendsten Sozialgesetzgebungswerke der Zeit nach dem Zweiten Weltkrieg.

Ausgangspunkt für den Lastenausgleich war die Tatsache, dass die Bevölkerung Deutschlands von den Folgen des Krieges ungleichmäßig betroffen war. Das galt insbesondere für die Menschen, die aus den ehemaligen deutschen Ostgebieten und aus der DDR in die alte Bundesrepublik geflohen waren, dabei ihr gesamtes Hab und Gut zurück ließen und sich eine neue Existenz aufbauen mussten. Aber auch der Bevölkerung in den ehemaligen drei Westzonen, die im Krieg Schäden an Hausrat, Gebäuden und Betrieben erlitten hatte, musste geholfen werden. Später kam noch eine beachtliche Zahl von Spätaussiedlern aus den ehemals sozialistischen Ländern Osteuropas dazu. Bis 1985 wurden ca. 14 Millionen Menschen in die alten Bundesländer integriert.

Lastenausgleich bedeutete: Die Lasten des Krieges sollten gleichmäßig auf die Bevölkerung verteilt werden. Dazu mussten die reichsten Teile der Bevölkerung fünfzig Prozent (!) auf ihr Grund- und Betriebsvermögen entsprechend den steuerlich anzusetzenden Werten sowie auf ihr Geld- und Finanzvermögen – hier galt ein hoher Freibetrag von 150.000 DM – an Abgaben leisten. Die Beträge waren in vierteljährlichen Raten und über dreißig Jahre verteilt aufzubringen, so dass sie für jeden tragbar waren. Die letzten Lastenausgleichsabgaben wurden 1979 erhoben. Insgesamt erbrachte diese Vermögensabgabe 42 Mrd. DM, das waren sechzig Prozent des Bruttoinlandsprodukts von 1952. Das Bundesamt für Lastenausgleich, eine nachgeordnete Behörde des Bundesfinanzministeriums, spricht deshalb auf seiner Website von einem herausragenden Kapitel deutscher Nachkriegsgeschichte. Der Leser beachte: Obwohl es in den ersten Jahren nach dem Zweiten Weltkrieg niemandem rosig ging, bestand in der deutschen Bevölkerung allgemein die Bereitschaft, denjenigen zu helfen, die es noch härter getroffen hatte. Dieser Solidargedanke des Lastenausgleichs war das eigentliche Fundament der friedvollen, wirtschaftlich und gesellschaftlich erfolgreichen Entwicklung in der Bundesrepublik Deutschland.

Der Vorschlag einer Vermögensabgabe will an diese erfolgreiche solidarische Umverteilung aus den ersten dreißig Jahren der Bundesrepublik anknüpfen. Ziel ist, die eingenommenen Gelder zum Abbau der Staatsverschuldung einzusetzen, die seit der Finanz- und Wirtschaftskrise 2008/09 auch in Deutschland enorm

Umverteilung von Einkommen und Vermögen   455

Tabelle 5.20 Einnahmepotenzial aus einer Vermögensabgabe von 10 Prozent

Freibeträge Alleinstehende/Verheiratete Euro Vermögen[1]	Steuerpflichtige		Einnahmepotenzial in Mrd. Euro
	in 1.000 Personen	Prozent der Erwachsenen	
250.000/500.000	4.384	7,7	230
500.000/1.000.000	1.162	2,3	169
1.000.000/2.000.000	332	0,6	140

1 Freibetrag für Betriebsvermögen und wesentliche Beteiligungen fünf Millionen Euro

Quelle: DIW-Wochenbericht Nr. 28/2012, S. 10.

gestiegen ist. Dies bietet sich umso mehr an, als den Staatsschulden in Höhe von 82 Prozent des Bruttoinlandsprodukts (2013) private Nettovermögen von rund 394 Prozent des Bruttoinlandsprodukts, also ein Vielfaches der Staatsschulden, gegenüber steht. So beträgt das Nettovermögen (Immobilien-, Finanz- und Betriebsvermögen nach Abzug der Schulden) allein der reichsten acht Prozent der erwachsenen Bevölkerung in Deutschland 2,3 Billionen Euro. Würde man diesen reichsten acht Prozent eine Abgabe von zehn Prozent auferlegen, ergäben sich bei einem Freibetrag von 250.000/500.000 Euro Nettovermögen (Alleinstehende/Verheiratete) und einem gesonderten Freibetrag für Betriebsvermögen und wesentliche Beteiligungen von fünf Millionen Euro ein Einnahmepotenzial von rund 230 Mrd. Euro, verteilt auf zehn Jahre.. Bei höheren Freibeträgen für natürliche Personen fiele das Einnahmepotenzial natürlich niedriger aus (siehe *Tabelle 5.20*). Da die Vermögen gerade bei den reichsten Haushalten stark konzentriert sind, wäre das Aufkommen aber immer noch beachtlich.

Die Vermögensabgabe unterscheidet sich von der Vermögensteuer durch folgende Merkmale:

- Die Vermögensteuer ist eine Ländersteuer, ihre Einnahmen würden daher den Bundesländern zufließen. Sie wäre deshalb nur mit Zustimmung des Bundesrates einzuführen. Die Vermögensabgabe wäre eine Einnahme des Bundes und, da nicht zustimmungspflichtig, politisch eventuell leichter durchzusetzen.
- Die zeitliche Befristung einer Abgabe – Bündnis 90/DIE GRÜNEN schlagen zehn Jahre vor – sowie die Zweckbindung der Mittel zur staatlichen Schuldentilgung erhöht unter Umständen die Akzeptanz in der Bevölkerung (wenn auch nicht unbedingt bei den unmittelbar Betroffenen).

Da SPD und GRÜNE bei der Bundestagswahl 2013 keine Mehrheit errungen haben, stehen weder eine Wiedereinführung der Vermögensteuer noch eine zeitlich befristete Vermögensabgabe auf der politischen Agenda. Ob die CDU/CSU sich dauerhaft diesen Plänen verschließen kann, wird sich zeigen. Immerhin wurde der Lastenausgleich in den fünfziger Jahren des vorigen Jahrhunderts unter der politischen Verantwortung der CDU/CSU eingeführt. Einen Verrat an den Idealen der sozialen Marktwirtschaft könnte man ihr also nicht vorwerfen.

Ausblick 6

Im letzten Kapitel haben wir die wichtigsten Strategien und Instrumente der Wirtschafts- und Gesellschaftspolitik kennen gelernt. Im abschließenden Kapitel wollen wir jetzt der Frage nachgehen, wie es mit der sozialen Marktwirtschaft, dem Wirtschafts- und Gesellschaftssystem der Bundesrepublik Deutschland, unter den veränderten weltwirtschaftlichen Rahmenbedingungen weitergehen wird. Dazu können wir z. T. das bereits Gelernte anwenden, z. T. müssen wir uns aber auch mit weiteren Zusammenhängen vertraut machen.

Im ersten und zweiten Unterabschnitt werden wir die weltwirtschaftlichen und binnenwirtschaftlichen Rahmenbedingungen für die Wirtschaft Deutschlands im 21. Jahrhundert schildern. Danach wollen wir aufzeigen, welche beiden Grundtypen eines Wirtschafts- und Gesellschaftssystems sich zu Beginn des 21. Jahrhunderts gegenüber stehen. Zum Schluss werfen wir die Frage auf: Gibt es eine Alternative dazu?

6.1 Weltwirtschaftliche Rahmenbedingungen im 21. Jahrhundert

Den Begriff der *Globalisierung* hatten wir bereits in Kapitel 3.5 erläutert. Dort hatten wir das Zusammenwachsen der Märkte zu einem einzigen großen, weltweiten Markt, in dem niemand mehr isoliert lebt, sondern jeder von den Entwicklungen auf der ganzen Welt beeinflusst wird, als den Kern der Globalisierung bezeichnet. Jetzt gehen wir noch einen Schritt weiter. Weltweiten Handel hat es schon in den letzten Jahrhunderten gegeben. Das ist nicht das eigentlich Neue. Neu ist: Das Zusammenwachsen der Märkte betrifft nicht nur die Märkte für Waren und Dienstleistungen, sondern erstreckt sich auch und vor allem auf die Finanzmärkte. Das schafft eine neue Qualität in den gegenwärtigen internationalen Wirtschaftsbeziehungen. Jeder Privatmann, jedes Unternehmen, jede Geschäftsbank und jede Notenbank kann weltweit Finanzgeschäfte tätigen, Wertpapiere kaufen und verkaufen, Versicherungen abschließen, Kredite einräumen oder selbst welche aufnehmen.

Wir befassen uns daher im nächsten Unterabschnitt zunächst mit den Finanzmärkten und wollen erklären, wie sie funktionieren. Dem folgen weitere Abschnitte über die Folgen, die sich aus der Funktionsweise der Finanzmärkte auf die Akteure der Wirtschaftspolitik – die Notenbanken, die Regierungen und die Gewerkschaften ergeben.

6.1.1 Die Herrschaft der Finanzmärkte

Im Kapitel 3.2 und 3.5 hatten wir bereits erklärt, was man unter internationalen Finanzmärkten und unter Globalisierung versteht. Was bedeuten diese neuen weltwirtschaftlichen Rahmenbedingungen, die sich in den letzten 30 Jahren herausgebildet haben, für Deutschland?

Bei der Darstellung der grundlegenden volkswirtschaftlichen Zusammenhänge wie etwa des Wirtschaftskreislaufs in Kapitel 2.3 hatten wir erläutert, dass die privaten Haushalte einen Teil ihres Einkommens sparen und es dem finanziellen Sektor zur Verfügung stellen. Dieser leiht die Mittel an die Unternehmen zur Finanzierung von Investitionen wieder aus.

Diese eigentliche Funktion des finanziellen Sektors – die Vermittlung von Krediten an die Wirtschaft – hat sich in den letzten 30 Jahren grundlegend gewandelt. In der zweiten Hälfte der siebziger Jahre haben die Unternehmen in den fünf bedeutendsten Industrienationen USA, Japan, Deutschland, Frankreich und Kanada noch rund die Hälfte ihrer Investitionen aus einbehaltenen, d. h. unverteilten (= nicht in Form von Dividenden an die Eigentümer ausgeschütteten) Gewinnen finanziert. In der ersten Hälfte der neunziger Jahre betrug dieser Anteil im Durchschnitt bereits zwei Drittel *(Tabelle 6.1)*. Das heißt: Die Unternehmen brauchten zur Finanzierung ihrer Investitionen in sehr viel geringerem Umfang als früher die Banken, weil sie auf Eigenmittel zurückgreifen konnten.

Dies hatte Folgen für die Finanzmärkte. Weltweit sammelten sich im Bankensektor Mittel, die nach rentabler Anlage suchten, weil sie von den unternehmerischen Investoren nicht »abgerufen« wurden. Die Banken, die an und für sich als Vermittler zwischen investierenden (und Kredit suchenden) Unternehmen und Kapital anbietenden Anlegern wirken sollen, haben diese alte, klassische Funktion zu einem Großteil eingebüßt – zumindest gegenüber den großen, international agierenden Kapitalgesellschaften.

Weltwirtschaftliche Rahmenbedingungen im 21. Jahrhundert

Tabelle 6.1 Unverteilte Gewinne und Finanzierung der Unternehmensinvestitionen in fünf Industrieländern

Land	Anteil der unverteilten Gewinne an der Investitionsfinanzierung in %	
	1975–1980	1991–1995
USA	63,5	81,1
Japan	35,2	54,4
Deutschland	58,8	64,7
Frankreich	42,6	71,5*
Kanada	50,2	59,7
Durchschnitt (ungewichtet)	*50,1*	*66,2*

* 1991–1993

Quelle, Huffschmid, J., Politische Ökonomie der Finanzmärkte. Aktualisierte und erweiterte Neuauflage, Hamburg 2002, S. 27.

Schaubild 6.1

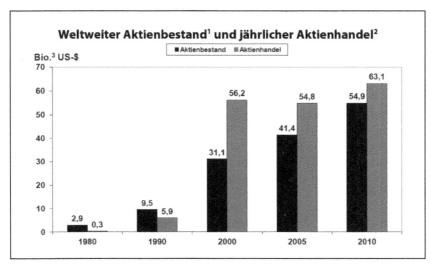

1 Marktkapitalisierung am Jahresende. – 2 Umsatz zu jeweiligen Kursen. – 3 Deutsche Rechnungsweise (1 Bio. = 1.000 Mrd. = 1.000.000 Mio.).

Quelle: World Federation of Exchanges, Annual Reports

Dieser Wandel lässt sich an folgenden Daten deutlich ablesen. Der Leser stelle sich einmal vor, die Kurswerte aller auf der Welt vorhandenen Aktien würden zusammengezählt – man nennt das *Marktkapitalisierung*. Dann käme man für 1980 zu einem Betrag von rund 2,9 Bio. US-Dollar. In diesem Jahr wurden Aktien im Wert von 0,3 Bio. US-Dollar, also einem Zehntel des Kurswertes aller an den Börsen der Welt registrierten Aktiengesellschaften, gehandelt. Mit anderen Worten: In etwa zehn Jahren wäre damals der gesamte Aktienbestand der Welt einmal »umgeschlagen« worden.

1990 – also zehn Jahre später – war der Kurswert aller börsengehandelten Aktien etwas mehr als dreimal so hoch wie 1980. Er betrug etwa 9,5 Bio. US-Dollar. Der Aktienhandel erreichte jedoch 1990 das Zwanzigfache des Volumens von 1980, nämlich 5,9 Bio. US-Dollar. Das bedeutet: Etwa zwei Drittel des gesamten Aktienbestandes der Welt wurden allein in einem Jahr »umgeschlagen«. Im Durchschnitt verblieb eine Aktie nur noch 19 Monate in einer Hand.

Auch in den neunziger Jahren hat sich dieser Trend fortgesetzt: Der Kurswert aller Aktien der Welt war erneut auf mehr als das Dreifache – auf 31,1 Bio. US-Dollar – gestiegen. Das Volumen des Handels mit Aktien hatte fast das Zehnfache des Wertes von 1990 – etwa 56,2 Bio. US-Dollar – erreicht. Damit wurde im Schnitt eine Aktie alle sieben Monate »umgeschlagen«. Im Jahr 2000 übertraf der Aktienhandel den Wert des Aktienbestandes, was bedeutet: Im Schnitt wechselte jede Aktie mindestens einmal pro Jahr ihren Besitzer, manche Aktien sogar öfter. Im ersten Jahrzehnt nach der Jahrtausendwende hat sich der Aktienwert um weitere 23,8 Bio. US-Dollar erhöht, das Handelsvolumen ist um fast 7 Bio. US-Dollar gestiegen. Der Aktienhandel hat sich damit in Relation zum Aktienwert etwas abgeschwächt. Trotzdem: Im Durchschnitt blieb jede Aktie weniger als ein Jahr in einer Hand. Welche Folgen ergeben sich daraus für die Wirtschaft?

▶ **Die Vorstände der großen Aktiengesellschaften müssen mehr denn je auf den Kurs ihrer Aktien achten: Ihre Aktionäre müssen mit der Kursentwicklung und den Erträgen zufrieden sein und dürfen nicht mit dem Gedanken spielen, die Papiere abzustoßen und anderswo einzusteigen. Die Ökonomen sprechen von der Orientierung am sog. »shareholder-value« (engl. = Wert der Aktie für den Aktionär).**

Die Politik der Großunternehmen unterliegt damit ganz bestimmten Zwängen. Sie müssen hohe Gewinne erwirtschaften und hohe Dividenden ausschütten, damit die Aktien für ihre Inhaber attraktiv bleiben. Attraktive Aktien mit hohen Dividenden haben Kurssteigerungen zur Folge, weil die Nachfrage nach diesen Aktien steigt. Kurssteigerungen wiederum wecken neue Erwartungen an hohe Dividendenausschüttungen. Die sind ihrerseits nur durch radikale Kostensenkungen

Weltwirtschaftliche Rahmenbedingungen im 21. Jahrhundert

um jeden Preis möglich. Das bedeutet vielfach auch Verzicht auf Investitionen, die zwar zur langfristigen Sicherung der Marktstellung wichtig wären, kurzfristig aber die Erträge und damit auch die Dividenden drücken würden. Langfristige Folge: Oft unterbleiben Investitionen in die Zukunft im Interesse kurzfristiger Gewinnmaximierung.

Der eigentliche Vorteil, den der Marktmechanismus gewährleisten soll, nämlich die Orientierung der Unternehmensentscheidungen an der langfristigen Ertragskraft der Unternehmen, verkehrt sich ins Gegenteil. Unter der »Herrschaft des Shareholder-values« denken Manager zunehmend nur noch an ihre nächste Gewinn- und Verlustrechnung, die so positiv ausfallen muss, dass die Aktionäre zufrieden sind und die Verlängerung der Verträge des Managements gesichert ist. Innovationen, die Kosten und Risiken mit sich bringen, unterbleiben.

Für viele Manager über fünfzig ist dieses Verhalten mittlerweile zu einem nüchternen Kalkül geworden. Da sich unternehmerische Versäumnisse in der Regel erst mit größerer zeitlicher Verzögerung auswirken, können sie darauf bauen, bereits das sichere Ufer des Ruhestands erreicht zu haben, wenn das Unternehmen in die Krise gerät. Und eine geringe Steuerprogression belohnt – wie wir in Kapitel 5.6.3.3 gesehen haben – sogar noch zusätzlich diese persönliche Strategie.

Ähnliches Verhalten ist auch in der Politik zu beobachten. Politiker neigen dazu, an die nächste Wahl zu denken und unpopuläre Maßnahmen, die zwar notwendig wären, sich aber nur langfristig positiv auswirken, kurzfristig aber die Wiederwahlaussichten verschlechtern könnten, vor sich herzuschieben. Dringend erforderliche strukturelle Reformen bleiben daher vielfach auf der Strecke. Bis die Versäumnisse richtig spürbar werden, sind die eigentlich Verantwortlichen längst im Ruhestand und können von den Wählern nicht mehr »abgestraft« werden.

Die Kontrollmechanismen in Marktwirtschaft und Demokratie, Wettbewerb und Wahl, wirken nicht mehr, wie in den Lehrbüchern dargestellt, wie eine Peitsche, sondern eher wie eine Drohung, aus der letztlich aber für die Verantwortlichen nicht Ernst wird. So sind Fehlentwicklungen und Krisen vorprogrammiert, deren Folgen immer weniger die Manager und Politiker tragen müssen, die sie eigentlich ausgelöst und zu verantworten haben. Die Leidtragenden sind vielmehr diejenigen, die nicht an den Steuerhebeln gesessen haben, sondern zuverlässig ihren Pflichten am Arbeitsplatz nachgekommen sind.

Doch zurück zum Shareholder-Value-Prinzip. In den Wirtschaftssystemen ist die Orientierung an diesem Prinzip unterschiedlich stark ausgeprägt. *Tabelle 6.2* zeigt, wer die Anteile, d. h. die Aktien an den Unternehmen in den einzelnen Ländern, hält. Es fällt auf: In den USA halten Banken und Versicherungen nur wenige Anteile an den Unternehmen (8 %). Der größte Teil ist vielmehr in der Hand von Privatpersonen (48 %) und von Pensionsfonds (38 %). Genau das sind aber die Eigentümergruppen, die am stärksten an kurzfristigen Erträgen interessiert

462 Ausblick

Tabelle 6.2 Shareholder- oder Stakeholder-Society? Wer hält die Anteile/Aktien an den Unternehmen? Stand: 1993/94

Anteilseigner	Japan	Deutschland	Frankreich	GB	USA
		in Prozent			
Banken/Versicherungen	36	21	4	18	8
Pensionsfonds	0	8	2	41	38
Unternehmen	24	39	59	2	1
Staat	1	4	4	1	0
Privatpersonen	24	17	19	18	48
Ausland	7	12	11	16	6
Sonstige	2	0	2	5	5

Quelle: Lee, E.-J., Verkannte Soziale Demokratie? in: Meyer, Th., Praxis der Sozialen Demokratie, Wiesbaden 2006, S. 413.

sind: Privatpersonen, weil sie jederzeit wieder aus den Aktien bestimmter Unternehmen »aussteigen« können, wenn Dividenden und Kursentwicklung nicht ihren Erwartungen entsprechen. Pensionsfonds, weil sie ihren Anlegern, die auf eine spätere Rente sparen, im Konkurrenzkampf mit anderen Anbietern eine hohe Rendite bieten müssen.

Im Unterschied dazu werden die Anteile an den Unternehmen in Deutschland zu 39 % von anderen Unternehmen und zu 21 % von Banken und Versicherungen gehalten. Beide Eigentümergruppen sind an langfristigen Beziehungen an den Unternehmen interessiert, deren Aktien sie erworben haben: Banken und Versicherungen, weil sie langfristig Kapital anlegen wollen, Unternehmen, weil sie mit den anderen Unternehmen in den meisten Fällen intensive Geschäftsbeziehungen als Vorlieferant oder Abnehmer unterhalten. Insofern sind sie zwar auch an einer gesunden Geschäftsentwicklung dieser Unternehmen sowie einer marktgerechten Dividende interessiert, nicht aber daran, dass der Aktienkurs kurzfristig in die Höhe getrieben wird, damit man sie schnell wieder gewinnbringend verkaufen kann.

Die Orientierung am Shareholder-Value-Prinzip hat noch weitere Folgen, und zwar nicht nur auf die Unternehmenspolitik, sondern auf das gesamte Wirtschafts- und Gesellschaftssystem. Bevor wir diese weiteren Wirkungen noch näher beschreiben, wollen wir noch die Spekulation auf steigende bzw. fallende Aktienkurse erläutern, die ebenfalls eine Folge des Shareholder-Value-Prinzips ist. Die Spekulation entfernt die Aktienkurse von den tatsächlichen wirtschaftlichen

Werten der Unternehmen. Spekulanten kaufen bzw. verkaufen die Aktien eines Unternehmens nicht deshalb, weil sich die Ertragskraft und die langfristigen Renditeaussichten des Unternehmens verbessert oder verschlechtert haben, sondern weil sie glauben, dass die Erwartungen der anderen Spekulanten in diese Richtung zielen.

Der Mechanismus, der bei der Spekulation wirksam wird, ist schlicht folgender: Wenn Zuschauer in einem Saal aufgefordert würden zu tippen, wer aus einer Misswahl als Schönheitskönigin hervorgeht, und gleichzeitig denjenigen, die den richtigen Tipp abgegeben haben, die Teilnahme an einer Tombola versprochen wird, werden alle nicht mehr nach subjektiv wahrgenommenen Merkmalen abstimmen, sondern danach, wie das mutmaßliche Schönheitsideal der im Saal Versammelten aussieht.

Der eigentliche Kern von Spekulation besteht somit darin, richtig zu tippen, was die meisten anderen denken bzw. wie sie sich verhalten. Wenn jedoch viele mit ihren Anlagen kurzfristig hohe Renditen und Kurssteigerungen erzielen wollen, statt ihr Geld langfristig in einer bestimmten Form festzulegen und es für sich »arbeiten« zu lassen, kann von einer effizienten Lenkung des Kapitals keine Rede mehr sein. Denn dieses Verhalten führt zu ständiger Umschichtung großer Kapitalanlagen, macht das Wirtschaftsgeschehen zunehmend unruhiger und immer schwerer kalkulierbar. Das ist die Wirkung der modernen – manche sagen »entfesselten« – Finanzmärkte.

Im Interesse der Sachkapitalinvestoren fordern Unternehmensverbände stabile und verlässliche Rahmenbedingungen – zu Recht, denn wer Maschinen und Anlagen im Werte mehrerer Millionen anschafft, bindet sein Kapital über Jahre hinaus, kann nicht »eben wieder aussteigen« wie ein Spekulant an der Börse, sondern muss darauf vertrauen, dass sich nach einigen Jahren der wirtschaftliche Erfolg einstellt und die Investition sich »rechnet«. Doch die Forderungen der Unternehmensverbände haben sich nicht, wie es eigentlich konsequent wäre, auf eine stärkere Regulierung der Finanzmärkte gerichtet, sondern auf eine Disziplinierung der Gewerkschaften und der Arbeitnehmer sowie auf ein Zurückdrängen staatlicher Eingriffe. Die eigentlich Verantwortlichen – die Politiker, die es ermöglicht haben, dass derartige Finanzmärkte entstanden sind, und die spekulativen Anleger, die die gegebenen Möglichkeiten nutzen – bleiben außen vor.

Wie »normale« Spekulationen mit Aktien vor sich gehen, dürfte der Leser wissen. Der Anleger kauft Aktien eines bestimmten Unternehmens in der Erwartung, dass diese Aktien im Kurs steigen, und wartet, bis der Kurs tatsächlich gestiegen ist. Dann verkauft er sie wieder und freut sich über den realisierten Kursgewinn. Einen Schritt weiter geht der Kauf von Aktien per Termin. Bei diesem Aktiengeschäft kauft der Anleger zu einem in der Zukunft liegenden Termin eine bestimmte Menge an Aktien eines Unternehmens, wobei der Kaufpreis schon heute vereinbart wird.

Ein Beispiel

Herr Meier kauft am 2. April 2010 1000 Aktien von Daimler zum Kurs von 95 € pro Aktie zum 15. Dezember 2010. Ganz egal, wie der Kurs der Aktie dann steht, Herr Meier bekommt am 15. Dezember seine 1000 Aktien und muss dafür 95.000 € bezahlen. Wenn der Kurs am 15. Dezember 2010 dann aber bei 105 € steht, macht Herr Meier ein gutes Geschäft. Dann kann er nämlich sein Aktienpaket, zum Kurs von 95 € eingekauft, sofort wieder zum Kurs von 105 € verkaufen, bekommt also für Aktien, die er für 95.000 € eingekauft hat, beim Verkauf 105.000 €. Sein Gewinn beträgt 10.000 €. Von Gebühren wollen wir der Einfachheit halber absehen.

In Wirklichkeit wäre es allerdings umständlich, den kurzfristigen spekulativen Aktienkauf und -verkauf tatsächlich richtig, d.h. durch jeweiliges »Aushändigen« (Übertragen) der Aktien, abzuwickeln. Deshalb erhält der betreffende spekulative Anleger nur die 10.000 € Kursgewinn bzw. im umgekehrten Fall müsste er 10.000 € bezahlen.

Das Ganze ist im Grunde nichts anderes als eine Wette. Der eine wettet, dass die Daimler-Aktien am 15. Dezember 2010 einen höheren Kurs als 95 € haben, der andere wettet dagegen. Hin- und her fließen dann nicht die Aktien, sondern nur der jeweilige Wettgewinn bzw. -verlust.

Als nächsten, noch weitergehenden Schritt brauchen wir uns nur noch vorzustellen, es geht bei dem Handel nicht um 1.000 Aktien ein- und desselben Unternehmens, sondern um ein Bündel von Aktien verschiedener Unternehmen. Zu einem derartigen Aktienbündel zusammengefasst werden beispielsweise dreißig Aktien deutscher Unternehmen, die rund 60 Prozent des zum Börsenhandel zugelassenen Kapitals inländischer Aktiengesellschaften repräsentieren (siehe *Tabelle 6.3*). Die Aktienkurse dieser Gesellschaften werden – gewichtet nach der Größe der dahinterstehenden Unternehmen (Grundkapital) – zu einem Index zusammengeführt – ähnlich wie die Güter und Dienstleistungen, die zu einem »Warenkorb« zusammengefasst werden, um den Preisindex für die Lebenshaltung zu ermitteln (siehe Kap. 3.4.2.2 und Kap. 4.6.1). Er drückt aus, wie das Niveau der Aktienkurse der großen deutschen Aktiengesellschaften zum jeweiligen Zeitpunkt ist. Dieser Index wird DAX (= Deutscher Aktienindex) genannt. Über seinen Stand und seine Entwicklung wird regelmäßig in den Wirtschaftsnachrichten informiert.

Spekulierende Anleger brauchen nicht mit einer einzigen Aktie zu spekulieren. Sie brauchen sich auch nicht selbst Aktien von mehreren Unternehmen zusam-

Weltwirtschaftliche Rahmenbedingungen im 21. Jahrhundert   465

Tabelle 6.3   DAX-Unternehmen (Stand: 2. 6. 2014)

Adidas	Deutsche Börse	Lanxess
Allianz	Deutsche Post	Linde
BASF	Deutsche Telekom	Lufthansa
Bayer	E.ON	Merck KGaA
Beiersdorf	Fresenius	Münchener Rück AG
BMW St	Fresenius Medical Care	RWE St
Commerzbank	HeidelbergCement	SAP
Continental	Henkel Vz	Siemens AG
Daimler	Infineon	ThyssenKrupp AG
Deutsche Bank	K+S	Volkswagen Vz

Quelle: www.boerse.de

menzukaufen. Sie können einfach »wetten«, dass der DAX steigt oder fällt. Das Spekulationsgeschäft sieht dann folgendermaßen aus:

Beispiel

Der Anleger schließt einen Terminkontrakt (Kontrakt = Vertrag) auf den Kauf des DAX-Index, z. B. zum Kurs von 4.180 am 1. 9. 2008. Der Wert eines solchen DAX-Kontraktes entspricht immer dem 100-fachen des DAX-Kurses. Bei dem genannten Kurs hätte der DAX-Kontrakt also einen Wert von 418.000 €. Konkret bedeutet das: Am 1. 9. 2008 muss der Anleger 418.000 € bereithalten – so, als wollte er für diesen Preis ein Aktienpaket, das in die Berechnung des DAX eingeht, erwerben.

Wenn am 1. 9. 2008 der DAX bei 5180 steht, könnte der Anleger für 418.000 € Aktien des DAX kaufen, sofort wieder verkaufen und dafür 518.000 € »erlösen«. In Wirklichkeit werden jetzt aber nicht diese großen Beträge »über den Tisch geschoben«, sondern er erhält den Spekulationsgewinn in Höhe von 518.000 − 418.000 = 100.000 €.

Wir sehen hier noch deutlicher als im vorigen Beispiel, wie sehr diese Geschäfte den Charakter von Wetten haben. Und jetzt können wir noch einen wichtigen Begriff aus dem Bereich der Finanzmärkte erklären: den der *Derivate*. Der DAX ist kein real existierendes Produkt wie Weizen, Baumwolle oder Öl, sondern ein künstliches Produkt. Sein »Wert« wird abgeleitet aus den Kursen der Aktien von 30 Unternehmen. Deshalb nennt man einen Index wie den DAX auch *Derivat* (lateinisch = das Abgeleitete). Und da der DAX von Finanzprodukten abgeleitet wird, spricht man auch von *Finanzderivaten.*

Nehmen wir jetzt weiter an, »unser« Anleger/Spekulant möchte gar nicht den 1.9.2008 abwarten, sondern schon vorher 100.000 € haben. In diesem Fall kann er seinen Kontrakt, von dem er hofft, dass er ihm einen Spekulationsgewinn von 100.000 € beschert, vorab an jemand anderen übertragen, sprich verkaufen. Dieser andere wird sicher dann bereit sein, den Kontrakt für 100.000 € zu übernehmen, wenn er selbst damit rechnet, dass der DAX am 1.9.2008 noch einen viel höheren Wert erreicht als 5180. Wenn er diese Erwartung hat, wird er sogar bereit sein, mehr als 100.000 € für den DAX-Kontrakt zu bezahlen; denn er erwartet, dass er am 1.9.2008 möglicherweise 110.000 € gewonnen hat. Wir sehen also: Derartige Terminkontrakte über Derivate werden ihrerseits gehandelt, und ihre Preise spiegeln wider, wie die Spekulanten glauben, dass die anderen Marktteilnehmer die Entwicklung einschätzen und sich verhalten.

Nicht allein mit Wertpapieren, sondern auch mit Währungen wird auf den Finanzmärkten gehandelt, und zwar in Größenordnungen, die jedes Vorstellungsvermögen überschreiten. Nach Angaben der Bank für internationalen Zahlungsausgleich (BIZ) belief sich der Handel mit Währungsreserven (Gold, Sonderziehungsrechten, Einlagen beim Internationalen Währungsfonds, Devisen) im Jahr 2013 auf 5,3 Bio. US-Dollar pro Arbeitstag *(Schaubild 6.2).*

Damit sich der Leser in etwa eine Vorstellung machen kann: Im gesamten Jahr 2013 betrug der gesamte Welthandel (Waren und Dienstleistungen) 18,8 Bio. US-Dollar (deutsche Recheneinheit). Man könnte also sagen: In dreieinhalbTagen wird an den Devisenmärkten so viel umgesetzt wie im Welthandel mit Waren und Dienstleistungen während eines ganzen Jahres.

Das Auseinanderklaffen zwischen den Summen, die täglich an den Devisenbörsen gehandelt werden, und den Beträgen, die letztlich zum Bezahlen der weltweiten Exporte von Waren und Dienstleistungen, also der eigentlichen Auslandsgeschäfte, benötigt werden, zeigt: Im globalisierten Kapitalismus haben sich die Geldströme von den Waren- und Dienstleistungsströmen abgekoppelt. Den Geldströmen liegt kein Produkt-, kein Warenhandel mehr zugrunde wie früher. Es geht an den Wertpapier- und Devisenmärkten zum weitaus überwiegenden Teil nicht mehr um die technische Bereitstellung von Zahlungsmitteln zur Abwicklung des internationalen Waren- und Dienstleistungshandels. Es geht vielmehr um Finanztransaktionen, also um den Kauf und Verkauf von Wertpapieren aller Art und um den Handel mit Devisen. Die Ökonomen sagen: Die Realwirtschaft (real steht hier für Waren im engeren, stofflichen Sinn) hat sich von der Finanzwirtschaft abgekoppelt.

Der Grund für die Expansion des Devisenhandels liegt zum Einen in der Entwicklung des Weltwährungssystems seit Mitte der siebziger Jahre. Der Leser

Weltwirtschaftliche Rahmenbedingungen im 21. Jahrhundert

Schaubild 6.2

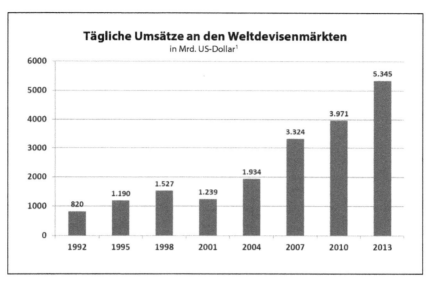

1 Deutsche Rechnungsweise (1 Bio. = 1.000 Mrd. = 1.000.000 Mio.)
Quelle: Bank für internationalen Zahlungsausgleich, Triennial Bank Survey 2007/2013

schaue sich noch einmal Kapitel 3.4 in diesem Lehrbuch an. Durch die freigegebenen Wechselkurse entstanden im internationalen Warenhandel, aber natürlich auch bei grenzüberschreitenden Finanzanlagen, Wechselkursrisiken, die abgesichert werden mussten. Sofern damit die Risiken bei Exporten und Importen von Waren ausgeschlossen wurden, sind diese Wechselkurssicherungsgeschäfte notwendig. Doch auch hier überlagern Spekulationen das reale wirtschaftliche Geschehen.

So ist es, wie wir bereits im Kapitel 3.4 erläutert haben, vorteilhaft, Währungen, die zu einer Aufwertung neigen, anzukaufen und abwertungsverdächtige Währungen zu verkaufen. Wieder spielen bei solchen Transaktionen Erwartungen darüber, wie andere die Entwicklung eines Wechselkurses einschätzen, eine ausschlaggebende Rolle. Dadurch bewegen sich die Wechselkurse vielfach von dem, was sie eigentlich anzeigen sollen (die Nachfrage nach und das Angebot an Devisen aufgrund des Waren- und Dienstleistungsverkehrs) weg und spiegeln die gesamten – auch die spekulativen – Kapital- und Devisenbewegungen (Zu- und Abflüsse) wider. Je nach der Richtung der Wechselkursverzerrung werden die

Waren- und Dienstleistungsexporte eines Landes dadurch entweder massiv begünstigt oder behindert, mit all den Folgen für die Entwicklung von Wirtschaftsstruktur und Beschäftigung des jeweiligen Landes. Der Zusammenhang zwischen individueller Leistung und persönlichem wirtschaftlichen Erfolg – ein Grundprinzip, nach dem Marktwirtschaft funktionieren soll – ist kaum noch gegeben.

Mit anderen Worten: Ob ein Unternehmen seine Produkte auf dem Weltmarkt absetzen kann, hängt nicht allein von der Qualität der Arbeit seiner Beschäftigten und der Höhe der Löhne und Gehälter ab, sondern auch davon, wie die Spekulanten den Wert der Währung des betreffenden Landes einschätzen. Gerät die betreffende Währung unter Aufwertungsdruck, verteuern sich die Produkte des Unternehmens auf den Weltmärkten und die Absatzchancen werden schlechter – auch dann, wenn die Beschäftigten keine großen Lohnansprüche gestellt und immer fleißig und pflichtbewusst gearbeitet haben.

Auch beim An- und Verkauf von Devisen, speziell der bedeutenden Währungen der Welt, gibt es Termingeschäfte. Sie lauten entweder auf nur eine Währung (so wie in unserem Beispiel nur auf 1 Aktie, die von Daimler) oder auf einen ganzen Währungskorb.

Alle *Terminkontrakte* zusammen, egal ob es sich um den Kauf von Aktien oder Aktienbündeln, festverzinslichen Wertpapieren (z. B. Bundesanleihen) oder Währungen handelt, bei denen der Kauf bzw. Verkauf – wie in unserem Aktienbeispiel – zum vereinbarten Termin stattfinden muss, werden *Futures* (engl. = Zukünftige) genannt. Daneben gibt es aber auch Terminkontrakte, bei denen der Käufer oder auch der Verkäufer erst am Fälligkeitstag entscheiden muss, ob er das Papier zu dem vereinbarten Preis kauft bzw. verkauft. Diese Kontrakte werden *Optionen* (lateinisch = freie Wahl) bezeichnet. Die Wahlmöglichkeit ist für den Käufer bzw. Verkäufer allerdings nicht kostenlos. Er muss dafür eine Prämie bezahlen, und je nachdem, wie hoch die Prämie im Vergleich zum vereinbarten Preis bzw. dem Marktpreis am Fälligkeitstag ist, lohnt es sich, von der Option Gebrauch zu machen oder nicht. Bei Optionen unterscheidet man wieder zwischen *Call-Optionen*, das sind Kontrakte, bei denen der Käufer auf steigende Kurse setzt, und *Put-Optionen*, bei denen der Käufer auf fallende Kurse hofft.

Ein Beispiel

Herr Schmitz kauft eine Option auf eine Aktie der Deutschen Bank zum Preis von 120 € am 1.10.2010. Dafür zahlt er eine Prämie in Höhe von – sagen wir – 10 €. Diese Option kann er am 1.10.2010 ausüben – oder auch nicht. Wenn die Aktie der Deutschen Bank am 1.10.2015 am Markt nicht 120 €, sondern 150 € kostet, ist es für Herrn Schmitz vorteilhaft, die Option auszuüben. Denn er zahlt nur 120 € + 10 € Prämie für eine Aktie, für die er sonst an diesem Tag 150 € ausgeben müsste. Liegt der Kurs der Aktie an diesem Tag jedoch bei 95 €, wird

Schaubild 6.3

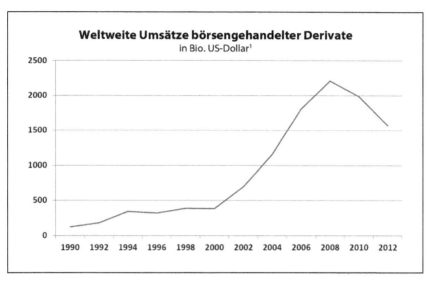

1 Deutsche Rechnungsweise (1 Bio. = 1.000 Mrd. = 1.000.000 Mio.)
Quelle: BIS Quarterly Review, verschiedene Jahrgänge, Statistischer Anhang, Teil 3, Tabelle 23A

er die Option natürlich nicht ausüben, weil er das Papier, das am Markt nur 95 € kostet, für 120 € erwerben müsste. Er verliert in diesem Fall die gezahlte Prämie.

Letztere wirkt also für den Verkäufer wie eine Versicherung gegen steigende Kurse. Und wieder wird der Wettcharakter des Geschäfts deutlich. Der Käufer wettet, dass der Kurs der Deutsche Bank-Aktie auf über 130 steigt, der Verkäufer glaubt, dass der Kurs fällt und ihm deshalb die Versicherungsprämie voll zufällt.

In *Tabelle 6.4* sind die wichtigsten Formen der Finanzspekulation noch einmal übersichtlich dargestellt. Der Leser mache sich bewusst: Nur bei der einfachen oder naiven Spekulation fließt noch richtig Geld, wenn auch bargeldlos. S (für Spekulant) muss Geld von eigenem Konto der Bank überweisen, die ihm dann auf seinem Wertpapierkonto die entsprechende Aktie »gutschreibt«. Bei der hebelverstärkten Spekulation fließt – zumindest zum Zeitpunkt des Kaufs des Wertpapiers bzw. der Option – mit Ausnahme jeweils der Bankgebühr auch bargeldlos kein Geld. Denn bei der ersten Variante leiht sich S. das Geld, bei der zweiten Variante kauft er nur eine Option, d.h. Geld fließt erst, wenn er sich entscheidet,

Tabelle 6.4 Formen der Finanzspekulation

Einfache oder naive Spekulation	Hebelverstärkte Spekulation		
	Erste Variante	Zweite	Doppelt hebelverstärkte
S. kauft mit eigenem Geld Wertpapier, von dem er Wert-/Kurssteigerungen erwartet	S. kauft mit geliehenem Geld Wertpapier und hofft, dass die Wertsteigerung die Kreditkosten (Zins) übertrifft.	S. kauft mit eigenem Geld Call-Optionen (oder Put-Optionen) und hofft, dass die Papiere, auf die er Option hat, im Kurs steigen (oder fallen).	S. kauft mit geliehenem Geld Call-Optionen (oder Put-Optionen) und hofft auf Kurssteigerung, die die Zinskosten mehr als ausgleichen.

die Option wahrzunehmen, und bei der doppelt hebelverstärkten Variante wird die Transaktion erstens mit geliehenem Geld abgewickelt und zweitens erst dann wirksam, wenn er die Option ausübt.

Das Volumen des Handels mit Derivaten wurde lange Zeit statistisch nicht erfasst. Inzwischen veröffentlicht die Bank für internationalen Zahlungsausgleich (BIS) Statistiken. Wie dynamisch sich dieser Handel entwickelt hat, zeigt *Schaubild 6.3.* 2008, kurz vor der Finanzmarktkrise, erreichte der Handel sein bisher höchstes Volumen von rund 2.211 Bio. US-Dollar. Seitdem sind die weltweiten Geschäfte mit Derivaten leicht rückläufig, was darauf schließen (oder auch hoffen) lässt: Die Banken sind in jüngster Zeit etwas vorsichtiger geworden. Gleichwohl sprengt das Volumen des Derivatehandels jedes Vorstellungsvermögen.

Auch außerhalb der Börsen findet ein Derivatehandel statt. Hierbei werden die Verträge zwischen den Partnern telefonisch geschlossen und anschließend schriftlich fixiert. Man spricht auch von OTC-Termingeschäften, wobei OTC heißt: over the counter (engl. = über den Ladentisch). Den Bestand/das Volumen (nicht den Umsatz! Dieser dürfte bei dieser Art der Geschäfteabwicklung nur schwer erfassbar sein) gibt die Bank für internationalen Zahlungsausgleich für Ende 2013 mit 18,66 Bio. US-Dollar an.

Eine noch weitergehende Darstellung der Funktionsweise der internationalen Finanzmärkte würde den Rahmen dieses einführenden Lehrbuches sprengen. Der Leser hat jedoch mit dem bisher Erklärten einen kleinen Einblick in diese faszinierende Welt bekommen und versteht jetzt etwas besser, was sich auf diesen Märkten abspielt – wenngleich die Summen, die dort bewegt werden, die Vorstellungskraft des Einzelnen übersteigen dürften.

Doch wie konnten diese gigantischen Finanzmärkte überhaupt entstehen? Im Kapitel 5.4.2 hatten wir die wichtigsten Zusammenhänge bereits bei der Darstel-

Weltwirtschaftliche Rahmenbedingungen im 21. Jahrhundert 471

lung der Ausgangsbedingungen erläutert, die zur Krise im Euroraum geführt haben. Diese Mechanismen sind so grundlegend für das Verständnis der heutigen Wirtschaft, dass wir darauf an dieser Stelle nochmal darauf eingehen und dabei durchaus die eine oder andere Wiederholung in Kauf nehmen.

Eine Erklärung hatten wir – speziell für den Devisenhandel – darin gesehen, dass der Zusammenbruch des Bretton-Woods-Systems und der Übergang zu flexiblen Wechselkursen zu einer Expansion des Devisenhandels geführt haben. Aber das ist – wie gesagt – nur *ein* Erklärungsfaktor. Eine *andere,* weit wichtigere Ursache liegt in der seit den achtziger Jahren des vorigen Jahrhunderts wachsenden Ungleichverteilung von Einkommen und Vermögen. Da die großen Unternehmen sehr viel mehr als früher auf unverteilte Gewinne, also auf selbst erwirtschaftete Mittel zurückgreifen können und weniger auf Bankkredite zur Finanzierung ihrer Investitionen angewiesen sind, bleiben die Banken weltweit – im wahrsten Sinne des Wortes – »auf ihrem Geld sitzen«. Hinzu kommt: Die Unternehmen investieren ihre erwirtschafteten Gewinne immer weniger – wie die Ökonomen es ausdrücken – in Realkapital (= in Maschinen und Anlagen), sondern immer mehr in Finanzkapital (= in Wertpapiere). Mit anderen Worten: Die Unternehmen wägen ab, ob es sich für sie lohnt, das Risiko einzugehen und die Mittel für viele Jahre in neuen Maschinen und Anlagen zu binden, oder ob es vorzuziehen ist, die Gewinne in Wertpapieren zu hohen Zinsen auf den Finanzmärkten anzulegen. Diese Situation verschärft sich noch in Phasen konjunktureller Schwäche, in denen die Unternehmen generell mit Realkapitalinvestitionen zurückhaltend sind. *Schaubild 6.4* veranschaulicht diese Veränderung des unternehmerischen Verhaltens insbesondere seit den achtziger Jahren sehr deutlich. Verstärkt wird dieser Effekt dadurch, dass das oberste Prozent der Einkommensbezieher im Vergleich zu allen übrigen Erwerbstätigen enorme Einkommenssprünge zu verzeichnen hatte. Diese Einkommen sind von ihren Empfängern gar nicht mehr konsumierbar und landen deshalb bei den Banken.

Welche Folgen hat es für die Banken, wenn sich die Unternehmen verstärkt Finanzkapitalinvestitionen zuwenden und die Top-Verdiener so hohe Einkommen erzielen, dass sie gar nicht mehr für sich persönlich verbrauchen können? Die Hauptaufgabe der Banken als Partner der Unternehmen besteht eigentlich darin, Kredite an Unternehmen zu vergeben, damit diese neue Maschinen und Anlagen kaufen, also Realkapitalinvestitionen tätigen können. Wenn die Unternehmen nun in geringerem Umfang als früher Kredite aufnehmen müssen, bleiben die unverteilten Gewinne zunächst als Guthaben bei den Banken liegen, ebenso die Ersparnisse der reichen Privatpersonen. Natürlich erwarten Unternehmen und vermögende private Haushalte für ihre Einlagen von den Banken eine attraktive Verzinsung oder die Empfehlung, Wertpapiere zu kaufen, die eine hohe Rendite abwerfen. Die Banken sind somit gezwungen, für diese Einlagen von Unterneh-

Schaubild 6.4

[1] Vermögen in Prozent der Nettowertschöpfung.

Quellen. Federal Reserve Bank, Deutsche Bundesbank, Statistisches Bundesamt 2007 © Hans-Böckler-Stiftung 2008

men und vermögenden Privathaushalten nach lukrativen Anlagemöglichkeiten zu suchen. Diese finden sie dann schließlich auf den Finanzmärkten und in den Papieren, die wir vorhin beschrieben haben.

Die gewachsenen unverteilten Gewinne der Unternehmen und der Vermögen des obersten ein Prozent der Privathaushalte in den reichen Industrieländern – ein Ergebnis der angebotsorientierten Wirtschaftspolitik – sind allerdings nicht die einzigen Quellen, die die Liquidität der Banken speisen und diese zwingen, nach Anlagemöglichkeiten auf den Finanzmärkten zu suchen. Weitere Quellen sind:

- die Erdöl exportierenden Staaten, die nach wie vor ihre hohen Erlöse nicht an die breiten Schichten in ihrem Land verteilen (das würde vermutlich zu hohen Importen aus den Industrieländern führen), sondern auf den internationalen Finanzmärkten anlegen. Man spricht vom *Recycling der Petro-Dollars* (Recycling = Zurückführen; Petro = von petrol: Öl). In Kapitel 3.2 hatten wir bereits den Euro-Dollar-Markt und sein Entstehen aus den Einlagen bei Ge-

Weltwirtschaftliche Rahmenbedingungen im 21. Jahrhundert 473

schäftsbanken außerhalb des US-Dollar-Raumes erklärt. Die Petro-Dollars bilden ebenfalls die Grundlage für diesen Euro-Dollar-Markt.

- die wachsenden Volkswirtschaften Russlands und Chinas, die beide einen Großteil ihrer Devisenerlöse aus ihren Exporten an den Finanzmärkten anlegen. In beiden Ländern herrscht übrigens wie in den Erdöl exportierenden Staaten eine extrem ungleiche Einkommens- und Vermögensverteilung. Sie ist Voraussetzung dafür, dass nur ein geringer Teil der Exporteinnahmen wieder für Importe verausgabt wird und der überwiegende Teil als Anlage suchendes Kapital bei den Großbanken der Welt landet.

Das Problem der Überliquidität der Banken hat – wie bereits erwähnt – auch der Internationale Währungsfonds (IWF) erkannt. In seinem Economic Outlook vom April 2006 widmete er das Kapitel IV unter der Überschrift »Awash with Cash: Why are Corporate Savings so High?« (deutsch: Im Geld schwimmen: Warum sind die Ersparnisse [= unverteilte Gewinne] der Unternehmen so hoch?) genau diesem Thema. Der IWF bezifferte damals die überschüssigen Ersparnisse (unverteilte Gewinne abzüglich Kapitalausschüttungen) auf 1,3 Bio. US-Dollar (World Economic Outlook, April 2006, S. 135).

Ebenso sprach der deutsche Sachverständigenrat zur Begutachtung der gesamtwirtschaftlichen Entwicklung (Fünf Weise) in seinem Jahresgutachten 2006/07 von »historisch globalen Ungleichgewichten« (Drittes Kapitel, I.) und »gravierenden Strom- und Bestandsproblemen in der Weltwirtschaft« (Drittes Kapitel, II.). Und in seinem Jahresgutachten 2007/08 ist nachzulesen:

> »Die Strukturen im deutschen Bankensystem sind durch ein geringes Wachstum der inländischen Kapitalnachfrage … geprägt. Weder der private Sektor noch der Staat haben in den letzten Jahren in zusätzlichem Umfang Kredite von inländischen Kreditinstituten bezogen … Um diese Einschränkungen zu überwinden, suchten viele deutsche Banken ihr Wachstum in ausländischen Märkten.« (Kasten 7)

Mit anderen Worten: Auch die deutschen Banken »saßen« auf ihren Einlagen, konnten sie mangels Nachfrage nach Krediten nicht ausleihen und suchten auf den internationalen Finanzmärkten nach Anlagemöglichkeiten. Es ist wichtig, dass sich der Leser klar macht: Sehr angesehene Institutionen wie der IWF oder der deutsche Sachverständigenrat, die nicht im Verdacht stehen, der politischen Linken Munition für die Argumentation liefern zu wollen, haben die hohe Liquidität im Bankensektor fest gestellt. Es handelt sich also nicht um die herkömmliche marxistische Generalkritik an den Profiten des Kapitals, sondern um Analysen seriöser Ökonomen.

Ohne liberalisierte Kapitalmärkte, ohne den völlig freien Kapitalverkehr, hätten die Unternehmen allerdings nicht diese Wahlmöglichkeit zwischen Realkapitalinvestitionen und Finanzkapitalinvestitionen. Wir sehen, wie im globalisierten Kapitalismus eins ins andere greift. Der immer wieder von den Neoliberalen behauptete Zusammenhang

Gewinne → Investititionen → Arbeitsplätze

erweist sich als Trugschluss. Die Chancen, Gewinne Ertrag bringend auf den internationalen Kapitalmärkten anlegen zu können, werden von den Unternehmen genutzt und gehen zu Lasten der Realkapitalinvestitionen im Inland.

Dem Leser wird schon aufgefallen sein: Nicht nur in Deutschland, sondern auch in anderen reichen Industrienationen ist die Einkommens- und Vermögensverteilung in den letzten drei Jahrzehnten deutlich ungleicher geworden. Diese wachsende Schere zwischen Arm und Reich spielt als auslösender Faktor für das Wachstum der internationalen Kapitalmärkte eine nicht zu unterschätzende Rolle. Denn unverteilte Gewinne und hohe Spitzengehälter und Boni der Top-Manager, die weltweit die Banken überflutet haben, sind Gelder, die von den Unternehmen zwar erwirtschaftet, aber nicht an die Beschäftigten in Form höherer Löhne und Gehälter ausgezahlt worden sind. Hätte letzteres stattgefunden, wären die internationalen Kapitalmärkte wahrscheinlich nicht so explosionsartig gewachsen. Stattdessen hätte die Konsumnachfrage weltweit zugenommen, die Konsumgüterproduktion wäre ausgeweitet worden, die Beschäftigung wäre gestiegen und in vielen Ländern der Erde hätten größere Teile der Bevölkerung Arbeit und mehr Einkommen.

Und was sind die Ursachen der immer ungleichmäßiger werdenden Einkommens- und Vermögensverteilung in den reichen Gesellschaften? In Kapitel 5.6 waren wir zu dem Ergebnis gekommen, dass die Veränderung der Machtverteilung in einer Gesellschaft ein wesentlicher Erklärungsfaktor dafür ist. Damit können wir zu den nächsten beiden Unterabschnitten überleiten, in denen gezeigt wird, wie die neuen weltwirtschaftlichen Rahmenbedingungen die Rolle von Notenbanken und Staaten verändert haben.

6.1.2 Macht und Ohnmacht der Notenbanken

Im Bretton-Woods-System, dem System fester Wechselkurse, das bis Anfang der siebziger Jahre bestand, spielten die Notenbanken in der Wirtschaftspolitik eine untergeordnete Rolle. Da sie verpflichtet waren, die festgelegten Wechselkurse der Währungen zu verteidigen und dazu gegebenenfalls an den Devisenmärkten intervenieren mussten, waren ihre Möglichkeiten, auf die Binnenkonjunktur eines Landes einzuwirken, ausgesprochen begrenzt.

Diesen Zusammenhang wollen wir noch näher erläutern. Er ist grundlegend für das Verständnis auch der Wirtschaftspolitik.

Angenommen, die Wirtschaft befindet sich im Aufschwung, die Nachfrage ist also größer als das Angebot und es machen sich erste Anzeichen einer sich beschleunigenden Inflation bemerkbar. In dieser Situation wird die Notenbank das Geld- und Kreditangebot verknappen und die Zinsen erhöhen wollen, um die Nachfrage der privaten Haushalte und der Unternehmen einzudämmen. Höhere Zinsen locken jedoch Anleger aus dem Ausland an. Sie werden ihr Geld bei deutschen Banken anlegen, denen dadurch neues Geld zufließt, das sie zur Grundlage für weitere Kreditvergaben nutzen. Die restriktive Politik der Notenbank scheitert. Denn das aus dem Ausland ins Inland geflossene Geld, also beispielsweise US-Dollars, musste die Notenbank im Bretton-Woods-System zu dem vereinbarten Wechselkurs ankaufen.

► **Die Notenbanken waren in der Ära des Bretton-Woods-Systems gegenüber der schleichenden Inflation weitgehend ohnmächtig. Restriktive Geldpolitik war unwirksam, weil Geldverknappung und hohe Zinsen durch den Geldzufluss aus dem Ausland zu fixen Wechselkursen unterlaufen werden konnte.**

Anders sah der Spielraum im Bretton-Woods-System für die Finanzpolitik des Staates aus. Steuererhöhungen oder -senkungen, staatliche Ausgabenausweitung oder Ausgabeneinschränkung waren unter dem Bretton-Woods-System sehr viel wirksamer, als wir das heute – unter anderen weltwirtschaftlichen Rahmenbedingungen – gewohnt sind. Auch diesen Zusammenhang wollen wir an dieser Stelle näher erläutern.

Angenommen, die Wirtschaft befindet sich in einer Rezession. Die privaten Haushalte kaufen relativ wenig, ebenso sind die Unternehmen zurückhaltend mit Investitionen. Die volkswirtschaftliche Gesamtnachfrage ist insgesamt sehr schwach, viele Unternehmen können nicht absetzen, was sie produziert haben. Der Staat greift in dieser Situation zu einer expansiven Finanzpolitik. Er verschuldet sich mehr als geplant und finanziert damit zusätzliche Ausgaben. Die volkswirtschaftliche Gesamtnachfrage steigt, die Belebung springt auf die Konsum- und Investitionsnachfrage über, die Wirtschaft erholt sich. Dieser expansive Prozess kann allerdings da und dort inflationäre Entwicklungen auslösen, weil die Unternehmen auf die höhere Nachfrage nicht nur mit Neueinstellungen, sondern auch mit Preissteigerungen reagieren. Die Notenbank hätte dann zwar versuchen können, mit restriktiver Geldpolitik gegenzusteuern und die in manchen Bereichen zu hohe Nachfrage wieder einzudämmen. Doch Geldverknappung und

Zinserhöhungen lösen – wie wir gesehen haben – Kapitalzuflüsse aus dem Ausland aus und machen die beabsichtigte restriktive Wirkung wieder zunichte.

▶ **Die staatliche Finanzpolitik spielte während der Ära des Bretton-Woods-Systems eine wichtige Rolle in der Wirtschaftspolitik. Sie war in Deutschland insbesondere bei der Überwindung der Rezession 1966/67, aber auch noch gegen Ende siebziger Jahre als Mittel der Beschäftigungspolitik erfolgreich.**

Mit dem Zusammenbruch des Bretton-Woods-Systems und dem Übergang zu flexiblen Wechselkursen – zumindest gegenüber dem US-Dollar und dem Japanischen Yen – änderte sich die »Rollenverteilung« in der Wirtschaftspolitik. Spielen wir gedanklich einmal durch, welche Abläufe sich bei flexiblen Wechselkursen ergeben.

Die Wirtschaft befinde sich wieder im Aufschwung. Die Nachfrage übertrifft das Angebot, die Wirtschaft boomt und die Inflation beschleunigt sich. Die Notenbank beginnt, das Geld- und Kreditangebot zu verknappen und die Zinsen zu erhöhen. Anleger im Ausland registrieren den restriktiven Kurs der Notenbank und beginnen, ihre freien Mittel im Inland anzulegen. Es kommt zu einem Zufluss ausländischen Kapitals. Anders als bei festen Wechselkursen hat dieser Zustrom ausländischen Kapitals bei flexiblen Wechselkursen Auswirkungen auf den Wechselkurs. Die heimische Währung wertet auf, die Währungen der Länder, aus denen die Anleger ihr Geld abziehen, werten ab. Denn die heimische Währung wird von den internationalen Anlegern nachgefragt, steigt also im Preis (Kurs), die Währungen der anderen Länder werden abgestoßen, also sinkt ihr Preis (Kurs). Waren beim System fester Wechselkurse die Notenbanken verpflichtet, das Angebot der aufwertenden Währung an den Devisenmärkten zu erhöhen und die Nachfrage nach abwertenden Währungen durch eigene Käufe zu erhöhen – man nannte diese Interventionen Stützungskäufe, so sehen die Notenbanken bei flexiblen Wechselkursen der Kursentwicklung gelassen zu und überantworten sie dem Spiel von Angebot und Nachfrage an den Devisenmärkten.

Die Aufwertung der heimischen Währung hat Folgen für den weiteren Ablauf. Denn je mehr die heimische Währung aufwertet, desto teurer wird für ausländische Anleger der Kauf von Wertpapieren im Inland. Der Zinsvorteil – ausgelöst durch die restriktive Notenbankpolitik – schrumpft, bis sich Aufwertung und Zinsvorteil ausgleichen. In dem Moment hört der Kapitalzufluss aus dem Ausland auf. Die Zinsen im Inland bleiben hoch und das Geld- und Kreditangebot knapp. Das Ziel der restriktiven Notenbankpolitik wird erreicht.

Die dämpfende Wirkung auf die Inlandsnachfrage wird durch die stattfindende Aufwertung noch zusätzlich unterstützt. Aufwertung verteuert bekanntlich die Exporte und verbilligt die Importe. Die Unternehmen können also schwerer im Ausland verkaufen, gleichzeitig sehen sie sich billiger gewordener Importkonkurrenz ausgesetzt.

▶ **Bei flexiblen Wechselkursen haben die Notenbanken eine starke Position. Sie können die schleichende Inflation wirksam bekämpfen, weil restriktive geldpolitische Maßnahmen in Verbindung mit der Aufwertung wirken.**

Anders sieht es bei der staatlichen Finanzpolitik aus. Was passiert bei flexiblen Wechselkursen in einer Rezession, wenn der Staat versucht, durch Nachfrageexpansion die Konjunktur zu beleben?

Sobald sich im Zuge einer staatlichen Nachfrageexpansion inflationäre Tendenzen zeigen, kann (und wird) die Notenbank mit restriktiven Maßnahmen gegensteuern. Diese Maßnahmen sind – anders als bei festen Wechselkursen – wirksam, wie wir oben gesehen haben. Geldverknappung und Zinserhöhung führen zur Aufwertung, zum Versiegen des Kapitalzustroms aus dem Ausland und zur Aufwertung mit einer Verteuerung der Exporte. Die Gewinnmargen der Unternehmen geraten unter Druck, was sie veranlasst, Kosten zu senken. Was das bedeutet, ist klar: Kosten sparen bedeutet Löhne senken und Arbeitskräfte entlassen.

▶ **Bei flexiblen Wechselkursen wird die staatliche Finanzpolitik zu einem stumpfen Schwert. Die Ankurbelung der Konjunktur durch eine keynesianische Strategie, gegebenenfalls unter Inkaufnahme einer höheren Inflationsrate, misslingt, weil die Geldpolitik wirksam gegensteuern kann und dies auch in der politischen Praxis tut.**

Feste oder flexible Wechselkurse sind also keine bloß technische Frage, ob man einen Wechselkurs durch politisches Übereinkommen festlegt oder dem Marktmechanismus an den Devisenmärkten überlässt. Das zu einer bestimmten Zeit geltende Wechselkurssystem entscheidet vielmehr auch darüber, ob in der Wirtschaftspolitik die Notenbank oder der Staat mit seiner Finanzpolitik den Ton angeben. Das hat weitreichende Konsequenzen für die Ausrichtung der Wirtschaftspolitik. Wenn die Notenbanken eine starke Position haben, weil ihr Instrumentarium wirkt, wird automatisch Preisstabilität zur obersten Priorität in der Wirtschaftspolitik. Die gewählten Regierungen können dagegen nichts ausrichten, denn die meisten Notenbanken sind unabhängig, d.h. an Weisungen der Regierungen nicht gebunden und dazu verpflichtet, für die Stabilität der Währung zu sorgen.

Flexible Wechselkurse haben noch eine weitere Folge: Sie engen den lohnpolitischen Handlungsspielraum der Gewerkschaften ein. Zumindest war dies in der Praxis so, seit die Notenbanken ihren geldpolitischen Handlungsspielraum, den

478   Ausblick

Tabelle 6.5 Währungssysteme und Machtverteilung zwischen Kapital und Arbeit nach dem Zweiten Weltkrieg bis zur Finanzmarktkrise

Feste Wechselkurse (bis 1973) (Bretton-Woods-System mit US-$ als Leitwährung)	Flexible Wechselkurse (nach 1973) (US-$, Euro [vorher: EWS], Yen untereinander flexibel)
• Schwache, z. T. weisungsgebundene Notenbanken • Restriktive Geldpolitik unwirksam, weil bei Geldverknappung und hohen Zinsen ausländisches Anlagekapital ins Land strömt → großes Kreditangebot mit Druck auf das Zinsniveau → Anstieg der Inflationsrate bei gleichbleibend hoher Beschäftigung • Expansive (keynesianische) Finanzpolitik wirksam, weil evtl. höhere Inflationsrate von der Notenbank nicht wirksam bekämpft und die Konjunktur nicht »abgewürgt« werden kann.	• Starke und autonome, d. h. weisungsunabhängige Notenbanken • Restriktive Geldpolitik wirksam, weil bei Zustrom von ausländischem Anlagekapital die heimische Währung aufwertet → Exportverteuerung und Importverbilligung → Beschäftigungsrückgang → Druck auf die Inflationsrate • Expansive (keynesianische) Finanzpolitik unwirksam, weil evtl. höhere Inflationsrate mit restriktiver Geldpolitik wirksam zu Lasten der Beschäftigung bekämpft wird.
Vollbeschäftigung (60er bis Mitte 70er Jahre)	**Wachsende Arbeitslosigkeit** (ab Mitte der 70er Jahre)
• Konkurrenz der Unternehmen um Arbeitskräfte • Starke Gewerkschaften • Große Lohnerhöhungen • Umverteilung zugunsten der Arbeitnehmer • Abwehrversuche der Unternehmer durch Überwälzung auf die Preise → Hohe Inflationsrate	• Wettbewerb zwischen den Arbeitnehmern • Schwache Gewerkschaften • Geringe Lohnerhöhungen • Umverteilung zugunsten der Unternehmen • Keine Abwehr der Unternehmer durch Preisüberwälzung nötig → Niedrige Inflationsrate

sie in der Bretton-Woods-Ära eingebüßt hatten, zurück gewonnen haben. Wie eine expansive Finanzpolitik in ihrer Wirkung ausgebremst wird, haben wir eben geschildert. Da eine nachfrageorientierte Wirtschaftspolitik mit der Chance, eine hohe Arbeitslosigkeit zumindest etwas zu reduzieren, zum Scheitern verurteilt ist, sobald die Notenbank mit restriktiven Maßnahmen aufkeimender Inflation entgegenwirkt, bleibt den Gewerkschaften keine andere Wahl, als sich mit Lohnerhöhungen unterhalb des Anstiegs der Arbeitsproduktivität zu begnügen und die Änderung der Einkommensverteilung zugunsten der Arbeitgeber hinzunehmen. Da sich trotzdem – wie die Erfahrung gezeigt hat – die Arbeitsmarktsituation nicht bessert, werden die Gewerkschaften geschwächt.

In *Tabelle 6.5* sind diese Zusammenhänge – knapp formuliert – wiedergegeben. Dem Leser wird an dieser Stelle vielleicht erstmals bewusst werden: Die ersten zwei bis drei Jahrzehnte nach dem Zweiten Weltkrieg waren eine historische Aus-

Weltwirtschaftliche Rahmenbedingungen im 21. Jahrhundert 479

nahmesituation. Nicht nur die dynamische Aufbauphase mit hohen Wachstumsraten war bislang historisch einmalig, auch die damals geltenden weltwirtschaftlichen Rahmenbedingungen waren eine Besonderheit:

- Die Unterbewertung der DM und (spiegelbildlich) die Überbewertung des US-Dollars bis in die siebziger Jahre hinein – siehe dazu noch mal den Verlauf des Dollarkurses in *Schaubild 3.3* – hat Deutschland zu einer Exportnation ersten Ranges werden lassen, weil deutsche Waren auf den Weltmärkten aufgrund des Wechselkurses relativ preiswert waren. Die Marshall-Plan-Hilfe der USA – politisch durch den Kalten Krieg motiviert – war ein massives Konjunkturprogramm.
- Durch anfängliche Devisenkontrollen, die erst nach und nach im Laufe der fünfziger Jahre gelockert und aufgehoben wurden, war die alte Bundesrepublik gegen störende Einflüsse von außen abgeschirmt.
- Eine verantwortungsvolle Lohnpolitik der Gewerkschaften hat den wirtschaftlichen Wiederaufstieg der alten Bundesrepublik ermöglicht. Selbst der Sachverständigenrat zur Begutachtung der gesamtwirtschaftlichen Entwicklung (Fünf Weise) hat in seinem zweiten Jahresgutachten 1965/66 festgestellt: »Die Gewerkschaften haben auch in der jüngsten Vergangenheit keine aggressive Lohnpolitik betrieben.« (SVR-JG 1965/66, Tz. 96. – *Auch* in der jüngsten Vergangenheit kann ja nur bedeuten: auch vorher nicht!)

Der namhafte Wirtschaftshistoriker *Volker Hentschel* (Universität Mainz) bezeichnet deshalb das sog. »Wirtschaftswunder« als ein Mythos (= eine zu Unrecht vorgenommene Verherrlichung), das glücklichen Umständen, aber nicht der »grandiosen Wirtschaftspolitik« des Wirtschaftsminsters *Ludwig Erhard* zu verdanken ist. *Hentschel* schreibt:

> »Es waren weder die ›soziale Marktwirtschaft‹ noch das Genie Ludwig Erhards, es war eine glückliche Kombination von historischen Umständen und Entwicklungen, die das Wirtschaftswunder machte.« (Hentschel, V., Ludwig Erhard, die »soziale Marktwirtschaft« und das Wirtschaftswunder. Historisches Lehrstück oder Mythos, Bonn 1998, S. 24)

Der Leser sollte deshalb Vorschlägen, die auf ein »Zurück zu Ludwig Erhard« abzielen, mit äußerster Skepsis begegnen. Mit dem Namen *Ludwig Erhard* verbinden die Älteren die Zeit unmittelbar nach dem Zweiten Weltkrieg, als sich die Schaufenster wieder mit Waren füllten, die Reallöhne von Jahr zu Jahr um mehrere Prozent stiegen und die Zahl der Arbeitslosen kontinuierlich sank. Auch in den Geschichtsbüchern wird häufig vermittelt, dass dies alles *Ludwig Erhard* und der

Einführung der Marktwirtschaft zu verdanken sei. Dabei entsprach das Meiste, was zu dieser Zeit wirtschaftspolitisch passierte, gar nicht marktwirtschaftlichen Grundsätzen. Weder der günstige DM-Wechselkurs, noch die großzügige Marshall-Plan-Hilfe, noch die Devisenbewirtschaftung waren Marktwirtschaft im eigentlichen Sinne, sondern massive staatliche Lenkung des Wirtschaftsablaufs. Der wirtschaftliche Wiederaufstieg Deutschlands ist somit nur zu einem geringen Teil Ergebnis von Kräften des Marktes, sondern planmäßiger staatlicher Eingriffe.

Wer dennoch ein »Zurück zu Ludwig Erhard« fordert, will lediglich den positiv besetzten Namen des ersten Wirtschaftsministers der Bundesrepublik Deutschland nutzen, um weniger staatliche Eingriffe in den Wirtschaftsablauf zu rechtfertigen und damit seine eigenen wirtschaftlichen Interessen fördern.

Und auf ein Weiteres sei der Leser in diesem Zusammenhang hingewiesen: Die Entscheidung des US-Präsidenten *Richard Nixon,* den US-Dollar-Kurs freizugeben und damit das Bretton-Woods-System fester Wechselkurse zu beenden, wurde auf Rat von *Milton Friedman* getroffen. Wir sehen, wie hier eins ins andere greift und die Monetaristen – beginnend in den siebziger Jahren – schrittweise an Einfluss gewannen. Letztlich haben sie damit die Welt verändert, indem sie die Voraussetzungen für eine andere Machtverteilung zwischen Kapital und Arbeit geschaffen haben. Diese ist dann tatsächlich auch Wirklichkeit geworden.

Seit der Finanzmarktkrise hat sich jedoch die Rolle der EZB gewandelt. So erfolgreich eine Notenbank mit restriktiver Geldpolitik die Inflationsraten reduzieren kann, so hilflos ist sie, wenn es darum geht, eine Wirtschaft aus einer Rezession herauszuholen. Hier sind ihre Instrumente stumpf. Man könnte sie in etwa mit einem Seil vergleichen. Mit ihm kann man bekanntlich einen Karren ziehen, aber nicht anschieben. Ebenso wenig kann eine Notenbank die Konjunktur »anschieben«.

Mehr oder weniger unfreiwillig ist die EZB während der Finanzmarktkrise in die Rolle eines – wie die Ökonomen sagen – *lender of last resort* (engl. = wörtlich: Kreditgeber der letzten Zuflucht) – hineingewachsen. Gemeint ist: Die EZB ist zur letzten Zufluchtsstätte für Banken geworden, die dringend Liquidität benötigen und von anderen Banken keinen Kredit mehr bekommen, weil sie kein Vertrauen mehr genießen. Der Sinn der EZB-Zusage vom September 2012, staatliche Schuldtitel der Krisenländer aufzukaufen, bestand darin, Banken, die größere Posten von Staatsanleihen südeuropäischer Staaten erworben hatten, aus einer drohenden Liquiditätsklemme zu befreien. Denn diese Papiere konnten auf dem Kapitalmarkt nicht mehr verkauft werden, weil niemand sie haben wollte aus Furcht, dass die Krisenstaaten Zins und Tilgung nicht mehr aufbringen könnten. Durch die Kaufgarantie der EZB waren dann doch wieder andere Banken bereit, diese Staatsanleihen zu erwerben. Die von Illiquidität bedrohten Banken konnten diese Papiere »abstoßen« und sich frisches Geld beschaffen.

Die Vorgehensweise der EZB stieß bei vielen konservativen und liberalen Politikern sowie Ökonomen auf Kritik. Sie befürchteten, die Stützungskäufe könnten die Krisenstaaten davon abbringen, ihren Haushalt zu sanieren, mit anderen Worten: sie ermuntern, die Austeritätspolitik mit den zahlreichen Kürzungen bei den Sozialausgaben aufzugeben. In dieser Kritik ist erneut die dogmatische Position dieses Kreises von Politikern und Ökonomen zu erkennen. Sparen bei den öffentlichen Ausgaben wird als Allheilmittel angesehen, als einzig möglicher Weg aus der Krise, koste er die Bevölkerung auch noch so viele Opfer und Entbehrungen. In dieser Sichtweise verhaftet drängte Deutschland insbesondere während der schwarz-gelben Koalition die anderen Länder dazu, eine Schuldenbremse nach deutschem Vorbild einzuführen.

In der Europäischen Zentralbank haben sich indessen seit der Finanzmarktkrise die Pragmatiker durchgesetzt, die bereit sind, auch unkonventionelle Maßnahmen zu ergreifen. So sehr es ihr damit gelungen ist, die Finanzmärkte zu beruhigen, so wenig kann sie mit ihrem Instrumentarium eine Wiederbelebung der Wirtschaft in den südeuropäischen Krisenländern bewirken. Noch so niedrige Zinsen werden dort keinen neuen Wirtschaftsaufschwung herbeiführen. Dringend notwendig ist daher eine gemeinsame europäische expansive Finanzpolitik.

6.1.3 Die Schwächung der Regierung

Im vorigen Abschnitt hatten wir bereits gezeigt, wie das System flexibler Wechselkurse die Regierung mit ihrer Finanzpolitik zu einem zweitrangigen wirtschaftspolitischen Akteur hat werden lassen. Das ist aber nicht der alleinige Grund, weshalb die Regierungen nicht nur Deutschlands, sondern aller EU-Staaten mittlerweile in ihrem Handlungsspielraum stark eingeschränkt sind – und nach dem Willen der herrschenden Lehre in der Ökonomie auch eingeschränkt sein sollen. Ebenso zielte der Stabilitäts- und Wachstumspakt, den die EU 1997 beschlossen hat, darauf ab, die Regierungen in ihrem finanzpolitischen Handlungsspielraum zu beschneiden. Im Abschnitt 5.4 über die Krisenpolitik in der EU haben wir die Zusammenhänge bereits ausführlich erklärt.

Die Zielgrößen des Stabilitäts- und Wachstumspakts und die Schuldenbremse, die auf Drängen Deutschlands auch in anderen Euro-Ländern eingeführt wurde, sind nichts anderes als der Versuch, den finanzpolitischen Handlungsspielraum der Regierungen einzuengen und ihnen eine nachfrageorientierte Wirtschaftspolitik, die eine vorübergehende höhere Staatsverschuldung in Kauf nimmt, zu erschweren. Angebotsorientierte Konzepte der Wirtschaftspolitik gelten als »letzte Wahrheit« und werden als so unumstößlich angesehen, dass sie sogar in internationale Vertragswerke und Abmachungen aufgenommen werden mit dem Ziel,

Regierungen finanzpolitisch zu disziplinieren und auf neoklassischen Kurs »festzunageln«. Indem die Schuldenbremse Verfassungsrang erhält, soll jede Regierung, gleich welcher politischer Couleur, auf neoliberalen Kurs verpflichtet werden. Dabei ist es Kernmerkmal jeder Demokratie, dass das Volk in Wahlen entscheidet, welche Mehrheiten es im Parlament gibt und welches wirtschaftspolitische Konzept diese Mehrheit verfolgt. Das Aufoktroyieren des »Modell Deutschland« gelingt, jedenfalls bisher, weil Deutschland die wirtschaftlich stärkste Macht in Europa ist.

Ein anderes Kernstück der angebotsorientierten Politik, das in die gleiche Richtung zielt, besteht darin, den Rückzug des Staates aus unternehmerischer Tätigkeit immer weiter voranzutreiben. So waren in Deutschland trotz einiger Privatisierungen, die bereits in den fünfziger Jahren stattgefunden hatten (Preussag, VW), Ende der siebziger Jahre noch Post, Telekommunikation, Bahn und Fluglinie fast ausschließlich, Elektrizität, Gas und Kohle zu mindestens 50 % in Staatseigentum. An der Ölproduktion, dem Kfz-Bau und dem Schiffbau hielt der Staat immer noch 25 % der Anteile. Insgesamt entfielen 1979 in Deutschland über 12 % der Bruttowertschöpfung und über 14 % der Bruttoanlageinvestitionen auf staatliche Unternehmen. Etwa 11 % der Beschäftigten hatten ihren Arbeitsplatz in einem Staatsbetrieb (ohne den eigentlichen Öffentlichen Dienst wie Behörden, Polizei, Schulen usw.). Zwar hatte der Sachverständigenrat zur Begutachtung der gesamtwirtschaftlichen Entwicklung (Fünf Weise) schon Mitte der siebziger Jahre eine »Revision der Staatstätigkeit« angemahnt (Jahresgutachten 1975/76, Tz. 333 ff.), dessen ungeachtet betrieb die damalige sozialliberale Bundesregierung jedoch keine Veräußerung von Staatsunternehmen.

Diese begann nicht nur in Deutschland, sondern weltweit erst in den achtziger Jahren, zeitgleich mit der Amtsübernahme von *Margret Thather* in Großbritannien, und setzte sich bis in die neunziger Jahre hinein fort. Nach Angaben der OECD wurden in den letzten beiden Dekaden des vorigen Jahrhunderts in über hundert Ländern öffentliche Unternehmen im Werte von rund einer Billion US-Dollar privatisiert. In Deutschland wurde dieser Prozess noch durch die Wiedervereinigung beschleunigt, die das Privatisierungspotenzial (Zahl und Wert der Unternehmen in Staatseigentum, die privatisiert werden konnten) enorm vergrößerte. Allerdings entsprachen die Erlöse aus den Privatisierungen der ostdeutschen Betriebe keineswegs den ursprünglichen Erwartungen. Im Gegenteil: die Treuhandanstalt, die Behörde, die die Privatisierung in den neuen Bundesländern im Auftrag der Bundesregierung abwickelte, schloss mit einem erheblichen Defizit ab. Das hing damit zusammen, dass sie Altkredite der Betriebe übernehmen und umfangreiche Sanierungsmaßnahmen finanzieren musste.

Staatliche Unternehmen spielen in der wirtschaftspolitischen Konzeption keynesianisch orientierter Ökonomen, die für staatliche Eingriffe in den Wirt-

Weltwirtschaftliche Rahmenbedingungen im 21. Jahrhundert   483

schaftsablauf plädieren, eine wichtige Rolle. Lange Zeit wollte man sie als Instrument nutzen, um gesellschaftspolitische Ziele zu verwirklichen. Insbesondere sollten sog. *Schlüsselindustrien*, das sind Industrien, die für das Funktionieren der Wirtschaft von existentieller Bedeutung sind (Energieversorgung, Verkehr und Transport, Banken) grundsätzlich verstaatlicht sein. Dadurch sollte verhindert werden, dass Manager solcher Unternehmen, weil sie an zentralen Schaltstellen von Wirtschaft und Gesellschaft sitzen, zu große Macht erlangen. Des Weiteren sollten staatliche Wohnungsbaugesellschaften günstigen Wohnraum für ärmere Bevölkerungsschichten schaffen, um die Befriedigung elementarer Lebensbedürfnisse der Menschen nicht dem Gewinnstreben privater Unternehmen unterzuordnen.

SPD und Gewerkschaften in Deutschland waren Ende der fünfziger/Anfang der sechziger Jahre (die SPD mit dem Godesberger Programm 1959, der DGB mit seinem Düsseldorfer Grundsatzprogramm 1963) von ihrer generellen Forderung nach verstaatlichten Schlüsselindustrien abgerückt. Die Überführung in Gemeineigentum sollte nur noch als letztes Mittel dienen, wenn auf andere Weise eine Kontrolle wirtschaftlicher Macht nicht zu gewährleisten war. Statt Verstaatlichung verfolgte das linke Lager in Deutschland die Idee der paritätischen Mitbestimmung, d. h. die gleichgewichtige Besetzung der Aufsichtsräte großer Unternehmen mit Arbeitgeber- und Arbeitnehmervertretern, wie sie seit 1951 in der Montanindustrie (Kohle und Stahl) verwirklicht war.

Unternehmen in staatlichem Eigentum, gleichgültig in welcher Branche, stehen vor einem grundsätzlichen Dilemma: Entweder der Eigentümer Staat erwartet von seinen Unternehmen, dass sie Erträge erwirtschaften und Geld in die Staatskasse bringen. Wenn sie diese Anforderung erfüllen sollen, sind auch staatliche Unternehmen gezwungen, ihre Geschäftspolitik an Wirtschaftlichkeitsgesichtspunkten auszurichten und sich sowohl in ihrer Preis- und Produktgestaltung als auch in ihren Lohn- und Arbeitsbedingungen wie private Unternehmen zu verhalten. Dann aber gibt es keinen sachlichen Grund, sie in staatlicher Hand zu belassen. Oder der Staat erwartet von seinen Unternehmen, dass sie bestimmte, politisch vorgegebene Ziele erfüllen, z. B. einen Brief von der Hallig Hooge auf die Zugspitze zum gleichen Preis transportieren wie von München-Grünwald nach München-Freimann. Dann kann er aber keine Erträge von ihnen erwarten. Im Gegenteil: um die staatlichen Auflagen zu erfüllen, arbeiten viele Staatsunternehmen defizitär, so dass Zuschüsse aus Steuergeldern erforderlich werden.

Die Gewissheit staatlicher Hilfen verleitet wiederum das Management öffentlicher Unternehmen dazu, unrentabel zu wirtschaften und dies mit dem Hinweis auf staatliche Vorgaben, die kein anderes Handeln zulassen, zu entschuldigen. So geraten öffentliche Unternehmen schnell in einen Teufelskreis. Entweder sie setzen sich dem Vorwurf aus, genauso »kapitalistisch« zu agieren wie private Unternehmen, oder liberal orientierte Ökonomen halten ihnen vor, bürokratisch und unrentabel zu wirtschaften. Denn hohe Erträge zu erwirtschaften und gleichzeitig politische und gesellschaftliche Zielvorgaben zu erfüllen kommt einer Quadratur des Kreises gleich: beides zusammen geht eben nicht!

Dieses Dilemma sowie die angespannte Lage der öffentlichen Haushalte haben viele Regierungen auf der Suche nach Einnahmequellen veranlasst, sich von ihren Unternehmen zu trennen. In Deutschland wurden die Privatisierungen häufig mit vermögenspolitischen Zielen verknüpft, indem VW-Aktien oder Aktien der Telekom zu günstigen Kursen angeboten wurden in der Hoffnung, damit eine breite Streuung im Publikum zu erreichen. Auch wenn man damit versuchte, aus der Not eine Tugend zu machen, darf nicht übersehen werden: Der Staat hat mit jeder Privatisierung ein Instrument aus der Hand gegeben, mit dem er steuernd in den Wirtschaftsablauf eingreifen kann. Um des kurzfristigen Vorteils willen, Einnahmen zu erzielen und den Haushalt zu entlasten, haben sich die Regierungen langfristig in ihrer Rolle als Akteur der Wirtschaftspolitik selbst geschwächt.

6.1.4 Der Machtverlust der Gewerkschaften

Ein weiteres Merkmal, das die Rahmenbedingungen für Deutschlands Wirtschaft im 21. Jahrhundert kennzeichnet, ist der schwindende Einfluss der Gewerkschaften in Politik und Wirtschaft. Dafür gibt es eine ganze Reihe von Gründen:

- In der ersten Hälfte der siebziger Jahre befanden sich die Gewerkschaften in Deutschland auf dem Höhepunkt ihrer Macht. Es herrschte Vollbeschäftigung, der Arbeitsmarkt war leer gefegt, die Arbeitgeber suchten händeringend nach Arbeitskräften, und die Arbeitnehmer waren in einer ausgesprochen günstigen Position. Das wird z. B. daran deutlich, dass Auszubildende, denen ausbildungsfremde Arbeiten übertragen wurden (z. B. den Hof kehren), es sich leisten konnten, sofort zu kündigen. Denn an der nächsten Ecke wartete schon eine weitere freie Lehrstelle auf sie.
- Mit der seit 1969 regierenden sozial-liberalen Koalition hatten die Gewerkschaften politischen Rückenwind. In der Sozialpolitik wurden zahlreiche, langjährige Forderungen der Gewerkschaften erfüllt, z. B. gesetzliche Lohnfortzahlung im Krankheitsfall auch für Arbeiter, Herabsetzung bzw. Flexibilisierung der Altersgrenze, Rente nach Mindesteinkommen, Novellierung des Betriebsverfassungsgesetzes.
- Die Zahl der Gewerkschaftsmitglieder stieg von Jahr zu Jahr und erreichte im Jahre 1981 und kurz vor der Wiedervereinigung mit fast acht Mio. Mitgliedern ihren Höhepunkt. (Die Mitgliederzahlen in den Jahren nach der Wiederver-

Schaubild 6.5

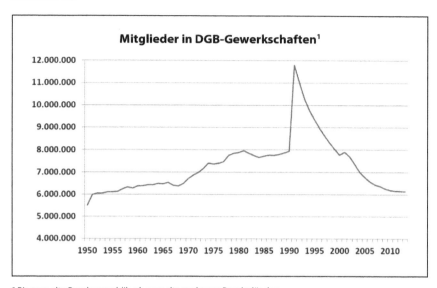

[1] Bis 1990 alte Bundesrepublik, ab 1991 alte und neue Bundesländer.

Quelle: DGB

einigung sind nach oben verzerrt, weil in der ehemaligen DDR mehr oder weniger Zwangsmitgliedschaft in den Gewerkschaften des FDGB bestand.) Auch die politischen Parteien hatten in jener Zeit großen Zulauf an neuen Mitgliedern. Allgemein herrschte eine Reformstimmung in Deutschland: Die Zahl der Menschen, die der Auffassung waren, durch politisches Engagement gesellschaftliche Veränderungen bewirken zu können, wuchs.

- Der wirtschaftliche Strukturwandel, aber auch die in Deutschland sich verstärkende Individualisierung der Gesellschaft begrenzte, beginnend ab den achtziger Jahren, Schritt für Schritt den Einfluss der Gewerkschaften. Der Anteil der Arbeiter an den Arbeitnehmern schrumpfte. Damit verloren die Gewerkschaften nach und nach ihre Hauptklientel *(Schaubild 6.6)*. An ihre Stelle traten neue Berufe im Angestelltenverhältnis (Informatiker, Kommunikationsfachleute, naturwissenschaftlich-technische Tätigkeiten), die schon immer in geringerem Umfang bereit waren, sich in Gewerkschaften zu organisieren.

Für den hohen gewerkschaftlichen Organisationsgrad der qualifizierten Arbeiter gibt es nachvollziehbare Gründe:

Schaubild 6.6

1 Anteil der Arbeiter an allen Erwerbspersonen. – 2 DGB-Gewerkschaftsmitglieder in Prozent der abhängigen Erwerbstätigen.

Quelle: Adam, H., Die politische Ökonomie wachsender Ungleichverteilung der Einkommen, in: Wirtschaftsdienst, Heft 2/2014, S. 108.

- Die Tätigkeiten dieser Berufsgruppe sind einander sehr ähnlich. Wer in ein Bergwerk einfährt, um Kohle abzubauen, verrichtet die gleiche Arbeit wie tausend andere. Das Gleiche gilt für die meisten Fließbandarbeiten oder für viele Arbeiten am Bau.
- Die Arbeiten sind nicht nur körperlich belastend, sondern vielfach auch gefährlich. Jeder kann unter Tage in Lebensgefahr geraten und auf die Hilfe des Kollegen angewiesen sein. Zusammenhalt ist deshalb für diese Arbeitnehmergruppe von existenzieller Bedeutung.
- Arbeitertätigkeiten bieten im Allgemeinen nur wenig Aufstiegschancen und Entwicklungsmöglichkeiten. Arbeiter arrangieren sich mit ihrer sozialen Lage und verstehen sich selbst als eine soziale Klasse, die nur durch Solidarität, Organisation in Gewerkschaften und Kampf gegen die Arbeitgeber ihre wirtschaftliche Situation verbessern kann. Bei gewerkschaftlich geprägten Arbeitern fließt dieses Klassenbewusstsein auch in die Erziehung ihrer Kinder ein. Mitglied in der Gewerkschaft zu sein wird den Kindern als eine Selbstverständlichkeit vermittelt, die zum Leben gehört wie das tägliche Zähneputzen.

Weltwirtschaftliche Rahmenbedingungen im 21. Jahrhundert   487

- Arbeiter haben ein dichotomisches Gesellschaftsbild (dichotomisch: zweige-teilt). Sie sehen die Gesellschaft als ein Gebilde, das aus zwei Klassen besteht: Ihnen (den Arbeitern) und »Denen da oben«, womit alle gemeint sind, die keine körperlich schwere Arbeit verrichten müssen. Dieses Gesellschaftsbild erleichtert die Organisierbarkeit in Gewerkschaften außerordentlich.

Die von diesem Muster deutlich abweichenden Denk- und Verhaltensweisen der Angestellten lassen sich folgendermaßen beschreiben:

- Die Tätigkeiten von Angestellten sind in der Regel sehr differenziert. So hat eine Verkäuferin andere Aufgaben als eine Sekretärin, ein Buchhalter anderes zu tun als ein Computerspezialist, ein Bankkaufmann wiederum eine andere Tätigkeit als ein Werbeleiter in einem Industrieunternehmen. Selbst in ein- und demselben Unternehmen unterscheiden sich die Aufgaben an den einzelnen Arbeitsplätzen. Jeder Arbeitnehmer und jede Arbeitnehmerin ist gewisserma-ßen einzig in seiner/ihrer Art, im wahrsten Sinne des Wortes ein Individuum.
- Die Arbeiten mögen zwar manchmal vor allem psychisch belastend sein, aber sie sind keine Gefahr für Leib und Leben. Niemand ist auf die Hilfe eines Kol-legen angewiesen, um in einer Gefahrensituation physisch zu überleben.
- Angestelltentätigkeiten bieten in der Mehrzahl der Fälle Aufstiegsmöglichkei-ten. Mit wachsender Berufserfahrung besteht die Chance, einfache, mittlere und höhere Führungspositionen zu erreichen und dadurch sein Gehalt ent-sprechend aufzubessern.
- Angestellte haben im Unterschied zu den Arbeitern ein hierarchisches Gesell-schaftsbild. Sie ordnen sich selbst in einer Hierarchie ein, schauen auf die herab, die unter ihnen stehen, und bewundern die, die über ihnen stehen. Im Laufe ihres Berufslebens auf der Leiter einer Unternehmenshierarchie nach oben zu klettern und ihren sozialen Status zu verbessern, ist letztlich das Ziel fast aller Angestellten. Bei diesem Kampf um Aufstieg stehen sie in einem Konkurrenz-verhältnis zu ihren Kolleginnen und Kollegen, die das gleiche Ziel verfolgen. Appelle der Gewerkschaften an diese Arbeitnehmergruppe, ihre gemeinsa-men Interessen mit anderen Arbeitnehmern zu erkennen und nicht den Kolle-gen, der sich um den gleichen Posten bewirbt, als Konkurrenten zu betrachten, sondern den Arbeitgeber als gemeinsamen Gegner zu erkennen, prallen bei den Angestellten ab und stoßen bei vielen auf völliges Unverständnis. Tief ver-wurzelt ist die Auffassung, durch eigene Anstrengung vorwärts kommen zu können. Solidarität mit anderen, in der sozialen Hierarchie sogar tiefer Ste-henden wird für die eigene Karriere als eher nachteilig empfunden. Indivi-dualismus und die Mentalität, dass jeder seines Glückes Schmied ist, sind tief verwurzelte Grundüberzeugungen.

Schaubild 6.7

1 Nettoorganisationsgrad: Aktive Mitglieder (ohne Rentner) in Prozent der abhängig Erwerbstätigen

Quelle: Ebbinghaus, B./Göbel, C., Mitgliederrückgang und Organisationsstrategien deutscher Gewerkschaften, in: Schroeder, W. (Hrsg.), Handbuch Gewerkschaften in Deutschland, 2., überarbeitete, erweiterte und aktualisierte Auflage, Wiesbaden 2014, S. 230.

Angesichts dieser ganz unterschiedlichen Denkmuster von Arbeitern und Angestellten ist leicht nachvollziehbar, warum der gewerkschaftliche Organisationsgrad sinkt, wenn die Zahl der Arbeiter immer geringer und die der Angestellten immer größer wird. Allerdings ist diese Entwicklung eines gravierenden Rückgangs des gewerkschaftlichen Organisationsgrades nicht in allen Ländern festzustellen *(Schaubild 6.7)*. So ist in den skandinavischen Staaten der Anteil der Arbeitnehmer, die Mitglied in einer Gewerkschaft sind, nach wie vor sehr hoch, obwohl auch in diesen Ländern ein Strukturwandel stattfindet und die Zahl der qualifizierten Facharbeiter rückläufig ist. Dafür lassen sich mehrere Gründe nennen:

- In den skandinavischen Ländern, speziell in Schweden und in Dänemark, mit Abstrichen auch in Norwegen und in Finnland, herrscht ein anderes Ver-

Weltwirtschaftliche Rahmenbedingungen im 21. Jahrhundert

ständnis von den Aufgaben des Staates. Dieser wird als verantwortlich für das Wohlergehen jedes einzelnen angesehen. Daraus folgt generell die Überzeugung, dass der einzelne nur bedingt »seines Glückes Schmied« sein kann. Vielmehr werden die wirtschaftlichen und gesellschaftlichen Rahmenbedingungen zu einem großen Teil als mitverantwortlich für das betrachtet, was jeder einzelne in seinem Leben erreicht hat. Auf der Grundlage dieses Konsenses (= Übereinstimmung) in den skandinavischen Gesellschaften hat solidarischer Zusammenschluss in Gewerkschaften einen hohen Stellenwert, individuelles Aufstiegsstreben ist weniger ausgeprägt.

- Mit Gewerkschaftsmitgliedschaft ist in Schweden gleichzeitig die Zugehörigkeit zur Arbeitslosenversicherung verbunden. (In jüngster Zeit hat die konservative Regierung diese enge Verquickung beseitigt – mit entsprechend negativen Auswirkungen auf die Mitgliederzahlen der Gewerkschaften). Auch in Dänemark wird ein Großteil der Arbeitslosenversicherung, die dort freiwillig ist, von den Gewerkschaften mit organisiert. Das erleichtert es den Gewerkschaften, Mitglieder zu werben, ein Aspekt, der zu den im Vergleich zu Deutschland anderen gesellschaftspolitischen Grundüberzeugungen hinzukommt.

- Die sozialdemokratischen Parteien sind in den skandinavischen Ländern traditionell die stärkste politische Kraft. Die meiste Zeit bilden sie auch – zusammen mit kleineren Parteien des Spektrums links von der Mitte, oder aber geduldet von diesen Parteien – die Regierung. Die Vorherrschaft von Mitte-Links-Regierungen schafft für die Gewerkschaften andere Gestaltungsmöglichkeiten als in Ländern, in denen Mitte-Rechts-Regierungen die Oberhand haben.

An dieser Stelle dürfte dem Leser bewusst werden: Die industriellen Beziehungen, d.h. das Verhältnis zwischen Kapital und Arbeit bzw. zwischen Arbeitgeber- bzw. Wirtschaftsverbänden und den Gewerkschaften, sind in jedem Land anders. Die jeweiligen politischen Mehrheiten spielen für die Herausbildung bestimmter industrieller Beziehungen eine nicht zu unterschätzende Rolle. Und je nachdem, welche »Spielregeln« eine Regierung setzt, entsteht eine auf ihnen aufbauende Wirtschafts- und Gesellschaftsordnung. Die »Spielregeln« können die eine oder die andere Seite, die Arbeitgeberverbände oder die Gewerkschaften, in eine stärkere Position bringen oder sie können für ein ausgewogenes Kräfteverhältnis zwischen den beiden Seiten sorgen, so dass sie »auf gleicher Augenhöhe« miteinander verhandeln und gegenüber Regierung und Parlament ihre Interessen vertreten können.

Neben dem Strukturwandel innerhalb der Arbeitnehmer und der jahrzehntelangen hohen Arbeitslosigkeit, in deren Folge auch die Gewerkschaften in

Deutschland viele resignierte und enttäuschte Mitglieder verloren haben, kamen in den achtziger Jahren zwei weitere Ereignisse hinzu, die die Gewerkschaften in Deutschland zusätzlich schwächten:

- Die erste Regierung *Helmut Kohl* (CDU) änderte gegen den erbitterten Widerstand der Gewerkschaften den § 116 des damaligen Arbeitsförderungsgesetzes (AFG). Dieser sah vor, dass Arbeitnehmer, die von einem Streik nur mittelbar betroffen waren, z. B. wenn Zulieferer der Automobilindustrie ihre Produktion einstellen mussten, weil die Automobilhersteller gerade bestreikt wurden und keine Teile mehr abnehmen konnten, Anspruch auf Arbeitslosen- oder Kurzarbeitergeld hatten. Dieser Paragraph hatte im Falle eines Arbeitskampfes die Streikkassen der Gewerkschaften, insbesondere die der IG Metall (in ihren Tarifbereichen waren solche mittelbaren Streikwirkungen weiter verbreitet als in anderen), erheblich entlastet und ihre Durchsetzungskraft enorm gestärkt, brauchte sie doch bei Arbeitskämpfen nicht für diesen Mitgliederkreis aufkommen.
- Die Neue Heimat, eine große gewerkschaftseigene Wohnungsbaugesellschaft und Vorzeigeunternehmen der Gewerkschaften, das in der Nachkriegszeit Millionen von Sozialwohnungen für die ärmeren Bevölkerungsschichten gebaut und zur schnellen Beseitigung der Wohnungsnot in der Nachkriegszeit beigetragen hatte, geriet aufgrund von Fehleinschätzungen des Wohnungsmarktes in wirtschaftliche Schwierigkeiten und musste Konkurs anmelden. Andere Gewerkschaftsunternehmen wie die damalige Bank für Gemeinwirtschaft und die heute noch bestehende, aber mehrheitlich in anderen Besitz übergegangene Versicherungsgesellschaft Volksfürsorge mussten mit Kapitalspritzen beispringen, um Schlimmeres zu verhüten. Der Imageverlust der Gewerkschaften in der Öffentlichkeit war groß. Er fiel zeitlich zusammen mit der weltweiten Durchsetzung des Konzepts der angebotsorientierten Wirtschaftspolitik und kam daher allen gelegen, die schon lange in den Gewerkschaften nur einen Störfaktor einer stabilen wirtschaftlichen Entwicklung gesehen hatten.

Das sind zwei Beispiele, die zeigen, wie die politische Mehrheit die Kräfteverhältnisse zwischen Arbeit und Kapital beeinflussen kann. Im ersten Fall (Arbeitsförderungsgesetz) hat sie ein Gesetz verändert, das die Arbeitskampfbedingungen für die Gewerkschaften verschlechtert hat. Im zweiten Fall (Konkurs der gewerkschaftseigenen Neue Heimat) hat sie durch bloßes Zusehen die Finanzkraft der Gewerkschaften geschwächt und damit zugelassen, dass sich die Machtverteilung in Deutschland zugunsten der Arbeitgeber verschoben hat. Denkbar wäre auch gewesen, sich als Staat/Regierung auf den Standpunkt zu stellen: Ein ausgewogenes

Weltwirtschaftliche Rahmenbedingungen im 21. Jahrhundert   491

Kräfteverhältnis zwischen Kapital und Arbeit ist eine elementare Voraussetzung für eine funktionierende soziale Marktwirtschaft. Deshalb muss die Regierung stets ein Auge darauf haben, dass beide Seiten gleich stark sind, und korrigierend eingreifen, wenn eine Seite zu sehr an Macht verliert. So gesehen wären durchaus staatliche Hilfen an die Neue Heimat zu rechtfertigen gewesen. Schließlich hat die Regierung in der Finanzmarktkrise auch Banken gerettet, wenn es für den Erhalt der Funktionsweise des Bankensystems notwendig erschien.

In jüngster Zeit zeichnet sich jedoch, was die Stellung der Gewerkschaften angeht, eine Trendwende ab.

- Wie aus *Schaubild 6.5* abzulesen ist, hat sich der Mitgliederrückgang seit 2012 verlangsamt. So haben die größte Einzelgewerkschaft im DGB, die IG-Metall, aber auch die wesentlich kleinere Gewerkschaft Erziehung und Wissenschaft (GEW) in den letzten Jahren wieder Mitglieder hinzugewonnen. Ein wichtiger Grund dafür war – zumindest bei der IG Metall – eine neue Organizing-Strategie, bei der strategische Druckkampagnen, z. B. zur Bildung eines Betriebsrats in bisher betriebsrats- und gewerkschaftsfreien Betrieben durchgeführt werden, um darüber neue Mitgliederpotenziale zu erschließen.
- Die Einführung eines flächendeckenden gesetzlichen Mindestlohns wird den Unterbietungswettbewerb zwischen den Arbeitnehmern unterbinden und die Rolle der Gewerkschaften als kollektiver Verhandlungspartner über Löhne und Arbeitsbedingungen wieder stärken. Nicht zuletzt deshalb nannte die Bundesarbeitsministerin *Andrea Nahles (SPD)* das Gesetz nicht Mindestlohngesetz, sondern Gesetz zur Stärkung der Tarifautonomie.
- Auch die Trendwende am Arbeitsmarkt wird dazu beitragen, den Gewerkschaften wieder zu mehr Macht zu verhelfen. Denn wenn die Arbeitgeber die Arbeitnehmer nicht mehr gegeneinander ausspielen können, weil Arbeitskräfte knapp sind, werden sich auch wieder mehr Arbeitnehmer in Gewerkschaften organisieren. Denn die Furcht, wegen ihres gewerkschaftlichen Engagements ihren Arbeitsplatz zu verlieren, wird schwinden.

Aus diesen Gründen könnten die Gewerkschaften in Zukunft wieder eine bedeutendere Rolle spielen als in den zurückliegenden drei Jahrzehnten. Im Zuge dieses Comeback würde sich auch Wirtschaftspolitik wieder anders orientieren.

6.1.5 Rating-Agenturen – ein neuer Machtfaktor?

Einerseits haben also die Gewerkschaften in den letzten dreißig Jahren durch eine Reihe ungünstiger Umstände an Einfluss verloren, andererseits haben die Regierungen ihren finanzpolitischen Handlungsspielraum eingebüßt, indem sie sich selbst dem Stabilitäts- und Wachstumspakt und der Schuldenbremse unterworfen haben. Dafür haben andere Akteure die Weltbühne betreten und ihrerseits mit ihrem Wirken erheblichen Einfluss auf das Wirtschaftsgeschehen gewonnen. Die Rede ist von den sog. Rating-Agenturen. Worum handelt es sich dabei?

Im Eingangsabschnitt dieses Kapitels über die Finanzmärkte hatten wir geschildert, dass die großen Unternehmen weniger als früher bei den Banken Kredite zur Investitionsfinanzierung aufnehmen müssen, weil sie in größerem Umfang auf unverteilte Gewinne zurückgreifen können. Außerdem hat die Liberalisierung der Kapitalmärkte den Unternehmen mehr als je zuvor ermöglicht, statt in Realkapital in Finanzkapital zu investieren. Das führte weltweit zu einem Überschuss an liquiden Mitteln, die nicht für Realkapitalinvestitionen »abgerufen« wurden, gleichwohl aber nach rentierlichen Anlagemöglichkeiten suchen.

Wenn die Deutsche Bank an Siemens oder die Commerzbank an BASF einen Kredit vergeben, geschieht dies auf der Basis eines Einblicks in das Unternehmen, seine Geschäftszahlen und sein Management. Mit anderen Worten: Die Banken, die unmittelbar an Unternehmen Kredite vergeben, haben selbst ein wohl fundiertes Urteil darüber, wie sich diese Unternehmen voraussichtlich entwickeln werden und ob sie den gewährten Kredit mit Zins und Zinseszins zurückzahlen können.

Aber wie funktioniert das auf den internationalen Kapitalmärkten? Wie soll beispielsweise ein Anleger in Deutschland wissen, welche Anleihen auf dem Markt angeboten werden und ob die Anleihe eines koreanischen Unternehmens, dessen Namen er vorher noch nie gehört hat, Wertzuwachs und Rendite verspricht? Zum besseren Verständnis: Eine Anleihe eines koreanischen Unternehmens ist nichts anderes als eine Anleihe von Bayer oder des Staates (des Bundes): ein festverzinsliches Wertpapier, das ein Unternehmen oder der Staat über die Börse Anlegern zum Kauf anbietet, um sich auf diese Weise liquide Mittel zu beschaffen. Darlehensgeber sind in diesem Falle also private Anleger, die Banken wirken nur im Auftrag des Kunden und wickeln den Kauf des Wertpapiers ab.

Banken, die sich auf den Handel mit Wertpapieren aller Art spezialisiert haben, nennt man *Investmentbanken*. Im Unterschied zu den Geschäftsbanken, die Einlagen (z. B. Spargelder) entgegennehmen und Kredite (z. B. für den Hausbau oder den Autokauf) vergeben, betreiben Investmentbanken kein Kreditgeschäft. Sie haben meist eine überschaubare Zahl von Großkunden (Großunternehmen, Regierungen, besonders vermögende Einzelpersonen), die sie bei ihren Vermögensdispositionen beraten, beispielsweise wenn Großunternehmen oder Staaten Anleihen begeben wollen.

Weltwirtschaftliche Rahmenbedingungen im 21. Jahrhundert 493

Erläuterung

Anleihen begeben heißt in diesem Zusammenhang: herausgeben, auf den Wertpapiermarkt bringen. Der aus dem Lateinischen stammende, sehr gebräuchliche Fachausdruck für diesen Vorgang lautet übrigens *Emission* = Herausgabe, das Verb *emittieren*. Für die Beratung ihrer Kunden und den Kauf bzw. Verkauf von Wertpapieren verlangen die Investmentbanken Gebühren und Provisionen, wobei letztere in der Regel einen bestimmten Prozent- oder Promillesatz des im Kundenauftrag getätigten Wertpapierumsatzes betragen. Von diesen Gebühren und Provisionen – und nicht wie die Geschäftsbanken von der Zinsdifferenz zwischen Guthaben- und Darlehenszins – »leben« die Investmentbanken. Hinzu kommen Wertpapiergeschäfte auf eigene Rechnung, bei denen sie auf die Realisierung von Kursgewinnen hoffen.

Nach diesen Erläuterungen der Funktion von Investmentbanken können wir zu der Ausgangsfrage zurückkehren: Woher weiß man als Anleger oder auch als Investmentbank, welche Papiere »gut« sind und welche nicht? Dafür gibt es »Experten«, die die Kreditwürdigkeit von Unternehmen, aber auch von Banken und Staaten, die Anleihen (oder im Falle von Unternehmen auch Aktien) emittieren, einschätzen: die *Rating-Agenturen.*

Rating-Agenturen sind keine neue Erscheinung, wie man vermuten könnte. Ihre Ursprünge liegen im 19. Jahrhundert, und zwar – wie kaum anders zu erwarten – in den USA. Als dort die Eisenbahnstrecken quer durch das riesige Land gebaut wurden, musste zur Finanzierung enormes privates Kapital mobilisiert werden. Dazu brauchten die Investoren Informationen über die geplanten Strecken, das benötigte Kapital und die bisherige Entwicklung von Gewinnen und Verlusten bei den Eisenbahnen. 1868 erschien das erste Handbuch der Eisenbahnen der USA, herausgegeben von dem Amerikaner *Henry V. Poor,* mit umfangreichen wirtschaftlichen Daten. Ein anderer Amerikaner, *John Moody,* machte sich diese Sammlung wirtschaftlicher Daten über die Eisenbahnen zum Vorbild und gab seinerseits 1900 ein Handbuch der Industriestatistik heraus. Zu einem Zeitpunkt, als Unternehmen noch nicht gesetzlich verpflichtet waren, Geschäftsdaten zu veröffentlichen, und auch von Seiten des Staates noch keine Statistiken erhoben wurden, schlossen diese Handbücher eine wichtige Informationslücke. Es war die Geburtsstunde der heutigen Rating-Agenturen *Moody's Investors Service* und *Standard & Poor's (S & P).*

Jahrzehntelang waren diese Agenturen kleine, bescheidene Einrichtungen und in ihrem Wirken auf die USA beschränkt. Noch in den sechziger Jahren des zwanzigsten Jahrhunderts bestand S & P aus drei Vollzeit-Analysten, einem Rentner auf Teilzeitbasis, einem Statistiker und einer Sekretärin. Heute beschäftigen

Moody's und S & P hunderte von Analysten, haben ihren Hauptsitz im Börsenviertel von New York, zahlreiche weitere Niederlassungen in den USA und seit den neunziger Jahren auch in Europa, Asien und Lateinamerika. In Deutschland eröffneten Moody's 1991, S & P 1992 ihre Büros in Frankfurt.

Was machen diese Rating-Agenturen genau? Und warum waren sie noch in den sechziger Jahren offenbar bedeutungslos?

Das Wachstum der Rating-Agenturen und ihre Ausbreitung über die ganze Welt ist ohne den Zusammenbruch des Bretton-Woods-Systems Anfang der siebziger Jahre und die sich anschließende schrittweise Liberalisierung der Kapitalmärkte nicht vorstellbar. Innerhalb des Bretton-Woods-Systems mit seinen Kapitalverkehrskontrollen waren die Spielräume für Großanleger sehr begrenzt und einem kleinen Kreis von Banken vorbehalten. Insofern gab es für Rating-Agenturen außerhalb der USA nichts zu tun. Dies änderte sich schlagartig mit der vollständigen Liberalisierung des Kapitalverkehrs. Jetzt konnten Banken, Investmentbanken, Großanleger in aller Welt Wertpapiere kaufen und verkaufen. Es kamen Anleihen auf den Markt, die zwar höhere Zinsen versprachen, aber auch – im Unterschied etwa zu deutschen Staatspapieren – ein sehr viel höheres Verlustrisiko in sich bargen, beispielsweise Anleihen von Schwellenländern oder von aufstrebenden Unternehmen in diesen Ländern. Damit stieg der Bedarf an einer Einstufung der Vielzahl der Papiere durch »neutrale« Einrichtungen wie die Rating-Agenturen.

Problem dabei ist allerdings: Die Rating-Agenturen erheben nicht nur eine Fülle von Daten über Unternehmen, Banken und Staaten und stellen sie kommentarlos zusammen. Sie bewerten diese Daten auch. Und was sind die Maßstäbe für ihre Bewertungen, ihre Interpretationen? Maßstab sind einzig und allein die Interessen der Investoren an kurzfristiger Maximierung der Erträge auf ihr eingesetztes Kapital. Die Analysten der Rating-Agenturen sind tief geprägt von der Überzeugung oder besser gesagt von dem Glauben an universell sich selbst regulierende Märkte. Zusammen mit den meisten Bankern, Unternehmensberatern und neoliberal orientierten Ökonomen leben sie in ihrer eigenen Welt mit komplizierten, abstrakten Modellen und Instrumenten zur Finanzanalyse.

Das hat enorme Folgen. Je nachdem, wie gut oder schlecht Rating-Agenturen ein privates Unternehmen, eine Bank oder einen Staat einstufen, können sie größere Kapitalströme der Anleger in ein Land, zu einem Unternehmen, oder auch aus einem Land heraus und weg von einem Unternehmen auslösen. Es ist nicht übertrieben festzustellen: Mit ihrem Urteil beeinflussen die Rating-Agenturen die weltweiten Kapitalflüsse, damit das Entstehen und die Vernichtung von Arbeitsplätzen, kurz: die wirtschaftlichen Entwicklungschancen von Menschen, Unternehmen, ja von ganzen Ländern.

Weltwirtschaftliche Rahmenbedingungen im 21. Jahrhundert   495

Selbst riesige Unternehmen wie General Motors (GM) oder Ford in den USA mussten die Macht der Rating-Agenturen »am eigenen Leib« erfahren. Ende 1991 kündigte GM einen Verlust von 4,5 Mrd. US-Dollar im operativen Geschäft an. (Operatives Geschäft nennt man die Erlöse aus dem Kerngeschäft eines Unternehmens, in diesem Falle also aus dem Verkauf von Autos. Mit nicht-operativem Geschäft bezeichnet man die Erlöse beispielsweise aus Finanzanlagen oder Grundstücksverkäufen.) Das Unternehmen erklärte daraufhin öffentlich, 21 Betriebe zu schließen und 74.000 Stellen zu streichen, um die ernsthafte Absicht des Unternehmens zu unterstreichen, unverzüglich seine Wettbewerbsfähigkeit verbessern zu wollen. Damit war beabsichtigt, einer Herabstufung im Rating durch die Agenturen zuvorzukommen und zu vermeiden, dass seine Kosten für Fremdkapital stiegen (durch den Zwang, Anleihen zu höheren Zinsen emittieren zu müssen). Doch der Plan misslang. Trotz in aller Eile verabschiedeter Umstrukturierungpläne stufte Moody's im Januar 1992, Standard & Poor's im März 1992 die GM-Papiere herab. Moody's behauptete, die Umstrukturierungspläne des Autokonzerns wären nicht geeignet, seine Wettbewerbsfähigkeit wieder herzustellen. Der Druck auf GM wurde infolge des verschlechterten Ratings so groß, dass der damalige Vorsitzende des Board of Directors (in Deutschland vergleichbar mit dem Vorsitzenden des Vorstands eines Unternehmens), *Robert C. Stempel,* seinen Stuhl räumen musste.

Auch Ford bekam die Macht der Rating-Agenturen kürzlich zu spüren. Ende der neunziger Jahre hatte Ford den Versuch gestartet, seine Autos verstärkt über das Internet zu verkaufen und durch Ausdünnen des Händlernetzes Vertriebskosten zu sparen. Doch das Vorhaben ging schief. Als Ende der neunziger Jahre der Internet-Boom zu Ende ging und die US-Wirtschaft vor einer Rezession stand, sank die Kapitalrendite bei Ford von normalerweise 10 % auf 9 % (1999) und schließlich auf 6 % im Jahr 2000. Um die Nachfrage anzukurbeln, räumte Ford und auch die anderen beiden US-Automobilkonzerne den Käufern neuer Wagen Kredite zu Null-Prozent ein. Diese Maßnahme beflügelte zwar den Absatz und Ford erreichte das drittbeste Verkaufsergebnis seiner Geschichte. Doch das Unternehmen verdiente nur wenig an den verkauften Autos – zu groß waren die Kosten für die Finanzierung des Absatzes, die nicht an die Kunden weitergereicht wurden. Hinzu kam: Japanische und deutsche Automobilanbieter waren in diesen Jahren erfolgreicher auf dem amerikanischen Markt, produzierten bessere SUV's und hatten es nicht nötig, den Kunden für den Kauf Kredite zum Null-Tarif einzuräumen.

S & P und Moody's sahen im Frühjahr 2001 eine Krise bei Ford heraufziehen und gaben erste negative Prognosen ab. Das Management von Ford reagierte darauf mit der Ankündigung, sich von 5.000 Angestellten im Gebiet von Detroit zu trennen und dadurch Kosten in Höhe von 700 Mio. Dollar einzusparen. Weitere

Kürzungen bei den Gehältern im Umfang von 300 Mio. US-$ waren geplant. S & P zeigte sich davon unbeeindruckt und erklärte, Fords Bemühungen zur Kostenreduzierung wären nicht ausreichend. Beide Rating-Agenturen begannen, Fords Renditeaussichten kritisch unter die Lupe zu nehmen. Die Märkte registrierten die negativen Einschätzungen der Agenturen und nahmen in ihren Reaktionen die drohende Herabstufung im Rating vorweg. Ford verlor seinen Zugang zum Markt für kurzfristige Finanzierungen, und musste zu schlechteren Konditionen umschulden. Jacques Nasser, der Internet-Visionär im damaligen Vorstand von Ford, musste seinen Hut nehmen. Unter seinem Nachfolger wurden bei Ford 35.000 Jobs im Arbeiter- und Angestelltenbereich gestrichen.

Wir entnehmen diesen Beispielen, dass es keineswegs übertrieben ist, die Rating-Agenturen als einen neuen Machtfaktor in der Wirtschaft zu bezeichnen. *Thomas L. Friedman* (nicht zu verwechseln mit dem Ökonomen und Monetaristen Milton Friedman!), amerikanischer Journalist, brachte es 1995 in einem Kommentar für die New York Times auf den Punkt:

»Wir leben erneut in einer Welt mit zwei Supermächten. Die eine sind die USA, die andere ist Moody's. Die USA können ein Land zerstören, indem sie es mit Bomben dem Erdboden gleich machen: Moody's kann ein Land zerstören, indem es seine Anleihen herabstuft.« (Übersetzung von mir, H. A.)

Dem ist nichts mehr hinzuzufügen.

6.2 Binnenwirtschaftliche Rahmenbedingungen für Deutschlands Wirtschaft im 21. Jahrhundert

In Deutschland werden die nächsten Jahrzehnte von zwei großen Entwicklungen geprägt sein: dem demografischen Wandel und der Energiewende. Über Beides ließen sich eigene Lehrbücher schreiben. Wir können daher im Folgenden nur einige zentrale Aspekte beleuchten.

6.2.1 Der demografische Wandel und seine Folgen

Mit dem demografischen Wandel – der Veränderung der Altersstruktur der Bevölkerung – haben wir uns bereits mehrfach in diesem Buch befasst, und zwar in Zusammenhang mit dem Arbeitsmarkt (Kap. 4.1 und 5.3), der Rentenversicherung (Kap. 4.3.3 und 5.5.1) und dem Gesundheitssystem (Kap. 4.3.4 und 5.5.2). Der demografische Wandel hat jedoch nicht nur Auswirkungen auf den Arbeitsmarkt

Schaubild 6.8

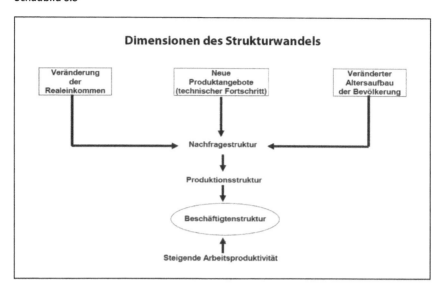

und die Finanzierung der sozialen Sicherungssysteme. Das gesamte Wirtschafts- und Sozialsystem wird von seinen Folgen betroffen sein.

Machen wir uns die wichtigsten Veränderungen, die bevorstehen und auf unser Wirtschafts- und Sozialsystem einwirken werden, bewusst. Den wirtschaftlichen Strukturwandel hatten wir in Kapitel 2.2 ausführlich beschrieben. Auslöser dafür sind die Zuwächse der Realeinkommen der Bevölkerung. Wenn die Menschen mehr verdienen, verändert sich die Zusammensetzung ihres monatlichen Budgets. Sie geben relativ weniger für die Befriedigung der Grundbedürfnisse (Essen, Trinken, Kleidung) aus, dafür steigt der Anteil der Ausgaben für industrielle Produkte (Wohnungseinrichtung, Haushaltsgeräte, Unterhaltungselektronik, Auto, evtl. Eigenheim) und für private (Mietwohnung, Versicherungen, Reisen) sowie öffentliche (Schule/Universität, Gesundheit, Kultur) Dienstleistungen. Die allgemeine Erhöhung der Realeinkommen führt zu einer veränderten Nachfragestruktur *(Schaubild 6.8)*. Aber auch die Alterung der Bevölkerung löst eine Veränderung der Nachfragestruktur aus. Denn die Senioren fragen andere Produkte nach die Jungen. Wenn eine Wirtschaft weniger Kinder, dafür aber viele Alte zu bedienen hat, lassen sich die Folgen für Nachfrage und Produktion am besten auf die Kurzformel bringen: weniger Schaukelpferde, dafür mehr Schaukelstühle! Der technische Fortschritt sorgt zusätzlich durch immer neue Erfindungen dafür, dass neue Produkte auf den Markt kommen, dafür alte vom Markt verschwinden und die Nachfrage sich auf ein anderes Angebot einstellt.

Eine andere Nachfragestruktur führt zu einer anderen Produktionsstruktur, weil die Wirtschaft einen anders zusammengesetzten »Warenkorb« herstellen muss. Für die Produktion eines anders zusammengesetzten Bruttoinlandsprodukts wiederum werden zum Teil Arbeitskräfte mit neuen Qualifikationen benötigt. Auch die ständig steigende Arbeitsproduktivität führt zu neuen Anforderungen an die Arbeitskräfte. Folge: Die Beschäftigtenstruktur verändert sich. Diese Zusammenhänge soll *Schaubild 6.8* veranschaulichen.

Weitere Folgen ergeben sich aus dem demografischen Wandel für den Wohnungsmarkt, die regionale Wirtschaftsstruktur und das wirtschaftliche Wachstum *(Schaubild 6.9)*. Der andere Altersaufbau der Bevölkerung bringt es mit sich, dass die Haushalte kleiner werden, d. h. es wohnen im Schnitt weniger Personen in einem Haushalt. Die Zahl der Haushalte ist wiederum ist ein entscheidender Faktor für die quantitative und qualitative Nachfrage nach Wohnraum. Kleinere Haushalte und vor allem Single-Haushalte verlangen mehr kleine Einzelwohnungen, Haushalte mit drei und mehr Personen möchten in Vier- oder Fünf-Zimmerwohnungen oder in Eigenheimen leben. Senioren haben wiederum andere Erwartungen an eine Wohnung. Sie soll zwei bis drei Zimmer groß und Barriere frei sein, Ärzte, eine Apotheke und ein Sanitätshaus sowie Geschäfte für den täglichen Bedarf in erreichbarer Nähe sowie eine gute Anbindung an öffentliche Verkehrsmittel haben. Der derzeitige Wohnungsbestand entspricht nur zum Teil diesen Wohnwünschen. Viele Anpassungs-, Modernisierungs- und Sanierungsmaßnahmen werden notwendig sein, um der künftig veränderten Nachfrage gerecht werden zu können.

Die veränderte Produktionsstruktur führt auch zu einer anderen regionalen Wirtschaftsstruktur. Das industrielle Herz Deutschlands nach dem Zweiten Weltkrieg war das Ruhrgebiet. Hier befand sich die Kohle in der Erde und musste in zahlreichen Bergwerken gefördert werden. Durch Verbrennen der Kohle in Hochöfen wurde Eisenerz so weit erhitzt, dass es sich verflüssigte und daraus Stahl gewonnen werden konnte. Seit diese Altindustrien als Folge des Strukturwandels an Bedeutung verloren haben, ist auch das Ruhrgebiet nicht mehr *der* zentrale Industriestandort in Deutschland. Die industriellen Zentren Deutschlands sind heute Baden-Württemberg, Bayern und das Rhein-Main-Gebiet, wichtige Dienstleistungszentren liegen zusätzlich an der Achse Bonn-Köln-Düsseldorf, in Hamburg sowie in einigen ostdeutschen Regionen wie Leipzig-Dresden und Potsdam.

Seit jeher sind große Teile der Bevölkerung dorthin gewandert, wo es Arbeit und damit Erwerbsmöglichkeiten gab. Das lässt sich auch in Deutschland beobachten – vermehrt seit der Wiedervereinigung. Ostdeutsche wandern in die Ballungsregionen Westdeutschlands, und auch viele Norddeutsche der alten Bun-

Schaubild 6.9

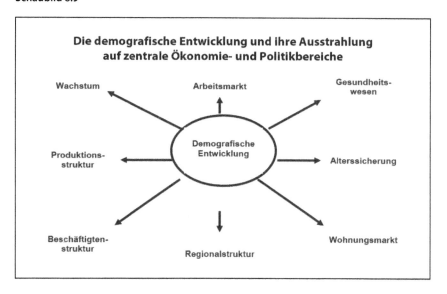

desländer wandern nach Baden-Württemberg und Bayern. So veröden viele strukturschwache Gebiete, weil die zurückbleibende Bevölkerung überwiegend aus Alten und sozial Schwachen besteht und es für Unternehmen der New Economy (= Sammelbezeichnung für die Informations- und Kommunikationsindustrie) wegen fehlenden Arbeitskräftepotenzials nicht attraktiv ist, sich dort anzusiedeln. Auch die Gesundheitsversorgung in diesen Regionen wird schlechter, weil insbesondere Fachärzte und Krankenhäuser zu wenige Patienten haben. Manche Ärzte müssen deshalb ihre Praxis aufgeben, auch Krankenhäuser, die über Jahre unterausgelastet sind, werden mit anderen zusammengelegt. Kindergärten und Schulklassen dünnen aus, Kinder müssen lange Wege zum Kindergarten und zur Schule in Kauf nehmen, weil ebenfalls viele geschlossen werden.

Die Folgen für den Wohnungsmarkt in diesen Gebieten sind ebenfalls gravierend. Wohnungen stehen leer, weil die Eigentümer keine Mieter mehr finden, früher selbstgenutzte Eigenheime verlieren ihren Wert, weil niemand sie kaufen will, um sich dort anzusiedeln. Die Häuser verkommen, weil die Eigentümer keinen Sinn darin sehen, in sie zu investieren.

Umgekehrt mehren sich in den Ballungsregionen die Probleme. Wohnraum ist knapp und deshalb sehr teuer, die Umweltbelastungen nehmen zu, die Kapazitäten des öffentlichen Verkehrsnetzes reichen nicht aus. Sozial Schwache werden aus guten Gegenden verdrängt, es entstehen Problemviertel, die die betreffenden Kommunen vor schwer zu lösende Aufgaben stellen.

Welche Auswirkungen eine alternde Gesellschaft auf das wirtschaftliche Wachstum haben wird, ist unter den Ökonomen umstritten und noch nicht abschließend erforscht. Einerseits wird befürchtet, dass eine Zahl älterer Beschäftigter im Erwerbsleben nicht die wünschenswerte Leistung erbringt und so das Wachstum gebremst wird. Andererseits wird darauf verwiesen, dass der Einsatz körperlicher Kraft in der modernen Arbeitswelt nicht mehr in dem Umfang wie früher notwendig ist, viele Menschen länger als früher fit sind und ihr Wissen und ihre Erfahrung einen wichtigen Produktivitätsfaktor darstellen. Vieles spricht dafür, dass bremsende und produktivitätsfördernde Faktoren sich gegenseitig ausgleichen, so dass negative Wachstumseffekte nicht zu befürchten sind. Unbestritten ist allerdings, dass lebenslanges Lernen und geistige Flexibilität der Menschen sowie die Anpassung der Arbeitsprozesse an die Bedürfnisse Älterer Voraussetzungen dafür sind, dass trotz des demografischen Wandels die Wirtschaftskraft Deutschlands erhalten bleibt.

Für die Sozialsysteme wird der Gipfel der Belastungen nach derzeitigen Erkenntnissen etwa im Jahre 2045 erreicht sein. Danach wird sich die Situation entspannen. Zwar ist davon auszugehen, dass sich die Lebenserwartung der Menschen weiter verlängern wird. Doch die Jahrgänge, die dann ins Rentenalter eintreten, werden nach 2045 nicht mehr so stark besetzt sein wie in den Jahrzehnten davor. Davon werden die in den achtziger Jahren und später geborenen Jahrgänge profitieren, die derzeit um die Mitte 30 und jünger sind. Deren Rente wird wieder leichter von der nachfolgenden erwerbstätigen Generation finanzierbar sein, es sei denn, die Geburtenrate wird noch weiter sinken. Da die Politik jedoch inzwischen die eigentliche Ursache des Geburtenrückgangs – die schwierige Vereinbarkeit von Familie und Beruf wegen fehlender Kinderbetreuungseinrichtungen – erkannt hat und seit einiger Zeit entsprechend gegengesteuert, ist eher eine Stabilisierung der Geburtenrate und im günstigen Fall sogar ein Wiederanstieg zu erwarten.

6.2.2 Die Energiewende

Unter *Energiewende* versteht man die schrittweise Umstellung der Energieversorgung in den Bereichen Strom, Wärme und Verkehr auf erneuerbare Energien und den ebenso schrittweisen Ausstieg aus der Kernenergie und aus fossiler Energiegewinnung. Die politischen Maßnahmen, die auf das Verhalten der Anbieter und Nachfrager von Energieprodukten (Kohle, Erdöl, -gas, Strom usw.) einwirken, werden unter dem Oberbegriff *Energiepolitik* zusammengefasst.

Binnenwirtschaftliche Rahmenbedingungen für Deutschlands Wirtschaft 501

Tabelle 6.6 Bruttostromerzeugung[1] in Deutschland nach Energieträgern 2013

Energieträger	Mrd. kWh	%	% (1990)
Braunkohle	161,0	25,5	31,1
Erneuerbare Energien[2]	152,0	24,1	3,6
Steinkohle	122,2	19,4	25,6
Kernenergie	97,3	15,4	27,7
Erdgas	66,7	10,6	6,5
Mineralölprodukte	6,6	1,0	2,0
Sonstige[3]	25,6	4,0	3,5
Erzeugung insgesamt	631,4	100,0	100,0

1 Summe der gesamten inländischen Stromerzeugung (Wind, Wasser, Sonne, Kohle, Öl, Erdgas und andere), zuzüglich der Stromflüsse aus dem Ausland und abzüglich der Stromflüsse ins Ausland. – **2** Windkraft, Wasserkraft, Biomasse, Photovoltaik, Erzeugung aus biogenem Anteil des Hausmülls. – **3** Nichterneuerbare Abfälle, Abwärme u. a.

Quelle: AG Energiebilanzen (Stand: 6. 6. 2014)

Während sich der demografische Wandel – von der Politik unbeeinflusst – seit Jahren in kleinen Schritten vollzogen hat und auch noch weiter anhalten wird, ist die Energiewende ein politisches Projekt: Es wurde von der rot-grünen Bundesregierung eingeleitet und seit der Nuklearkatastrophe in Fukushima von Bundeskanzlerin *Angela Merkel (CDU)* zu einem Kernziel ihrer Politik erklärt. »Für mich ist das drängendste Problem die Gestaltung der Energiewende«, so die Bundeskanzlerin in einem ZDF-Interview am 17. 12. 2013.

Derzeit (2013) wird Strom in Deutschland aus Braunkohle, Steinkohle, Kernenergie, Erdgas, Mineralölprodukten und erneuerbaren Energien gewonnen. Den Anteil der einzelnen Energieträger an der gesamten Bruttostromerzeugung ist *Tabelle 6.6* zu entnehmen. Wir sehen: Der bedeutendste Energieträger für die Stromerzeugung ist die Braunkohle mit einem Anteil von fast 26 Prozent. Dann folgen aber an zweiter Stelle bereits die erneuerbaren Energien mit gut 24 Prozent. Bedeutend sind ferner noch die Steinkohle (19 Prozent), die Kernenergie (15 Prozent) sowie das Erdgas. Zum Vergleich sind in der letzten Spalte die entsprechenden Anteile aufgeführt, den die Energieträger im Jahre 1990 an der Bruttostromerzeugung hatten. Damals betrug der Anteil der erneuerbaren Energien an der Bruttostromerzeugung nur 3,6 Prozent, der der Kernenergie noch fast 28 Prozent. Braunkohle, Steinkohle und Kernenergie zusammen trugen mit über 84 Prozent zur Stromerzeugung bei (2013: 60 Prozent). Es hat also in den

502 Ausblick

Tabelle 6.7 Struktur des Primärenergieverbrauchs in Deutschland (in Prozent*)

Energieträger	1990	2000	2010	2013
Mineralöl	35,0	38,2	32,9	33,4
Erdgas	15,4	20,7	22,3	22,3
Steinkohle	15,5	14,0	12,1	12,8
Braunkohle	21,5	10,8	10,6	11,7
Erneuerbare Energien	1,3	2,9	9,9	11,5
Kernenergie	11,2	12,9	10,8	7,6
Sonstige	0,2	0,5	1,3	0,6
insgesamt	100,0	100,0	100,0	100,0

* Differenzen in den Summen durch Rundungen

Quelle: AG Energiebilanzen

mehr als zwanzig Jahren seit 1990 ein erheblicher Wandel in der Energieerzeugung stattgefunden.

Strom ist zwar ein sehr wichtiger Energieträger (und vor allem einer, den wir alle aus unserer persönlichen Lebenswelt kennen), aber nicht der einzige. Zudem handelt es sich bei ihm um *Sekundärenergie*, d. h. er wird aus anderen Energieträgern (siehe erste Spalte aus *Tabelle 6.6*) – der sog. *Primärenergie* – durch Umwandlung gewonnen. Wie sich der Primärenergieverbrauch in Deutschland zusammensetzt und im Laufe der letzten zwei Jahrzehnte verändert hat, ist der *Tabelle 6.7* zu entnehmen.

Es fällt auf, dass der Anteil der Kernenergie am gesamten Primärenergieverbrauch seit 2000 rückläufig ist, während der Anteil der erneuerbaren Energien sinkt. Auch der Anteil von Stein- und Braunkohle am Primärenergieverbrauch ist 2013 im Vergleich zu 1990 gesunken. Hier zeichnet sich bereits die Energiewende ab, die von der Politik beabsichtigt ist: der langsame Ausstieg aus der Kernenergie und den fossilen Energieträgern Stein- und Braunkohle bei gleichzeitigem Umstieg auf erneuerbare Energien.

Primärenergie

sind alle Energieträger, die von Natur aus vorhanden sind, unmittelbar der Natur »entnommen« werden und noch keiner Umwandlung unterworfen worden sind. Dazu zählen Erdöl, Erdgas und Kohle, Solarenergie, Wasserkraft und Windenergie.

Sekundärenergie

entsteht aus der Umwandlung von Primärenergie. So werden beispielsweise Briketts, Stadtgas oder Koks aus Steinkohle und Braunkohle gewonnen. Heizöl, Benzin oder Diesel werden aus Erdöl hergestellt. Für die Erzeugung von Strom oder Fernwärme werden meist Kohle, Erdöl, Erdgas oder Uran (Kernenergie) eingesetzt.

Grundsätzlich muss die Energiepolitik bei ihren Maßnahmen drei Ziele im Blick haben:

- *Umweltverträglichkeit (Klimaschutz)*
- *Versorgungssicherheit*
- *Wirtschaftlichkeit*

Umweltverträglichkeit bedeutet: Die Umwelt belastenden Energieträger, die bei der Stromgewinnung erhebliche Mengen CO_2 freisetzen, müssen schrittweise durch erneuerbare Energien ersetzt werden.

Versorgungssicherheit heißt: Die Energieversorgung insbesondere mit Strom muss unter allen Umständen gesichert sein.

Wirtschaftlichkeit verlangt: Der Strom, der aus erneuerbaren Energien gewonnen, muss für die Wirtschaft und die privaten Haushalte bezahlbar bleiben.

In *Schaubild 6.10* sind diese drei Anforderungen an die Energiewende als Ziel-Dreieck der Energiewende dargestellt. Doch hier ergeben sich folgende Probleme:

Schaubild 6.10

- Die erneuerbaren Energien haben für die Stromerzeugung zwar erheblich an Bedeutung gewonnen. Ihr Problem ist jedoch die Versorgungssicherheit. Wind und Sonne stellt die Natur zwar kostenlos bereit, aber nicht ständig. Da es noch keine technische Möglichkeit gibt, Strom zu speichern, besteht bei Strom aus erneuerbaren Energien die Gefahr von Stromausfällen, wenn weder die Sonne scheint noch der Wind weht. Um trotzdem Versorgungssicherheit in allen Situationen zu gewährleisten, müssen traditionelle Energieträger, wenn auch in geringerem Umfang, gewissermaßen als Reserve aufrecht erhalten werden.

- Die Stromversorgung beruht derzeit noch zu 60 Prozent auf Braun- und Steinkohle sowie der Kernenergie (siehe *Tabelle 6.6*). Erwünscht ist, aus allen dreien möglichst schnell auszusteigen: Aus der Kohle, weil die Kohlekraftwerke, die Strom erzeugen, die Umwelt durch hohen CO_2-Ausstoß erheblich belasten. Aus der Kernenergie, weil erstens Unfälle nicht vollkommen ausgeschlossen werden können und ein Restrisiko besteht. Zweitens, weil das Problem der sicheren Endlagerung des Atommülls nach wie vor ungelöst ist. Beides schnell und gleichzeitig zu bewerkstelligen ist schwierig, solange mit den erneuerbaren Energien nicht verlässlich und kontinuierlich die benötigte Strommenge erzeugt werden kann. Es besteht also ein Konflikt zwischen Klimaschutz und Versorgungssicherheit.

- Der Auf- und Ausbau erneuerbarer Energien kostet Geld. Denn die Umwandlung von Wind- und Sonnenenergie erfordert neue Technologien. Die Politik fördert seit 2000 die erneuerbaren Energien, indem allen Erzeugern von »grünem Strom« eine sichere Abnahme und ein gesetzlich festgelegter Preis garantiert werden. Das hat stabile und verlässliche Rahmenbedingungen für alle geschaffen, die in erneuerbare Energien investierten, also z. B. Windkraft- oder Solaranlagen errichteten. Der Erfolg ist sichtbar: Der Anteil erneuerbarer Energien an der gesamten Energieversorgung ist seit 1990 deutlich gestiegen (siehe *Tabelle 6.6*). Andererseits hat jeder Bürger festgestellt: Je mehr Windräder er in den letzten Jahren bei einer Reise durch Deutschland entdeckte, desto höher fiel seine private Stromrechnung aus. Dieser Anstieg der Strompreise war eine Folge der Förderung der erneuerbaren Energien (zu den Zusammenhängen siehe Exkurs: Erneuerbare Energien und Strompreis). Es tat sich also ein Konflikt zwischen Klimaschutz und Wirtschaftlichkeit (= Strom soll für alle bezahlbar bleiben) auf.

Binnenwirtschaftliche Rahmenbedingungen für Deutschlands Wirtschaft 505

Exkurs: Erneuerbare Energien und Strompreis

Warum wird der Strom teurer, wenn zu seiner Erzeugung verstärkt erneuerbare Energien eingesetzt werden? Sonne und Wind sind doch da und kosten nichts! Um das zu verstehen, müssen wir uns das Fördersystem der erneuerbaren Energien ansehen.

Wie jede neue Technologie haben auch die erneuerbaren Energien hohe Anlaufkosten. Das ist bei vielen Technologien der Fall. Wir kennen das aus der Pharmaindustrie oder der Automobilindustrie. Ein neues Medikament zu entwickeln, erfordert zunächst hohe Investitionen in die Forschung. Ist das Medikament dann erst mal reif für die Produktion in großen Stückzahlen, sind die Kosten pro Stück nicht mehr so groß. Auch im Automobilbau sind neue Techniken zunächst sehr kostenintensiv und werden daher am Anfang nur in Luxusautos eingebaut (man denke beispielsweise an den Airbag oder das ABS). Sind die Techniken aber erst mal ausgereift, können die entsprechenden Neuerungen in großen Stückzahlen produziert werden, so dass es möglich ist, auch kleinere und billigere Autos damit auszustatten. In der ökonomischen Fachsprache wird das als *Skaleneffekt* bezeichnet.

Auch Strom, der aus Wind und Sonne erzeugt wird, wäre in der Anfangsphase wegen der erforderlichen hohen Investitionen sehr teuer und könnte mit dem herkömmlichen, aus Kohle und Kernkraft gewonnen Strom am Markt nicht konkurrieren. Um dennoch Produktion und Verkauf von »grünem Strom« in Gang zu bringen, wird allen, die in diese neue Technologien investieren, ein Abnahmepreis staatlich garantiert. Dieser Abnahmepreis liegt wesentlich höher als der Marktpreis für Strom, der auf herkömmliche Weise aus Kohle oder Kernenergie erzeugt wird. Mit dem höheren Abnahmepreis sollen den Investoren in erneuerbare Energien das wirtschaftliche Risiko abgenommen und die hohen Investitionskosten abgedeckt werden.

Die Differenz zwischen Garantiepreis und Marktpreis ist also als »staatliche Anschubhilfe« für erneuerbare Energien zu verstehen. Die dafür die benötigten öffentlichen Mittel werden durch eine Umlage, die sog. EEG-Umlage (siehe unten), auf den regulären Strompreis finanziert. Mit anderen Worten: der Verbrauch von »Altstrom«, der aus Atomkraftwerken und Kohle stammt, wird bewusst mit einer Umlage belegt und damit verteuert. Damit sollen nicht nur die Nutzer von Strom gemäß ihrem Verbrauch die finanziellen Hilfen für die Anbieter von »grünem Strom« bezahlen, sondern auch veranlasst werden, ihren Stromverbrauch einzuschränken.

Das Erneuerbare-Energien-Gesetz (EEG), das 2000 von der rot-grünen Bundesregierung verabschiedet wurde und das die EEG-Umlage regelt, birgt jedoch zwei Probleme:

1) Industriebetriebe, die im internationalen Wettbewerb stehen und für ihre Produktion viel Strom benötigen, würde die EEG-Umlage stark belasten und auf den Auslandsmärkten gegenüber ausländischen Unternehmen erheblich benachteiligen. Stromintensive Unternehmen des produzierenden Gewerbes und Schienenbahnen sind deshalb von der EEG-Umlage teilweise ausgenommen. Dies mindert bei der Industrie nicht nur den Druck, Energie sparende Produktionsverfahren zu entwickeln, sondern führt auch zu einer Mehrbelastung der privaten Haushalte als Endverbraucher, weil sich für sie die EEG-Umlage dann entsprechend erhöht.
2) Der Strom für Deutschland wird an der Strombörse in Leipzig, der EEX (European Energy Exchange: engl. = Europäischer Energie Austausch) gehandelt. Dort bildet sich der Strompreis wie an jeder Börse nach den Gesetzen von Angebot und Nachfrage. Das bedeutet: Je mehr Strom aus erneuerbaren Energien auf den Markt kommt, desto größer wird das Angebot. Folge: Der Strompreis an der Börse sinkt. Dadurch wird der Abstand zwischen Marktpreis und

Schaubild 6.11

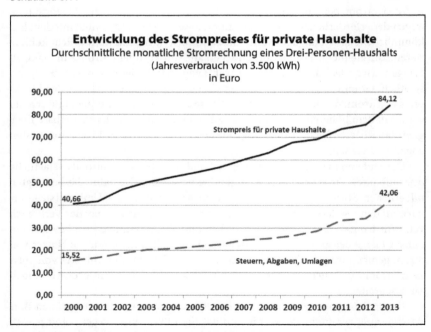

Quelle: Bundesverband der Energie- und Wasserwirtschaft e.V. (Stand: November 2013)

staatlich garantierter Vergütung für Öko-Strom größer, und der Staat muss den Öko-Strom-Anbietern mehr Hilfen zahlen. Das führt zu einer steigenden EEG-Umlage, die sich in höheren Strompreisen für den Endverbraucher niederschlägt. Ergebnis: Seit 2000 ist der Strompreis für private Haushalte von 40,66 Euro (2000) auf 84,12 Euro (2013) gestiegen, hat sich also mehr als verdoppelt. Die untere, gestrichelte Linie in *Schaubild 6.11* zeigt, welchen Anteil Steuern, Abgaben und Umlagen an diesem Strompreis haben. Im Jahr 2000 waren nur 15,52 Euro des Strompreises staatliche Abgaben, 2013 waren es 42,06 Euro. Man kann also sagen: Die Hälfte des Strompreises war 2013 durch Steuern, Abgaben und Umlagen bedingt.

Mit der EEG-Novelle von 2014 wurde für Betreiber neuer Anlagen ab 2015 der staatlich garantierte Abnahmepreis für erneuerbare Energien von 17 Cent pro Kilowattstunde (kWh) auf im Schnitt nur ca. 12 Cent/kWh gesenkt. Das dürfte den Anstieg des Strompreises dämpfen.

Die Politik steht somit vor der Herausforderung, die Energiewende zu bewältigen und dabei einen verträglichen Kompromiss zwischen den drei Zielen der Energiepolitik zu finden. Dabei ist zu beachten: In den Medien wird der Zeitrahmen für die Energiewende oft falsch dargestellt. So soll sie *nicht bis 2022* schon abgeschlossen, sondern lediglich der Atomausstieg geschafft sein. Mit anderen Worten: Bis dahin soll aus erneuerbaren Energien so viel Strom erzeugt werden, dass auf Atomkraftwerke verzichtet werden kann.

Die rot-grüne Bundesregierung unter Bundeskanzler *Gerhard Schröder (SPD)* hatte bereits im Jahr 2000 nach Verhandlungen mit den Atomkraftwerksbetreibern den sog. *Atomkonsens* erzielt, eine Vereinbarung zwischen der Bundesrepublik Deutschland und den Betreibern der Atomkraftwerke. Nach diesem *Atomkonsens* wurden die Betriebsgenehmigungen der Atomkraftwerke befristet (Regellaufzeit 32 Jahre) und der Bau neuer Anlagen verboten. Im novellierten Atomgesetz von 2002 (Gesetz zur geordneten Beendigung der Kernenergienutzung zur gewerblichen Erzeugung von Elektriziät) wurde für jeden Reaktor eine Restlaufzeit festgelegt. Die CDU/CSU-FDP-Koalition unter Bundeskanzlerin *Angela Merkel (CDU)* machte den Atomausstieg zunächst teilweise wieder rückgängig und verlängerte in einer 2010 vom Bundestag verabschiedeten Atomgesetznovelle für die sieben vor 1980 in Betrieb gegangen Anlagen die Laufzeit um zusätzliche acht Jahre, die der übrigen zehn Atomkraftwerke um zusätzliche 14 Jahre. Doch wenig später, nach dem atomaren Unglücksfall von Fukushima, riss die Kanzlerin das Ruder radikal herum und leitete den stufenweisen Ausstieg aus der Atomenergie ein. In einer neuerlichen Novelle zum Atomgesetz beschloss der Bundestag am 6. Juni 2011 mit großer Mehrheit, die Laufzeitverlängerungen zurückzunehmen. Danach erlosch am 6. August 2011 die Betriebsgenehmigung für acht Kernkraftwerke (Biblis,

Brunsbüttel, Isar/Block I, Krümmel, Neckarwestheim/Block I, Phillippsburg/Block I, und Unterweser), die von weiteren neun sollen nach einem Stufenplan bis 2022 vom Netz gehen.

Der aktuelle Zeitplan für die Energiewende lässt sich aus *Tabelle 6.8* ablesen. Danach soll unser Stromerzeugung keineswegs zu hundert Prozent auf erneuerbare Energien umgestellt werden. Beabsichtigt ist lediglich, seinen Anteil auf knapp 24 Prozent (2012) auf 50 Prozent (2030) und 80 Prozent (2050) zu erhöhen. Da Strom nicht speicherbar ist und Öko-Strom nicht kontinuierlich, sondern nur witterungsabhängig erzeugt werden kann, ist – bei derzeitigem technischem Stand – ein völliger Verzicht auf Kohlekraftwerke nicht möglich.

Die Energiewende hat bereits eine ganze Reihe von Interessenkonflikten ausgelöst. Um nur einige zu nennen:

- Die vorzeitige Abschaltung der Kernkraftwerke bereitet ihren Betreibern wirtschaftliche Verluste. Kernkraftwerke haben erst nach vielen Jahren Betriebszeit ihre Investitionskosten erwirtschaftet und werfen erst in ihren letzten Betriebsjahren satte Gewinne ab. Das soll ihnen nun auf Grund des politischen Ausstiegsbeschlusses verwehrt werden. Die großen Energiekonzerne verlangen deshalb von der Politik einen Ausgleich.
- Energie aus Windkraft kann witterungsbedingt vorwiegend in Norddeutschland erzeugt werden. Um den Strom in die Mitte und den Süden Deutschlands zu transportieren, müssen neue Trassen mit entsprechender Kapazität gebaut werden. Dagegen wehren sich Bürgerinnen und Bürger, wenn die neuen Stromleitungen nahe ihrer Wohngebiete verlaufen sollen.
- Umweltaktivisten kritisieren, dass weiterhin Kohlekraftwerke mit ihren großen Emissionen (= Luftverschmutzungen) betrieben werden. Sie treffen auf Landesregierungen und Gewerkschaften, die im Interesse des Erhalts der Arbeitsplätze vorerst an Kohlekraftwerkskapazitäten festhalten wollen.
- Des Weiteren kritisieren Umweltaktivisten, dass die Industrie weiterhin Strom zu günstigeren Konditionen beziehen kann und dadurch nicht ausreichend unter Druck gesetzt wird, Energie einzusparen. Hierbei finden sie weitgehend Unterstützung bei den Verbraucher- und Sozialverbänden, die sich gegen die steigende Belastung der privaten Haushalte durch höhere Strompreise zur Wehr setzen. Die Vertreter der Industrie wiederum pochen im Interesse des Erhalts des Industriestandortes Deutschland auf Beibehaltung der Stromvergünstigungen.

Es wird daher spannend sein zu verfolgen, wie sich die Politik durch das Interessengeflecht durchwindet und die Energiewende in einigen Jahrzehnten zu einem erfolgreichen Abschluss bringt.

Binnenwirtschaftliche Rahmenbedingungen für Deutschlands Wirtschaft 509

Tabelle 6.8 Quantitative Ziele der Energiewende

Kategorie	2012	2020	2030	2040	2050
	in Prozent gegenüber 1990				
	(mindestens)				
Treibhausgasemissionen	−24,7	−40	−55	−70	−95
Anteil der erneuerbare Energien					
• am Bruttostromverbrauch	23,6	35	50	65	80
• am Bruttoendenergieverbrauch	12,4	18	30	45	60

Quelle: BMWi, Zweiter Monitoring-Bericht »Energie der Zukunft« (Stand: März 2014), S. 11.

6.2.3 Erhalt und Ausbau der Infrastruktur

Nicht nur für die Energieversorgung werden in den nächsten Jahren erhebliche Mittel bereit gestellt werden müssen. Auch die übrige öffentliche Infrastruktur entspricht immer weniger den Anforderungen, die an ein reiches, industrialisiertes Land wie Deutschland gestellt werden müssen, wenn es seine internationale Wettbewerbsfähigkeit behalten will.

Bereits 2008 hat das Deutsche Institut für Urbanistik, Berlin (Difu) eine größere Untersuchung vorgelegt und für die Jahre 2006 bis 2020 allein für die Kommunen einen Investitionsbedarf von 704 Mrd. Euro (in Preisen des Jahres 2000) errechnet – macht pro Jahr 47 Mrd. Euro. In Preisen von 2013 wären diese 47 Mrd. Euro bereits etwa 60 Mrd. Euro pro Jahr gewesen. Spätere Analysen von anderen Instituten oder Kommissionen bestätigen den hohen Investitionsbedarf im öffentlichen Bereich. So hat die parteiübergreifende Kommission »Zukunft der Verkehrsinfrastrukturfinanzierung«, eingesetzt am 1.12.2011 von der Verkehrsministerkonferenz der Bundesländer, in ihrem Ende 2012 veröffentlichten Zwischenbericht festgestellt: Fast ein Fünftel der Autobahnstrecken und über 40 Prozent der Bundesfernstraßen sowie knapp die Hälfte der Brücken an Bundesfernstraßen sind in einem schlechten Zustand (Bericht, S. 11).

Eines ist unbestritten: Der Verfall der öffentlichen Infrastruktur gefährdet Wirtschaft und Wohlstand einer Gesellschaft. Schlechte Straßen erhöhen die Unfallgefahr und verursachen höhere Betriebskosten und Zeitverlust im Stau.

Schlechte Gebäudequalität (Akustik, Beleuchtung, Raumtemperatur) wirkt sich negativ auf die Arbeitsleistung aus und beeinträchtigt beispielsweise an Schulen den Lernerfolg. Je länger eine Erneuerung oder Sanierung der Infrastruktur

510   Ausblick

Tabelle 6.9 Kommunaler Investitionsbedarf 2006 bis 2020 in Mrd. Euro (in Preisen von 2000)

| | Alte | Neue | Deutschland |
	Bundesländer		
Trinkwasser	21,5	7,5	29,0
Abwasser	45,8	12,4	58,2
Verwaltungsgebäude	16,9	2,9	19,8
Krankenhäuser	23,7	7,2	30,9
Schulen	61,1	11,9	73,0
Sportstätten	27,1	8,1	35,2
Straßen	118,3	43,3	161,6
Öff. Personennahverkehr	30,4	8,0	38,4
Städtebau	6,3	3,8	10,1
Sonstige Bereiche	160,0	48,4	208,4
Grundvermögenserwerb	34,7	4,8	39,5
Insgesamt	545,8	158,4	704,1

Quelle: Reidenbach, M. u. a., Investitionsrückstand und Investitionsbedarf der Kommunen. Ausmaß, Ursachen, Folgen, Strategien, Deutsches Institut für Urbanistik, Berlin 2008, S. 20.

verzögert wird, desto höher fallen auch die Folgekosten aus. Auch das arbeitge-ber- und wirtschaftsnahe Institut der deutschen Wirtschaft (IW), Köln schreibt:

> Eine funktionsfähige Infrastruktur ist eine der wesentlichen Grundlagen einer funktio-nierenden und Wohlstand stiftenden Wirtschaft. (IW, Infrastruktur zwischen Standort-vorteil und Investitionsbedarf, Köln 2014, S. 68)

In einer Unternehmensbefragung des Instituts der deutschen Wirtschaft (IW) ant-worteten Ende 2013 fast zwei Drittel der Unternehmen in Deutschland, dass sie bereits Beeinträchtigungen des eigenen Geschäfts durch Unzulänglichkeiten im Straßenverkehr feststellten (S. 69). Es ist also höchste Zeit, hier politisch entge-gen zu wirken und wieder für einen besseren Zustand der öffentlichen Infrastruk-tur zu sorgen.

Wie konnte es aber überhaupt zu diesem Qualitätsverlust der Infrastruktur in Deutschland kommen? Eine Antwort darauf gibt *Schaubild 6.12*. Es zeigt im obe-ren Teil, wie die Steuereinnahmen ab 2001 infolge der der von Rot-Grünen-Bun-desregierung beschlossenen Steuersenkungen – den größten in der bisherigen

Binnenwirtschaftliche Rahmenbedingungen für Deutschlands Wirtschaft 511

Schaubild 6.12

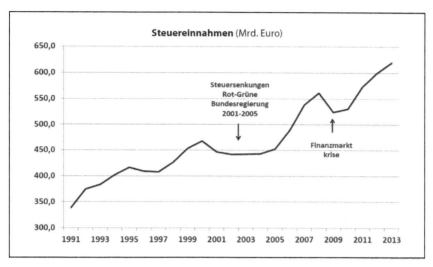

Quelle: BMF

Schaubild 6.13

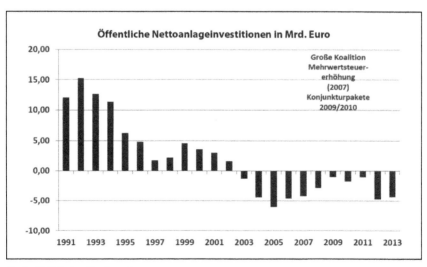

Quelle: Statistisches Bundesamt

deutschen Geschichte – zu einer mehrere Jahre andauernden Stagnation der Steuereinnahmen geführt haben. Der erhoffte Wachstumseffekt ist ausgeblieben. Die zweite große Koalition sah sich deshalb gezwungen, den Mehrwertsteuersatz von 16 auf 19 Prozent anzuheben. Aus *Schaubild 6.13* ist abzulesen, welche Folgen sich aus den stagnierenden Steuereinnahmen für die öffentliche Infrastruktur ergaben. Die Nettoanlageinvestitionen des Staates sind seit 2003 negativ. Das bedeutet: Der Staat investiert noch nicht einmal so viel in Gebäude, Straßen, Schienen, Wasserwege usw., dass deren Substanz erhalten bleibt (Nettoanlageinvestitionen = Bruttoinvestitionen minus Abschreibungen). Der Verfall ist gerade in den letzten Jahren überall schon sichtbar geworden. Von einem Ausbau der Infrastruktur, der notwendig ist, um das Wachstum der Wirtschaft abzusichern und die Standortqualität zu sichern, ist Deutschland immer weiter entfernt.

6.3 Kampf der Systeme – freie oder koordinierte Marktwirtschaft?

Im Kapitel 1 hatten wir uns bereits mit den Rahmenbedingungen von Wirtschaft und Gesellschaft in Deutschland befasst und die soziale Marktwirtschaft als ein System beschrieben, dessen Ausprägung von zwei politischen Grundströmungen beeinflusst wird: der konservativ-liberalen Grundströmung, die soziale Marktwirtschaft als *sozialen Kapitalismus* begreift, und der sozialdemokratischen Zielvorstellung, die unter sozialer Marktwirtschaft eine Weiterentwicklung hin zum *demokratischen Sozialismus* versteht. Beide Marktwirtschaftstypen sind in der Realität anzutreffen. Der *soziale Kapitalismus* oder die *soziale Marktwirtschaft* ist der Marktwirtschaftstyp in Deutschland, aber auch in anderen Ländern Kontinentaleuropas Der *demokratische Sozialismus* (in der wissenschaftlichen Literatur auch als *soziale Demokratie* bezeichnet) ist der in den skandinavischen Ländern anzutreffende Marktwirtschaftstyp.

Zwei amerikanische Politikwissenschaftler, *Peter A. Hall* (Harvard-Universität) und *David Soskice* (Duke-Universität) haben 2001 einen anderen Ansatz zur Unterscheidung von Marktwirtschaften entwickelt. Da in den USA unverkrampft mit der Bezeichnung *Kapitalismus* umgegangen und nicht jeder, der ihn gebraucht, sofort zum Kommunisten abgestempelt wird, trägt ihr Buch den Titel »Varieties of Capitalism« (deutsch: Varianten des Kapitalismus). Sie unterscheiden zwei idealtypische Varianten, denen bestimmte Länder bzw. Volkswirtschaften zugeordnet werden können, und zwar:

- liberale Marktwirtschaften mit den USA als Prototyp (= typisches Beispiel)
- koordinierte Marktwirtschaften mit Deutschland als Prototyp.

Für beide Varianten werden strukturelle Unterschiede bei der sog. Economic Governance (wörtlich übersetzt: wirtschaftliche Steuer-/Lenkbarkeit) herausgearbeitet, d. h. vor allem die jeweils typischen Anreize und Regulierungen, die das Handeln der einzelnen Wirtschaftssubjekte wie Unternehmer, Arbeitnehmer und Verbraucher innerhalb eines marktwirtschaftlichen Systems steuern. Im Mittelpunkt des Vergleichs stehen dabei die Mechanismen, die das Herstellen von Gütern und Dienstleistungen organisieren und koordinieren.

Liberale unterscheiden sich von koordinierten Marktwirtschaften

- im Finanzsystem
- bei den Arbeitsbeziehungen
- im Schul- und Ausbildungssystem
- bei den Beziehungen der Unternehmen untereinander.

In *Tabelle 6.10* werden die wichtigsten Unterschiede liberaler und koordinierter Marktwirtschaften gegenübergestellt. Sie bedürfen noch einiger Erläuterungen.

Tabelle 6.10 Varianten der Marktwirtschaft

Teilbereich	Liberale Marktwirtschaft	Koordinierte
Finanzsystem	Finanzierung der Unternehmen über den Kapitalmarkt (= über breite Aktienstreuung), ermöglicht • Hohe Risiken • Hohe Kapitalkosten • Kürzere Laufzeiten • Geringere Sparquote	Langfristige Unternehmensfinanzierung über Bankkredite oder Bankbeteiligungen, ermöglicht • geringe Risiken • niedrige Kapitalkosten • lange Laufzeiten • höhere Sparquote
Arbeitsbeziehungen	• Deregulierter Arbeitsmarkt • Schwache Gewerkschaften • Geringer Kündigungsschutz • Rasche Neueinstellungen • Kürzere Beschäftigungszeiten	• Staatlich/tarifvertraglich regulierter Arbeitsmarkt • Stärkere Gewerkschaften • Hoher Kündigungsschutz • Zögerliche Neueinstellungen • Lange Beschäftigungszeiten
Ausbildungssystem	Vermittlung allgenmeiner Kenntnisse, keine längere berufsbezogene Ausbildung	Betriebsnahe Berufsausbildung mit Vermittlung betriebsspezifischer Kenntnisse unter Einbindung von Wirtschaftsverbänden und Gewerkschaften
Beziehungen der Unternehmen untereinander	Starke Konkurrenzbeziehungen, im Extrem feindliche Übernahmen	Unternehmenskooperationen bei Basistechnologien und Techniknormung

In liberalen Marktwirtschaften finanzieren sich Unternehmen in der Mehrzahl über den Kapitalmarkt. Das bedeutet: Sie geben Aktien oder Anleihen aus und müssen Personen finden, die bereit sind, die Aktien oder Anleihen zu zeichnen (= kaufen). Der Kauf von Aktien und Anleihen eines Unternehmens ist jedoch im Regelfall keine Entscheidung fürs Leben. Werfen die erworbenen Papiere aus Sicht der Käufer nicht genügend Dividende ab, werden sie sie bald wieder abstoßen und dafür Papiere eines anderen Unternehmens erwerben. Verbreitet sich unter Anlegern die Einschätzung, dass ein bestimmtes Unternehmen wegen ungünstiger Ertragssituation nur geringe Dividenden (= Ausschüttungen auf Aktien) zahlt, werden viele Anleger aus diesen Aktien aussteigen. Durch ihre Verkäufe wird der Aktienkurs sinken (denn es bieten mehr die Aktien zum Verkauf an als andere sie kaufen wollen). Für das Unternehmen wird es schwieriger, neue Aktien zu platzieren und sich neues Kapital für Investitionen zu beschaffen. Es ist daher gezwungen, attraktive Dividenden zu bieten, damit genügend Anleger auch bereit sind, die Aktie zu kaufen. Hohe Dividenden wiederum verlangen nach Kostensenkungen im Unternehmen, weshalb es versuchen muss, am zumeist größten Kostenblock, den Löhnen, zu sparen und sie zu drücken. Diese Orientierung der Unternehmenspolitik am materiellen Interesse der Anleger an hohen Zinsen und Dividenden (mit den geschilderten Konsequenzen für die Löhne der Beschäftigten) nennt man *Shareholder-Value-Prinzip* (engl. shareholder = Anteilseigner, Aktionär; value = Wert, Kurs).

In koordinierten Marktwirtschaften erhalten die Unternehmen in den meisten Fällen Kapital, indem ihnen Banken Kredite geben oder sich an ihnen beteiligen. Also nicht viele einzelne Privatpersonen erwerben kleinere Aktienpakete und verkaufen sie auch kurzfristig wieder, wenn ihre Erwartungen enttäuscht werden, wie in liberalen Marktwirtschaften, sondern Banken geben langfristige Kredite oder erwerben größere Anteile an Unternehmen mit dem Ziel, diese Anteile auch längerfristig zu halten. Banken werden also zu Miteigentümern der Unternehmen. Banken wiederum sind nicht wie viele kleine Privatanleger daran interessiert, möglichst kurzfristig hohe Zinsen und Dividenden zu erzielen und dann aus den Papieren wieder auszusteigen, sondern verfolgen eher eine langfristige Strategie sicherer Kapitalanlage. Das zwingt die Unternehmen nicht dazu, maximale Dividenden auszuschütten, sondern ermöglicht ihnen, langfristige geschäftspolitische Ziele zu verfolgen. Diese Langfristorientierung der Unternehmen nennt man *Stakeholder-Value-Prinzip* (engl. stake = Langfristige Beteiligung).

Die beiden Prinzipien haben Folgen sowohl für die Arbeitsbeziehungen als auch für die Aus- und Weiterbildungssysteme. Unternehmen, die sich am Shareholder-Value-Prinzip orientieren, müssen sehr flexibel am Arbeitsmarkt reagieren. Sie stellen schnell neue Arbeitskräfte ein, trennen sich aber auch ebenso schnell wieder von ihnen. Geringer Kündigungsschutz und schwache Gewerkschaften er-

Tabelle 6.11   Liberale und koordinierte Marktwirtschaften

Liberale Marktwirtschaften	Koordinierte	Nicht zuzuordnende Länder
Großbritannien	Deutschland	Frankreich
USA	Österreich	Italien
Irland	Niederlande	Spanien
Kanada	Belgien	Portugal
Neuseeland	Schweiz	
Australien	Japan	
	Schweden	
	Dänemark	
	Finnland	
	Norwegen	

Quelle: Schröder, M., Varianten des Kapitalismus. Die Unterschiede liberaler und koordinierter Marktwirtschaften, Wiesbaden 2014, S. 75 ff.

lauben ihnen diese Verhaltensweise. In koordinierten Marktwirtschaften dagegen müssen Unternehmen, die sich am Stakeholder-Value-Prinzip orientieren, nicht um jeden Preis ihre Lohnkosten – notfalls über Entlassungen – drücken, um maximale Dividenden zu erwirtschaften. Da sie ihre Arbeitnehmer in der Regel langfristig beschäftigen, bilden sie sie auch selbst praxisorientiert und gemäß den Bedürfnissen des jeweiligen Unternehmens aus, entwickeln sie später häufig auch weiter und binden sie so an sich.

In *Tabelle 6.11* sind die 20 wichtigsten Länder den Marktwirtschaftstypen zugeordnet. Da die Wirklichkeit vielschichtig ist, kann eine Typologie häufig nicht alle Fälle abdecken. Das gilt auch für den Kapitalismus-Varianten-Ansatz. So lassen sich Frankreich und die südeuropäischen Länder nicht eindeutig den Idealtypen liberale oder koordinierte Marktwirtschaft zuordnen, und auch für die osteuropäischen und südamerikanischen Länder sowie für China passen die Merkmale nicht so recht. Eine detaillierte Erläuterung der diversen Ausprägungen der Systeme würde in diesem Einführungswerk zu weit führen. Trotzdem ist die grundsätzliche Unterscheidung liberaler von koordinierten Marktwirtschaften ein wichtiges Hilfsmittel, um die politischen, wirtschaftlichen und gesellschaftlichen Prozesse in den einzelnen Ländern besser zu verstehen.

Nach den bisherigen Erkenntnissen sind die beiden Marktwirtschaftstypen jeweils auf bestimmten Gebieten dem anderen überlegen. Liberale Ökonomien bewähren sich auf Märkten, auf denen radikale und schnelle Innovationen (Neuerungen) stattfinden und rasches Reagieren auf Produkt-, Technologie- und Arbeitsmärkten notwendig ist. Beispiele sind Software-Produkte und standardisierte Produkte zu Niedrigpreisen. Koordinierte Ökonomien sind im Vergleich dazu bei Qualitätsprodukten überlegen, weil hierfür der Aufbau langfristiger Beziehungen und ein hoher Ausbildungsstand der Arbeitskräfte erforderlich sind.

Gemessen an den gesamtwirtschaftlichen Eckdaten waren die koordinierten Marktwirtschaften bis Ende der achtziger Jahre des vorigen Jahrhunderts erfolgreicher: Sie hatten höhere reale Wachstumsraten und niedrigere Arbeitslosenquoten als die liberalen Ökonomien. Lange Zeit galt daher das dem Idealtypus koordinierter Marktwirtschaften sehr nahe kommende deutsche Modell der sozialen Marktwirtschaft wegen seiner Stabilitätsorientierung, die langfristige Dispositionen erleichtert, als ausschlaggebender Faktor für den Erfolg der deutschen Wirtschaft und ihrer Unternehmen auf dem Weltmarkt.

In den neunziger Jahren hat sich die Entwicklung jedoch umgekehrt: Jetzt litten eher die koordinierten Marktwirtschaften unter geringeren Wachstumsraten und höherer Arbeitslosigkeit. Erklärt wurde dies damit, dass die weltweite Liberalisierung des Kapitalverkehrs die Unternehmen auch in den koordinierten Ökonomien zunehmend zu einer Shareholder-Value-Orientierung zwingt. Konkret hieß das: Auch in den koordinierten Marktwirtschaften Nord- und Mitteleuropas müssten, um deren Wettbewerbsfähigkeit zu sichern, die Arbeitsmärkte nach amerikanischem Vorbild flexibilisiert und der Sozialstaat abgebaut werden. Mit anderen Worten: Auch in Deutschland wuchs der Druck, den Kündigungsschutz zu lockern und mehr zur amerikanischen Praxis überzugehen, die sich im Extremfall in der Form des Hire and Fire (deutsch: schnell Arbeitskräfte einstellen und kurz darauf wieder entlassen) ausrückt. Ferner vertraten immer mehr Politiker und Wissenschaftler die Auffassung, dass der Wohlfahrtsstaat künftig nicht mehr finanzierbar sei und die sozialstaatlichen Leistungen auf eine Mindestsicherung auf niedrigem Niveau zurückgeführt werden müssten.

Inzwischen haben sich die wirtschaftlichen Daten erneut umgedreht. Das reale Wirtschaftswachstum Deutschlands erreichte in den Jahren 2006 bis 2008 überraschend hohe Raten, während die USA einer Rezession nahe waren. Die Stimmen, das Gesellschaftsmodell der USA auf Deutschland zu übertragen, sind deshalb wieder leiser geworden. Überhaupt ist merkwürdig: In den vielen Jahren, als die Wachstumsrate Deutschlands, aber auch die anderer europäischer Länder die der USA übertraf, kam niemand auf die Idee, den Amerikanern das deutsche Gesellschaftsmodell anzudienen und ihnen nahe zu legen, Wohlfahrtsstaat, Mitbestimmung und Kündigungsschutz nach deutschem Muster einzuführen. Doch als Deutschland – nicht zuletzt unter der Last der Wiedervereinigung – im Wachstumstempo nachließ, witterten die Neoliberalen die Chance, in Deutschland den von ihnen ungeliebten Sozialstaat zurechtzustutzen und den Kündigungsschutz zu lockern. Sofort schlugen sie vor, sich am angeblichen Vorbild USA zu orientieren.

Der Leser dürfte an dieser Stelle erkannt haben, um was es in der wirtschaftspolitischen Auseinandersetzung seit Ende des Kalten Krieges und der vollständigen Liberalisierung der Kapitalmärkte (beides fällt zeitlich zusammen, aber das
eine ist nicht Ursache für das andere!) geht:

► **Soll das amerikanische Wirtschafts- und Gesellschaftsmodell in die europäischen
Länder einziehen, der Arbeitsmarkt total flexibilisiert, der Kündigungsschutz beseitigt, der Wohlfahrtsstaat drastisch reduziert, kurz: die koordinierte (soziale)
Marktwirtschaft durch eine liberale Marktwirtschaft ersetzt werden? Oder können beide Marktwirtschaftstypen nebeneinander existieren? Und gibt es nicht
nach wie vor innerhalb der koordinierten Marktwirtschaft zwei Ausprägungen:
die konservativ-liberale Form der sozialen Marktwirtschaft und die skandina-
vische, von den Sozialdemokraten entwickelte Form der sozialen Demokratie?**

Kampf der Systeme, das ist nach Ende des Kalten Krieges nicht mehr der Kampf
zwischen Kapitalismus und Sozialismus. Es ist der Kampf zwischen dem ungezügelten Kapitalismus nach amerikanischem Vorbild und einer sozial korrigier-
ten und gelenkten Marktwirtschaft kontinentaleuropäischer oder skandinavischer
Prägung. Gewiss: Die goldenen sechziger und siebziger Jahre des vorigen Jahrhunderts mit festen Wechselkursen, Kontrollen des Devisenverkehrs und wirksamer staatlicher Finanzpolitik kehren nicht zurück. Auch zwingt die demografische Entwicklung dazu, den Sozialstaat auf andere Finanzierungsgrundlagen zu
stellen. Doch keineswegs braucht man das Kind mit dem Bade auszuschütten und
mit fliegenden Fahnen zu akzeptieren, dass »am amerikanischen Wesen die Welt
genesen soll«. Der Schlussabschnitt soll zeigen, welche Optionen (= Wahlmög-
lichkeiten) Deutschland hat.

6.4 Optionen für die Zukunft

6.4.1 Worum es eigentlich geht

In den Bundestagswahlkämpfen wird insbesondere von CDU/CSU und FDP häufig betont, dass es bei der Wahl um eine Richtungsentscheidung geht. Diese Behauptung hat einen wahren Kern. In der Tat geht es darum, welche Richtung unser
Wirtschafts- und Gesellschaftssystem einschlagen soll. In früheren Wahlkämpfen
während des Kalten Krieges wurde die Alternative allerdings zugespitzt auf die
Frage

► **Freiheit oder Sozialismus?**

518   Ausblick

Diese Zuspitzung beschrieb schon damals nicht korrekt, worum es eigentlich ging und heute unverändert geht, nämlich darum:

▶ **Soll unsere soziale Marktwirtschaft mit einem hohen Niveau an sozialer Sicherung und Kündigungsschutz, weit reichender Mitbestimmung, Tarifautonomie und starken Gewerkschaften beibehalten, vielleicht sogar noch in Richtung eines universellen Sozialstaates nach dem Vorbild der skandinavischen Länder weiter entwickelt werden? Oder soll sich unsere Wirtschafts- und Gesellschaftsordnung ein Stück weit in die Richtung des amerikanischen Modells eines ungezügelten Kapitalismus bewegen?**

Schon immer gab es in der CDU/CSU und der FDP Kräfte, denen die soziale Marktwirtschaft, wie sie sich in den ersten dreißig Jahren nach dem Zweiten Weltkrieg herausgebildet hatte, zu weit ging. Der wirtschaftsnahe Flügel der Union und die Wirtschaftsliberalen in der FDP hatten seit jeher versucht, den Ausbau des Sozialstaates zu bremsen und das Ausmaß der Staatsintervention zurückzuschrauben. Doch die wirtschaftsliberalen Kräfte haben nie die Oberhand bekommen und die Regierungspolitik dominiert. Politikwissenschaftler sprechen sogar davon, dass das Parteiensystem in Deutschland zwei Parteien kennt, die den Sozialstaat befürworten: die SPD *und* die CDU/CSU. Allerdings darf trotz vieler Gemeinsamkeiten zwischen CDU/CSU- und SPD-Sozialpolitikern nicht übersehen werden: das Wohlfahrtsstaatsmodell der Union ist ein anderes als das der SPD (siehe dazu noch einmal Kap. 1.3.2).

Nach der Ablösung der sozial-liberalen Koalition 1982 hatten sich viele neoliberal orientierte Ökonomen sowie die Arbeitgeber- und Unternehmensverbände einen durchgreifenden wirtschaftspolitischen Kurswechsel, eben die von *Kohl* versprochene »Wende«, erhofft. Diese blieb aber weit hinter den Erwartungen zurück. Trotz einiger Einschnitte ins soziale Netz stiegen unterm Strich die Sozialausgaben weiter, und in den neunziger Jahren wurde sogar noch ein weiterer Zweig der gesetzlichen Sozialversicherung, die Pflegeversicherung, eingeführt. Selbst in den Jahren, als der Bundesrat mehrheitlich noch nicht von SPD-geführten Landesregierungen beherrscht war, hat die Kohl-Regierung nicht ihre Mehrheit genutzt, den von ihr in den fünfziger und sechziger Jahren wesentlich geprägten Sozialstaat abzubauen und ihn in das US-amerikanische Modell zu überführen.

Bei der Bundestagswahl 2005 keimte bei den Wirtschaftsliberalen erneut die Hoffnung auf, eine Mehrheit aus CDU/CSU und FDP könnte diesen Schritt vollziehen. Der letzte CDU-Parteitag vor der Wahl hatte einige Signale in diese Richtung gesetzt, und auch die Kanzlerkandidatin *Angela Merkel* hatte erkennen lassen, dass sie – nicht zuletzt im Hinblick auf ihren Wunschpartner FDP – einem Kurswechsel in der Wirtschafts- und Sozialpolitik nicht abgeneigt war. Die Wahl brachte CDU/CSU und FDP keine Mehrheit. Mit der zweiten großen Koalition regierten zwei Sozialstaatsparteien, sehr zum Leidwesen vieler Kommentatoren, die sich einen radikalen politischen Kurswechsel erhofft hatten. Aber dafür hatten die Wähler kein Mandat erteilt!

Selbst als CDU/CSU und FDP bei der Bundestagswahl 2009 eine Mehrheit errangen, blieb der von vielen gewünschte Richtungswechsel aus. Der kleinere Koalitionspartner FDP konnte seine Vorstellungen von »mehr Markt« nicht durchsetzen, sondern wurde mit seinen Forderungen nach Steuersenkungen abgeblockt. Allerdings blieb die Kluft zwischen Arm und Reich groß, und es wurde nichts unternommen, um die Schere, die sich seit den achtziger Jahren geöffnet hatten, wieder etwas zu schließen.

Mit Bildung der dritten großen Koalition Ende 2013 sind eher wieder Tendenzen in Richtung mehr staatlicher, sozialpolitisch motivierter Intervention erkennbar. Mit Einführung des gesetzlichen, flächendeckenden Mindestlohns wurde versucht, das Tarifvertragssystem, ein Kernelement der deutschen koordinierten Marktwirtschaft, wieder zu stärken und dem Druck im unteren Lohnsegment entgegen zu wirken. In der Sozialpolitik wurden mit der Rente ohne Abschläge für Versicherte mit 45 Versicherungsjahren und einer Verbesserung der Rente für Mütter, die Kinder vor 1992 bekommen haben, Verbesserungen bei der Rente vorgenommen und damit die seit Ende der neunziger Jahre erfolgte Kette von Rentenkürzungen unterbrochen. Nach dem (vorläufigen?) Ausscheiden der FDP aus dem Bundestag mit der Bundestagswahl 2013 haben diejenigen politischen Kräfte, die »mehr Markt« und »weniger Staat« fordern, an politischem Einfluss eingebüßt. Ob dies dauerhaft so bleibt, ist abzuwarten.

Wie wird es angesichts der gegensätzlichen wirtschaftspolitischen Konzepte von freier und koordinierter Marktwirtschaft weitergehen? Welche Gefahren, aber auch welche Chancen bestehen?

6.4.2 Resignation und Abkehr von Demokratie und Marktwirtschaft?

So enttäuscht alle Wirtschaftsliberalen von der Politik der CDU/CSU sowohl in der zweiten großen Koalition als auch in der der Koalition mit der FDP von 2009 bis 2013 sind, weil sie die Ziele »mehr Markt« und »weniger Sozialstaat« nicht umgesetzt hat (und in einer großen Koalition mit der SPD auch gar nicht umsetzen kann), so unzufrieden sind viele traditionelle SPD-Wähler mit der Politik ihrer Partei. Folge ist, dass die beiden großen Volksparteien, die in den siebziger Jahren bei Bundestagswahlen noch über 90 Prozent der Stimmen auf sich vereinigen konnten, dramatisch an Zustimmung verloren haben und die CDU/CSU in Umfragen inzwischen meist unter 40 Prozent oder nur knapp darüber, die SPD unter 30 Prozent liegt.

Bemerkenswert dabei ist, dass nicht nur die Zustimmung zu den beiden großen Volksparteien nachgelassen hat, sondern auch die Akzeptanz der Marktwirtschaft zurückgegangen ist. Nur noch 32 Prozent der Westdeutschen und 18 Prozent der Ostdeutschen hatten laut Umfragen des Instituts für Demoskopie Allensbach im Jahr 2007 von der Marktwirtschaft eine gute Meinung. 62 Prozent bestritten, dass die Marktwirtschaft eine soziale Ausrichtung hat. (Wirtschaftswoche Nr. 45/5. 11. 2007, S. 230)

Doch eigentlich dürften diese Zahlen nicht überraschen. Die Unzufriedenheit der Bevölkerung mit der Politik lässt sich – ungeachtet vieler ungelöster Detailprobleme, die Unmut auslösen – an zwei Grundsatzproblemen festmachen:

- Fehlendes politisches Machtzentrum

Im politischen System Deutschlands gibt es sehr viele Akteure, auf deren Zustimmung zu politischen Entscheidungen und Maßnahmen geachtet werden muss. *Schaubild 6.14* veranschaulicht die Vielzahl der Instanzen und Kräfte, die am politischen Entscheidungsprozess beteiligt sind. Die Politikwissenschaft nennt sie *Vetospieler* (Veto = lateinisch: ich verbiete). Ein politisches Machtzentrum, wie es im britischen System der Premierminister darstellt, fehlt im deutschen System. Zwar steht auch im Grundgesetz Deutschlands, dass der Bundeskanzler die Richtlinien der Politik bestimmt. Doch jeder Kanzler muss in der Verfassungswirklichkeit zwischen den verschiedenen, auf ihn einwirkenden Interessen lavieren, um den Fortbestand seiner Regierung zu sichern. (Der Leser, der sich näher für diese politikwissenschaftlichen Fragen interessiert, sei auf mein Buch *Bausteine der Politik* verwiesen.)

Viele Bürger durchschauen diese Konstruktion der Verfassung nicht. Sie registrieren, dass notwendige Entscheidungen oft verschleppt, viele Fragen ausgeklammert und zu häufig Kompromisse geschlossen werden, die als »faul« eingestuft werden – eine Folge der zahlreichen Vetospieler im deutschen politischen System. So beginnen Teile der Bevölkerung daran zu zweifeln, dass die Demokratie in der Lage ist, die schwierigen Probleme der Gegenwart zu lösen.

- Ungleichgewicht der sozialen Kräfte

Im Wirtschafts- und Sozialsystem besteht kein Gleichgewicht der sozialen Kräfte mehr. In den Anfangsjahren der jungen Bundesrepublik Deutschland konnte das Versprechen, das im Titel des von *Ludwig Erhard* verfassten Buches »Wohlstand für alle« zum Ausdruck kam, in der Praxis zumindest so weit eingelöst werden, dass die Zustimmung der Bevölkerung zur sozialen Marktwirtschaft wuchs und sich stabilisierte. Zwar mussten auch damals die Gewerkschaften den Arbeitge-

Optionen für die Zukunft 521

Schaubild 6.14

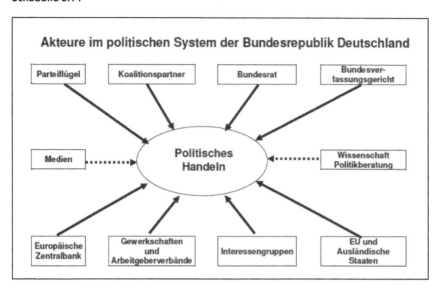

bern die Beteiligung der Arbeitnehmer am Wirtschaftswachstum in harten Lohnkämpfen abtrotzen. Doch die Verbesserung der realen Einkommen *für alle* war unübersehbar und deutlich spürbar. Bettler, die noch in den fünfziger Jahren zum Straßenbild der Großstädte gehörten, verschwanden nach und nach von der Bildfläche. Die Gesellschaft verstand es, auch ihre Randgruppen zu integrieren. Niemand wurde ausgegrenzt. Selbst Kriegsversehrte mit amputierten Gliedmaßen fanden ihre Anstellung als Pförtner, Parkwächter oder an Kino- und Theaterkassen. Sie hatten ihr Auskommen und waren gesellschaftlich anerkannt. Ein Manager verdiente damals »nur« etwa dreißig Mal so viel wie ein durchschnittlicher Arbeiter. Trotz der geringeren Einkommensunterschiede war das Wirtschaftswachstum höher als heute, wo die Relation Manager-/Arbeitereinkommen bei 300 zu 1 liegt. Obwohl man in Politik und Gesellschaft oft heftig und kontrovers diskutierte und um Lösungen rang, herrschte sehr viel mehr als heute das Gefühl, dass die sozialen Verhältnisse austariert waren, letztlich niemand zu kurz kam und die Politik sich stets um sozialen Ausgleich bemühte.

Das Empfinden, dass es in unserer Gesellschaft »sozial gerecht« zugeht, ist in den letzten 25 Jahren mehr und mehr verloren gegangen. Zwar gibt es, wie die Statistiken (siehe Kap. 4.3 und 5.6) beweisen, ein umfangreiches staatliches Umverteilungssystem. Doch findet die Umverteilung im Kern innerhalb der Mittelschicht, und dort von der oberen zur unteren, statt. Die Randbereiche der Gesellschaft werden von der Politik zu wenig in den Umverteilungsprozess einbezogen: den Superreichen wird zu wenig genommen und den ganz Armen zu wenig gegeben.

So haben sich Staat und Gesellschaft jahrzehntelang kaum um die Langzeitarbeitslosen gekümmert. Man hoffte auf einen neuen kräftigen Aufschwung, also eine Art »neues Wirtschaftswunder«, das irgendwie »vom Himmel fällt« und auch Langzeitarbeitslose wieder in den Arbeitsmarkt integriert. Gering Qualifizierte, die ihren Arbeitsplatz verloren hatten, wurden zwar finanziell unterstützt (die Dauer des Arbeitslosengeldbezugs wurde sogar ausgedehnt), aber nicht intensiv genug betreut. So entstand eine mit jedem wirtschaftlichen Abschwung weiter wachsende neue Unterschicht, die den Anschluss an die Gesellschaft verlor und ihr Randgruppendasein oft sogar an die Kindergeneration »vererbt«.

Gleichzeitig scheint die Gesellschaft ihre »oberen Zehntausend« mehr oder weniger aus ihrer sozialen Verantwortung entlassen zu haben. Übertriebene Angst vor Kapitalflucht ließ die Politik Manager mit Samthandschuhen anfassen und die Spitzensteuersätze mittlerweile unter das Niveau der Wirtschaftswunderjahre senken, ohne dafür im Gegenzug mit ausreichend Realkapitalinvestitionen im Inland belohnt zu werden. Auch wenn der ökonomische Sachverstand sagt: Soziale Probleme lassen sich nicht allein mit höherer Besteuerung der Reichen lösen, so dürfen diese im Interesse des Zusammenhalts der Gesellschaft nicht »unter Naturschutz gestellt« (Motto: »Kapital ist wie ein scheues Reh!«) werden. Denn es geht dabei nicht vorrangig um die Erschließung staatlicher Finanzierungsquellen, sondern um ein Signal, dass jeder Opfer bringen und für die Allgemeinheit einen Beitrag leisten muss – je höher das Einkommen, desto prozentual mehr. Die von der großen Koalition neu eingeführte sog. »Reichensteuer«, einer zusätzlichen Einkommensteuer in Höhe von drei Prozent ab 250.000 Euro Jahreseinkommen, ging erstmals nach einer langen Periode der Steuerentlastungen für die oberen Einkommen wieder in diese Richtung.

Im Bundestagswahlkampf 2013 hatten SPD, Bündnis 90/DIE GRÜNEN und die Partei Die Linke Steuererhöhungen für die oberen fünf Prozent der Einkommensbezieher in ihr Wahlprogramm aufgenommen. CDU und CSU waren jedoch gegen Steuererhöhungen und erklärten den Verzicht auf Steuererhöhungen zur Vorbedingung für eine Koalition mit der SPD. So liegt dieses Thema erst mal auf Eis.

- **Aktuelle Tendenzen**

Für die weitere Entwicklung unseres Wirtschafts- und Gesellschaftssystems wäre es fatal, würden diejenigen, die von diesen geschilderten Ungleichgewichten am meisten benachteiligt werden, resignieren und künftig nicht mehr zur Wahl gehen

Optionen für die Zukunft

nach dem Motto: Es ändert sich ja doch nichts. Dies käme nur denjenigen zugute, die die soziale, koordinierte Marktwirtschaft abschaffen und mehr Elemente des Gesellschaftssystems der USA bei uns importieren möchten. Früher, in Zeiten des Kalten Krieges, hat der Systemwettbewerb zwischen Kapitalismus und Sozialismus dies verhindert. Er hat bewirkt, dass von einer Entfesselung der Marktkräfte in den westlichen, europäischen Ländern zurückgeschreckt wurde. Man wollte beweisen, dass auch bei grundsätzlich marktwirtschaftlicher Orientierung ein sozialer Ausgleich stattfinden kann, der alle Schichten in die Gesellschaft integriert. Mit anderen Worten: Die wirtschaftsliberalen Kräfte wurden vom Wettbewerb der Systeme diszipliniert, ja in Schach gehalten.

Auch wenn die sozialistischen Systeme Osteuropas zusammen gebrochen sind und damit ihre ökonomische Ineffizienz demonstriert haben, gibt es keine Veranlassung, die in Kontinentaleuropa existierenden Mittelwege zwischen Kapitalismus und totalitärem Sozialismus – die soziale Marktwirtschaft in Deutschland und die skandinavischen Modelle des Wohlfahrtsstaates – aufzugeben. Die Rolle einer Disziplinierung der wirtschaftsliberalen Kräfte, die früher der Wettbewerb der Systeme erfüllt hat, wurde in Deutschland inzwischen von der Partei *Die Linke* übernommen. Ihr Erstarken bei der Bundestagswahl 2005 hat eine bürgerliche Mehrheit aus CDU/CSU und FDP verhindert und die Union gezwungen, in vielen wirtschafts- und sozialpolitischen Fragen von ihren ursprünglichen, auf eine Koalition mit der FDP ausgerichteten Positionen abzurücken, die eher wirtschaftsliberalen Auffassungen entsprachen.

Auch in der sich anschließenden vierjährigen Phase einer Koalition mit der FDP von 2009 bis 2013 scheinen viele in der CDU/CSU erkannt zu haben, dass zu viel Wirtschaftsliberalismus ihre Unterstützung in der Wählerschaft gefährdet. Die »Sozialdemokratisierung der Union«, wie viele die teilweise Übernahme von Themen und Positionen der SPD durch die CDU/CSU bezeichnen, und das Scheitern der FDP bei der Bundestagswahl 2013 an der Fünf-Prozent-Hürde deuten darauf hin, dass sich das politische Gravitationszentrum in Deutschland leicht nach links verschoben hat

Die künftige politische und gesellschaftliche Entwicklung Deutschlands wird daher entscheidend davon abhängen, ob die mit den großen Volksparteien Unzufriedenen auch weiterhin zu einem großen Teil im Lager der Nicht-Wähler verbleiben, zu einer der beiden großen Volksparteien zurückkehren oder sich den kleineren Parteien zuwenden.

6.4.3 Ende der Wettbewerbsgesellschaft?

Eine auf sozialen Ausgleich bedachte Marktwirtschaft wird dauerhaft nur Bestand haben, wenn der Wettbewerb und das Streben nach dem eigenen Vorteil nicht bei allem und jedem zur alleinigen persönlichen Verhaltensregel erhoben werden. In der liberalen Ökonomie hat man das Prinzip der eigenen Nutzenmaximierung bereits auf die Spitze getrieben, indem es sogar auf die Ehe angewandt wurde. So hat der Nobelpreisträger für Wirtschaftswissenschaft des Jahres 1992, *Gary Becker*, gezeigt, unter welchen Bedingungen die gegenseitige Nutzenmaximierung der Partner eine Ehe stabilisiert und wann sie zerbricht.

Wettbewerb spornt an, er fördert die Leistung und führt zur Vielfalt in der Gesellschaft. Wer kennt sie nicht, diese Sprüche, die so daher gesagt werden, ohne darüber nachzudenken, ob sie auch immer richtig sind. Wettbewerb heißt, den anderen übertreffen zu wollen. Aber führt nicht gerade dieses Streben, besser als der andere zu sein, manchmal geradezu zu absurden Ergebnissen und zu Fehlentwicklungen?

Im Sport scheinen längst die Grenzen menschlicher Leistungsfähigkeit erreicht zu sein. Doch weil die Spitzensportler, die Vereine und die Sponsoren kaum noch nach der Regel »Nicht siegen, dabei sein ist wichtig« verfahren, löst ein Dopingskandal den anderen ab. Das ist die Perversion (= Umkehrung ins Gegenteil) des schöpferischen Wettbewerbsprinzips.

Die Märkte einer ganzen Reihe von Produkten in den reifen Industrienationen sind gesättigt. Doch statt sich damit zufrieden geben, kämpfen die Anbieter auf diesen Märkten verbissen um die Erhöhung ihrer Marktanteile. Die Wortwahl selbst ist verräterisch! Man will Markanteile *erobern* und beschreibt damit den eigentlichen Charakter des Handelns: Es geht um Krieg, um die Vernichtung des Mitbewerbers, d. h. um die Vernichtung seiner wirtschaftlichen Existenz und der seiner Mitarbeiter.

Eng damit zusammen hängt die Praxis der Werbung. Ganze Heerscharen von Mitarbeitern in den Werbeagenturen sind damit beschäftigt, im Auftrag der Anbieter Werbespots und Werbeanzeigen zu produzieren mit dem Ziel, beim Kaufpublikum mehr Aufmerksamkeit und Gefallen zu erregen als die Mitbewerber. Information und Aufklärung des Verbrauchers über den eigentlichen Nutzen des Produkts sind längst in den Hintergrund getreten. Ziel ist die Präsenz auf dem Werbemarkt. Es geht darum, die Wirkung der Werbung der Mitbewerber zu neutralisieren, so wie auf dem Jahrmarkt jeder Schreier versucht, mehr Aufmerksamkeit zu erregen, indem er lauter schreit als der andere. Und manchmal werden sogar mehrere gleichwertige Produkte aus ein und demselben Unternehmen beworben, die nur unter anderem Namen und in anderer Verpackung angeboten werden. Denn es gilt, einen Kunden, der sich an einen Namen und eine Verpackung gewöhnt hat, zu behalten. Marketing-Experten nennen es *Kundenbindung*.

So findet zwar im volkswirtschaftlichen Sinne Wertschöpfung statt – die Gehälter, Honorare, Materialkosten und Gewinne der Werbeagenturen gehen als Wertschöpfung in die Sozialproduktrechnung ein, obwohl der »Wert« mitunter nur darin besteht, die Werbewirkung für Konkurrenzprodukte zu neutralisieren. Gleichzeitig fehlen aber an anderen Stellen der Volkswirtschaft, z. B. im Pflegebereich, dringend benötigte Arbeitskräfte und die finanziellen Mittel, sie zu bezahlen. Von einer sinnvollen Allokation der volkswirtschaftlichen Ressourcen nach den Bedürfnissen der Menschen – ein Anspruch, den die Marktwirtschaft stets erhoben hat – wird wohl in diesem Zusammenhang niemand ernsthaft sprechen wollen.

Um eventuellen kritischen Einwänden vorzubeugen: Hier soll nicht Werbung generell verteufelt werden. Eine Gesellschaft wie die ehemals sozialistischen Länder, grau in grau, mit geringer Auswahl an Waren und fast ohne Produktwerbung, kann nicht das Ziel sein! Aber die Politik müsste es doch schaffen, einen Mittelweg zu finden zwischen Supermarktregalen einerseits, in denen fünf verschiedene Waschmittel gleicher Qualität, vom selben Hersteller, nur mit anderem Namen und in anderer Verpackung angeboten werden, und Pflegeheimen andererseits, in denen alte Menschen mangelhaft versorgt werden und keine Zuwendung erfahren, weil der Markt die finanziellen Ressourcen nicht von alleine dorthin lenkt. Nicht mehr Markt, wie die Liberalen es fordern, sondern mehr staatliche Lenkung zur Korrektur marktwirtschaftlicher Fehlallokation ist hier erforderlich.

Aus Diktaturen wissen wir: die Medienlandschaft dort ist trist. Es gibt nur einen Scheinwettbewerb zwischen den Zeitungen, den Radio- und Fernsehsendern. Die inhaltlichen Botschaften sind letztlich die gleichen. Ob Völkischer Beobachter im Nationalsozialismus, Neues Deutschland in der DDR, Prawda in der ehemaligen UdSSR, alle Blätter dienten der Verbreitung einer Ideologie, der Ideologie der jeweiligen Machthaber.

Doch üben die Medien in einer Marktwirtschaft tatsächlich eine Kontrollfunktion aus, wie es ihnen in der Demokratie zukommt? In Deutschland herrschte 40 Jahre lang eine klare Teilung: die Printmedien, d. h. Zeitungen und Zeitschriften, waren in privater Hand, ihr wirtschaftlicher Erfolg hing von einer ausreichenden Zahl von Abonnenten bzw. Käufern und dem Anzeigenaufkommen aus der Privatwirtschaft ab. Die elektronischen Medien Rundfunk und Fernsehen (ARD und ZDF) waren staatlich und finanzierten sich größtenteils über Gebühren, Werbeeinnahmen spielten eine untergeordnete Rolle.

Die Wende in der Medienstruktur fällt – und das ist kein Zufall, sondern logische Folge – mit dem Einläuten der anderen wirtschaftspolitischen Ära in den achtziger Jahren zusammen. Natürlich gehören zu einer Wirtschaftspolitik, die auf mehr Markt und weniger Staat setzt, auch *private* Rundfunk- und Fernsehanstalten, die sich ausschließlich über Werbeeinnahmen finanzieren. Doch was ist die Folge des reichlichen Medienangebots?

Es gibt einen harten Wettbewerb um Zuschauerquoten, denn hohe Zuschauerzahlen locken die Werbung treibende Wirtschaft an. Sie ist nämlich bereit, viel Geld zu bezahlen, um in den Werbepausen von Sendungen mit hohen Zuschauerzahlen ihre Spots platzieren zu können.

Der Wettlauf um hohe Zuschauerzahlen führt nicht nur dazu, dass die Fernsehsender mit einer Fülle von Unterhaltungssendungen versuchen, den Geschmack des breiten Publikums zu treffen. Auch bei Nachrichten- und Informationsbeiträgen sind die Redaktionen ständig auf der Jagd nach Sensationen, nach Skandalen, nach Außergewöhnlichem, um Auflage machen bzw. die Zuschauerzahlen in die Höhe zu treiben – denn das wiederum ist Voraussetzung für Werbeeinnahmen. Ergebnis: Einerseits werden gelegentlich Ereignisse zu Skandalen hochstilisiert, die gar keine sind, nur um Aufmerksamkeit zu erzielen. Andererseits führt die Abhängigkeit der Medien von Werbeeinnahmen der Wirtschaft mitunter zu Rücksichtnahmen, die die Unabhängigkeit der Medien stark beeinträchtigen können.

Auch hier zur Klarstellung: Es geht weder um allgemeine Medienschelte, noch soll einer staatlich gelenkten Presse das Wort geredet werden. Ebenso wenig ist Kulturkritik beabsichtigt: In einer freien Gesellschaft muss jedem Geschmack und jedem Interesse von den Medien Rechnung getragen werden. Es wäre abwegig zu fordern, dass auf jedem Kanal von morgens bis abends kulturell und wissenschaftlich hoch anspruchsvolle Sendungen ausgestrahlt werden. Vielmehr soll der Zusammenhang zwischen dem marktwirtschaftlichen Wettbewerbsprinzip, bei dem jeder nur seinen eigenen Vorteil im Auge hat, und gesellschaftlichen Entwicklungen aufgezeigt werden, die letztlich alle beklagen und kritikwürdig finden. Auch für die Medien müsste ein Mittelweg zwischen ungezügeltem Wettbewerb zwischen wirtschaftlich abhängigen Medien, durch den der Sensationsjournalismus gefördert wird, und dem Verlautbarungsjournalismus eines Zentralkomitees, wie er in der ehemaligen DDR praktiziert wurde, gefunden werden.

Die Wettbewerbsgesellschaft und ihre negativen Begleiterscheinungen haben ihre Wurzeln allerdings im Verhalten eines jeden Einzelnen von uns. Wenn alle nur noch auf ihren eigenen, kurzfristigen Vorteil bedacht sind und den anderen übertrumpfen wollen, stellen sich Wirtschaft (und auch die Politik!) darauf ein. Beispiele dafür wurden in diesem Buch bereits angeführt:

- Wenn einerseits Steuern sparen zum Volkssport wird, gleichzeitig aber erhebliche Anforderungen an die staatlichen Leistungen erhoben werden, kann die Rechnung nicht aufgehen. Es hilft wenig, soziale Ungerechtigkeiten zu bekla-

Optionen für die Zukunft

gen und Defizite z. B. im Bereich des Bildungswesens oder der inneren Sicherheit zu beklagen, ohne gleichzeitig bereit zu sein, auch selbst einen größeren Beitrag für den Staat zu leisten. Es gilt das alte Wort des früheren amerikanischen Präsidenten *John F. Kennedy:* »Frage nicht, was Dein Land für Dich tun kann, frage, was Du für Dein Land tun kannst!«

- Wenn in einer Gesellschaft das Herausbilden einer neuen Unterschicht toleriert wird, ist es eine natürliche Folge, dass sich Discounter-Ketten ausbreiten, die sich in ihrem Angebot auf die geringe Kaufkraft dieser Bevölkerungsschichten einstellen. Doch preisgünstige Angebote haben ihre Kehrseite: Die Arbeitsbedingungen für die Beschäftigten in den Discounterketten sind häufig miserabel. Betriebsräte und Gewerkschaften werden dort nicht geduldet, dementsprechend hoch ist die Arbeitsbelastung und dementsprechend niedrig sind die gezahlten Löhne und Gehälter. Wettbewerb sollte eigentlich dazu führen, dass die Anbieter von Waren die Preise senken und dafür eine geringere Gewinnmarge in Kauf nehmen. Doch diese, an und für sich segensreiche Wirkung der Marktwirtschaft tritt nicht ein. Der Konkurrenzkampf führt dazu, dass die Arbeitsbedingungen noch mehr verschlechtert werden, eine Strategie, die aufgeht, solange weder eine Tarifbindung, noch ein gesetzlicher Mindestlohn existiert.
- Bei der allgemeinen Schnäppchenjagd, den der Werbeslogan »Geiz ist geil« treffend aufgreift, nutzen auch Mittel- und Oberschichten die preiswerten Angebote der Discounter mit der Folge, dass Nachfrage in anderen Bereichen des Einzelhandels ausfällt und diese ihrerseits unter Druck geraten. Auch wenn – wie in Kap. 5.3.4 dargestellt – die Einkommen dieser Beschäftigten in den meisten Fällen nur einen Zuverdienst zum verfügbaren Einkommen eines Haushalts mit mehreren Verdienern darstellen, insoweit also kein existenzielles Problem vorliegt, so sind doch die langfristigen Folgen dieses Unterbietungswettbewerbs für das gesamte gesellschaftliche Gefüge kritisch zu hinterfragen.
- Die Abkehr von der früheren Stakeholder-Gesellschaft und die Entwicklung hin zu internationalen Finanzmärkten wurde nicht nur durch die veränderten Rahmenbedingungen des freien Kapitalverkehrs ermöglicht, sondern auch von den höheren Renditeansprüchen der Sparer mit ausgelöst. Früher sprach man vom sog. »geduldigen Kapital« Kapital. Damit waren die Milliardenbeträge der Kleinsparer gemeint, die ihr Geld auf dem herkömmlichen Sparbuch angelegt hatten und mit durchschnittlich zwei Prozent Verzinsung zufrieden waren. Da die Banken sich auf dieses »geduldige Kapital« stützen konnten, waren sie in der Lage, sich an Unternehmen zu beteiligen und sich ihrerseits im Interesse einer langfristigen Sicherheit mit einer geringeren Rendite zufrieden zu geben.

Dieses »geduldige Kapital« gibt es nicht mehr in diesem Umfang wie früher. Bank- und Sparkassenkunden achten mehr als noch vor zwanzig Jahren auf die Rendite, erwarten z. B. auch eine Verzinsung ihre Girokontos und zeigen sich – so ihre finanziellen Verhältnisse dies zulassen – interessiert an Anlagen in Investmentfonds und in Aktien, die Wertzuwächse und höhere Erträge versprechen (aber nicht garantieren!). Hinzu kommt: Durch die einseitige Entwicklung der Einkommensverteilung fließen den Banken von den Wohlhabenden immer mehr Gelder zu, die nach rentabler Anlage suchen. Die Kreditwirtschaft kann hohe Renditen aber nur gewähren, wenn sie ihrerseits in ihrer Anlagepolitik auf Renditemaximierung achtet. Das aber wiederum bedeutet: Die Banken müssen die ihnen zufließenden Mittel dort anlegen, wo die höchste Verzinsung winkt, und das ist wiederum dort der Fall, wo das Management rücksichtslos Kosten spart, sprich Löhne und Gehälter drückt, womöglich sogar Kündigungen ausspricht.

Hier aber beißt sich die Katze in den Schwanz! Schon an anderen Stellen des Buches hatten wir darauf hingewiesen: Die Wirtschaft ist ein Kreislaufgeschehen. Das, was die einen ausgeben, ist Einkommen für andere. Und dementsprechend gilt: Was der eine durch einen Schnäppchenkauf oder eine zinsgünstige Geldanlage profitiert, wird ein anderer im Wirtschaftskreislauf einbüßen. Und dieser andere wird nicht ein großes Unternehmen oder eine Bank sein, sondern deren Arbeitnehmer. Nicht bei den Gewinnen oder Ausschüttungen auf das eingesetzte Kapital wird vorrangig »gespart«, und wenn man das versuchte, würde das Kapital schnell eine attraktivere Anlage finden. Gekürzt wird bei den Löhnen und Gehältern der Arbeitnehmer. Denn die sind am Arbeitsmarkt – zumindest im gering qualifizierten Segment – reichlich vorhanden und unterbieten sich gegenseitig. So erklären sich die weltweit zunehmende Ungleichheit der Einkommen und der wachsende Anteil der Gewinn- und Kapitaleinkommen am Sozialprodukt.

Auf ein positives Beispiel von Selbstbeschränkung im Wettbewerb sei abschließend noch hingewiesen: Die Automobilkonzerne haben sich freiwillig darauf verständigt, ihre PS-starken Limousinen bei einer Geschwindigkeit von 250 km/h abzuriegeln. Da wohl allgemeine Einsicht besteht, dass Normalfahrer spätestens bei diesem Tempo die Grenzen für die Beherrschung eines Fahrzeugs erreicht haben, wurden an dieser Stelle weitere Versuche, den Konkurrenten zu übertrumpfen, gestoppt. Dies lässt zumindest ein wenig Hoffnung aufkommen, dass auch in anderen Bereichen der Wirtschaft unsinniger Wettbewerb, der der Gesellschaft mehr schadet als nutzt, beendet wird – sei es auf freiwilliger Basis, sei es durch staatliche Verordnung.

6.4.4 Mehr Bildung für alle

Bereits im Kapitel über den Arbeitsmarkt hatten wir *das* Problem des postindustriellen Zeitalters (post = lateinisch: nach) angesprochen: die Tatsache, dass der technische Fortschritt, die Rationalisierung, immer mehr einfache Arbeiten überflüssig macht, für die keine besondere Qualifikation erforderlich ist. Bestand noch im vorigen Jahrhundert die große Hoffnung, Arbeitskräfte, die in der Landwirtschaft und in der Industrie keine Beschäftigung mehr finden, weil ihre Arbeitsplätze wegrationalisiert worden sind, vom Dienstleistungssektor aufgenommen werden können, so scheint mittlerweile auch hier die Grenze der Beschäftigungsexpansion erreicht worden zu sein. Banken und Versicherungen, die bisherige typische Wachstumsbranche im Dienstleistungsbereich, hat inzwischen ebenfalls eine Rationalisierungswelle erfasst. So stellt sich in der Zukunft noch stärker als in der Vergangenheit für Dienstleistungsgesellschaften die Frage:

▶ **Wie geht die Gesellschaft mit den vielen Menschen um, die früher mit einfachen, unqualifizierten Tätigkeiten ihr Brot verdienen konnten?**

Soweit es solche einfachen Arbeitsplätze in der industriellen Massenfertigung noch gibt, werden sie mehr und mehr in Länder verlagert, wo die Löhne niedriger sind. Diesen Prozess aufhalten zu wollen, indem man bei uns die Löhne senkt und versucht, auf dem Weltmarkt konkurrenzfähig zu bleiben, ist ein vergebliches Unterfangen. In Niedriglohnländern kann man zwar wegen der dort ebenfalls weit geringeren Lebenshaltungskosten mit einem Bruchteil unserer Stundenlöhne leben, nicht aber in Düsseldorf oder München, selbst nicht in Mecklenburg-Vorpommern.

Das Aufstocken von Niedriglöhnen durch staatliche Zuschüsse kann da und dort eine Übergangslösung sein. Auf Dauer können die reichen Industrieländer jedoch nicht Millionen von Arbeitsplätzen subventionieren, um alte Industrien wettbewerbsfähig zu halten, ganz abgesehen davon, dass den Niedriglohnländern ihrerseits damit ihre wirtschaftlichen Entwicklungsmöglichkeiten genommen würden. Somit bleiben nur zwei Möglichkeiten:

Erste Möglichkeit:
So viele Menschen wie möglich müssen so weit qualifiziert werden, dass sie mehr als nur einfachste Arbeiten verrichten können. Doch dabei wird man an Grenzen stoßen. Zwar hat jeder Mensch auf irgendeinem Gebiet Stärken und Talente. Aber nicht jedes Talent wird in einer hochtechnisierten Wirtschaft gebraucht, d. h. am Arbeitsmarkt nachgefragt. Folglich wird es in jeder Gesellschaft einen bestimmten

Prozentsatz von Menschen geben, deren Talente nicht gefragt sind und die aufgrund ihrer Anlagen nicht qualifiziert werden können.

Zweite Möglichkeit:
Für Menschen, deren Talente nicht gefragt sind und die trotz aller Bemühungen auch nicht qualifizierbar sind, müsste eine gewisse Mindestzahl von Arbeitsplätzen geschaffen werden, an denen nur einfachste Tätigkeiten zu erledigen sind. Das können letztlich nur sog. ortsgebundene Dienstleistungen sein.

Damit wären wir zum einen beim Bildungssystem, zum anderen bei der Arbeitsmarktpolitik. Bei einer Verbesserung des Bildungssystems muss es vor allem darum gehen, möglichst allen Kindern zumindest einen Hauptschulabschluss zu verschaffen. Denn für Menschen ohne elementare Kenntnisse und Fähigkeiten ist eine Integration in unsere Gesellschaft so gut wie unmöglich.

Bei ortsgebundenen Dienstleistungen stellt sich die grundsätzliche Frage: Sind die Mittel- und Oberschichten bereit, sie auch tatsächlich in Anspruch zu nehmen und so viel dafür zu bezahlen, dass die Betreffenden davon existieren können? Konkret:

- Würden wir einen höheren Preis für die Brötchen und die Tageszeitung akzeptieren, wenn sie uns dafür an die Haustür gebracht werden?
- Sind wir mit deutlich höheren Gebühren in Parkhäusern einverstanden, wenn statt eines Automaten wieder ein Parkwächter die Schranke öffnet?
- Darf ein Supermarkt mehr für seine Waren verlangen, wenn uns jemand die gekauften Waren an der Kasse in die Tasche packt?
- Sollen am Bahnhof und am Flughafen wieder von Bahn und Fluggesellschaften bezahlte Gepäckträger stehen, die die Koffer transportieren, um den Preis höherer Bahn- und Flugtarife? (Damit das überhaupt funktioniert, müssten die Kofferkulis, die Wagen, auf denen man jetzt die Koffer transportiert, verschrottet werden!).
- Sollen alle Tankstellen wieder Tankwarte beschäftigen, die das Tanken übernehmen und die Scheiben putzen, und dafür den Preis für den Liter Benzin erhöhen?

Die Liste der Beispiele für einfachste, ortsgebundene Dienstleistungen ließe sich erweitern. Doch wie verhalten sich die Menschen bei uns im Alltag? Selbst qualifizierte Dienstleistungen von Handwerkern werden vielfach nicht in Anspruch genommen. Stattdessen verbringen viele ihre Freizeit damit, Handwerkerarbeiten selbst auszuführen, zu tapezieren und dies und jenes zu reparieren, um zu sparen. Oder Handwerker werden inoffiziell beauftragt. Das spart vordergründig Steuern und Sozialversicherungsbeiträge und macht die Dienstleistungen billiger. Aber dem Staat und den Sozialversicherungsträgern entzieht es Einnahmen, die auf andere Weise – nämlich höhere Steuern und Sozialversicherungsbeiträge – beschafft werden müssen. Für die Schwarzarbeit fehlen den Betreffenden später Rentenanwartschaften. Reicht dann die Rente nicht aus und tritt Altersarmut ein, muss wieder die Allgemeinheit eintreten. Für den kurzfristigen Vorteil einzelner müssen langfristig alle bezahlen. Wirtschaft ist eben ein Kreislauf.

Wenn die individuelle Nachfrage nicht ausreicht, ortsgebundene Dienstleistungen zu einem Preis anzubieten, der den Arbeitskräften ein soziales Existenzminimum gewährleistet, bleibt nichts anderes übrig, als einfache Dienstleistungen als öffentliches Gut steuerfinanziert und als Monopol (= Alleinanbieter) über den Staat anzubieten. Die skandinavischen Gesellschaften gehen verstärkt diesen Weg. Das erklärt ihre nach wie vor hohe Staatsquote. Private Arbeitgeber mögen derartige Dienstleistungen, durch den Wettbewerb mehr oder weniger dazu gezwungen, zwar zu günstigeren Preisen am Markt anbieten können (weshalb dem Staat sehr schnell vorgeworfen wird, er arbeitet unwirtschaftlich), aber sie zahlen für diese Jobs nur sehr niedrige Löhne und verweisen die Arbeitnehmer entweder auf ergänzende staatliche Sozialleistungen oder auf Trinkgelder. Das ist auf Dauer jedoch keine tragfähige Lösung: Denn die Niedriglohnbezieher von heute sind die Altersarmen von morgen. Irgendwann und irgendwie muss die Gesellschaft für diese Menschen aufkommen, sei es in Form hoher Preise für Dienstleistungen, sei es in Form hoher Steuern und Sozialversicherungsbeiträge, aus denen heute die ergänzenden Sozialleistungen und morgen eine Grundrente finanziert werden.

Derartige wirtschaftliche Grundzusammenhänge zu vermitteln und nicht nur die von Liberalen viel beschworene Eigenverantwortung (= jeder helfe sich selbst … und denke deshalb auch nur an sich!), sondern auch Verantwortung für die Gesellschaft zu wecken, wäre deshalb ein weiteres wichtiges Ziel von Bildung. Doch auch die Bildung droht in den Strudel der Maxime »Mehr Markt – weniger Staat« zu geraten:

- Viele staatliche Schulen und Universitäten verkommen. Doch es wird nicht danach gefragt, ob das vielleicht mit dem finanziellen Austrocknen der öffentlichen Finanzen durch immer weitere Steuersenkungsrunden zu tun hat. Stattdessen sollen private Schulen und Universitäten »mehr Wettbewerb« bringen. Letztlich geht es den Befürwortern von Privatschulen und Eliteuniversitäten nur darum, die Kinder der Oberschichten frühzeitig von denen der Unterschichten zu separieren (= trennen).
- Wenn Gesamtschulen und Gesamthochschulen nicht die gewünschten Ergebnisse bringen, wird in Deutschland eine Diskussion über mehr Elitenförderung entfacht. Prinzipiell ist nichts dagegen einzuwenden, wenn den Besten in unserer Gesellschaft ermöglicht wird, ihre Begabungen voll zu entfalten. Viel

wichtiger aber ist, dass die breite Masse der Bevölkerung ausreichend und besser qualifiziert wird. Und die Masse der Schüler und Studenten braucht keine hoch dekorierten Nobelpreisträger als Lehrer oder Professor, sondern »ganz normale«, aber eben *mehr* Lehrkräfte. Haben wir etwa alle das Autofahren bei Sebastian Vettel oder das Tennisspielen bei Steffi Graf gelernt?

Eines steht fest – und diese Erkenntnis gewinnen wir auch aus alltäglicher Erfahrung: Hochbegabten geht auf ihrem Gebiet alles mehr oder weniger spielerisch von der Hand. Sie benötigen nur wenig Anstoß und Hilfe von Dritten, sie entwickeln sich in aller Regel weitgehend selbständig. Hilfe und Förderung brauchen deshalb nicht die Besten einer Gesellschaft, sondern die Leistungsschwächeren. Ihnen muss viel Zuwendung und Hilfestellung zu teil werden, um sie muss sich die Gesellschaft kümmern. Ökonomisch ausgedrückt: Die Leistungsschwächeren kosten Geld, und mit Marktmechanismen kann man dieses Geld nicht sparen. Im Gegenteil: Man würde nur soziale Probleme verschärfen.

Der Gegensatz der Gesellschaftsmodelle der USA einerseits und beispielsweise Schweden andererseits wird nirgendwo deutlicher als bei der Statistik über die Langzeitarbeitslosen und die Gefängnisinsassen, auf die wir an dieser Stelle noch mal zurück kommen wollen: Ein Mensch sei längere Zeit arbeitslos, habe keine Ausbildung, kein Vermögen und auch keine Familienangehörigen. Wie geht die amerikanische und wie die schwedische Gesellschaft mit ihm um?

In den *USA* wird er mehr oder weniger sich selbst überlassen. Suppenküchen bewahren ihn vor dem Verhungern, U-Bahnschächte, die im Winter für die Obdachlosen nachts offen bleiben, vor dem Erfrieren. Die amerikanische Gesellschaft riskiert, dass dieser Mensch in seiner wirtschaftlichen Not in die Kriminalität abrutscht. Dann wandert er ins Gefängnis und ist »versorgt«.

In *Schweden* wird versucht, diesen Menschen wieder in die Gesellschaft zu integrieren. Gut ausgebildete Sozialarbeiter bemühen sich um ihn, helfen ihm bei der Stellensuche, vermitteln Qualifizierungsmaßnahmen oder bringen ihn in einem staatlichen Betrieb unter, der Arbeiten einfachster Art anbietet.

Warum gehen die beiden Gesellschaften so unterschiedliche Wege? In den USA geht Markt über alles. Und der Markt »sagt«: Es ist billiger, ein Gefängnis zu unterhalten und Gefängniswärter zu beschäftigen. Sozialarbeiter und staatliche Beschäftigungsmöglichkeiten kosten die Steuerzahler zu viel Geld. In Schweden gilt dagegen: Die Gesellschaft ist für Schicksal und Wohlergehen jedes Einzelnen verantwortlich. Folglich muss sich die Gesellschaft auch um jeden Einzelnen kümmern. Das kostet viel Geld und geht zu Lasten der wirtschaftlichen Produktivität. Aber die überwältigende Mehrheit der Schweden ist bereit, dies in Kauf zu nehmen.

Und in welcher Gesellschaft möchte der Leser lieber leben? Das muss natürlich jeder für sich selbst entscheiden.

6.4.5 »Sozialismus in einer Klasse«

Die geschilderten Zusammenhänge sind seit langem in den Wirtschafts- und Sozialwissenschaften bekannt. Bereits in den fünfziger Jahren des vorigen Jahrhunderts wies der amerikanische Ökonom *John Kenneth Galbraith* in seinem in viele Sprachen übersetzten Buch »Gesellschaft im Überfluss« (engl. Originaltitel: The Affluent Society) auf das Auseinanderklaffen zwischen privatem Reichtum und öffentlicher Armut hin, also darauf, dass die reifen Industriegesellschaften den öffentlichen Sektor zu stark vernachlässigen und öffentliche Infrastruktur wie Schulen, Universitäten, Krankenhäuser, Verkehrswege u. ä. hinter der notwendigen Entwicklung zurück bleiben.

Um den Einzug amerikanischer Verhältnisse in Deutschland zu verhindern, muss ein Weg gefunden werden, wie trotz der demografischen Belastung in Zukunft hohe Sozialleistungen und Rentenzahlungen und gleichzeitig mehr öffentliche Investitionen in Infrastruktur und Bildung finanziert werden können, ohne »die Wirtschaft« zu sehr zu belasten.

Die Möglichkeit, höhere Einkommen höher zu besteuern, ist in diesem Buch schon an mehreren Stellen angesprochen worden. Dieser Weg soll zwar nicht von vornherein ausgeschlossen werden, es sei aber ausdrücklich davor gewarnt, sich davon Wunder zu versprechen. Um das bereits früher Gesagte mit anderen Worten auszudrücken: Es gibt zu wenig Reiche, um ihnen so viel Steuern auferlegen zu können, dass die Sozialleistungen und alle notwendigen öffentlichen Aufgaben damit ausreichend finanziert werden können.

Ein anderer Weg, mehr Mittel für Staat und Sozialversicherungssystem zu mobilisieren, könnte sein, das Steueraufkommen mehr von den direkten hin zu indirekten Steuern zu verlagern. Ein internationaler Vergleich der Umsatzsteuer-Normalsätze zeigt: Deutschland hat hier seine Möglichkeiten noch nicht ausgereizt. Trotz der massiven fast alle anderen Staaten mit ihren Steuersätzen noch weit vor Deutschland, am meisten – wen wundert es (!) – die skandinavischen Staaten Norwegen, Schweden und Dänemark *(Schaubild 6.15)*.

Verbrauchssteuern geht häufig der Ruf voraus, sie seien unsozial, weil sie die unteren Einkommensschichten am stärksten treffen. Das ist in dieser Allgemeinheit nicht richtig. Wer sich einen Porsche leistet, zahlt eine höhere Mehrwertsteuer als jemand, der sich mit einem Polo begnügen muss. Je mehr Geld jemand für Konsum ausgibt (und sich das auch vom Einkommen her leisten kann), desto mehr Steuern zahlt er auch.

Schaubild 6.15

Quelle: BMF, Die wichtigsten Steuern im internationalen Vergleich 2012, Berlin 2013, S. 60.

Ferner ist ein wichtiger Gesichtspunkt zu berücksichtigen: Viele Güter des täglichen Bedarfs wie Nahrungsmittel unterliegen nur dem ermäßigten Mehrwertsteuersatz. Er wurde bei den letzten Mehrwertsteuererhöhungen nicht mit angehoben, sondern liegt unverändert bei sieben Prozent, also auf der Höhe, als die Mehrwertsteuer nur doppelt so hoch war, nämlich 14 Prozent. Dadurch wird die Belastung der Haushalte mit niedrigen Einkommen begrenzt. Sie liegt zwar – relativ betrachtet – höher als die der oberen Einkommen. In absoluten Werten zahlen die oberen Einkommen jedoch höhere Beträge an Mehrwertsteuer, weil sie insgesamt mehr und teurere Sachen kaufen. (Der Leser, der sich für diese Frage interessiert, sei auf mein Buch »Steuerpolitik in 60 Minuten« verwiesen.)

Selbstverständlich könnte man daran denken, den Kreis der Waren, die dem ermäßigten Mehrwertsteuersatz unterliegen, zu überprüfen, einige davon herauszunehmen, andere dafür aufnehmen, um Belastungen der Bezieher kleiner Einkommen so gering wie möglich zu halten. Auch könnte man je nach Preiswirkungen auf die Lebenshaltungskosten der unteren Einkommensgruppen etwa Hartz IV-Bezüge und Kleinrenten parallel entsprechend anheben, um einen sozialen Ausgleich zu schaffen. Trotzdem würde das unterm Strich für den Staat er-

Optionen für die Zukunft

Schaubild 6.16

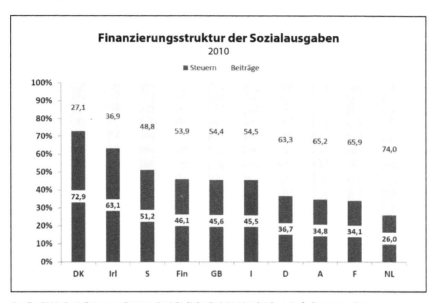

Quelle: BMA, Sozialkompass Europa. Soziale Sicherheit im Vergleich, 4. Aufl., Bonn 2014 S. 67.

hebliche Mehreinnahmen schaffen, ohne die Gewinn- und Kapitaleinkommen zu belasten.

Dass Länder bei der Finanzierung ihres Sozialstaats ganz unterschiedliche Wege einschlagen, belegt *Schaubild 6.16*. Es zeigt, wie viel Prozent der Einnahmen der sozialen Sicherungssysteme aus Steuern und wie viel Prozent aus Beiträgen von Arbeitnehmern und Arbeitgebern stammen. In Deutschland werden gut 63 Prozent der Einnahmen der sozialen Sicherungssysteme über Beiträge aufgebracht, sind also an die Löhne und Gehälter gekoppelt. Die Einnahmen der sozialen Sicherungssysteme in Deutschland sind somit stark konjunktur- und arbeitsmarktabhängig. In Dänemark werden dagegen nur rund 27 Prozent der Einnahmen über Beiträge mobilisiert. Fast 73 Prozent kommen dort über Steuern in die Sozialkassen. In Schweden werden die nötigen Mittel für die Sozialausgaben in etwa je zur Hälfte durch Steuern und Sozialbeiträge aufgebracht: 51 Prozent sind in Schweden steuerfinanziert. In Deutschland sind es dagegen nur 37 Prozent.

Da wir gelernt haben, dass Wirtschaft ein Kreislauf ist und jede Mehreinnahme der einen (in diesem Fall des Staates) einer Mehrausgabe von anderen entspricht, müssen wir fragen:

536　　　　　　　　　　　　　　　　　　　　　　　　　　　　　　Ausblick

▶ **Von wem kommt das Geld, das als Steuermehreinnahmen in die sozialen Sicherungssysteme fließt?**

Antwort: Es kommt von der Masse der Verbraucher, aus ihren täglichen Käufen von Waren und Dienstleistungen. Verbraucher, die viel ausgeben und dementsprechend viel Mehrwertsteuer zahlen, würden damit einen großen Brocken des Staatshaushalts und auch der Sozialleistungen finanzieren. Denn die Einnahmen sowohl der gesetzlichen Rentenversicherung als auch der gesetzlichen Krankenversicherung könnten in größerem Umfang als bisher über Steuern und weniger über einkommensabhängige Beiträge finanziert werden. Auch diese Form der Finanzierung ist in den skandinavischen Wohlfahrtsstaaten weiter verbreitet als bei uns (siehe *Schaubild 6.16*). Allerdings hätte das zur Folge: Die gesetzliche Rente würde in geringerem Umfang als bisher an Beiträge und damit an die Höhe des Erwerbseinkommens gekoppelt. Sie hätte weniger den Charakter einer Versicherung, bei der die Höhe der Beiträge die spätere Rente bestimmt, sondern würde mehr zu einer Grundrente für alle führen.

Niedrigeinkommen, insbesondere Löhne und Gehälter für einfachste Dienstleistungen könnten bei dieser Art der Finanzierung der Sozialleistungen von Sozialabgaben frei gestellt werden, ohne dass dadurch Ansprüche auf Sozialleistungen entfallen. Diese werden – um beim Bild von eben zu bleiben – von den Porschekäufern über die Mehrwertsteuer finanziert.

Warum wird dieses Modell als »Sozialismus in einer Klasse« bezeichnet? Es wird deshalb so genannt, weil es von der Illusion einer partnerschaftlichen Finanzierung des Wohlfahrtsstaates Abschied nimmt. Noch immer gilt in Deutschland das auf *Bismarck* zurück gehende Prinzip, dass Arbeitgeber und Arbeitnehmer anteilig den gleichen Prozentsatz des Einkommens in die Sozialversicherung einzahlen, die Arbeitergeber sich also an der Finanzierung des Wohlfahrtsstaates beteiligen. Doch das ist Augenwischerei! Arbeitgeberanteile zur Renten-, Kranken-, Pflege- und Arbeitslosenversicherung sind für die Unternehmen Lohn- und Gehaltskosten (genauer: Lohnnebenkosten), also Bestandteil der Kalkulation und gehen in die Preise ein. Damit werden auch die vom Arbeitgeber »beigesteuerten« Sozialabgaben letztlich von den Käufern der Produkte über die Preise bezahlt!

Wirtschaft ist eben – man kann das nicht oft genug betonen – ein Kreislauf. Deshalb ist es ein sozialer Traum, die Arbeitgeber würden »aus eigener Tasche« und »unter Verzicht auf persönlich verfügbares Einkommen« die Sozialabgaben aufbringen. Bei den großen Kapitalgesellschaften ist der Arbeitgeber ohnehin keine natürliche Person »mit eigener Tasche« oder »persönlichem Einkommen«. Nur beispielsweise in einem kleinen Handwerksbetrieb ist der Chef auch gleichzeitig der Inhaber, so dass Unternehmensgewinn und persönliches Einkommen zusammen fallen. Aber auch hier wird der Lohn des Gesellen von vornherein mit allen Nebenkosten kalkuliert und nicht erst im Nachhinein vom Gewinn des Meisters die Sozialbeiträge abgezweigt.

»Sozialismus in einer Klasse« heißt es also deshalb, weil man von vornherein davon ausgeht:

► **Der Wohlfahrtsstaat muss letztlich von den Arbeitnehmern selbst finanziert werden.**

Die soziale Klasse der Arbeitnehmer kennt aber ihrerseits Arme und Reiche, und so ist zu fragen: Wer von den Arbeitnehmern muss den Wohlfahrtsstaat finanzieren? Auch auf diese Frage ist die Antwort leicht zu finden:

► **Das mittlere Drittel der Einkommensbezieher finanziert den Wohlfahrtsstaat, d. h. die Sozialleistungen für das untere Drittel.**

Grund: Da 90 bis 95 Prozent aller Erwerbstätigen Arbeitnehmer sind, kann nicht damit gerechnet werden, dass die fünf bis zehn Prozent Selbständigen die Sozialleistungen finanzieren, zumal die meisten Selbständigen eher weniger verdienen als die Arbeitnehmer. Die überdurchschnittlich verdienenden Arbeitnehmer wiederum wie etwa der Vorstandsvorsitzende einer Bank oder der Abteilungsleiter in einer Versicherung leisten zwar Sozialbeiträge, aber nicht proportional zu ihrem Einkommen. Denn ab einem bestimmten, gesetzlich festgelegten Einkommensbetrag, der Beitragsbemessungsgrenze, steigen die Sozialversicherungsbeiträge mit dem Einkommen nicht mehr an, sondern bleiben gleich.

► **Die Sozialversicherung ist deshalb keine Institution der Umverteilung von Reich zu Arm, sondern von Erwerbstätigen zu Rentnern bzw. in der Krankenversicherung von Gesunden zu Kranken.**

Aus diesem Grund wäre eine stärkere Finanzierung der Sozialausgaben über indirekte Steuern – die Mehrwertsteuer muss dabei nicht die einzige indirekte Steuer sein, auch die Mineralölsteuer könnte dazu beitragen – nicht unsozial. Über die Mehrwertsteuer würden tatsächlich alle Bürger je nachdem, wie viel und wie teuer sie kaufen, herangezogen. Sie hätte zudem den Vorteil, die deutschen Waren beim Verkauf im Ausland nicht zu verteuern, weil auf Exporte die inländische Mehrwertsteuer nicht erhoben wird, und die Arbeitgeber von den Lohnnebenkosten zu entlasten.

Kernfrage ist und bleibt allerdings: Wird die deutsche Bevölkerung, insbesondere das mittlere und obere Drittel der Einkommensbezieher zur Finanzierung des Wohlfahrtsstaates bereit sein, auch wenn dafür in Zukunft mehr aufgebracht

werden muss als in früheren Jahren? Wer die volkswirtschaftlichen Zusammenhänge durchschaut und gleichzeitig ehrlich genug ist einzuräumen, dass das, was
jemand im Leben erreicht hat, nie allein das Ergebnis nur seiner eigenen Leistung, sondern auch vieler glücklicher Umstände ist, sollte eigentlich dazu bereit
sein. Selbst profilierte Anhänger der Marktwirtschaft und Verfechter des Leis-
tungsprinzips bestreiten nicht, dass zur persönlichen Leistung immer auch eine
gute Portion Glück kommen muss, um im Leben Erfolg zu haben. *Wolfram Engels,*
lange Jahre Professor an der Universität Frankfurt und Herausgeber des eher wirt-
schaftsliberal orientierten Magazins Wirtschaftswoche, formulierte es einmal so:

> »Nun ist es offensichtlich, dass auch in der Marktwirtschaft Posten und Einkommen
> nicht alleine nach Leistung vergeben werden. Es ist sehr viel Glück im Spiel, und das
> größte Glück ist es, intelligent, gesund und lebenstüchtig geboren zu werden. Die
> Marktwirtschaft ist zum Teil auch ein Lotteriespiel. Eine Gesellschaft wäre leistungs-
> fähiger, wenn es gelänge, das Leistungsprinzip rein durchzusetzen. Es entspricht auch
> unseren moralischen Gefühlen, dass Wohlstand, der auf Glück beruht, ethisch ebenso
> wenig gerechtfertigt ist wie Armut, die durch Unglück zustande kommt. Umverteilung
> hat nicht nur eine ethische, sondern auch eine wirtschaftliche Basis. Man kann sie als
> Versicherung auf das allgemeine Lebensrisiko auffassen, die unsere Vorväter für uns
> abgeschlossen haben und die wir für unsere Nachkommen abschließen. Diese Sicher-
> heit ist ein begehrtes Gut, das der Markt nicht bereitstellen kann. Der Sozialstaat steht
> insoweit nicht im Gegensatz zur Marktwirtschaft – er ergänzt sie. Soweit man Umver-
> teilung als Versicherung auffassen kann, zwischen denen, die Glück, und denen, die
> Pech hatten, ist die soziale Marktwirtschaft nicht nur gerechter, sondern auch effizien-
> ter als die reine Marktwirtschaft.« (Wirtschaftswoche Nr. 17/20. 4. 1990, S. 242.)

Dieses Bekenntnis eines engagierten Liberalen zur koordinierten Marktwirtschaft
und (!) zum Sozialstaat sollte sich der Leser gut einprägen. Und wenn er in der
Marktwirtschaft einen der vielen schönen Plätze, die es in dieser Ordnung gibt, er-
wischt hat und es ihm gut geht, sollte er sich immer bewusst sein: Es hätte für ihn
auch ganz anders kommen können, und für diesen Fall ist der Wohlfahrtsstaat zur
Sicherung eines menschenwürdigen Lebens unverzichtbar.

Weiterführende Literatur

1 Allgemeine Einführungen in die Volkswirtschaftslehre und Wirtschaftspolitik

Blanchard, O./Illing, G., Makroökonomie, 6. Aufl., München 2014

Bofinger, P., Grundzüge der Volkswirtschaftslehre, 3. Aufl., München 2011

Heine, M./Herr, H., Volkswirtschaftslehre. Paradigmenorientierte Einführung in die Mikro- und Makroökonomie, 4. Aufl., München 2013

Fredebeul-Krein, M./Koch, W. A. S./Sputek, A./Kulessa, M., Grundlagen der Wirtschaftspolitik, 4. vollständig überarbeitete Aufl., Stuttgart 2014

Kromphardt, J., Konzeptionen und Analysen des Kapitalismus, 4. Aufl., Göttingen 2004

Kromphardt, J., Grundlagen der Makroökonomie, 3. Aufl., München 2006

Kromphardt, J., Die größten Ökonomen: John Maynard Keynes, Konstanz/München 2013

Müller, M./Sturm, R., Wirtschaftspolitik kompakt, Wiesbaden 2010

Mussel, G./Pätzold, J., Grundfragen der Wirtschaftspolitik, 8. Aufl., München 2012

Rogall, H., Volkswirtschaftslehre für Sozialwissenschaftler, 4. Aufl., Wiesbaden 2013

Rogall, H., Nachhaltige Ökonomie: Ökonomische Theorie und Praxis einer nachhaltigen Entwicklung, 2. Aufl., Marburg 2012

Schmid, J./Buhr, D./Roth, Ch./Steffen, Ch., Wirtschaftspolitik für Politologen, Paderborn 2006

Schröder, M., Varianten des Kapitalismus. Die Unterschiede liberaler und koordinierter Marktwirtschaften, Wiesbaden 2014

Stiglitz, J. E./Walsh, C. E., Makroökonomie, Band II zur Volkswirtschaftslehre, 4. Aufl., München 2013

Zohlnhöfer, R./Dümig, K., Politik und Wirtschaft, München 2011

2 Geldpolitik

Görgens, E./Ruckriegel, K./Seitz, F., Europäische Geldpolitik. Theorie, Empirie und Praxis, 6. Aufl., Konstanz/München 2014
Heine, M./Herr, H., Die Europäische Zentralbank. Eine kritische Einführung in die Strategie und Politik der EZB und die Probleme in der EWU, 3. Aufl., Marburg 2008

3 Finanz- und Steuerpolitik

Adam, H., Steuerpolitik in 60 Minuten, Wiesbaden 2013
Bajohr, S., Grundriss Staatliche Finanzpolitik, Eine praktische Einführung, 2. Aufl., Wiesbaden 2007
Corneo, G., Öffentliche Finanzen: Ausgabenpolitik, 4. Aufl., Tübingen 2012
Corneo, G., New Deal für Deutschland. Der dritte Weg zum Wachstum, Frankfurt/ New York 2006
Zimmermann, H./Henke, K.-D., Finanzwissenschaft. Eine Einführung in die Lehre von der öffentlichen Finanzwirtschaft, 11. Aufl., München 2012

4 Sozialpolitik/Wohlfahrtsstaat

Bäcker, G./Naegele, G./Bispinck, R./Hofemann, K./Neubauer, J., Sozialpolitik und soziale Lage in Deutschland, Bd. 1 und 2, 4. Aufl., Wiesbaden 2008
Butterwegge, Ch., Krise und Zukunft des Sozialstaates, 5. Aufl., Wiesbaden 2013
Kaufmann, F.-X., Varianten des Wohlfahrtsstaats. Der deutsche Sozialstaat im internationalen Vergleich, Frankfurt/Main 2003
Schmid, J., Wohlfahrtsstaaten im Vergleich, 3. Aufl., Wiesbaden 2010
Schmidt, M. G., Sozialpolitik in Deutschland. Historische Entwicklung und internationaler Vergleich, 3. Aufl., Wiesbaden 2005
Schmidt, M. G./Ostheim, T./Siegel, N. A./Zohlnhöfer, R. (Hrsg.), Der Wohlfahrtsstaat. Eine Einführung in den historischen und internationalen Vergleich, Wiesbaden 2007

5 Internationale Wirtschaftsbeziehungen

Bieling, H.-J., Internationale Politische Ökonomie. Eine Einführung, 2. Aufl., Wiesbaden 2011
Huffschmid, J., Politische Ökonomie der Finanzmärkte, Hamburg 2002
Krugman, P. R./Obstfeld, M., Internationale Wirtschaft. Theorie und Politik der Außenwirtschaft, 9. Auf., München 2011
Schirm, S. A., Internationale Politische Ökonomie. Eine Einführung, 3. Aufl., Baden-Baden 2013

Wirtschafts- und sozialwissenschaftliche Forschungsinstitute

	Homepage
Deutsches Institut für Wirtschaftsforschung, Berlin (DIW)	www.diw.de
Hamburgisches Weltwirtschaftsinstitut, Hamburg (HWWI)	www.hwwi.org
Ifo-Institut für Wirtschaftsforschung, München (Ifo)	www.ifo.de/portal/page/portal/ifoHome
Institut der deutschen Wirtschaft, Köln (IW)	www.iwkoeln.de
Institut für Arbeitsmarkt- und Berufsforschung (IAB), Nürnberg	www.iab.de
Institut für die Zukunft der Arbeit, Bonn (IZA)	www.iza.org
Institut für Makroökonomie und Konjunkturforschung in der Hans-Böckler-Stiftung, Düsseldorf (IMK),	http://www.boeckler.de/index_imk.htm
Institut für Wirtschaftsforschung, Halle (IWH)	www.iwh-halle.de
Rheinisch-Westfälisches Institut für Wirtschaftsforschung, Essen (RWI)	www.rwi-essen.de
Wirtschafts- und Sozialwissenschaftliches Institut in der Hans-Böckler-Stiftung, Düsseldorf (WSI)	http://www.boeckler.de/index_wsi.htm
Wissenschaftszentrum Berlin für Sozialforschung (WZB)	www.wzb.eu
Zentrum für Europäische Wirtschaftsforschung, Mannheim (ZEW)	www.zew.de

Institutionen mit Wirtschaftsstatistiken

	Homepage
Deutsche Bundesbank	www.bundesbank.de
Europäische Zentralbank (EZB)	www.ecb.de/ecb/html/index.de.html
Internationaler Währungsfonds (IWF)	www.imf.org/external/index.htm
Internationales Arbeitsamt (ILO)	www.ilo.org
OECD	www.oecd.org
Sachverständigenrat zur Begutachtung der gesamtwirtschaftlichen Entwicklung	www.sachverstaendigenrat-wirtschaft.de
Statistisches Amt der Europäischen Gemeinschaften (EUROSTAT)	www.eds-destatis.de
Statistisches Bundesamt	www.destatis.de
Vereinte Nationen (UN)	www.un.org
Weltbank	www.worldbank.org

Register

A

Abgabenquote 189, 191f., 366
Abgeltungssteuer 169
Abkommen von Wassenaar 314
Abschmelzen der Vermögenswerte 440
Abschreibung 29, 258
Abschwung 67f., 72f., 182–186, 522
Absenkung des Rentenniveaus 367, 371
Abwehrreaktionen der Unternehmen 399
Abwertung 103, 108, 125, 346f.
Adenauer, Konrad 153, 188, 262
ADGB 347
Agartz, Viktor 394
Agrargesellschaft 78
Aktienbestand 460
Aktienhandel 460
Aktienkurs 428f., 462, 514
Alter der Demokratie 204, 372
Alternative für Deutschland (AfD) 358
Altersaufbau der Bevölkerung 129, 133, 372, 498
Altersrente 372, 445
Alterssicherungssystem 369
Altersstruktur 133, 364, 370, 496
Altersvorsorge, private 370, 442, 445
Altlastensanierung 231
Angebot 21, 28, 31, 40, 42, 45–47, 59, 73f., 84, 104, 109, 131–133, 135, 139–141, 148, 206, 251, 255, 282f., 292f., 303, 319, 322, 339, 348, 373, 381, 390,

396, 398, 400, 430f., 467, 475f., 498, 506, 527
Angebot an Arbeitskräften 132, 141, 283, 319, 373, 396, 398, 400
Angestellter 151, 381, 426f.
Anlagen 24, 26, 39, 56, 69, 73f., 81f., 87, 147f., 155, 157, 159, 176, 178, 219f., 266, 331, 423, 435, 463, 471, 507, 530
Anreizwirkung 426
Anschaffungswert 216
Äquivalenzeinkommen 212, 228
Arbeit 24, 26–30, 33, 38f., 52, 55, 59, 70f., 76, 79, 87, 129, 134f., 140f., 193, 207–210, 212, 214, 227f., 237, 250, 259, 261, 281, 286f., 289–299, 302, 307, 314–319, 321, 345, 373, 378, 382, 396f., 403, 407f., 410, 415, 417f., 420f., 432, 435, 437f., 444, 446, 468, 474, 478, 480, 486f., 489–491, 498
Arbeiter 24, 28f., 33–35, 47, 52, 70, 128, 139, 140–142, 212, 222, 228, 287, 319, 391f., 413, 417, 423, 484–488, 496, 521
Arbeiterselbstverwaltung 29
Arbeitgeberanteil 193, 203
Arbeitgeberverband 320, 402, 432
Arbeitgeberverband Gesamtmetall 320
Arbeitnehmer 35, 50–55, 67, 70, 84, 87, 91, 131, 149, 163, 193, 201–203, 207–209, 212f., 215, 222, 237, 242–244, 246, 248–250, 255f., 275, 277, 284–286, 289, 298, 301f., 304f., 308, 310, 314f.,

317, 321, 345, 364–366, 368, 369 f., 372,
375, 378–380, 382, 385 f., 390 f., 393–
405, 413–416, 424 f., 429–435, 443 f.,
463, 478, 484, 486–491, 513, 515, 521,
528, 531, 537
Arbeitnehmeranteil 193
Arbeitnehmerquote 208 f.
Arbeitsbedingungen 59, 299, 350, 398 f.,
414, 483, 491, 527
Arbeitskraft 24 f., 27 f., 128, 131, 136,
139 f., 142, 182, 250, 407, 413
Arbeitslosenquote 51 f., 54, 163, 182, 185,
240, 254 f., 283, 296, 311, 315, 344
Arbeitslosenunterstützung 144
Arbeitslosenversicherung 50, 54, 146,
289 f., 363 f., 489, 536
Arbeitslosigkeit 15–17, 23, 52, 54, 74, 95,
131 f., 142, 148, 163, 182, 201, 213, 230,
240, 243 f., 247, 252, 254–258, 267 f.,
272, 279, 286, 288, 290–297, 304, 306,
309, 313–315, 318 f., 322, 344 f., 353 f.,
363, 394, 396 f., 399, 400, 402, 445, 478,
489, 516
Arbeitsmarkt 8 f., 12, 16, 18, 33, 75, 128,
131, 138, 140–142, 185, 194, 252, 255,
272–274, 279, 281–287, 292 f., 296,
299, 301, 303–308, 318, 320, 322, 372,
391, 396, 398–403, 407–409, 413 f.,
435, 484, 491, 496, 513 f., 517, 522, 528 f.
Arbeitsmarktbilanz 282
Arbeitsmarkttheorie, neoklassische 141
Arbeitsplatzlücke 142, 293
Arbeitsproduktivität 135–138, 283, 295,
311, 391–393, 414, 439, 478, 498
Arbeitsstunde 136, 312, 391, 432
Arbeitsvermittlungsmonopol 307
Arbeitsvolumen 133, 285, 315
Arbeitszeitgesetz 308
Arbeitszeitverkürzung 307, 315, 319–322
Armut, absolute 226
Armut, relative 226
Armut, subjektive 226
Armuts- und Reichtumsbericht der
Bundesregierung 225
Armutsdefinition 225
Armutsschwelle 226

Artikel 115 GG 182, 184
Arzt 56, 204, 376, 382 f.
Ärztedichte 204
Arztwahl, freie 375
asset melt down 440–442
Attac 358
Aufschwung 67 f., 75, 186, 265, 285,
475 f., 522
Aufstocker 405
Aufwertung 103, 108, 339, 467, 476 f.
Außenhandel 89, 90, 94, 126
Außenwert 102
Austeritätspolitik 346

B

Baade, Fritz 347
Bachelor 23
Bank für Internationalen Zahlungs-
ausgleich (BIZ) 98
Bankenaufsicht 360
Bankenhaftung 360
Bargeldumlauf 122–124
Barlohn 430 f.
Basel I bis III 360
Basistender 120
Beamte 52, 195, 207, 212, 222, 249,
302, 426
Becker, Gary 524
Bedürftigkeit 34, 36, 55, 288, 305 f., 322
Beitragsbemessungsgrenze 35, 386,
537
Beschäftigung 16 f., 125, 138, 141–143,
146–149, 163, 273, 279, 289, 292,
297–304, 309, 321, 359, 402–404,
407 f., 410 f., 414, 468, 474, 478, 529
Beschäftigungseffekt 309, 320 f.
Beschäftigungsförderungs-
gesetz 297, 307
Beschäftigungsverhältnisse, prekäre 299
Beschäftigungswunder 311, 314
Betriebswirtschaftslehre 23
Bewertungsprinzip 216
Bismarck 536
Boden 24 f., 69, 83, 232 f., 272, 306
Boom 67, 495
Borchardt, Knuth 346

Bretton-Woods-System 101–103, 106–109, 253, 325, 336, 471, 474–476, 478, 480, 494
Brüning, Heinrich 344
Bruttoarbeitnehmerentgelt 207
Bruttoinlandsprodukt 56–60, 63–65, 67, 69 f., 72, 137, 151, 153, 163, 176, 184, 187, 189, 232, 283, 311, 314, 333, 343 f., 367, 373, 438 f., 452
Bruttoinlandsprodukt, reales 58, 72
Bruttosozialprodukt 57
Bruttowertschöpfung 78, 353, 482
Bundesagentur für Arbeit 52, 134, 281, 291, 293, 302, 408
Bundesfinanzministerium 340, 360
Bundesverfassungsgericht 183, 317, 357 f., 386, 447, 449
Bündnis für Arbeit 316–318
Büttner, Ursula 346

C

CDU 35, 53, 114, 152, 178, 181–183, 188, 225, 262, 275, 283, 297, 306–308, 318, 332, 341, 353, 355, 357 f., 366, 368, 402, 408, 435, 447, 456, 490, 501, 507, 517–519, 522 f.
CDU/CSU 35, 53, 178, 183, 225, 262, 275, 306 f., 355, 357 f., 366, 402, 408, 435, 447, 456, 507, 517–519, 523
CDU/CSU-FDP-Koalition 225, 275, 435, 447, 507
Clark, John Bates 140
CSU 35, 53, 114, 178, 181, 183, 225, 262, 273, 275, 306 f., 355, 357 f., 366, 402, 408, 435, 447, 456, 507, 517–519, 522 f.

D

Dänemark 34, 38, 190–192, 341, 368, 488 f., 515, 533, 535
DDR 69 f., 133, 176, 221, 351, 353–355, 359, 454, 485, 525 f.
deficit spending 149, 346
Deflation 394
Deflationspolitik 345
Depression 68, 157
Deregulierung 307, 311, 324, 331, 333 f.

Deregulierung am Arbeitsmarkt 307
Deregulierungsmaßnahmen 307, 311, 315
Derivat 465
Derivatehandel 470
Deutsche Bundesbank 93, 113, 124, 127, 152–156, 245, 328, 351, 355, 472
Deutsche Mark 104, 106, 174
Deutschland 11–19, 21, 23, 35–39, 49 f., 52, 54, 57, 63, 65, 69, 78, 89, 92, 94, 97, 99–101, 103, 106–108, 110–114, 116 f., 121, 125–130, 132, 137, 151–154, 156–158, 162–165, 167, 170, 172–174, 178–180, 185 f., 188, 190–194, 199 f., 206, 208, 214, 221, 225, 236, 239, 251, 252, 255, 257, 262, 273 f., 280, 282–285, 287, 300, 307, 309–314, 321, 324–326, 329–332, 335, 338, 345 f., 349–356, 358–363, 370, 372 f., 375, 377, 386–388, 395, 399 f., 402 f., 408 f., 413, 416, 423–426, 429 f., 437, 442, 444, 447, 450–459, 462, 474, 476, 479, 481–485, 488–490, 492, 494–496, 498, 501 f., 504, 506–510, 512, 515–518, 520, 523, 525, 531, 533, 535
Devisen 90, 95 f., 104, 173, 332 f., 339, 466, 468
Devisenbewirtschaftung 331, 480
Devisenbilanz 92
Devisenzuströme 108
DGB 262, 320, 483, 485 f., 491
Die Linke 306, 358, 402, 408, 423, 443, 447, 522 f.
Dienstleistung 24, 30 f., 34 f., 38, 40, 44, 47, 50, 56 f., 59, 63, 69, 70, 74, 77, 78, 84 f., 91–94, 96, 99 f., 102–104, 107, 111, 116 f., 135 f., 146, 204, 230, 242, 249, 258, 281, 286 f., 293–295, 329, 349, 352, 373, 375, 384, 390, 393, 409–411, 464, 466, 497, 513, 530 f., 536
Dienstleistung, einfache 531
Dienstleistung, ortsgebundene 530
Dienstleistungsbilanz 91 f.
Dienstleistungsgesellschaft 78
Discounter-Kette 527
Dividende 462, 514

DIW 195, 196, 210–214, 218–223, 260 f.,
  295 f., 303 f., 321, 353, 403–406,
  410–413, 423, 426, 437, 445, 447 f.,
  451, 455
Drei-Sektoren-Modell 82

E

Easterly, William 60
economics 23
EEG-Umlage 505
Eigenverantwortung 288, 382, 531
Einkommen aus unselbständiger
  Arbeit 207, 209 f., 212, 418
Einkommenspolitik 263
Einkommensteuer 41, 175, 194, 198 f.,
  264, 266, 352, 355, 385, 418, 420,
  426–429, 522
Einkommensteueraufkommen 420 f.
Einkommensumleitung 54
Einkommensumverteilung 54, 214
Einkommensunterschiede zwischen
  Jung und Alt 215
Einkommensverteilung 7–9, 12, 17 f.,
  157, 196, 199, 207, 213, 215, 220, 267,
  273, 312, 324, 329, 333, 391–396, 399 f.,
  478, 528
Einkommensverteilung, funktio-
  nelle 207
Einkünfte aus selbständiger Ar-
  beit 417, 420
Einlagenfazilität 121
emerging markets 442
Emission 232, 493
emotional 403, 415
empirica 215
Employment Outlook 309
Energien, erneuerbare 502
Energiewende 500
Engels, Wolfram 538
Entwicklung, demografische 364, 372 f.,
  442
Erhard, Ludwig 50, 53, 55, 153, 188, 262,
  332, 359, 479 f., 520
Erneuerbare-Energien-Gesetz
  (EEG) 505
Ersparnis 80, 84, 146–149, 156, 220

Erwerbsbeteiligung 133
Erwerbspersonen 51 f., 134, 283, 486
Erwerbspersonenpotenzial 132 f., 303
Erwerbsvermögen 216, 219
ESZB 113, 363
Euro-Dollar-Markt 98, 472 f.
Europäische Union 110, 114
Europäische Währungsunion 110 f., 356
Europäische Wirtschafts- und
  Währungsunion (EWU) 110
Europäische Zentralbank 110 f., 113, 323,
  348, 350 f.
Europäisches Währungssystem
  (EWS) 109
Eurostat 117, 165
EWS (s. Europäisches Währungs-
  system) 109, 326, 478
EWU (s. Europäische Wirtschafts- und
  Währungsunion) 110
Existenzminimum 36, 226, 307, 313, 322,
  371, 402, 413, 418
Expansion 67, 466, 471
Export 92, 95, 106 f., 326
EZB-Rat 114, 348

F

Familienpause 201
Fast-Food-Kette 311, 412
Faulenzer 293
FDP 53, 183, 225, 262, 275, 288, 306–308,
  355, 357 f., 366, 408, 435, 447, 507, 517–
  519, 523
Finanzmarkt 22, 98, 127, 152, 164, 185,
  285, 301, 324, 329, 331, 335 f., 361, 470,
  478, 480 f., 491
Finanzpolitik 114, 188, 262, 266, 273,
  276 f., 323 f., 350 f., 359, 424, 475–478,
  481, 517
Finanzpolitik, expansive 478, 481
Finanzspekulation 469 f.
Finanzsystem 513
Föderalismusreform II 182
Ford 495 f.
Fortschritt, medizinisch-tech-
  nischer 376
Fortschritt, technischer 76, 376

Frankreich 35, 38, 106, 117, 164, 190–192, 239, 279, 314, 321, 326, 331, 349, 360, 400, 442, 452, 458 f., 462, 515
Frauenerwerbsquote 205, 373
Freiberufler 35, 428, 451 f.
Freiheit 50, 253, 417, 517
Friedman, Milton 254–256, 266, 480, 496
Friedman, Thomas L. 496
Frühindikator 48
Frühkapitalismus 28
Fünfeck, magisches 258, 275
Fünf Weise 260 f., 473, 479, 482
Futures 468

G

Galbraith, John Kenneth 268, 533
Gates, Bill 129
Gebrauchsgüter 81, 220
Gebrauchsvermögen 216 f., 220
Geburten 133, 280
Geburtenrate 200, 280 f., 442, 500
Geldkreislauf 15 f., 18, 80 f., 99 f., 132, 144, 149 f., 157
Geldmarkt 120
Geldmarktleitzinssatz (Reposatz) 121
Geldmarktpapiere 124
Geldmengenregel 254
Geldpolitik 113 f., 117, 120, 122, 125, 250, 254, 275–277, 323, 347, 350 f., 475, 477 f., 480
Geldpolitik der Notenbank 275, 277
Geldpolitik, expansive 250
Geldvermögen 154, 155, 175, 216–219, 221, 225, 436 f.
Geldvermögensbildung 156, 219
Geldwertstabilität 111, 345
Gemeinschaftsdiagnose 260, 413
General Motors 495
Generationengerechtigkeit 367, 384
Generationenvertrag 364, 368
Gepäckträger 530
Gerechtigkeitsempfinden 194 f.
Gesamtnachfrage, volkswirtschaftliche 56, 74, 76, 136, 163, 172, 250, 258, 343, 475

Geschäftsbank 90, 96, 101, 119 f., 332, 458
Gesetz der wachsenden Staatstätigkeit 188
Gesetz zur Förderung der Stabilität und des Wachstums 257
Gesundheit, psychosoziale 75
Gesundheitsausgaben 203 f., 372, 376 f.
Gesundheitssystem 33, 36, 372, 375, 376, 441, 496
Gesundheitswesen 75, 78, 202, 206, 281, 376, 378
Gewerkschaft 287, 320, 402, 413 f., 432, 486, 488, 491
Gewinn 22, 26, 41, 72, 147, 160, 166, 236, 251 f., 263, 270, 272, 275, 335, 338, 340, 392, 394, 425, 428, 432, 461, 464, 528, 535, 537
Gewinnerwartungen 72, 270
Gewinnspanne 41
Glass-Steagall-Gesetz 332
Gleichgewichtslohn 142 f., 402
Gleichgewichtspreis 44
Globalisierung 89, 98, 122, 128, 130, 185, 457 f.
Globalsteuerung 258
Glück 60
Grad der Problemlösung über den Staat 205, 373
Grenzerlös 141
Grenzprodukt 141
Grenzproduktivitätstheorie 141
Großbritannien 36–38, 106, 109, 117, 190, 192, 239, 254, 264, 266 f., 272, 330, 360, 372, 452 f., 515
Grundfreibetrag 418
Grundrente 25, 369, 531, 536
Grundwiderspruch 39
Gut, öffentliches 235–237, 531

H

Haavelmo-Theorem 179
Halbteilungsgrundsatz 449
Hall, Peter A. 56, 512
Hamburger Weltwirtschaftsarchiv 260
Handelsbilanz 92 f., 326
Hartz, Peter 286

Harvard 227, 268, 332 f., 341, 512
Haupttender 120
Haushalt, privater 74, 82, 96, 168, 172,
175, 218, 225, 236, 340, 342
Haushaltsdefizit 265, 277, 326
Hebelwirkung 338
Hentschel, Volker 479
heterogen 43 f., 406
Hierarchie 29, 487
Hilfe zum Lebensunterhalt 81, 293
Hochkonjunktur 67, 72
Holland 236, 311, 314 f., 321
homogen 42
Honorar 382, 418
Humanisierung 30
Humankapital 71
Hypo Real Estate (HRE) 162

I

Idealtyp 30
Identitätsgleichung, volkswirtschaft-
liche 84
IG Bau-Steine-Erden 431
IG Druck und Papier 320
IG Metall 286 f., 402, 435, 490 f.
Immission 232
Industriegesellschaft 78, 279, 438
Inflation 51, 125, 131, 239, 240 f., 244–
248, 250, 252–256, 258, 267 f., 316, 347,
400, 475–478
Inflation, schleichende 51, 131, 239, 250,
252, 316, 477
Inflationsrate 51 f., 104, 111, 113, 116 f.,
125, 239 f., 242–247, 254–256, 266–268,
314, 325 f., 394 f., 399, 477 f.
Infrastruktur 22, 72, 158 f., 168, 173, 176,
186, 272, 509 f., 512, 533
Infrastruktureinrichtungen 149
Infratest Burke Sozialforschung 308
Innovationen 75, 461, 515
Institut der Deutschen Wirt-
schaft 261, 265
Institut für Arbeitsmarkt- und Berufsforschung (IAB) 301, 303, 407
Institut für Weltwirtschaft an der Uni-
versität Kiel 260

Institut für Wirtschaftsforschung
Halle 260
Interventionspunkt, oberer 104
Investition 26, 56, 147 f., 174, 186, 220,
264, 463
Investitionsgüterindustrie 73, 82, 84, 87
Investitionshilfegesetz 450
Investivlohn 430–432
Investmentbank 332
Issing, Otmar 359
Italien 35, 38, 106, 164, 190–192, 325 f.,
331, 339, 349, 360, 363, 515

J

Jahreswirtschaftsbericht 258
Journalist 496

K

Kapital 24–30, 38 f., 55, 70, 92, 96 f., 129,
147, 194, 207, 214, 230, 335, 338, 358,
360, 378, 396, 415, 424, 430, 435, 441 f.,
458, 462 f., 467, 473, 478, 480, 489–491,
493 f., 514, 522, 527 f.
Kapitalbilanz 92 f.
Kapitaldeckungsverfahren 438, 440, 444
Kapitaleigner 26, 27, 39
Kapitalexport 92, 100
Kapitalimport 92, 100
Kapitalismus 25 f., 30, 33, 49 f., 54–56,
253, 335, 466, 474, 512, 515, 517 f., 523
Kapitalismus, sozialer 49
Kapitalmarkt 97, 148, 263, 271, 339, 348,
480, 513 f.
Kapitalstock 230, 438, 442
Kapitalverkehr 335, 474
Katalysator 48
Kaufkraft 47, 51, 102, 112, 135, 149, 179,
249, 252, 265, 271, 310, 345, 390, 397,
410, 527
Kaufzurückhaltung 148
Kennedy, John F. 268, 527
Keynes, John Maynard 102, 135, 146, 253,
270, 346
Kiesinger, Kurt Georg 153
Kirchhof, Paul 449
Knappheitsindikator 48

Knappschaft 35
Koalition, sozial-liberale 153
Kohl, Helmut 114, 283, 297, 307, 318, 353,
    355, 359, 368, 435, 447, 490
Kollektivgutproblem 235
Kombilohn 307
Kondratieff 75
Konjunktur 63, 67, 74, 80, 165, 180, 258,
    275, 304, 329, 431, 477 f., 480
Konjunkturausgleichsrücklage 258
Konjunkturzyklus 68, 258
Konsum 56, 81, 84, 144, 150, 179, 233,
    253, 410, 434, 440, 533
Konsument 31, 382
Konsumentensouveränität 31
Konsumgüterindustrie 82, 84 f., 87,
    145, 347
Kontrolle 25, 27, 183 f., 187, 444, 483
Kontrollmechanismus 49
Konvertibilität 101
Konvertierbarkeit 101
Konzentration 39, 49, 224 f., 233
Konzertierte Aktion 316–318
Koordinatensystem 43, 67
Körperschaftssteuer 144
Kosten, externe 235, 237
Kostenfaktor 263, 276, 391
Krankengeld 145
Krankenkasse 54, 376, 378, 380–383, 387
Krankenversicherung, gesetzliche 387
Kreditaufnahme 149, 171, 184 f., 187
Kündigungsschutz 264, 289, 301, 307–
    309, 340, 404, 513 f., 516–518

L

Lafontaine, Oskar 354
Lastenausgleichsabgabe 454
Lautenbach, Wilhelm 347
Lebensarbeitszeit 133, 321
Lebenserwartung 200, 373, 442, 500
Lebenshaltungskosten 366, 529, 534
Lebensstandard 95, 439, 443
Lebensstandardvergleich 213
Lehman Brothers 162
Leistungen, vermögenswirksame 436
Leistungsbereitschaft 296, 428

Leistungsbilanz 92–96, 104, 325, 329
Leistungsbilanzdefizit 94, 97, 329, 352
Leistungsbilanzüberschuss 94
Leistungslohn 24
Leitwährung 101 f., 478
Lender of last resort 480
Lenkung 26, 31, 38 f., 463, 480, 525
Liberalisierung 324, 331 f., 334 f., 492,
    494, 517
Linkskeynesianer 271
Linkskeynesianismus 149
Liquidität 106, 119, 121, 148 f., 160, 323,
    472, 480
Liquiditätspolitik 122
Lockerung 264, 271, 307–309
Lohn- und Preisstopp 393
Lohnkosten 135, 138, 314, 316, 391 f.,
    394 f., 398, 409, 411, 515
Lohnkostenbelastung 138, 249
Lohnnebenkosten 201, 314, 369, 378 f.,
    446, 536, 537
Lohnpolitik 271, 273, 276 f., 316, 318, 358,
    390–395, 430, 479
Lohnpolitik, produktivitäts-
    orientierte 9, 391
Lohnpolitik, beschäftigungs-
    orientierte 394
Lohnpolitik, expansive 273
Lohnquote 207–210, 212, 396
Lohnquote, beschäftigtenstruktur-
    bereinigte 209, 396
Lohnsenkung 143
Lohnsteuer 50
Lohnstückkosten 316, 349, 368, 392, 430

M

Maastricht-Vertrag 110, 114, 325
Macht 9 f., 32, 130, 142, 154, 256, 266,
    285, 396 f., 399 f., 436, 474, 482–484,
    491, 495
Machtverhältnis 25, 27, 38
Machtverteilung, gesellschaftliche 414,
    434, 444
Mackenroth-These 441 f.
magisches Dreieck 257
Makroökonomie 260

Management 27, 75, 292, 316, 483, 492, 495
Marketing 31, 43, 354, 525
Markt 26, 30 f., 38–41, 44–50, 54, 56, 73 f., 94 f., 97 f., 104, 111, 120 f., 130 f., 135, 140, 160, 162, 186, 205, 235, 252, 305, 316, 348, 376, 382, 402 f., 417, 440, 442, 444, 457, 468 f., 472 f., 477, 492, 494–496, 498, 505 f., 512, 519 f., 525 f., 531 f., 538
Marktgesetz 41, 45
Marktkapitalisierung 459 f.
Marktmacht 49
Marktmechanismus 40, 44–48, 359, 461
Markttransparenz, vollkommene 42
Marktübersicht 42, 49, 382
Marktwirtschaft 30–33, 36, 38, 40, 46 f., 49–51, 54–56, 72, 74, 115, 176, 188, 220, 262, 358 f., 368, 376, 384, 400, 417, 425, 450, 456 f., 461, 468, 479 f., 491, 512 f., 515–520, 523–525, 527, 538
Marktwirtschaft, freie 56
Marktwirtschaft, koordinierte 56, 512, 515, 523
Marktwirtschaft, soziale 38, 40, 49 f., 55, 115, 450, 479, 491, 512, 518, 523, 538
Marshall-Plan 343 f., 479
Marx, Karl 413
Maschine 24, 411
Massachusetts Institute of Technology (MIT) 128
Massenarbeitslosigkeit 272
Massensteuersystem 420
Master 23
Mauerbau 133
Medienstruktur 525
Mehrwertsteuer 40, 144, 194, 199, 370, 385, 420, 534, 536 f.
Meinhold, Helmut 394
Meinhold-Formel 394 f.
Mengentender 120
Merkel, Angela 501, 507, 518
Mieteinnahmen 207, 210, 381, 417, 419 f.
Mieter 46 f., 382, 499
Mikroelektronik 279 f.
mikroökonomisch 132

Mindestlohn, gesetzlicher 403, 408 f.
Missmatch 134
Mitbestimmung 39, 55, 516, 518
Mitbestimmungsgesetz 39
Mitte-Links-Regierung 159
Mitterand, François 356
Mitte-Rechts-Regierung 489
Monetarismus 253, 256, 266, 359
Montanindustrie 39
Moody, John 493
Mortgage backed securities 161
Mundell, Robert 349
Müller-Armack, Alfred 50, 53, 55
Mutterschaftsgeld 145

N

Nachfrage 6 f., 31, 40, 44–47, 57, 73, 77, 84, 104, 109, 111, 122, 126 f., 131 f., 135–141, 146–150, 157, 204, 248 f., 251 f., 255, 265 f., 271–277, 279, 281–283, 292, 294, 303, 311, 322, 329, 331, 342, 346, 373, 395 f., 400, 409–412, 440, 460, 467, 473, 475 f., 495, 497 f., 506, 527, 531
Nachfrage, unelastische 46
Nachfragemangel 73
Nahles, Andrea 414
National Health Service Effekt 372
NATO 91, 100
Naturvermögen 230 f.
neoklassisch 266
Neoklassische Position 263
neoliberal 266, 351, 357, 408, 494
Neue Heimat 490 f.
Niedrigeinkommen 536
Niedriglohn 403–406, 415
Niedriglohnbereich 295, 414
Niedriglohnempfänger 403 f., 406
Niedriglohnsektor 322, 371, 404 f., 408, 415
Nixon, Richard 108, 253, 480
No-bail-out-Klausel 350
Norwegen 34, 38, 192, 341, 488, 515, 533
Notenbank 90, 96 f., 108, 110 f., 119, 173, 250, 253 f., 266, 275–277, 348, 350, 358, 458, 475–478, 480

O

Occupy-Bewegung 358
OECD-Staaten 191, 329, 362
Ökonomie 23
Ökosteuer 201, 370
Ölkrise 94, 154, 239, 244, 246, 252, 273
Operation, strukturelle 121
Optionen 468, 470, 517
Organisationsgrad, gewerkschaft-
  licher 18
Österreich 35, 38, 190, 192, 326, 349,
  452, 515
OTC-Termingeschäft 470
Outright Monetary Transactions
  (OMT) 348
Ozonschicht 233

P

Panel 196, 218, 220 f., 295, 445
Parafisci 146
Parität 102, 105, 109
Parkwächter 521, 530
Partnerschaft 39, 55, 435
Personalausgaben 271
Pflegeversicherung 50, 193, 365, 377, 518
Phillips-Kurve 254
Planwirtschaft 25, 30–33
Poor, Henry V. 493
Preis 40–46, 94, 102 f., 108, 115–117,
  126, 138, 140, 206, 216, 226, 235, 244,
  249–252, 263, 268, 270, 272, 275 f., 287,
  319, 337, 340, 350, 375, 382, 392 f., 395,
  407, 409, 411, 413, 461, 465, 468, 476,
  478, 483, 504, 515, 530 f.
Preisbildung 46
Preisbildungsmechanismus 142
Preisindex 66, 116 f., 242, 464
Preisniveaustabilität 114, 116, 239, 243,
  259, 432
Preisstabilität 106, 112, 114–116, 119, 125,
  240, 255, 267, 275, 277, 318, 325, 348,
  350 f., 358 f., 477
Primärenergie 502
Primärsektor 77
Privateigentum 25 f., 38
Privatisierung 482, 484

Produktionsmittel 24–29, 38, 55, 69, 87,
  166, 220, 224 f., 434
Produktionsstruktur 77–79, 350, 498
Produktivvermögen 38 f., 216 f., 219 f.,
  224 f., 433, 435 f.
Profitstreben 26
Prognos-Institut 364
Projektgruppe Gemeinschafts-
  diagnose 413
Put-Option 470

R

Rat der Europäischen Gemein-
  schaften 109
Rating-Agentur 491–496
rational 296, 382, 384
Rationalisierung 136, 279, 308, 320,
  529
Reagan, Ronald 253, 264, 266
Reaganomics 265
Realeinkommen 50 f., 215, 249, 265,
  321, 497
Rechtskeynesianismus 150
Recycling 97, 472
Recycling der Petro-Dollars 472
Refinanzierung 120
Reform 257, 288, 292, 304, 306, 364,
  372, 380, 384, 387 f., 426, 434, 441,
  444 f.
Reich, Robert 312
Reichensteuer 388, 418, 422, 522
Rentenbezugszeit 200
Rentenfinanzierung 364, 369, 439
Rentenniveau 201, 364, 366 f., 369, 388 f.,
  442 f.
Rentenversicherung 34 f., 37, 50, 54, 145,
  200–203, 212 f., 222, 246 f., 289, 301 f.,
  364–371, 377, 386 f., 389, 416, 438, 442–
  444, 446, 536
Reparationszahlungen 346
Repogeschäfte 124
Reposatz 120 f.
Rezession 67 f., 72, 163, 273, 475–477,
  495, 516
Rheinisch-Westfälisches Institut für
  Wirtschaftsforschung 260

Richtungsentscheidung 517
Riester, Walter 370, 444
Rotation 29

S

Sachausgaben 189
Sachvermögen 154 f., 174, 176, 219–221
Samuelson, Paul A. 254
Schäffer, Hans 347
Scharpf, Fritz W. 294
Schattenwirtschaft 59
Scherenentwicklung bei den Einkommen 213
Schiller, Karl 273, 316
Schmidt, Helmut 244
Schmölders, Günter 424
Schnelltender 121
Schröder, Gerhard 283, 285 f., 288, 306, 318, 374, 507
Schuhputzer 411
Schul- und Ausbildungssystem 513
Schuldenbremse 182
Schuldenstand 153, 158, 167, 169, 326, 341
Schuldenstandsquote 151, 154, 163
Schuldverschreibung 123
Schwarzarbeit 59, 531
Schweden 34, 36, 38, 190–192, 267, 330, 360, 368, 400, 424 f., 488 f., 515, 532 f., 535
Sektor, finanzieller 100
Sektor, sekundärer 77
Sektor, tertiärer 77
Sekundärenergie 502
Sekundärmarkt 348
Selbständige 35, 52, 208 f., 212, 215, 221 f., 299, 380 f., 405, 451
Selbständigeneinkommen 213
Seniorenquote 204, 372
Shareholder-value 461
Shareholder-Value-Prinzip 461 f., 514
Sicherungssystem, soziales 35, 38, 370, 387
Siemens 465, 492
Sinn, Hans-Werner 415
skandinavischer Wohlfahrtsstaat 34
SOEP 218, 220

Solidarität 249, 356, 361, 487
Solidaritätszuschlag 169, 352, 356, 388, 418
Solidarprinzip 35, 381, 387
Solow, Robert 254
Soskice, David 56, 512
Sozialabgaben 50, 54, 59, 146, 189, 191–197, 269 f., 366 f., 369, 382, 385, 388 f., 425, 536
Sozialabgabenbelastung 191, 367
sozialdemokratisch 179
Sozialhilfe 36, 145, 269, 288–290, 293, 305
Sozialismus 25 f., 30, 49 f., 55 f., 512, 517, 523, 533, 536 f.
Sozialismus, demokratischer 49
Sozialkapital 71
Sozialkompetenz 71
Sozialleistungen 34 f., 37, 54, 145, 189, 195, 271, 284, 288, 290, 340, 353, 385, 407 f., 410, 416, 531, 533, 536 f.
Soziallohn 25
Sozialpolitik 34, 36, 50, 54 f., 198, 202 f., 318, 358, 370, 372, 444, 484, 518 f.
Sozialstaat 33, 229, 313, 363 f., 366, 370, 385, 429, 443, 516 f., 519, 538
Sozialstaatsmodell 370
Sozialversicherung 37, 55, 143–145, 193, 195, 281, 299, 314, 369, 518, 536 f.
Sparkasse 123
Spätkapitalismus 28
SPD 30, 53, 55 f., 153 f., 178 f., 181 f., 244, 262, 273, 283, 285–288, 306, 316, 318, 341, 347, 354, 358, 402, 408, 414, 423, 435, 444, 447, 456, 483, 491, 507, 518–520, 522 f.
Spekulation 108, 339, 462 f., 469 f.
Spitzensteuersatz 388, 422 f., 426
Spitzenverdiener 35, 215, 386 f., 426
Staat 26–29, 33–35, 38, 40, 45, 47–49, 56 f., 72, 77, 81 f., 100, 131, 135, 143–151, 154, 156–158, 163, 165–177, 179, 181 f., 186, 189, 191, 194 f., 199, 205 f., 231, 248, 255, 262–264, 271, 290, 323, 329, 331–333, 339, 342 f., 346 f., 351, 357, 373, 376 f., 394, 399, 400 f., 403, 407,

410, 415 f., 422, 424 f., 446–449, 451 f.,
454, 462, 473, 475, 477, 482–484, 490,
492, 494, 507, 512, 519, 522, 526 f.,
531, 533 f.
Staatsbürgerversorgung 34–36, 55
Staatseigentum 24, 26, 482
Staatsquote 188–190, 276 f., 314, 343,
367 f., 531
Staatsverbrauch 56 f., 72, 144, 248 f.
Staatsverschuldung 6 f., 16, 131, 143 f.,
150 f., 153 f., 157–160, 163–166, 169 f.,
172, 174–178, 180, 182, 186–188, 230,
248, 256, 271, 276, 323–325, 338, 341 f.,
348, 368, 454, 481
Stabilitäts- und Wachstumspakt 481,
492
Stabilitätsgesetz 257 f.
Stagflation 240, 251–254, 272
Stakeholder-Society 462
Stakeholder-Value-Prinzip 514 f.
Standardtender 121
Stark, Jürgen 359
Statistisches Bundesamt 52 f., 57, 65, 68,
78 f., 112, 134, 189, 191, 208, 211, 224,
227, 229, 231, 240, 242, 246, 472, 511
Stempel, Robert C. 495
Steuerbelastung 175, 193, 244, 249,
416, 424
Steuerberater 207, 247, 386, 426, 451
Steuereinnahmen 158, 163, 165, 168–170,
179, 186, 193, 338, 342 f., 347, 354, 368,
423, 510, 512
Steuererhöhung 179, 249, 355, 428
Steuerersparnis 48
Steuern 26, 34, 37, 40 f., 50, 54, 59, 114,
144, 150, 159, 166, 170 f., 175–180, 189,
191–197, 210, 222, 236, 244 f., 247, 263,
266, 269 f., 276 f., 323, 342, 345, 353,
356, 363, 366–368, 370, 382, 385, 388,
416, 420, 422–425, 427, 429, 449, 452 f.,
507, 526, 530 f., 533–537
Steuern, direkte 196
Steuern, indirekte 194
Steuerpolitik 53, 198, 323, 390, 416 f., 419,
421, 426, 429, 449 f., 534
Steuerprogression 428, 461

Steuerschraube 195
Steuersenkung 150, 264 f., 271, 273, 425
Steuersystem 194, 200, 351, 420
Steuerung 25, 30, 55, 262, 276
Stiftung Marktwirtschaft 376
Strukturwandel 76, 78–80, 485,
488 f., 497
Sturm, Reinhard 347
Stützungskäufe 104, 348, 476, 481
Subprime-Krise 160
Subventionen 50, 54, 146, 189, 261
Subventionsbericht 258, 261

T
Target-Salden 329
Tarifvertrag 287, 316, 399, 402
Tarnow, Fritz 347
Tenderverfahren 120
Terminkontrakt 465
Terms of Trade 95 f.
Thatcher, Margret 17
Thatcherismus 266
Thurow, Lester 128
Transaktionskosten 126
Transferzahlungen 144–146, 195, 412
Treibhauseffekt 233, 238
Trennbankensystem 332
Trittbrettfahrer-Effekt 236
Typen von Wohlfahrtsstaaten 30

U
Überkapazitäten 73
Überschuss 25 f., 39 f., 94, 96, 166,
328, 492
Überstunden 73, 319–321, 342
Übertragungsbilanz 92
Umbau des Sozialstaates 370
Umlageverfahren 364, 368, 416, 438
Umverteilung 34, 36, 55, 230, 315, 387,
390, 394 f., 416, 421, 424, 430, 433,
437–439, 454, 478, 521, 537 f.
Umverteilungswirkung 198
Umwelt 48, 115, 230–232, 235–237,
239, 503 f.
Umweltmedien 232
Umweltökonomie 230, 232, 236

Umweltzerstörung 131, 230, 236 f.
Ungleichgewicht 316, 352, 520
Ungleichheit, soziale 275
Universalbankensystem 332
Unlösbarkeit des Zurechnungs-
  problems 24
Unterbewertung der DM 479
Unterbietungswettbewerb 142, 491
Unternehmenssektor 82, 99, 149
Unternehmer 24, 27, 29, 31, 33 f., 39,
  56, 72 f., 139–141, 180, 207, 210,
  248, 255, 394–397, 412, 434, 451 f.,
  478, 513
Unternehmerlohn 28
Unterschicht 522, 527
USA 15–18, 33, 36, 38, 56, 58, 60, 66,
  82, 90, 97 f., 101, 103, 10 f., 109, 117,
  128–130, 152, 160–163, 165, 172, 188,
  190–193, 225, 239, 251, 253, 264–268,
  272, 311–314, 325, 329, 331–335, 337,
  343 f., 360–362, 370, 400, 408, 412,
  424–426, 452 f., 458 f., 461 f., 479,
  493–496, 512, 515 f., 523, 532

V

Varianten der Marktwirtschaft 513
Varianten des Kapitalismus 30
ver.di 320
Verantwortung für die Gesellschaft 531
Verbrauch 56 f., 74, 76, 146–148, 214,
  230, 248, 259, 265, 271, 410, 505
Verbrauch, privater 56, 146
Verkaufswert 216
Vermögensbestandsrechnung 216
Vermögensbilanz 216–218
Vermögensbildung 215, 219 f., 423, 440
Vermögensbildungsgesetz 436
Vermögenseinkommen 57, 93, 207, 209,
  212, 226, 259, 420
Vermögenskonzentration 220
Vermögenspolitik 225, 369, 424, 429 f.,
  432, 435, 437 f.
Vermögensverteilung 131, 200, 206, 215,
  223, 228, 230, 433, 437, 473 f.
Verpflichtungsfähigkeit 317
Verschuldung, externe 173

Verschuldung, interne 172
Versicherung 40, 175, 383–385, 387, 445,
  469, 537 f.
Versicherungswirtschaft 441–444, 446
Verteilungskampf 248, 250, 252–254,
  378, 400
Verteilungskoalitionen 204
Verteilungskonflikt 25, 202, 214
Verwendungsstruktur 57
Vetospieler 520
Viereck, magisches 258
Volkert, Klaus 287
Volkseinkommen 207–209, 396 f.
Volkswirtschaftslehre 21, 23 f., 67, 95,
  114, 230, 367, 391
Vollbeschäftigung 50–52, 54, 75, 115, 131,
  148, 187, 213, 239, 243 f., 247, 252, 255,
  273, 275–277, 282, 325, 350, 396, 399,
  430, 478, 484
Vollbeschäftigungsphase 54
VW-Projekt 5000 × 5000 287

W

Wachstum 61, 63, 66, 70, 72, 77, 80,
  85–87, 137 f., 163, 185, 234 f., 254, 258,
  276, 279, 329, 331, 341, 343, 354, 361,
  367, 384, 398, 473 f., 494, 500, 512
Wachstum des Produktions-
  potenzials 254
Wachstum, extensives 70
Wachstum, wirtschaftliches 85 f.
Wachstumseffekt 512
Wachstumszyklus 67, 75
Wagemann, Ernst 347
Wagner, Adolph 188
Wagschal, Uwe 178 f.
Währungsreserven 90, 96, 466
Währungsspekulationen 107 f.
Währungssystem 102, 109 f.
Warenexport 90
Warenimport 90
Warenkorbmethode 116
Wechselkurs 103 f., 107 f., 126, 273, 475,
  477, 480
Wechselkurs, fester 102, 109, 325, 474,
  476, 480

Wechselkursentwicklung US-Dollar zu DM 15
Wechselkurskorrekturen 125 f.
Weiterbildung 200
Wellen, lange 75
Weltwährungsordnung 100, 125
Weltwährungssystem 98
Werbung 32, 73, 418, 524–526
Werbungskosten 418
Wertschöpfung 59, 353, 525
Wettbewerb 31 f., 48 f., 186, 280, 376, 382, 402, 413, 461, 478, 506, 523 f., 526–528, 531
Wettbewerbsgesellschaft 524, 526
Wettbewerbsposition, internationale 95
Wiederbeschaffungswert 216
Wiedervereinigung 152, 170, 176, 178, 209, 335, 351, 353, 355 f., 359, 484, 498, 516
Wirtschaftswissenschaft 23
Wirtschafts- und Gesellschafts-system 1, 25, 30, 38, 131, 457, 517, 522
Wirtschaftsordnung, laboristische 29
Wirtschaftsordnung, partnerschaft-liche 27
Wirtschaftspolitik, angebotsorien-tierte 267
Wirtschaftsstruktur 76, 498
Wirtschaftswachstum 48, 63, 114, 235, 257 f., 261, 263, 283, 342, 344, 365, 373, 425, 516, 521
Wirtschaftswoche 268 f., 538
Wirtschaftswunder 52, 107, 332, 479, 522
Wochenarbeitszeit 133, 319–321
Wochenarbeitszeitverkürzung 321
Wohlfahrtskapitalismus 36

Wohlfahrtsstaat 33–37, 54 f., 516 f., 537 f.
Wohlfahrtsstaat, liberaler 36
Wohlfahrtsstaat, sozialdemokra-tischer 55
Wohlstand 59 f., 204, 210, 346, 351, 355 f., 384, 389, 425, 442, 509 f., 520, 538
Wohlstandssteigerung 50 f.
Wohnbevölkerung 133
Wohnung 46 f., 117, 210, 217, 220, 407, 419, 498
Woytinski, Wladimir 347
WSI 39, 225, 260, 300, 320, 408
WTB-Plan 347

Y

Young-Plan 346

Z

Zahlungsbilanz 89–93
Zentralbank 90, 110 f., 113 f., 119–122, 125, 271, 323 f., 328, 348, 350–352, 357, 359, 481
Zentralverwaltungswirtschaft 30 f.
Zielkonflikt 240
Zins- und Liquiditätspolitik 122
Zinsen 25, 28, 40 f., 81, 84, 121 f., 155, 166, 168, 170 f., 173, 175, 207, 210, 244 f., 263, 265 f., 276 f., 338 f., 348 f., 381, 417 f., 423, 436 f., 445, 471, 475 f., 478, 481, 494 f., 514
Zinspolitik 271
Zinstender 120
Zufriedenheit 59
Zusatzrente, private 444
Zwecksparen 147, 220
Zyklen 67, 74